사회적 존재의 존재론

한국연구재단총서 학술명저번역 610

사회적 존재의 존재론

❹

Zur Ontologie des gesellschaftlichen Seins

게오르그 루카치 지음 | **이종철 · 정대성** 옮김

아카넷

Zur Ontologie des gesellschaftlichen Seins
by Georg Lukács

차례

제2부 중요한 문제복합체들

제2부

중요한 문제복합체들

제3장
이념적인 것과 이데올로기

1. 경제에서 이념적인 것

우리는 지금까지 경제의 가장 근본적이고 실질적인 사실인 노동이 목적론적 정립의 특성을 갖는다는 사실을 제시했다. 독자들은 노동에 대한 다음과 같은 마르크스적 규정의 존재론적 핵심을 기억할 것이다. "가장 열등한 건축가도 최고의 벌들보다 우수한데, 그 이유는 그 건축가는 방들을 짓기 이전에 자신의 머릿속에 먼저 지어본다는 데 있다. 노동과정의 시작 때 노동자의 머릿속에, 즉 이념적으로만 현존했던 것이 노동과정의 끝에 결과로 도출된다. 그는 자연적인 것의 형식변화에만 영향을 미치는 것이 아니다. 그는 동시에 자기가 알고 있는 자신의 목적을 자연적인 것 속에서 현실화한다. 이때 이 목적은 자신의 행위의 양식을 법칙으로 규정하며, 자신의 의지는 이 목적에 종속되지 않으면 안 된다."[1] 이러한 사실은 노동에 내재한 의식적인 목적론적 정립(따라서 이념적 계기)이 실질적 현실화보다 존재론적으로 앞서야 한다는 것을 의미한다. 그리고 노동은 모든 경제적 실천의 토대이자 근본적 현상일 뿐만 아니라, 우리가 알고 있는 것처럼 경제적 실천의 구조와 역동성의 가장 일반적 모델이기도 하다. 그런데 이러한 사실은 분리 불가능한 복합성 내에서 발생한다. 즉 존재론적으로 보자면 어떻게든 서로 연결되어 있음에도 불구하고 자신의 고유한 본성을 유지하는 두 자립적 행위, 즉 이념적 행위와 실질적 행위가 존재하는 것이 아니다. 오히려 모든 행위는 사상적으로만 고립될 수 있으며, 그런 행위는 존재론적으로 필연적으로 다른 행위 존재와 결합되어 있다. 다른 말로 하면 목적론적 정립의 행위는 실질적으로 현실화됨으로써만 참된 목적론적 행위가 된다. 이런 참된 수행이 없으면 그런 목적론적 행위는 순수하게 심리적 상태, 표상으로 머물며, 실질적 현실과 기껏해야 모사의 관계만 가질 뿐인 소망으로 머문다. 다른 한편 목적론적으로 작동하는, 노동의 실질적인 부분을 이루는 그러한 특이한 인과계열은 즉자적으로 작용하는 자연존재의 인과성으로부터 발생할 수 없다. 비록 그런 목적론적 인과계열 속에서는 오로지 즉자적으로 존재하는 자연적 인과의 계기들이 작용하고 있다고 할지라도.(예를 들어 바퀴의 본질양식과 기능은 남김없이 자연법칙으로 환원될 수 있지만, 그렇다고 해서 자연법칙이 단 한 번이라도 바퀴를 산출하는 것은 아니다.) 노동을 분석할 때 노동을 구성하는 행위들은 사변적으로 분리된 채 고찰될 수 있고 분석될 수 있다. 그럼에도 불구하고 그런 행위들은 —존재 적합하게— 오로지 노동이라는 구체적 복합체의 구성요소로서만 참으로 존재할 수 있다. 이로부터 또한 목적론과 인과성

---

1) *Kapital* I, S. 140; MEW 23, S. 193.

을 존재의 두 계기, 혹은 두 요소로 인식이론적으로 대비시키는 것은 무의미하다는 결론이 나온다. 인과율은 목적론 없이 실존할 수 있고 효력을 발휘할 수 있다. 반면 목적론은 여기에서 암시했듯이 인과율과의 공동작업을 통해서만, 즉 사회적 존재에서만 현존하는 그런 복합체의 계기로서만 참된 존재에 도달할 수 있다.

이런 일반적인 목적론적 특성을 모든 경제행위와 경제복합체들에서 드러내기 이전에, 우리는 지금까지의 마르크스주의자들의 일반적 사상을 간략하게나마 특정지어야만 한다. 물론 이때 여기서 마르크스주의 사상의 역사를 서술하는 것은 본질적인 문제가 아니어서 생략하고자 한다. 마르크스주의자들의 일반적인 실천에는 특정한 방법론적 이원론이 지배적이었다. 즉 경제영역은 다소간 기계적으로 파악된 법칙성, 필연성 등으로 서술되었고, 반면 이데올로기의 영역, 즉 상부구조의 영역은 이념적인 힘들, 종종 심리적인 것으로 사려되는 그런 추동력들을 발생시키는 영역으로 현상한다. 이러한 사실은 플레하노프에게서 아주 분명하게 드러난다.[2] 그에게서는 토대와 상부구조의 관계가 기계적으로 다루어지건 혹은 다소나마 변증법적으로 다루어지건 상관없이 이러한 방법론적 이원론이 대체적으로 지배력을 행사한다. 카우츠키는 이론적인 자신의 후기 작품에서 사회적 존재를 본질적으로 생물학적인 범주로 환원시키며, 따라서 그에게서 "인류의 역사는 단지 생명체의 역사의 특수 경우를 형성할 뿐이다."[3] 이를 통해 그는 방법을 통일하고자 한다. 하지만 그러한 통일은 사회적 존재의 본질을 근본적으로 왜곡한다. 경제적-사회적 실천의 실제 속성을 이렇게 왜곡

---

2) Plechanow: *Die Grundprobleme des Marxismus*, Stuttgart, 1910, S. 77.
3) Kautsky: *Mateialistische Geschichtsauffassung II*, Berlin, 1927, S. 630-631.

함으로써 다음과 같은 결론이 나타난다. 즉 카우츠키는 목적론과 인과론의 관계에 대한 가장 피상적 파악을 하고 있는 학교 교과서를 아무런 의심 없이 받아들이고 만다. 즉 그는 목적론을 지식이 발전하면서 인과론에 의해 사라져버릴 그런 원시적 단계의 사유형식으로 고찰한다.[4] 이에 반해 막스 아들러는 사회적 존재로부터 모든 물질적 계기를 사상시킨다. 경제적 관계들 역시 "본질적으로 정신적인 관계들"이다. 이를 통해 전체 인간사회는—칸트적으로 파악된— 의식의 산물로 변화한다. "… 그리고 이로부터 마침내 사회화는 역사적-경제적 과정에서 비로소 생겨나는 것이 아니라, 이미 개별 의식 안에, 그리고 개별 의식과 더불어 주어져 있으며, 이를 통해 다수의 개별 주체들의 모든 역사적 유대의 전제가 되었다."[5] 마침내 스탈린주의적 경제학과 사회이론은 한편으로 주관관념론적, 의지론적 범주들과 더불어 작동하며(이때 사회적 대상들은 궁극적으로 당의 결단의 결과들로 현상하게 된다.), 다른 한편 그것들은 사실의 압력이 가치이론의 객관적 효용성을 인정하라고 강제하는 곳에서 기계적-유물론적 필연성과 의지론적 결단이라는 이원론과 더불어 작동한다. 어쨌거나 이 모든 이론은 사회적 존재의 역동적-구조적 통일성과 특성들에 어울리지 않으며, 사회적 존재의 영역 내부에서 발생하는 차이와 모순들에도 어울리지 않는다.

이러한 간단한 외유 이후 이제 우리의 본래 문제로 되돌아오자. 우리는 이전에 노동분업이 산출한 매개된, 종종 아주 복잡하게 매개된 실천적 정립들이 동일하게 목적론적-인과적 성격을 갖는다는 것을 보여주었다. 다

---

4) Ebd., S. 715-717.
5) M. Adler: *Grundlegung der materialistischen Geschichtsauffassung*, Wien 1967, S. 92, S. 158-159.

만 그런 실천적 정립들은 다음과 같은 점에서 노동과 차이가 난다는 점이 강조되어야 한다. 즉 실천적 정립을 산출하고 그것에 의해 현실화되는 목표는 사회와 자연의 신진대사에서 나타나는 그런 구체적인 경우를 지향하지 않고, 반대로 다른 사람들을 정립자의 소원에 따라 행위하도록 영향을 미치고자 한다. 이때 매개의 연쇄가 얼마나 클 것인지는 여기에서 그렇게 중요하지 않다. 중요한 것은 매번의 목적론적 정립이 다른 사람의 의식을 특정한 방향에서 그가 소원된 목적론적 정립에 따라 행동하도록 영향을 준다는 것이다. 이때 (노예제와 농노제에서 폭력의 직접적 사용으로부터 오늘날의 조작에 이르기까지) 목표와 수단이 아무리 다르다 할지라도 실천적 정립 작용의 "질료"는 노동에서처럼 그렇게 분명하게 드러나지 않는다. 노동에서는 목표를 정립하는 의식이 객관적 현실을 올바르게 파악했는지 그렇지 않았는지, 하나의 객관적 대안이 현존한다. 하지만 여기(실천적 정립작용—역자)에서 목표설정의 내용은 선택적 결단을 하도록 동기부여를 받는 인간이다. 따라서 소원된 결단의 거부는 노동의 자연적 질료에 내재한 존재론적 구조와는 다른 존재론적 구조를 갖는다. 노동에서는 자연의 존재연관을 올바르게 혹은 올바르지 않게 파악하는 것만이 문제가 된다. 인간이라는 질료는 자연이라는 질료보다 질적으로 훨씬 더 흔들거리고 "유약하며", 더 예측 불가능하다. 그러한 정립이 목표로 하는 노동과 매개가 되어 있을수록 노동의 성격은 더 분명히 드러난다. 그러나 가장 커다란 차이조차 궁극적으로 결정적인 공통성을 완전하게 제거할 수는 없다. 즉 두 경우에 모두 목적론적 정립을 말하고 있는데, 목적론적 정립의 성공과 실패는 정립자가 움직이는 힘들의 속성을 어느 정도나 알고 있는지, 그리고 그가 그에 상응하여 그 힘들에 내재한 인과계열을 바라는 방식으로 현실화하도록 얼마나 올바르게 자극할 수 있는지에 달려 있다.

따라서 중요한 것은 모든 경제적 정립이 유사한 구조를 드러낸다는 사실을 통찰하는 것이다. 발전된 경제에서는―경제가 실천적 행위의 사회화된 총체성을 토대로 가지면 가질수록― 인간실천의 행위가 아니라 사물들의 운동이 진행되기라도 하는 듯한 가상이 쉽게 생겨날 수 있다. 상품은 도대체가 스스로 움직일 수 없고, 상품의 운동은 언제나 구매자 내지 판매자의 경제적 행위를 전제한다는 사실을 통찰하기가 쉽지 않기라도 하듯이, 사람들은 교환과정에서 오히려 상품의 운동을 말한다. 여기서 쉽게 관찰할 수 있는 가상이 문제가 됨에도 불구하고, 마르크스는 물화된 가상을 인간적-실천적인 목적론적 행위로 해소하는 데 게을리하지 않는다. 그는 『자본』에서 상품과정에 대해 다음과 같은 말로 시작한다. "상품은 스스로 시장에 갈 수도 없고, 스스로 자신을 교환할 수도 없다. 그러므로 우리는 상품의 보호자, 즉 상품의 소유자를 찾지 않으면 안 된다. 상품은 물건이므로 인간에게 저항하지 못한다."[6] 따라서 여기에서도 역시 실천적-목적론적 행위를 통해 이념적인 어떤 것이 실제적인 것으로 변화되는 한, 상품교환은 자신의 역동적인 전체과정에서 노동의 과정에 상응한다. 이러한 사실은 모든 교환행위 속에서 드러난다. 마르크스는 이에 대해 다음과 같이 말한다. "상품의 가격 또는 화폐형태는, 상품의 가치형태 일반과 마찬가지로, 손으로 붙잡을 수 있는 현실적인 물체형태와 구별되며, 따라서 순전히 이념적인 또는 표상적인 형태이다."[7] 자기운동적 교환과정이 상대적으로 총체적인 복합체의 과정으로 고찰될 경우, 이념적인 것과 실제적인 것의 이러한 변증법은 움직이는 양극성 속에서 표현된다. 마르크스는 이

6) *Kapital* I, S. 50; MEW 23, S. 99; 김수행 역(1989년), 『자본론』, 106쪽.
7) Ebd., S. 60; MEW 23, S. 110; 김수행 역, 119쪽 이하. (약간 개역)

러한 역동성에 대해서 상세하게 분석한다. "그것은 현실적으로는 사용가
치이다. 상품의 가치는 가격에서 다만 이념적으로 나타날 뿐이며, 이 가격
을 통해 상품은 그 대립물, 즉 [상품가치의 진정한 화신인] 금과 관련을 맺고
있다. 그와 반대로 금이라는 물건은 오직 가치의 화신, 화폐로서만 나타난
다. 따라서 금은 현실적으로 교환가치이다. 금의 사용가치는 일련의 상대
적 가치표현들[여기서 금은 다른 모든 상품을 자신의 유용성의 물질적 표현의 총
체로 대면한다.]에서 다만 이념적으로 나타날 뿐이다. 상품들의 이와 같은
대립적 형태들은 교환과정의 현실적인 운동형태들이다."[8]

　좁은 의미의, 그리고 원래적 의미의 생산으로부터, 사회와 자연의 신진
대사로부터 사회의 사회화를 발생시키는 매우 복잡하고 매개된 형태들에
이르기까지의 경제적 영역의 발전은 이념적인 것과 현실적인 것의 이러한
관계를 훨씬 더 역동적이고 변증법적으로 만든다. 우리는 자연과의 신진
대사와 간접적으로만 관련을 맺는 그런 목적론적 행위들이 곧바로 타자의
의식과 타자의 결단에 영향을 미치고자 하는 목적을 갖는다는 사실을 보
았다. 따라서 여기에서 정립에서뿐만 아니라 그 정립에 의도된 대상들에서
도 이념적인 것은 동시에 객체로 포함되어 있고, 이념적인 것의 역할은 그
객체가 순수하게 현실적인 것인 노동의 근원적 정립과 비교해볼 때 상승
한다.(이러한 정립의 특성과 연관이 있는 많은 문제들에 대해서 우리는 나중에 훨
씬 더 자세히 다룰 것이다.) 하지만 우리는 지난 고찰에서 인간 상호 간의 그
러한 순수한 경제적 관계에서도 서로를 지향하는, 관념론적으로 작동하
는 고유한 목적론적 정립들, 이념적인 것의 현실적인 것으로의 변화, 그리
고 그 반대의 변화 등이 효력을 발휘한다는 것을 볼 수 있었다. 이때 순수

---

8) Ebd., S. 69; MEW 23, S. 119; 김수행 역, 131쪽. (약간 개역)

한 경제적 관계는 방금 다룬 상품의 교환과 마찬가지로 사회화된 노동으로부터 직접 성장한다. 하지만 여기에서 이념적인 목적론적 목적과 순수하게 물질적인 목적론적 목적이 전혀 별개의 것이 아니다. 반대로 두 개의 목적론적 정립은 서로를 지향하며, 이념적인 것을 물질적인 것으로 변화시키는 상호작용이 양 측면에서 일어나게 한다. 마르크스는 이러한 과정 역시 정확하게 분석했다. "사용가치와 교환가치의 대립은 W-G(상품-화폐)의 양 극단에 양극적으로 분할된다. 따라서 상품은 금과의 관계에서 사용가치이다. 사용가치는 자신의 이념적 교환가치인 가격을 금에서야 비로소 현실화해야 한다. 반면 금은 상품과의 관계에서 교환가치이다. 교환가치는 자신의 형식적 사용가치를 상품에서야 비로소 구체화한다. 상품을 상품과 금으로 이렇게 이중화함으로써만, 그 안에서 각각의 극단은 자신의 상대자가 실제적인 것인 한 이념적인 것이고, 자신의 상대자가 이념적인 것인 한 실제적인 것인 그런 이중화된 대립적 관계를 통해서만, 따라서 상품을 이중적 방식의 양극적 대립으로 서술함으로써만 상품의 교환과정에 내재한 모순은 해결된다."[9]

따라서 우리는 경제적 영역을 탐구할 때 객관적 법칙성을 가진 사회적 복합체를 다뤄야 한다는 사실에서 출발해야 한다. 이때 이 사회적 복합체의 "요소들"은 그 존재론적 본질에 따르면 동일하게 목적론적 정립의 역동성을 규정하는 복합체이다. 그리고 이러한 목적론적 정립의 총체성은 사회적 존재의 재생산을 산출한다. 이러한 전체과정의 통일성은 사회적 존재의 영역에 있는 모든 것이 그러하듯이 역사적 성격을 갖는데, 이러한 사실을 우리는 이미 살펴보았다. 또한 우리는 경제영역에서 그러한 역사적 과정이

---

9) Marx: *Zur Kritik der politischen Ökonomie*, Stuttgart, 1919, S. 77; MEW 13, S. 71-72.

진행되는 가운데 하나의 형태의 총체성을 구성하는 범주들, 복합체, 그리고 개별과정들 등이 점점 더 사회적 특성을 보유하게 된다는 사실도 살펴보았다. "자연의 경계의 후퇴"는 개별적인 목적론적 정립들의 내용과 작용방식들을 변화시킬 뿐만 아니라, 더 나아가 그 목적론적 정립들 사이에 점점 더 내적이고 복잡한, 그리고 더 매개된 결합을 만들어내는 하나의 과정을 산출한다. 우리는 자본주의에서야 비로소 다음과 같은 특정한 경제영역을 산출한다는 사실을 알고 있다. 즉 자본주의적 경제영역에서 모든 개별적인 재생산행위는, 훨씬 더 밀접하거나 광범위하게 매개된 채, 다른 모든 재생산작용에 어떤 영향을 행사한다. 따라서 마르크스는 한편으로 사용가치의 생산자로서의 구체적 노동 등과 같은 단순한 어떤 범주들이 모든 형태에 현존해야 한다는 사실을 지시했었다.[10] 다른 한편 그는 동시에 범주들 상호 간의 관계, 전체과정에서의 이 범주들의 기능 등이 역사적 변화에 종속될 뿐 아니라, 이러한 역사적 변화 역시 다음과 같은 특정한 특성을 갖는다는 사실을 보여주었다. 즉 그런 역사적 변화는 발전된 단계에서야 비로소 그 범주들의 관계와 기능에 과정의 총체성 속에서 그 자신들에 적합한 자리를 지시해주며, 이 관계와 기능들은 이를 통해서야 비로소 자신에 적합한 속성을 보유할 수 있다는 것이다. 이렇듯 화폐는 상대적으로 원시적인 사회에도 이미 현존했으며, 자본주의에서야 비로소 전체과정 속에서 자기 본질에 상응하는 기능을 차지하게 되었다.[11] 이렇듯 노동은 근원적인 범주이지만, 그럼에도 불구하고 그것은 경제적으로 순수한 단순성의 입장에서 볼 때 "이러한 단순한 추상을 산출하는 관계들과 마찬가지

---

10) *Kapital* I, S. 9; MEW 23, S. 57.
11) Marx; *Rohentwurf* a a O S 23; MEW 42 S 37

로 근대적 범주이다."[12] 경제적 범주들은 자신의 속성과 구조, 자신의 운동과 작용방식 등에 영향을 미치는데, 경제적 범주들의 이러한 작용에 내재한 이런 역사성은 존재론적으로 올바로 파악된 경제적 영역으로부터 모든 물화, 좀 더 자세히 말하자면 부르주아적으로 물신화된 사유를 자기 안으로 들여온 모든 물화를 제거한다. 마르크스는 『철학의 빈곤』에서 다음과 같이 말한다. "기계는 쟁기를 끄는 소와 마찬가지로 경제적 범주가 아니다. 기계는 생산력일 뿐이다. 기계사용에 의존하는 근대의 공장은 사회적 생산관계, 경제적 범주이다."[13] 이러한 사실은 경제라는 근본적인 역동적 복합체만이 경제적 영역의 범주로 고찰되어야 하며, 따라서 —부하린이 제창하고 오늘날도 유행하는— 널리 알려진 이해방식, 즉 경제의 근본적 "요소"가 기술에서 찾아질 수 있기라도 하는 듯한 이해방식은 전혀 유지될 수 없다는 것을 보여준다. 마르크스는 이미 아주 이른 시기 『임노동과 자본』에서 경제적 영역이 사회적 존재에 어떤 영향을 미치는지를 포함하여 이 영역의 근본적 복잡성을 아주 구상적으로 보여주었다. "니그로는 니그로일 뿐이다. 특정한 관계에서만 그는 비로소 노예로 된다. 면사방적기는 면사방적을 위한 기계이다. 특정한 관계에서만 그것은 **자본**으로 된다. 이런 관계에서 찢겨 나올 때 그것은 더 이상 자본이 아니다. 이는 마치 금이 즉 자대자적으로 화폐가 아니고, 혹은 설탕이 설탕가격이 아닌 것과 같다. 생산에서 인간은 자연에만 영향을 주는 것이 아니라 서로에게도 영향을 준다. 사람들은 특정한 방식으로 서로 영향을 미치고 자신의 행위들을 서로 교환함으로써만 생산한다. 사람들은 생산하기 위해 서로 간의 특정한 관

---

12) Ebd., S. 24; MEW 42, S. 38.
13) Marx: *Das Elend der Philosophie*, Stuttgart, 1919, S. 117; MEW 4, S. 149.

계와 관련성 속으로 진입해가며, 이러한 사회적 관계와 관련성 속에서만 자연에 대한 그들의 영향, 즉 생산이 발생한다."[14]

따라서 경제적 영역을 선입견 없이 존재론적으로 고찰할 경우, 근본적으로 작용하는 복합체의 총체성과 상대적으로 큰 그 부분복합체들을 파악하기 위해서는, 경제법칙을 인공적으로 고립된 "요소들"의 도움으로, 그리고 이 요소들의 기계적-형이상학적 연관의 도움으로 파악하고자 하는 대신, 바로 그 복합체를 출발점으로 삼는 것이 얼마나 중요한지가 쉽게 드러난다. 경제법칙을 그러한 것들의 도움으로 파악하고자 하는 것이 어디로 향할 것인지는 제임스 밀의 주장에 대한 마르크스의 비판에서 쉽게 관찰할 수 있다. 밀은 모든 구매는 동시에 판매이며(그 역도 성립한다.), 따라서 상품교환에서는 항구적 균형이 "형이상학적으로" 보장된다고 주장한다. 밀은 다음과 같이 말한다. "모든 상품에는 구매자가 없을 수가 없다. 상품을 판매하기 위해 내놓은 사람은 언제나 하나의 상품이 판매를 위한 교환과정에서 유지되기를 바란다. 따라서 그가 판매자라는 바로 그런 단순한 사실로 인해 그는 구매자이다. 따라서 모든 상품의 구매자와 판매자를 함께 취할 경우 형이상학적으로 필연적으로 균형이 유지될 수밖에 없다." 마르크스는 이러한 사실에 대해 상품유통이라는 단순한 사실을 보여준다. "구매자와 판매자의 형이상학적 균형은 모든 구매가 판매이며, 모든 판매가 구매라는 사실에 제한된다. 그런데 이러한 사실은 판매와도 구매와도 아무런 상관이 없는 상품 감시인들에게 어떤 위로도 되지 못한다."[15] 밀의 주장은 고립적으로 작동하는 경제적 세계의 "요소들"이 있다는 생각을 토

---

14) Marx: *Lohnarbeit und Kapital*, Berlin 1931, S. 28; MEW 6, S. 409.
15) Marx: *Zur Kritik der politischen Ökonomie*, a. a. O., S. 86-87; MEW 13, S. 78.

대로 한다. 추상적-형식적인 인식이론적 의미에서, 혹은 논리적 의미에서 모든 구매는 판매이고 그 역도 성립한다고 당당하게 말할 수 있다. 하지만 현실적인 상품유통에서 하나의 연쇄과정이 가장 단순하고 기초적인 교환 형식으로 생겨난다. 상품-화폐-상품, 혹은 화폐-상품-화폐의 연관이 이 연쇄과정의 가장 단순한 지절을 형성한다. 그리고 이런 가장 기초적인 형식에도 모순이 등장한다. 즉 "누구도 다른 사람이 사는 일이 없으면 팔 수 없다. 하지만 누구도 자신이 팔았다는 이유 때문에 구매할 필요는 없다."[16] 따라서 인공적으로 고립된, 그리고 추상적으로 왜곡된 형태가 아니라 자신의 참된 존재를 고찰할 경우, 경제적 삶에는 판매와 구매의 동일성을 보장하는 "형이상학적" 필연성이 결코 존재하지 않는다. 사정은 그 반대이다. 이러한 사실은 다시금 다음의 사실에 의존한다. 즉 누군가가 자신의 상품을 팔아서 돈을 소유하게 되었을 경우 그는 자신이 이 돈을 위해 다른 상품을 구매할 것인지 아닌지를 결정해야 한다. 경제가 발전할수록, 사회가 사회적으로 규정될수록 이런 선택은 더 복잡해지며, 구매와 판매 사이의 이질적 관계, 우연성은 더 지양할 수 없게 된다. 왜냐하면 사회적 노동분업의 결과 "자연발생적인 생산의 유기체가 생겨나는데, 이 유기체의 조직은 상품생산자의 배후에서 움직이면서 진전하기"[16a] 때문이다. 욕구가 다양한 측면을 지니는 데 반해, 사회적 노동분업은 노동을 일면적으로 만든다. 개별 생산자들에게 이것은 자신의 생산이 목적론적 정립의 결과임을 의미하는데, 이때 목적론적 정립이란 만족될 수 있는 사회적 욕구와 관련하여, 그리고 생산에서 사회적으로 필요한 노동의 현실화와 관련하여 양

---

16) *Kapital* I, S. 77; MEW 23, S. 127.
16a) Ebd., S. 70-71; MEW 23, S. 121.

적으로뿐 아니라 질적으로 올바를 수도, 그를 수도 있다. 이념적인 것은 목적론적 정립을 규정하는 상상 복합체로서 여기서도 주도의 계기를 형성하기는 하지만, 동시에 여기서도 역시 실재의 계기(이념적인 것의 실제적인 것과의 일치)는 실현 가능성의 기준이다.

우리는 이전에 다른 곳에서 이념적인 것의 그러한 역할을 통해 전체과정의 객관적 법칙이 결코 지양되지 않는다는 것을 보았다. 모든 목적론적 정립은 실제 인과계열을 움직이게 할 의도를 가지기 때문에, 법칙은 개별 인간의 생각과 의도에 상관없이 그들의 등 뒤에서 필연적으로 관철되는 그런 정립의 객관적-역동적 종합으로서 전개된다. 하지만 이와 더불어 여기에서 묘사된 모순이 무의미하게 되는 것은 아니다. 상황은 그 반대이다. 상이한 경제적 형태들에서 기본적 복합체인 W-G-W에 의해 드러나는 다양한 현상형식과 지속적 영향 등은 경제적 전체과정에 매우 본질적 계기를 이룬다. 심지어 마르크스는 아주 발전된 단계의 사회화된 경제에는 경제적 위기의 씨앗이 이미 함축되어 있다는 사실을 시사한다. 여기서 단지 '씨앗'이라고 말하는 이유는 다음과 같다. 왜냐하면 "위기의 현실화는 단순한 상품유통의 관점에서 볼 때 결코 실존하지 않는 관계들의 전체 영역을 요구"[17]하기 때문이다. 따라서 마르크스는 목적론적 결단으로 이루어진 가장 단순하고 역동적인 사회적 존재의 "요소들과" 경제적 전체과정 사이의 이러한 연관을 아주 조심스럽게 비판적으로 고찰한다. 하지만 그의 분석은 개별 인간의 결단과 상관없는, 그리고 이 결단의 사회적 총합과도 상관없는 객관적-경제적 합법칙성이 그 구조와 역동성에 있어서 궁극적으로 "이 요소들"로, 이것들의 정립적 성격으로, 이념적인 것과 현실적인 것의 그러

---

17) Ebd., S. 78; MEW 23, S. 128.

한 변증법으로 환원될 수 있다는 사실을 명백히 보여준다. 마르크스는 경제적인 기본 사실들의 이론적 일반화에 대한 존재론적 비판을 통해 일반적인 연관들의 궁극적 성격을 그때그때의 구체적 법칙들과의 관계 속에서 구체화한다. 이미 살펴본 것처럼 이런 법칙들은 언제나 사회-역사적으로 구체적인 "조건-결과(Wenn-dann)"의 성격을 갖는다. 하지만 이것들의 일반적 형식, 개념적 고양은—헤겔과 반대로—가장 순수한 형식의 필연성이 아니며, 칸트주의자나 실증주의자들이 생각하는 것처럼 단순한 사상적 일반화도 아니다. 그것은 오히려 단지 역사적 의미에서 구체적인 법칙적 "조건-결과"의 현실화를 위한 일반적 가능성이자 실제적인 가능성의 여지이다. 위기이론을 서술하는 가운데 마르크스는 이러한 차이를 날카롭게 강조한다. "일반적인 위기 가능성은 자본 그 자체의 형식적 변형이며, 구매와 판매의 시간적-공간적 몰락이다. 하지만 이러한 몰락은 위기의 원인이 아니다. 왜냐하면 이러한 몰락은 위기의 가장 일반적 형식, 따라서 가장 일반적으로 표현된 위기 그 자체이기 때문이다. 하지만 우리는 위기의 추상적 형식이 위기의 원인이라고 말할 수는 없다. 위기의 원인에 대해서 질문할 경우, 우리는 또한 위기의 추상적인 형식, 위기의 가능성의 형식 등이 왜 가능성으로부터 현실성으로 되는지 알고자 할 것이다."[18] 우리는 합법칙성 개념의 이러한 결정적 중요성을 이데올로기를 다루는 장에서 상세하게 말하게 될 것이다. 여기에서는 다만 마르크스가 이 경우에도 가능성을 아리스토텔레스적인 뒤나미스의 의미에서 이해를 하지, 인식이론적인 양상 범주로 이해하지 않는다는 사실을 언급하고자 한다.

따라서 우리가 방금 탐구한 구조, 즉 이념적인 것과 실제적인 것의 상

---

18) Marx: *Theorien über den Mehrwert*, a. a. O., II, II, S. 289; MEW 26, 2, S. 514.

호변증법적 양극성으로 표현되는 구조가 전체 경제영역에 철저하게 관통되며—법칙적 연관의 객관성을 훼손하지 않고서— 이 연관의 현실화의 내용과 현상양식에 결정적인 영향을 미친다는 사실이 드러난다. 마르크스가 반복해서 강조하듯이, 경제적 현실의 객관성과 합법칙성은 자기 자신의 역사를 형성하는 참여자들이 스스로 수행하는 역사과정이다. 이러한 유의 객관성과 합법칙성은 이러한 사실을 지양할 수 없는 자신의 토대로 갖는다. 여기서도 역시 사회적 존재에 대한 마르크스의 이론이 드러난다. 즉 사회적 존재의 구체적 토대인 경제의 영역에서는 이념적 형식에서 시작된 인간의 활동성과 이로부터 성장한 구체적인 경제적 법칙성 사이의 변증법적 상호귀속성과 상호연관성, 그리고 존재론적 분리 불가능성이 드러난다. 마르크스는 이미 노동의 존재론을 분석하는 가운데 목적론과 인과율의 전통적 대립이 유지될 수 없다는 사실을 보여주었다. 이를 통해서 자연존재의 역동성은 목적론 없는 인과율에 의해 규정된다는 사실이 명확해진다. 더 나아가 인과율과 목적론의 결합은 사회적 존재의 일차적인 존재론적 특성으로 드러난다. 한편으로 만약 목적론적 정립을 통해—직접적이건 아주 많이 매개되어 있건— 인과계열이 유기적 혹은 비유기적 자연에서 작동되지 않을 때, 그런 목적론적 정립의 주관적 표상이나 의도는 단순히 사변적인 것으로, 영향력 없는 인간의 의도로 머문다. 사회적 존재의 존재론에서는 목적론을 현실화하는 인과율이 없을 경우 어떤 목적론도 존재범주로서 있을 수 없다. 다른 한편 사회적 존재의 특징을 갖는 모든 사실과 사건은 목적론적으로 작동되는 인과계열의 결과들이다. 물론 목적론적으로 정립되지 않는 인과적 사건들(지진, 폭풍, 기후 등)도 종종 구체적인 사회적 존재에게 아주 파괴적인, 혹은 아주 긍정적인 의미에서 아주 중대한 결과들을 가져올 수 있다.(풍년, 온화한 바람 등) 이런 유의 특정한 자연현상에 대해서는 아주 발전된 사회도 방어능력을 갖추고 있지 않다. 하지만 이러한 사실이 사회적 존재의 경제적 발전에서 모든 종류의 자연력에 대한 지배가 결정적인 역할을 수행한다는 사실을 제거하지는 않는다. 지배될 수 없는 순수한 이러한 자연 사건들조차 목적론적 정립을 야기하며, 이를 통해 추후에 사회적 존재로 편입된다. 자연에 대한 이러한 지배는 점증적으로 강화될 수는 있지만 그렇다고 완전한 지배에 이를 수는 없다. 그렇다면 사건과 사건들이 갖는 목적론적으로 정립된 기원이 사회적 존재의 존재론적 특이함을 이룬다고 하는 사실은 명백하다.

경제적 영역의 존재론적 속성에 대한 지금까지의 우리의 분석의 결과 인과율과 목적론의 이러한 변증법적 상호귀속성은 —양자의 이질성에도 불구하고— 여기에서 드러난 이념적인 것과 실제적인 것의 상호관계보다 더 구체적인 형태로 등장한다. 존재 적합한 구체화는 객관적으로 다음의 사실에 의존한다. 즉 자연인과율에 대립하는 것은 인간의 목적론적 정립이 아니라, 오히려 이미 순수한 경제의 영역에서도 드러나는 것처럼 인간의 활동으로 구성되고 작동하는 사회적 존재이다. 상품교환이 현실화될 것인지는 사회적 존재의 토대 위에서 직접적으로 수행되는 과정이다. 이때 당연히 —아주 복잡하게 매개된 상태로— 자연인과율에 대한 목적론적 영향은 불가피한 토대로 작용한다. 하지만 그것은 본질적으로 상품유통의 사회적 성격, 그리고 상품유통의 범주의 사회적 존재양식을 결코 지양하지 않는다. 물론 여기 순수한 경제의 영역에서, 비록 자연과의 신진대사의 영역에서와 같이 무조건적이지는 않다고 할지라도, 다른 사람들에게 영향을 미칠 목적으로 수행되는 목적론적 정립들이 작동된다는 사실이 드러난다. W-G-W 공식 배후에는, 성공한 것이건 좌절한 것이건 간에, 충만한 그런 목적론적 정립들이 언제나 은폐된 채 현실로 존재한다. 경제영역에서 목적론적 정립을 수행하는 인간은 따라서 전체존재에 마주 서 있다. 그런데 이 때 자연존재와의 대면이 순수한 직접적 대면일 수 없고, 그 발전과정에서 점점 더 복잡해지는 경제적으로 매개된 대면이라면, 여기서 사회적 존재 는 결정적인 매개역할을 수행힌다. 우리가 지금 다루고 있는 경제직 징립 의 이념적 계기는 이러한 매개에 의해 그것의 존재양식을 압도적으로 사회 적인 것으로 규정하는 그런 실재를 자신의 극단적 대립물로 가진다. 이러 한 상황은 이념적 요소들과 관련하여 등장하는 선택적 결정의 속성에 다 시 영향을 준다. 목적론과 인과율의 결합이라는 단순한 사실이 그들 간의 관계의 전통 철학적 해결과의 급진적 단절을 의미하듯이, 이러한 상황으 로부터 경제의 영역에서는 인간의 활동과 실천이 (이러한 활동을 위한 전제, 환경, 그리고 객체를 형성하는) 그런 존재의 법칙과 맺는 관계를 밝혀줄 하나 의 진전된 단초가 이끌려 나온다. 노동을 다룰 때 이미 말한 것처럼, 여기 서 중요한 문제는 자유와 필연이라는 문제복합체의 맹아형식이기 때문에, 여기서도 역시 그 질문은 보다 순수하고 첨예하게 제시될 수 없다. 왜냐하 면 선택적 결정의 존재적 가능성과 필연성이 모든 자유의 토대를 제시하 며, 그런 한에서 가능성은 필연성과 결코 동일하지 않기 때문이다. ―자신 의 실존의 실천적 토대를 위한 어떤 대안도 만들 필요가 없고, 만들 수도 없는 존재에게 자유의 문제는 제기되지 않는다. ―자유의 문제를 아직 다 루지 않으면서도 마르크스적인 사회적 존재의 존재론의 결과로 다음의 사 실, 즉 선택적 결정에 근거하지 않은 어떤 행위도 인간의 실천에는 없다는 사실을 언급할 수 있다. 필연성(절대적 부자유)과 자유의 배타적인 형이상 학적 대립은 사회적 존재에서는 결코 현존하지 않는다. 인간실천의 발전 단계들은 발생적으로 해명될 수 있고, 사회-역사적으로, 그리고 변증법적 으로 규정될 수 있다. 이러한 발전단계는 언제나 도처에서 선택적 결정에 의존하는 인간의 실천의 본질을 그 단계의 조건과 필요에 상응하여 다양한 방식으로, 다양한 내용과 형식을 가지고서 사회적으로 생산하고, 재생산하고, 고양시키고, 문제들로 만든다. 이러한 사실은 사회적 존재의 존재론적 속성으로부터 이끌려 나온다. 이때 사회적 존재 내에는 의식적 행위에 의해 발생적으로 규정되지 않는 어떤 필연성도 결코 등장하지 않는다. 그런데 노동을 분석하는 가운데 이미 드러났듯이, 목적론적 행위의 인과적 결과들은 정립자들의 의도와 동떨어져 있으며, 심지어 종종 전혀 반대의 방향으로 진행된다. 하지만 종종 언급된 예를 반복해서 말하자면, 자본주의적 발전의 특정한 단계에서 초과이익에 대한 추구가 이윤율 감소로 이어질 경우에는 돌이 자연법칙에 따라 심연으로 굴러 떨어지는 경우와는, 혹은 세균이 유기체에서 질병을 야기하는 경우와는 존재론적으로 완전히 다른 과정이 생겨난다.

이렇듯 이러한 근본적인 존재론적 특성을 가진 전체 사회적 존재는 인간실천의 목적론적 정립 위에 세워진다. 이때 그러한 정립의 이론적 내용이 자신이 의도한 목표설정을 실현할 수만 있다면 형식적으로는 그러한 내용이 어느 정도나 존재를 올바르게 파악하는지를 고려하지 않으며, 또한 그런 정립의 인과적 결과들이 정립 주체의 의도에 상응하는지에 대해서도 고려하지 않는다. 여기서 객관적으로 중요한 것은 이러한 정립이 어떠한 인과계열을 작동시키는지, 그리고 이러한 정립이 사회적 정립의 총체성 속에서 어떻게 작용하는지가 문제가 된다. 여기서 발생한 존재론적 문제를 명확하게 하기 위해 이러한 목적론적 정립을 객관적-구조적 속성에 관련해서뿐만 아니라, 정립 주체에 미치는 영향과 관련하여서도 보다 면밀하게 고찰할 필요가 있어 보인다. 왜냐하면 바로 여기에서 사회적 존재의 존재론이라는 단순한 사실이 예로부터 존중받아온 몇몇 철학전통과 심각한 모순에 빠지기 때문이다. 그 철학전통이란 지고로 발전한, 지극하게 복잡하게 된 현상들로부터 출발하여, 이러한 현상을 형이상학적으로, 논리적으로, 그리고 인식이론적으로 고립된 채 고찰하는, 따라서 그 현상의 발생이니 그 실제적인 존재근거로 —그것들의 존재론적 해명을 위한 열쇠에로— 계속 나아갈 수가 없게 하는 전통을 말한다. 객관적으로 보자면 우리가 탐구한 사회적 존재의 "요소들"은 언제나 목적론적 정립의 도움으로 실제적인 인과계열이 작동될 수 있다는 사실을 의미한다. 인과적 결합은 어떠한 목적론과도 상관없이 실존한다. 이에 반해 모든 목적론은 인과계열을 통해 움직이는 현실을 전제한다. 즉 목적론적 정립은 인과적으로 규정된 존재 안에서만 가능하다. 왜냐하면 목적론적 정립의 실현은 실천적으로 올바르게 인식된 인과계열이 언제나 새롭게 기능한다는 사실을 무조건 고려할 수 있다는 사실에 의존하기 때문이다. 인과율과 목적론의 연관이 이렇듯 단순함에도 불구하고, 이러한 연관은 전체 철학사에서 아리스토텔레스와 헤겔에 의해서만, 그것도 부분적이고 비일관적으로 인식되었다. 니콜라이 하르트만은, 한계를 가지고 있기는 했지만, 존재문제에 대한 현실적 이해를 가지고 있었던 우리 시대의 유일한 부르주아 철학자이다. 그는 아리스토텔레스의 분석을 다시 철학적 공론장으로 가져오고자 했다. 그는 정당하게도 다음과 같이 강조한다. 아리스토텔레스는 한편으로 목적론의 효력을 구체적으로 오직 노동의 예에서, 건축가와 의사의 노동의 예에서 제시했다. 이때 (자연을 해명하는 데는 목적론이 일관성을 결여할 수도 있었지만—역자) 그런 비일관성 때문에 그는 자연관을 목적론에 근거 지으려는 시도를 포기하지 않았다. 하르트만은 "목적론에 대한 아리스토텔레스의 구상이 의식에 의해 '이끌리지 않는' 모든 과정을 배제하며, 그 결과 자연이나 역사과정에 대한 모든 목적론적 이해가 근본적으로 신학적 성격을 가질 수밖에 없었다."고 올바르게 비판한다. 그런데 하르트만은 목적론적 정립에 대한 아리스토텔레스적 분석을 보충한다. 아리스토텔레스는 노에시스(인식)와 포이에시스(노동)를 구분하여 설명하는 데 반해, 하르트만은 이 구분 대신 최초의 행위는 "목적설정"과 "수단의 선택"으로 분할된다고 한다. 이러한 그의 시도는 현상에 접근하는 현실적 진전을 이루며, 목적론적 정립을 본질적으로 구체화하고 있다. 즉 그는 최초의 행위는 (단순하게 사유된) 대상을 향한 주체의 방향을 가지며, 이에 반해 두 번째 행위에는 이미 설계된 새로운 대상으로부터 목표에로 이끌어가는 발걸음이 회귀적으로 구성된다고 한다. 이런 이유로 그는 두 번째 행위를 "회귀적 규정"이라고 한다.[19] 하르트만의 구상의 한계는 다음 사실에서 명백하게 드러난다. 즉 그는 목표설정의 행위를 더 깊이 분석하지 않으며, 틀리다고 할 수는 없지만 불충분하게 구체화된 다음의 사실, 즉 '목적설정은 의식으로부터 출발하여 미래에로, 아직 존재하지 않는 것으로 나아간다.'고 불충분하게 설명하는 것에 만족하고 만다. 그러나 사실 목표설정은 매우 구체적인 사회적 기원과 기능을 갖는다. 목표설정은 인간의 필요에서 발생한다. 그것도 아주 추상적인 필요가 아니라, 구체적인 만족을 추구하는 아주 특별한 소망으로부터 발생한다. 여기서 자명한 사실은 그때그때의 구체적 환경, 사회적으로 현존하는 구체적인 수단과 가능성들 등, 이러한 것들이 목표설정을 구체적으로 규정하고 있다는 점이며, 수단을 선택하고 현실화하는 양식은 이러한 환경의 총체성에 의해 비로소 가능해지며, 더 나아가 그런 것에 의해 한계 지어져 있다는 사실이다. 이렇게 함으로써 비로소 목적론적 정립은 —개별 인간이든 유적 인간이든 간에— 인간의 중심적 매체로

---

19) N. Hartmann: *Teleologisches Denken*, Berlin, 1951, S. 65-67.

될 수 있다. 이로써 목적론적 정립은 사회적 존재를 모든 자연존재와 질적으로 구별시키는 특별한 근본범주로 드러난다.

따라서 그러한 구체화는 아주 추상적이고 인식이론적인 숙고, 즉 이 복합체 내부에서 주체에서 개체로의, 혹은 객체에서 주체로의 부분적 움직임이 수행된다는 사실을 넘어간다. 그런데 만약 철학사에서 오랫동안 풀리지 않았던 다른 문제 역시 그 복합체에서부터야 비로소 존재론적-발생적으로 올바르게 대답될 수 있다고 할 경우, 그러한 구체화는 무조건 필요하다. 우리는 여기서도 역시 자유의 문제를 염두에 두고 있다. 인과론과 목적론의 관계문제에서처럼 여기서도 역시 많은 이전의 관점들과 일치하는데, 자유의 문제는 필연성의 문제와의 보완적 관계에서만 의미 있게 제기될 수 있다는 사실이 강조되어야 한다. 현실에 어떠한 필연성도 없다고 한다면, 자유는 가능하지 않을 것이다. 라플라스의 결정론의 세계에서도, 니체의 "동일자의 회귀"의 세계에서도 자유는 가능하지 않을 것이다. 우리는 이미 실제로 존재하는 필연성의 "조건-결과"의 성격을 반복적으로 말했으며, 여기에서 그것은 다음을 의미한다. 즉 우리가 이 복합체의 존재로부터, 그 기능의 정상적 형식으로부터, 그리고 사회적 존재의 구성요소로서의 그것의 기원으로부터 출발할 경우에만, 자유의 문제는 올바르고 현실에 적합하게 제기될 수 있다. 여기서 분명한 사실은 마지막 질문만이 제기되고 대답될 수 있다는 사실이다. 자유와 관련한 문제는 윤리의 테두리 내에서만 적절하게 탐구될 수 있다. 올바른 문제제기는 어쨌거나 기원의 해명을 유도한다. 그런데 그런 문제제기는, 이미 여러 차례 본 것처럼, 노동과정 속에 필연적이고 항구적으로 등장하는 선택적 결정이다. 왜냐하면 문제제기가 목표설정에 내재하는 문제제기에 국한된다면 이러한 문제제기는 가장 원시적인 단계에서조차 허용될 수 없는 단순화를 감행할 것이기 때문이다. 의심의 여지없이 목표설정은 선택적 결정이며, 이러한 결정의 현실화이다. 이러한 현실화는 정신적인 준비에서뿐 아니라 실천적-실질적 수행에서도 나타난다. 하지만 그 목표설정은 앞선 결단의 단순한 인과적 사건도 아니고, 단순한 인과적 결과도 아니다. 현실화의 방식에 있어서 이러한 결정은 구체적인 프로그램, 즉 실제적인, 실제로 제약되어 있는, 따라서 구체화된 가능성의 영역을 의미한다. 일상 경험에서 확인할 수 있듯이 학문적 노동이든 단순히 경험적-실천적 노동이든 간에 노동은 그 정신적 준비에서뿐 아니라 실질적 수행에서도 언제나 선택적 결정의 연쇄와 연관되어 있다는 사실을 부인할 수 없다. 단순한 취급 방법에서 가장 용이한 것을 선택하고 적절하지 않은 것을 버린다는 사실로부터 정신적 계획에 나타나는 유사한 과정에 이르기까지, 이러한 일련의 결정은 비록 구체적인 전체 계획의 구체적 영역 내부에서이긴 하지만 어디서나 명료하게 지각될 수 있다. 이러한 과정이 일상적인 삶에서 모든 사람에게, 그리고 언제나 현전하는 것은 아니다. 이러한 사실은 이미 입증된 개별 업무들이 대부분 제약된 반사로 고착되고, 이를 통해 "무의식화"된다는 사실에 의존하는 직접적인 노동경험에서 본질적으로 확인할 수 있다. 하지만 발생학적으로 고찰해보자면 모든 제약된 반사는 언젠가 선택적 결정의 대상이었다. 이와 더불어 당연히 인과적 과정이 목적론적 정립의 결과로서 무화되지는 않는다. 다만 그 인과적 과정은 유일한 목적론적 정립에 의해 단번에 작동되는 것이 아니며, 오히려 실질적 현실화를 위한 개별적 결단들이 그러한 과정을 부단히 분화시키고, 미세한 차이를 발생시키고, 개선하거나 악화시킨다. 물론 이때 당연히 이러한 사실은 일반적 목표설정을 규정하는 기본노선 내부에서 발생한다. 그리고 이러한 구조가 목적론적 정립의 모든 영역에서 유효한 구조라는 사실을 모두는 임의의 대화에서 관찰할 수 있다. 사람들은 사전에 자신의 힘으로 도달하고자 하는 일반적 의도를 가질 수 있다. 그러나 언표된 모든 문장, 그것의 작용과 무작용, 대화 파트너의 반응이나 경우에 따른 침묵 등은 불가피하게 일련의 새로운 선택적 결정을 산출한다. 선택적 결정의 가능성의 영역은 좁은 의미에서의 육체적 노동에서의 가능성의 영역보다 더 크고 더 확장될 수 있다. 목적론적 정립의 두 유형에 대한 우리의 설명을 알고 있는 누구도 이러한 사실에 놀라지 않을 것이다.

이와 더불어 인간이라는 사회적 존재에 내재한 자유의 "원 현상"은 이미 아주 거칠게나마 서술되었다. 여기서 중요한 사실은 사회적-인간적 삶의 과정의 모든 계기가 완전히 자발적이고 필연적인 생물학적 특성을 가지는 것이 아닌 한, 그 계기들은 그러한 정립의 인과적 결론이지 인과계열의 단순한 지절들이 아니라는 사실이다. 인간의 선택적 결정은 당연히 단순한 노동의 수준에 머물러 있지 않다. 우리는 방금 자연과의 신진대사에 기여하는 것이 아니라 다른 인간의 의식에 정향되는 목적론적 정립들이 이러한 관점에서 동일한 구조와 역동성을 드러낸다고 볼 수 있었다. 사회적 노동분업은 지고로 정신적인 인간의 활동에서도 나타나는데, 이러한 노동분업은 아주 복잡한 삶의 표현들을 산출할 수 있었다. 그럼에도 불구하고 선택적 결정은 만인의 보편적 토대로서 여전히 기능한다. 이것은 당연히 기원의 특성이 아주 일반적인, 따라서 추상적인 형태로나마 유지되고 있음을 의미한다. 내용과 형식은 점증적으로 변혁되어가는 질적 변화에 종속된다. 따라서 내용과 형식은 그 기원의 원형으로부터 기원의 단순한 변형태로 단순히 유도될 수 없고, 유도되어서도 안 된다. 그러나 이러한 원형이 모든 변화에서도 유지되고 있다는 사실은 사회적 존재의 아주 근본적-기초적인 형식의 중요성을 드러내는 표시이다. 이는 마치 유기체의 재생산이 그 모든 질적 변화에도 불구하고 언제나 유기적 자연의 항구적 형식으로 머물러 있는 것과 같다. 따라서 이전에 강조했던 것처럼 우리가 선택적 결정의 고차적 현상방식의 성장과 특성을 윤리에서야 비로소 적절하게 다룰 수 있다면, 여기에서도 아주 추상적인 양식의 몇몇 소견에서 현실적 수행의 어떤 본질을 선취하는 것이 가능하다. 여기서 오해를 불러일으키지 않으려면 우리는 형이상학적으로 분리 불가능한 하나의 자유에 대한 통상적인 철학적 일반화를 사상의 공허한 구성물로 간주해야 한다. 사회적 발전은 인간의 실천의 영역을 끊임없이 산출한다. 인간의 이러한 실천적 영역에서 일반적으로 자유라고 불리는 것은 상이한 내용으로 가득 차고, 상이한 구조로 형성되며, 상이한 역동성으로 효력을 발휘하면서 등장한다. 하지만 이러한 다양성은 역사적 수직계열에서도, 사회적 수평계열에서도 엄격하게 불연속적인 그런 이질적인 것이 아니다. 다양성은 상이한 방식으로 구체화된다. 이렇게 구체화된 것들은 서로를 넘나들며, 그렇다고 결코 남김없이 통일(법적이고 도덕적인 자유)로 용해되지 않는다. 따라서 모든 역사적-사회적 변화에도 불구하고, 다양성은 여전히 소여된 것으로 남는다. 이때 다양성을 사상적으로 다루고자 할 경우, 존재하는 사실들이 폭압적으로 억제되어서는 안 된다면 분야와 영역들의 특수성은 언제나 존중되어야 한다. 따라서 다양성의 서술과 분석은 윤리에서야 가능해진다. 윤리에서는 복잡한 것으로의 이러한 상승, 순수하게 정신적인 것과 개별적인 것으로의 이러한 상승 등이 사회-역사적으로 해명될 수 있으며, 따라서 이런 다양한 자유는 많은 철학체계에서 나타나는 형이상학적-통일적인 추상적 자유 개념과 달리 존재론적으로 근거지어질 수 있다.

그럼에도 불구하고 —이러한 다원주의적 이해를 철저히 유지할 때— 선택적 결정에 대한 일반적 고찰은 존재론적 의미를 갖는다. 만약 원시인이 돌을 연마할 때 손을 왼쪽 아래로가 아니라 오른쪽 위로 유지하고자 하는 결정이 크레온의 금지 명령에도 불구하고 자신의 오빠를 묻은 안티고네의 결정과 마찬가지로 하나의 선택적 결정이라고 말한다면, 이는 완전히 이질적인 이 두 헌싱 복합체의 추상적-공통적 특성을 확고히 하는 것이 아니라, 양자의 의미 있는 공동성을 언술하는 것이다. 아주 이질적인 현상들은 이렇게 내적으로 결합되어 있는데, 이런 결합의 객관적 측면은 이 현상들의 작용의 일반적 가치를 형성한다. 우리가 노동을 다룰 때, 노동의 산물은 필연적으로 성공한 것이거나 실패한 것이라고, 혹은 유용한 것이거나 무용한 것이라고 말했었다. 이와 더불어 사회적 존재 안에서는 자연대상과는 완전히 다른, 그리고 사회적 재생산과정만이 그 토대를 형성하는 객체들의 그런 내적 속성이 등장한다. 노동, 심지어 가장 원시적인 단계의 노동이 자연대상에 대해 수행하는 모든 변형행위는 노동의 진행과 결과가 사회적 재생산과정과 맺는 이러한 관계에서 측정되며, 이러한 척도의 적용은 지양될 수 없는 가치의 특성을 가지며, 동시에 객관적으로는 가치와 무가치라는 극단의 대안을 자신 안에 포함한다. 이때 가치평가는 직접적으로 주관적 행위로 현상한다는 사실이 오해되어서는 안 된다. 이 돌혹은 저 돌이 다른 돌들을 연마하기에 적합한지 혹은 적합하지 않은지에 대한 주관적 판단은 적합함이라는 객관적 사태에 의존한다. 주관적 판단은 구체적 경우들에서 객관적 가치와 무가치함을 지나쳐갈 수도 있다. 하지만 현실적 기준은 이러한 객관적 속성을 형성한다. 그리고 사회적 발전의 본질은 바로 객관적으로 가치 충만한 것이 실천 속에서 점증적으로 관철된다는 데 있다. 그런데 물론 이때 언제나 이런 발전은 불균등한 운동의 과정 속에서 이루어지며, 사회-역사적 지금과 현재가 인간의 행위를 위해 그때그때 가능하도록 만든 것의 테두리 내에서 이루어진다. 가치의 이러한 지양 불가능성의 토대는 사회적 존재의 모든 대상이 단순한 대상이 아니라 예외 없이 "대상화된 것들(대상화)"이라는 사실에 의존한다. 이러한 사실은 한편으로 변화되지 않는 (심지어 경우에 따라서는 변화될 수 없는) 자연과정이 사회적 존재에로 들어와 영향을 미치는 그런 경우들에도 관련이 있다. 자연은 그 자체로는 가치라는 생각과 아무런 연관이 없는 자연적 사태이다. 그러나 매우 이른 시기의 선원들도 정당하게도 좋은 바람, 혹은 좋지 않은 바람이라는 말을 했다.(즉 바람에도 가치를 부여했다—역자) 왜냐하면 장소 X에서 장소 Y로 항해하는 노동과정에서 바람의 강도와 방향은 노동수단이나 노동대상의 실질적 속성과 마찬가지로 아주 중요한 역할을 수행하기 때문이다. 좋은 바람, 혹은 좋지 않은 바람은 이제 사회적 존재의 영역에서, 사회와 자연의 신진대사의 영역에서 하나의 대상이 된다. 가치와 무가치함은 노동과정이라는 구체적 복합체의 계기들로서 노동과정의 객관적 속성에 속한다. 동일한 바람이 어떤 선원에게는 좋은 것으로, 다른 선원에게는 좋지 않은 것으로 가치평가된다는 사실은 가치평가가 주관주의적임을 의미하지 않는다. 왜냐하면 바람은 특정한 구체적 과정에서야 비로소 사회적 대상화의 계기로 되기 때문이다. 존재하는 이러한 복합체 내부에서만 그 바람의 속성은 가치 충만하거나 가치에 반하는 것일 수 있으며, 이러한 연관에서만 그러한 속성들은 주관적 방식이 아니라 객관적 방식으로 존재한다.

따라서 자유의 "원 현상"이 노동의 선택적 결정에 숨겨져 있다면, 그 이유는 노동이 선택적 결정을 대상화를 통해 발생시키는 그런 최초의 행위를 작동시킨다는 데 있다. 따라서 대상화는 한편으로 그 존재에 따라 어떤 존재를 다른 존재로 우연적으로 변화시키는 것과 다르다. 그런 대상화는 실제로 새로운 어떤 것을 형성하기 위한 수단으로 될 수 있으며, 사회적 존재를 객관적으로 변화시킬 뿐만 아니라, 그런 변화를 의지된 인간의 정립의 대상으로 삼는 것이다. 따라서 자유의 "원 현상"은—고등동물의 삶에서도 나타날 수 있듯이—두 가지 가능성 사이의 단순한 선택에 본질이 있는 것이 아니라, 가치 있는 것과 가치에 빈하는 깃의 선택에, 경우에 따라서는 (보다 높은 단계에서) 두 가치양식 사이에서의, 가치복합체들 사이에서의 선택에 그 본질이 있다. 왜냐하면 단순히 생물학적으로 규정된, 궁극적으로 정적인 방식으로 대상들 사이에서 선택되는 것이 아니라, 특정한 대상화가 실현될 수 있을 것인지, 혹은 어떻게 될 것인지에 대한 결정은 실천적-활동적으로 내려지기 때문이다. 인간사회의 발전은—인간 주체의 관점에서 고찰해볼 때—그러한 결정이 인간의 삶에서 가장 일상적인 발걸음에서 가장 고차적인 발걸음에 이르기까지 모든 발걸음을 지배한다는 사실에 그 본질이 있다. 인간의 모든 행위의 이러한 기초가 인간에게 의식되든 의식되지 않든 상관없이, 혹은 어느 정도까지 의식되든 상관없이 사회에서의 삶은 지속적으로 이러한 상황을 은폐할 수 있는 환경들을 만든다. 비록 인간은 자신의 삶을 그러한 선택적 결정을 통해 만들어간다는 사실을 전혀 감지하지 못하는 어떤 그런 다양한 무감각한 감각이 인간의 행위 속에 살고 있다고 하더라도 말이다. 이로부터 자유의 철학적 이념에 의존하고 있는 체험복합체는 인간의 삶의 감정으로부터 결코 완벽하게 사라질 수 없으며, 따라서 자유에 대한 사상, 자유를 실현하고자 하는 시도 등은 전체 역사를 관통해 진행되며, 인간이 자기 자신에 대해, 그리고 세계에서의 자신의 위치에 대해 명확하게 하고자 하는 모든 시도 속에서 결정적인 역할을 한다. 이와 동일하게 자유의 반대 극, 즉 우리의 일상에서 언제나 새롭게 체험되는 필연성 역시 결정적인 역할을 한다. 이러한 통찰들은 아주 일반적인 수준에서 이 뮨제를 볼 수 있게 하는 지점까지만 우리를 이끌어간다. 그 구체적인 서술은 윤리학에서야 비로소 가능할 수 있다.

경제의 본질적인 내적 구조와 역동성을 사회적 존재의 내부에서 좀 더 적절하게 파악하고자 한다면, 우리는 —여기서 우리의 관심이 주로 이념적인 것의 존재론적 지위와 기능에 맞춰져 있다고 한다면— 사회적 존재 내에서의 현상과 본질의 존재론적 관계를 적어도 그 가장 중요한 규정에 따라 조망해야 한다. 여기는 이러한 관계를 다른 존재형식 속에서 좀 더 밀접하게 탐구할 장소가 아니다. 사회적 존재의 현상세계는 사회적 존재를 구축하고 전개하는 데 직접적으로 관여하는, 그리고 이러한 방식으로 현상과 본질의 객관적 변증법 내에서도 의미 있는 역할을 수행하는 대부분의 목적론적 정립의 촉발요소인 데 반해, 자연은 —사회와 자연 사이의 신진대사의 영역으로서가 아니라 자연 그 자체로서의 자연— 사회적 존재의 본질과 그 현상방식에 대한 반작용에 대해 아무런 관심도 지니지 않는다. 이런 점에서 사회적 존재와 자연 사이에는 특별한 질적 차이가 존재한다. 존재 적합한 결과와 상관없이 여기에는 순수한 인식의 문제, 즉 자연의 관찰자들이 현상(더 나아가 가상)에 머물러 있는지, 아니면 본질로 침투해가는지에 대한 문제가 남아 있다. 그런데 이러한 사실은 사회와의 신진대사의 대상인 자연과는 관련이 없다. 하지만 여기서도 통찰과 이 통찰로부터 발생하는 목적론적 정립은 자연법칙 그 자체에는 영향을 미치지 않지만, 자연법칙의 사회적-인간적 결과에는 실제적 영향을 미친다. 여기에서 오해를 피하기 위해, 반복해서 말했듯이, 모든 법칙의 필연적 관계는 "조건-결과"의 성격을 갖는다는 사실이 강조되어야 한다. 왜냐하면 필연성 개념을 추상적-논리적으로, 혹은 인식이론적으로 절대화할 경우 아주 잘못된 가상이 생겨나기 때문이다. 구체적으로 말하자면 그러한 경우에 우리에게 알려진 자연에서는 나타나지 않는 현상들을 (예컨대 실험의 방식으로) 자연인식의 문제로 다룰 때 그 현상들이 마치 자연에 반하는 새로운 현상이나 되는 듯한 잘못된 가상이 생겨난다는 것이다. 현실적으로 보자면 우리는 실험을 통해 지금까지 우리에게 인식된 현실에서는 만날 수 없었던 새로 발견된 "조건-결과"의 관계만을 말할 수 있었다. 따라서 실험은 이러한 "조건-결과" 관계의 자연존재론적 가능성을 증명한다. 그리고 아직 해결되지 않은 문제가 남아 있다. 자연은 그러한 유의 "조건-결과" 관계를 인간과 상관없이 산출하는지, 그리고 언제, 어디에서 산출하는지에 대한 문제가 그것이다. 사회와의 신진대사에서 자연의 역할은 질적으로 다른 것이다. 여기서는 자연연관의 본질에 대한 통찰들이 혁명적인 사회적 결과들을 야기할 수도 있는데, 예컨대 생산력의 발전(증기, 전기 등)에서뿐 아니라 이데올로기(코페르니쿠스의 천문학이 인간의 세계상에 미친 영향)에서도 그렇다.

우리는 우리의 주제를 위해 짤막하지만 불가피한 우회적 논의를 했다. 이제 우리의 주제인 사회적 존재로 다시 돌아오기 위해, 우리는 마르크스의 중요한 방법론적 언술들로부터 시작하고자 한다. 그의 이 언술들은 현상과 본질이라는 전체 문제복합체와 연관을 갖고 있다. "만약 사물의 현상형식과 본질이 직접적으로 맞아떨어진다면 모든 과학은 불필요할 것이다."[20] 마르크스는 상품물신에 관한 유명한 장에서 경제적 현상세계의 근원적 구조를 어느 정도 현상의 근저에 놓여 있는 본질과의 대립 속에서 보여준다. "상품형식은 인간에게 자신의 고유한 노동의 사회적 성격을 노동산물 자체의 대상적 성격으로, 이러한 사물의 사회적인 자연 속성으로, 따라서 생산자들이 전체 노동과 맺는 사회적 관계를 생산자와 독립해서 존재하는 대상들의 사회적 관계로 반영한다는 것에 상품형식의 비밀이 들어

20) *Kapital* III, II, S. 352; MEW 25, S. 825.

있다."[21] 이러한 사실은 우리가 우선적으로 경제적 실천의 영역에서 고찰했던 사회적 존재의 운동을 위한 아주 근원적이고 전형적인 경우일 뿐이다. 경제적 삶이 발전하고 사회화될수록 경제적 삶 속에서 현상과 본질의 이러한 관계는 더욱더 결정적으로 지배적이게 된다. 이러한 사실은 마르크스가 자본주의에 넓게 퍼져 있는 현상형식, 즉 화폐를 낳는 화폐의 형식을 다룬 곳에서 존재론적으로 아주 명확하게 드러난다. 그는 그의 분석을 이러한 현상에 대한 특징과 더불어 종결한다. "그러나 이러한 사실은 결과를 결과이게 하는 과정에 대한 매개 없이 단순히 결과로서만 언표된다."[22] 이와 더불어 경제적 과정에서 나타나는 공통의 중요한 현상방식은 존재 적합하게 다음과 같이 정확하게 서술된다. 경제영역의 사회적 존재에서 모든 대상은 본질상 과정적 복합체이다. 하지만 이런 대상은 현상세계에서 종종 아주 뚜렷한 정적 대상으로 제시된다. 여기에서 현상은 현상을 현상이게끔 하는 과정을 직접적으로 무시함으로써만 현상으로 된다. 우리는 본질적인 경제적 과정의 이러한 현상방식이 갖는 사회적 의미를 과대평가할 수 없다. 다른 곳에서 마르크스는 유명한 사상가들의 중요한 이론적 입장표명이나 그 시기 문화 전체의 결정적인 실천적 입장표명 등이 어떻게 화폐의 그런 현상방식으로부터 발생하는지에 대해 조망한다. 마르크스는 상품관계를 분석하는 가운데 화폐가 필연적으로 존재 적합하게도 경제적 기원을 갖는다는 사실에서 화폐의 비밀스러운 기원을 추적한다. 일반적 가치형식이 지속적으로 실천에 적합할 수 있기 위해 이 가치를 표현하는 화폐로 구체화되는데, 마르크스는 일반적 가치형식의 구체물인 이 화폐가 어

---

21) *Kapital* II, S. 21; MEW 24, S. 50.
22) *Kapital* I, S. 38; MEW 23, S. 86.

떻게 경제적 삶의 자립적 형태로 되었는지를 제시한다. "금은 다른 상품들에 대해 단지 화폐로서만 등장한다. 왜냐하면 금은 그 상품들에 이미 상품으로 마주해 있기 때문이다. 모든 다른 상품에 대해서 금은 등가물로서 기능했다. 비록 그것이 개별적인 교환행위 속에서의 개별적 등가물이건, 다른 등가물과 나란히 한 특수한 등가물이건 상관없이. 금은 점차 좁은 영역에서건 넓은 영역에서건 일반적 등가물로서 기능하기 시작했다. 금이 상품세계의 가치를 표현하는 데 있어서 이런 독점적 지위를 가지게 되자마자 금은 화폐상품으로 된다. 금이 화폐상품으로 되는 순간으로부터 비로소 … 일반적 가치형식은 화폐형태로 변화된다."[23] 본질이 현실적-경제적 기원을 갖는다는 이런 명확한 조망은 현상세계를 신화적-물신주의적으로 불투명하게 해석하는 방식과 날카롭게 대조된다. 마르크스는 명쾌한 요약을 제시한다. 길지만 그것을 인용하고자 한다. 왜냐하면 본질의 기원과 속성이 갖는 상대적 단순성과 현상세계의 복잡성 사이의 대립이 경제의 영역에서 구체적으로 보일 수 있기 때문이다. 마르크스는 다음과 같이 말한다. 화폐는 "상품교환을 매개하는 단순한 형식이 아니다. 그것은 순환과정으로부터 생겨난 교환가치의 형식이며 사회적 산물이다. 즉 그것은 순환과정에서 생겨난 교환가치의 형식이며, 개인들이 순환과정에 진입하여 맺는 관계를 통해 산출된 사회적 산물이다. 금과 은(혹은 모든 다른 상품)이 가치척도와 교환수단으로 발전되자마자, 그것들은 사회의 첨가나 의지와 상관없이 화폐가 된다. 그것의 힘은 하나의 사실로서 등장하며, 인간의 의식은 특히 교환관계의 보다 심오한 발전 속에서 사라지는 사회적 상황들 속에서 교환관계에 마주 서서 물질이나 사물을 유지하는 이 힘들에 반항하

---

23) *Kapital* I, S. 36-37; MEW 23, S. 84.

며, 순수 광기로 현상하는 빌어먹을 금속의 지배에 반항한다. 바로 이 화폐에서, 그것도 가장 추상적인, 따라서 의미 없고 이해할 수 없는 형식, 모든 매개를 지양하는 형식에서 사회적 상호관계는 개인들을 포괄하는 단단하고 엄청나게 위력적인 사회적 관계로 변화한다. 게다가 그 현상이 생산에서 상호적 욕구를 통해서만 서로 관계를 맺는 자유롭고 자의적인 원자론적인 사적 개인들이라는 전제에서 성장할 때 그 현상은 훨씬 더 단단해진다. ⋯ 부아기유베르(Pierre le Pesant, sieur de Boisguilbert)[24]와 같은 옛 철학자들은 노예에서 주인으로 된 것, 자연적 풍부함을 빼앗긴 것, 평형의 균형을 철폐한 것 등 이러한 것들을 화폐의 전도와 남용으로 고찰했다. 플라톤은 국가에서 화폐를 단순한 교환수단이자 척도로 강력하게 유지하고자 했지, 화폐 그 자체로 되게 하고자 하지는 않았다. 따라서 아리스토텔레스는 순환의 형식 W-G-W[여기서 화폐(G)는 단지 척도와 지불수단으로 기능한다.], 즉 그가 경제적 운동이라 부른 이 순환형식을 자연적이고 합리적인 순환이라 부른 반면, G-W-G 형식, 즉 부를 창출하는 이재학적 순환형식을 부자연스럽고 목적에 어긋나는 것으로 비난한다. 여기서 투쟁이 되는 대상은 다만 순환의 내용과 목적으로 된 교환가치, 즉 교환가치 자체의 자립화이다. 가치 자체는 교환의 목적이 되며, 자립적 형식을 취하게 얻는데, 우선은 단순하고 눈에 보이는 화폐의 형식으로 그렇게 된다."[25]

화폐권력의 신비화와 일상에서의 화폐 물신화를 그저 원시시대의 선입견 정도로 비웃어버리고, 보다 고차적인 사회구성체의 통찰에 의지하여 아

---

24) 피에르 르 부아기유베르(1646~1714)는 프랑스의 경제학자로서 중농주의와 노동가치설의 선구자이다. 저서로『프랑스의 변호』가 있다. (역주)
25) *Robentwurf*, S. 928-929.(『마르크스 자본론의 형성』, 2003, 백의)

주 자만하게 된다면 이것은 단순히 피상적인 것 이상으로 잘못되었다. 왜냐하면 고도로 발전한 자본주의 구성체도 과거 그리스인들이 화폐의 비밀스런 힘을 통찰할 수 있었던 것과 달리 오늘날의 활동적 실천가들과 이 실천의 이론적 언술가들에 의해 거의 통찰되지 않는 유사히게 왜곡된 현상형식을 산출하기 때문이다. 무슨 말이냐면 이윤을 통한 잉여가치의 생성은 경제적으로 자연발생적으로 생겨나며, 자본주의적 실천에 불가피한데, 오늘날 많은 사람들은 그런 잉여가치의 은폐를 통찰하지 못한다는 것이다. 즉 자본주의적 현상세계에서는 잉여가치가 이윤의 배후에서 완전히 사라지며, 과정의 본질을 왜곡하는 이런 물화는 모든 자본주의적 실천의 흔들리지 않는 실제 토대가 된다. 마르크스는 이런 과정 역시 아주 정교하게 묘사한다. "자본에 의해 정립되고 자본의 전체가치와의 수적인 관계를 통해 측정되는 **잉여가치**(부가가치)는 **이윤**이다. 자본에 의해 탈취되고 빼앗긴 생동적 노동은 자본 자신의 생명력으로 현상한다. 또한 자본의 자기재생산적 힘은 자신의 고유한 운동인 순환을 통해, 자기의 고유한 운동에 속한 시간인 순환시간을 통해 변화한다. 자본은 전제된 가치로서의 자신을 정립된 가치로서의 자신과 구별함으로써 비로소 스스로 영속하면서 다양한 것을 창출하는 가치로 정립된다. 자본은 전체적으로 생산으로 진입하고 자본은 자신의 다양한 구성요소들을 그저 형식적으로만 구별하고 한결같은 가치총합이기 때문에 이 자본에게 가치정립은 한결같이 내재적이다. 그 외에 노동과 교환되는 자본의 부분은 **자본의 다른 부분들이 함께 정립될 경우**에만 생산적으로 작용한다. 한편으로 노동의 조건은 자본의 객관적 구성요소로 정립되고, 다른 한편 노동 그 자체는 자본에 편입된 활동으로 정립되기 때문에 전체 노동과정은 자본의 고유한 과정으로 현상하고, 잉여가치의 정립은 그 크기가 자본이 노동자에게 강요한 잉여노동을 통해 측정되는 것이 아니라 자본이 노동에 양도한 확대된 생산력으로 측정되는 자본 자신의 산물이다. 자본의 원래적 생산은 이윤이다. 그런 한에서 자본은 이제 부의 원천으로 정립된다."[26] 따라서 우리는 경제적 생산의 고유한 변증법을 통해 산출된 현상세계와 다시 관계한다. 그리고 현상세계는 본질을 그 안에 내재한 현실이지 결코 가상이 아닌데, 경제적 생산은 그런 현상세계와 더불어 자본주의의 일상적 실천에서 목적론적 정립의 실제적 토대를 형성한다. 물론 이때 이런 목적론적 정립은—현실에 상응하지 않는 가상에 기초해 있음으로 인해— 비현실적인 것으로 간주되어 지양될 필요가 없다. 상황은 그 반대이다. 현상세계의 이런 속성은 전체 경제체계의 실제적 재생산을 유지하고 더 나아가 계속 성장할 수 있게 하는 모든 정립의 직접적인 실제적 토대이다. 여기에서도 역시 본질에 대한 존재론적-발생적 탐구만이 현상세계에 대한 진리를 비춰줄 수 있다. 하지만 그럼에도 불구하고 우리가 이미 노동을 분석하는 가운데 관찰할 수 있었던 것처럼 이 현상세계는 자본주의적 일상 실천의 목적론적 정립을 위한 직접적이고 단단한 근거를 형성할 수 있다. 마르크스는 이러한 관계를 다음과 같이 묘사한다. "잉여가치와 잉여가치율은 상대적으로 비가시적인 것이며 규명될 수 있는 본질적인 것이다. 반면 이윤율, 그리고 이윤으로서의 잉여가치의 형식은 표피적인 현상에서만 드러난다."[27] 여기서 분명한 것은, 여기에 묘사된 경제적 현상세계의 특성이 평균이윤율이라는 이미 종종 살펴본 전체 문제복합체를 지배한다는 점이다. 그런데 이윤 뒤에서의 잉여가치의 소멸은 평균이윤율의 경제적 토대를 형성한다. 마르크스는 여기에서 현상의 운

---

26) Ebd. S. 706-707, MEW 42, S. 711.
27) *Kapital* III, I, S. 17; MEW 25, S. 53.

명처럼 결국 사라질 수밖에 없는 결정적인 본질관계를 발견한다. "일반적이윤율의 점진적 감소 경향은 노동의 사회적 생산력의 점진적 발전을 위한 **자본주의적 생산양식 특유의 표현**일 뿐이다."[28]

이렇듯 사회적 대상의 물화는 존재하는 현상세계로서 자본주의의 경제적 과정으로부터 필연적으로 생겨난다. 물론 당연히 이 세계를 반영하는 인간의 의식도 이로부터 성장한다. 이때 인간은 이런 직접적인 현상세계에서 자신의 실천적 정립을 수행하며, 이 세계에서 살아가며, 이 사람들의 행위는 이 세계가 제기한 질문에 대한 대답으로 기능한다. 이때 잉여가치의 이윤으로의 변화는 결정적으로 중요한 요소이다. 마르크스는 이 요소를 다음과 같이 묘사한다. "이윤의 형태가 자신의 내적 핵심을 은폐한 것과 동일한 정도로 자본은 점점 더 실질적 형태를 보유한다. 그리고 한 관계로부터 점점 더 한 사물, 즉 사회적 관계를 자기 몸 안에 삼키고 있는 사물은 허구적 삶과 자립성으로 자신과 관계하는 사물로, 감각적-초감감적 본질로 된다. **자본과 이윤**의 이러한 형식에서 자본은 완성된 전제로서 표면에 등장한다. 이것이 자본의 현실형식, 아니 오히려 자본의 현실적 실존형식이다."[29] 이런 현실은 이 토대에서 발생한 모든 관계에서 관철된다. 물론 마치 지대(Grundrente)가 토지의 산물이라도 되는 듯이 물화되고 왜곡된 형식으로 그렇게 한다. "자본주의적 생산에 의해 생겨난 임대료(Rente)의 모든 형태가 그러하듯 임대료는 확고하고 소여된 전제로서, 매 순간에 현존하는, 따라서 각자에게 독립적으로 현존하는 전제로서 현상한다. 농부는 임대료를 내야 한다. 그것도 토지의 양만큼, 토지의 종류에 따라 지불

---

28) Ebd., S. 193; MEW 25, S. 223.
29) *Theorien über den Mehrwert* III, S. 555; MEW 26, 3, S. 474.

해야 한다."[30] 잉여가치가 자본주의의 현상세계로부터 사라짐으로써 물화된 조직들이 발생하는데, 이 조직에서 객관적으로 공유하는 자신의 통일성인 잉여가치는 "점점 더 식별되지 않게 되며, **현상에서** 드러나는 것이 아니라 은폐된 신비로서 비로소 발견되지 않으면 안 된다."[31]

본질의 이런 현상적 왜곡은 산출하는 과정의 소멸을 통해 생겨나는데, 잉여가치의 직접적 생산의 경우에도 표현되지 않으면 안 된다. 우리는 경제적 진보란 무엇보다도 자신의 삶의 재생산을 위해 필요한 생업 종사자들의 노동이, 사회적으로 수행되는 전체 노동에서 차지하는 비율이 점점 더 감소한다는 사실에 그 본질이 있음을 안다. 이런 본질적 발전은 아주 불균등한 방식이긴 하지만 노예제도 이래 언제나 그래 왔다. 그리고 상이한 경제구성체의 구조는 본질적으로 잉여노동(잉여가치)의 발생과 탈취가 어떤 조건 아래서, 어떤 경제적 규정 속에서 발생하는지에 따라 규정된다. 마르크스는 이러한 경제적 발전에 본질적인 불균등성이 있을 뿐 아니라 상이한 형식에서 발생한 이러한 관계의 탈취방식이 명료하게 드러나거나 은폐되기도 한다는 사실을 보여준다. 재미있게도 봉건주의는 재생산을 위해 수행된 노동과 잉여노동의 관계가 명백히 분리되고 구별되는 형태를 취하는 유일한 사회구성체이다. 반면 노예제에서도 자본주의에서도, 비록 대립적 방식이긴 하지만, 이러한 차이가 착취형식에서 사라진다. 마르크스는 이러한 차이를 다음과 같이 서술한다. "노동임금이라는 형식은 노동일을 필요한 노동과 잉여노동으로, 지불되는 노동과 지불되지 않는 노동으로 분리하는 모든 흔적을 없애버린다. 모든 노동은 지불되는 노동으로 현

---

30) Ebd., S. 557; MEW 26, 3, S. 475.
31) Ebd., S. 558; MEW 26, 3, S. 476.

상한다. (봉건제에서 수행되는—역자) 부역의 경우 부역자 자신을 위한 노동과 지주를 위한 강제 노동이 공간적-시간적으로, 그리고 분명하게 구별된다. 노예노동의 경우 노동일은 자기 주인을 위한 노동으로 현상한다. 여기서 노예는 자기 자신의 생활을 영위할 수 있는 수단의 가치를 보전받으며, 사실상 자기 자신을 위해 일하는 것이다. 그의 모든 노동은 지불되지 않는 노동으로 현상한다."[32] 여기서도 역시 현상형식의 배후에 있는 참된 본질을 지각할 수 있기 위해 과학적으로, 객관적으로 수행된 사회-존재론적 발생은 필연적이다.

우리는 마르크스의 경제학으로부터 몇몇 중요한 문제복합체만을 이끌어냈다. 그 수는 자의적으로 늘어날 수도 있지만, 경제적 영역의 현실적 역동성을 해명하고, 이 영역에 대해 넓게 퍼져 있는 잘못된 판단을 해소하기 위해서는 지금까지 서술한 것만으로도 충분하리라 본다. 여기서 무엇보다 중요한 것은 경제의 의미가 사회적 존재의 전체 연관에서 차지하는 비중을 과소평가하지 않은 사람들에게—부르주아 학자들의 상당수가 그렇다— 특히 자기의 방법을 제2인터내셔날의 기간에 근거 짓거나, 아니면 스탈린주의에 근거 짓는 마르크스주의자들에게 경제역역이 제2의 자연이라는 생각이 넓게 퍼져 있다. 이들에게 이 영역은 상부구조나 이데올로기 등으로 불리는 사회적 존재의 다른 부분들과는 그 구조와 역동성에서 질적으로 구분되며, 이 부분들과 엄격한 배타적 대립성을 형성하는 것으로 간주된다.(이에 대해서는 플레하노프나 스탈린의 견해를 상기하는 것으로 충분하다.) 우리의 서술은 그러한 편견을 해체하고자 노력했다. 경제영역의 궁극적 요소인 노동은, 여기에서 자세히 서술된 것처럼 목적론적 정립에 의존

---

32) *Kapital* I, S. 502; MEW 23, S. 562.

한다. 그리고 우리는 여러 가지 측면에서 경제영역의 모든 계기, 구조와 역동성 등이 직, 간접적으로 노동과정에, 혹은 이 과정에 의해 작동하는 목적론적 행위에 정향되어 있음을 보였다. 근본적인 관점인 이러한 관점에서 보면 경제영역은 사회적 실천의 여타 영역들과 구별되지 않는다. 필연적으로 과정의 본질적 운동으로서의 목적론적 정립으로부터 시작하는 이 영역들에서도 이념적 계기가 언제나 개별적 정립에서 출발점을 형성하는 것은 아니다. 이러한 관점에서 전체 사회적 존재는 존재론적으로 통일적으로 구축된다. 구조적-역동적으로 엄격하게 대립해 있는 두 영역으로의 이런 분리는 현실과 마르크스주의의 변증법적 관점을 일관되게 사유할 수 없게 한다. 한편으로 자연과의 신진대사에서, 그리고 다른 한편으로 오로지 사회 내적인 실천에서 절대적으로 서로 대비되는 원리들을 보고자 할 때 어떤 만족스런 결과들도 나타나지 않을 것이다. 아주 발전한 이데올로기 영역에서 인간의 물질적(구체적) 행동에 규칙에 따라 광범위하게 영향을 행사하는 정립양식들이 있기는 하다. 하지만 이 경우에도 역시 매개과정과 관련하여 양적 차이에 이를 수밖에 없음을 알아야 한다. 경제구성체가 더 발전하고 사회화될수록 이 구성체는 더 복잡한 매개의 체계를 가지게 되고, 또 그런 복잡한 매개의 체계가 확대된다. 비록 이 체계들이 어떤 방식으로든 인간의 자기재생산과, 그리고 자연과의 신진대사와 상호연관에 있고, 이런 신진대사와 연관이 되어 있으며, 장려하든 방해하든 간에 이런 연관에 다시 영향을 미치긴 하지만 말이다. 그러한 경우 상부구조의 중요한 부분들은—법이나 정치를 생각해보면 충분할 것이다—이런 신진대사와 아주 친밀하게 연결되어 있고, 또 이 신진대사와 내적인 상호관계에 서 있음이 분명해진다.

따라서 노동과 더불어 형성된, 노동으로부터 성장한 목적론적 정립들은 비록 인간의 사회적 존재의 근본적 구성요소이기는 하지만, 전체로서의 인간의 사회적 존재는 자신의 물리적 실존과 물리적 재생산과 다양하게 서로 얽혀 있다. 그래서 (사회성과 자연성의—역자) 절대적 이분화는 불가능한 것으로 보인다. 그런데 이 말은 구속력 있고 통일적인 상호작용이 도처에서 동등한 힘과 응집력으로 작용한다는 것을 의미하지는 않는다. 상황은 그와 반대이다. 그런 상호작용은 경제영역의 상이한 개별 요소들 내에서 이런 관점에서의 꾸준한 지분을 단 한 번도 유지할 수 없다. 존재로서의 경제의 역사성은 궁극적으로 자신의 개별적 복합체들의 끝없는 구조변화와 응집성의 변화에서뿐 아니라 이러한 비중에 중요한 반향을 행사하는 자신의 기능변화에서도 표현된다.(전자본주의 구성체와 자본주의에서 상업자본과 금융자본의 상이한, 종종 아주 대립적인 기능을 생각해보면 된다.) 극히 복잡한 이 모든 이행은 경제영역을 상부구조와 형이상학적으로 냉혹하게, 그리고 아무런 연결고리를 주지 않은 채 서로 대조할 수 없게 만든다. 하지만 이것이 결코 사회적 존재 내에서의 목적론적 정립들의 전체복합체를 아무런 차이가 없는 통일적인 죽과도 같은 것으로 만든다는 것을 의미하지 않는다. 우리가 방금 본 것처럼 다른 복합체들에 대한 의미 있는 영향을 주는 경제영역에서조차 현상과 본질의 존재론적으로 아주 중요한 구분을 이해해야 한다. 우리는 일반적인 이데올로기적 편견과 반대로 양자가 단순히 사유의 규정이 아니라, 혹은 단순히 사상적 구별이 아니라 존재하는 것으로 고찰되어야 한다는 것을 보였다. 이 두 존재형식은 상호 간의 무수한 상호작용으로 서로 연결되어 있으며, 하나의 역동적 통일성을 형성하고 있음을 분명히 했다. 물론 이 통일성 속에서 스스로를 만들어가는 이들 존재의 구체적 규정들은 매우 복잡하게 서로 얽혀 있기는 하지만 아주 상이하게 작용하고 있다.

경제에서 모든 현상의 중요한 존재론적 통일과 상이성을 올바르게 파악하고자 한다면 이 문제복합체에 대한 헤겔의 취급방식을 존재론적으로-비판적으로 참고해야 한다. 헤겔은 이미 상대적으로 이른 시기에 나온 『철학 예비학』에서 현상을 "즉자대자적으로 존재하는 것이 아니라 타자 속에서 근거 지어진 어떤 것"으로 규정한다. 그리고 그는 동시에 본질과 현상의 관계에 대한 결정적 규정으로 다음과 같이 말한다. "본질은 현상**해야 한다.**"[33] 따라서 한편으로 본질은 존재 적합하게도 상호작용에서 포괄적 계기로 현상하고, 다른 한편으로 동일하게 존재 적합한 이 둘 사이의 관계는 현상이 필연적으로 본질의 존재에서 발생해야 한다는 데서 구체화된다. 양자의 역동적 통일성은 다음의 사실에 의존한다. —이것은 물론 명백히 사회적 존재에 의식적으로 정향되어 있지 않은 단순히 존재론적인 헤겔의 탐구방식을 더 이상 포함하지 않는다. —즉 사회적 존재에서 양자의 통일성은 양자가 목적론적 정립으로부터 발생한다는 사실에 의지한다. 그것도 경제영역의 모든 개별적 정립에서 본질과 현상은 객관적-동시적으로 정립되는 방식을 취한다. 운동에 들어간 인과계열들이 서로 분리된 존재복합체로 전개해갈 때, 그리고 또한 항구적인 상호작용이 진행되는 가운데 —직접적으로, 상대적으로— 서로 대조를 이룰 때에야 비로소 보다 분명한 차이가 드러난다. 헤겔은 천재적인 방식으로 이런 분기점의 가장 일반적인 특징들을 양자가 궁극적으로 서로 귀속된다는 관점에서 규정해준다. 물론 유물론적 변증법의 존재론을 통해 그의 규정들이 보다 구체적으로 수정되어야 하지만 말이다. 그는 다음과 같이 말한다. "법칙의 왕국은 실존하는

---

33) Hegel, *Philosophische Propädeutik*, *Sämtliche Werke*, Ausgabe Glockner III, Stuttgart 1949, S. 124-125; HWA 4, S. 175.

혹은 현상하는 세계의 **고요한** 모상이다."[34] 헤겔에게서 종종 유감스런 점이 나타나듯이 여기서도 역시 결정적인 존재론적 사실이 그의 존재론적으로 객관적인 즉자-대자존재로가 아니라 인식이론적-논리적으로 주관화되어(모상) 표현된다는 짐이다. 헤겔이 원래 의도했던 것은 현싱세계가 아주 특화된 본질과 대조될 때 보다 분명하고 조형성 있게 표현된다. 헤겔은 본질과 현상의 관계에서 나타나는 동일성과 비동일성의 이러한 동일성으로부터 다음의 상을 제시한다. "법칙의 왕국은 현상의 **고요한** 내용이다. 하지만 현상은 불안정한 변화 속에 놓여 있는, 그리고 타자에서의 반성으로 서술하는 내용이다. 이것(현상)은 단적으로 변화하는 부정적 실존으로서의 법칙이고, 대립적인 것으로의 이행, 자기지양, 그리고 통일성으로의 귀환의 **운동**이다. 불안정한 형식의 혹은 부정성의 이러한 측면은 법칙을 포함하지 않는다. 따라서 현상은 법칙과의 관련에서 볼 때 총체성이다. 왜냐하면 현상은 법칙을 포함하지만, 더 많은 것, 즉 스스로 움직이는 형식의 계기도 포함하기 때문이다."[35] 여기서 다음의 사실을 보충하고 싶다. 즉 헤겔은 본질의 왕국을 이전의 자리에서 보다 더 존재론적으로 내용으로 특징짓고 있다는 점이다. 물론 존재 적합하게 서로 반성관계로 존립하는 양 복합체에 대한 그의 규정들은 반성관계(내용-형식)를 보편성의 관점에서 복합체의 이런 특수한 관계와 형식적으로 관련 맺고 있다고 함으로써 결정적인 존재론적 연관을 논리적-인식이론적으로 지나쳐가고 만다는 사실은 지적해야 한다. 현상은 엄격한 존재론적 의미에서 본질의 형식일 수 없다. 이는 마치 본질이 단순히 현상의 내용일 수 없는 것과 같다. 이 복합체들 각

---

34) Hegel: *Logik, Werke, Originalausgabe* IV, Berlin 1841, S. 145; HWA 6, S. 154.
35) Ebd., S. 146; HWA 6, S. 154f.

자는 존재 적합하게 당연히 자신의 내용의 형식이며, 따라서 이들의 연관은 이 둘을 자기 내에서 통일하는 형식-내용관계이다.

그러나 헤겔의 공식에 대한 그런 반박의 필연성에도 불구하고 분리되지 않는 통일성 내부에서의 차이라는 결정적인 특징들이 근본적으로 옳다는 사실을 변화시키지는 않는다. 이를 철저히 관철하기 위해 무엇보다도 본질을 특징짓는 '고요한'이라는 헤겔의 형용사를 그의 참된 존재론적 특성으로 환원해야 한다. '고요한 모상'은 비록 본질에서 작용하는, 자신의 본질성을 구성하는 법칙의 중요한 측면을 드러내긴 하지만, 동시에 그것의 존재론적 역동성은 인식이론적인 정지상태에 근접해 있다. 왜냐하면 사상적 모상의 '고요함'은 지배적인 과정의—그리고 이 과정의 주된 경향의 연속성과 그 구성요소의 합법칙적 비율의— 현실적 특성을 요약해주는 표지이긴 하지만, 동시에 여기서 문제가 되는 것이 실제적 발전과정임을 은폐하고 있기 때문이다. 특히 비유기적 자연의 합법칙성에서는 이런 부적합성이 훨씬 덜 방해가 되는데, 이러한 사실은 자명하다. 왜냐하면 한편으로 사회적 존재에서 모든 법칙성의 역사적 특성, 그 발생과 소멸 등은 질적으로 전혀 다른 함축으로 표현되며, 다른 한편 이런 법칙성에 대한 인간의 반응은 단지 사회적으로만 존재론적 의미를 얻을 수 있기 때문이다. 헤겔적 규정들의 한계는 따라서 이 규정들의 일반성과, 그리고 본질과 현상을 전체 존재의 영역에서 논리적-통일적으로 규정하려는 요구와 밀접한 관련이 있다. 따라서 사회적 존재에서 본질의 '고요한' 특성은 가장 근본적인 본질 규정들이 형성하는 과정들의 점진적 연속성에 다름 아니다. 이런 연속성은 존재론적으로 다음의 사실에 의존한다. 즉 사회적 존재의 인과적 계열을 중단 없이 작동시키고 운동 가운데서도 그 계열을 보존하는 인간적-목적론적 정립들에서, 그리고 그 정립들에 대해서 객관적-인과적 계기들이 언제나 압도적인 방식으로 지배적인 계기로 작용한다는 사실, 그리고 우리가 오래전부터 알고 있는 원리, 즉 결과는 정립들의 사회적-인간적 의도를 넘어간다는 원리가 지배적인 역할을 수행한다는 사실에 의존한다. 이러한 사실은 인간 개인의 재생산을 위해 반드시 필요한 그런 노동이 이 개인에 의해 사회적-역사적 발전과정에서 실제로 수행될 수 있는 전체 노동과 비교해서 항구적으로 감소하는 경향이 있다는 사실에서 분명하게 드러난다. 확고한 이런 경향성은 목적론적 정립으로서의 노동이 존재론적으로 특성화하는 새로운 것의 계기로부터 발생한다. 이 새로운 것 역시 역동적 특성을 갖는다. 왜냐하면 그것이 목적론적 정립에서 하는 작용은 단순히 그때그때의 직접적인 개별적 현실화 작용에서만 타당한 것이 아니라 바로 그런 현실화 작용을 통해 매개되어 항구적으로 작용하는, 개혁을 위한 작동원리가 되기 때문이다. 그러한 개혁의 존재론적 본질은 ―이 개혁의 기술적 특성은 한정 없이 다양할 수 있지만― 본질상 노동하는 자의 직접적 재생산을 위해 사회적으로 필요한 노동시간을 언제나 감소시키고, 노동의 성과와 노동의 결과를 대체적인 사회적 특성에서 해방시킨다는 데 있다. 노동의 이런 발전노선으로부터 노동의 성과가 꾸준히 상승하며, 이를 매개로 하여 한편으로는 자연의 경계가 후퇴하고, 또한 우리가 다른 연관에서 이미 반복해서 기술했던 과정인, 점점 더 강력해진 사회의 사회화가 진행된다. 그리고 다른 한편으로 개별 사회들은 꾸준히 성장하고, 이런 사회들 사이에서 발생하며 자본주의의 세계시장에서 그 정점을 찍은, 하지만 여전히 양적-질적인 성장을 알리는 기호들이 계속 나타나는 경제적 상호작용이 중단 없이 응집되어가는 현상도 발생한다.

서로 밀접한 연관이 있는 이 세 발전 계열을 정당하게도 통일적으로 나아가는 복합체의 내용으로 고찰할 경우, 우리는 이 계열들에서 두 가지 특징을 지각할 수 있다. 여기에서 헤겔은 요동치며 움직이는 현상세계의 다양성과는 반대로 본질의 세계를 고요함과 통일의 원리로 규정하는데, 이것은 상대적으로는 정당하지만, 근본적으로 잘못된 평가임이 명백히 밝혀진다. 즉 첫째, 사회적 현상세계는 무궁무진하게 다채롭고, 유일무이하여 비교 불가능한, 그리고 서로 이질적이고 모순적인 조직체들이며, 결코 비교될 수 없는 과정 중에 있다는 상을 제시하며, 둘째, 인간의 행위의 변화와 응고에는 결코 전능하지는 않다 하더라도 명백히 실제로 함께 규정하는 역할이 귀속되는 것으로 보이는 데 반해, 경제적 세계의 본질은 경향상 명백하게 특정한 방향을 가지는 것으로, 그것도 정립들의 의도들과는 아무 상관 없이 존립하는 것으로 보인다. 헤겔적인 '고요함'은 비록 아주 중요한 것, 예컨대 본질의 과정양식을 왜곡하고 있기는 하지만, 본질과 현상영역의 근본적 차이와 대립성을 명백히 보여준다. 헤겔의 입장에 대한 모든 비판에도 불구하고 이러한 차이를 확실히 붙들 경우, 경제적인 것의 참된 존재를 사회적 존재 내부에서 적절하게 파악하는 인식에 이를 것이다. 하지만 여기에는 (지양이 아니라) 보충하는 유보사항이 덧붙여져야 한다. 전체 본질영역 내부에서 운동은 점점 더 정립의도들과 독립하게 되는데, 이런 독립성은 그 존재에게 어떤 '자연적인' 외관을 부여한다. 사람들은—종종 다양한 의미로— 사회를 제2의 자연이라 말하는데, 이 경우 대개 사회는 주체와 독립해 있음을 의미한다. 따라서 변증법적으로 충분히 구체화할 경우 이 존재의 현실적 속성을 언급할 수 있게 된다. 하지만 이때 잊어서는 안 되는 것은 의식적 작용의 그런 독립성이 이런 속성을 존재 적합한 토대로 전제한다는 것이며, 또한 가장 순수하고 고차적인 객체성의 형식을 한 사회적 존재라 하더라도 자연과정이 완전히 주체와 독립해 있는 만큼의 독립성을 결코 소유할 수 없다는 것이다. 하지만 이런 '자연적인' 객체성에 사변적으로 확고하게 붙들리는 것은 동시에 모든 자연 유비와 아주 비판적 거리두기를 할 경우 뿌리 깊은, 헤겔에게 여전히 현존하는 인류역사에 대한 실제 목적론이라는 관점에 대항한 인식 적합한 보증이다. 인류역사는 결정적으로 비목적론적인, 순수하게 인과적인 성격의 측면을 갖는데, 이러한 측면에서 이 영역은 실제로 일종의 '제2의 자연'으로 드러난다. 합법칙성이라는 일반적인 조건-결과의 특성을 갖는 인간의 목적론적 정립 위에 존재 적합하게 정초된다는 것은 그런 정립의 경향적 특성, 그 정립의 관철 등을 —불가피하게 요동치기는 하지만— 추세로서 표현해야 한다는 데 질적으로 결정적인 차이가 있다. 전체과정의 비목적론적 성격은 또한 본질의 합법칙성이라는 '조건-결과'의 본질양식을 드러낸다. 그 표현들이 완성을 향한 합법칙적 과정의 표현들이라면 그 표현 속에는 발전의 어떤 일탈도 없을 것이며, 어떤 막다른 골목에도 이르지 않을 것이다. 그러나 바로 마르크스는 자신이 아시아적 생산관계라고 표현한 사회구성체가 그 모든 결정적인 관계에서 막다른 골목의 특성을 드러낸다는 점을 보여주었다. 그 막다른 골목에서는 여기서 묘사된 경제의 근본적인 경향이 특정한 정도로까지만 전개될 수 있다는 것이다. 즉 기껏해야 그렇게 도달된 것을 재생산의 형식으로 새롭게 산출할 수는 있지만 질적으로 보다 높은 단계로 결코 고양할 수 없다는 것이다.[36]

그러나 본질영역의 존재론적 특성을 이렇게 경제에서 인식한다고 해

---

36) 아시아 민중과 아프리카 민중의 과거 경제를 탐구하지 않은 것은 스탈린 시기 마르크스주의의 태만이었다. 따라서 오늘날 누구도 이 민중들의 발전사에 대한 과학적 지식을 가지고 있지 않다. 그런데 그 나라들이 발전된 사회-경제적 형식들을 가지고 있었음이 드러나는 상황에서 과학적-마르크스주의적으로 해명될 수 있는 새로운 경제적 경향들이 나타나고 있다. 하지만 오늘날의 마르크스주의는 우리 시대의 이런 중심적 발전문제에 대해 과학적으로 근거 있는 말을 결코 할 수 없게 되었다.

서 이 영역이 마치 폐쇄적인 완결된 영역이라도 된다는 생각으로 나아가서는 안 된다. 이 세계는 비록 다른 영역들을 결정적으로 규정하기는 하지만, 이 다른 영역들과의 상호작용이 없으면 그것도 존립할 수 없다. 이 영역은 무엇보다도 현상세계와 관계 맺고 있다. 정당하게도 우리가 여기서 존재론적 발생으로부터 출발한다면 우리는 언제나 현상세계와 본질영역 둘 다 존재 적합하게, 그리고 동일한 방식으로 동일한 목적론적 정립의 산물임을 확실히 알 수 있다. 본질의 영역들을 통합하는 특정한 노동의 정립들이 있고, 또 현상세계의 토대를 형성하는, 본질의 영역과는 다른 노동의 정립들이 있다고 상상하는 것은 불가능할 것이다. 결코 그럴 수 없다. 사회적 존재에는 존재에 적합한 통일적인 노동과정이 있을 뿐인데, 이 과정의 요소들은 언제나 어디서나 집단노동으로 결합된 개별적 인간집단의 개별적 노동행위를 형성한다. 즉자적으로 통일적인 이러한 노동정립으로부터 즉각적으로, 그리고 분리 불가능하게 그때그때의 경제적 구성체의 본질과 현상이 발생한다. 하지만 분열 속의 이런 통일 혹은 통일 속의 이런 분열은 존재 적합하게도 결코 비밀스럽지 않다. 우리는 노동을 분석하는 가운데 목적론적 정립작용이 (이 정립이 파산하지 않는다는 전제하에서) 단순히 그 의도된 것만을 현실화하는 것이 아니라 언제나 다른 더 많은 것을 만들어낸다는 것을 보았다. 노동은 모든 실천의 모델로서 특정한 행위를 유발하거나 경우에 따라 강요하는, 의식으로 결코 완벽하게 인식할 수 없는 상황에서 모든 인간실천의 근본적 상황을 피해갈 수 없다. 이렇듯 그 의미와 결과 등이 정립작용을 넘어서 가는 인과계열의 작동은 모든 목적론적 정립의 표식이다.

(의도나 정립작용의 의미를—역자) 이렇게 넘어간다는 것은 과정과 그 생산물에 대한 모든 구체적인 질문에서 드러나는, 하지만 이 무한한 다양성 속

에서 존재 적합한 자신의 통일성을 보존하는 지극히 복잡한 현상이다. 본질과 현상이 그런 근본적인 통일적 근원으로부터 발생하지 않고 이런 통일을 역동적으로 보존하지 않는다면 그런 존재 적합한 변증법은 가능하지 않을 것이다. 가끔 인용되는 예를 들이 말하자면, 평균이윤율 감소의 본질은 자신의 목적을 이루어가는 과정에서 형성되는 생산력의 증가를 형성한다.(전체 시간 내에서 노동하는 자의 재생산을 위해 필요한 노동시간의 감소) 이윤율의 점진적 감소는 본질을 구성하는 이러한 과정의 현상방식이다. 다른 모든 경우에서와 마찬가지로 여기서도 명백한 사실은 존재 적합하게도 궁극적으로 통일적이고 분리될 수 없는 것이 있다는 점이다. 그런데 본질과 현상을 분리하는 것은 단순히 사상적으로 구별할 수 있는 계기들의 상이한 통찰방식과는 전혀 다르다. 생산력의 증가는 이윤율 감소가 그러하듯 과정의 실제 경향이며, 이 양자는 그 과정의 동일한 대상복합체에서 실존하게 된다. 실제로 지양할 수 없는 그러한 과정의 통일 속에 있으면서도 이 양자가 분리하는 것, 즉 하나를 본질로, 다른 하나를 현상으로 만드는 것은 한편으로는 지속적으로 진행되어오는 총체성 속에서, 다른 한편으로 역사적-경제적으로 구체적인 지금, 그리고 여기라는 상황 속에서 그 과정과 맺는 연관방식이다. 또한 그 과정을 단 한 번의 현실화가 아닌 "보다 고차적인" 존재로 부르는 것이 잘못이듯 그 과정의 지속적인 일반적 특징들을 일회적인 구체적 현실의 사상적 일반화로 파악하는 것도 잘못일 것이다.

일반성뿐 아니라 개체성도 대상과 과정의 존재론적 범주임을, 그리고 일반화뿐 아니라 개체화도 그 결과들을 상응하는 사상의 형성물 속에서 미메시스적으로 재생산하는 실제 과정들을 형성한다는 사실을 언제나 분명히 해야 한다. 하지만 본질은 일반성이 지배하고 현상에는 개체와 특수자에 할당되는 운동이 부가된다고 하는 존재 적합한 현존의 상황으로부터 이런 관계에 본질과 현상의 참된 관계가 있다고 이끌어내는 것은 경솔한 일일 것이다. 무엇보다도, 일반성과 개체성은 반성규정들이다. 이것들은 모든 구체적인 상황에서 자발적으로-양극적으로 등장한다. 즉 모든 대상은 언제나 일반적이면서 동시에 개체적이다. 따라서 현상세계는 —비록 지속적인 일반자인 본질과 관계를 맺고 있지만— 자신이 고유한 일반성을 존재 적합하게 산출해야 하며, 마찬가지로 본질의 일반성도 언제나 다시금 개체성으로 드러나야 한다. 부르주아 경제에서 대부분의 일반성은 현상영역의 특수한 대상들을 사상적으로 고착시켜 일반화한 것에 불과하다. 조작학문인 신실증주의는 원리상 반(反)존재론적인 입장을 가진다. 따라서 만약 신실증주의의 이러한 입장이 이런 일반화의 단계에서 궁극적 토대를 이끌어낼 수 없다면 거기에는 당연히 오류가 놓여 있지 않을 것이다.

따라서 한 개체의 일반자는 하나의 복합체 내부에서의 대상들의 반성규정일 수 있지만, 또한 두 복합체가 나란히 있는 그런 반성규정일 수도 있다. 우리가 방금 다룬 이 경우를 괴테는 자신의 심오하고 아름다운 시 「변화 속에서의 지속」에서 아주 내용 풍부하고 현실에 가깝게 묘사해준다. 그가 비록 우리의 원래 문제를 직접 다루고 있지 않다 하더라도, 아니 직접 다루고 있지 않기 때문에 그가 제시한 상은 우리 문제에 적합한 특별한 것을 아주 잘 드러내준다. 괴테는 자연에서의 변화와 지속의 관계와 인간적 인격성에서의 변화와 지속의 관계의 윤곽을 시적으로 표현하지만, 존재론적으로 매우 정확하게 제시해준다. 이 두 관계는 우리가 탐구하는 것에 형식적으로 아주 가깝지만 그 특수한 과정양식에 따르면 서로 구별된다. 물론 철학적으로 다루기에는 몇 가지 유보적인 것들이 있다. 괴테는 여기서 외견상 자연 자체에 대해 말하는 것 같다. 하지만 실제로 그는 유기체의 성장이, 혹은 아주 저차원의 단계에 있는 자연대상이 자신들의 입장에서 볼 때 비유기적 성격을 갖는 자신의 환경과 맺는 관계를 다루고 있다. 그런 상호작용으로부터 순환적 운동이 발생한다. 이 운동은 삶의 과정을 끊임없이 변화하는 자연의 순환, 즉 계절과 연관시키는데, 식물의 세계에서 두드러지게 나타나지만, 특정한 동물세계(특히 많은 곤충들)에서도 나타난다. 따라서 이러한 삶의 과정에서는 두 영역의 —여기서는 유기체영역과 그 환경영역의— 해소 불가능한 상호착종이 지속과 변화의 변증법으로 표현되고 있음을 알 수 있다. 곧이어 괴테는 자신의 세계관에 따라 인간의 삶은 최대한의 자기형성이라는 고차적 수준에서 명확하게 드러난다고 한다. 여기서도 역시 —아주 일반적으로 말해서— 순환적 성격의 운동이 드러난다. 하지만 여기서는 —식물이 계절과 맺는 관계에서처럼— 동일한 복합체의 객관적인 순환적 규정들의 반복이 문제가 되는 것이 아니라, 그때그때의 고유한 삶의 처음과 끝을 자기창조적으로, 인간적으로, 의도적으로 결합하는 것이 중요하다. 이때 이 결합의 토대는 그 자체로 인간적 유기체의 본성(자연)을 통해 불가피하게 주어지지만, 인간이 발전하는 가운데 나타나는 인간 자신만의 형성과정에 복종한다. 괴테는 "자신의 삶의 마지막을 시작과 연결할 수 있는 사람은 가장 행복한 사람이다."고 산문의 형식으로 자신의 윤리학을 표현하고 있는데, 이것을 시적으로는 "시작을 마지막에 끌어 모아/하나가 되게 하리."라고 표현한다. 여기에서 지속은 이미 본질적으로 피정립태이며, 한 인간의 전체 삶 내에서 (반드시 의식적이지는 않다 하더라도) 불가피하게 수행된 일련의 선택적 결단의 결과이다. 이러한 정립활동은 자기생성적 인격체의 연속성을 형성하고 지속을 창조하는 것으로서 복합체에 마주 서 있다. 삶의 생물학적 과정뿐 아니라 순수하게 사회적인 삶의 규정과 사회화된 생물학적 규정, 그리고 이 삶의 사회적 환경 등이 바로 이런 복합체를 형성한다. 결과는 특정한 실제적 삶의 형식이지만, 바로 그 존재 안에, 그리고 아주 존재 적합하게 가치를 담지하고 있다.

이 복합체들을 여기서 다룬 복합체와 분리시키는 차이들은 이 후자를 자신만의 방식으로 명료하게 드러낼 가능성을 제공한다. 무엇보다 우리의 경우 문제가 되는 것은 사회적 복합체 내부에서의 반성관계이다. 이때 근본적인 노동에 있어서 자연과의 신진대사가 여전히 중요하다는 사실은 여기서도 결코 변함이 없다. 왜냐하면 출생, 성장, 그리고 삶의 마감 등 괴테가 다룬 두 번째 경우에 그 형식들이 아무리 사회화되었다고 하더라도 여전히 자연현상으로 머물러 있는 데 반해, 바로 이 노동을 통해 자연 그 자체는 사회적으로 매개되기 때문이다. 그런데 본질의 영역, 즉 변화 속에서 지속을 구체화하는 것은 이러한 신진대사의 범주들을 순수하게 사회적인 관계들의 범주들보다 압도적인 것으로 만드는데, 이러한 사실은 우연이 아니다. 왜냐하면 바로 이 영역에서만 노동의 본질 속에 정초된 새로움의 원리가 상대적으로 덜 방해받으면서 일정하게 작용하기 때문이다. 목적론적 정립이 더 많은 매개에 의해 이뤄질수록, 즉 목적론적 정립이 노동의 근원과정과 거리를 두고 영향을 미칠수록 이러한 발전에 불균형(정체나 후퇴를 포함하여)을 도입할 수 있는 요소들이 그만큼 강하게 전면에 드러난다. 따라서 매개된 방식이 아닌 직접적인 방식으로 이뤄지는 사회와 자연의 신진대사는 생산력 발전의 불가피성의 근거가 된다. 그런데 이것은 단순히 세계사적인 경향만을 말한 것이다. 따라서 여기서는 괴테가 본질로, 변화 속의 지속으로 다룬 것에서 드러나듯이 처음과 끝을 가진 과정 혹은 그것들의 순환적 회귀가 중요한 것이 아니라—세계사적으로 보면—항구적으로 성장하는 경향이 중요하다. 예를 들어 아시아적 생산관계에서 현상방식이 생산력의 이러한 항구적 고양을 위한 극복할 수 없는 저해를 만들어내듯이 전체과정의 순환적 계기들은 반복해서 등장한다. 마르크스는 "끊임없이 동일한 형식으로 재생산되는, 그리고 우연히 파괴될 경우 동일한 장소에 동일한 이름으로 다시 일어나는 자족적 공동체"에 대해 말한다.[37] 이러한 상황에서는 종종 아주 쉽게 물신화가 등장하며, 이러한 발전은 "자연에서와 같은" 필연성에 따라 이뤄진다. 그런데 이러한 과정에서 인간의 자연으로부터의 벗어남, 노동의 결과로 인해 형성되는 인간의 인간됨, 인간의 사회화됨이 인간의 발전의 토대가 된다. 우리가 종종 인용하는 마르크스의 다음의 문구는 이러한 발전에도 유효하다. "인간은 자신의 역사를 스스로 만든다."

하지만 이 문장에는 동시에 "그러나 스스로 선택한 환경 아래에서 그런 것은 아니다."라는 말이 첨가되어 있다. 왜냐하면 노동의 가장 일반적인 본질인 목적론적 정립, 즉 자연과의 신진대사는—그 자체로 고찰해봤을 때— 여전히 근본적 원리로 머물러 있고, 자신의 근본적 특성을 원리상 변경시킬 수 없듯이, 또한 노동은 사회-역사적 존재의 구체적인 지금-여기에서만 존재 적합하게 현실화될 수 있기 때문이다. 바로 이 지금-여기는 처음에는 압도적으로 자연의 규정을 받지만, 노동에서 필연적으로 발생하는 사회적 노동분업이 진척되면서 점점 더 사회화되어간다. 한편으로는 사회적 노동분업을 그때그때 수용하여 고착시키는 형식들을 통해 그렇게 사회화되어가며, 다른 한편으로 아주 넓은 의미에서의 노동과정으로부터 발생한 인간의 능력의 발전을 통해 그렇게 사회화된다. 인간의 이러한 능력은 사회적 노동분업의 매개체계에 의해 규정되기도 하고 또한 이러한 매개체

---

37) *Kapital* I, S. 323; MEW 23, S. 379.

계에 변형적으로 작용을 미치기도 한다. 그러나 인간의 전체 삶의 체계를 점점 더 많이 포괄하는, 스스로 선택하지 않은 환경의 이러한 체계는 인간의 활동과 독립해서 작용할 수 없다. 이러한 체계에 미치는 인간의 실천의 활동적 참여는 자연의 한계를 이러한 방식으로 점차 퇴각시킴으로써 이중적 관점에서, 항구적인 상호작용 속에서 강화된다. 즉 이러한 활동은 언제나 매개적인 방식으로 구축되는 복합체들의 형식과 내용에 점점 더 강력한 영향력을 행사하지만, 동시에 그 모든 규정에서 사회적 외부세계로서의, 모든 행위의 실제적 가능 공간으로서의 자기창조적 사회성에 의해 제약된다. 다양한, 서로 이질적인 이런 힘들과 경향들은 이런 방식으로 —세계사적으로— 형성되고 사라지는 경제적 구성형태로 응축된다. 바로 이 구성형태에서 헤겔이 본질에 대립한 현상이라 부른 것, 그리고 괴테가 지속에 대립한 변화라고 부른 것이 조형적으로 표현된다.

헤겔은 현상세계를 규정하는 가운데 본질에 마주해 있는 현상세계의 자립성, 현상세계의 다양한 내용적 새로움을 강조한다. 이것은 그가 몇몇 중요한 특징에서 사회적 존재의 변화를 설명하는 참된 구성요소들에 접근해 있음을 보여준다. 우리가 본 것처럼 그는 정당하게도 다음의 사실을 제기한다. 즉 현상은 법칙과 다른 내용을 갖는다는 것, 현상은 본질 그 자체와는 아주 다른, 스스로 움직이는 요란한 형식을 갖는다는 것이 그것이다. 따라서 헤겔은 현상영역이 다채로움과 운동성과 일회성과 소멸을 가진다는 점에서 본질과 확연히 구별되며, 이로 인해 바로 이 현상영역이 그 자체로 역사성의 원래 영역이 된다는 것을 인식했다. 이전에 본질은 고요함을 특징으로 갖는다고 했는데, 현상은 본질과 다르다는 사실이 지나치게 강조된다면 그 근거는 헤겔의 관념론적 기본 구상에 놓여 있다. 마르크스는 바로 이 지점에서 헤겔의 관념론적 구상을 날카롭게 비판했다. 그는 헤

겔이 "인간의 자기생산을 하나의 과정으로 이해하고, … **노동**의 본질을 파
악했으며, 대상적 인간, 즉 참된 현실적 인간을 자기 자신의 **고유한 노동**의
결과로 이해한 것"에 대해 칭찬한 이후 다음과 같은 사실을 비판적으로 덧
붙인다. "헤겔이 알고 있고 인정한 노동은 **추상적인 정신적** 노동이다."[38] 헤
겔의 모든 올바른 규정은 노동을 인간존재와 발전의 토대로 본 것에서 기
인한다. 그의 모든 과도한 규정과 따라서 잘못된 규정들은 이러한 노동을
무의식적이고 자의적으로 순수하게 정신적인 것으로 변환시킨 것에서 기
인한다. 따라서 헤겔의 해석을 현실적 노동에 기초하여 교정한다고 하더
라도 새로움, 다름, 그리고 본질에 마주한 자립적 현상 등이 완전히 지양
되지는 않는다. 그러한 것은 본질과의 상호작용 속에서 그저 올바른 위치
로 이동하게 될 뿐이다. 여기서 본질의 "고요함"은 관념론에 의해 왜곡되
지 않은, 궁극적으로 경향적인 비정체성에 대한, 사회적 존재의 발전의 전
체과정에서 관철되는 그런 비정체성에 대한 존재론적 통찰로 변환되며, 현
상세계의 자립성은 현상세계가 본질과의 상호작용 내부에서 —상대적인
— 자립성을 소유하는 것으로 환원되고, 따라서 현상세계는 결코 기계적으
로 산출되는 본질의 결과물일 수 없다. 이러한 자립성은 본질과의 상호작
용의 테두리 내에서만 현존한다. 즉 이 자립성은 매우 폭넓고, 다층적이며,
다면적인 활동공간으로 존재하긴 하지만 상호작용 내에서의 자기전개라
는 활동공간으로서만 현존한다. 이때 이러한 상호작용에서 본질은 포괄적
계기의 기능을 소유한다.

　이러한 존재론적 구성요소의 확립은 두 가지 측면에서 중요한 결과를

---

38) Marx, *Ökonomisch-philosophische Manuskripte*, Werke(MEGA) III, S. 156-157; MEW
　　EB I, S, 574,

갖는다. 첫째, 관념론적 편견은 없어져야 한다. 관념론은 (현상세계를 경제적으로도 구성하고 있는) 역사의 대상의 일회성 혹은 다양한 특수성이 개념으로, 다른 것에 의해 발원한 것으로 더 나아가지 않고 그저 최종적인 것이나 되듯이 이해하며, 역사적으로 현존하는 세계의 다채로운 사실성이 마치 궁극적인 것, 순수하게 자기 근거적인 것이나 되듯이 이해한다. 둘째, (마르크스주의라고 스스로를 부르기도 하는) 속류 유물론의 이와 대조되는 편견 역시 파괴되어야 한다. 속류 마르크스주의는 현상세계의 모든 개별적 계기가 본질의 직접적이고 기계적인 결과물이라고 생각한다. 즉 본질의 법칙성으로부터 현상의 일회성에 이르기까지 단지 인과적으로 연역될 뿐이라고 한다. 여기서 묘사된 본질과 현상의 아주 적절한 관계를 이해하고 나면 이 두 관점의 약점을 볼 수 있다. 여기서 어렵지 않게 통찰할 수 있는 사실은 두 복합체의 상호작용으로 인해 하나의 복합체에서 생겨나는 활동공간이 완전히 자율적인, 자신만의 고유한 법칙으로 고양될 수 없다는 것이다. 또한 상대적 자립성이 그때그때의 활동공간 안에서 발생할 수 있고 또 실제로 발생하는데, 이로 인해 활동공간을 궁극적으로 제약하는 원리와 법칙들이 그 활동공간을 결정적으로 규정한다는 사실을 철폐하지는 않는다. 그러나 바로 이러한 사실을 통해 현상세계의 개별 계기들의 직접적-인과적 규정성은 불가능해지며, 현상세계의 내적인 인과계열이 본질의 법칙을 통해 직접적으로 인출되는 것도 불가능하게 된다. 본질은 현상세계와의 상호작용을 하는 가운데 현상세계에서 발생한 "자유로운" 활동공간을 산출하며, 현상세계의 자유는 활동공간의 법칙성 내부에서만 가능한 것으로 된다. 경제적 구성체의 역사에 대해 간단하게 살펴보면 이러한 사실이 잘 드러날 수 있다. 아테네, 스파르타, 로마의 실존과 영화와 몰락은 노예제를 기초로 하고 있음을 쉽게 알아볼 수 있다. 그런데 동일한 노예제에 기초하고 있음에도 각각의 나라는 자신만의 고유한, 질적으로 상이한 역사를 갖는다는 것도 볼 수 있다. 영국, 프랑스, 독일 등 자본주의에서의 이런 상황도 현상방식에서 본질에의 의존성이라는 동일한 구조를 드러내는데, 이러한 사실은 (우리가 바라는 바처럼) 더 증명할 필요도 없다. 본질과 현상의 이러한 상호작용이 사회적 존재에서 구체적으로 어떻게 작용하는지는 이데올로기의 문제가 탐구되는 지점에서야 비로소 다뤄질 수 있다. 그러나 앞에서 이미 시사했던 것을 여기서 언급하는 것이 불필요하지 않다. 앞에서 다음의 사실을 언급했었다. 마르크스에 따르면 본질의 가장 일반적인 형식은 본질 자신을 구체적으로 실현하고자 하는 현상세계에서의 실천과 —경제적인, 그리고 또한 이데올로기적인 실천— 긴밀한 관계를 맺고 있는데, 이 관계는 가능성의 관계, 가능성의 구체적 활동공간이란 관계이다.

따라서 생산력과 생산관계의 가장 일반적인 관계가 경제영역에서 일반적 변증법에 의해, 본질과 현상에 의해 밝혀졌다면, 이러한 확고한 사실은 우리가 여기서 밝히고자 한 이데올로기 문제에서 더 나아간 보충을 필요로 한다. 사회적 노동분업이 확장되고 그에 상응하여 사회가 더 사회화될수록 재생산과정을 정상적인 도정에서 유지하기 위해 보다 많고 복잡한 매개가 필요하다는 것을 우리는 반복해서 말했다. 이러한 사실이 경제에서 어떻게 관철되는지를 우리는 많은 예들에서 인지할 수 있었다. 그리고 경제적 재생산과정이 특정한 단계에서는 경제적 과정의 일탈을 가능하게 한 비경제적 활동영역을 새롭게 하지 않고서는 경제적으로도 기능할 수 없다는 사실을 다시 언급할 필요도 없다. 여기서 등장한 구체적이고 본질적인 문제들을 암시적인 수준에서나마 언급하지 않는다면 우리가 이데올로기라고 말하는 상부구조의 영역에 이를 수 없을 것이다. 여기서 그것에 대해 말할 수 있는 것은 아주 간단하다. 잉여노동(잉여가치)에 대한 갈망이 사회적 사건의 중심적 추동력이었고 여전히 추동력이다. 그럼에도 불구하고 그런 갈망이 오로지 현상세계의 그때그때의 지금-여기에서만 관철될 수 있다는 것도 당연한 사실이다. 생산력의 그때그때의 발전에 의해 산출된 활동공간은 인간의 실천을 위한 유일한 무대이자 참으로 유일하게 가능한 객관세계이다. 따라서 비경제적인 활동들, 하지만 그 전체와 체계가 상부구조를 형성하는 그런 사회조직의 활동들은—마르크스는 이를 법률적-정치적 활동으로 부각시킨다— 경제영역의 현상세계에 직접적으로 맞닿아 있지 않으면 안 된다. 이 연결은 아주 밀접하고 아주 밀착되어 있어서 어떤 개별 경우에는 여기서 형성된 목적론적 정립의 내용이 언제 압도적으로 경제적인지, 그리고 언제 순수하게 경제적인 것을 넘어서는지를 확정하기가 쉽지 않다. 대부분의 경우 이러한 목적론적 정립들은 양 복합체에 동시적 작동을 목표로 하며, 직접적 욕구에서 출발하는 경제적 현상세계의 형성을 (당연히 이 세계는 보존이나 계속적인 형성 혹은 파괴를 내용으로 가질 수 있다.) 목표로 하지만, 동시에 그 의도에서 본질의 영역을 지향하기도 한다. 따라서 형식적으로 경제영역에서와 같이 목적론적 정립만 중요한 것은 아니다. 정립의 내용도 역시 아주 광범위하게 퍼져 있다.

그럼에도 불구하고 우리가 곧 보게 되겠지만, 경제적 토대와 이데올로기적 상부구조 사이의 경계가 완전히 사라진다고 믿는 것은 철저한 오류이다. 개별 경우들에서 이런 경계를 명확히 하는 것은 쉽지 않지만, 그 경계는 실제로 있으며, 사회적 존재의 속성을 규정하는 데 있어서 아주 폭넓은 영향을 미친다. 지금까지의 분석을 통해 우리는 무엇보다 사회적 존재의 근본적인 통일적 구조, 이 존재 "요소들"의 통일성 혹은 활동적으로 움직이는 이 존재의 힘들의 궁극적 통일성을 확고히 하고자 했다. 인간의 목적론적 정립에 의해 추동되지 않는 사회적 등가물이 생겨날 수 없다는 사실을 통찰하는 것은 아주 중요하다. 물론 자연의 재앙들은 있다. 그럼에도 불구하고 빙하기의 위기로부터 리사본의 지진에 이르기까지 자연의 재앙은 이 재앙들에 대한—목적론적 정립으로 실현된— 인간의 반응의 결과 사회적 존재의 역사로 편입된다. 여기서도 역시 인간은 대답하는 존재라는 사실이 유지된다. 이것은 '인간은 자신의 역사를 스스로 만들지만, 스스로 선택한 환경 아래서 그런 것은 아니다.'라는 마르크스 주장의 주체 중심적 사유와 맞닿아 있다. 그러나 이러한 확정은 목적론적 정립이 사회적 존재의 최종적인 "근본요소들"이라고 하는 단순한 형식적 규정을 넘어간다. 왜냐하면 목적론적 정립을 할 때는 이념적 계기가 그런 정립의 출발이 되기 때문이다. 여기서 이념적 계기는 결코 형식적으로도 내용적으로도 자율적 성격을 가질 수 없고, 사회적 존재와 이 존재에 의해 매개된, 이 존재와의 신진대사의 대상이 된 자연존재가 제기한 질문들에 대한 답을 체현하고 있다고 할 수 있다. 이 경우 그 존재에 의해 야기된 위협이나 양육 가능성 등은 그 자체로는 결코 아무런 질문이 되지 않는다. 그러나 돛을 올림으로써 바람에 "대답할" 수 있기 위해 이념적 계기가 도입되어야 하고, 또 이 계기가 실제적으로 효력을 행사해야 한다. 이를 통해서야 비로소 반응을 야기한 자연적 사실(이후에는 사회적 사실)은 사회적 존재가 대답하고 대답할 수 있는 질문으로 변화하고, 무엇보다 인간의 사회적-경제적 재생산의 문제로 전환된다. 고도로 발전한 유기적 자연도 주어진 환경에 대한 (경우에 따라 의식 적합하게 이끌려 나온) 반응을 할 뿐이다. 질문과 대답은 이러한 요소들의 이념적 가공을 전제한다. 이때 이러한 가공은 노동을 통해서야 비로소 생겨나고 노동의 보편화는—도약적으로, 그리고 동시에 점진적으로— 경제적 요소를 가진 새로운 형식의 재생산, 즉 사회적 존재를 존재자로 정립한다. 이데올로기의 문제를 다루기 전에 우리는 이러한 질문과 대답의 양식을 존재 적합하게 제기할 수 있게 하는 과정에 대해 살펴볼 필요가 있다.

2. 이념적 계기의 존재론

지금까지의 서술을 통해 사회적 존재는 그 근본적인 존재론적 구조에 있어서 어떤 통일성을 드러낸다는 사실이 드러났다. 즉 사회적 존재의 최종적 요소들은 인간의 목적론적 정립이라는 사실이 드러났다. 그런데 이 목적론적 정립의 존재 적합한 근본적 특성은 경제적 영역 내부와 외부에서 원리적으로 구별되는 어떤 특징도 보여주지 않는다. 물론 그렇다고 이러한 정립들이 동등한 양식을 갖는 것은 아니다. 사회와 자연의 신진대사를 지향하는 정립들이 본질적으로 다른 사람들의 의식의 변화를 의도하는 정립들과 주관적-객관적으로 구별된다는 사실을 다른 곳에서 재차 말했었다. 그리고 다른 사람의 의식의 변화를 의도하는 정립들도 의도한 의식변화가 인간의 직접적인 재생산 문제와 얼마나 결합되어 있는지에 따라, 그리고 그 변화의 내용이 무엇인지에 따라 질적으로 구별될 수 있다. 이러한 구별의 중요성에 대해서 지금까지 적어도 한번 이상 말했었고, 나중에 아주 중요한 이 문제복합체로 다시 돌아올 것이다. 이러한 정립들의 각각의 유형이 필연적으로 사회화되는 가운데 등장하는 종합들, 그리고 그렇게 형성된 사회적 결과가 상호작용을 위해 더 진행되는 가운데 가시화되는 종합들에 대해 말해보자. 이 경우 정립의 개별 구조들이 상이하다는 사실뿐 아니라, 어떠한 차이가 드러나는가의 문제도 중요하다. 일반적인 존재론적 토대의 공통성은 비록 아주 세분하여 구별할 수는 있지만 세계에서 근본적으로 제거할 수는 없다. 그리고 이러한 인식은 경제적 토대와 이데올로기적 상부구조의 관계를 위해서 결정적으로 중요하다. 이러한 관계의 존재론적 기원은 한편으로 이미 노동이라는 사실 자체에 내재한다. 노동의 분화와 특화, 그리고 노동의 기능변화는 경제와 상부구조를 분석하는 가운데 체계적으로 목도할 수 있다. 다른 한편 사회라는 이 근원복합체는 본질상 역사적 성격을 갖는다. 노동은 인류와 인간을 이끌어가는 결정적 추동력으로서 그 자체로는 하나의 고정된 사실이 아니라 역사적 과정이다. 이와 마찬가지로 인류발전의 모든 계기는 아주 다양하고 외견상 아주 독립적이며, 실제로 아주 폭넓게 매개되어 있어서 상대적으로 자립성을 갖는 것으로 고양되는데, 이 계기들은 언제나 이러한 인간화라는 역사적 과정들의 유동적 단계들로 간주되어야 한다.[39]

　우리는 사회적 존재의 모든 복잡한 형식이 그 발생의 최초의 형식들로부터 객관적으로 발생한다는 마르크스주의의 결정적인 방법론적 관점을 종종 말했다. 마르크스가 『자본론』의 첫 부분에서 화폐가 상품교류의 내적 변증법으로부터 생겨난다고 말했음을 생각해보자.[40] 따라서 매개와 세련화되어가는 과정의 본질을 사태 자체의 발전에서 이해할 수 있기 위해 우리는 여기에서 출발하여 목적론적 정립의 최초 형태인 노동에서 이 목적론

---

39) 아시아 민중과 아프리카 민중의 과거 경제를 탐구하지 않은 것은 스탈린 시기 마르크스주의의 태만이었다. 따라서 오늘날 누구도 이 민중들의 발전사에 대한 과학적 지식을 가지고 있지 않다. 그런데 그 나라들이 발전된 사회-경제적 형식들을 가지고 있었음이 드러나는 상황에서 과학적-마르크스주의적으로 해명될 수 있는 새로운 경제적 경향들이 나타나고 있다. 하지만 오늘날의 마르크스주의는 우리 시대의 이런 중심적 발전문제에 대해 과학적으로 근거 있는 말을 결코 할 수 없게 되었다.

40) *Kapital* I, 323; MEW 23, S. 379.

적 정립이 어떻게 존재 적합한 전제와 결과를 갖게 되는지를 드러내야 한다.[41] 이러한 문제에 대해서는 이미 노동을 다룬 장에서 몇 번 설명했었다. 여기에서 중요한 것은 그곳에서 이미 명확해진 것들을 현재의 문제들과 관련해서 더 구체화하는 것이다. 우선 정당하게도 엥겔스가 언어의 발생을 노동의 발생과 동시에 작동하는 과정으로 이해하고, 언어를 노동의 결과 인간이 서로 뭔가를 말해야 한다는 사실로부터 이끌어냈다는 것을 주목하자.[42] 이 새로운 내용과 이에 상응하는 새로운 형식, 즉 의사소통의 새로운 매체는 인간이 현실과 맺는 관계의 저 새로운 복합체에, 현실에 대한 인간의 새로운 반응양식에 정확히 상응한다. 우리는 전에 인간은 대답하는 존재라고 특징지었다. 이와 연관해서 우리는 다음의 사실들도 시사했었다. 즉 대답은 언제나 질문을 전제하지만, 이 질문은 그 근원적 존재 적합성에서 볼 때 직접적으로 주어질 수 없다는 사실, 그리고 질문의 토대들은 인간을 둘러싸고 있는 현실(자연과 사회)의 측면에서 인간에게 특별한 방식으로 영향을 미치지만, 대답될 수 있는 질문으로 인간 앞에 설 수 있기 위해, 인간 안에서 목적론적 정립을 불러일으킬 수 있기 위해 이념적 변형에 종속되어야 한다는 사실을 시사했었다.

현실에 대해 이러한 방식의 이념적 준비를 요청하는 반응방식은 기나긴 전(前)역사를 가질 수밖에 없다. 우리가 반복해서 말했듯이 이 역사는 환경이 유기체에 가하는 자극과 더불어 시작되며, 순수하게 물리적 혹은 화학적인 방식으로 이 유기체에 특정한 반응을 야기하는 그런 자극과 더불어

---

41) Marx, *Ökonomisch-philosophische Manuskripte*, Werke(MEGA) III, S. 156; MEW EB I, S. 574.

42) Engels: *Anteil der Arbeit an der Menschwerdung des Affen*, in: MEGA, *Dialektik der Natur*, S. 696; MEW 20, S. 444 f.

시작된다. 유기체는 점점 더 고차적인 방식으로 적응해가는 발전의 경향을 가지며, 또 보다 훌륭하고 안정된 개체발생적-계통발생적 재생산의 가능성을 고양해가는 경향을 갖는데, 이런 경향은 유기체 안에서의 수용기관과 반응기관이 분화를 통해 점점 더 자극을 분화한다. 이런 과정을 이주 간단하게라도 묘사하는 것이 우리의 과제는 아니다. —그리고 이 문단을 쓰는 사람이 이 분야의 전문가도 아니다. —여기서 다뤄야 할 점은 다만 이러한 발전의 최고 형태들조차 가장 원시적인 인간의 노동행위와 구별되는데, 그 간극이 무엇인지를 간단하게나마 살펴보는 것이다. 이 간극은 노동과 언어가 제기하는 도약을 통해서만 생겨날 수 있었다. 지고로 발전한 동물을 실험한 결과, 그리고 인간과 밀접한 연관 속에 있는 동물들의 성질을 관찰한 결과 이러한 간극이 아주 현저하게 드러났다. 동물들이 음식을 걱정할 필요도 없고 적으로부터 자신을 보호할 필요도 없는 안전한 환경으로 이송된 이후 인간은 그 동물들에게 때때로 아주 복잡한 새로운 태도방식을 가르칠 수 있으며, 짧은 혹은 기나긴 연습 이후에 종종 아주 세련되게 "대답할" 수 있는 "질문들"을 이 동물들에게 제시할 수 있다. 하지만 동물 스스로에 의해서는 그 자체로 중립적인 상황이 결코 참된 질문으로 일반화되지 않으며, 따라서 이 질문에 자립적으로 대답할 수 없다.(원숭이는 바나나를 얻기 위해 상자들을 위로 차곡차곡 쌓을 수 있지만, 인간이 그 상자들을 미리 우리 안에 두어야 한다.) 물론 이러한 결과들은 많은 것을 가르쳐준다. 특정한 고등동물들은 그때까지 잠재해 있는 가능성을 발휘하여 아주 분화된 방식으로 자신의 환경에 대해 반응할 수 있음이 드러났다. 이런 가능성을 드러낼 수 있는 안전한 상태에서 환경에 대한 반응은 특이한 방식으로 분화될 수 있었다. 그러나 노동하는 인간을 지고의 생물학적 가능성의 테두리 내에서 환경에 단순히 반응할 뿐인 동물과 구별해주는 도약은 양적인 접근을 통해서는 적절하게 파악할 수 없는 질적 도약이다.(단순한 수집 시기의 인간의 태도방식, 즉 원래적 의미의 노동이 생겨나기 전의 인간의 태도방식을 고등동물의 태도방식과 비교해보면 흥미로울 것이다. 여기서 아마도 인간존재로의 "도약"이 드러날 수 있을 것이다.)

환경에 대한 생물학적 반응의 한계와 그렇게 드러난 가능성에 대한 인식은 노동과 언어가 제시한 도약을 밝혀 드러낼 수 없을 수도 있지만, 그러한 인식을 통해 우리는 자기존재의 특수함을 좀 더 구체적으로 파악할 수 있을 것이다. 여기서 도약이 의미하는 바는 노동하며 말하는 인간이 생물학적으로 규정된 유기체의 모습을 포기하지 않고서 자연적 범주로는 그 본질적 특성을 파악할 수 없는 새로운 유형의 활동을 전개한다는 것이다. 우리는 이미 노동을 다루는 가운데 노동을 통해 자연에는 없는 질적으로 새로운 것을 드러내는 연관들, 과정들, 그리고 대상들이 주관적으로, 그리고 객관적으로 생겨난다는 것을 볼 수 있었다. 물론 이때 이 모든 새로운 것은 자연의 법칙을 새로운 조합 속에서 실현시킬 경우에만 가능하다는 사실을 확실히 할 필요는 있다. 따라서 노동은 이중의 측면을 갖는다. 한편으로 노동의 수행은 이러한 법칙을 예외 없이 무조건적으로 적용함으로써 자연법칙과 결합한다. 다른 한편 노동은 자연에는 없는 질적으로 새로운 것을 산출한다. 이것은 사회에서 유기체와 환경의 상호관계가 중간 차단막을 통해 풍부하게 되고 또 변화된다는 것을 의미한다. 여기서 말하는 중간차단막은 자극에 의해 직접 야기된 반응을 그런 매개를 통해 더 효과적으로 만드는 기능을 함유하고 있는 의식을 지칭한다. 이 차단막은 따라서 유기체의 욕구와 그 만족의 방식 사이의 직접적 관계를 매개된 관계로 변화시킨다. 이 현상을 이해하기 위해 중간에 차단된 계기를 노동 속에서 그저 엿보는 것만으로는 충분하지 않다. 이러한 현상은 자신의 계기들로 분해되지는 않지만, 자신의 속성을 드러낼 수 있기 위해 자신의 계기들로 분해되어야 한다. 왜냐하면 자기 자신들 사이의 상호작용을 통해 비로소 노동이라는 복합체를 만들어내는 다양한 계기들은 자신들의 구체적 총체성을 밝혀 드러낼 수 있기 위해 인식되어야 하는 다양하고 이질적인 기능들을 가지기 때문이다.

인간 유기체는 근원적으로 동물 유기체의 욕구를 공유하고 있다. 그러나 마르크스가 반복해서 강조하듯이, 인간의 욕구의 만족은 생물학적으로 직접 실행되는 것이 아니기 때문에, 즉 욕구실현을 위해 행위의 조정이 필요하기 때문에 인간의 욕구는 (동물과 달리―역자) 중요한 변화를 겪게 된다. 첫째, 바로 그 욕구들로부터 행위에 대한 숙고, 즉 목적론적 정립이 발생한다. 이때 목적론적 정립은 궁극적으로는 욕구충족을 지향하지만, 직접적으로는 욕구 그 자체에서 따라 나오지 않으며, 욕구 그 자체와 직접 연결되어 있지도 않고, 따라서 전혀 다른 욕구충족을 위해서도 사용될 수 있다. 예를 들어 불을 생각해보자. 불은 근원적으로 야생동물에 위협을 가하기 위한 욕구에 기여했을 것이다. 그러나 불이 일단 현존하고 나면, 그 불은 요리할 때 고기를 태우는 데 사용될 수 있다. 하지만 불의 사용은 여기에만 그치지 않는다. 불은 보다 나은 무기나 도구를 산출하는 데에까지 확장될 수 있다. 따라서 욕구충족의 수단들은 사회와 자연의 신진대사 속에서 무한히 확장될 수 있다. 이에 반해 동물들에게서 나타나는 생물학적 도정은 근원적 기능에 일방적으로 묶여 있다. 벌들이 꿀을 생산할 때처럼 어떤 특정한 가공이 존재하는 곳에서도 이러한 가공은 그 과정에서뿐만 아니라 결과에서도 주관적으로, 그리고 객관적으로 확장 불가능한 생물학적 과정에 머문다. 둘째, 욕구충족을 위한 모든 새로운 수단은 욕구를 변화시키면서 욕구 자체에 다시 영향을 미친다. 일단 생겨난 수단의 변화와 더불어 근원적 욕구는 급격하게 혹은 천천히 그때그때의 사회적 생산의 발전 속도에 따라 심지어 완벽하게 사라지거나 인식 불가능한 데까지 바뀔 수 있다. 셋째, 이런 사회 역학적 연관에서 욕구충족의 실제 가능성은 점점 더 사회경제적 성격을 띠게 된다. 욕구충족은 점차 소비로 발전해가고, 상품유통이 욕구충족을 사회화하는데, 이를 통해 "지불능력이 있는" 욕구만이 만족에 도달할 수 있게 된다. 물론, 자연적인 생물학적 욕구는 인간 유기체에 계속 머물러 있지만, 그 욕구는 순수하게 사회-경제적 규정들에 의해 매개됨으로써만 현실적으로 충족될 수 있다.

여기에서 탐구된, 욕구와 충족 사이에 작동하는 경제적 과정은 우리가 제기한 질문이 노동과정에서는 존재 적합하게 무엇을 의미하는지를 분명히 보여준다. 어떤 동물의 영양섭취에 대해 생각해보자. 초식동물의 경우든 육식동물의 경우든 축적된 경험이 본능에 적합하게 고착된 상태를 앞서지 않으면 안 된다는 사실이 드러난다. 그런데 이러한 영양섭취는 노획물을 사냥할 때조차 생물학적 욕구충족의 영역 내에서 움직인다. 그러나 불에 대한 인간의 가장 원시적인 사용에 대해 말해보자. 불은 그 자체로 요리의 능력도, 고기를 굽는 능력도 갖지 않으며, 고기나 식물도 요리되거나 구이가 될 경향을 그 자체로 간직하고 있지 않다. 그리고 이런 과정을 현실화하는 도구들은 노동하는 인간에 의해서야 비로소 그 과정에 적합하게 산출된다. 따라서 그것들의 조합은 이러한 기능에 적합하게 변형되어야 하는, 그 자체로 이질적 요소들의 종합이다. 여기서 발생한 새로운 것의 특성은 그 근본적인 구조에 있어서 인간의 모든 행위양식의 모델이 된다. 왜냐하면 실제적 계기와 이상적 계기의 조합은 발전과정에서 드러날 수 있는 온갖 상이성에도 불구하고 존재 적합한 토대에 함유되어 있기 때문이다. 실제적 계기는 존재 적합함의 차원에서 불가피하게 우선성을 갖는데, 이런 우선성은 —예컨대 불, 고기, 꼬챙이 등의 도움으로 인간의 음식을 만들기 위해— 이 대상들이 갖고 있는 객관적-즉자적으로 현존하는, 활동적 주체와 상관없이 독립적으로 있는 특성과 연관성들을 올바르게 인식하고 적용해야 한다는 사실에서 드러난다. 그런데 "올바르게"라는 표현은 이러한 관계의 이중성을 드러낸다. 실재하는 것의 즉자적 특성은 올바르게 인식되어야 한다. 즉 인간의 실천은 그 특성들을 올바로 고려하는 가운데 그 모든 일을 해야 하며, 이를 통해 목적론적 정립을 현실화할 수 있다. 따라서 노동하는 인간은 자신의 사유와 함께 이러한 즉자존재로 돌진해가야 할 뿐만 아니라, 더 나아가 경우에 따라서는 직접 지각될 수 없는 특성과 연관들을, 자신의 목적설정의 수단으로 적합하게 이용할 수 있는 그런 특성과 연관들을 발견해야만 한다. 예를 들어 하나의 막대기는 그 자체로 꼬챙이로 사용되기에 적합하다. 하지만 그 막대기의 즉자존재는 이러한 적합성을 스스로 드러낼 수 없다. 따라서 목적론적 정립을 작동시키는 욕구에 대한 실재의 "대답"을 즉자적으로 존재하는 대상이나 과정들로부터 획득할 수 있기 위해서는 이러한 참된 연관에 방향을 맞춘 합리적 질문이 이 대답에 앞서 있어야 한다. 영양은 —목적론적 의미에서가 아니라 인과론적으로, 즉 필연적이면서 우연적으로— 자신의 직접적인 실제 존재 속에 사자의 밥이 될 가능성을 가지고 있다. 이에 반해 방금 말한 막대기는 인간의 손에서 꼬챙이로 기여할 수 있는 가능성을 가지고 있지 않다.

"질문"이 "대답"과 맺는 그런 관계에 따라 노동에서, 사회적 존재에서 이러한 존재단계를 특징짓는, 실재의 계기와 이념적 계기의 분리 불가능한 연결이 발생한다. 이때 쉽게 강조할 수 있는 사실은 이러한 결합에서 실재하는 것이 구체적인 포괄적 계기를 형성한다는 것이다. 즉 그 토대가 존재의 실제 속성을 형성하지 못하는 어떤 것도 목적론적 정립에서 **효력**을 발휘할 수 없다. 이념적인 것은 실재하는 것을 원하는 운동방향으로 이끌어야 하고, 실재하는 것의 자연존재에서는 결코 스스로 현실화할 수 없을 것들을 이 실재하는 것에서 이끌어낼 수 있어야 한다. 하지만 즉자적으로 존재하는 것에 내재한 실제 가능성으로부터의 이 모든 해방은 이 즉자존재 안에서 ─모든 목적론적 정립과 상관없이─ 실제 가능성으로 현존해야 했다. 따라서 자연이라는 질료적 즉자존재는 ─즉자적으로 존재하는 것으로서─ 어떤 정립을 하든 결코 변화를 겪지 않는다. 실재하는 것의 이런 우선성이 자연의 왕국을 무조건적으로 지배한다. 사회적 존재는 방금 묘사한 작동과정이 자연과의 상호 신진대사로부터 발생하는 자연의 대상들에게 무조건적 전제를 형성하는 한에서만 이 자연의 왕국으로부터 걸어 나온다. 자연법칙은 사회적 존재의 영역에서 ─자신의 본질을 변화시키지 않으면서─ 자신의 순수한 즉자존재하에서는 잘 등장하지 않는 그런 대상들, 운동들 등을 산출할 수 있으며, 이 대상들과 운동들은 자연 스스로는 산출할 수 없는 관계들 속으로 들어온다. 이를 통해 사회적 존재는 비로소 자신만의 존재형식으로 생겨난다.

그렇다면 이 이념적 계기는 무엇인가? 이 계기는 새로운 것을 산출하고 움직이는 사회적 존재의 힘으로서 노동이라는 질료적 운동의 주도적 의도이다. 이때 노동은 사회가 자연과 맺는 신진대사에서 이러한 변화들을 수행한다. 좀 더 잘 말하자면, 노동은 실제적 가능성을 이러한 방식으로 실현해간다. 여기서 노동의 질료적 힘은 자연의 질료적 현존재에 영향을 미친다.(여기서 노동의 직접적-인간적 힘이 문제인지, 아니면 도구나 기계 등에 저장된 "죽은", 하지만 근원적으로는 여전히 직접적-인간적인 노동이 문제인지는 이 맥락에서 그렇게 중요하지 않다.) 여기서 우리는 구체적(질료적) 세계를 결코 넘어선다거나 떠날 수 없다. 그것은 불가능한데, 왜냐하면 ─직접적이든 아주 매개된 방식으로건 간에—구체적으로 현실화될 수 없는 것은 존재하지 않기 때문이다. 그러나 이것은 이념적 계기의 실제적 활동공간을 그저 사회적 존재 내에서 규정한다. 사회적 존재 외부에서 그 계기는 현존하지 않으며, 이 영역 내에서만 그것은 사회적으로 형성되고 실존하는 모든 것의 대체할 수 없는 전제이다. 항상 인정되는 것은 아닌 이런 구성요소에 독자들의 주의를 끌기 위해 우리는 경제적 영역과 관련하여 이 영역에서 발생한 모든 것이 이념적 계기들을 전제한다는 사실을 보여주고자 했다. 따라서 방금 상술한 것은 결코 모순적이지 않다. 왜냐하면 사회적 존재의 특수한 면은 이 존재에서의 질료적 상호작용이 목적론적 정립에 의해 촉발되고, 이 목적론적 정립은 이념적으로 정립된 목표를 실현하기 위한 시도로서만 유효하다는 데 있기 때문이다. 목표설정은 이념적 계기에서 아주 구체화된다. 뿐만 아니라 이 목표를 실현하고자 하는 모든 실제적 도정도 노동하는 인간의 실제적인 질료적(구체적) 활동 안에서 질료적(구체적) 실천적 행위로 될 수 있기 이전에 우선 사상적으로 고정되어야 한다. 오로지 바로 이 이유 때문에만 이념적 계기는 목적론적 정립에서 위에서 말한 역할을 수행할 수 있다.

우리가 본 것처럼, 질료적(구체적)으로 존재하는 것은 그 자체로 극복할 수 없는 힘을 갖는데, 이 힘의 본질은 이념적 계기에 의해 결코 손상되지 않는다. 이 이념적 계기가 구체적 현실의 법칙들을 지배할 수 있는 방법은 다음과 같다. 즉 이 계기는 우선 현실의 법칙을 인식하고, 무조건적으로 지배하는 것으로 인정해야 하지만, 동시에 목적론적 정립이라는 중간 차단기가 없이 자신의 즉자적인 기능으로부터 발생하게 되는 것과는 질적으로 다른 것을 산출하도록 도움을 주는 지분이나 조합 등을 이 법칙들에서 발견한다. 본질이 그렇게 아무런 영향력을 행사할 수 없을 때 현상세계는 훨씬 더 확장된 외연과 변이를 겪게 된다. 따라서 사회적 존재가 생성되는 데 있어서 이러한 중간 차단기가 갖는 존재론적 새로움은 객관적 현실에 상응하는 모사가 인간의 의식에 생겨난다는 사실이다. 이 모사를 좀 더 밀착하여 분석하고 현실에 점점 더 세세하게 적용함으로써 구체적 실천, 즉 목적론적 정립의 현실화가 비로소 가능해진다. 따라서 이러한 모사, 즉 인간의 의식에서 현실의 이러한 반영은 의식 안에서 직접적 자립성을 유지했으며, 자기만의 고유한 대상인 이 의식에 마주 서 있다. 이를 통해 비로소 그러한 유의 불가피한 분석, 즉 그 결과들과 현실의 지속적 비교가 생겨날 수 있다. 목적론적 정립은 따라서 의식과 현실의 특정한 거리, 인간(의식)이 현실과 맺는 연관, 즉 주-객관계의 정립을 요구한다.

새로움은 무엇보다 객체의 측면에서 등장한다. 자극은 근원적으로 유기체 안에서 물리적-화학적 반응을 불러일으킨다. 만약 이 반응들이 분화되어 빛, 소리 등으로 분리된 채 지각된다면 이 반응들은 존재하는 대상들에 의해서도, 지각하는 유기체에 의해서도 여기서 묘사된 자립적인 것으로 노정되어서는 안 된다. 유기체는 불가피하게 자신의 환경과 그때그때 상호관계 속에 서 있는데, 저 반응들은 바로 그러한 상호관계에 편입되어 유기체를 재생산하는 과정에서 계기들로 머물러 있다. 이러한 의미에서 우리는 그러한 연관에서 발생하고 기능하는 의식이 실제의, 생물학적 재생산과정의 부수현상임을 재차 반복하여 말할 수 있었다. 그러나 노동의 목적론적 정립에서 의식 속에 형성된 객관세계에 대한 모사는 더 나아간 독립성을 요구한다. 주체 내에서 이 모사는 자신의 지각, 즉 자신에 대한 고려를 생물학적으로 작동시키는, 실천적으로 부여된 동기와 점점 더 결정적으로 떨어지며, 점점 더 상승하고 분화하면서 (넓은 의미에서) 대상에 대한 모사를 재산출한다. 그리고 그와 마찬가지로 그 동기는 현실적으로,

즉자적으로, 그리고 인간을 이 동기와 생동적으로 묶어주는 그런 관계들과 상관없이 존재한다. 따라서 목적론적 정립을 통해 의식된, 엄격하게 말하자면 자신만의 독특한 실천은 행위자의 의식이 생물학적으로 직접 부여된 구속성을 넘어설 때에만 발생할 수 있다. 즉 행위자의 의식이 환경과의 생동적인 상호작용으로부터 자연스럽게 발생하는 특성, 그리고 이 환경에 대해 의식 적합하게 본능적으로 반응하는 그런 특성들을 넘어설 때에만 인간만의 독특한 실천이 생겨난다. 말하자면 인간 이전의 의식은 종종 아주 정교하고 세밀하게 자신의 환경에서 일어나는 현상방식에 특정한, 대개는 올바른 방식으로 반응한다. 많은 동물들이 공중에서 접근하는 맹금류를 피하기 위해 동료들에게 보내는 신호들을 생각해보라. 하지만 닭들이 그러한 신호에 아주 정확하고 목적에 맞게 반응한다 할지라도, 이로부터 이 닭들이 이 맹금류의 즉자적 상을 가지고 있다고 추론되지는 않는다. 닭들이 맹금류를 전혀 다른 상황에서도 인식하는지에 대해서는 결코 확실하지 않다.

　의식에 적합한 이런 수용 가능성은 종종 생명을 유지하는 데 아주 중요한데, 그것은 자주 환경의 영향 아래 놓여 있다. 그런데 이런 구속성은 노동에서, 그리고 언어에서 극복된다. 가장 원시적인 노동도 노동의 대상이나 도구로 이용되는 객체를 더 이상 방금 묘사했던 (자연적-본능적—역자) 관계방식에서 이해해서는 안 된다는 것을 전제한다. 객체를 노동의 대상으로 삼을 수 있기 위해 객체의 성질들은 다방면으로, 다중의 관계에서 나타나는 객체의 반응능력 안에서 인식되어야 한다. 즉 —경향적으로— 사물들의 즉자존재가 객관적으로 본질적인 특정한 규정들 속에서 인식되어야 한다. 이로부터 자연발생적인 그리고 —상당히 오랫동안— 의식되지 않은 채 수행되는 추상과정이 발생한다. 예를 들어 하나의 돌이 자르는 도구로 사용되려면 '단단함'이나 '갈 수 있음'과 같은 성질들이 돌을 이해하는 일반적 규정들로 등장하는데, 이런 규정들은 외적으로 보면 매우 상이한 돌들에는 직접적으로 현존하지만, 외견상 돌과 유사한 것에는 존재하지 않는다. 따라서 상이한 종류의 일반화와 추상화가 가장 원시적인 노동의 경우에도 실제로 앞서지 않으면 안 된다. 이러한 작용을 수행하는 인간이 스스로 이러한 추상작용을 수행한다는 것을 예감하고 있는지의 문제는 중요하지 않다. 여기에서도 우리가 자주 인용한 마르크스적 진리는 유효하다. "그들은 자신이 하는 일을 알지 못한다."[43] 그들은 그것을 행하지만 모두가 의식적으로 하는 것이 아니라 사회적으로 행한다. 원시적으로 가공된, 물론 노동을 위해 연마된 돌은 이미 사회적 존재의 세계에 하나의 대상으로 존재한다. 즉 모두는 그 돌을 필요로 할 수 있다. 이러한 사실은 자연대상이 자신의 원래 존재에 소유하고 있지 않았지만, 이제 그 대상 자체에 내재한 속성으로 된다. 이러한 관점에서 볼 때 그 대상의 사회적 사용 가능성은 우연적이다.(물론 여기서 그 대상의 인과적 규정성이 배제되는 것은 아니다.) 사회적 대상은 따라서 언제나 일반적(보편적) 대상이다.

---

43) "그들은 자기가 하는 일을 알지 못하나이다." 예수가 자신을 십자가에 못 박는 일에 동참한 사람들에 대해 신에게 용서를 구하며 하는 말이다. 메시아는 백성을 구하기 위해 필연적으로 죽어야 한다는 구약의 전통이 있다. 예수는 자신을 메시아로 소개했다. 자신의 죽음은 그런 운명에 의해 이미 규정되어 있었지만, 그를 죽게 한 이들은 이 사실을 모르고 행위하고 있다는 것이다. 그런 점에서 그들의 행위는 운명 혹은 신의 섭리의 일부라는 것이다.
마르크스는 이 말을 인간의 사회적 성격, 노동의 사회적 성격을 설명하기 위해 사용한다. 비록 우리가 의식적으로 어떤 특정한 행위를 하지 않는다 하더라도 사회적 규범이나 내용들을 반영한다는 것이다. 프로이트는 이것을 무의식의 작용을 설명하기 위해 사용한다. 우리가 무심코 행위하는 것이 무의식을 반영한다는 생각이다. 지젝의 책 『그들은 자기가 하는 일을 알지 못하나이다』(인간사랑, 2004)는 이런 정신분석학적 상황을 보여주는 작품이다. (역주)

일반화의 이런 자연발생적 과정은 실천적 노동에의 적용과 나란히 객체화하며, 언어에서 '이론적으로' 객체화한다. 가장 단순한 일상적 단어도 너무나 당연히 하나의 추상이다. 우리가 '책상'이라 말하건 '가다'라고 말하건 이 두 경우에 우리는 대상이나 과정 등에 보편자만을 언어적으로 표현할 수 있다. 우리는 특수한 경우를 위해 종종 아주 복잡한 통어론적 조작을 사용한다. 왜냐하면 바로 그 가장 단순한 단어가 언제나 하나의 일반화만을 표현하기 때문이다. 우리는 이미 이전의 연관에서 이 독특한 언어가 어떻게 동물들이 중요한 삶의 연관에서 주고받을 수 있는 신호들과 다른지를 말했었다. 이 기호들은 물론 인간의 사회적 삶에서도 특정한 역할을 수행한다. 인간의 가장 발전된 단계에서도 이 사실은 타당하다. 그러나 신호들은 언제나 상황에 결부되어 있다. 하지만 단어(말)들은 결코 그렇지 않다. 신호는 정확히 규정된 특정한 상황에서 특정한 태도를 취하게 할 목적을 갖는다. 그것도 직접적으로 그런 태도를 취하게 하고자 한다. 이에 반해 단어(말)들은 그 추상화의 성질 덕분에 보편적 적용 가능성을 가지며, 고립된 채 취할 경우 한 대상의 보편적 속성만을 표현하고, 따라서 의식의 이 단계에서 결코 특정한 하나의 태도를 요청하지 않는다. 언어적 진술에서는 우선 볼 때 인간의 입장과는 외관상 아무런 상관도 없이 즉자적으로 보자면 사태에 대한 사상적 고착만이 표현된다. 여기서 외관상이라고 말했는데, 왜냐하면 단어(말)들 역시 그 존재 적합한 발생은 언제나 실천적 기원을 갖기 때문이다. 사태에 대한 사상적 고착화가 이뤄지기 위해서는 특수한 언어적 표현형식들이 필요하다. 이때 이 표현형식들은 객체화를 의도하기 때문에 단순한 신호의 성격을 넘어서지 않으면 안 된다. 내가 언어적으로 '너는 훔쳐서는 안 된다.'(혹은 다른 계율)고 말한다면 나는 사회에서 일반적인 인간의 태도를 추구하는 것이다. 단순한 신호, 예컨대 도로변의 붉은 불빛은 아주 특정한 시간 동안 이 특정한 거리의 특정한 부분에서 횡단을 금한다. 이것은 따라서 아주 엄격하게 상황의존적이다.

당연히 언어의 이러한 특성은 사회적-역사적 과정의 결과이다. 이러한 도정으로 향한 최초의 발걸음은 알려져 있지 않으며, 이 발걸음이 우리에게 알려져 있지 않다는 사실 때문에 불안할 수도 있다. 고고학은 도구의 발전사에 대해 이미 많은 자료들을 모아놓았으며, 더 나아가 시기와 발전 계열들을 확정함으로써, 그리고 노동의 방식과 노동분업 등을 분석함으로써 도구의 발전정도와 발전방향을 드러냈으며, 노동의 역사에서 많은 것을 밝혀낼 수 있었다. 게다가 인간이 발견한 것들은 노동의 발전과정에서, 그리고 그 과정을 통해 적지 않게 인간을 변화시켰음을 알려주었다.(예컨대 인간의 두뇌의 발전이 도구나 노동의 역사와 관련이 있다는 것이 드러났다.) 우리는 언어의 시초에 대해 그러한 유의 자료들을 가질 수 없다. 인종학이 원시적 언어들을 탐구할 수는 있지만, 그 최초의 단계들은 이미 오래전에 망각되어버렸다. 그럼에도 불구하고 과거와 현재의 신화들로부터 옛-새로운 신화들을 근원의 시기로 투사하는 대신 변화의 참된 노선을 노동생산성의 성장에 기대어 추적한다면 우리는 언어의 실제 발전노선들을 오늘보다 훨씬 더 구체화할 수 있을 것이다. 그 경향노선들은 지금까지 알려진 자료들로부터 곧 추적할 수 있다. 즉 단어형성의 운동은 표상수준(구체적 상황이 언어주체와 객체의 구체적 상태와 연결되어 있음)으로부터 개념의 단계로 이행하는 과정을 겪는다는 것을 알 수 있다. 예를 들어 "까마귀" 등과 같은 손에 잡히는 표상의 비교물이 어떻게 점차 사라지고 검은 것이라는 단어와 개념이 생겨나는지를, 혹은 상대적으로 고차적인 추상수준에 오른 단어들이 언어적으로는 이미 일반화되어 있는 개별 현상들에 마주하는지를 관찰할 수 있다. 곡식이나 과일 등과 같은 단어들을 생각해보자. 관련된 것들의 종류나 수, 그리고 운동방향 등과 결합되어 있던 것이 (동사나 명사의) 변화로 인해 어떻게 점점 더 사라지게 되는지, 그리고 이것들(종류, 수, 운동방향 등)이 어떻게 추상적인 일반성으로 후퇴하는지를 그런 단어들에서 확인할 수 있다.[양수형(Dualis: 단수와 복수의 중간 개념으로 2를 지시하는 문법용어인데, 오늘날 대부분의 언어에서 사라졌다. 예컨대 정확히 두 사람 혹은 두 사물을 표현할 때는 단수도 복수도 아닌 이 양수형의 명사나 동사를 사용했다고 한다—역자)과 그 흔적들이 오늘날에도 여전히 그런 이행을 시사한다.]

우리에게 여기서 관심이 있는 사항은 그런 발전과정에 은닉되어 있는 존재론적 문제이다. 이 존재론적 문제는, 인간은 새로 생겨난 존재형식, 즉 사회적 존재의 근본적 힘으로서 노동과 언어로 스스로를 표현한다는 사실에 그 본질이 있다. 노동과정과 도구, 문장과 단어는 인간이 —자신의 삶의 생물학적 규정성을 상실하지 않고서— 자신의 새로운 존재형식, 즉 사회성이라는 존재형식을 구축해가는 과정의 역동적 계기들이다. 여기서 그 강조점은 활동성에 있다. 사회화된 인간은 —점증적으로— 자신의 환경과의 상호작용의 조건들을 산출하고 고차화하는 유일한 존재이다. 이활동의 도구들의 도움으로 자연대상과 자연력은 새로운 방식으로, 그렇게 생성된 정립들에 상응하도록 움직일 수 있다. 따라서 이 도구들은 그런 속성들을 가지지 않으면 안 된다. 이러한 사실은 노동의 모든 주관적-객관적 계기들에 이미 놓여 있다.

그런데 만약 거기에 불가피하게 일반자로 머물러 있음이라는 사실을 넘어서고자 한다면 우리는 그때 확립된 존재론적 사실들로부터, 특히 주관적으로도 객관적으로 도처에서 문제가 되는 것은 복합체들이라는 사실에서 출발해야 한다. 이때 이 복합체들에서는 목적론적 정립과 이 정립에 의해 움직이는 즉자적인 자연대상과 자연과정이 다시 자신의 존재에 따라 분리 불가능하게 통일되어 있는 새로운 복합체를 형성한다. 우리는 바로 이런 복합체들로부터 출발해야 한다. 그러나 ―그리고 이렇게 형성된 복합체들은 본질적으로 살아 있는 유기체들과 비유기적, 혹은 유기적인 이들의 환경 사이의 생물학적 상호작용에서 생겨나는 복합체들과 구별된다― 확실한 것은 그것의 모든 계기가 사상적으로 객체화되고, 이를 통해 자립화되는데, 하지만 이때 과정 중에 있는 복합체들의 존재 적합한 통일성을 실제적으로 지양할 수는 없다. 계기들의 그러한 분석의 결과를 다시 존재로 전이시키기 위해서는 새로워진 목적론적 정립이 필요하다. 이 새로운 목적론적 정립은 (변화된 혹은 완전히 변형된) 새로운 복합체를 생겨나게 하는데, 이때 추상적-일반적인 존재론적 속성을 가진 이 복합체는 변화된 과거의 복합체와 원리적으로 구별될 수는 없다. 둘 다 존재하고 있으며, 대상적으로 있다. 따라서 목적론적 정립을 준비하는 준비의 의식에 의해 분석적 행위와 종합적 행위가 수행되며, 이 행위의 결과로 등장한 새로운 목적론적 정립은 이전의 정립을 반복하거나 변형하거나 근본적으로 새롭게 형태화한다. 그렇다면 분석은 종합과 마찬가지로 의식의 계기이지 결코 목적론적 정립이 다양한 방식으로 영향을 주고자 하는 실제 과정의 실제 계기가 아니다. 분석과 종합이 목적론적 정립의 토대로 기능해야 한다면 그 결과는 이런 분석과 종합을 통해 파악하고자 한 그런 복합체들의 운동의 법칙에 상응해야 한다. 따라서 분석과 종합은 이 복합체를 지속하는 이런 계기들을 ―직접적인 모사를 넘어서기는 하지만― 어떤 식으로든 재생산해야 한다. 그런데 사회적 존재를 자신만의 독특한 존재양식 아래서 적합하게 이해하고자 할 경우 이런 모사성은 확립되어야 하는 새롭고 본질적인 특징들을 보여준다. 먼저, 목적론적 정립이 막 변화시키고자 하는 사회적 존재의 본질적 계기들이 적절하게 파악될 수 있을 경우에만 이 목적론적 정립은 실현되고 또 사회적 존재의 계기가 될 수 있는데, 바로 여기에서 존재의 우선성이 드러난다. 자르기에 적합하게 가공된 돌만이 노동, 생산, 사회적 존재의 적극적 요소가 된다. 이 돌을 잘 갈아 그 형태를 잘 만들지 못할 경우 이 돌은 자연대상으로 머물러 있으며, 따라서 사회적 존재에 참여할 수 없다. 하지만 여기에서 사회성이라는 새로운 존재형태가 구체적으로 드러난다. 왜냐하면 실패한 노동의 산물은 단순한 자연대상으로 머물러 있으며, 따라서 어떤 사회적 존재에 이를 수 없지만, 그것을 산출하는 과정은—부정적인— 사회적 성격을 갖기 때문이다. 즉 그 산물은 인간의 에너지를 잘못 사용하여 소비한 것이기 때문이다.

이때 사회적 존재의 새로운 범주가 등장한다. 이 범주는 마르크스적 의미에서 '현존형식', '실존규정'이라는 범주이다. 왜냐하면 노동의 산물들은 객관적으로 존재 적합한 방식으로 가치가 있거나 가치가 없기 때문이다.(물론 가치 있음과 가치 없음의 사이는 매우 단계적이고 서로 결합된 이행과정이 있다.) 따라서 객관적 가치, 이 가치에 의해 산출된 주관적 가치평가, 가치부여, 가치긍정 혹은 가치부정 등은 인간의 자연존재로부터 이끌려 나올 수 없는, 이 자연존재와 극복할 수 없는 대립의 관계에 서 있는 그런 고도로 발달한 인간문화의 결과들이 아니다. 이것은 분명코 관념론 철학이 말했던 것과는 다르다. 그것들은 오히려 존재의 관점에서 인간존재의 필연적 구성요소, 즉 인간의 사회적 존재의 필연적 구성요소이며, 노동의 계기들로서 어떤 객관적 가치도 알지 못하는 단순한 자연적 실존과의 그런 대립을 형성할 뿐이다. 그런데 현존하는 유기체에서, 유기체의 재생과정에서 호의적인 것과 그렇지 않은 것의 계기들이 필연적으로 출현하기 때문에 여기서 준비하고 있는 이행의 형식들이 확실하게 확립될 수 있다. 그러나 노동을 통한 도약은 우선 이런 계기들을 생물학적 재생산과정으로부터 발생시키며, 이 계기들로부터 의식의 대상, 의식적 실천의 대상들을 만든다. 이때 이 대상들은 의식 속에서 직접적 주체에 대해 상대적인 —상대적으로 높은— 자립성을 유지하며, 바로 이 자립성 속에서 자신의 실천에 결정적으로 영향을 줄 수 있다. 이때 즉자적으로 존재하는 현실과의 일치라는 계기는 우리의 현재의 통찰에 아주 중요한 계기이다. 가치는 가치정립에서 나오는 것이 아니다. 오히려 객관적 현실로부터, 성공적 노동의 지표인 가치의 객관적 삶의 작용으로부터 가치의 실현이나 실패에 대한, 성공이나 실패로 이끄는 과정에 대한 주관적인 평가적 반응이 생겨난다.(이러한 구조가 보다 고차적인 가치관계에서 아주 진전되어 변형이 일어난 경우에도 여전히 유지되는지의 문제는 윤리학에서야 비로소 서술될 수 있다.)

여기서 중요한 것은 이러한 현상의 다른 측면에 대한 통찰, 그렇게 형성된 의식형태가 객관적 현실과 맺는 관계, 그리고 이와 아주 밀접한 연관이 있는 것으로서 이를 통해 형성된 새로운 의식의 기능이다. 노동과 더불어, 노동에서 인간의 행위방식은 자신의 구체적인 개별적 상황과의 연결이 끊어진다. 또한 노동의 생산물 역시 근원적인 적용방식에서 점점 더 벗어날 수 있다. 동일한, 혹은 이에 상응하여 변형된 기술과 더불어 언제나 다른 것들이 산출될 수 있고, 도구들 역시 점점 더 다양한 방식으로 사용되거나 분화될 수 있다. 이러한 사실은 노동과정과 그 산물들의 점증적 완성의 가능성과 밀접하게 연관되어 있다. 왜냐하면 구체적인 산출방식의 경험들은 그러한 산출방식의 토대를 일반화함으로써, 그러한 추상작용을 전혀 새로운 영역에 새롭게 구체화함으로써 더욱더 생산적이고 효과적으로 될 수 있기 때문이다.(이때 위에서 언급했던, 즉자적으로는 이질적이지만 실제로는 서로 연결되어 있는 분석과 종합이라는 의식작용이 여기에 지속되고 있으며, 아주 완벽하게 효력을 발휘한다는 것은 명확하다.) 이 모든 것은 실천하는 주체의 의식 속에 현실에 대한 모사의 자립화를 결과로, 전제로 갖는다. 이러한 자립화는 당연히 의식작용이 의도된 자신의 대상들로부터, 자연대상들로부터, 그 법칙들로부터, 그리고 실천 속에서 주체의 객관적 처리방식으로부터 독립해 있다는 사실에 의지하지 않는다. 상황은 그 반대이다. 이 대상들은 한편으로 주체에 대해 자신의 즉자존재를 완고하게 변화시키지 않은 채 마주해 있다. 다른 한편 실천의 주체는 이런 즉자존재에 무조건적으로 종속되어, 이 즉자존재를 가능한 한 주관적 선입견에서 벗어나, 주체성을 객체에 투영하지 않고서 인식하고자 해야 하지만, 그럼에도 불구하고 이 주체는 이러한 도정에서 객체에 대해 그때까지 알려지지 않은 계기들을 발견한다. 이 계기들은 이 객체를 노동수단이나 노동대상들로 변화할 수 있게 하며, 인간(사회)과 자연의 신진대사와 ─이에 근거하여─ 새로운 것의 생산을 불러일으킨다. 즉자존재의 그런 우선성은 철회 불가능하다. 의식이 대상을 그 즉자존재에 상응하기라도 하듯이 지각하고, 사상적으로 모사하고, 파악하고 가공할 경우에만 노동은 성공을 거둘 수 있는데, 즉자존재의 우선성은 바로 이러한 사실에 기초해 있다. 인간이 자신을 둘러싸고 있고 그에 영향을 주는 세계와 맺는 이런 기본적이고 철회할 수 없는 관계에 대한 저항은 무엇보다 이런 관계를 기계적-인식이론적으로 의식화하는 데서 기인한다. 기계적-인식이론적인 이런 의식화는 아주 복잡하고 중첩적인 이런 모사과정을 대상들에 대한 의식의 사진촬영 정도로 여긴다. 하지만 마르크스는 결코 그렇게 말하지 않았다. 포이어바흐의 유물론에 대한 그의 초기 비판에서 마르크스는 '그에게서는 이러한 관계가 실천의 의미에서 파악되지 않고 단순히 "직관"으로서, "비주체적으로" 파악되었다.'고 비판하는데, 이 비판은 바로 이 문제를 겨냥하고 있다.[44] 하지만 이런 주체성이 노동의 주-객-과정에 대해 어떤 의미를 갖는가? 여기서 말하는 것은 객체와 일치하는 올바른 모사를 부정하는 것이 결코 아니다. 그런 모사의 발생은 객체를 존재에 적합하게 단순히 직관한다거나 그 객체를 수동적-의식 적합하게 받아들이는 데서 발생하는 것이 아니라, 오히려 주체에게 활동적이고 주도적인 역할을 부여할 경우에 발생한다. 왜냐하면 목적론적 정립이 없으면 객체세계에 대한 실천적으로 의미 있는 어떤 올바른 지각, 모사, 인식도 불가능하기 때문이다. 객체세계의 사용과 변화에 방향을 맞춘 목적론적 정립이야말로 비로소 자연의 대상들과 자연의 과정들의 내적-외적 무한성으로부터 실천과 연관이 있는 것을 선택할 수 있게 한다. 당연히 이 경우에 즉자존재는 변화하지 않지만, 객체세계에 대해 어떤 변화의 의도도 없을 경우 객체세계에 대한 실천적-인간적 태도도 없다. 목적론적 정립은 모사를 함에 있어서 한계, 선택을 산출하는 것으로 끝나지 않는다. 그것은 또한 그 안에서—그리고 그것을 넘어서서—이 정립을 통해 원하는 관계에로, 계획된 연관에 들어와야 하고 들어올 수 있는 즉자존재의 계기들에 구체적으로 정향되어 있다. 이러한 정향은 구체적인 태도양식으로서 상이한 목적론적 정립에서 상이한 방식으로 나타난다. 이러한 사실은 그러한 정립을 의식에 적합한 정점으로 이끌어가는 사유하는 인식에게만 타당한 것이 아니다. 그것은 사유하면서 정립하는 의식이 그 결과들을 가공하여 정립의 통일로 이끌어 모으는 그런 모든 지각과 관찰에도 타당하다. 동일한 숲에서 사냥꾼, 나무꾼, 버섯채집자 등은, 비록 숲의 즉자존재는 어떤 변화도 겪지 않았음에도 불구하고, 자연발생적으로 (그러나 실천에서는 이미 훈련을 받은 상태로) 질적으로 전혀 다르게 지각한다. 모사에서 내용적 선택과 형식적인 선택을 불러일으키는 측면은

---

44) Marx-Engels: *Deutsche Ideologie*, MEGA V; S. 533; MEW 3, S. 5.

변한다. 그리고 여기서도 역시 기계적인 것을 기계적으로 극복하고자 해서는 안 된다. 왜냐하면 숲의 고립된 계기들은 숲의 전체 복합체로부터 고립된 채 찢겨 나와 기계적으로 서로 연결되어 있는 것이 아니며, 오히려 숲의 모사는 이미 지각의 상태에서 그때그때 의도된 목적론적 정립과 이 정립에 의한 직접적 태도의 형태 아래서 복합적 총체로서 발생하기 때문이다. 따라서 모사성은 결코 지양되지 않으며, 모사의 영역 내에서 강조점이 달라질 뿐이다. 왜냐하면 목적론적 정립을 하는 데 중요한 계기들은 점점 더 정확하고 엄밀하고 미묘한 차이를 드러내면서 지각되기 때문이다. 물론 이때 이 활동공간 외부에서 발견되는 계기들은 퇴색되어가는 지평으로 모인다. 주체는 모사행위를 하는 가운데 선택과 질서배열을 하는데, 이런 선택과 질서배열을 체계화하는 작업은 최초의 진보의 가장 중요한 매개체가 된다. 모사행위에서의 이런 선택과 질서배열에도 불구하고 모사의 그런 모든 정교화는 동시에 원본에 더 접근해간다는 것을 의미한다. 변증법적 모사이론은 발생의 존재론이면서 완성의 존재론이다. 왜냐하면 이 이론은 실천의 주체와 객체의 상호관계에서 효과가 있는 운동을 드러내기 때문이다. 이 운동에서는 점점 더 의식 적합하게 된 목적론적 정립을 현실화시키는 그런 계기들이 내적-외적으로 무한하게 실제로 인식되고 실천적으로 움직인다.

이와 더불어 기계론적 모사관은 실천적-이론적으로 제거된다. 물론 정립이 현실의 즉자존재에 유물론적으로 의존해 있다는 사실이 제거되는 것은 아니다. 기계론적 반영이론은 자신의 감각으로 사진 찍듯이 환경을 고착시킬 수 있다는 인간의 수수께끼 같은 능력을 전제하는 데 반해, 마르크스의 변증법적 이해는 노동하고 노동을 준비하는 가운데 반드시 발생하는 그런 과정의 재생산이자 개념화일 뿐이다. 바로 여기에 양자의 차이가 놓여 있다. 이러한 과정은 모순을 인간의 인간화를 위해 아주 중요한 것으로 여기는데, 마르크스의 이해는 그런 모든 모순을 자체 내에 포함하고 있다. 이미 보았듯이 물질의 우선성은 무엇보다도 목적론적 정립의 선택적 특성에서도 작용한다. 목적론적 정립은 성공할 수도 있고 실패할 수도 있다. 성공의 일차적 전제는 지각, 지각에서 발생한 관찰, 그리고 이러한 관찰을 질서지우는 의식이 통일적인 이론적-실천적 작용으로서 대상의 즉자존재에 실제로 적중하고 있는지에 달려 있다. 그런데 추상적 수준에서 말하고 있는 이러한 특성은 아직 노동작용의 특성을 서술하고 있지는 않다. 왜냐하면 유기체와 환경 사이의 모든 상호작용은 양자의 즉자존재에 유기체가 적절하게 반응하는 방식을 전제하기 때문이다. 그러나 고등동물의 경우 일종의 의식이 이러한 반응을 규제하는 곳에서, 그리고 실천적 과정에서 즉자적으로 존재하는 모사된 대상이 의식 안에서 결코 자립적으로 현존하지 않는다는 것을 우리는 이미 보았다. 의식은 자신의 기능을 그때그때 구체적으로 명료하게 규정된 상황에 의해 생겨난 반응에 국한시킨다. 사육장에서의 동물실험은 그러한 반응의 발생이 어떻게 일어나며, 그리고 이르거나 다소 늦게 올바른 태도를 이끌어낼 수 있는 (물론 반드시 이끌어낼 수 있지는 않다.) 그런 실패한 시도들에 대해 어떤 상을 제공한다. 그러한 실험에서 우리는 많은 것을 배울 수 있는데, 그러한 발견의 과정이나 훈련과정만이 배움의 대상이 되는 것은 아니다. 더 나아가 과제는 결코 동물 자신에 의해 제기되지 않고, 실험에서는 인간에 의해, 자연에서는 환경의 변화에 의해 제기된다는 사실도 배우게 된다. 노동하는 인간의 경우 바고 그 과제는 직접적으로 의식의 산물이다.

이를 통해서야 비로소 방금 말했던 주-객관계가 목적론적 정립에서 발생할 수 있다. 지금까지 묘사된 목적론적 정립의 활동적 역할이 여기에서 드러난 새로운 사실을 결코 완전하게 밝혀주지는 않는다. 이러한 새로움은 오히려 무엇보다도 주체에 의해 그렇게 산출된, 참되게 그려내고자 의도된, 하지만 어떤 관점에서도 "사진과 같지 않은" 그런 모사가 주체의 삶의 과정에서 자립성을 얻는다는 데서 드러난다. 대상의 모사는 인간 안에서 의식의 대상으로 고착되는데, 이 의식의 대상은 한편으로 이 대상을 촉발시키는 계기와 객관적인 현실 속에서도 분리된 채 고찰될 수 있고, 또 종종 그렇게 고찰된다. 다른 한편 의식의 대상은 의식과의 관계에서 훨씬 더 자립적이며, 의식에게 하나의 대상, 즉 아주 다양한 경우들에 적용될 수 있는지, 그리고 올바르고 완전하며 사용 가능한지 등에 대해 의식에 의해 언제나 검토되는 그런 대상이다. 그리고 모사에 대한 이러한 새로운 고찰의 결과는 장차 있을 정립이 지금까지 수행된 정립의 단순한 반복인지, 혹은 다소간 변형된, 혹은 완벽하게 변화된 목적론적 정립이 이후의 실천의 토대가 되는지 등을 결정한다. 대상과 과정에 대한 이름 부여와 명칭 부여를 통해 자연발생적-개별적인 모사를 일반화하는 데 있어서 언어가 얼마나 중요한 역할을 하는지를 우리는 이전에 보았다.

　의식의 이러한 새로운 사실들의 중요성, 의식의 구조와 기능의 이러한 변화의 중요성은 여기서 충분히 설명할 수 없다. 왜냐하면 외부세계에 대한 인간만의 독특한 태도, 즉 우리가 이미 말했듯이 여기서야 비로소 주-객관계가 그 본래적인 의미에서 발생하게 되는 그런 태도는 객체세계를 실제 객체와 의식에 의해 모사된 객체로 이중화시키는 그 참된 구조와 운동 속에서 제시할 수 있을 때에만 구체적으로 이해될 수 있기 때문이다. 한편으로 객체의 자립성, 구체성, 합법칙성 등은 모사의 이러한 자립성이 발생할 경우에만 주체에게 효력을 발휘할 수 있다. 무엇보다도 객체는 매우 다양한 현상방식들을 의식 적합하게 확장하거나 상호연관 짓는 가운데 오로지 분석하고 종합하는 다양한 사유과정의 결과로서만, 주체에게 통일적 존재자로, 그 참된 존재로 대상적으로 현현할 수 있다. 모사의 자립화는 따라서 즉자적으로 존재하는 자기 자신과의 분화된 동일성 속에서 객체에 대한 의식적 파악의 전제가 된다. 종종 매우 정교한, 분화된, 환경대상에 대한 동물의 반응은 언제나 구체적 상황에, 그리고 그러한 현상들이 관련 유기체의 자기 보존의 조건과 맺는 구체적이고 상황의존적인 관계에 국한된다. 하지만 그러한 반응은 ―이미 우리가 본 것처럼― 대상전체와 관련 맺지는 않는다. 하지만 여기에서 묘사된 모사의 자립성은 아주 다양한 현상방식으로부터 객체의 자기동일성으로, 자신의 현상방식과 자신의 특성들의 객관적 통일로 진입해 들어간다는 사실에 놓여 있다. 노동, 노동의 발전, 그리고 노동의 완성은 현실의 사물과 과정에 대한 점점 더 커지고 확실해지는, 그리고 점점 더 정교화된 수많은 개념들이 목적론적 정립에 의존한다는 사실을 통해서만 가능하다. 왜냐하면 목적론적 정립은 이러한 개념들을 단지 그렇게 노동수단으로서 파악하고 사용하고 완성할 수 있기 때문이다.

개념을 말할 때 우리는 단어뿐만 아니라 문장도 말했다. 노동과 언어의 동시적 발생은 여기에서 그 존재론적-발생적 토대를 갖는다. 우리의 지금까지의 서술이 보여준 것처럼 우리가 여기서 그 일반적 특성에 대해 좀 더 자세히 다루어야 할 사회적 존재의 근본적 계기가 여기서 출현한다. 객체의 대상화와 주체의 외화가 바로 그것인데, 양자는 통일적 과정으로서 인간의 실천과 이론의 토대를 형성한다. 이러한 문제복합체는 최근에 철학의 한 분야에서 소외의 토대로 다뤄짐으로써 중심적인 위치를 점유하고 있다. 의심의 여지없이 여기에는 하나의 연관, 그것도 아주 내적인 연관이 있다. 소외는 외화로부터만 발생할 수 있다는 것이 바로 그것이다. 외화를 존재의 구조로 두지 않는 곳에서는 특정한 종류의 소외가 결코 등장할 수 없다. 하지만 이러한 문제를 다룰 때 소외는 외화에서 기원하지만, 그렇다고 해서 두 문제복합체가 일의적이고 무조건적으로 서로 공속해 있지는 않다는 사실을 우리는 잊어시는 인 된다. 왜냐하면 소외의 득정한 형식들은 외화로부터만 발생할 수 있지만, 이 외화는 소외를 산출하지 않고서도 있을 수 있고, 또 작용할 수 있기 때문이다. 근대철학에서 이러한 견해를 폭넓게 제기한 자는 헤겔이다. 헤겔의 이해에 반대하여 마르크스는 『경제학-철학 수고』에서 다음과 같이 쓴다. "인간존재는 자기 자신과 대립하는 가운데 **비인간적으로** 대상화되는 것이 아니라, 추상적 사유와의 차이 속에서, 그리고 추상적 사유와의 대립 속에서 **대상화**되는데, 이러한 사실이 바로 소외의 정립된 본질로, 소외의 지양될 수 있는 본질로 간주된다."[45] 따라서 청년 마르크스가 몇몇 실존주의자들에 의해서 "근대적" 경향의 선구자로 고찰되는데, 이것은 그들이 외화와 소외에 대한 착상을 (종종 마르크스의 발전과는 반대되는) 청년 마르크스의 철학으로 오인한 데 기초하고 있다. 하지만 마르크스는 헤겔적 관념론의 이러한 결과를 후기뿐 아니라 청년 시기에도 강하게 거부했다. 이 문제를 이러한 왜곡으로부터 올바로 되돌리기 위해, 소외의 문제를 잠정적으로 접고 (어차피 다음 장에서 이 문제를 다룰 것이다.) 우선 외화에 대한 마르크스의 비판에 국한해서 설명하는 것이 우리에게 이로울 것이다. 여기에서 마르크스의 헤겔비판은 아주 근본적이고 적절하다. 헤겔은 대상성이 외화에서 발생하며, 그 대상성의 참되고 진정한 완성은 오로지 모든 대상성을 지양하는 것일 뿐이라는 사실을 주장한다. 이에 반해 마르크스는 대상의 존재론적 근원성을 주장한다. "자기 외부에

---

45) Marx: *Ökonomisch-philosophische Manuskripte*, a. a. O., S. 155; MEW EB I, S. 572.

어떤 대상도 갖지 않는 존재는 결코 대상적 존재가 아니다. 제3의 존재에게 대상이 아닌 존재는 어떤 존재도 자신의 대상으로 갖지 않는다. 즉 그 존재는 스스로 **대상**의 존재방식으로 있지 않으며, 그것의 존재는 대상적인 것이 아니다. 비대상적 존재는 **비존재**이다."[46] 헤겔의 관념론이 대상의 기원으로 파악한 과정(그리고 그에 상응하여 대상의 주체로의 귀환으로 파악한 과정)은 현실 속에서 (마르크스에게서는 원래의 대상세계에서) 실제적인 대상적 존재가 자신의 일차적이고 지양할 수 없는 대상적 현실에 대해 드러내는 반작용으로서 수행된다.[47] 사회적 존재는 자연으로부터 성장하고 자연적 존재와의 지양할 수 없는 상호작용 속에서만 존재할 수 있다. 따라서 바로 이러한 사회적 존재가 자연과 맺는 역동적인 대립은 외화된 대상과 주체로의 귀환을 통한 이 대상의 지양이라는 헤겔적 대치 속에서 작용하는 것이 아니다. 그 대립은 오히려 자연존재로서의 대상적 인간이 노동을 통해 자연대상과 활동적-의식적-유적합한 상호관계를 맺으면서 이러한 유적 삶의 대상화에 이르기까지 전진한다는 사실에 있다.[48] 대상화와 더불어 모든 존재(대상 일반)의 궁극적인 존재론적 동일성과 비동일성(사회적 존재의 대상화 vs. 자연존재에서의 단순한 대상성)을 동일성 속에서 표현하는 사회적 존재의 객관적인 근본범주가 발생한다. 노동을 다루는 장에서는 이 최초의 단계에서는 해결할 수 없었던, 따라서 적절하게 형식화할 수 없었던 문제를 들춰내지 않기 위해 현실화를 현실과의 대립 속에서 간단하게 공식화하였을 뿐이었다. 하지만 여기서야 비로소 그 분명한 사변적 규정을 보유

---

46) Ebd., S. 161; ebd., S. 578.
47) Ebd., S. 16; ebd., S. 577.
48) Ebd., S. 89; ebd., S. 512f.

하게 된다. 사회 이전의 모든 존재에 마주해 있는 이러한 존재론적 새로움은 즉자존재와 우리에게 있는 존재 사이의 관계에 대한 이전의 고찰에서 우리가 설명했던 것 속에 아주 분명하게 표현되어 있다. 자연의 대상성은 그 자체로 사회와 자연과의 신진대사의 토대를 형성한다. 이때 즉자적 자연은 전진하고 상승하는 가운데 불가피하게 점점 더 다양하게 '우리에게'의 관점으로 변화된다. 이러한 사실은 노동의 주체 속에서 목적론적 정립을 통해 수행되며, 노동대상은 그 자체로 변화된다. 물론 자연대상에서 해당 과정이 수행될 수 있는지 없는지는 그 대상의 속성에 의존하긴 하지만, 이러한 사실은 추상적-보편적 대상성에 대해서는 단순히 다르게 됨을, 그런 속성과 아무런 연관이 없는 사상적 대상의 새로운 형식을 의미한다.(여기서 '아무런 연관이 없음'이라는 표현은 참다운 상태를 적절하게 표현하기 위한 의인적 표현이다.) 그러나 노동의 모든 대상은 특정한 목적에 사용될 수 있기 위해 대상화된다. 노동의 산물이 노동을 통해 대상화되는 가운데 그 산물은 특정한 목적을 위해 이용될 수 있다. 즉 이제 그 대상의 질료적 속성의 질료적 계기가 우리를 위한 존재(우리에게 있음, Fürunssein)를 이루게 된다. 하나의 대상복합체가 대상화됨으로써 우리를 위한 존재는 대상화된 객체의 현존하는 속성으로 고정되며, 따라서 주체는 우리를 위함이 무엇인지 파악하기 위해 그 대상에 대한 창조적 분석과 종합을 수행해서는 안 된다. 주체는 대개의 경우 학습받지 않을 수 없는데, 이러한 사실은 이 문제와 아무 상관이 없다.

그런데 헤겔은 재미있게도 이러한 의미를 제대로 알지 못한 채 아주 중요한 또 다른 존재론적 측면들에 대해 이야기한다. 그는 반성규정들을 분석하는 가운데 내용-형식과 형식-질료 규정이 분명한 차이를 갖는다는 점에 주목했다. 그는 우선 이 규정들의 위치를 대상형식들의 체계 속에서 확고히 한다. 즉 내용은 자기 대상의 형식-질료관계를 토대로 가지며 이런 관계는 정립된 관계이다.[49] 헤겔은 여기서 순수하게 논리적으로 고찰한다고 생각한다. —그는 근거의 범주를 다루고 있다고 생각한다. —하지만 그는 이 외에도 중요한 존재의 차이를 드러낸다. 그것도 자연존재와 사회적 존재 사이의 차이를 드러낸다. 즉 그는 여기서 언급된 내용의 본질양식에 질료와 형식이라는 자연적 본질양식을 마주 세우며, 이러한 자연적 본질양식 속에서 "**형식의 활동**"을 "**질료 자체의 고유한 운동**"으로 규정한다.[50] 이로부터 질료의 운동은 질료의 형식의 근원을 의미하며, 그리고 여기에서 자연의 영원한 타자화의 과정과 자연의 영원한 자기 자신으로의 머묾이 질료-형식관계로서 표현된다. 이와 달리 질료-형식의 통일에 근거해 있는 형식-내용관계의 영역에서 형식의 정립적 성격(형식은 직접적인 운동에서 자연발생적으로 생겨나지 않는다.)은 존재론적 특성을 갖는다. 헤겔은 여기서 드러난 차이들을 분명하게 목격했다. 그래서 그는 무형식성에 대한 비난이 단지 형식-내용관계에서만 등장할 수 있다는 사실을 주목하게 만들었다. 하지만 —모든 질료가 형식을 얻는다는 것은 자명하다— 여기에서 이미 정립된 본질양식은 다른 측면에서 볼 때 가치개념으로서 훨씬 더 강력하게 드러난다. 무형식성은 "형식의 부재를 의미하는 것이 아니라, **올바른** 형식의 비현존"[51]을 의미한다.

  이와 더불어 의심의 여지없이 모든 노동생산물, 즉 모든 질료적 대상화의 형식-내용관계는 존재 적합하게 정확하게 규정된다. 그러나 이때 이념

---

49) Hegel, *Logik*, a. a. O., S. 85-86; HWA 6, S. 94 f.
50) Ebd., S. 83; HWA 6, S. 91 f.
51) Hegel, *Enzyklopädie*, § 133, Zusatz; HWA 8, S. 265.

적 방식의 모든 목적론적 정립이 이와 동일한 구조를 드러낸다는 사실을 잊어서는 안 된다. 동물의 삶에서는 신호를 통해 의사소통이 이루어지는데, 이런 의사소통에서 질료-형식관계는 아직 유기체와 환경의 상호관계로 표현된다.(당연히 사회적 신호도 질료와 형식의 정립관계이다.) 반면 언어에서는 가장 아래의 개별 단어에 이르기까지 형식과 내용의 정립관계가 지배적 원리로 작용한다. 따라서 언어는 대상에 대한 사변적 모사일 뿐만 아니라 그와 동시에 대상에 대한 의식 적합한 대상화이다. 이러한 사실은 필연적으로 옳음이나 그름이라는 선택의 상황에서 움직이는 언어적 표현의 자연발생적 가치특성 속에 잘 드러난다. 더 나아가 이러한 사실은 내용(동시에 형식-질료관계)이 올바른 표현의 가능성인 자신의 종합적 일의성을 상실하지 않고서 실제적인 형식-질료관계 위로 점점 더 높이 고양될 수 있다는 사실 속에서도 드러난다. 일상생활에서 가구나 곡물, 그리고 과일 등과 같은 추상물들을 생각해보라. 일상생활에서 이러한 추상물들의 내용은 언제나 아주 분명하게 형식과 질료의 대상화된 통일을 보존하며, 그런 통일을 계속 형성해 나가며, 더 이상 단순히 대상적이지 않은 대상화된 세계의 외연을 사상적으로 모사하는 가운데 인간의 사회화의 과정을 인간에게로, 인간 주변으로 몰아가는 데 도움을 준다. 목적론적 정립이 갖는 이러한 사상적 형식, 계기, 그리고 현상방식들 등이 고차적으로 발전하면 할수록, 그것들의 대상화의 성격은 그만큼 더 분명하게 드러난다.

대상화가 목적론적 정립에 의존하는 사회적 존재의 중심범주로 이렇게 성장함으로써 외화에 대한 헤겔의 견해에서 기인하는 모든 관념론적 왜곡은 반박된다. 이러한 유의 근본적인 입장을 조건 없이 긍정할 때 다음과 같은 질문이 나올 수 있고 나오지 않을 수 없다. 즉 과정의 실제 계기를 명료하게 함으로써 우리는 마르크스의 헤겔비판을 통해 분명하게 된 사실을 전혀 손상하지 않고서도 이러한 상황에 대한 우리의 상을 지금까지보다 훨씬 더 다양하게 만들어낼 수 있게 되었다. 그런데 헤겔이 외화를 통해 파악하고자 했던 것(그러나 결코 도달하지 못했던 것)에서 그러한 과정의 실제 계기 역시 함께 고려되고 있는 것은 아닌지 질문될 수 있고 질문되어야 한다. 이때 우리는 다음의 사실에서 출발해야 한다. 즉 대상화는 여기서 사회적 존재의, 모든 사회적 실천의 객체화된, 따라서 실제 객관적인 본질을 이루며, 동시에 이와 분리 불가적으로 그런 대상화는 사회적 주체의 활동을 드러내기도 한다는 사실이다. 여기서 주체란 그러한 활동을 통해 대상적 세계를 대상화하면서 이 대상세계에 작용할 뿐만 아니라, 동시에 자기 자신의 고유한 존재를 대상화를 정립하는 주체로 변형시키기도 하는 그런 존재이다. 마르크스에 따르면 개인의 정신적 부유함은 개인이 세계와 맺는 관계의 부유함에 의존한다는 사실을 우리는 반복적으로 말했었다. 이러한 이해는 성숙한 괴테의 자아상과 본질적으로 일치한다. 또한 우리가 이미 언급한 사회적 존재의 근본적 측면이 여기에서 표현된다. 즉 역사적 재생산과정 속에 놓여 있는 총체적 사회와 단순한 개체에서 개별성으로 발전해가는 인간이 두 극단을 형성한다는 사실이 여기서 표현된다. 이때 더 이상 무언으로 있지 않는 인류의 본질이 드러남으로써 이 두 극단의 상호작용은 이 존재복합체의 본질적 특성을 표현한다. 그러나 마르크스가 생각한 관계들을 좀 더 자세히 고찰해보면 이러한 관계는 인간의 내면성과 날카롭고 배타적으로, 그리고 대립해 서 있는 "외적인 것", 인간에게 외적인 것으로 파악되어서는 결코 안 된다. 노동과 언어와 같은 기본적 사실로부터 지고의 객체화에 이르기까지 인간의 모든 표현은 필연적으로 목적론적 정립이다. 따라서 주체-객체 관계는 인간이 세계와, 그리고 인간이 자기 자신의 세계와 맺는 전형적 관계로서 하나의 상호작용이다.

이 상호작용에서 주체는 객체에, 객체는 주체에 마주하여 새롭게 형성되며, 서로 새로운 것을 산출하면서 항구적으로 영향을 미친다. 이 관계 속에서 한 측면은 다른 측면과 고립해 있는 것으로, 서로 분리된 것으로, 따라서 독립적인 것으로 이해될 수 없다. 그런데 이러한 사실은 속류 마르크스주의에서도, 그리고 부르주아 철학에서도 드러나지 않는다. 우리가 인간을 단순히 사회적 토대의 산물로 이해할 것인지, 아니면 군돌프(Friedrich Gundolf)[52]가 하듯이 "무시간적 체험"으로부터, 혹은 하이데거가 하듯이 현존재로의 "피투성"으로부터 출발할 것인지 등의 문제는 모두 존재론적으로 근거가 없다. 이에 반해 사회적 존재의 이 상호귀속적인 이 양극―직접적으로는 서로 이질적이다― 의 분리 불가능성을 언급할 경우, 실천의 객체의 모든 대상화 작용이 동시에 실천의 주체의 외화작용임이 분명해진다.

대상화와 외화의 관계는 역사적으로 꾸준히, 그리고 질적으로 변화해왔는데, 이 관계를 거친 수준에서나마 묘사하려는 것이 우리의 과제는 아니다. 확실히 처음에는 (외화가 아니라―역자) 대상화의 요소들이 지배적이었다. 물론 이 시기에도 대상화된 노동이 노동의 주체에 반작용하여 주체를 변형하는 중요한 역할을 수행하며, 능숙함이나 발견 등과 같은 개인적 차이가 이미 생산의 가장 원시적인 단계에서 스스로 외화하면서 대상화하는 주체의 비물질적 흔적을 드러낸다고 할 수는 있다.

그러나 한편으로 외화를 특정한 자기의식으로 고양하기 위해, 그리고 다른 한편으로 전체과정에서 외화의 역할을 안정되게 하기 위해서는 불균

---

52) 프리드리히 군돌프(1880~1931)는 독일의 문예사가로서 철학적 문예학의 창시자로 간주된다. 자연주의에 반대하면서 예수지상주의를 내세웠던 게오르크(Stefan Anton George, 1868~1933) 사상을 생철학자인 딜타이, 니체 등의 영향을 받아 계승, 발전시켰다. 저서에 『셰익스피어와 독일 정신』, 『괴테』 등이 있다. (역주)

등한 오랜 발전이 필요했다. 이 외화는 단순한 개체성의 단계에서 등장하는 단순한 객관적 가치성이나 비가치성과 일치하는 것이 아니라 현실적으로 (하지만 사회적으로 상대적으로) 존재하는 인간 현존재의 현실적 외화가 된다. 여기서도 역시 근본적인 현상들을 살펴보면, 매우 이른 시기로부터 오늘에 이르는 구체적인 노동에서 우리는 단순한 노동의 생산물에 내재한 그 생산자의 "손(인격성)"을 인식할 수 있다. 그 자체로 아직 일관적이지 않은 형식에서, 즉 공장제수공업에서의 노동분업에서 시작하는 노동의 탈의인화는 그러한 대상화에서의 외화의 계기를 점증적으로 사라지게 한다. 그런데 여기서도 역시 그러한 과정은 경향적이다. 왜냐하면 개별 노동자가 수행하는 최종적인 노동에서 외화의 객관적 지분이 사라지긴 하지만, 생산유형의 일반적 계획과 스타일에서는 외화의 직인이 여전히 관찰될 수 있기 때문이다. 언어에서도 역시 이러한 발전의 불균등성이 표현된다. 물론 그 불균등성은 매우 다양한 방식으로 표현된다. 여기서 점점 더 사회화되고 점증적으로 통합이 일어나는 현상으로 인해 탈의인화가 획일적으로 일어나지는 않는다. 그러나 점증적 사회화는 종종 완전히 탈인격적인 언어습관 등을 산출하지만, 동시에 언어의 개별적 외화특성도 증대된다. 인간을 그들의 단어 선택에서, 그들의 단어의 양에서, 그리고 그들의 의미론적 언어사용 등에서 인식하고 또 개별성으로 파악하는 것은 과거의 단계에서보다 훨씬 더 쉽다.

삶의 영역들 사이의 경계를 정확히 그리는 것은 당연히 불가능하다. 즉 대상화와 외화와 같이 서로 존재 적합하게 통일되어 있는 형성물에서 포괄적 계기의 역할을 하는 것이 전자인지 혹은 후자인지를 명확히 하는 것은 쉽지 않다. 왜냐하면 사회의 사회화, 인간이 즉자적 의미에서 자신의 유적합성에 실제로 접근해간다는 것, 그리고 인간 개별성의 전개 등은 동시적으로 발생하는데, 바로 그런 점에서 이것은 통일적 과정이기 때문이다. 생산의 분리, 아니 좀 더 일반적으로 말해서 한쪽 편에 경제적 삶의 외화를, 다른 편에 자신의 질료적-사회적 재생산에 간접적으로 방향을 맞추고 있는 인간의 표현형식을 놓고 양자를 분리하는 것, 이런 분리는 개념석으로 정확하게 나눌 수 없다. 왜냐하면 자연과의 신진대사에서 성장한, 탈의인화를 가장 멀리까지 수행한 자연과학이 바로 그런 일을 하지만, 바로 여기에서도 외화에 마주해 있는 사회화의 기능이 압도적으로 통용되기 때문이다. 다른 한편 외화가 어떻게든 대상화되지 않는다면, 어떤 외화도 인격의 표현으로 작용할 수도, 존재할 수도 없다는 사실을 생각해보라. 외화되지 않은 인간의 사상, 감정 등은 단순한 가능성으로서, 그것이 실제로 의미하는 것은 대상화의 과정에서야 비로소 드러난다. 대상화와 외화가 같으면서도 다르지만 궁극적으로 같다는 이러한 사실을 이렇게 확립한다고 해서 곧바로 모든 것이 완전히 설명되는 것은 아니다. 이것들이 가치양식과 맺는 관계 또한 설명되어야 완전해진다. 순수하게 존재론적으로 보자면 이 질문은 아주 간단하다. 즉 가치는 대상화-외화를 통해서야 비로소 발생한다. 단순한 대상은 원리상 가치와 무관하다. 이 대상이 어떻게든 대상화-외화의 체계로 들어옴으로써, 예를 들어 자연의 한 부분이 인간에게 경치로 될 경우 그것은 비로소 가치를 함유할 수 있다. 이렇게 정립된 존재가 자신의 물질적 토대를 관련 자연 부분의 실제 대상적 계기들에서 가진다는 것은 자명하지만, 앞서 말한 사실을 지양하지는 않는다. 높은 산들은 특정한 사회적 발전이 사회적 의미에서 경치로 되기 훨씬 이전부터 이미 높은 산이었다. 그러나 이러한 정립행위에서 가치 있는 어떤 것을 인식하고자 한다면 완전히 오류일 것이다. 그러한 정립작용은 사회적 존재의 단순한 존재계기일 뿐이며, 따라서 가치 있을 수도, 가치에 반할 수도 있다. 그것은 필연적으로 의식과 연결되어 있지만, 그 결과는 그러한 계기의 구체적인 현상태(Geradesosein)에 의존하고, 그 계기의 존재성격을 ―사회적 존재 내에서― 침해하지 않는다. 물론 사람들은 다음과 같이 말할 수 있다. 즉 모든 대상화-외화 자체는 사회적 존재의 구성요소를 형성하기 때문에 필연적으로 그것들이 존재함과 동시에, 그리고 그 결과로 가치들을 발생시킨다.

따라서 이러한 질문을 다루기 위한 출발점은 동시에 다음과 같아야 한다. 즉 대상화와 외화가 존재론적으로 통일적 행위의 산물이긴 하지만, 사회-역사적으로 필연적인 이 양자의 구분은 다음의 사실 때문에, 즉 단순히 사상적 분석의 결과가 아니라 오히려 통일적 작용의 양 계기를 구분하는 가운데 실제적인 존재론적 차이가 드러난다는 사실 때문에 이러한 구별이 가능해진다는 것이다. 우리는 다음과 같이 말한다. 양자의 통일의 근저에 놓여 있는, 즉자적으로 통일적인 주-객관계는 대상화의 작용 속에서 객체세계를 사회화하는 방향에서 변화시킨다. 반면 외화는 주체의 발전의 담지자를 동일한 방향에서 촉진한다. 그런데 객체의 사회화는 주체의 사회화보다 훨씬 더 동질적인 과정이다. 원시시대에 아주 원시적인 마제석기는 아주 복잡한 오늘날의 기계와 마찬가지로 결정적으로 단순한 자연대상으로부터 걸어 나왔다. 이런 근본적-존재론적 의미에서 자연존재에서 사회적 존재로의 도약은 일회적이고 궁극적인 도약이다. 발전에 적합하게 겨냥된 경제적-기술적 진보가 이제 존재론적으로 아무 관련이 없다는 사실이 이로부터 결코 따라 나오지 않는다. 반대로 그런 진보는 스스로 발전해가는 사회에 아주 중요하다. 따라서 대상화의 발전결과들, 발전단계들은 사회적 존재의 현상적-본질적 변화에 결정적 역할을 한다. 그러나 이러한 사실이 존재를 변화시키는 행위로서의 사회화가 그 최초의 형식에서 이미 존재론적 속성을 습득한다는 근본적 사태를 결코 변화시키지 않는다. 그 일반적인 즉자존재에 대해 말하는 한, 여기에서 그 최초 형식의 존재론적 속성은 이미 궁극적인 모습으로(즉 사회적 존재의 형식으로—역자) 드러난다.

외화는 문제가 다소 다르다. 외화의 성립은 비로소 인간의 인간됨의 문제, 더 이상 무언이지 않는 유에서의 인간의 유적합성의 문제를 제기한다. 유의 무언성(Stummtheit)을 넘어간다는 것은 이 유가 존재론적으로 즉자적으로뿐 아니라 그것을 넘어서 대자적으로 존재하게 될 수 있다는 것을 의미한다. 반대로 유에 속해 있는 표본으로 있는 즉자존재가 —고등동물이 그러하듯— 의식적으로 외부세계에 반응한다 하더라도 어떤 식으로든 의식 안으로 진입할 수 없다고 한다면, 자연에서의 무언의 유적합성은 말 그대로 그런 즉자존재를 의미한다. 유는 언제나 유에 적합하게 자신의 환경에 반응하지만, 자신들을 유에 속하는 것으로 의식하지 않는 그런 표본들 속에서 스스로를 재생산한다. 유의 이런 무언성은 노동과 언어와 더불어 도약적으로 사회적 존재의 유적합성 자체로 이행한다. 자연존재의 단순한 대상성의 자리에 들어선 대상화는 이미 유에의 귀속성을 보여주는 명료한 표식을 자체 안에 간직한다. 사회의 사회화가 진행될수록 이런 규정들은 더 풍부하고 다양해지며, 단계가 더 구분되고, 매개되고, 결합되며, 더 이상 무언이지 않은 유적합성의 성격이 —물론 그때그때의 개별적 발전단계를 제약하는 발전의 옛 모순들에 의해— 더 분명하게 드러난다. 그러나 마르크스는 아주 정당하게도 이러한 전체 발전을 인간 역사의, 즉 인류의 단순한 "전사(Vorgeschichte)"라고 부른다. 인간의 인간됨의 역사, 사회가 적절한 유적 표현으로 되어가는 역사를 지칭하는 이 전사는 사회적 존재의 두 극단, 즉 개인과 사회가 서로 적대적이기를 멈출 때에만 끝날 수 있다. 만약 사회의 재생산이 인간의 인간임을 촉진할 경우, 만약 개인이 자신의 개인적 삶에서 스스로를 유의 지체로 현실화할 때에만 인류의 전사는 끝난다. 이것은 사회적 존재의 자기전개에서 중요한 두 번째 도약이다. 그것은 즉자적인 유적합성으로부터 대자적인 유적합성으로의 도약이며, 참된 인류사의 시작이다. 바로 여기에서 유적합성 내부의 —지양할 수 없는— 모순성, 개인과 사회적 총체성 사이에서 적대적 성격을 갖는 것으로 드러나는 모순성은 사라진다. 이렇듯 유의 즉자로부터 대자존재로의 인류의 발전은 인간에게서, 궁극적으로 모든 개별 인간에게서 수행되는 과정이다. 이 과정은 —그것이 아주 원시적이건 그 반대이건 간에— 자신의 대자존재의 실존을 얻고자 투쟁하는 유적 인간으로부터 특수한 인간이 내적으로 분열하는 발전이다. 도약의 궁극적 형태는 특수한 인간 역시 유에 적합하게 존재하는 상황에서 드러나며, 단순히 즉자적으로 존재하는 개별 인간의 유적합성은 이미 목적론적 행위들 속에서 표현된다. 따라서 이런 유적합성은 더 이상 개별적 표본이 자신의 유에 생물학적으로 귀속해 있다는 것을 의미하지 않는다. 그것은 필연적으로 대상화 작용 속에서 표현되는데, 이런 작용 속에서 인간은, 자신이 하는 일에 대해 의식하지 않는다 하더라도, 이미 사회적인 어떤 것을 의식적으로 산출한다. 마르크스는 이러한 행위를 인간의 일반적인, 평균적인 사회적 행위라고 반복하며 말했다. 그런데 그런 모든 활동이 언어적 표현을 함유하는데, 이로써 그러한 행위 속에서 수행된 대상화는 동시에 외화로 표현되기 시작한다. 즉 그런 행위는 아주 초보적이고 낮은 단계의 수준에서도 주체의 자기객체화의 성격을 요구한다. 모든 인간의 목적-감정, 심정, 능력 등은 그에게 긍정적이든 부정적이든 가치평가적 대상화의 영역이며, 이 대상화는 —처음에 존재하는 모든 차이에도 불구하고— 모든 인간에게 있는 근본적인 사회성, 기본적인 공동성에 따라 주체들의 이후의 목적론적 정립에 영향을 미친다.

그러나 무엇보다 특수한 개별적 인간은 단순히 생물학적인 무언의 유적 합성으로부터, 즉 자연 안에 있는 생명체의 유적합성으로부터 도약적으로 분리될 때 생겨난다. 그러나 여기서 새로운 유적합성은 직접적인 현실로서 자신의 즉자존재에서만 직접적으로 표현될 수 있다. 그것은 비록 (아리스토텔레스의 뒤나미스라는 의미에서) 가능성으로서 유를 대자화하고자 하는 의도를 함유하지만, 발전의 불균등성이 아주 독특한 방식으로 드러난다. 우리는 다음의 사실을 알고 있다. 즉 불균등성이 사회의 전체 인과적 진행을 지배한다. 왜냐하면 이 불균등성이 본질의 필연성의 실현양식들을 —구체적인 상황의 현상태(Geradesosein)의 상이함에 따라— 변이시키기 때문이다. 이때 일반적으로 말하자면 발전의 그런 불균등성에도 불구하고 전체 과정에서는 순수하게 인과적 성격을 갖는 것이 현상하며, 그것이 비록 목적론적 정립에 의해 작동함에도 불구하고 자신의 총체성 속에 목적론의 어떤 그림자도 드러내지 않는다는 것을 간과해서는 안 된다. 그리고 이에 상응하여 불균등성이 부분적 총체성 속에서 사회적 종합으로 생겨나고, 개별적인 정립작용의 존재 적합한 영향을 이러한 총체성이라는 매체를 통해서만 표현할 수 있다는 사실도 간과해서는 안 된다. 그럼에도 불구하고 외화는 그 모든 사회적 특성에도 불구하고 그 본질상 개체성의 특징들, 즉 개별적 정립의 객체화라는 특징들도 간직하며, 동시에 이런 객체화를 통해 매개됨으로써 인간의 개별성을 사회에서 전개하고자 하는 반향적 힘도 가진다. 외화가 가지는 존재 적합한 이런 속성으로 인해 자연발생적으로 움직이면서 매개하는 매개체들이 확대되고 증가한다. 상대적인, 하지만 구체적으로 진행해가는 이 매개체들의 상호독립, 그리고 이렇게 발생한 상호 간의 이질성으로 인해 발전과정에서 불균등성은 점차 상승해간다. 이때 여기에서도 발전 그 자체에서 어떤 목적론적 경향도 말할 수 없다는 것은 자명하다. 인관계열이 다소간 이질적인 특정한 환경 아래서 자연발생적으로 관철되는 경향적 방향을 가질 경우 불균등성은 이런 인과계열들로 구성된다. 외화는 자신에 의해 작동하는 모든 인과계열을 전체 사회의 발전에 편입시킨다. 하지만 외화가 반드시 이 외화의 정립자에 다시 영향을 미치고 그 영역과 다양성과 깊이와 질 등에 따라 이 정립자를 개인으로 발전시키는 데 있어서 결정적인 요인으로 되는 한 이 외화는 자신을 발생시키는 개별적 정립행위에 묶여 있다. 정립은 이렇듯 지양할 수 없는 이러한 계기들을 갖는데, 그 결과 고유하게 발전하는 가운데 불균등성이 발전할 수밖에 없으며, 이 불균등성은 외화에서 다른 사회적 과정과 비견되는 가운데 질적으로 강력하게 드러난다.

사회의 영역에서뿐 아니라 사회발전의 단계에서도 우리는 외화들의 국지화에 반대하는 많은 유보조건들을 말할 수 있다. 그럼에도 불구하고 사회의 물질적 재생산 외부에서 그런 외화들이 어떻게 작용하는지에 대해 몇 가지 언급할 필요가 있다. 정립자의 개인성에 다시 영향을 주는 방금 언급한 계기는 이를 통해서야 비로소 올바로 드러나며, 사회과정의 발전역학에서 자신의 위치를 점하게 된다. 이 문제는 이데올로기를 다루는 다음 절에서야 비로소 상세하게 다뤄질 것이다. 물론 이 문제의 토대는 지금까지 이미 반복해서 언급했었다. 즉 사회발전은 즉자적 인류를 필연적으로 사회적 존재의 실제형식으로 산출하지만, 인류의 대자존재는 객관적 과정에 의해 단지 가능성으로 산출될 수 있을 뿐임을 언급했었다. 그것도 그때그때 도달한 즉자존재가 실제적 대자존재로 되는(혹은 되지 않는) 모든 단계에서뿐 아니라 객관적으로 자유의 영역으로 인도할 수 있는 위대한 전회의 시기에도 그렇다는 것이다. 우리는 거기서 이 질문에 대한 마르크스의 생각을 상세하게 다룰 것이다. 이제 마르크스적 의미에서의 가능성의 이러한 성격이 동시에 인류의 물질적 재생산의 발생영역의 외부를 의미한다는 사실을 인지할 수 있고, 또 그렇게만 인지해야 한다. 물질적 재생산의 영역은 "필연성의 왕국"으로서 언제나 이 필연성에서 풀려 나와 사회적-실천적으로 무능한, 원리적으로 아무런 영향도 없는 사상과 감정으로 머물러 있어야 할 그런 가능성의 본질과 실현방식을 위한 토대를 형성할 것이다. 그러나 절대적이고 지양할 수 없는 이런 결합은 순수하게 부정적인 특성을 가진다. 즉 실제 사회적 효력을 그런 대자존재, 그런 시간연관적 가능성을 그저 주관적으로 의도하는 정립들(외화들)로부터 배제한다는 특성을 갖는다. 그러나 그렇게 생겨난 정립들의 긍정적 규정 혹은 상황연관성은 가능성의 활동공간으로서 더 이상 어떤 것도 규정할 수 없다. 이 활동공간은 원리상 아주 특이하고 동시에 아주 특이하게도 다차원적이다. 우리는 이미 대자존재가 된 인류가 객관적으로 사회적 존재의 양극과 연관되어 있음을, 총체적 사회의 특정한 성질과 연관되어 있음을 강조했었다. 또한 그렇게 대자화된 인류는 개별 인간들이 자신의 파편성을 극복하는 내용과 방식 등과도 연관되어 있는데, 이 내용과 방식은 다시 그 방향, 수준 등에 따라 매우 다양한 형태를 가질 수 있고, 현실에서도 역시 존재해야 한다.

그럼에도 불구하고 훨씬 더 큰, 심지어 그 자체로 아무런 제약도 없는 것으로 현상하는 가능성의 영역은 어떤 실제적 한계도 갖지 않는다. 그런데 우리가 계속 봐왔던 것처럼 인간이 대답하는 존재라는 사실은 여기서 명백한 한계를 만들어낸다. 물론 이 한계는 여기에서 사회적 삶에서의 한계보다 더 유연하고 팽창력이 있다. 우리는 잠정적으로 파편적 인간이 유적합한 인간으로 전환하는 문제와 참된 개인성의 문제만 국한해서 다뤘다. 그럼에도 불구하고 사회적 삶에 의해 산출된 장애와 이 장애를 극복하고자 하는, 이 사회적 삶에 의해—궁극적으로 부정적으로—기획된 관점들은 명백히 이미 가능성들의 구체적 작용영역을 산출한다. 그 가능성들이 인간에게 현실적으로 아주 적합한 외화의 가능성들로 현실화될 수 있다는 그런 비전에서조차(현실적으로 이 비전들은 완전하게 실현될 수 없는 순수한 유토피아적 비전일 것이다.) 이 가능성들은 구체적으로 우리가 추상적으로 상상하는 방식으로 그렇게 무제약적이지 않다. 한계를 설정하는 힘들은 한편으로 객관적 발전에 의해 제기된, 외화를 그 답으로 제시하는 그런 '질문들'이고, 다른 한편 이와 아주 연관된 것으로서 대상화와 외화의 궁극적인 기형적 성장이다. 이 후자는 그 영향이 신축적이기는 하지만 이 작용영역에서 구체적 가능성을 자연발생적 선택의 원리로 드러내는 경향을 산출한다. 당연히 무수한 가능성들이 순수하게 심리적으로, 논리적으로 현존한다. 하지만 외화 그 자체가 어떻게든 작용할 수 있기 위해서 외화는 주어진 한계 내에서 움직여야 한다. 그렇지 않을 경우 이 외화는 병리적으로, 즉 사회적으로 중요하지 않은 것으로 현상할 것이다. 따라서 인간 주체의 외화를 사회적으로 연결된, 사회에서 작동하는, 사회에 영향을 주는 이러한 개체성에서 고찰해보면, 외화가 유의 발전에 기여하는 커다란 의미는 인간이 개인으로서 자신의 외화를 통해서만 사회적으로 활동할 수 있다는 사실에 의해 비로소 명료해진다. 그리고 자신이 살고 있는 사회와의 참된 관계의 양식은 자신의 인격의 표현들인 이러한 외화에서, 자신의 개인의 내적인 구조와 내용에서 표현된다. 자신의 경제적 실천과 비경제적 실천을 대상화하는 것이 그에게 개인으로의 성장을 촉진하는지, 아니면 저해하는지, 혹은 완전히 방해하는지의 문제는 인간과 사회의 관계에 결정적인 문제이며, 따라서 개체와 유와의 관계에 결정적인 문제이다. 다음 장에서 우리는 이 문제를 다룰 것이다. 오늘날 아주 논쟁이 되고 있는 소외문제는 여기에서 출발할 때만 합리적으로 이해될 수 있다. 여기서는 이전에 아주 추상적인 수준으로 다뤘던 것에 대해 간단하게나마 다뤄야 한다. 즉 외화는 비록 모든 인간행위의 불가피한 일반적 형식이며, 따라서 외화에는 언제나 정립하는 인격의 최소한의 사회화가 근저에 놓여 있지만, 그러나 이러한 유적합성은 인간의 인간됨의 자기운동적 계기일 뿐 아니라 또한 이러한 발전과정을 결정하는 데 도움을 주는 계기이기도 하다는 사실을 좀 더 자세히 다룰 필요가 있다. 말하자면 "자유의 왕국"의 모든 객관적 조건, 인간에게 고유한 역사의 시초의 모든 객관적 조건은 현존할 수 있지만, 인간이 자신의 외화에서 형식적-파편적인 것뿐 아니라 긍정적인 참된 내용적 유적합성을 표현할 수 없다면 그런 객관적 조건들은 단순히 가능성으로만 남을 것이다. 이런 발전이 개별 인간에게서 진행되기 때문에 속류 마르크스주의는 이러한 사실에 대해 경멸스럽게도 침묵으로 일관하는 경향이 있다. 마르크스와 엥겔스는 이에 대해 전혀 다르게 생각했다. 엥겔스는 사회적 실천 일반에 대해 다음과 같이 말한다. "모두는 각자의 개별의지들에 의지하여 자신의 몸과 궁극적으로는 외적인 경제적 상황(개인적 상황이든 공동체적 상황이든 간에)들에 의해 이끌려가는 것을 하고자 한다. 하지만 개별의지들이 스스로 원하는 것에 도달하는 것이 아니라 전체 평균, 혹은 공동의 결과에 함몰된다는 사실로부터 이 의지들은 결국 아무것도 아니라는 식으로 추론해서는 안 된다."[53] 지금 여기서는 인간이 참된 유적합성으로, 자신을 적극적으로 말하는 단계로, 자신을 명료화하는 단계로 내적으로 발전해간다는 사실을 다루는데, 이 경우에 이 진술은 더욱 결정적으로 유효하다.

이어서 우리는 개별적 외화들을 사회적으로 유효하게 만드는 사회적 매

---

53) *Marx-Engels Ausgewaelte Briefe*, Moskau-Leningrad, 1934, S. 375; MEW 37, S. 464.

체의 특징을 살피고자 한다. 이 매체, 즉 인간의 일상생활은 그때그때의 현상태에서 이 실상에 참여한 인간의 외화작용에 의해 직접 규정된다. 인간의 내면의 객체화가 단순히 언어적 차원에 머문 경우에도 이러한 작용은 인간의 내면을 객체화한다고 할 수 있다. 그런데 이런 객체화를 통해 외화되는 사람에 대해서뿐 아니라 그가 속한 환경에 대해서도 그 개인의 본질에 대한 다소 분명한 상이 생겨난다. 이때 이 본질이 꾸준히 모순 가운데서 움직인다 하더라도 이 상은 그 자신뿐 아니라 그의 이 환경에도 하나의 연속성을 가져다준다. 물론 유기체의 생물학적 재생산과정은 이미 하나의 연속적 과정을 만들어낸다. 그럼에도 불구하고 객체화를 통해서야 비로소 인간의 모든 외화는 이 즉자를 대자로 압축시킨다. 즉 통제할 수 있고 비판할 수 있는, 그리고 상대적으로 제어 가능한 자기실현의 연속성으로, 따라서 자기인식의 연속성으로 압축시킨다. 자기인식은 고대 그리스 시기 이래 이미 인간의 삶을 이끌어가는 중심에 자리하고 있지만, 자기인식은 그런 객체화의 결과로서만 가능하다. 주관적으로만 머물러 있을 뿐 객체화되지 않은 사상이나 감정 등은 —의식과 더불어 기능하는 자연 유기체의 경우에서처럼— 연속성을 단지 가능적으로만 가질 수 있다. 외화를 통해서만 비로소 모든 삶의 표현은 이 외화를 체험하는 사람뿐 아니라 동료 사람들에게도 객체화된다. 이 객체화를 통해서야 비로소 그들은 이 객체화를 수행하는 사람뿐 아니라 이 사람과 교류하는 사람들에게도 하나의 사회적-인간적 연속성을 보유하게 된다. 이 연속성에서야 비로소 인간의 개별적 인격성은 자신뿐 아니라 다른 사람에게도 이러한 작용을 수행하는 실체적 담지자로 형성된다. 이때 발생한 복잡한 상황들을 여기서 자세하게 묘사할 수는 없다. 이 문제는 윤리학에 속한다. 대체적인 윤곽만을 설명하자면 다음과 같다. 한편으로 모든 개별적 인간은 자신만의 특정한 정립을 자신의 성격을 드러내는 것으로 고찰하고, 다른 정립들을 외부 환경에 대한 우연한 반응으로, 즉 원하지 않고 강요된 것 등으로 고찰하며, 다른 한편 그와 관련이 있는 다른 사람들은 그의 표현들에서 유사한 선택을 수행한다. 두 구별의 근거가 아주 불확실하다는 것, 모든 인긴은 자기 자신에 대해 지금까지 생각했던 것과는 전혀 다르게 행동할 수 있다는 것, 그리고 그런 놀라운 일이 다른 사람들에게는 훨씬 더 쉽게 가능하다는 것 등, 이러한 사실은 인간에 대한 내적인, 그리고 외적인 인식이 노동과정에서 나타나는 자연의 질료에 대한 인간의 인식보다 훨씬 더 불안정하다는 것을 보여줄 뿐이다.

판단에 있어서 이렇게 발생한 불확실성은 존재론적으로만 적절하게 이해될 수 있다. 생물학적으로 정초된, 그리고 생리-심리적으로 정초된 삶의 연속성은 그 자체로 자연스런 연속성에 의존하며, 따라서 이 연속성은 존재적으로 고립된 채 단독으로 있을 수 있는 만큼 모든 자연현상과 같이 (예컨대 동물의 행동처럼) 이해될 수 있을 것이다. 하지만 외화작용에 의해 발생한 일상의 삶에서는 근본적으로 목적론적 (대상화하면서 외화되는) 특성을 갖는 다른 특성의 연속성이 생겨난다. 따라서 여기서 사회적 삶의 연속된 과정에서 유지되는 실체는 가치를 담지하는 속성을 갖지 않을 수 없다. 우리는 ―대체적으로 보자면 올바르지만, 구체적인 개별적인 경우들에는 아주 잘못된 판단일 수 있는데― 어떤 사람에 대해서는 실체라고 말하고 다른 사람에 대해서는 그의 본질의 실체성을 의심하거나 부정하기도 한다. 그러한 판단은 ―구체적인 경우에 아주 잘못된 판단일 수 있다― 참으로 인간적인 실체, 즉 인간적 특성의 실체가 소여된 자연대상이 아니라 인간 자신의 산물, 즉 자신의 외화작용의 역동적 전체결과인 한에서 존재론적으로 정초된 출발점을 갖는다. 인간은 언제나 어떤 상황에서 살아가고 그 상황에 응답하는데, 그 모든 상황이 인간 자신에 의해 산출되는 것이 아니라 사회에 의해 산출된다고 해도, 인간의 심리적 기질과 물리적 기질이 그 스스로에 의해 만들어지는 것이 소여된다고 하더라도 이 모든 요소의 공동의 작용을 통해 그에게는 그 자신이 대답하지 않으면 안 되는 질문들만이 제시된다. 따라서 자신의 외화작용을 통해 형성되는 연속성은 이러한 관점에서 보면 그 자신의 고유한 행위의 산물, 자기 자신의 고유한 결단의 산물이다. 이때 중요한 사실은 일단 내려진 그 모든 결단이 곧바로 이 결단을 수행한 그 사람에게 자기 자신의 삶의 변할 수 없는 사실로 되며, 또한 외부로부터 규정된 자신의 삶의 모든 도정 역시 그러하다는 것이다. 계속 이어지는 자신의 외화작용에서 그 사람은 의식적-무의식적으로 이 결단에 묶여 있지만, 또한 그가 이 결단을 계속 수행할 만한 것으로 여기거나 그 반대의 것으로 여김으로써, 그리고 자신의 삶의 연관에서 벗어나고 지워버림으로써 선택적 결단에도 묶여 있다.(실천적 과정에서는 이 두 극단 사이에 당연히 무수한 이행단계들이 있다.) 인간은 스스로 선택하지 않은 환경에 놓여 있지만 자신의 역사를 스스로 만든다고 하는 마르크스주의의 보편적 주장은 인류에게만 해당되는 것이 아니라, 그리고 인류를 형성하는 사회적 복합체에만 해당하는 것이 아니라 모든 개별 인간의 삶에도 해당한다.

따라서 다시 자유의 세속적-철학적 문제가 부각된다. 여기에서 이 문제를 더 자세히 다룰 수 없지만 이 문제는 존재론적 생성의 도움에 의해서만 합리적으로 제시될 수 있다는 점을 간략하게 보이고자 한다. 우리는 노동이라는 대상화 활동이 그때그때 선택적 결단을 내릴 때 스스로 존재 적합하게 근거해 있어야 한다는 것을 보았다. 우리는 이러한 활동 내에서 나타나는 외화복합체의 양식에 대한 대체적인 조망을 보았는데, 그것은 그러한 대안적 결단의 필연성뿐 아니라 사회의 점차적 사회화를 위해 결정적으로 중요한 새로운 기능도 보여준다. 즉 그러한 행위양식은 대상화 가운데 정립하는 인간, 즉 선택적 결단의 주체에게 다시 관계하게 된다. 여기에서 이 단계에서 탐구해야 할 것을 확고히 할 수 있다. 즉 무엇보다도 이러한 활동은 자신의 직접적-실제적 내용을 넘어서는 경향이 있다는 점이다. 왜냐하면 외견상 순수하게 대상화 작용인 것으로 보이는 좁은 의미의 노동활동의 경우에도 불가피하게 외화가 등장하기 때문이다. 즉 노동하는 자가 자신의 노동을 통제함으로써 자신의 태도, 자기운동의 숙련성 등을 판단하며, 이러한 것들을 판단하고 검토하고 통제함으로써 그는 대상화와 외견상 구별되는, 하지만 실제로는 밀접하게 연결되어 있는 외화활동 가운데서 이런 일을 수행한다. 지금 다루는 문제에서 새로운 사실은 이러한 활동이 그 사람 전체의 태도, 즉 그의 성격과 관련된다는 점이며, 이런 성격을 형성한다는 점이다. 반면 원래 노동에서는 노동행위가 다시 주체와 연관될 때 —많은 경우— 개별적 태도방식의 교정에 대해서만 말한다. 그런데 이런 대립을 좀 더 자세히 살펴보면 서로 배타적인 것이 아니라는 것을 알 수 있다. 왜냐하면 한편으로 외화는 노동에서 인간의 성격에도 관계할 수 있기 때문이다. 예를 들어 어려운 과업을 수행할 때는 인내에, 위험한 사냥을 할 때는 땀과 용기 등에 관계할 수 있다. 다른 한편 고유한 노동 외에도 인간의 일상의 삶에는 특별한 태도방식의 기술적 교정에만 관계하는 그런 외화도 있다. 여기서도 역시 그 경계는 이전과 마찬가지로 형이상학적으로 정확하게 확정지을 수는 없다. 물론 그 경계는 그 근본적 경향에 있어서 의심의 여지없이 현존하기는 한다. 왜냐하면 다양한 결단을 위한 인간의 목적론적 행위가 수행되는 다양한 영역에서는 대상화의 계기가 유지되고, 외화의 계기는 점차적으로 보다 포괄적인 특성을 간직하기 때문이다. 이러한 활동이 이렇게 서로 풀 수 없게 결합해 있기 때문에, 그리고 이러한 상이함에도 불구하고 또 이러한 상이함 때문에 정확한 경계는 결코 현존할 수 없다.

이러한 문제복합체를 파악할 때 발생하는 다양한 혼란의 근거는 다음의 사실에 근거한다. 즉 과학적 오성은 존재적으로 분리할 수 없는 것을 개념적으로 분리 가능한 것으로 몰아붙인다. 그것은 이미 가장 기초적인 단계에서도 그렇게 한다. 즉 참된 연관이 복잡하고 진전된, 사회적 노동분업과 여러 부분들로 나뉜 영역에서보다는 훨씬 잘 보이는 곳에서도 오성은 그렇게 분리한다. 노동의 경우에는 외화의 계기가, 그리고 자연과의 이러한 상호 신진대사를 간접적인 방식으로 보유하고 있는 삶의 형식의 경우에는 대상화의 계기가 아주 자주 무시되며, 이와 더불어 추상적으로 잘못 자립화된 활동의 속성은 자주 왜곡된다. 이때 우리가 보다 높은 수준의 사회적 노동분업이 이뤄진 곳에 속할수록 분리될 수 없는 요소들 중 하나가 자립성을 갖게 된 결과 이러한 왜곡은 그만큼 더 분명하게 드러난다. 나는 예를 들어 막스 베버가 최근에 자주 언급하는 윤리적-정치적 통찰의 중심으로 가져온 심정윤리와 결과윤리의 딜레마만을 간략하게 언급하고자 한다. 지금까지의 논의를 계속 따라온 모든 사람에게 다음의 사실이 명백하게 드러난다. 즉 현재 문제가 되고 있는 것은 특정한 윤리적 행위에서 윤리적-형이상학적으로 수행되는 외화와 대상화의 대립인데, 이때 (외화의 계기와 대상화의 계기 중—역자) 하나의 계기가 사라져버린 것으로 보이는 그런 극단적인 경우에도 그러한 현상은 하나의 가상일 뿐이라는 것이다. 칸트에서처럼 심정의 타당성만을 배타적으로 강조하는 사람들조차 어느 정도 구체적인 윤리적 현상을 말하게 되는 순간 윤리적 변증법으로 나아가는 뒷문을 통해 다시 결과를 도입하지 않을 수 없다. 헤겔은 비록 이러한 현상의 존재적 특성을 명확히 보지는 못했지만 자신의 현실감을 통해 이러한 대립이 얼마나 빈약한 것인지를 보여주었다.[54] 그러나 이러한 대립은 아주 다양한 윤리적 해명을 할 때 언제나 다시 유령처럼 돌아다니며, 윤리를 인간이 대자적으로 존재하는 인류로 발전히는 데 있어서 유기적 구성요소로 파악하고자 하는 노력에, 그리고 이와 더불어 개별성을 사회적으로 이해하고 동시에 사회성을 인간적으로 해명하고자 하는 노력에 강력한 방해물이 된다. 대상화와 외화의 이런 연관성에 대해 존재론적으로 강조한다고 하더라도 이들 사이에 존재하는 구체적 갈등을 결코 배제하지는 않는다. 이러한 갈등은, 우리가 윤리의 초석에서 어떻게 가시화될수 있는지를 다음 장에서 보게 되겠지만, 특정한 시기의 전형적인 특징으로 부각한다. 그런데 그렇게 발생한 갈등은 양자의 존재론적 통일성으로부터 그 깊이와 날카로움을 동일한 인간의 동일한 과정의 계기로서 간직한다. 서로 밀접하게 연관된 바로 그런 모순들은 사회적인 발전과정에서 중대하고 결과가 큰 갈등들을 불러일으킨다.

사회의 사회화, 즉 자연의 경계의 퇴각은 대상화 활동들의 사회적 상호 작용을 통해 구체적-직접적으로 수행된다. 대상들과 이 대상들의 관계들이 대상화로 변형되어 대상화의 체계로 편입될수록 인간은 그만큼 자연상태로부터 벗어나 걸어 나오며, 그만큼 그의 존재는 사회적 존재, 그 경향에 따라 말하자면 인간적 존재가 된다. 우리가 여기서 경향성의 유보를 강조할 수도 있는데, 이 경우에도 우리는 다음과 같은—우리가 보기에 잘못된— 직관을 용인하는 것은 아니다. 즉 불균등한 발전에서도, 그리고 정당하게도 비인간적인 것이라 말할 수 있는 상태로의 빈번한 퇴행에서도, 비

---

54) Hegel: *Rechtsphilosophie*, §118, HWA 7, S, 218f.

록 가끔은 후퇴하기도 하지만, 전반적으로는 인류의 형성을 향한 진보가 이뤄진다고 할 수 있는데, 여기에서 이런 진보를 부정하는 발전경향을 보는 직관을 우리는 용인하지 않는다. 이러한 발전은 사회성 그 자체와 이 사회성 안에서의 인간존재 그 자체를 말하는 한 객관적으로 필연적이며, 또 억제할 수도 없다. 일상어(와 일상어를 움직이는 일상의 세계관)는 그러한 현상들의 특징을 '짐승 같은'이나 '비인간적인' 등과 같은 용어를 사용하여 표시한다. 하지만 이러한 현상을 순수하게 존재론적으로 고찰할 경우 우리는 이것이 구상적 표현으로 이뤄져 있음을 보아야 한다. 잔혹함에 대해 생각해보자. 잔혹함은 사회적-인간적 언어이지 동물적 언어가 아니다. 동물들은 어떤 잔혹함도 모른다. 호랑이가 영양을 찢어 죽일 때 이것은 영양이 '평화롭게', '순구하게' 풀을 뜯고 살아 있는 식물을 빨아 먹는 것과 동일하게 호랑이에게도 생물학적-자연적 필연인 것이다. 잔혹함과 모든 종류의 비인간성은 —이것이 사회적-객관적으로 일어나건 주체 안에 감정으로 발생하건 간에— 오로지 목적론적 행위를 수행할 때, 사회적으로 조건 지어진 선택적 결단을 수행할 때, 따라서 사회적으로 행위하는 인간의 대상화와 외화로부터만 발생한다.(인간이 자기 자신에게도 타자에게도 확고한 대상화 방식과 외화 방식을 자연스럽게 구축된 것으로 판단하는데, 이것이 그런 존재론적 사실들을 결코 변경시키지 않는다.) 하지만 이런 활동은 —직접적이건 간접적이건 직접적인 경제적 필연성으로부터, 혹은 이해하기 힘든 경제적 이행단계의 정치적 답변의 추구로서— 경제적 발전으로부터 삶을 부여받을 경우에만 거대하게 발생하고 사회적으로 효력을 발휘할 수 있다. 근대의 새로운 예속의 심화와 '원시축적'은 첫 번째 변이(경제적 필연성)의 예이며, 히틀러 시대는 두 번째 변이(정치적 답변)의 예이다. 이러한 사회성과 인간 발전에의 이러한 귀속성을 인정한다고 해서 그러한 현상들의 사회적-인간적 비판과 거부를 약화시켜서는 안 된다. 왜냐하면 이러한 현상복합체들은 필연적으로 그 자체 인류의 형성에 속하며, 또한 동시에 인류의 대자존재로 되는 과정에서 극복되어야 하는 방해물이기도 하다는 것을 의미하기 때문이다. 참다운 객관적 연관에 대한 올바른 존재론적 통찰은 비로소 그러한 현상복합체의 사회적 극복 가능성을 위한 실제 공간을 보여준다. 즉 잔혹함이 우리 인간이 동물의 왕국에 속하는 것을 보여주는 하나의 속성이라면 우리는 결국 그 잔혹함을 유기체의 출생과 죽음의 필연성과 마찬가지로 생물학적 소여로 받아들여야 할 것이다. 잔혹함은 목적론적 정립의 결과로서 그것이 있을 경우 그 극복 가능성의 방법을─그런데 그저 가능성의 형식으로─ 사회적으로 정립하는 거대한 인간발전의 현상들에 속한다.

우리가 여기서 추구하는 목표와 관련하여 이 예는 오로지 예로서만 기여한다. 즉자적 유적합성과 대자적 유적합성의 상호 연결성과 상호 대립성이라는 여기서 작용하는 결정적 모티브는 윤리에서만 적절하게 해명될 수 있다. 우리는 다음 장에서 이러한 현상복합체들의 몇몇 측면들을 다룰 것이다. 이때 그것은 이 장이 사회적 존재의 일반존재론의 테두리에서 이해될 수 있다는 것을 의미하지는 않는다. 지금 우리에게 중요한 것은 사회적 존재의 존재론적 전체 상에서의 대상화의 기능이며 무엇보다 그 전체 상에서의 외화의 기능이다. 따라서 우리는 이러한 기능을 유감스럽게도 마르크스주의자들이 거의 주목하지 못한 영역의 구성요소로, 인간적 일상의 구성요소로 파악해야 한다. 이러한 사실이 경제적 관계와 더 일반적으로는 역사적 관계에 대한 탐구를 위해 방법론적으로 필요하듯이, 우리가 만약 객관적인 발전과 이 발전에 대한 대중의 반응에 대한 가장 일반적이고 전형적인 연관에 제약된다면 ─마르크스에 의해 완전하게 밝혀진 빛나는 탐구에도 불구하고—많은 경우에 양자의 직선적인 단순한 결합이라는 외양이 발생한다. 바로 이 외양으로부터 마르크스주의에 대한 부르주아적 비판뿐 아니라 속류 마르크스는 자신들만의 방식으로 이득을 취했다. 우리는 이미 모든 개별적 인간의 삶과 존재에서 두 요소가 상호작용과 모순으로 가득한 구체적 결합을 이루고 있음을 반복해서 말했다. 이데올로기 문제를 다루는 이 장의 다음 절에서 우리는 여기에서 현존하는 경제적-사회적-역사적 사건에 결정적인 특수한 규정들을 분석할 것이다. 이제 우리는 구체적인 취급 가능성에서 한 단계 떨어지게 되지만, 바로 그 때문에 보다 넓고 근저에 있는, 정초하면서 매개하는 이 층을 보다 분명하게 밝힐 수 있게 되며, 또한 인간의 일상적 삶의 영역을 밝힐 수 있게 된다. 물론 이때 여기서 다뤄지는 것은 그 외적 총체성과 내적 총체성이 아니라 우리가 여기서 특별히 관심을 가지는 매개의 문제와 관련이 있다.

우리는 이전에 목적론적 정립의 양식이 어떻게 이 정립을 수행하는 개별적 인간에게 다시 영향을 미치는지를 시사했었다. 그런데 이때 인위적으로 고립된 개별 인간에 머물러 있어서는 안 된다. 왜냐하면 존재론적으로 보자면 이 개별 인간 자체는 심리학의 인간으로서 궁극적으로 추상의 산물이기 때문이다. 구체적으로 보자면 그는 어디에선가 노동하며, 자신의 노동활동은 집단을 전제하고, 이 집단의 삶과 연결되어 있다. 그는 한 가족의 구성원으로 살아가며, 그가 교육을 하건 교육을 받건 간에 이 공동체에서 활동한다. 인간의 실제 삶은 일반적으로만 작동하지 않고, 대개는 다소간 아주 매개된 채 사회에서 작동한다. 그의 직접적 삶은 그런 조그만 공동체들의 집단을 영역으로 갖는다. 그런데 사회학적 개별 연구에서 가끔 그러하듯 인간의 결합의 이런 양식을 전체의 삶에서 고립시킨다면 그것은 일면적이고 본질적 사실을 왜곡하는 것일 수밖에 없다. 그런데 낮은 단계의 사회화에서 그러한 사실은 자주 등장했으며, 대부분의 사회에서 정상 상태였다. 예를 들어 그들 시대의 거대한 사건으로부터 아무것도 경험하지 못한 마을들, 더 나아가 작은 도시들이 있었다. 사회의 사회화는 본질상 우선 이런 상태를 그친다는 것이며, 의견들, 입장들이 중단 없이 들락거리면서 전체 사회를 밀치고 간다는 데 있다. 전체를 재생산하는 데 있어서 인간의 일상생활의 독특한 의미는 바로 한편으로 중단 없는 흐름이 중심으로부터 변두리로 흘러가서, 전체 사회의 거대한 문제를 해결하고자 하는 시도로 이끌어가며, 이 문제를 그 흐름 안에서 작동시킨다는 것이고, 다른 한편 이러한 반응이 중심으로, 전체 사회로 다시 나아갈 뿐 아니라, 동시에 지역의 조그마한 공동체들이 다루는 특수한 문제들을 이 공동체에 대한 입장표명으로서 필요로 하는 가운데 "위쪽으로" 영향을 미치기도 한다는 것이다. 우리는 이때 오늘날 거의 물신화된 표현인 "정보"를 가능한 한 회피했다. 왜냐하면 정보가 입장표명을 불러일으킬 때에야 비로소 이 정보는 사회적 요소로 되기 때문이다. 단순히 인지를 위해 취해지는 사실들은 그러한 의미를 기껏해야 잠재적으로만 가지며, 이후의 입장표명의 궁극적 촉발자로 기능한다.

입장표명들의 이러한 상호흐름은 이때 일상의 삶의 가장 중요한 문제복합체를 형성한다. 중심에서 변두리로 나아가는 영향과 관련하여 가끔 연구성과가 등장한다.(문화의 재화들이 어떻게 아래로 침투해가는지, 즉 그 재화들의 효력이 어떻게 '위'에서 '아래'로 빠져들어 가는지에 대한 연구는 많이 있다.) 이에 반해 반대방향의 운동은 전혀 탐구되지 않고 있다. 왜냐하면 학자들의 지식귀족주의는 그런 반대방향의 영향을 하찮은 것으로 여기고, '아래'에서 생각하고 느끼고 체험한 모든 것을 '위'로부터의 자극의 결과일 뿐이라고 믿는 경향이 있기 때문이다. 예를 들어 예술의 경우 일상적으로 욕구로 드러난 충동들이 그저 생동적으로 표현된 가공되지 않은 문제들로서, 그리고 원시적 요소와 경향들로서 종종 결정적인 역할을 수행했다는 사실을 여기서 더 다루지는 않을 것이다. 나는 여기서 나의 예술론에서 당시에 암시했던 것만을 간략하게 언급하겠다.[55] 나는 그런 일상적-실제적 입장 표명은 그때그때 뜨겁게 타오른 질문들이 '위'로부터 '아래'로, '아래'로부터 '위'로 중단 없이 이리저리 넘쳐흐르며, 따라서 반쯤 언표된 욕구들의 촉진적 영향이 사회적 삶의 중요한 객체화를 위해 사람들이 통상 생각하는 것보다 훨씬 더 중요할 수 있다는 점을 말했다. 그뿐 아니라 나는 평균적인 일상의 삶이 특정한 —가치가 있거나 없는, 혹은 진보적이거나 반동적인 — 객체화에 의해 그 '원천'에 대한 직접적 인지보다 훨씬 더 강하게 관철된다는 사실도 말했었다. 그러한 의사소통이 아직 거의 진보가 이뤄지지 않은 사회에서도 어떻게 등장할 수 있는지에 대해 아주 놀라워할 수 있는데, 이에 대한 대답은 아주 간단하다. 즉 아주 중요한 사상가, 정치가, 예술가도 개인적으로 일상의 삶을 살아가며, 일상의 문제들이 그의 일상의 매일의 사건들을 통해, 즉 부엌, 유아원, 시장 등을 통해 중단 없이 그를 덮치며, 그런 것들이 그에게 현실적인 문제가 되고, 그는 (물질적으로뿐 아니라—역자) 정신적인 방식으로도 결단을 하게 된다.

마르크스는 경제학자들이 개별적인 계기들을 통일성 속에서 파악하지 않는 경향이 있다고 비난함으로써 이 문제에 유의한다. 그는 이에 대해 다음과 같이 말한다. "서로 찢어놓는 이러한 행위는 마치 현실로부터 교과서로 나아가는 것이 아니라 반대로 교과서로부터 현실로 나아가는 것과 같

---

55) G. Lukacs: *Die Eigenart des Aesthetischen*, Neuwied 1963, I; S. 45, S. 78; GLW II, S. 45, S. 78 ff.

다."[56] 이 관찰을 경제학 내부에서 나타나는 경제에 대한 잘못된 표상을 비판한 것으로 파악한다면 이 관찰의 의미를 과소평가하게 될 것이다. 마르크스는 여기서 교과서가 아니라 현실을 중요하게 여기며 말하고 있는데, 우리는 그가 널리 퍼져 있는 일상적 직관, 즉 자본주의 경제의 직접적이고 대규모적인 일상적 현상방식에 의해 나타난, 조사도 검토도 없이 '교과서'로 이행하는 일상적 직관을 의미한다고 생각한다. 이러한 현상 자체는 모든 과학에 아주 일반적으로 퍼져 있다. 하지만 사람들은 역사적으로 아주 후진적인 단계에서만 그런 현상을 감지하는 경향이 있으며, 이 단계를 얕잡아보는 경향이 있다. 예를 들어 그리스 사람들이 지상의 현실(달 아래쪽)과 별들의 세계(달의 위쪽)에 상이한 법칙들이 있음을 말하는데, 이때 거기에는 체험에서 얻은, 일상의 삶에 넓게 퍼진 그런 자료들에 근거해 있었다. 그들은 조망해볼 수도 없는 수많은 우연들로 가득한 아래 세계의 혼돈과 단순하고 명료하며 질서정연한 위 세계의 법칙성을 체험했던 것이다. 일상의 삶에서 직접 얻은 이러한 선입견은 너무 강해서 이 영역들에 대한 표상을 할 때 어느 정도는 선험적인 것으로 기능했으며, 학식 있는 자들 역시 학문적 탐구를 할 때 이런 이원론을 (시대 제약적 체험으로서가 아니라) 현실의 근본적 사실로 받아들였다. 운동의 문제도 유사하게 다뤄지는데, 아리스토텔레스 같은 사람도 부동의 동자라는 개념으로부터 빠져나오지 못했다. 이 문제와 씨름할 때 그는 명민한 가설을 세웠으나 결코 당시의 기본 입장에 대한 의심을 품지는 않았다. 당연히 두 표상들은 궁극적으로 당시의 생산력의 발전정도에 의존한다. 생산력은 자연과의 신진대사의 상응하는 양식을 규정했으며, 그러한 경험들은 일상의 삶과 그 표상세계로 파고

---

56) Marx: *Rohentwurf*, S. II; MEW 42, S. 25.

들어 갔으며, 따라서 세계의 어떤 특정한 직접적 속성이 인간에게 그 세계에 대한 의심의 여지없는 진리로 간주되었다. 자연관의 신진대사의 근본적 변화와 더불어 삶에 깊이 각인된, 대개 아주 오랫동안 일상(그리고 과학에서도 역시)의 인간의 의식에 고착된 그런 직관에 대한 비판이 가능해진다. 르네상스 이래 자연과학이 아리스토텔레스의 직관과 얼마나 힘들게 투쟁했는지, 그리고 그의 직관이 인간의 의식에서 사라지는 데 얼마나 힘들었는지를 생각해보라. 18세기에도 여전히 ―마치 신이 만든 '세계시계'가 아주 엄격한 법칙에 따라 움직이기라도 하듯이― 넓은 원들로 된 천문학적 우주의 법칙이라는 표상이 유지되었다. 이러한 유의 발전은 대체적으로 말하자면, 결코 순수과학의 내적 운동이 아니다. 당연히 자연과의 신진대사, 이 신진대사에서 기인하는 자연연관에 대한 중요한 통찰들은 이 영역에 대한 급진적 적용을 위한 질료로 머물며, 그러한 직관들을 유지하거나 변형시키는 결정적 모티브로 남는다. 그러나 우리는 그런 인과적 상황이 언뜻 드러나듯이 그렇게 직선적이거나 일의적이라고 생각하지 않는다. 당연히 여기서 얻어진 결과는 일상의 세계관에 강한 영향을 주지만, 또한 그 결과들은 대상화를 위한 사상적 전제들로서 자연과의 신진대사에서 효력을 발휘하며, 일상의 '세계'와 '세계관'은 이 결과들에 큰 영향을 미치기도 한다. 노동 그 자체에서, 그리고 노동으로부터 성장한 과학에서야 비로소 개별적 대상화들은 곧바로 개별정립으로서의 자신의 고립성을 상실하고, 질서 잡힌 연관 속으로, 한 체계 안으로 편입해 들어간다. 이러한 사실은 이미 자주 언급했던, 일반화하면서 객체화하는 존재양식의 결과로서만 가능하고 또 필연적이다. 그리고 그렇게 발생한 종합들이 실천을 촉진하는 작용을 한다는 사실은 너무나 당연하다. 그런데 만약 우리가 이런 정립양식의 기능들에서 이 특수영역에서만 타당한 것을 바라볼 경우 우리는 이러한 정립양식의 근본성격을 오인할 수 있다. 반대로 그러한 유의 정립들이 모든 방향에서 작용하지 않을 수 없다는 사실은 그러한 종류의 모든 정립의 특성에, 언어의 특성에 이미 내재해 있다. 따라서 대상화와 이와 연관된 외화들은 자연과의 신진대사에 미치는 것과 유사한 영향을 일상의 삶에도 미친다. 즉 인간의 실제적-체험적 환경은 '세계'로 일반화 혹은 체계화되는데, 인간이 자신의 의식 속에서 이 세계를 사상적-감각적 모사를 할 경우 이것은 '세계관'의 특성을 갖는다.[여기서 두 표현('세계'와 '세계관')은 따옴표로 표시되고 있다. 그 이유는 전자(세계)가 인류의 참된 전체성으로부터 잘라낸 다소간 우연적인 단면만을 객관적으로 형성하는 반면, 후자(세계관)는 동일한 근거에서뿐 아니라 일상의 직접성의 결과로 세계관의 표식을 맹아적-경향적으로만 소유할 수 있다는 것을 주목하게 하기 위해서이다.] 그 무엇보다도 모사물과 마찬가지로 원본도 대개는 각인된 세계를 갖는다는 것이다. 이때 당연히 시기나 계급구조 등에 따라 '세계들'은 매우 상이한 외양을 가지며, '세계관들'은 객관적 실재에 매우 상이하게 접근할 가능성을 가질 수 있고 갖지 않을 수 없다. 일상의 '세계'에서는 정립들의 외화의 측면들이 내적-외적으로 훨씬 더 큰 역할을 수행한다는 점에서 일상의 '세계'는 노동의 세계와 구별된다. 인간의 개별적 인격성은 무엇보다도 노동의 실천을 통해 객관적으로 각인되지만, 인간의 삶의 본질은 대자존재로의, 즉 자기의식으로의 경향이 통상 전체인간의 일상과 활동영역에서 직접적으로 언표된 방식으로 타당성을 얻는다는 데 있다. 이와 더불어 이러한 경향을 전반적으로 강화하고 결과적으로 강화된 문제를 도입하는 가운데 일상의 삶에서 인간의 정립에 대한 객관적 비판은 노동 그 자체에서보다 훨씬 더 약하고 불완전하다는 사실이 따라 나온다. 이러한 사실은 우리가 오래전부터 알고 있는 사실, 즉 자연과의 신진대사에서 나오는 정립과 다른 사람들의 태도 변화를 목적으로 하는 정립들은 구별된다는 사실과 연관이 있다. 그러나 '질료의 저항'에 대한 이런 협소한 통제로 인해 잘못된 직관, 선입견, 현실에 대한 오해 등은 노동 그 자체보다 일상의 삶에서 훨씬 더 오랜 기간 동안 살아 있을 수 있다는 중요한 결과가 생겨난다. 예를 들어 어떤 도구도 많은 가족에서 내상을 입은 여성과 아이들이 치료(취급)를 견뎌내듯이 그렇게 치료(취급)를 견뎌내지 못할 것이다.[57] 정립의 객체가 단순한 대상으로 기능하는지, 아니면 자신의 측면에서 대상화(외화)와 더불어 대상화에 반응하는지 사이에는 존재론적 차이가 있다.

그런데 이러한 차이가 일방적으로 과장되어서는 안 된다. 무엇보다 여기서 주목해야 하는 사실은, 이미 반복해서 말했듯이, 올바른 취급(치료)이나 잘못된 취급(치료)에 대한 대상들의 정확한 반응이 언제나 직접적인 노동의 목표로 환원되는 것처럼 보인다는 사실이다. 더 나아가 노동하는 자가 노동의 실천을 넘어 생각하는 것은 그러한 사실에 아무런 영향도 주지 않는다. 따라서 예컨대 최초에 노동과정을 동반했던 마법적 표상은 수천 년 동안이나 지속되며 습관화될 수 있었다. 엄격한 질료적 의미에서의 노동의 영역이 없어지자마자 노동 외부의 일상과 커다란 유사함을 갖는 영역이 발생한다. 일상의 삶에서 압도적으로 등장하듯이 현실에 기초하지 않는 그러한 정립들의 객체가 동료인간이 아닌 자연대상들인 한 '저항'은 훨씬 더 약하다. 동료인간이라는 객체의 경우 환경을 변화시키는 문제에서 기초가 튼튼하지 않은 전통적 정립들에 대항한 거부반응이 발생할 수 있

---

57) 번역된 독일어 Behandlung은 사람의 경우 치료를, 사물의 경우 취급의 의미를 갖는다. 뒤에서도 이 단어가 자주 등장하는데, 사람에게는 치료로, 사물에는 취급으로 번역할 것이다. (역주)

는 데 반해, 자연대상의 객체의 경우 그런 정립에 대해 철저히 중립적으로 머물러 있다. 그러한 유의 공통의 연관을 지각하는 것은 이중의 의미에서 중요하다. 첫째, 우리가 재차 반복해서 보았던 것처럼, 모든 인간적 실천은, 비록 원리상 그 전제와 결론을 온전하게 조망힐 수 없다 하더라도, 정립 주체에게 그런 선택적 결단을 강요하는 상황 아래서 수행되기 때문이다. 그리고 인간의 목적론적 정립이 갖는 대상화된, 외화된 성격으로 인해 구체적 결단은 의식적으로 기능하는 유기체의 활동과 달리 상황의존적인 것이 아니라, 그런 결단에는 처음부터 일반화의 경향이 내재하며, 개별행위를 자연스럽게 한 '세계'의 계기로 의식화하는 방향으로 몰고 간다. 따라서 그렇게 행위하는 인간의 의식은 통상 무지를 단순히 확립하는 경우 유지될 수 없고, 대신 모든 대가를 지불하고서도 그런 개별행위를 자신의 '세계'로 사상적으로 편입하고자 하지 않으면 안 된다. 이러한 사실은 처음에, 그리고 아주 오랫동안 '마법적-신비적' 방식으로 수행되었는데, 이는 잘못된 존재론적 해석을 낳게 되는 이유가 되었다. 우리는 그러한 직관에 대한 비판이 마법적 시기와 과학적 시기를 기계적으로 날카롭게 구분하건 마법적 양식의 현실을 원시적으로 극복하고자 하는 관념론적 칭송으로 나아가건 상관없이 여기서 이 비판을 더 자세히 다룰 수는 없다. 객체세계의 내적-외적 무한성의 결과 이러한 알려지지 않은 것의 지평은 보다 발전된 단계에서 모든 실천을 감싸며, 따라서 일반적인 문제는 이러한 일반성을 유지해야 한다는 것이다. 이러한 일반성은 인간에게 제시된 모든 문제, 혹은 시간이 경과하는 가운데 점차적으로 완전하게 대답되는 문제가 근원적으로 언제나 알려지지 않은 것으로 나타난다는 사실에 기초해 있으며, 최초의 접근은 언제나 이미 사상적으로 통제된 '세계'로부터의 유비의 도움으로 이 문제를 이제 인식된 것으로 편입하려는 시도와 더불어 성공한다. 괴테는 다음과 같이 올바르게 말했다. "인간은 개념적으로 이해되지 않은 것이 개념적으로 이해된다는 믿음에 붙들려 있어야 한다. 그렇지 않으면 인간은 탐구하지 못할 것이다."[58] 근원적으로 소박한 유비행위는 대체로 점차 인과관계를 인식하는 방향으로 나아가는데, 이것은 인간 인식의 엄청난 진보를 드러내기는 하지만, 그렇다고 이러한 존재론적 근본사실을 지양하지는 않는다.

이러한 과정의 결정적인 사상적 도구는 탈의인화 행위이다. 좀 더 정확히 말하자면 인간의 사유에 있어서의 탈의인화 경향이다. 이러한 경향은 노동(과 언어)의 대상적 성격으로부터, 환경에 대한 동물적 반응이 갖고 있는 상황의존성과의 결별을 통한 인간의 인간화로부터 기인한다. 그런 문제복합체에서 언제나 그러하듯 이러한 경향은 아주 발전된 단계(수학)에서야 비로소 지각되고 인지된다. 이에 반해 우리가 이 질문을 존재론적-발생적으로 다루고자 한다면, 탈의인화의 경향은 인간이 자기 실천의 대상들(자신의 대상화)의 속성, 특성, 연관, 관계 등이 자신의 의식, 지식, 의지 등과 독립해 있음을 발견하는 곳에서 이미 등장한다는 사실을 확고히 할 필요가 있다. 이것은 자신의 행동에 대한 자기인식 없이 이뤄지는 최초의 노동에서 발생하는데, 이러한 사실은 사태 자체를 결코 변경시키지 않으며, 다만 '인간은 자신이 행하는 것이 무엇인지도 모른 채 의식활동을 실천적으로 수행할 수 있다.'고 한, 우리가 여러 번 말한 마르크스의 견해를 강화해준다.

우리가 본 것처럼, 탈의인화는 대상화를 전제한다. 즉 탈의인화 행위는 언제나 대상화된 형식을 전제하는데, 이 형식을 통해 그 행위는 더 진전된

---

58) *Goethe Werke*, (Cotta Jubilaeumsausgabe), XXXIX, S. 70.

적용을 할 수 있게 되며, 사상적으로 더 발전할 수 있게 된다. 이러한 방식으로 수학, 기하학, 합리적 기술, 논리학 등과 같은 사유장치들이 발생하는데, 이 장치들의 도움으로 점점 더 많은 영역들이 탈의인화하는 인식에 복종할 수 있다. 이러한 견지에서 엄청난 진보가 이뤄졌다는 사실에 회의를 품는 것은 웃음거리에 불과할 것이다. 그러나 이러한 사태에 대한 존재론적 비판을 수행하는 것은 필요하다. 그것도 방금 말한 사유장치들의 고안과 그 올바른 기술적 적용이 더 나아간 다른 모든 정립을 탈의인화 행위로서 수행할 수 있게 하는 보증수표와 다를 바 없다고 생각하는 환상에 대한 비판이 필요하다. 물론 그러한 장치가 즉자대자적으로 자신에 의해 모사된 대상들을 탈의인화한다는 사실은 부인할 수 없다. 그러나 동시에 이것은 그 행위의 기술적 수행의 측면과만 관련을 맺고 있지, 행위 자체는— 이러한 기술적 특징에도 불구하고— 계속해서 의인화의 형태로 머물러 있으며, 적어도 의인화하는 본질적 규정들을 중요한 구성요소로 유지한다는 사실을 보충할 필요는 있다. 인간 사유의 역사는 탈의인화의 요소들로부터 의인화하는 사유복합체들이 어떻게 생겨날 수 있는지를 보여주는 예들을 꾸준히 제시하고 있다. 존재론적 신존재 증명을 생각해보자.[59] 이 증명은—논리내적으로 보면— 옳다. 존재에게 존재론적으로 그르게 (의인화하

---

59) 신이 실존한다는 여러 증명들 중 하나로 중세의 철학자 안셀무스가 최초로 수행한 것으로 알려져 있으며, 데카르트 역시 이 증명을 사용한다. 신의 속성인 '완전함'이라는 개념에는 '실존'이라는 말이 포함된다는 사실에 기초하여 수행하는 증명이다. 이를 요약하면 다음과 같다. "신은 완전하다(제1전제)./완전한 것은 실존한다.(실존하지 않는다면 완전하지 않을 것이기에. 제2전제)/그러므로 신은 실존한다.(결론)" 그러나 칸트는 이 증명이 존재(실존)와 속성의 구분을 전혀 하지 않은 실수를 범한다고 비판한다. 존재가 속성을 갖는 것이지 속성이 존재를 구속하는 것은 아니라는 것이다. 즉 완전함은 존재(실존)의 속성으로서 주어의 위치에 올 수 없다는 것이 칸트의 비판의 핵심이다. (역주)

여) 가치의 특성을 부여하는 것, 즉 완전함이라는 가치척도를 존재에게 귀속시키는 것은 상황이 옳다는 것을 변경시키지는 않고, 다만 그것의 전체 구성을 무화한다. 우리가 이미 말한 점성술을 예로 들 경우 훨씬 더 분명해진다. 여기에서 전체 '기술'은 탈의인화하는데, 천문학적 관찰뿐 아니라 이 관찰에서 제시되는 연관들의 수학적 표현들도 그러하다. 그런데 개별 인간의 운명과 별들 세계의 그때그때의 위치 사이에 도대체가 어떤 연관이 있다는 정초적 가정'만'은 의인적이다. 하지만 이런 '작은 것'으로도 점성술의 전체 수학적 장치를 극단적 의인관의 정신적 시종으로 제시하기에 충분하다. 탈의인적 사유형식들을 단순히 철저하게 한다고 해서 인간의 사유를 현실적인 탈의인화 궤도에서 충분히 조종할 수 있다는 것은 결코 아니다. 알려지지 않은 것에 이르기까지 어떤 것에 대한 탐구에 방향을 맞추고 있는 중심적 질문제기가 객체의 현실적-존재적 특성에 대한 의도를 가질 경우에야 비로소 전체 행위에서 유비에 대한 의인적 추구가 현실적으로 극복될 수 있다. 그런데 이를 위해 중심적인 질문에 대한 존재론적 검토가 불가피하게 필요하다.

그러나 그것은 매우 복잡하고 불균등하게 진행되는 과정이다. 그런 발전이 불균등하게 이뤄지지만, 그런 불균등에도 불구하고 그 발전은 경향상 적어도 특정한 방향을 띤다. 그럼에도 불구하고 그 발전은 결코 목적론적 성격을 갖지 않는다는 사실이 드러난다. 이것은 지금 다뤄지는 문제에서 다음의 사실을 가져온다. 즉 한편으로 전진운동에서 결정적 역할을 하는 계기들이 특정한 조건 아래서 억제적 요소가 될 수 있다는 점이며, 다른 한편 동일한 발전이 경향적 노선의 직선적 전개를 복잡하게 만들 수 있는, 즉 방해나 억제할 수 있는, 하지만 그 존재의 전체성에서 보자면 이 발전의 중요한 촉진자에 속하는 힘들을 풀어놓을 수 있다는 점이다. 그리고 이와 더불어 우리는 우리가 다루고 있는 두 번째 지점에 도달한다. 우리는 지금까지 인간의 대상화 행위를 그 객관적 영향의 관점에서만 추적해왔다. 그런데 이 행위는 우리가 알고 있듯이 이러한 객체화 과정에서 정립하는 주체에 다시 영향을 미치는 외화 행위와 분리할 수 없다. 인류는 개별 인간들로 구성되어 있다. 개별 인간의 재생산은 따라서 단순히 일반적인 사회적 재생산, 즉 이들이 형성한 사회적 통일체들의 재생산일 수 없으며, 동시에, 그리고 무엇보다도 우선은 개별적 인간들의 재생산이다. 개별자들의 인간적 재생산은 단순한 유기체들의 생물학적 재생산과 구별된다. 이 재생산이 목적론적 정립의 토대에서 수행된다는 점뿐 아니라, 결국에는 이런 정립이 주체의 형성에 다시 영향을 주는 힘을 갖는다는 점에서, 주체가 원래적 주체로서 이러한 과정을 수행하는 가운데 자기 자신에게 도달하며, 스스로를 실현하고, 스스로를 대자적으로 존재하는 유, 즉 더 이상 무언으로 있지 않은 유를 발생시키기 위한 결정적 요소로 형성할 수 있다는 점에서 그렇다. 그러나 지금 우리가 다루고 있는 질문의 관점에서 보자면 보다 복잡한 문제가 발생한다. 왜냐하면 사유의 탈의인화와 인격적 개체로서의 주체의 형성 사이에는 외관상 —적어도 직접적으로는— 모순이 있기 때문이다. 이미 괴테는 우리가 얼마나 의인화하고 있는지를 결코 알고 있지 못하다는 점을 주지시킨다. 그런데 이때 우리가 질문의 본질에 더 가까이 나아가자마자 반대의 경향도 드러난다. 탈의인화와 의인화라는 대립쌍이 결코 객체성과 주체성의 동의어가 아니라는 점을 주목한다면 가장 중요한 점이 눈에 들어온다. 또한 비합리주의자들이 주장하는 바와 달리 탈의인화는 인간이 인간으로 발전하는 원리에서 떨어져 나와 인간성과 어떤 대립개념을 형성하는 것이 아니라, 인간이 인간으로 되기 위한 가장 중요한 조건과 수단이 된다. 탈의인화 개념들, 범주들이 어떻게 주관주의적으로만 정초된 경향의 시종으로 제시될 수 있는지를 우리는 방금 살펴보았다. 그리고 반대로 탈의인화의 범주들을 가지고 현실을 모사하고 사상적으로 가공하는 가운데 객체성에 이를 수도 있다. 그렇지 않다면 사회적 존재에서 현실적 방향설정은 불가능할 것이다. 왜냐하면 사회적 존재에는 연관이 있기 때문이다. 무엇보다 수학적 형식에서 가장 적절하게 표현될 수 있는 경제에 그런 연관이 있다. 그러나 한편으로 대상에 적합한 수학적 형식의 적용 가능성은 물리학에서 더 협소한 한계를 가지며, 다른 한편 이 경우에 질, 즉 사회적-역사적 특수성에 대해 항구적으로 참조하라는 명령은 순수 자연현상들의 경우에서 훨씬 더 엄격하다. 객체성은 주관적 첨가나 투사 등을 통해 위조된 즉자적 대상들과 이들의 연관에 대한 사유의 의도이다. 질과 양은 바로 이런 연관에 속한다. 이러한 의도의 실현의 양식은 그 즉자존재가 파악되어야 하는 대상들의 속성에 달려 있으며, 이 대상들에 대한 정립의 적절성에 달려 있다.

따라서 대상화 행위가 대상화가 아니라 대상 그 자체에 방향이 맞춰질 때 다른 모습을 띨 것임은 자명하다. 이러한 차이는 모든 대상화 행위에서 자신의 외화적 성격이 존재론적으로 더 의미 있게 드러나는 일상의 삶에서 강화된다. 왜냐하면 이때 중요한 문제는 외화의 성격이 인간적 외부세계와 대상적 외부세계에 어떻게 영향을 미치는가의 문제만이 아니라 그 성격이 정립하는 자의 내적-외적인 인격적 실존을 강화하거나 약화하는지, 혹은 장려하거나 제지하는지, 그리고 어느 정도나 그러하는지의 문제이기도 하기 때문이다. 따라서 중요한 차이가 언급되고 있지만, 그 차이가 이번에도 역시 일방적인 과부하로 인해 왜곡되어서는 안 된다.

왜냐하면 한편으로 모든 대상적 행위는 노동에서도 드러나듯이 궁극적으로 욕구, 관심 등을 통해 발생한다는 것을 확고히 할 필요가 있기 때문이다. 대상적 행위를 사회적 존재를 정초하는 토대로 특징짓는 것은 관심의 결여가 아니라 이러한 관심이 —적절하게 만족될 수 있기 위해— 노동 행위를 작동시킨다는 것이다. 물론 이때 노동을 준비하고 수행하는 동안 관심은 유보되어야 한다. 당연히 일상의 삶의 행위에서도, 비록 이 행위에는 외화가 압도적으로 많기는 하지만, 이러한 구조가 결코 완벽하게 소멸될 수는 없다. 외화의 행위와 더불어 역시 특정한 목적의 실현이 의도되며, 따라서 왜 관심의 유보가 준비하고 수행하는 가운데 원리상 완벽하게 결여될 수 없는지의 문제는 순수하게 병리적인 특성의 행동을 말하는 것이 아님이 전제되어 있다. 헤겔은 구두가 어디에서 쪼이는지를 알기 위해 구두수선공일 필요는 없다고 말하곤 했다. 여기서는 다음의 사실을 분명하게 말하고자 한다. 즉 여기서 존재론적으로 결정적인 사실은 —객체를 과학적 혹은 전문적으로 근거 짓지 않고서도— 객체에 대한 올바른 평가라는 우회로를 거쳐 좀 더 확실하게 만족시킬 수 있기 위해 이 직접적 욕구를 일단 유보한다는 사실이다. 당연히 이때 그 차이들이 중요하다. 노동에서의 욕구의 유보가 정확한 과학의 발전으로 이끌었던 반면, 예를 들어 일상의 삶의 인간의 인식에서는 기껏해야 축적된, 통제된, 습관화된, 개인적 경험들이 형성된다. 전체 정립의 실패에 형벌을 내리는 곳에서 이러한 유보는 완벽한 유보일 수밖에 없는 데 반해, 일상의 삶에서의 유보는 열정으로까지 강화될 수 있는 적용에 의해 종종 중단 없이 곁으로 밀려난다.

그러나 즉자적으로 정당화된 이런 대립적 설정 역시 —기계적으로 일반화할 경우— 본질적 계기를 오인할 수 있을 만큼 사태를 쉽게 단순화한다. 이것은 의도된 객체에 대한 적절한 인식과 이러한 발상을 흐릿하게 하는 경향이 있는 관심과 격정을 날카롭게 서로 대조하고 있음을 의미한다. 이러한 견지에서 우리는 대상에 대한 태도와 대상화를 단순히 등치할 수 없다. 격정의 절대적 유보는 노동에서 (그리고 노동에서 성장한 과학에서) 대상의 순수한 즉자존재가 배타적으로 고찰되는 경우에만 방해받지 않고 표현될 수 있다. 상이한 대상들이 미래의 대상화의 가능적 원료로서 정립의 계획에 종속되는 경제에서 이미 관심과 그에 상응하는 격정은 더 이상 차단할 수 없다. 그리고 이러한 행위가 사회적으로 될수록 욕구의 유보는 자신의 절대적 특성을 그만큼 덜 지니게 된다. 욕구, 관심, 심지어 열정은 이때 커다란 역할을 하며, 심지어 경우에 따라 긍정적인 역할을 할 수 있다. 학자는 철저히 무관심해야 한다는 주장은 일반적으로 강단에서 이뤄지는 인습의 단순한 도그마일 뿐이다. 경제적 구성체, 법체계, 국가형태 등을 폭로하거나 진보적인 것으로 관철하고자 하는 열정, 이와 밀접히 연결되어 있는 역사적 과거에 대한 긍정적-혹은 부정적 가치평가 등은 순수한 과학적인 진리들을 추구할 수 있게 장려하는데, 학문적-교조적 객관주의는 이 진리들에 맹목적으로 대립해서 마주 서 있다. 레닌은 정당하게도 그렇게 표현된 당파성은 순수한 객관주의보다 더 높은 수준의 객관성을 실현할 수 있다고 말한다.[60]

여기서 대단히 모순적인 이러한 문제복합체의 과학이론적 측면을 더 자세히 다룰 수는 없다. 하지만 우리가 일상에서의 인간의 위치, 그의 세계, 그의 세계관을 어느 정도라도 파악하고자 한다면 사회적 관계와 과정에서의 이런 모순성을 가장 일반적인 윤곽에서만이라도 알아야 한다. 그러한 것들이 대상화에 의해 질서 잡힌 삶의 실천의 질료적-정신적 환경으로서 필연적으로 실존한다는 것을 우리는 이미 알고 있다. 이때 일상의 삶은 (실천의 의식 적합하게 실천을 준비하는 것으로서의) 이론과 실천의 관계가 직접

---

60) Lenin: *Ausgewaelte Werke*, Moskau 1938, XI, S. 351; LW I, S. 414.

적 특성을 갖는다는 특별한 표식을 가지며, 어떤 경우에나 이 관계는 직접성의 문제에서 다른 모든 삶의 영역을 능가한다.[61] 그것은―전제이자 결과로서―일상의 삶이 모든 인간에게 자신의 개인적인 현존형식을 직접 형성하여 가능한 한 관철시키는 영역이라는 사실과 밀접한 관련이 있다. 중요한 견지에서 인간을 위한 이러한 삶의 실행의 성공과 좌절은 이 영역에서 결정된다. 이를 통해 결국 모든 대상화에서는 외화의 구성요소들에 다른 곳에서보다 훨씬 더 큰 의미가 부여된다. 관련자가 방금 말한 대상화를 구체적으로 무조건 옳은 것으로 간주하는지에 따라 결단이 내려질 뿐 아니라, 이 대상화가 관련된 사람이 대자적으로 구축한 외화의 체계로 유기적으로 들어오는지에 따라, 그리고 어느 정도나 들어오는지에 따라서도 많은 결단들이 내려진다. 여기서도 역시 이중의 유보가 있어야 한다. 한편으로 인간은 대상화의 객관성보다 외화가 이처럼 지배적이라는 사실을― 평균적 일상에서― 그들이 자신의 실존을 걸 만큼 그렇게 멀리까지 이끌어가지는 않는다는 것이고, 다른 한편 대부분의 갈등상황에서 의식 내부에 전위가 발생한다는 점이다. 왜냐하면 인간은 통상 자신의 삶을 이끌어가는 데 도움이 되는 것을 객관적인 것으로 간주하고 그것에 반하는 것을 객관적으로 존재하지 않은 것으로 간주하기 때문이다. 여기서 발생한 변이나 이행 등이 너무 많아서 여기서 우리가 다 다룰 수는 없다. 외화 행위를 통해 수행된 이러한 변형들이 개별적인, 그 자체 개인적인 결정에 결코 국한되지 않고 순수하게 개인적인 것도 개인적으로 수행된 보편법칙과 규범들, 전통들 등의 실현으로 변화시키고자 하는 일반화의 경향을 압도적으

61) Lukács: *Eigenart*, a. a. O., S. 44 ff.; GLW II, S. 44 ff.

로 소유한다는 사실을 이해할 필요는 있다. 최초의 사회들에서 이 사회의 일반화된 직관이 그 모든 구성원의 전체 일상의 삶을 지배했다. 사회적 노동분업이 점차 성장하여 사람들 사이의 관계가 서로 엮이고 사람들이 사회적 과정과 엮이게 되면서 그런 관계는 복잡하고 다양화되었으며, 그 결과 사람들에게 개별적인 것이 계속 발전해가고, 이 개별적인 것이 실천을 해가는 가운데 점차 더 중요한 척도로 작용하게 되었다. 이런 일이 있고 나서야 비로소 방금 시사한 입장이 점점 더 중요하게 생겨났다. 개별성을 향한 이러한 발전의 사회적 특성은 모순적으로 표현된다. 즉 개별성이 외화에 포함된 자기긍정을 자신이 긍정한 사회의 층, 사회적 흐름을 대신하는 것으로 고양할 때만 이 개별성은 외화에서 자기 자신뿐 아니라 자신의 환경과 관련하여서도 처음으로 정당하게 자기를 확인할 수 있다. 물론 그것은 당연히 그때그때의 사회상황을 무조건 인정한다는 것은 아니다. 18, 19세기의 기인들인 실존주의적 개인주의자들, 그리고 물론 20세기의 비트족들은—얼마나 의식적으로 그랬는지에 상관없이— 사회적-일반적 입장에서 볼 때 그들의 현실을 부정했다. 그렇게 외화된(드러난) 개인들의 '세계'와 특히 그들의 '세계관'은 외화의 내용과 방향에 의해 규정된다. 다시 말하자면, 그들은 이제 스스로 하나의 '세계'를 만들 수 있기라도 한 것처럼 행동하는 것이 아니다. 오히려 그러는 이유는, 인간은 자신의 외화로 대답하는 존재로서 당대 사회의 시대 제약적 실존적 질문에 입장을 취해야 하고, 또 그러는 가운데 자신의 고유한 인격의 욕구라는 이름으로 그 입장을 긍정하거나 부정하면서 대안들을 선택하기 때문이다.

이때 인간과 환경의 이런 상호작용에서 존재와 가치가 긴밀하게 혼합된다. 가치가 갖는 특별한 존재성격은 아주 늦게야 적절하게 인식된 사회적 존재의 범주들에 속한다. 자립화된 과학은 가치를 주관화하는 경향을 가지며, 그 안에서 단순히 정립하는 행위를 인정하지 정립을 야기한, 사회적으로 존재하는 객체를 인정하지는 않는다. 철학에서도 자주 발생하듯이 가치의 존재적 특성은 초월적인 것으로 긍정된다. 이에 반해 일상의 직접성에서 존재(대상성과 대상화)와 가치를 존재론적으로 완전하게 융합하는 경향이 발생한다. 이때 이런 자연발생적 의도는 종교와 관념론 철학을 통해 가치를 초월적으로 파악함으로써 사상적 지지를 이끌어내기도 한다. 일상의 삶에서는 직접성이 지배적인데, 그 결과 존재와 가치의 혼합으로 인해 해소할 수 없을 것으로 현상하는 삶의 토대가 형성된다. 왜냐하면 여기에서는 이 두 요소가 서로를 강화하며 감정에 의해 지지되기 때문이다. 과학의 역사가 그러한 존재관, 예컨대 지상의 세계와 천상의 세계를 나누는 그러한 존재관을 인식의 진보와 더불어 그저 극복된 편견으로 다룬다면, 이것은 엄격하게 전문적으로 제한된 지식의 역사라는 관점에서 보면 어느 정도 타당하다. 그러나 우리가 이 동일한 발전을 사회적으로 존재하는 인간이라는 삶의 총체성의 테두리 안에서 고찰해보면 우리는 과학적으로 순수하게 선입견으로, 단순한 사유 실수로 표시한 것에서도 마르크스의 다음의 말을 상기할 필요가 있다. 선입견도 역시 교과서로부터 현실로가 아니라 현실로부터 교과서로 나아간다는 말을.

이러한 삼투는 서로 독립적으로 존재하지만 사회적 실천에서 중단 없이 서로 결합하면 영향을 주는 두 요소를 갖는다. 첫 번째 요소는 당연하게도 경제적 연관으로부터 성장한, 경제적 욕구를 충족해주는 과학의 진보이다. 그러나 이때 잊지 말아야 할 것은 그것은 결코 사회적 진공에서 작동하지 않는다는 것, 즉 비록 긴급한 질문을 실천적으로 해결할 수 있게 도움을 주는 가설들이 언제나 있기는 하지만, 반복해서 등장하듯이 —세계인식이라는 존재론적으로 결정적으로 중요한 질문에서— 특정한 현상복합체를 설명하는 여러 가지 가능성들이 있다는 것이다. 이 설명들은 각자 그 전망과 그 실천적 지배는 같은 (아니 거의 같은) 방식으로 가능하게 하며, 따라서 실천적-형식적으로 보자면 같은 가치를 갖는 것으로 간주될 수 있다. 하지만 그 설명의 가능성들은 두 가지 점에서 구별된다. 첫째, 현상들의 크거나 작은 범위를 실천을 위해 제어할 수 있게 하는 능력의 문제에서, 다른 한편 사회적-인간적으로 맹우 상이한 근거에서 인간의 일상의 '세계'를 주어진 역사적 단계에서 지지하거나 파괴하는 존재표상에 동의하는지, 그리고 어느 정도나 동의하는지의 문제에서 구별된다. 고대 후기에 태양중심적 천문학이 이미 과학이론으로 등장했다는 사실을 생각해보자. 그러나 이 이론은 지구중심적 천문학에 비해 아무런 영향을 주지 못했는데, 바로 일상의 '세계'와의 모순 때문이었다. (태양중심적 세계관에 대한—역자) 이러한 저항은—존재론적으로 단순히 상상된, 하지만 인간의 일상적-실천적으로 매우 중요한 안도감, 그 중심에 지구가 놓여 있는 우주 안에서의 인간의 보다 커다란 안도감에 기초해 있는데— 태양중심적 체계가 사회적 실천의 실제 욕구로서 결정적으로 의사일정에 놓이게 되자 추기경 벨라르민과 같은 영리한 방어자들은 이중의 진리라는 견해를 제시했다. 즉 경제적-과학적 실천에서 태양중심주의를 필요한 도구로 수용할 수 있지만, 존재론적으로는 (본질상 종교가 속해 있는) 일상의 '세계'를 위해 계속하여 지구가 우주의 중심으로 고찰되어야 한다는 것이다. 이러한 전회가 인간의 일상에 가져올 결과에 대해 날카롭게 제시했던 파스칼을 생각해보면, 그리고 지난 세기의 전환기에야 명시적으로는 뒤엠(Duhem)과 같은, 그리고 푸앵카레(Henri Poincare)와 같은 뛰어난 과학자가 실천적-실질적으로 추기경 벨라르민의 입장이 틀렸음을 폭로했다는 것을 생각해보면 이런 저항의 강력함을 쉽게 볼 수 있다.[62]

당연히 그런 저항은 과학적-전문적 결과들에 대해 아무것도 변경시키지 않는다. 하지만 순수하게 과학적인 권위를 가진 이 결과들이 일상의 사유에 영향을 주는 방식은 아주 많이 변한다. 왜냐하면 그 결과들은 사회-역사적으로 바로 이 현실에 놓여 있는 일상의 토대로부터 성장한 욕구를 만족시키며, 또한 그 결과의 입장에서 보자면 과학자들이 자신의 방법과 그 결과들을 설명하는 방식에 다시 영향을 미치기 때문이다. 여기서 과학적 작업과 존재와 연관된 이 작업에 대한 해석 사이에는 큰 차이가 있으며, 심지어 대립이 존재하기도 한다. 이러한 사실을 레닌은 이미 유명한 자연과학자들에게서 자주 등장하는 어떤 불일치에서 지적하곤 했다. 즉 한편으로 그들은 그들 탐구의 실제 대상들에 마주할 때와 다른 한편으로 그들이 그들 연구의 방법과 결과들에 대해 이론적인, 궁극적으로는 존재론적인 표현을 부여하고자 할 때에 어떤 불일치가 일어나곤 한다는 것이다.[63] 개별과학들의 개별 문제들에 대해 말하는 한 그런 이론적-존재론적 진술들을 무시할 수도 있을 것이다. 왜냐하면 그런 진술들은 학문적 탐구의 과정 그 자체를 방해하는 것으로 보이지 않기 때문이다.[64] 우리에게는 일상의 '세계'와 '세계관'과 근대과학의 세계상 사이의 존재 적합한 연관을 표현

---

62) 앙리 푸앵카레(1854~1912)는 프랑스의 수학자, 물리학자이다. 그는 물리학의 급속한 발전을 보며 '가장 근본적인 모든 원리가 붕괴했는데, 이 붕괴는 이들 원리가 자연의 모사가 아니라 인간의 의식의 산물이라는 것을 증명하는' 것이라 생각하였다. 수학자로서는 함수론, 미분방정식 등에서 많은 우수한 연구가 있다. 레닌은 그를 "불가지론의 길로 끊임없이 빠져들어가는 위대한 물리학자이며 왜소한 철학자"라고 평하였다. (역주)

63) Lenin *Saemtliche Werke*, Wien 1927, XIII, S. 150; LW 14, S. 155.

64) 이것이 실제로 어느 정도나 그러한지를 그 존재에 대한 공개적 의미를 갖는 전문가들만이 궁극적으로 결정할 수 있을 것이다. 그런데 재미있게도 이미 레닌은 물리학에서 수학적 방법을 과도하게 채용한 것과 물리적 존재를 사라지게 한 것(혹은 적어도 물리적 존재의 색을 바래게 한 것) 사이의 연관에 주의하고 있다. Ebd., S. 311 ff.; LW 14, S. 305 ff.

하고 있는 측면만이 관심을 끄는 이러한 문제복합체이다. 따라서 이러한 진술들이 어느 정도나 구체적-실천적-과학적 활동에 영향을 주는지에 상관없이 하이젠베르크의 다음의 설명은 우리의 문제에 아주 중요한 것으로 보인다. "근대 자연과학의 상황에서 출발하여 움직이는 근원적 토대에 조심스럽게 접근하고자 해보면 우리는 다음과 같은 인상을 갖는다. 즉 상황을 대충 단순화해서 말하자면 인간은 역사상 처음으로 이 땅에서 자기 자신에게 마주 서 있으며, 인간은 더 이상 어떤 다른 파트너와 적대자를 발견하지 못한다고 말할 수 있을 것이다. … 자연과학에서도 탐구의 대상은 더 이상 자연 자체가 아니며, 반대로 인간의 질문에 노출된 자연이며, 그런 한에서 인간은 여기서도 다시 자기 자신을 만난다."[65] 그러한 상론이 실제 물리적 문제들의 실천적 방법론과 아무런 관련이 없다는 것은 당연하다. 이 진술의 내용은 그 실제 토대가 기껏해야 학자의 실천 속에서 동반된 주관적 체험을 철학적으로 일반화한 것에 불과하다. 왜냐하면 탐구되는 자연세계가 대우주적 성격을 갖는지 소우주적 성격을 갖는지는 이 세계의 즉자존재에 대한 질문에 아무런 영향력도 행사하지 않기 때문이다. 원자물리학이 과학에 새로운 것을 아주 많이 가져온 것에 비하면 원자물리학이 인간 주체와 객관적 자연존재의 존재론적 관계를 변화시킨 것은 그렇게 많지 않다.

의미 있는 중요한 학자들과 모더니즘적-신실증주의적인 천박한 위선자들의 개인적 연합은 그러한 설명에 대체적인 사회적 중요성을 부여한다. 하이젠베르크만이 그러한 유의 존재론적 직관을 가지고서 등장한 세계적 명성의 유일한 학자는 아니다. 이러한 경향은 볼츠만(Ludwig Boltzamann)

---

65) W. Heisenberg: *Das Naturbild der heutigen Physik*, Hamburg 1955, S. 17-18.

이나 플랑크(Max Planck)[66]와 같은 보다 이른 세대의 비판적 신중함과는 아주 반대되는 것이다.(아인슈타인의 수많은 표현들을 생각해보라.) 이 말의 의미는 다음의 사실에서 발생한다. 즉 '세계'와 일상의 '세계관'은 과학의 폭넓은 세계관적 영향과 결합하는데, 이런 입장에서 이 결합은 이중의 견지에서 표현된다는 사실에서 그 의미가 발생한다. 한편으로 여기서 과학적 발전의 결과들은 그 내적 과학성에서 영향을 미치는 것이 아니라 —존재론적으로 일반화된— 그 내용들을 이 내용에 정밀한 과학적 초석이라는 외양(과 권위)을 부여하는 특정한 지배적 이데올로기들과 결합하는 해석을 통해 영향력을 행사한다. 다른 한편 중요한 학자들의 그러한 표현을 단순히 순수한 주관적 진술로도, 유행의 흐름과의 단순한 밀착으로도 해석해서는 안 된다. 오히려 여기서 중요한 것은 그러한 개인적 세계관 역시 일상의 '세계관'을 산출하는, 동시에 폭넓게 유행하는 철학을 형성하는 바로 그 토대에서 생겨난다는 사실이다. 물리학자 아인슈타인을 유행철학자인 슈펭글러와 한 호흡으로 부르는 것은 전도된 일일 것이다. 하지만 상대성이론으로부터 하나의 세계관이 확산되었는데, 이것은 『서구의 몰락』이 보여주

---

66) 루트비히 볼츠만(1844~1906)은 오스트리아 빈 출신의 핵물리학자로서 기체분자 운동상태를 나타내는 분포함수가 분자 상호의 충돌에 의하여 시간과 함께 변화하는 상태를 나타내는 볼츠만 방정식을 고안하여 원자로의 핵 설계나 차폐 설계를 하는 데 결정적으로 기여했다.
막스 플랑크(1858~1947)는 독일 킬 출신의 물리학자이다. 양자가설을 도입하여 1918년 노벨 물리학상을 받았다. 양자가설의 도입은 이후 모든 물리학의 기초를 뒤흔든 양자이론의 토대가 되었으며 물리학적 관념론을 출현시킨 한 계기가 되었다. 하지만 플랑크는 그런 관념론에 반대했으며, 과학적 객관성을 의심하지 않았다. 그리고 이러한 생각은 아인슈타인이 "신은 주사위 놀이를 하지 않는다."고 하면서 양자역학을 비판하며 과학적 객관주의를 유지하고자 했던 것과도 일맥상통한다. 루카치는 과학적 객관성을 존재론적 언술들과 구별하는 이들의 입장을 비판적 신중함이라고 말하는 것 같다. (역주)

듯 저러한 사회발전단계의 정신적 증상이다. 여기서 우리가 공동의 사회적 욕구, 혹은 일종의 사회적 위임이라는 것에 대해 말한다면, 이 욕구는 하나의 공식으로 고정되어서는 안 된다. 이 욕구는 그 근본 경향이 궁극적으로, 오로지 궁극적으로만 특정한 방향을 취한다고는 하더라도 아주 복잡하고 다양하다. 이 방향은 현재의 자본주의에서 개인의 위치에 의해 규정된다. 즉 자본주의는 일반화된 조작을 통해 모든 사물의 지배적 형성자가 되는데, 이 형성자의 형성의지는 결코 개인과 독립된 존재 세계를 마주 세우지 않으나, 동시에 모든 인간은 조작의 전능에 저항할 수 없는 어떤 것으로 결코 서 있지 않다. 여기서는 아주 모순적인 이런 세계감정을 표현하는 다양한 변형들을 묘사할 수 없다. 우리의 문제에 대해 말하자면 추상적 전능과 구체적 무능의 이런 연합이 결정적으로 중요한 모티브가 된다. 이 모티브는 한편으로 존재의 존재를 사상적으로 무화하고자 하는 다양한 철학적 시도들로 표현되고, 다른 한편 그런 '자연철학'과 근대 신학의 중요한 경향 사이에서 발생한 만남에서 표현된다. 종교들의 전승된 존재론이 오늘날 누구에 의해서도 거의 믿어지지 않기 때문에 존재를 이처럼 이론적으로 무화하는 것은 종교적 욕구를 오늘날 다음과 같이 형식화할 수도 있을 가능성을 개시했다. 즉 가장 근대적인 과학과의 조화는 존재의 비존재에서(즉 존재가 있지 않다는 데서) 등장한다고 형식화할 수 있다.[테야르 드 샤르댕(Pierre Teilhard de Chardin)과 파스쿠알 조르단(Pascual Jordan)을 생각해 보라.][67] 이러한 결합은 아주 강력해서 오늘날 현대적이라고 생각되는 무신

---

67) 테야르 드 샤르댕(1881~1955)은 프랑스의 고생물학자이자 철학자로서 베이징 원인을 발굴한 것으로 유명하다. 그는 현장조사를 통해 얻은 인류학적-생물학적 지식을 기반으로 무생물에서 인류에 이르는 진화를 신을 향한 거대한 운동으로 파악하고, 과학과 신앙의 조화를 지향하는 철학을 제시했다.

론도 지난 세기들과 달리 종교에 대항한 투쟁이 아니라 종교적 욕구를 충족시키기 위한 것으로 느껴진다.

현재의 탐구와 관련하여 우리에게 본질적으로 흥미로운 사실은 이 현상 복합체를 구체적으로 설명하는 것과 미세한 차이들을 아는 것이 아니다. 우리에게 관심이 있는 것은 오히려 조작된 일상에 의해 정밀한 과학의 해석들로 나아가고, 이 해석으로부터 다시 일상으로 흘러 나아가는 일련의 흐름, 지적 엘리트에서 나타나는 그런 직관의 억제할 수 없는 확산, 그리고 그러한 경향에 대한 비판적 착상의 결여 등이다. 가장 눈에 띄는 사실은—그리고 잠시만이라도 이 문제를 고찰하는 것은 의미가 있다— 인식이론이 이 문제에서 거의 어떤 이의제기도 하지 않는다는 사실, 비판을 통해 이러한 경향에 저항하기보다 오히려 대체적으로 지지한다는 사실이다. 과거의 인식이론의 기능을 추적하지 않는 사람에게, 따라서 인식이론이 대체로 지배적인 당대의 과학의 방법론적 형식들을 무비판적으로 정경화하는 경향이 있으며, 그래서 —인식비판의 토대로서— 정경화된 인식방식에 존재 적합한 토대를 부여하는 데 적합할 수도 있는 그런 존재양식들을 날조한다는 사실을 주목하지 않는 사람들에게만 이러한 사실은 역설로 비칠 수 있다. 칸트를 생각만 해봐도 확인할 수 있다. "어떻게 그것들은 가능한가?"라는 방법론적인 첫 번째 질문은 이미 방법의 구조를 시사한다. 본질적인 질문에 적용해서 보자면, 칸트의 '물자체'에 대한 설명에서 확인할 수 있다. 칸트는 정당하게도 '물자체'가 의식과는 독립해 있다는 사실에서 출

파스쿠알 조르단(1902~80)은 독일 출신으로 양자역학과 장이론 형성에 중요한 기여를 한 이론물리학자이다. 그리고 양자생물학을 주장하여 별의 생성, 우주의 진화 등에 관한 이론서를 제출했다. (역주)

발하지만, 이러한 확신으로부터 논리적으로 가능한, 하지만 존재론적으로는 완전히 논거가 없는 추론, 즉 따라서 물자체는 인식될 수 없어야 한다는 추론을 단행한다. 이미 헤겔은 인식 불가능성이 ─존재 적합한 모든 구체성으로부터 출발하여 단순한 일반성으로 환원하는 그런─ 공허한 추상에 다름 아님을 명백히 보았다. 사물이 존재 적합한 어떤 내용성, 예컨대 속성을 소유하는 순간 이것은 더 이상 순수하게 추상에서 기인하는 인식 불가능성과 관련이 없게 된다.[68] 다른 한편 현상세계의 인식에서 의식의 생산성에 부여하는 독점적 지위는 의식과 존재의 관계에서 의식의 기능이 수동적인(사진을 찍는 듯한) 모사 이상이라는 것을 다시금 추상적으로 절대화한 것에 다름 아니다. 현상세계에의 제약은 의식의 창조적 생산성을 추상적으로 과도하게 확장한 논리적 결과이다. 두 추상의 조합으로부터 다시 (존재론적으로가 아니라) 논리적으로 존재하는 세계와 현상하는 세계의 대립이 따라 나오는데, 헤겔은 이런 대립의 추상적 비진리를 통찰하고 있었다. 인식이론의 배타적 우선성이 필연적으로 숨기고 있는 것에 대한 건전한-존재론적인 비판이 나타날 수 있다. 즉 존재를 과학의 욕구로부터 추상적으로 '도출하는' 대신 당대의 과학과 그 방법, 그 결과들을 존재와 대면시킴으로써 당대의 과학에 대한 존재론적 비판에 이를 수 있다. 그러나 이에 덧붙여 그런 착상을 촉진하는 경향이 일상에 현존해야 한다. 이 경향의 발생과 전개는 당시 사회의 경제적-사회적 속성을 통해 규정된다. 일상에서 나타나는 이론과 실천의 직접적 결합의 경우 근본적 법칙성뿐 아니라 당시의 본질과 현상의 관계 역시 큰 역할을 한다. 직접적 실천은 그때그때의 직접적 실재를 재현하기 때문에 현상세계에 아무런 자격도 없이 반응

---

68) Hegel: *Logik*, a. a. O., S. 121 ff., HWA 6, S. 129 ff.

하지는 않는다. 이전에 우리는 경제 내부에서 이러한 분산에 대해 시사했기 때문에 여기서는 경제와 상부구조 사이의 분산에 대해 말해야 한다. 자주 등장하는 잘못된 존재론도 여기서 어느 정도는 자신의 '존재토대'를 가진다.

우리 시대에는 참다운 존재론적 비판이 결여되어 있다. 이미 서술한 대로 니콜라이 하르트만은 이 문제에 대해 아주 구체적이고 영리하게 다가간 유일한 사람이며, 적어도 자연존재의 존재론에서는 중요한 성과도 일궈냈다. 구체적인 전문적 질문에서 아주 유보적이고 원리상의 판단유보를 단행하고 있기는 하지만 그의 해명은 —의도했건 그렇지 않건 간에— 사태 참여자들, 혹은 사태를 이끌어가는 인사들의 철학적 설명을 완전히 사소한 것으로 간주하는 사람들이 생각하는 것보다 훨씬 더 일상의 존재론이 자연과학으로 진입해 들어간다는 사실을 보여주었다. 바로 마르크스 이후로는 철학과 과학 사이의 이원적 분리는 극복되었다. 헤겔의 경우에는 개별적으로 중요한 문제들에 대한 그의 천재적인 몇몇 비판적 고찰에도 불구하고 이런 이원성에 기초하여 과학에 대해 철학의 우위가 지배적이었지만, 그런 이원성은 이제 추월당했다. 그러나 철학은 과학적 탐구의 결과들에 대한 비판적 고찰을 포기해서는 안 된다. 이때 존재는 아르키메데스의 점이다. 헤겔에서 자주 그러한 것과 달리 과학에서의 궁극적인 존재론적 주장이 철학의 개념 요청과 더 이상 단순히 대면할 수 없고, 대신 예컨대 물리학에서 물리적 존재가 과학적 진술과 대면하는 일이 이뤄져야 하고, 철학은 모든 과학이 스스로 그것의 법칙을 발견하고자 하는 바로 그 존재의 특성과 대립에 빠져서는 안 된다고 요구할 수 있고, 또 요구해야 한다. 우리가 알고 있듯이 하르트만은 매우 정당하게도 인식이론과 논리학에서 출발하는 반절 지향적(intentio obliqua) 의미와는 달리 일상에서 과학을 거쳐 철학으로 나아가는 직선 지향적(intentio recta) 의미를 주장하고 있다. 물론 그가, 우리가 그의 시대와 관련하여 말한 바대로, 이 문제에서 언제나 충분히 구체적이고 일관성 있게 비판적이지는 않았다고 하더라도 말이다. 우리는 하르트만의 존재론적 원리를 이미 다뤘기 때문에 상황을 보여주는 예시로서 몇몇 눈에 띄는 경우들에 국한하고자 한다.

하이젠베르크의 진술에 대해 앞서 말했는데, 이를 상기해보면, 탐구자의 위치에 대한 하르트만의 존재론적으로 유용한 상을 이 진술들에 마주 세우는 것은 아주 의미가 있다. "특정한 법칙을 찾는 실험자는 우선 이 법칙이 존립한다면 그의 추구나 발견에 상관없이 이 법칙이 존립한다고 알고 있다. 그가 이 법칙을 발견하면 그는 이 법칙이 이 발견을 통해 비로소 현존하게 되었다고 믿지 않는다. 그는 이 법칙이 이전부터 있었으며, 발견을 통해 변화되지 않는다고 알고 있다. 그는 이 법칙에서 즉자존재를 본다."[69]

그런데 하르트만의 해명은 사유된 것(사유장치)과 그들이 인식하고자 노력하는 존재하는 것을 엄격하게 구별하는 과거 스타일의 자연탐구자들에게만 관련이 있다. 이렇듯 하르트만은 만약 아인슈타인이 특정한 물리적 현상들의 경우 동시성을 확고히 할 수 없다고 말한다면 그는 실제적인 물리적 사실에서 출발하지만 결코 주관주의에 빠지지 않는다는 점을 철저하게 인정한다. 문제가 존재론으로 일반화될 경우 상황은 완전히 달라진다.

---

69) N. Hartmann: *Zur Grundlegung der Ontologie*, Meisenheim am Glan, 1948, S. 163. 여기서 눈에 띄는 사실은 이 진술이 이전에 우리가 말한 레닌의 직관과 일치한다는 점이다. 그 외에 대립은 이미 이전에 여러 번 주지했었다. 리케르트가 자연탐구자는 '비판적으로'(즉 관념론적-인식이론적으로) 생각하는 것이 아니라 '소박한 실재론자'로 처신한다고 비판하는데, 이 경우 인식이론적 측면에서도 그런 모습을 볼 수 있다. 소박한 실재론자로서의 자연탐구자는 철학자의 '비판적'(인식이론적) 태도와 달리 이러한 태도를 '삶에서 나온' 태도로 표시한다. Rickert: *Der Gegenstand der Erkenntnis*, Tübingen 1928, S. 116.

142

동시성은 존재론적으로 철회할 수 없는 사실이다. "동시성은 확정할 수 있음(Konstatierbarkeit)과 아무런 상관이 없다."[70] 따라서 하르트만의 존재론적 비판은 동시성을 측정하는 문제에서 해결책을 추구하는데, 이 측정에 적용되는 물리학의 특수한 방법에, 시간의 객관적-실제적 과정은 상황에 따라 더 빠르게도 더 느리게도 될 수 있다고 하는 그러한 존재론적 일반화에 방향이 맞춰져 있지 않다. 그리고 만약 철학자들이 역사의 과정을 그러한 유의 존재론에 기초하여 구축할 때 이 역사의 과정을 특히 '시간에 맞게' 파악할 수 있다고 믿는 동시대의 철학자들이 있다. 예를 들어 역사에 '리만'의 시간을 도입하고자 한 에른스트 블로흐는 그런 경우에 속한다.[리만(Georg Friedrich Bernhard Riemann)은 공간의 존재론적 상대화에서 아인슈타인의 위대한 선각자이다.][71] 블로흐의 이론에 따르면 보다 급하게 흐르는 혹은 보다 느리게 흐르는 시간과정의 질적 차이가 선사와 이후의 역사 사이에, 자연과 역사 사이에 위치한다고 한다.[72] 여기에서 20세기의 자본주의에서 지식계층의 이데올로기적 욕구에 상응하여 물리이론으로부터 새로운 철학을 창조했던 현대의 일상의 존재론이 분명하게 이해될 수 있다.

이 질문이 아주 중요할 수 있기는 하지만 여기서 자세한 내용을 다룰 수는 없다. 왜냐하면 우리에게 중요한 문제는 오직 일상의 사유와 시대의 과학적-철학적 이론들 사이의 상호작용을 드러내는 것이기 때문이다. 우리

---

70) N. Hartmann: *Philosophie der Natur*, Berlin 1950, S. 237-238.
71) 게오르크 프리드리히 베른하르트 리만(1826~66)은 독일의 수학자로서 그의 비유클리드 기하학은 아인슈타인의 일반상대성 이론의 확립에 중요한 토대가 되었다. 소위 리만가설로 알려진 소수에 대한 그의 가설은 20세기 최대의 수학 난제 중 하나로 불렸다. (역주)
72) Ernst Bloch: *Differenzierung im Begriff Fortschritt*, Berlin 1956, S. 32-33; *Ernst Bloch Gesamtausgabe*, Bd. 13: *Tuebinger Einleitung in die Philosophie*, Frankfurt 1970, S. 129-138.

는 당시에 원리상 아주 생산적인 하르트만의 직지향적 이론의 불완전성과 모순성을 자세하게 비판했으며, 그의 이론이 —존재론적으로 아주 중요한 — 발생의 문제에서 큰 주의력을 보이지 않았다고 비판했다. 이러한 연관에서 그의 잘못된 착상의 운명적 결과들이 따라 나온다. 왜냐하면 발생은 특정한 존재양식이 갖는 존재론적으로 구체적인 형식들, 운동경향들, 구조들 등을 자신의 구체적 현상태에서 제시할 수 있으며, 이를 통해 자신의 특수한 합법칙성으로 나아갈 수 있기 때문이다. 이에 반해 이미 확립된 것, 자신의 방식으로 발전된 것, 혹은 심지어 완성된 것에서 출발하는 것은 쉽게 더 이상 특수한 존재양식이 아니라 개념적으로 일반화된 그 유형들이 탐구되고 대면된다. 따라서 특정한 기간에 특정한, 존재론적으로 올바른, 혹은 그른 직관을 정신적 삶에서 지배적인 직관으로 만들거나 파괴하고 반박하는 그런 사회-역사적 모티브들은 사라진다. 우리는 이 문제의 대체적인 사회적 문제를 이 장의 다음 절에서 더 자세히 다룰 것이다. 여기에서는 개별 인간의 '세계관'을 그의 일상에서 규정하는 힘들이 문제가 된다. 이때 우리는 저런 사회적 흐름이 개별 인간들의 개별적 정립의 종합(물론 이것은 기계적 합이 아니다.)임을 잊어서는 안 된다. 따라서 여기서 어떤 힘이 작용하는지, 어떻게 작용하는지의 문제는 아주 복잡하게 얽혀 있다고는 해도 일반적인 사회적 문제이다. 하르트만은 이러한 계기를 자신이 제시한 근거들로부터 완전히 주의하지 않고 내버려 뒀다. 따라서 몇몇 관점에서 아주 의미 있는 그의 업적이 무익하게 되었다.

마르크스는 이 문제를 분명히 보았다. 그는 때때로 엥겔스에게 다윈에 대해 서술했다. "다윈을 보는 것은 즐겁습니다. 그는 자신이 맬서스의 이론을 식물과 동물에도 적용한다고 말합니다. 마치 맬서스의 경우 우스운 일은 그 이론이 식물과 동물이 아니라 인간에게만 —기하학적 과정으로

— 적용된다고 한 데 있지 않기라도 하듯이 말입니다. 다윈이 영국사회를 노동의 분업, 경쟁, 새로운 시장의 개척, 그리고 생존을 위한 고안과 맬서스적 투쟁 등을 어떻게 다시 짐승과 식물에서 인식하는지는 아주 주목할 만합니다. 그것은 홉스의 만인에 대한 만인의 투쟁이며, 시민사회는 정신적 동물의 왕국이라 한 헤겔의 현상학을 상기시킵니다. 물론 헤겔에서와 달리 다윈의 경우 동물의 왕국이 시민사회로서 역할을 하기는 합니다."[73] 그러나 마르크스도 엥겔스도 이러한 연관의 확립을 통해 다윈의 과학적-존재론적 의미를 과소평가하지는 않는다. 엥겔스는 다윈에 대한 강의서를 쓴 후 마르크스에게 다음과 같이 쓴다. "목적론은 한편으로 아직 망가지지 않았습니다. 그것은 이제 일어났습니다." 그리고 조금 지나지 않아 마르크스는 다음과 같이 쓴다. "영어가 다소 어색하지만, 이것은 우리 통찰의 자연사적 토대를 담은 책입니다."[74] 일상의 '세계관'과 과학적 이론들 사이의 연관을 평가하는 존재론적 입장에서 볼 때 이 진술들 사이에는 어떤 모순도 없다. 마르크스가 첫 번째 편지에서 다윈의 세계상의 정신적 발생에 대한 질문을 가치중립적 방식으로 제시할 때도 그런 모순은 없다. 그는 맬서스(와 특히 자본주의의 경제적 현실)가 제기하고 다윈이 인정한 자극을 그저 확고히 하고 있을 뿐이다. 가치중립적이란 여기서 당연히 자연과학에서 하듯이 연관의 단순한 확립을 의미하는 것이 아니라, 일상과 과학(혹은 철학과 예술)의 상호작용이 상황에 따라, 물론 시기와 인격 등에 따라 가치 충만한 결과나 가치에 반하는 결과를 가질 수도 있다는 것을 의미한다. 맬서

---

73) *Marx-Engels Briefwechsel*, MEGA, Dritte Abt. III, S. 77-78; 18. 6. 1862, MEW 30, S. 248.
74) Ebd., MEGA II, 12. 12. 1859, S. 447 u. S. 533; 23. 12. 1860, MEW 30, S. 132.

스가 다윈을 자극한 것은 그에게 확실히 아주 가치 있는 거대한 귀결이다. 왜냐하면 만인에 대한 만인의 투쟁은 특정한 자연현상에 대한 그의 시선을 날카롭게 만들었기 때문이다.(여기서 과장이 발생하지 않았는지를 논의할 수는 없다.) 어쨌거나 마르크스는 랑에(F. A. Lange)의 글을 접하고서 이런 연관이 과학성에 별로 이롭지 않다는 점을 부각했다. 왜냐하면 랑에는 "전체 역사를 … 유일하게 거대한 자연법칙 아래", 즉 마르크스에 따르면 한 문구로 표현할 수 있는 '생존투쟁'의 법칙에 포섭하고자 시도했기 때문이다.[75] 따라서 이러한 상호관계를 그때그때의 사회적 구체성 속에서 파악하고 존재론적으로 비판하는 것은 마르크스주의에게 중요하다. 레닌이 말하곤 했듯이, 구체적 상황을 그렇게 구체적으로 분석할 경우에야 비로소 참다운 내용이 참다운 구체성 속에서 드러날 수 있고 가치 있거나 가치에 반하는 것으로 증명될 수 있다. 이때 구체적 내용은 비록 이 내용이 객관적 문제복합체에 대한 개별적 인격의 반응이기에 그 자체로 개별적이긴 하지만, 동시에 (그 외화의 성격으로 인해) 객관성을 요청하기도 한다. 따라서 마르크스주의의 고전적 작가들은 여타의 마르크스주의자들과 달리 이러한 연관을 매우 복잡한 것으로, 매우 불균등한 것으로 파악했다. 예를 들어 레닌이 자연해석에 대한 모든 관념론적 해명에 대해 열정적으로 투쟁했던 경험비판주의 논쟁과 관련하여 그가 고리키(Gorki)에게 쓴 편지는 아주 인상적이다. 그 편지에서 그는 예술가도 관념론적 철학에 의해 긍정적인 자극을 받을 수 있음을 인정했다.[76] 당연히 이론과 예술의 관계에서 이런 불균등성이 가장 극명하게 드러난다. 하지만 이런 불균등은 인간의 사유와

---

75) Marx: *Briefe an Kugelmann*, Berlin 1924, S. 75; MEW 32, S. 685.
76) *Lenin und Gorki(Dokumente)*, Berlin und Weimar 1964, S. 96.

체험의 모든 영역에서 작동한다.

    따라서 일상의 삶과 인간의 사회적 의식의 보다 고차적 객체형식들 사이의 직지향적 분석에서 비판적 명료함이 문제가 된다. 직지향성의 근원적 형식은 노동에서 드러난다. 자연과의 신진대사에서 인간은 사회적 존재만 되는 것이 아니다. 인간은 대상화와 외화의 도움으로 상호이해의 공동매체, 경험의 저장과 전달의 공동매체만을 만드는 것이 아니다. 인간은 더 나아가 실천적 연관에서 이 모든 것을 수행하는데, 이 연관 속에서 실천의 객체는 중단 없이 이 객체에 대해 사전에 가지고 있는 인간의 표상과 개념들에 대한 실천적-존재론적 비판을 수행한다. 이제 이러한 실천 형식이 이 실천을 실현하고자 하는 가장 일반적인 모델을 단순히 형성하는 것이 아니라 사회적 노동분업을 통해 인간에게 인식될 수 있는 모든 대상을 위한 구체적 모델을 형성한다면, 여기서는 어떤 문제도 일어나지 않을 것이다. 그러나 우리는 노동을 분석하는 가운데 사람들에게 그럴 수 없다는 사실을 제시했다. 왜냐하면 노동 주체의 표상들에 대한 노동 객체의 오류 불가능한 안전한 비판이 직접적인 노동목표와의 관계에서만 이런 오류 불가능성을 소유할 수 있기 때문이다. 더 나아간 일반화에 대해서는 노동과정 역시 다소 불완전한 대답만을 부여한다. 노동분업의 역학을 논의하는 가운데 자립화된 인식활동은 새로운 자립적 노동방식과 통제 가능성을 더 갈고 닦지 않으면 안 되었다. 여기서 이제 존재론적 비판의 문제가 다시 중심으로 들어온다. 격렬하고 매혹적인 자연발생적 자발성을 가진 그리스철학이 있었는데, 플라톤의 이데아론은 그 힘에 필적할 수 없었다. 아리스토텔레스에서 플라톤의 이데아론에 대한 비판을 읽어보면, 그것의 본질이 곧 그 자신인 그런 특수자의 본질이 실존하는지를 묻는 시초의 질문에서 대답을 위한 존재론적 준비를 살필 수 있다. "따라서 이데아들이 사물의 본질이라면 이 이데아들은 어떻게 사물들과 분리해서 존재할 수 있는가?"[77] 이것은 특수한 사유장치를 가진 논증으로 이뤄진 철학 내적 논의가 더 이상 아니다. 그것은 이미 일상의 삶으로부터 출발하여 존재에 의해 통제되는 자신의 고유한 완성으로 돌진하는 직지향성이 작동하게 되었음을 의미한다.

당연히 여기서 이러한 태도방식의 역사를 어느 정도라도 자세히 다루는 것은 불가능하다. 그러나 영혼구원을 보증한다고 약속하는 초월적 존재론을 통해 인간의 일상을 교조적으로 지배하고자 하는 기독교의 지배가 일상의 직지향성을 존재론적으로 비판하기 위한 좋은 토대도 가져오지 못했다는 사실은 아주 분명하다. 르네상스와 더불어 비로소 삶과 사유에서의 전면적 해방운동이 시작되었으며, 마키아벨리와 홉스에 이르는 이런 투쟁적 해방과정에서 이 방향을 지지하는 아주 많은 맹아들이 관찰될 수 있다. 그러나 우리는 이러한 방향에 대한 격정적인, 그리고 —당시 사회-역사적으로 할 수 있는 한 최대한으로— 분명한 돌격을 베이컨의 우상론에서 본다. 베이컨은 철학사에서 무엇보다 귀납적 방법론을 입안한 자로 다뤄진다. 그러나 우상론에서 중요한 것은 타자, 더 많은 것, 대립된 것 등이다. 베이컨은 현실이 우리의 감성뿐 아니라 우리의 사유장치의 직접적 데이터들보다 더 '순수하고', 더 복잡하며, 더 다양하다는 사실에서 출발한다. 그는 여기서 이후의 변증법이 대상 세계의 내적-외적 무한성이라는 말로 표시한 것을 의도했으며, 인식의 원리상 이 무한성에 대해 근접해가는 성격을 갖는다는 사실을 말하고자 했다. 그런데 베이컨은 이 과정의 맨 처음에 서 있다. 그것도 그는 감성에 기초한 단초들의 원시성을 분명하게 보고 있

---

77) Aristoteles: *Metaphysik*, Buch A, Kapitel 9. Ausgabe Berlin 1960, S. 43.

으며, 전승된 사유장치들이 합리적 이상을 따르기에 이 사유장치들은 매우 자주 바로 현실의 이 복잡한 현상태(Geradesosein)를 지나쳐가야 한다는 것을 아주 분명하게 본다. 그러나 나중에 베이컨은 인식과정과 그 결과를 비판적으로 감시할 일반적 기능을 그때까지 부존된 과학적 방법의 분석에 기초한 인식이론에 귀속시키기는 하지만, (버클리 이후 여전히 생동적으로 작동하고 있던 종교적 세계상의 계기들을 사상적으로 방어하는 데 이용될 수 있다.) 그는 인간의 과학적 활동을 인간의 일상의 삶과 사유에 대면시킨다. 이때 그는 일상의 인간의 사유에서 그가 우상이라고 명명한 선입견들, 인식과정에서 인간과 자연의 순수 생산적 마주함을 방해할 수 있고, 심지어 완전히 무화할 수 있는 그런 선입견들의 전 체계를 발견한다. 따라서 우상 비판은 인간 그 자신 안에서 이러한 인식방해를 극복해야 한다.[78] 베이컨은 이 토대에서 이 우상과 그 기원, 그 작동방식의 유형론을 제시한다. 오늘날 그의 방법의 구체적 계기들을 자세히 분석하는 것은 별 의미가 없다. 그는 새로운 시작의 처음에 서 있을 뿐이며, 과학적 인식의 방법뿐 아니라 무엇보다 일상의 삶의 과학적 규정들이 그 이후 근본적으로, 질적으로 변했다는 사실이 중요하다. 마르크스는 베이컨의 이러한 선구적 위치를 그의 찬란한 위대함뿐 아니라 그 원시성에 맞게 다음과 같이 서술한다. "유물론은 자신의 최초의 창조자인 바코(Baco) 안에 소박한 방식이지만 자신의 전방위적 발전의 맹아를 간직하고 있다. 물질은 시적-감성적 광휘로 전체 인간에게 미소 짓는다."[79] 이 글 다음에 마르크스는 베이컨의 모순을 지

---

78) Bacon: *Neues Organon*, Berlin 1870, Buch 1, Artikel 38 ff.
79) Marx: *Die heilige Familie*, MEGA III, S. 305.
    바코는 주신인 바커스, 디오니시우스를 상징하기도 하고 베이컨을 지칭하기도 한다. 바커스는 이성이 아니라 감성을, 낮이 아니라 밤을 상징하는 생산의 신이며, 그런 점에서 유물

적한다. 그러나 전체 인간과의 관계에서 나타나는 자연의 광휘가 시사하는 바는 여기서 인간의 일상이, 이 일상에서 발생한 인간의 개인적-주관적 삶이 주장되고 있다는 사실이다. 그리고 우상의 유형론에서 베이컨이 잘못된 지식의 상에 의해 이끌린 순수하게 개인적-인격적인 우상과 순수하게 사회적인 우상을 구별하고자 하며, 일상의 개별 인간을 직접 사회존재로 파악할 수 없다는 사실이 분명하게 드러난다.(몇백 년 후에 니콜라이 하르트만도 그렇게 할 수 없었다.) 일상의 삶에 대한 존재론적 비판, 일상의 삶이 과학적 인식에 영향을 주고 이 인식에 의해 영향을 받는다는 사실에 대한 존재론적 비판은 마르크스주의에 의해 비로소 가능하게 되었다. 비록 베이컨의 방법론에는 그 맹아가 있기는 하지만 이런 존재론적 비판이 아직 형성되어 있지 않았다. 그럼에도 불구하고 유명한 선구자들을 상기해보면 우리의 연구에 유용할 것이다. 왜냐하면 이러한 상기로부터 마르크스주의의 의미가 (스탈린-즈다노프 시기에 사람들이 그러한 것과는 달리) 부르주아 철학의 특정한 형이상학적-관념론적 전통과의 급격한 단절에 한정되어서는 안 되고, 오히려 레닌의 표현을 빌려 말하자면, 마르크스주의는 "인간의 사유와 문화가 이천년 이상의 발전시킨 모든 가치 있는 것들을 받아들이고 가공했다."[80]는 것을 분명하게 확인할 수 있기 때문이다. 우리의 현재 문제는 이런 사태연관에 놓여 있다. 비록 우리가 다루는 현재의 문제가 이데올로기의 본질과 이데올로기의 작동방식에 대해 아무런 해결책도 제시하지 않지만, 그런 해결을 위해 사회적으로 실제 가능한 토대를 만들어내

론의 전통에서 우대받는 신이다. 그런 유물론의 전통을 철학적-학문적 차원으로 가져온 사람이 바로 베이컨이라는 말이다. (역주)

80) *Lenin Saemtliche Werke*, a. a. O., XXV, S. 510; LW 31, S. 308.

며, 동시에 그러한 토대를 존재 적합하게 발견하고 이해하는 문제를 아주 수월하게 만든다.

3. 이데올로기 문제

언젠가 그람시는 이데올로기라는 표현이 이중적 의미를 가진다고 말했다.[81] 하지만 우리는 그의 재미있는 설명에도 불구하고 그가 필연적 상부구조를 개별 인간의 자의적 표상들과 단순히 대비시키고 있다는 사실을 비난하지 않을 수 없다. 그럼에도 불구하고 그는 이 중요한 술어의 교묘한 이중적 의미가 명료하게 드러나게 하는 데 공헌했다. 그런데 유감스럽게도 그는 곧바로 습관적 추상에 떨어지고 만다. 한편으로 비록 마르크스주의자들이 이데올로기를 경제적 토대에서 필연적으로 생겨난 사상적 상부구조로 이해한다고 주장한 것은 맞지만, 다른 한편 의심의 여지없이 현존하는 현실을 반영하고 있는, 경멸적으로 사용되는 이데올로기 개념을 개별자의 자의적 사상물로 보는 것은 문제가 있다. 무엇보다도 어떤 사상이 단순히 개별자의 사유의 산물, 혹은 사유의 표현으로 머무는 한, 그 사상은 그만큼 가치가 있을 수도, 가치가 없을 수도 있지만, 그것이 이데올로기로 고려될 수는 없다. 사상의 복합체가 사회적으로 상당히 유포되었다고 하더라도 그것이 곧바로 이데올로기로 변환될 수는 없다. 이를 위해서는 마

---

81) A. Gramsci: *Il materialismo storico. La Filosofia di B. Croce*, Torino 1949, 47 f. 독어본: A. Gramsci, Philosophie der Praxis, eine Auswahl, hrsg. v. Chr. Riechers, Frankfurt 1967, S. 168 ff.

르크스가 다음과 같이 매우 정확하게 규정한 사회적 기능이 필요하다. 즉 마르크스는 경제적 생산조건의 물질적 전복을 "사람들에게 이런 갈등을 의식하고 그에 맞서 싸우게 하는 그런 법적-정치적-종교적-예술적 혹은 철학적 형태들, 간단히 말하자면 이데올로기적 형태들과 정확하게 구별한다."[82] 마르크스가 여기서 거대한 경제적 전복을 말한다고 해서 우리는 그의 규정이 사회적 삶의 총체성, 사회적 발전의 총체성에 적용되는 것이 아니라고 해서는 안 된다. 물론 마르크스에게는 거대한 사회적 위기를 경제적 재생산과정의 일상적 기능과 완고하게 분리하는 그런 만리장성이 없다. 그와 반대로 마르크스의 경제학은 예컨대 상품교환의 정상적인 두 근본형식들 중 하나에, 즉 W-G-W(상품-화폐-상품의 구조)에 이미 위기의 씨앗, 위기의 가능성이 내포해 있음을 보여준다. 이러한 가능성으로부터 하나의 현실이 형성되기 위해 어떤 추가적 요인이 더 필요한지는 아직 우리의 관심 영역 밖이다. 여기서 중요한 문제는 하나의 (사회—역자) 구성체의 경제적 구조와 역학은 궁극적으로 —오로지 궁극적으로만— 동일하게 구조 지어진 범주관계에 의존한다는 사실이며, 또한 구조와 역학의 급진적 변화는 한 구성체로부터 다른 구성체로의 이행이 사회적 존재에서 수행될 경우, 혹은 소여된 구성체가 결정적으로 새로운 시기로 이행될 경우에만 발생한다는 사실이다. 하지만 이것들은 '갑자기' 발생하는 '격변'이 아니라 정상적 발전의 필연적 결과이다. 따라서 우리는 마르크스의 규정의 본질을 그때그때의 구성체의 일상에 적용할 권리, 그리고 이데올로기 형식 속에서 이런 일상에 간직된 문제들을 의식하고 해결할 수 있게 하는 그런 수단을 인식할 권리를 갖는다.

---

82) *Zur Kritik der politischen Ökonomie*, a. a. O., LV-LVI; MEW 13, S. 9.

문제가 이렇게 이해되면, 그람시가 생각한 두 이데올로기 개념이 존재론적으로 어떻게 서로 연결되는지가 드러난다. 이데올로기는 무엇보다도 현실에 대한 사상적 가공의 형식으로서 인간의 사회적 실천을 의식하게 만들고 또 행위능력이 있게 만드는 데 기여한다. 사회적 존재의 갈등을 극복하기 위해 이런 직관의 필연성과 보편성이 생겨난다. 이런 의미에서 모든 이데올로기는 사회적 현상태(Geradesosein)를 가진다. 즉 이데올로기는 사회에서 사회적으로 행위하는 사람들의 사회적 지금과 여기로부터 직접, 필연적으로 생겨난다. 이렇듯 인간의 모든 표현방식은 그 생성에 있어서 사회-역사적 현상태의 현재적 공간을 통해 규정되는데, 이런 규정성은 반드시 다음의 결과를 갖는다. 즉 특정한 사회-경제적 환경에 대한 인간의 모든 반응은 경우에 따라 이데올로기로 될 수도 있다는 사실. 이데올로기로의 이러한 보편적 가능성은 이데올로기의 내용(과 많은 경우 그 형식도)이 이데올로기의 발생의 근절할 수 없는 기호들을 간직하고 있다는 사실에 의존한다. 이런 기호들이 궁극적으로 지각될 수 없는 데까지 사라져갈 것인지, 아니면 분명하게 가시화될 것인지는 사회적 갈등의 와중에서 그것들이 어떤 기능을 담당하는지에 달려 있다. 왜냐하면 이데올로기는 불가피하게 모든 사회, 적어도 이전의 인류역사에 등장한 모든 사회를 특징짓는 사회적 투쟁의 수단이기 때문이다. 그런 투쟁에서 이데올로기라는 역사적으로 아주 중요하게 된 경멸적 의미가 생겨난다. 상쟁하는 이데올로기들은 구체적으로 서로 통일될 수 없는데, 이런 통일 불가능성은 역사의 과정에서 상이한 형식들로 나타나며, 전통, 종교적 확신, 과학적 이론과 방법 등, 이런 것들에 대한 해석으로 현상할 수 있다. 하지만 이러한 것들은 언제나 투쟁수단보다 앞에 놓인다. 이것들에 의해 결정될 수 있는 질문은 언제나 사회적인 "무엇을 할 것인가?"로 되며, "무엇을 할 것인가?"의 사회적 내용은 이 질문과의 실제적 대결에 있어서 아주 중요하다. 사회적 실천을 이끌고자 하는 이런 요청을 근거 짓는 수단은 하나의 수단으로 남는다. 이때 이 수단의 방법과 특성 등은 언제나 투쟁의 양식, 그리고 이 투쟁에 내재한 "무엇을 할 것인가?"의 양식의 사회적 지금, 여기(즉 사회적인 현재의 공간—역자)에 전적으로 의존한다.

하지만 이런 것들로는 단순히 이데올로기의 중심적 요소들이 기술될 뿐이다. 이데올로기론의 지지자와 반대자 대부분은 오류를 범하는데, 왜냐하면 이들은 그 요소들을 이데올로기적으로 인도된 행위와 이 행위의 이론적 정당화의 유일한 규정으로, 이데올로기적 투쟁에서 발생하는 복합체의 유일한 규정으로 다루기 때문이다. 왜냐하면 이때 현실에서 중요한 것은 역동적 복합체의 포괄적 계기이긴 하지만, 단지 이 계기들 중 하나의 계기일 뿐이며, 이 계기는 그 복합체의 총체성 속에서 작용하는 자신의 기능 내부에서만 이해될 수 있기 때문이다. 하지만 바로 이것이 부르주아적 적대자와 교조적 방어자가 실패하는 지점이다. 이런 총체성은 인간의 실천 속에서 대상을 형성하는, 그리고 동시에 인간의 행위의 실제 토대를 형성하는 모순투성이의 복합체인 그때그때의 사회이다. 총체성의 실제적인 이 두 측면은—이 측면들은 현실을 반영하고 있는 단순한 대상들이 아니라 우선적으로 그런 행위복합체에서 실천의 토대로서 다양한 역할을 수행하기 때문에 실제적이다— 모든 관점에서 순수하게 객관적으로 분리 불가능한 통일을 형성하고 있으며, 목적론적 정립의 복합체들 속에서 수행되는 이들의 다양한 기능들의 결과로 자립적으로 작용하는 요소들이 된다. 그에 상응하여 즉자적으로 존재하는 통일뿐 아니라 상이한 기능의 실천적 기능도 정립의 내용에서 타당성을 얻게 된다. 그것도 현실의 변화를 자기 행위의 목적으로 만드는, 그리고 만들어야 하는 인간은 바로 그 현실의 특정한 구체적 상황에서만 행동한다는 방식에 묶여 있다. [여기서 변화는 아주 일반적인 의미에서 이해되어야 하며, 또한 그때그때의 현상태(status quo)의 방어로도 이해되어야 한다.] 여기 바로 이 보편성 속에서 상황이 갖는 구체적인 역사적 여기와 지금이 표현된다. 왜냐하면 현상태를 방어하고자 하는 의도는 현상태가 내부로부터, 또 외부로부터 위협받는 것으로 현상할 때에야 비로소, 따라서 그 현상태가 새로운 변화에 대해 보호되어야 할 때에야 비로소 목적론적 정립의 의도로 등장하기 때문이다. 이런 상황이 이렇듯 아주 일반적인 방식으로 이해될 수 있다고 하더라도 이 상황은 현상태의 위협이 오직 인간의 행위를 통해서만 가능하다는 사실, 따라서 현상태의 방어를 위해 나타난 목적론적 정립은 인간에게 영향을 주려는 의도를 갖는다는 것, 그러므로 이러한 목적론적 정립은 우리가 우상비판에서 다뤘던 그런 유형의 정립에 속한다는 것을 분명하게 드러낸다.

   이런 일반적 구조는 추상적이고 폭넓게 수행된 우리의 연구를 사후적으로 정당화한다. 즉 우리는 설정된 목표에 상응하는 목적론적 정립을 다른 사람 안에 불러일으키고자 하는 그런 목적론적 정립의 존재구조를 ─추상적인 수준에서나마─ 분석함으로써만 속류 자연주의적 사상의 존재론적 토대가 제거될 수 있다는 사실을 보여주었다. 여기서 속류 자연주의 사상이란 인간의 행위를 이데올로기적 관심에 따라 판단하는 사상을 말한다. 우리의 통찰이 추상적 수준에 머물러 있기에 여기서는 당연히 가장 일반적 구조들만이 드러났다. 그렇게 행위하는 사람들의 사회성은 목표에 도달하거나 실패하는 데 있어서, 혹은 현실에 적중하는가 아니면 현실에서 벗어나는가 하는 문제에서 그들의 모든 발자취의, 그리고 보편구조적인 모든 토대의 암묵적 전제이긴 했지만, 이러한 사회성은 사회적 실천이 그 자체로 탐구의 중점이 되는 곳에서야 비로소 아주 구체적으로 명료해질 수 있다. 이런 발걸음을 수행할 수 있기 위해 우리는 추상적인 우상비판이 (이 비판은 인식이론적 비판과는 완전히 다른 도정을 밟고 있기에) 개별적 정립들 (과 이 정립들의 보편구조적 원인들)의 옳음이나 그름을 분석해야 한다는 사실을 통찰해야 한다. 하지만 옳음이나 그름은 하나의 통찰을 아직 하나의 이데올로기로 만들지는 않는다. 개별적으로 올바르거나 그른 통찰도, 올바르거나 그른 과학적 가설이나 이론 등도 즉자대자적으로 하나의 이데올로기가 아니다. 그런 통찰이나 이론은, 우리가 이미 본 것처럼 이데올로기로 될 수 있다. 그런 통찰이나 이론이 사회적 갈등의 해결을 위한 이론적 혹은 실천적 도구로 된 이후에야 비로소, (이 갈등은 클 수도 작을 수도, 혹은 필연적일 수도 우연적일 수도 있다.) 그것은 하나의 이데올로기가 된다. 이것을 역사적으로 통찰하는 일은 쉽지 않다. 태양중심의 천문학이나 유기적 삶의 영역에서의 발전론(진화론—역자)은 과학이론이다. 이것들은 옳을 수도 그를 수도 있으며, 이 이론들 자체, 혹은 이 이론들에 대한 긍정이나 부정은 그 자체로 이데올로기를 형성하지 않는다. 갈릴레이나 다윈의 등장 이후 이들의 통찰에 대한 입장표명이 사회적 갈등의 해결을 위한 투쟁수단으로 된 이후에야 비로소 이 이론들은 —이 문제와 연관하여— 이데올로기로서 효력을 발휘하게 되었다. 이 이론들은 참일 수도 거짓일 수도 있는데, 이런 참됨과 거짓됨이 이데올로기로서의 이 기능과 맺는 연관은 당연히 그때그때의 구체적 상황에 대한 구체적 분석에서 이데올로기적으로도 중요한 역할을 한다. 하지만 그런 연관은 사회적 갈등에 대해 말하는 한 이 이론들이 이데올로기(적어도 이데올로기)로 고찰되어야 한다는 사실에 아무런 변화도 주지 못한다. 사회적 진보성에서 반동적인 것으로의 기능의 변화 역시 이데올로기의 이러한 사회적 지위를 변화시키지 않는다. 허버트 스펜서의 자유주의적 추종자들은 제국주의 시기에 다윈주의로부터

"사회적 다윈주의"라는 이데올로기이자 반동적 지지 세력을 만들었다.

사회적 총체성이 갖는 위에서 말한 이중의 기능이 다시 가시화되는 한, 이데올로기의 본질과 기능에 나타나는 아직 추상적인 이런 통일은 이미 다시금 이데올로기의 발생을 돌아보게 한다. 이러한 총체성이 갖는 그때그때의 발전 정도, 이로부터 발생하는 발전문제들은 ―우리가 앞에서 대답하는 존재로 특징지었던― 인간 안에 궁극적으로는 이데올로기로 현상하는 그런 반응을 발생시킨다. 문제제기와 문제해결의 과정은 직접적으로 볼 때 그 자체로 아주 과학적일 수도 있다. 그러나 문제제기와 해결을 위한 가능성의 여지는 그런 문제의 특수성 때문에 당시의 현사실적 지금과 여기라는 토대 위에서만 효과를 발휘할 수 있는데, 이러한 사실이 앞에 말한 바와 모순을 일으키지는 않는다. 과학적 사상의 이데올로기로의 전환은 과학적 사상이 동일한 현재 공간(여기, 그리고 지금)에서 수행되는 결과에서 발생한다. 이런 결과가 직접 의도된 것일 수도 있지만, 반드시 그럴 필요는 없다. 하나의 사상이 이데올로기로 성장해가는 데는 다양한 매개가 필요할 수 있으며, 따라서 매개과정을 통해서야 비로소 이런 변화는 사실로 된다.

그러므로 이데올로기의 구체적 의미는 엄밀한 이데올로기 개념의 의미보다 더 폭넓다. 이데올로기의 의미는 ―외견상 동어반복적으로 말하자면― 그것의 발생이 사회적 존재에 의해 결정적으로 규정되지 않는 어떤 것도 사회적 존재에서는 발생할 수 없다는 것을 보여준다. 이런 단순한 사실성은 이데올로기의 의미가 이 존재영역(즉 사회적 존재영역―역자)에 귀속되는 한 모든 존재양식, 모든 대상에 관계한다. 따라서 이 존재영역은 생명체로서의 인간의 경우 생물학적 규정성을 배제하지 않는다. 즉 이 영역은 본질적으로 생물학적인 속성을 갖는 그런 삶의 표현들 속에 놓여 있다. 하지만 우리가 이미 보았듯이 그런 (생물학적) 규정들이 완벽하게 사라질 수는 없지만, 점점 더 강력하게 사회화되며, 이 규정들의 현상태는 압도적으로 사회적으로 규정된 것으로서 현상하게 되는데, 이러한 사실이 곧 사회적 발전의 법칙이다. 이렇듯 음식섭취와 성으로부터 가장 추상적인 사유 표현에 이르기까지 그 구체적 현상태가 자신의 생성의 사회적 환경에 의해 본질적으로 함께 규정되지 않는 그런 사회적 존재의 구성요소는 존재하지 않는다. 이데올로기의 가장 일반적 규정은 그 이상도 그 이하도 아니다. 이것은 외견상 거의 아무것도 말해주지 않는다. 왜냐하면 이것은 너무나 일반적이며, 너무나 아무것도 말하지 않고 자명한 것으로 보이기 때문이다. 하지만 그 속에는 지고의 구체성, 즉 사회적 존재로서의 인간에게만 가능한 것이 은닉되어 있다. 인간과 자신의 삶의 표현들이 갖는 보편적 사회성이 그것이다. 우리는 이전에 사회적 삶의 개별적-결정적 사실들 속에서 이런 보편성을 관찰할 수 있었다. 우리는 노동과 언어, 그리고 이러한 유의 사회적 삶의 근본 사태들에서 대상화와 외화를 이것들(노동, 언어, 그리고 그 유사한 것들—역자)의 불가피한 근본적-구조적 구성요소로 확정한 바 있다. 이를 통해 우리는 그러한 규정성을 이미 일반적 수준에서 언표하였다. 왜냐하면 대상화와 외화는 모든 중요한 사회적 범주들과 마찬가지로 이중의 성격을 갖기 때문이다. 한편으로 이 범주들은 삶의 모든 표현을 보편적인, 따라서 일반화하는 방식으로 규정하며, 다른 한편으로, 그리고 동시에 이 범주들은 그러한 삶의 표현들의 독특한 사회적 개체성을 구성한다.

그런데 개체성은 모든 사물과 과정의 보편존재론적 특성이다. 그리고 인간은 자명하게도 이러한 의미에서 개체이다. 서로 간의 개별적 특성을 보여주는 지문을 생각해보라. 이것은 한 식물의 잎들에도 해당한다. 사회적 수준에서 개체성은 목적론적 정립의 고유성, 타자의 목적론적 정립에 대한 반응 등을 규제하는 그런 인격적 단일성을 표현하는 복잡한 종합적 형식이다. 따라서 이렇게 발생한 인격의 단일성은 분리할 수 없이 단일한 개관적인 이중이 성격을 갖는다. 한편으로 인간의 사회적 단일성과 인격으로서의 그의 실존은 삶이 그에게 제시한 대안들에 대한 반응방식에서 드러난다. 인간 안에서 이런 결정들에 앞서가는 숙고는 그의 이런 개체성의 전체 상에 결코 완전하게 무관하지는 않지만, 사회적 개체성의 참된 본질, 즉 인간의 인격적 측면은 선택이라는 삶의 연쇄 속에서 표현된다. 하지만 다른 한편, 그리고 이와 동시에 인간이 내린 결단의 전체 선택들은 인간이 그 안에서 살아가며 영향을 미쳐야 하는 바로 그런 사회적인 여기, 그리고 지금의 산물들이다.

하지만 그것들은 그가 그때그때 대답한, 이러한 사회적 환경에 의해 제기된 질문들이 아니다. 그런 모든 질문 역시 언제나 실제 대답의 가능성의 영역, 구체적-사회적으로 규정된 그런 가능성의 영역을 갖는다. 따라서 인간은 이런 가능성의 영역에서 스스로 선택을 한다는 점에서 인격체이다. 그는 심지어 어떤 동시대인에 의해서도 사용되지 않은 자기만의 원본적 대답을 발견해낼 수 있지만, 이런 대답 역시 언제나 이런 영역의 필수요소로 드러난다. 이 가능성의 영역이 복잡하게 되고 더 잘게 나눠질수록 사회는 그만큼 더 발전한다. 이에 상응하여 대답하는 자의 개별적 참여가 더 커질수록 그의 개별적 인격성은 그만큼 더 전개될 수 있다.

인간은 언제나 스스로 결단을 내린다는 사실로부터 "그" 인간이 사회로부터 독립해 있음을 이끌어내는 것은 근대의 피상성을 드러낸다. 물론 인간은 특정한 사회적 조건 아래서 고립될 수 있지만, 그럼에도 불구하고 이런 사회적 조건들과 이 조건들에 대한 그의 반응은 순수하게 사회적 성격을 갖는다. 이러한 의미에서 한 인격체가 개인적 업무를 수행하고 사회-역사적 현상태에 적절하게 반응한다고 하는 것은 동일한 복합체의 두 공속적 측면이다. 게다가 —어떤 선입견에 반해서 말하자면— 개별적 인격성이 발전하고 고양될수록 그 인격체에 의해 수행된 것은 그만큼 더 많다. 마르크스는 다음과 같이 올바르게 말했다. "개인의 현실적인 정신적 풍부함은 그의 현실적 관계의 풍부함에 전적으로 의존한다."[83] 역사적인 것을 사회적인 것에서 분리하고, 또한 자주 그러하듯이, 하나는 긍정하고 다른 하나를 부정하는 것은 존재와 관련해서 말하자면 잘못이다. 역사학과 사회학이 분리된 교수진을 갖는다는 사실로부터 역사와 사회가 인류의 발전과정에서 서로 자립적인 요소일 수 있다는 사실이 결코 따라 나오지 않는다. 일상적인 삶으로부터 인간의 왕국의 최고의 대상물에 이르기까지 여기서 스케치한 이중의 규정은 타당하다. 여기에서 가장 넓은 의미에서의 이데올로기의 의미가 드러난다. 즉 모든 사람의 삶과 그에 따라 나오는 그의 모든 업무는, 그것이 실질적인 것이든 사변적인 것이든 예술적인 것이든 간에, 궁극적으로 관련된 개별자로 하여금 살아가게 하고 행위하게 하는 그런 사회적 존재에 의해 규정된다는 사실이다.

이것은 매우 중요한 인식이며, 사회에 대한 모든 학문의 토대이다. 마르크스는 다음과 같이 말한다. "인간의 존재를 규정하는 것이 인간의 의식이 아니라, 그 반대로 인간의 의식을 규정하는 것이 인간의 사회적 존재이다."[84] 하지만 이처럼 일반적 수준에서 표현된 인식은 이 엄청난 영역의 개별현상이나 복합체 등에 부여되는 실제 사회적 의미에 대해 희미하고 불명

---

83) *Deutsche Ideologie*, a. a. O., S. 26; MEW 3, S. 37.
84) *Zur Kritik der politischen Ökonomie*, a. a. O., S. LV; MEW 13, S. 9.

료한 표상을 제공할 뿐이다. 이를 더 명료하게 하기 위해 우리는 이데올로기에 대한 보다 협소하지만 정밀한 그런 규정에 다가가야 한다. 우리가 이미 본 것처럼, 마르크스에 따르면 인간은 경제적 발전에서 최종적 토대를 발견할 수 있는 인간의 사회적 갈등들을 이데올로기의 도움으로 의식하고 그에 맞서 투쟁할 수 있다는 데에 이러한 의미의 이데올로기의 본질이 있다. 우리는 이 협소한 영역에 대한 분석이 동시에 보다 넓은 영역에 대한 구체적 이해를 위한 핵심이 된다는 사실을 볼 것이다. 이러한 사실은 특히 이런 분석이 두 영역 사이에 존재하는 실제적 결합을 드러내준다는 것에서 나타날 것이다.

그러므로 이데올로기라는 사회적 실존은 사회적 갈등들을 전제하는 것 같다. 이런 갈등은 궁극적으로 그 원초적 형식 속에, 즉 경제-사회적으로 각인되어 있기는 하지만 구체적인 모든 사회에서 각기 독특한 형식을 드러낸다. 당연히 사회적 갈등을 포함한 모든 사회적 활동의 직접적 담지는 개별 인간이다. 따라서 모든 갈등 역시 직접적으로 개별 인간들 사이의, 내지 개별 인간과 인간집단들 사이의, 혹은 두 집단 사이의 이익의 충돌로 현상한다. 이때 분명한 사실은 주어진 상황에서 이 집단을 이루고 있는 개별자들의 삶의 이익이 동일하거나 엄청나게 비슷하여 다른 집단의 삶의 관심과 대립을 이루게 된다는 사실을 통해 이 집단들이 발생한다는 것이다. 이데올로기의 발생에 대한 가장 일반적인 모델은 이러한 상황에 어느 정도 내포되어 있다. 왜냐하면 이런 대립은 다음의 사실의 경우에만 효력을 드러낼 수 있기 때문이다. 즉 한 집단의 구성원들이 자신들의 삶의 이익이 전체 사회의 중요한 이익과 겹치며, 따라서 이 이익을 대표하는 모두는 동시에 전체 사회에 유용한 것을 수행한다고 확신할 수 있을 경우에만 그런 대립은 효력을 드러낼 수 있다. 그런데 이러한 사실이 확신을 수단으로 하여 관철되는지, 아니면 명백한 혹은 은닉된 폭력을 수단으로 하여 관철되는지의 여부는 중요한 뉘앙스의 차이가 있기는 하지만, 이데올로기로서의 그것의 규정성에 대해서는 거의 아무런 영향도 미치지 못한다. 이것은 내용이 시대의 사회적 사실이나 경향에 상응하는지 아니면 모순되는지의 문제, 그리고 개별 인간과 집단 속에서 이데올로기적으로 규정된 행동을 이끌어가는 심정이 공명한지 위선적인지 등의 문제가 이데올로기로서의 그것의 규정성에 거의 아무런 영향을 미치지 않는 것과 같다. 이러한 관점은 개별 이데올로기를 사회-역사적으로 구체적으로 평가할 때 아주 중요한 의미를 가지지만, 이데올로기 일반의 독특한 특징을 형성하지는 않는다. 따라서 여기서 주된 문제는 그러한 이데올로기의 생성은 다양한 집단과 대립적 이익들이 작동하게 하며, 이 대립적 이익들을 마치 전체 사회의 보편적 이익이나 되듯이 몰고 가는 그런 사회구조를 전제한다는 사실이다. 간단히 말하자면 이데올로기의 생성과 확산은 계급사회의 일반적 징표로 현상한다.

이러한 사실은 의심의 여지없이 올바르다. 하지만 그것은 일반적 수준에서, 일반적 수준에서만 그렇다. 우리는 이전에 근거를 대면서 이익들이 필연적으로 사회적 구조에 의해 규정되기는 하지만, 이 규정은 개별 인간들이 이런 이익을 자신의 이익으로 체험하고, 다른 사람들과의 중요한 관계의 테두리 안에서 이 이익들을 관철시키고자 할 경우에만 실천의 동력이 될 수 있다는 사실을 말했었다. 이런 근본 현상으로부터 위에 묘사한 집단 실천과 집단 이데올로기로의 이행은 쉽게 수행될 수 있다. 그러나 동시에 이것이 집단이익의 대립에 의해 아직 지배되지 않는 사회에서도 현실적으로 나타나곤 한다는 사실이 드러난다. 이를 통해, 우리가 앞으로 보게 되겠지만, 이데올로기 개념은 ─지금까지 설명한 것을 포기하지 않고서─ 다소 확장되고, 그것의 기원은 다소 변화된 모습으로 현상한다. 인류의 수

렵, 채집의 시기를 생각해보면, 여기서는 생산수단에 대한 소유, 다른 인간을 통한 인간의 착취, 계급구분 등이 결코 가능하지 않다. 그런데 이러한 상태가 "황금시기"로 정형화되어서는 안 된다. 계급구별을 산출하는 사회적 존재의 모든 규정은 이 단계에 아직 현존할 수 없었다. 다른 한편— 경제-사회적 의미에서— 아직 자연과 깊이 연관되어 있는 최초의 원시적인 이런 상태는 원시성이라는 개념으로 단순히 일반화하여 왜곡시켜서는 안 된다. 왜냐하면 여기서 원시성이라는 표현은 한편으로 자연에 대한 사회적 지배인 노동이 아직 생산의 주준에 도달하지 못한 상태를 표시하며, 다른 한편 인간이 현실과 맺는 관계가 이미 최초의 계급사회에서 현존했던 그런 다면성과 다양성에 아직 도달하지 못한 그런 인간의 수준을 표시하기 때문이다. 채집, 수렵, 어업 등은 자연의 변형을 (따라서 사회의 자연과의 신진대사를) 포함하지 않는다. 이것들은—이런 관점에서 동물들이 그러하듯— 자연상태로 있는 완성된 생산물을 자신의 현존의 유지와 재생산을 위해 그때그때 존재하는 자연상태에 결합된다. 이런 관점에서 볼 때 오랫동안 지속된 인류발전의 이 초창기는—현재적 의미의 인간은 생물학적으로도 인류발전의 마지막 단계에서야 비로소 나타난다— 실제로 "원시적"이며, 단순히 "자연적"이다. 이때 이미 이 시기의 인간들로 하여금 이런 단순한 자연성을 넘어가게 한 것이 무엇인지 상세히 살펴볼 필요가 있다. 고든 차일드(Gordon Childe)는 이 시기에 대해 매우 주의 깊고 상세한 서술을 한다.[85] 이 상태들을 암시적 수준에서나마 특징지으려는 것이 우리의 의도

---

85) Gordon Childe: *Der Mensch schafft sich selbst*, Dresden 1959, IV. Kapitel.
고든 차일드(1892~1957)는 영국의 고고학자이다. 영국 오크니제도의 스칼라·브레의 발굴 결과로 신석기시대의 촌락구조를 밝혔으며, 저서로 『유럽 문명의 여명』(1925), 『최고의 동방』 등이 있다. 원시 농경문화에서 문명으로의 발전과정을 이론화하였다. (역주)

일 수는 없다. 인간은 이 시기에 이미 불을 통제하고, 돌로 (나중에는 뼈로) 도구를 만드는 법을 배웠다는 것을 지적하는 것으로 충분하다. 그 도구들은 점차로 더 완성되어갔고, 활과 창 투척기 등에서는 최초의 기계형태를 볼 수도 있다. 이 시기의 인간들은 사냥에서 집단적 협업을 배웠고, 당연히 노동과 의식적 계획을 전제하는 책략의 사용 방법을 배웠다.(함정이나 올무 등) 하지만 이때 채집시기의 다른 특징들도 잊어서는 안 될 것이다. 여기서는 원래적 의미의 노동이 아직 전면에 등장하지 않았고, 농업과 목축의 시기와 달리 그러한 노동이 전체 사회의 결정적 삶의 토대로 아직 형성되어 있지 않았으며, 특히 사냥은 인간에게 위험한 야생에 대해 그에 상응하는 독특한 반응양식을 요구하는데, 바로 이러한 이유들 때문에 인간에 의해 특정 영역에 필수적인 것으로 규정된 특정한 태도양식이 적어도 노동과 거의 동시에 생겨나며, 그 사회적 중요성에서 보자면 심지어 그보다 더 이전에, 그리고 더 강력하게 생겨났다. 예컨대 특히 용기나 단호함, 혹은 필요할 때면 감행하는 자기희생 등을 생각해보라. 초기 석기시대가 보여주듯이 만약 이런 태도양식이 없다면 사냥은 불가능할 것이다. 이러한 특성은 이후 지배계급의 덕으로서 그들의 이데올로기에서 중요한 부분들로 되었다. 따라서 계급의 발생 이전 채집시기에 그런 태도양식이 발생했음을 상기하는 것, 그리고 이후에 (정치적-도덕적으로) 이데올로기적 형식을 보유한 태도양식이 근원적으로 당시 유일하게 가능한 사회적 재생산과정으로부터, 즉 채집의 형식으로서의 사냥으로부터 유기적으로 성장해왔음을 지적하는 것은 적절해 보인다.

이때 이 모든 것이 대상화된 형식들로만 현실화된다는 사실은 우리의 문제에 결정적으로 중요하다. 하지만 기본적인 이런 사회성의 작용영역은 물질적 유물들이 직접 보여주는 것보다 훨씬 더 확산되어 있다. 왜냐하면 예를 들어 식물의 채집은 먹을 수 있는 것인지, 독이 있는 것인지에 대한 인식을 전제하며, 이런 인식은 이미 엄청나게 풍부한 단어의 양을 포함하고 있기 때문이다. 왜냐하면 인식된 것을 인간이 고정시키는 것은 언제나 명칭 부여의 길을 동반하기 때문이다. 동일한 사실이 동물들의 종, 습관, 삶의 방식 등에 대한 인식에도 관계된다. 따라서 "원시" 인간의 언어능력(과 사상의 세계)을 과소평가해서는 안 된다. 물론 당연히 몰역사적 구조주의가 대체로 그러하듯 여기서 도달한, 많이 진척된 분화를 무비판적으로 과대평가함으로써 현재하는 실질적 원시성을 간과해서는 안 된다. 원시상태에서 이미 모든 활동이 대상화된 형식, 즉 외화된 형식을 수용한다는 사실, 그리고 이와 더불어 아직까지는 압도적으로 경험주의적-실용주의적으로 이해되는 그런 삶의 영역이 유물로 남아 있는 노동의 도구들을 근거로 우리가 추측해보는 것보다 훨씬 크고 분화되어 있다는 사실, 이러한 사실은 아주 중요하다. 이로부터 확인할 수 있는 것은 인간의 의사소통의 외화된 형식이, 즉 동류 인간의 태도를 규정하는 목적론적 정립이 이미 폭넓게 확산되어 있었다는 것이다. 그렇지 않다면 채집도 수렵도 불가능할 것이다. 이 단계에서는 경제적-사회적 집단들의 이익의 대립도, 개별 인간과 그가 속한 사회환경 사이에서 등장하는 대립도 보편성과 항구성으로 고정될 수 없다는 사실은 분명하다. 그러한 협동, 그리고 이런 협동과 결합된 삶의 표현들(분배나 노획 등) 등을 조정하기 위해 일반적으로 인정되는 행위방식이 발생하지 않으면 안 될 것이다. 따라서 보다 나중에 등장하는 이데올로기의 한 측면이 이미 현존해 있지 않으면 안 된다. 즉 인간의 행위의 규범에 대한 특정한 방식의 사회적 일반화가 그런 측면에 속한다. 물론 이 일반화가 이 단계에서는 아직 집단이익의 대립 가운데 적대성을 띠고 등장하지는 않는다. 이 단계의 그런 표현방식에 대해 우리가 구체적으로 인식하지 못한다 하더라도 우리는 그런 표현방식에서 공동체와 개별 인간 사이의 갈등의 맹아를 상정할 수 있다. 왜냐하면 모든 인간의 사회적 의식을 완전히 동등한 것으로 상정하는 것은 형이상학적 편견일 것이기 때문이다. 교육은, 그것이 아직 "원시적"이고 또 전통에 강하게 결합되어 있다고 하더라도, 이미 이데올로기 형성을 위한 최초의 계기들을 간직하고 있는 개별 인간의 태도를 전제한다. 왜냐하면 이때 개별자에게는 필연적으로 개별자로서의 자신의 미래의 태도를 위한 사회적 규범이 규정되어 제시되며, 그러한 태도의 긍정적 모델과 부정적 모델이 각인되어 제시되기 때문이다. 개별적 태도의 이런 사회화는 직접적으로는 습득된 습관으로 작용하지만, 이런 사회화가 인류발전의 원시적 단계에서도 역시 상이한 외화 형식들에 의해 기초 지어진 목적론적 정립의 산물임을 잊어서는 안 된다.

이렇듯 이데올로기 형성의 토대는 사회적으로 산출되는데, 하지만 이런 산출이 지금까지 설명한 것에 국한되지 않는다. 우리는 앞에서 인간의 모든 실천이 불가피하게 전제하는 근본상황이 있음을 말한 바 있다. 즉 행위를 산출하는 모든 결정은 목적론적 정립을 수행하는 인간이 사상적으로 사전에 완벽하게 간과할 수 없는, 따라서 완벽하게 지배할 수 없는 그런 환경 아래서만 수행된다는 사실이다. 여기서 설명을 필요로 하지 않는 한 가지 사실은 시초의 단계에는 인식될 수 없는 것의 이런 영역이 그 질적인 범위에 있어서 그 이후보다 더 클 수밖에 없었을 것이라는 사실이다. 하지만—몰락이라는 형벌의 경우— 그러한 상황에서 어떻게든 행위되지 않으면 안 되었다는 사실은 실천의 이런 근본사실에 속한다. 그런데 인간의 실천은 의식적으로 —즉 목적론적 정립 안에서, 대상화의 도움으로— 수행된다는 사실이 인간실천의 본질에 속하기 때문에 이 시초의 기간에 의식되지 않은 것의 영역, 알려지지 않은 것의 영역에서 실천의 의식화(즉 의식

166

적 실천―역자)는 매우 중요한 역할을 수행하지 않을 수 없다. 이때 이중의, 그 자체로 모순되는 발전이 나타난다. 한편으로 노동의 경험을 통해 의식되지 않은 것의 영역이 점점 더 좁아진다. 여기서도 역시 노동 개념을 협소하게 파악해서는 안 된다. 직접적 노동이 발견한 것 외에, 예를 들어 철저한 몰두를 통한 관찰의 집적으로부터 예컨대 최초의 천문학적 인식이 생겨난다. 다른 한편 아주 넓게 파악된 노동경험의 일반화를 위해 불가피한 것으로 현상하지 않을 수 없는 행위들의 환경이 있다. 그런데 모든 실천에서 이런 환경을 부단히 고려해야 하기 때문에 그 실천은 이미 알려진 영역으로부터의 투사로 채워지며, 따라서 외견상 사상적으로 지배된다.

우리는 최초의 이런 사유영역들에 대해 당연히 아주 구체적으로 알지는 못한다. 고고학과 인류학이 소위 시초의 것들에 대해 축적해준 것에서 이미 상당한 정도의 발전을 볼 수 있다. 그럼에도 불구하고 우리는 그런 인식으로부터 최초의 이런 사유형식이 어떠한지에 대해 역추적할 수 있다고 믿는다. 왜냐하면 우리는 사유와 행위의 사회적 환경에 대해 어느 정도 구체적인 상황증거들을 가지고 있기 때문이다. 물론 그것은 이 시초의 구체적 현상태를 해명하는 것이라고 말해서는 안 되는 지극히 일반적인 수준에 머문다. 이것은 우선 위에서 제시한 이중의 방향이 현실을 정복함에 있어서 정확히 구분되는 두 흐름을 말하는 것이 아님을 의미하며, 오히려 양 측면에서 하나의 경향이 외견상 근본적으로 대립해 있는 그 반대의 경향으로 무리 없이 돌변할 수 있음을 의미한다. 이렇듯 이후에 특정한 환경 아래서 수학은 모든 객관적-과학적 토대 없이 근본적으로 인식될 수 없는 것을 정복하고자 하는 열망의 사상적 도구로 되며, 또한 다시 본질상 비과학적 경향으로부터 객관적-과학적으로 아주 의미 있는 발견들이 생겨날 수도 있다.(연금술을 생각해보라.) 여기서 말한 예가 보여주듯이, 항구적인 이런 상호침투가 상당히 높은 수준에서나 가능하다고 할지라도, 우리는 상대적으로 낮은 단계에서도 이런 경향이 내적으로 이미 존재했다고 상당한 확신으로 주장할 수 있을 것이다.

그 근거는 항구적으로 효력이 있다. 모든 사회의 삶이 —궁극적으로— 통일적 현실 속에서 수행되기 때문에, 그리고 모든 개별 인간의 본질이 사회에서 통일적 존재를 형성하기 때문에, 우리가 이전에 일상의 삶의 존재론이라고 불렸던 것이 필연적으로 도처에서 발생한다. 일상의 삶의 존재론에서는, 개인의 삶이건 그가 속한 연합체의 삶이건 간에, 삶의 재생산을 위해 실질적으로 필요한 모든 경향이 그 자체로 분리될 수 없는 사상적-감각적 통일을 이루고자 연합한다. 역사가 보여주는 바는 이 존재론이 사회의 근본적 경향에 의해 이끌리는 한 이 존재론에 모순되는 과학적 진리들이 종종 이데올로기의 이런 벽에 아무런 영향도 미치지 못한다는 사실이며, 다른 경우 이 진리들이 튼튼한 지지대를 발견할 경우 이 진리들은 갑자기 선입견을 파괴하는 힘을 얻어 자기 시대의 일상의 존재론의 중심으로 밀려들어 간다는 사실이다. 높은 단계의 구성체의 구조분석이 낮은 단계의 구성체의 본질을 여는 열쇠가 된다고 한 마르크스의 방법을 따른다면, 다음의 사실을 받아들여도 될 것이다. 즉 환경을 실제로 정복함으로써 알려진 그런 형식들, 그리고 대상화된 객체들 속에 언제나 현재하는 그런 형식들을 투사함으로써 알려지지 않은 것을 지배하고자 하는 구성요소들의 지배의 본질은 인류발전의 시초에 바로 이 복합체였다는 사실. 이런 사후적 고찰과 더불어 우리는 그런 기획의 근본범주들의 일반적 형식에 —물론 그것은 구체적이지 않다— 접근해갈 수 있을 것이다. 이때 유비적 사유가 일차적 역할을 한다. 이런 유비적 사유가 세계에 대한 사변적 지배의 시초에 이미 있었으며, 객체를 장악하기 위한 단초로서 결코 없앨 수 없는 그런 것임은 역사적으로 분명해 보인다. 하지만 이런 사유가 적용되는 삶의 질료에 따라 이 사유의 효용성은 질적으로 달라진다. 현실의 어떤 것이 구체적 결과를 가지는 유비적 추론에 일치하는지, 어느 정도나 일치하는지의 문제는 노동의 결과 속에서 금방 드러난다. 따라서 여기에서 유비는 본질적으로 구체적인 세계의 태도나 연관 등을 현실적으로 표현할 수 있는 실제 범주들의 형성을 위한 도약대이다. 이런 과정은 또한 종종 수백 년 혹은 수천 년을 필요로 하며, 오늘날에 이르기까지 완결되지 않았는데, 이러한 사실은 여기서 현실의 사상적 반영의 기초적 형식이 중요한 문제임을 드러낸다. 이로부터 분명하게 드러나는 사실은 반영의 내용의 결과 그러한 유의 직접적 통제가 가능하지 않은 모든 곳에서, 일상의 비판적 존재론이 유비 속에서 단순한 형식들을 발견할 수 있었던 모든 곳에서 이러한 과정은 훨씬 더 오래 걸릴 수밖에 없다는 사실이다. 또한 사회의 자연과의 신진대사는 자연의 객관적 합법칙성을 발견하는 데 도움을 주는데, 이런 신진대사가 별로 일어나지 않을수록 유비의 역할이 그만큼 더 결정적일 수밖에 없다는 사실도 명백하다.

하지만 유비는 현실인식의 형식적 수단을 표시할 뿐이다. 현실인식의 내용은 일상의 삶의 존재론의 변경에 따라 커다란 변화에 종속된다. 일상의 존재론에서 보다 비판적인 태도가 생겨남으로써 비교함의 영역으로 이뤄진 전체 영역들은 분리된다. 무엇보다도 나와 외부세계 사이의 유비가 생겨난다. 하지만 이때 역사에서 그러한 해명과정이 얼마나 지리하고, 얼마나 반복적으로 드러나는지, 그리고 이러한 유의 유비가 자발적(우연적)인 일상의 삶에서 여전히 얼마나 중요한 역할을 수행하고 있는지 등, 이러한 질문을 잊어서는 안 된다. 물론 이때 이것들이 대체적인 사회상에 결정적으로 영향을 미칠 수는 없다는 것도 알아야 한다. 그런데 이런 유비절차는 그렇게 직접적으로 드러나지 않는다. 다른 말로 하자면 인간의 삶의 특정한 계기들은 자립적 형태를 보유할 수 있으며, 유비적 세계이해를 위한 토대를 이렇듯 매개적으로 드러낼 수 있다. 우리는—삶, 죽음, 완전성, 영원성 등과 같은 중요한 예들은 지나가자— 특히 목적론이라는 범주를 부각시켰다. 목적론은 19세기에 이르기까지, 즉 마르크스와 다윈에 이르기까지 객관적인 자연범주로 간주되었다. 물론 이 목적론이 노동과정을 자연에 유비적으로 투사해서 얻어진 것임에도 불구하고 말이다. 그런 의미왜곡의 수는 헤아릴 수 없이 많지만, 여기서 중요한 문제는 이데올로기의 많은 요소들이 어떤 방식으로든 가장 최초의 사회적 발전의 단계에도 있었음을 보이는 것이며, 또한 점점 더 이데올로기의 옷을 입고 나타나는 사회적 대립의 생성이 새로운 욕구를 위한 완전히 새로운 도구를 산출했어야 하는 것이 아니라 새로운 과업에 맞게 가공될 수 있는, 이러한 수단을 위한 풍부한 유산을 발견했다는 사실을 보이는 것이다. 하지만 실제로 이런 상황은 점점 더 분명해진다. 왜냐하면 출토물들, 특히 무덤에서 나온 유물들은 아직 계급으로 나눠지지 않은 사회도 이데올로기적 문제들을 제기하고 해결하도록 강요받았다는 것을 보여주기 때문이다. 그리고 순수 이데올로기적인 것은 이 시기의 마지막에나 비로소, 하지만 고유한 의미의 생산으로의 이행, 즉 농업과 목축으로 이행 이전에 동굴 벽화에 더 분명하게 등장한다. 동굴의 벽화는 행복한 상태가 상대적 안녕과 어느 정도의 여가를 산출할 경우 이러한 유의 사회들이 고차적인 이데올로기적 생산물을 산출할 수 있었음을 보여준다.

따라서 몇몇 종류의 이데올로기의 산출은 사회적 발전의 최초의 시초에로 거슬러 올라간다고 요약할 수 있다. 이러한 사실은 계급투쟁에서 생겨난 이데올로기의 고유한 문제들이 보다 나중 시기의 결과물이라는 사실에 모순되지 않는다. 하지만 이러한 사실은 동시에 이데올로기의 사회적 기능, 따라서 그 생성과 결과가 우리가 이 고찰의 첫 부분에서 암시했던 것보다 훨씬 더 폭넓게 규정되어 있다는 것을 보여준다. 그런데 근본문제, 즉 사회에서의 인간의 갈등의 해결을 위한 투쟁이 변함없이 중심점을 차지하지만, 이데올로기의 사회적 영역은 이러한 유의 갈등에만 무조건적으로 국한되는 것은 아님이 드러난다. 우리는 이 고찰에서 이미 한 가지 요점, 즉 개별 인간과 사회와의 관계에 대해 지적했었다. 그러한 갈등은 발전된 단계에서 자주 등장하지만, 이 갈등을 다룰 때 잊어서는 안 되는 사실은 이 갈등이 현실적으로 일리가 있는 한 이 갈등은 이 의미를 사회적인 계급 적대의 그때그때 중요한 현상형식으로 획득한다는 것이다. 일차적으로 생산관계에 의해 규정되는 개별 인격성의 미발달은 전통이나 교육 등을 통해 사회적 척도에 맞는 동종성 속에서 이데올로기적으로 제약되며, 따라서 그러한 갈등은 원시사회에서 은폐된 채 현상한다. 이에 반해 다른 갈등영역도 태만히 다뤄져서는 안 된다. 사회와 이 사회를 형성하는 개별 인간이 통제할 수 없는 자연환경의 힘들에 의해 꾸준히 위험에 처한다는 사실이 태만히 다뤄져서는 안 된다. 인간은 지속적으로 위협을 받으며 조망할 수 없는 환경 속에서 살아가는데, 이러한 인간의 사유에서 객관적으로 멈추지 않는 유비, 그리고 현실로의 (객관적으로 근거를 댈 수 없는) 투사 등은 명백히 아주 중요한 역할을 수행할 수밖에 없다.

엥겔스는 그렇게 발생한 이데올로기의 내용을 거칠게도 "원초적 어리석음"이라고 불렀으며, 이러한 유의 모든 현상방식을 불러일으킨 "경제적 원인"을 찾고자 하지 않았다.[86] 그가 이런 현상을 정확하게 규정된 경제적 개별 형식으로부터의 직선적-직접적 추론으로 이해하는 한 그는 의심의 여지없이 옳다. 하지만 이러한 사실은 이러한 유의 이데올로기에만 관계하지는 않는다. 사회의 대체적인 경제적 본질은 자신의 현존과 발전의 모든 구체적 현상형식을 결코 일방적이고 일의적인 규정의 형식으로 산출하지 않는다. 물론 사람들은 —사이비 논리적-사이비 과학적인— 어떤 방식으로만 자신의 탐구로부터 그런 일의적 규정을 직접 추론할 수 있을 것이다. 엥겔스는 왕성한 영향력을 보이던 마지막 단계에 역사적 유물론에 위대한 공헌을 했다. 그는 사회 전체의 현상세계를 지배하는 우연성과 불균등성을 속류적 "추론들"에 비판적으로 대치시켰다.[87] 그는 방금 언급한 극단적 공식화에서 그렇게 생성된 이데올로기적 발전의 역사적 성격 역시 간과하지 않는다. 즉 그는 다음을 지적한다. "과학의 역사는 이런 어리석음을 점진적으로 제거해가는 역사이다."[88] 그의 공식화에서 우려스러운 점은 단지 그가 여기에서 이데올로기 문제를 일방적으로 과학적-인식이론적으로만 다루지 존재론적-실천적으로 다루지 않는다는 점이다. 그가 제시한 것은 전체 진리의 중요한 계기이긴 하다. 그런 이데올로기에 대한 과학의 꾸준한 투쟁만이 인류발전에 있어서의 결정적 요인은 아니다. 오히려 이 투쟁 역시 그 자체로 사회존재론적으로 이데올로기 역사의 중요한 구성요소이다. 보다 발전된 단계에서 행해지는 이데올로기들의 투쟁에서, 계급들의 이데올로기적 투쟁에서 하나의 이데올로기를 다른 이데올로기를 통해 폭로하는 것은 때때로 아주 결정적인 역할을 수행한다. 이때 적대적 이데올로기들은 대개 종교나 전통과 일치하지 않는다는 이유로 투쟁의 대상이 되며, 그 이데올로기 안에 내장된 참된 과학적 경향들은 종종 주된 공격목

---

86) *Marx-Engels Ausgewaelte Briefe*, a. a. O., S. 381; MEW 37, S. 492.
87) Ebd. 프로이센이 위대한 권력자로 등장했을 때 그가 지적한 우연성의 역할을 상기하는 것으로 족하다. Ebd., S. 375.
88) Engels, ebd., S. 361; MEW 37, S. 492.

표가 된다. 이러한 사실은 이데올로기 투쟁의 역사에서 나타나는 주도적 경향들에 대한 엥겔스의 특징적 설명이 아주 올바르다는 사실을 계속해서 보여준다.

엥겔스의 설명은 이데올로기의 본질의 인식으로서 그것이 압도적으로 인식이론적 성격을 갖는 데서 비로소 오류의 길로 접어든다. 이데올로기의 압도적 다수는, 특히 그 이데올로기들이 오랜 기간 동안 지속되어온 것일 경우, 확실히 엄격한 인식이론적 비판에 유지될 수 없다. 하지만 그 다음 문제가 되는 것은 허위의식이다. 우선 이데올로기로 된 적이 없는 허위의식이 많이 현실화되었다는 사실이다. 둘째, 이데올로기로 된 것이 반드시 허위의식과 일치하지는 않는다는 점이다. 따라서 현실적으로 이데올로기라고 하는 것은 그 사회적 효력으로부터만, 그 사회적 기능으로부터만 이해될 수 있다. 마르크스는 이미 자신의 박사학위 논문에서, 아직 사적 유물론의 방식으로 정당화하고 있지는 않지만, 여기서 말하고 있는 근본 문제를 본질적으로 올바르게 관찰하고 있다. 존재론적 신존재증명에 대한 그의 날카롭고 명민한 비판(과 그의 칸트비판)에서 그는 수사적 질문을 제기한다. "늙은 몰록(Moloch)이 지배하지 않았던가? 델피의 아폴로가 그리스의 삶에서 현실적 힘이지 않았던가?"[89] 이와 더불어 이데올로기의 근본적 사태와 마주친다. 몰록과 아폴로는 인식이론적으로 "어리석음"으로 특징지을 수도 있다. 하지만 사회적 존재의 존재론에서 그 신들은 실제로 효력

---

89) Marx: *Dissertation*, MEGA I, I, S. 80; MEW EB I, S. 257.
몰록은 고대 팔레스타나 지역에서 숭배된 신으로 태양과 공중을 지배하는 것으로 알려져 있다. 어린아이 희생제물 제도가 관습화되어 있었는데, 이러한 관습은 이스라엘에도 전파되었다. 고대 유다의 요시야왕은 순수한 야훼종교로의 종교개혁을 통해 이를 퇴치하였다. (역주)

이 있는—물론 이데올로기적인 것으로서— 권력자들로 형상화된다. 당연히 이런 대비와 더불어 참된 대립이 오랫동안 드러나지 않는다. 왜냐하면 이데올로기는 자신의 현상태가 본질의 발전의 본질적 필요에 수렴되는 경우에만 사회적 존재의 테두리 내에서 권력으로, 실제 힘으로 될 수 있기 때문이다. 그리고 역사를 통해 보듯이, 그러한 수렴 안에도 단계가 있는데, 그것의 척도가 반드시 인식이론적으로 더 옳은 것은 아니며, 사회사적으로 더 진보적인 것도 아니다. 반대로 사회적 발전과 그 갈등들에 내재한 그 때그때의 현상태(Geradesosein)가 제기한 질문들에 대해 적합한 대답을 줄 수 있는 역동적 추동력이 그 척도가 된다. 마르크스도 아주 뒤에 『자본』에서 기술사를 역사적으로 정초하고자 하는 가운데 생산발전의 연관에서 종교에 대해 좀 더 상세하게 말했다. 그가 여기서 종교를 다루고 있기는 하지만, 그의 설명의 방법론적 결과를 어렵지 않게 일반적인 이데올로기 문제에 적용할 수 있다. "매번의 현실적 삶의 관계로부터 그 성스러운 형식들을 발전시켜가는 것보다 반대로 사실분석을 통해 종교적 몽상의 세속적 핵심을 발견하는 것은 훨씬 더 쉽다. 전자는 유일하게 유물론적인, 따라서 과학적인 방법이다."[90] 우리는 그때그때 역사적으로 등장한 이데올로기에 대해 이런 참된 설명을 할 때 우리가 일상적 삶의 존재론이라 불렀던 것이 경제적 상황과 이 상황으로부터 등장한 이데올로기 사이를 매개하는 것으로서 결정적인 역할을 수행하지 않을 수 없다고 생각한다. 엥겔스의 인식이론적 이데올로기 비판으로부터 따라 나오는 것으로 보이는 "수수께끼", 즉 "어리석은" 이데올로기에 근거한 인간이 어떻게 계속하여 자신의 이익에 따라 행동할 수 있는지, 따라서 직접적으로 올바르게 행동할 수 있는지

---

90) *Kapital* I, S. 336, Anmerkung; MEW 23, S. 393.

하는 수수께끼가 완전히 풀린다. 마르크스 역시 우리가 일상의 삶의 존재론이라 부른 것에 기초하여 자본주의적 현재에도 "어리석음"이 이전에는 합리적인 행위의 이데올로기적 형식으로 생성될 수 있음을 보인다. 그는 잉여가치의 일부로서 지대가 땅과 맺는 관계가 비합리적임을 확실히 한다. 그는 다음과 같이 말한다. 그것은 "마치 5파운드 지폐가 지구의 지름과 관계 있다고 말하는 것과 같다." 그리고 그는 이 방법에 따라 그 상황을 정확히 다음과 같이 말한다. "특정한 경제적 관계를 현상하게 하고 실질적으로 통합하는 그런 비합리적 형식들의 매개는 상업에서 이런 관계의 실질적 담지자와 아무런 관계도 없다. 그리고 그들은 그 안에서 움직이는 것에 익숙해지기 때문에 그들은 결코 그것을 이해하지 못한다. 완전한 모순은 그들에게 결코 은밀한 것이 아니다. 내적 연관에 낯선 현상형식들, 그리고 그 자체로 고립해서 보자면, 맛을 잃어버린 현상형식들에서 그들은 고기가 물 속에서 느끼는 것과 동일한 평안함을 느낀다."[91]

이데올로기의 현존재와 효력을 인식이론적이고 역사철학적인 가치판단 아래 위치시키는 것에서 해방시키고서야 비로소 우리는 이데올로기에 대한 순수한 탐구에 나아갈 수 있다. 엥겔스는 다른 곳에서 이것을 규정하기 위한 진지한 시도를 수행했다. 그는 마르크스의 『철학의 빈곤』의 서문에서 리카도 이론의 사회주의적인 유용한 적용에 대해 말한다. 즉 "전체 사회의 생산물, 즉 노동자들의 생산물은 유일하게 현실적인 생산자들인 노동자들에게 귀속된다." 그리고 그것은 의심의 여지없이 "직접적으로 공산주의로" 이끈다. 그는 이어서 이런 해석은 "경제 공식적으로 오류"라고 강조하는데, 왜냐하면 리카도로부터 이끌려 나올 수 있는 도덕적 추론들은 "경제

91) *Kapital* III, II, S, 312; MEW 25, S. 787.

와 우선 아무런 관련이 없기" 때문이다. 하지만 그는 자신의 통찰을 내용 풍부하고 적절하게 종결한다. "하지만 경제적으로 오류인 것이 바로 그 때문에 세계사적으로 올바를 수도 있다. 대중의 인륜적 의식이 자기 시대의 노예제나 강제노역과 같은 경제적 사실을 부당한 것으로 설명한다면, 이것은 그러한 경제적 사실 자체가 여전히 살아 있으며, 그리고 그런 경제적 사실을 더 이상 지탱하고 유지할 수 없는 다른 경제적 사실이 이미 들어와 있다는 것을 증명한다. 따라서 형식적-경제적으로 올바르지 않은 것 배후에는 매우 참된 경제적 내용이 은닉되어 있을 수 있다."[92] 여기서 이데올로기의 모순적인 이중적 성격이 분명하게 나타나는데, 이 성격은 사실 이데올로기에 처음부터 내재해 있던 것이다. 경제-사회적인 객관적 상황으로부터도, 과학적으로 가치가 큰 리카도의 극복의 시도로부터도 발전의 과정, 방향, 전망 등이 착취된 자들을 위해, 착취된 자들에 의해, 이들의 욕구에 따라 독해될 수는 없다. 그럼에도 불구하고 ―경제-사회적 객관성 속에서 ― 현실 그 자체뿐 아니라 당시에 가장 훌륭하고 객관적인 이 현실의 과학적 모사 속에 함축된 질문 그 자체는 현존하며, 그리고 이 질문에 적절한 답을 제시해야 한다는 삶의 문제가 많은 사람들 가운데 생겨난다.

우리는 이따금씩 인간은 대답하는 존재이며, 직접적 재생산의 문제, 특히 노동의 문제뿐 아니라 이 문제를 지지하고 보충하며 확산하는 과학의 문제도 인간의 이런 본질적 특성으로부터 설명될 수 있다고 말해왔다. 지금도 이 생각에서 벗어날 수 없으며, 삶의 문제의 개념은 이런 생각을 좀 더 구체화할 필요가 있을 뿐이다. 모든 노동, 모든 직접적 실천은 직접적 목적을 갖는다. 따라서 이런 직접성, 즉 자신의 삶의 유지와 재생산은 필

---

92) Engels: *Vorwort zum Elend der Philosophie*, a. a. O., IX-X; MEW 4, S. 561.

연적으로 인간 안에서 관철된다. 그런데 이런 직접성은 그 직접성이 지양될 경우에만 인간 현존재의 직접적 토대로서 현실화될 수 있다는 사실을 우리는 이미 알고 있다. 그리고 인간의 인간됨은 바로 이에 기초해 있다. 욕구와 만족 사이에 반드시 끼어 있는 목적론적 정립은 그 자체로 그런 지양을 포함한다. 하지만 이런 지양은 의도하지는 않지만 다음의 사실을 통해 근원의 이런 모순을 넘어간다. 즉 모든 목적론적 정립은 계속되는 더 나아간 목표설정을 하도록 자극하며, 이와 동시에 현실화 작용의 대상적 성격을 통해 새로운 요구에 인간의 능력을 적응시킬 수 있는 (아리스토텔레스적 의미에서의) 가능성을 간직한다는 사실을 통해.

이때 우리의 문제에 가장 중요한 점은 이런 발전이 동류인간들의 새로운 태도를 겨냥한 목적론적 정립을 산출하며, 이런 목적론적 정립을 내적-외적으로, 그리고 양적-질적으로 생산과정과 전체 사회에 점점 더 중요하게 만든다는 사실이다. 습속, 습관, 전승, 교육 등, 예외 없이 목적론적 정립에 의지하는 이러한 요소들의 유효영역과 의미가 어떻게 생산력의 발전과 더불어 꾸준히 증가하는지, 그리고 사회적 총체성의 이러한 욕구를 충족시키기 위해 (법과 같은) 순수하게 이데올로기적인 영역이 어떻게 발생하는지를 보이는 것으로 충분하다. 우리는 이전의 통찰에서 이러한 정립들의 경우 (노동에서 잘 표현되듯이) 존재를 통해 표상이 직접 통제됨으로써 표상이 직접적으로, 상대적으로 정확하게 자신의 기능을 수행할 수는 없다는 사실을 보였었다. 이 말은 질적 차이를 의미하지만, 당연히 여기서도 절대적 불안정성이나 비합리성을 의미하지는 않는다. 인간은 경제-사회적으로 필연적인 방식으로 영향을 받는데, 이러한 영향 행사의 다양한 형식들은 언제나 다소간 기능을 했었다. 상당히 큰 불안정성 계수들은 이 영역(이데올로기 영역―역자)에서는 발전과정에서 우연의 역할, 불균등성의 역할이 엄밀한 의미에서의 노동영역에서의 그것의 역할보다 훨씬 더 강력하고 실질적이며 효과적으로 작용한다는 사실을 결론으로 갖는다. 이러한 현상복합체를 좀 더 정확하게 구체화하기 위해 우리는 무엇보다 다음의 사실을 고찰해야 한다. 즉 여기서 기능하는 목적론적 정립들은 경제적 발전을 촉진하기 위해 발생했으며—궁극적으로, 그리고 단지 궁극적으로만— 이러한 자신의 사명을 결코 포기하진 않지만, 이러한 임무를 처음부터 순수하게 기계적으로 수행할 수는 없었다는 사실. 그것도 생산력의 발전이 진전할수록 그런 기계적 수행은 더 적게 일어난다. 왜냐하면 가장 초기의 노동수행, 시초의 노동분업의 가장 원시적인 결과들 등은 그 완수를 위해 노동과정 그 자체에 투입되는 능력과는 다른 새로운 종류의 정신적 능력을 요청하고 장려하는 그런 과제를 인간에게 부여한다.(개인적인 용기, 뛰어난 발견 능력을 보이는 기지, 그리고 집단적으로 추진되는 노동에서 자신을 잊고 헌신하는 공동작업 등의 역할에 대해 생각해보라.) 따라서 여기서 발생한 목적론적 정립들은—사회적 노동분업이 발달할수록 더 결정적인데— 그런 방식으로 불가피하게 된 감응들을 사람들 안에 일깨우고, 강화시키며, 확고히 하는 데 기여한다. 이러한 사실은 이러한 정립의 객체가 그러한 유의 직접적 현실통제와 현실교정을 수행할 수 없다는 것을 보여준다. 이것은 확실히 자연과의 신진대사에서 관찰되는 것과는 구분된다. 객체 그 자체도, 그리고 정립이 등장하는 지점도 원리상 자연의 영역에서처럼 그렇게 일의적으로 규정될 수 없다. 목적론적 정립을 통해 궁극적으로 인과계열이 촉발되는지, 아니면 새로운 목적론적 정립이 촉발되는지는 다른데, 여기서는 이런 상이성이 작동한다. 이를 통해 다음의 결과가 등장한다. 한편으로 인간의 모든 결단에 내재한 공통의 상황, 행위의 모든 환경을 한꺼번에 인식할 수 없음 등은 다른 유형의 정립에서보다 훨씬 더 중요하게 등장하며,

다른 한편 의도의 피정립태가 여기서는 훨씬 더 다의적이지 않을 수 없다는 결과. 모든 조건을 모두 알 수는 없는데, 이런 무지는 노동에서도 작용한다. 하지만 그 영향은 대개의 경우 아주 외적이다. 우리는 태고 때뿐 아니라, 기록으로 남은 역사시기에도 많은 노동과정이 경험적으로 해결할 수 없는 주술적 제의 등과 연결되어 있다는 것을 안다. 그런데 이러한 사실은 노동하는 자의 의식에 출현했다. 노동과정 그 자체는 객관적으로 보자면 이러한 유의 신앙의 계율과 상관없이 작동한다. 이는 지금 탐구되고 있는 목적론적 정립의 영역에서는 전혀 다르다. 주술적 표상과의, 그리고 나중에는 종교적 표상과의 결합은 의도된 감응과 표상방식 등의 실제 특성에 의해 대개의 경우 해체될 수 없다. 왜냐하면—자신의 직접적 현존 속에서 자기의 생성방식이 소멸하는 것처럼 보이는 자연대상들과는 달리—모든 감응, 모든 태도방식 등은 형식적으로도 내용적으로도 자신의 발생양식과 결합되어 있기 때문이다. 나중에 좀 더 자세히 다루기는 하겠지만 여기서는 의도의 수준의 문제가 간단히 거론될 필요가 있다. 노동과정이 객관적으로 종종 그 직접적 목표설정을 훨씬 벗어나곤 하지만, 이 노동과정의 근저에 놓인 목적론적 정립의 실천적 의도는 언제나 아주 분명하게 확실한 목표에 정향되어 있다. 이에 반해 인간의 태도를 이끌어가고자 규정된 정립들은 처음부터 사회적 사실이나 상황 혹은 과제 등에 대한 원하는 (혹은 원하지 않는) 반응의 여지를 목표로 한다.[루카치의 이런 구별을 현대의 언어로 바꾸면 "노동과 상호작용"의 구분으로 대별할 수 있다. 노동이 자연을 대상으로 하는 인간의 행위라면, 상호작용은 사회의 다른 구성원을 대상으로 하는 인간의 행위이다. 자연대상은 인간의 행위에 (상대적으로) 수동적 반응을 하는 데 반해, 다른 사회적 주체는 행위주체의 일방성에 복종하지 않고 일정한 방식으로 (능동적으로) 반작용한다. 이를 통해 행위주체의 다른 주체를 향한 목적론적 정립은 노동에서보다 훨씬 더 복잡하게 빗나간다. 루카치는 상호작용으로서의 인간행위에서 사회적 행위의 복잡성과 이데올로기의 상대적 자율성 등을 본다. 즉 상호작용을 노동으로 단순하게 환원해서는 안 되는 이유를 상호작용의 이런 복잡한 메커니즘에서 본다—역자]

이와 더불어 순수하게 객관적으로, 즉자적으로는 노동 속에서도 어느 정도 수행된 인간의 인간됨이 수행된다. 하지만 이런 즉자태는 인간 자신에 의해 수행된 자연과의 신진대사에 대한 반응이 점차 인간의 자기의식으로 고양될 수 있는 사회적 의식으로 고양될 경우에만 비로소 의식적 내용, 따라서 궁극적으로 고정되고 발전 능력이 있는 내용을 보유할 수 있으며, 인간 안에서 자신의 고유한 인격을 표현하는 대자존재를 산출할 수 있고, 이와 더불어 전체 인류의 사회적 대자존재를 향한 도정이 열릴 수 있다. 여기서도 역시 목적론적 정립에 내포된 외화는 이러한 과정의 결정적 계기로 인식되지 않으면 안 된다. 무엇보다도 대상화와 더불어 사회적 존재에서만 효력을 발휘할 수 있는 새로운 형식의 연속성이 객관적 현실 가운데 발생한다. 모든 존재는 자발적인 생성 가운데서 자신의 객관적 연속성을 가진다. 이것(생성—역자)은 자신의 즉자존재의 존재 기호 중 하나이지만, 유기적 자연에서도 역시 결코 즉자존재를 넘어가지 않으며, 모든 우리에게의 관점에 대해 무관한 채 머물러 있는 존재범주이다. 대상화를 경험하는 자연객체들은 자신의 무차별적 즉자존재를 보존하지 않으면 안 되지만, 대상화 속에서 그 자연객체들은 그 즉자존재를 넘어서서 특정한 하나의 과정의 계기로 된다. 그 과정은 한편으로 외화의 존재 주체와 불가결하게 연결되어 있고, 다른 한편 그럼에도 불구하고 그 주체에 의해 언제나 교체되고 이 주체와 독립된 특정한 사회적 현존을 요구한다. 이때 이 사회적 현존은 비록 주체의 실천과의 항구적 상호작용에 처해 있으며, 따라서 이런 상호작용에서만 자신의 현존을 표현할 수 있지만, 그럼에도 불구하고 이런 상호관계 내에서 결정적인 자립적 영향력을 보존하고 있다. 이때 중요한 문제는 사상, 체험, 상기 등에서 우리에게 형성된 것이 아니다. 이러한 것들이 모든 주체에게도 외화를 위한 토대를 형성한다면 이것(외화)은 자립적 객체화를 넘어서 가며, 주체들에게 다가올 목적론적 정립에 결정적으로 영향을 미치는 자신만의 대상화된 "세계"로서 마주한다. 즉 이 세계는 개인의 경험을, 적어도 경향적으로, 매우 자주 현실적으로 한 인간집단의 정신적 공동소유로 만들며, 또한 이 세계는 이러한 사실을 단순히 실제적으로 수행하는 것이 아니라 사람들에게 자신의 미래의 결정을 위한—긍정적 혹은 부정적— 모델을 제공하며, 그리고 이 세계는 개별 인간뿐 아니라 인간집단에게도 객관적으로 현존하는, 하지만 동시에, 그리고 그것을 넘어서서 자기의 사상과 감정과 행위 등, 체험된 연속성을 자기의 의식의 역동적 구성요소로 만든다.

개인의 의식뿐 아니라 사회적 의식도 대상화와 외화가 갖는 이러한 유의 작용의 토대에서만 생겨날 수 있다. 사회적 현실은 궁극적으로 사회와 이 사회를 이루고 있는 사람들의 물질적 재생산을 위한 정립에 의존한다. 하지만 사회적 실천은 (모순을 통해 이뤄지기도 하는) 조화된 앙상블을 갖는데, 이 앙상블은 대상화와 외화라는 이런 분위기에 의해 도처에서 끊임없이 넘쳐흐르고 인도되지 않으면 결코 기능할 수 없다. 즉 우리는 이전에 상술했던 것, 즉 대상화는 물질적 대상이든 의식적 대상이든 모든 대상을 자연스럽게 사회화한다는 사실을 잊어서는 안 된다. 이를 매개로 하여 인간의 실천은 (처음에 의식적으로 정립된 것으로 실존할 수 없는) 이런 목표를 의식적으로 정립하지 않고서도 자연스럽게 사회화된다. 우리는 이 복합체의 근본적 사태들에 대해 노동과 언어를 다루면서 보여줬다. 이제 여기서 중요한 문제는 실천의 사회화와 그 의식화의 이러한 과정에서 사회적 계기는 역사적 우선성을 갖는다는 사실을 통찰하는 것이다. 현재는 개인화가 아주 진척되었다. 그런데 ―경제적 원자론자로부터 실존주의에 이르기까지 이들이 질문하듯이― 이미 개인화되고 개별화된 인간이 어떻게 사회적으로 되었는지에 대해 질문할 수도 있다. 하지만 이런 질문은 현재의 아주 진척된 개인화 상태를 투사하여 한 질문에 불과하다. 인간의 인간화 과정에서 ―모든 인간실천의 외화된 성격을 통해 매개됨으로써― 무엇보다 인간의 사회적 의식이 생겨난다. 그리고 언제나 현존하는 인간의 자연적 개체성(Einzelheit)은 개별성(Individualität)으로 성장해가는데, 이러한 성장은 오랜 기간의 경제적-사회적 발전의 결과일 뿐이다. 이러한 발전 속에서 사회적 노동분업은 점증적으로 복잡해지고, 그런 복합체가 개체 인간에게 제시하는 과제도 아주 복잡해지는데, 바로 이런 복잡화된 상태가 인간의 자연적 개체성을 점차 사회적 개별성으로 변형시킨다. 따라서 청년 마르크스는 『독일 이데올로기』에서 이미 인간의 근원적 의식은 "단순한 무리의식"에 지나지 않았다고 말한다.[93]

인간의 발전에 대한 모든 참된 인식은 이러한 정황을 확증한다. 하지만 우리는 이러한 사실을 보여주는 분명한 자료를 바로 언어에서도 갖는다. 우리는 앞에서 언어의 근본성격을, 언어는 직접적으로 보편자만을 표현할 수 있는 것이라고 말했었다. 가장 단순한 말도 이를 통해 인간의 사회적 대상화와 외화로 된다. 자연과의 물질적 신진대사를 통해 인간은 자신의 도구, 노동생산 등을 사용하여 사회적인 것을 산출하는데, 이렇게 산출된 것은 언어의 바로 이런 근본적인 속성(즉 보편성이라는 속성―역자) 속에

---

93) *Deutsche Ideologie*, a. a. O., S. 20; MEW 3, S. 31.

서 최초의 의식적인 사회적 형태를 보유하게 된다. 그리고 이러한 유의 일반화를 인간들 상호 간의 교류의 토대로 만드는 언어의 근본적인 필연성과 더불어 이러한 사회적 보편성은 모든 근원적 실천의 규범이 된다. 도구의 성공 여부의 기준은 ㄱ 도구가 보편적으로 사용될 수 있는가에 달려 있을 뿐이다. 그런데 그 기준은 인간의 전체 실천에서 고착되고 일반화된다. 마르크스는 방금 인용한 부분과 아주 밀접히 연관된 부분에서 원시적인 작은 사회에서 나타나는 노동분업을 통해 연합된 인간은 공동의 관심을 표현하게 된다고 말한다. "그것도 이런 공동의 관심은 '보편자'로서 단순히 표상 속에 머물러 있는 것이 아니라, 우선 현실 속에서 노동분업을 담당하는 개인들의 상호적 의존성의 형태로 존재한다."[94] 그런데 그는 즉시 사회에서의 이런 자연적 노동분업이 이미 "특수한 이익과 공동의 이익 사이의" 분열을 필연적으로 산출한다고 말한다.

이렇듯 특정한 단계의 사회적 노동분업에서 필연적으로 발생하는 이익의 대립은 모든 사회에서 발생할 뿐 아니라 또한 이런 대립을 이끌어가는 필연적인 —필연적으로 이데올로기적인— 형태도 등장한다. 이미 청년 헤겔은 문제의 이러한 측면을 지각했다. 『독일 헌법론』에서 헤겔은 사회적 갈등은 하나의 특수자가 다른 특수자에 대항하는 투쟁으로서 비록 힘(폭력)에 의해 끌려가긴 하지만, 이 투쟁의 배후에는 당시의 지배자가 "자신의 지배를 다른 특수자에 대항한 하나의 특수자의 힘에 기초한 것이 아니라 보편성에 기초해 있다."고 말한다. "이 진리를 되돌려달라고 할 권리를 그 지배자에게서 빼앗아야 하며, 요청되는 삶의 부분들에게 수여되어야 한

94) Ebd., S. 22; ebd., S. 38.

다."[95] 여기서 헤겔은 가장 본질적인 문제들 중 하나를 건드린다. 즉 그 문제들은 계급투쟁의 와중에 이데올로기적인 옷을 입고 나타나며, 그 무기는 매우 자주 보편적인 것으로 선언된 관심(이익)이 특수한 이익에 불과하다고 폭로하는 것, 혹은 특수한 관심(이익)을 참으로 사회적인, 따라서 보편적인 관심으로 선언하는 것이다. 이런 현상 그 자체는 사회적 실천의 모든 영역과 단계에서 증명 가능하다. 인간은 자신의 고유한 행동(자신의 계급이익이 개인적 삶을 영위하는 가운데 주도적 모티브로 작용하는 한에서의 계급이익과 또한 그들의 가장 개인적인 이익)을 이렇듯 보편자로 고양함으로써 이데올로기적으로 확고히 하고자 한다. 교육으로부터 경제적-사회적 실천에 이르기까지 자기정당화를 실행하고자 하는 경향이 관철된다. 이때 그런 자기정당화는 자신의 행위양식은 그런 보편적 규범의 단순한 실현일 뿐이며, 그런 규범에서 벗어나거나 이런 보편성을 체현하지 못할 경우 책망을 들어야 한다고 함으로써 수행된다.

따라서 보편성 혹은 일반화는 이미 이데올로기적 특징을 보유한다. 그리고 우리가 본 것처럼 그것의 이데올로기로서의 기능은 그것이 올바른 혹은 그릇된 과학적 정초를 갖는지, 아니면 신화적 속성을 갖는지에 달려 있는 것이 아니다. 오히려 그 기능은 일차적으로 한 사회계층이 아래로 개인

---

95) Hegel: *Fragmente zur "Verfassung Deutschlands", Schriften zur Politik und Rechtsphilosophie*, Leipzig 1923, S. 140; HWA I, S. 459.
『독일헌법론(*Verfassung Deutschlands*)』은 헤겔의 예나 시기 초(1802년)에 쓰인 초창기 헤겔 정치철학 관련 단편이다. 그는 여기서 아주 중요한 선언을 하는데, 즉 "독일은 더 이상 국가가 아니다."고 한다. 이 단편에서 그는 특히 개인주의적 사회관을 표적으로 비판한다. 국가가 개인의 사적 이익을 유지하는 데만 목적을 가질 뿐, 공동체 전체의 이익에 눈을 감을 때 국가는 더 이상 국가일 수 없다는 것이다. 개인구원에만 관심을 갖는 기독교적 세계관은 그 대표적 비판표적이며, 그 이후에는 자유주의를 비판하는 데로 나아간다. (역주)

의 원초적 충돌에까지 이르게 되는 그런 사회적 충돌을 잘 이끌어갈 수 있는 적절한 도구를 그 보편성 속에서 발견하는가에 달려 있다. 따라서 이런 갈등의 사회적 실존은 행위 모티브의 도덕적 성격과 아무런 상관이 없다. 마르크스는 예를 들어 부르주아의 일상의 삶의 도덕을 다음과 같이 말한다. "부르주아는 자기 정권의 제도들에 대해 유대인들이 율법에 대해 하듯 처신한다. 부르주아는 아주 개별적인 경우에까지 할 수 있는 한 자주 그 제도들을 비껴간다. 하지만 그는 모든 다른 사람들이 그것을 지켜야 한다고 주장한다."[96] 그런 태도를 통해 여기서 작용하는 이데올로기의 이데올로기적 성격이 의심되지 않는다는 것은 자명하다. 다른 한편 특정한 역사적 상황에 놓여 있는 아주 다양한 종류의 일반화는 대중 속에 지속적인 참된 열광을 점화할 수 있으며, 인류발전의 운명적 문제에 대한 논리정연하고 멋진 해결책을 찾도록 하는 데 기여할 수 있다. 즉 그것은 상응하는 이데올로기의 족쇄를 풀지 않고 오로지 직접 의도된 경제적 목표의 실현을 통해서는 사회적으로 가능할 수 없다는 것을 보여준다. 이렇듯 엥겔스는 위대한 프랑스 혁명의 이데올로기와 그 실제 결과 사이의 간격에 대해 올바르게 말한다. 프랑스 혁명은 부정의하고 비이성적인 것으로 드러난 봉건적 절대주의에 대항하여 이성의 왕국을 추구하였다. "우리는 이제 이런 이성의 왕국이 부르주아지의 이상화된 왕국에 불과하다는 것을 안다."[97] 그런데 마르크스는 여기서 효력을 발휘한 이데올로기적 과정을 다음과 같이 묘사한다. "그러나 부르주아 사회를 세상에 가져오기 위해서는 그 사회만큼 비영웅적이기는 하지만 그래도 희생, 경악, 시민전쟁, 그리고 민족전

---

96) *Deutsche Ideologie*, a. a. O., S. 162; MEW 3, S. 163.
97) Engels, *Anti-Düring*, *Werke*, S. 20; MEW 20.

쟁 등과 같은 영웅주의가 필요했다. 그리고 부르주아적으로 제약된 그들의 투쟁 내용을 숨기고 그들의 열정을 위대한 사회적 비극의 높이에서 유지하기 위해 그 전사들은 로마공화국의 아주 엄격한 전승들에서 이상적인 것과 예술형식들, 즉 자기기만을 발견했다."[98]

이러한 서술의 전체 맥락을 이해하고자 한다면 사회적 발전의 실제 형상, 사회적 혁명의 실제 형상을 그러한 결단을 발생시킨 매듭지점들로서 현재화시켜야 한다. 이것은 속류 마르크스주의의 두 흐름과의 단절을 의미한다. 하나는 라플라스적인 엄격한 경제결정론에 의지하여, 이데올로기에서 단순한 가상만을 보며, 결국에는 엄격하게 필연적인 현실적 사건의 무익한 표피만을 보는 입장이고, 다른 하나는 이러한 이해에 대립하여 이데올로기, 특히 (철학, 예술, 윤리, 종교 등) 고차적 이데올로기가 사회적 사건의 경제적 토대로부터 완전히 자립해 있다고 하는 입장이다. 여기서 이 잘못된 두 극단에 마주하여 올바른 제3의 길을 제시할 수 있기 위해 우리는 마르크스의『자본』에서 암시되었던 사회와 그 발전의 특성을 상기해야 한다. 즉 본질과 현상의 변증법을 상기해야 한다. 이 양자의 상호관계에서는 언제나 두 현실이 존재한다는 사실이 잊혀서는 안 된다. 즉 칸트적인 물자체(여기서는 본질로서의 경제)에는 인식주체를 통해 단순히 규정되는 현상세계가 마주해 있지 않으며, 또한 유일하게 실제적인 경험적 세계는 추상적으로 획득된, 인식주체 속에 토대를 둔 "모델" 표상(본질)의 도움으로 파악되고 조작될 수 있지도 않다는 것을 알아야 한다. 존재론적으로 보자면 사회적 존재에서도 본질과 현상은 통일적인 복합체, 하지만 상호작용

---

98) Marx: *Der achtzehnte Brumaire des Louis Bonaparte*, Wien-Berlin 1927, S. 22; MEW 8, S. 116.

하는 가운데 스스로 변화하면서 스스로를 유지하는 실제 복합체들로 이뤄진 그런 복합체를 구성한다. 헤겔이 이미 그에 대한 몇몇 중요한 규정들을 알고 있었던 이런 변증법은 한편으로 본질은 특정한 양식의, 특정한 단계의 존재 자체임을 보여주며, 또한 존재의 운동은 본질이 존재로부터 떨어져 나와—상대적으로— 자립화되는 가운데, 본질의 보편성 속에서 표현된다는 것을 보여준다. 이 변증법은 다른 한편 본질과 현상의 결합은 필연적 결합임을 보여준다. 현상들의 생산은 본질의 본질에 속한다.

이런 일반존재론적 상황은 보다 단순한 존재형태에 비해 사회적 존재에서 질적으로 상승된 상태로 유지된다. 그것은 우선, 우리가 이미 알고 있듯이, 목적론적 정립을 통한 자신의 모든 계기의 발생과 규정에 의존한다. 이때 목적론적 정립은 실제 인과계열의 촉발자로서 실제 작용하는 본질과 실제 발생한 현상을 단순히 인과적으로 발생한 경우와는 다른 형태의 상호작용 속에서 통합시키는 역할을 한다. 둘째, 이 목적론적 정립은 필연적으로 대상화된, 외화된 형식들이 발생하게 하며, 그 이어지는 결과 속에서 계속된 대상화와 외화를 촉발시킨다. 이로부터 가장 단순한 존재양식과 비교해볼 때 사회적 존재의 기초적-근본적인 두 복합체들 사이에 전혀 새로운 결합이 생겨난다. 여기서 두 복합체는 모든 사회의 실제적 총체성과 이 사회를 형성하는 개체 인간들의 실제적 총체성을 말한다. 이와 더불어 이미 사회적 존재에는 전혀 새로운 것이 발생한다. 그것은, 우리가 이미 본 것처럼, 마르크스가 다음과 같이 특징지은 것이다. 즉 유적합성은 동물에서 나타나는 무언의 상태를 그치게 된다고 한다. 다른 말로 하면 개별 견본과 유 사이에 항구적인 상호작용이 생겨나며, 내적인 의식성으로 계속하여 변한다는 것이다. 우리는 이것을 여기에서 이데올로기의 발생과 기능의 관점으로부터 고찰했다. 우리는 이미 일반화의 경향이 대상화라는 단순한 사실에 내재해 있음을 보았다. 이러한 사실은 사회적 존재에 적용될 때 이러한 일반화의 경향은 내용으로서 우선 인간의 사상과 행위의 사회성, 유적합성 등을 대상으로 만든다는 것을 의미한다. 그리고 그러한 사실로부터 계속하여 이러한 존재단계에서 이 두 내용 복합체들에는 수렴의 경향이 내재한다는 사실이 따라 나온다. 물론 이때 그것은 단지 경향일 뿐이다. 왜냐하면 우리는 유적합성을 실현한 인간의 유가 역사적 과정에서야 비로소 점차 현실화될 수 있다는 것을 알기 때문이다. 우리의 문제와 관련하여 그것은 사회성과 유적합성의 수렴과 발산이 인간의 물질적-이데올로기적 활동과 관련하여 항구적으로 해결되어야 할 새로운 과제를 제시한다는 것을 의미한다.

이러한 질문과 함께 우리는 이미 여기서 설명되어야 할 과정의 중심에 서 있다. 왜냐하면 우리는 경제적 발전은—목적론적 정립과 이것의 사회적 총합 속에서 표현되는 인간의 개인적-집합적 의지결단과 상관없이— 이런 방향에서 부단히 진보하고 있으며, 세계시장에서 이미 물질적-경제적 토대를 인간의 유적합성의 실현 가능성으로 산출했음을 보였기 때문이다. 그런데 우리는 동시에 인간의 사회적 삶에서 이런 불가피한 경제적 통합이 사회성과 유적합성 사이의 대립을 우선 첨예하게 하며, 양자 사이의 통일에 반대하여—이데올로기적으로—작용한다는 것을 볼 수도 있었다. 바로 그러한, 그러나 결정적으로 중요한 한 가지 문제가 우리는 사회적 존재의 영역에서 현상의 세계를 결코 본질의 전개의 단순한 수동적 산물로 고찰해서는 안 되고, 오히려 본질과 현상의 바로 이 상호관계가 사회적 발전에서 불균등성 혹은 모순성의 가장 중요한 실제 토대들 중 하나를 형성한다는 사실을 보여준다. 하지만 만약 이런 모순성을 인정하면서도 본질을 경제와, 현상을 상부구조와 단순히 일치시키고자 한다면 그것은 가장 잘못된 단순화에 불과할 것이다. 사정은 그 반대이다. 본질과 현상의 분리는 순수 경제적 영역을 관통해간다. 그런 사실은 우리에게 이미 알려진 근본적인 경제적 현상에서 쉽게 증명될 수 있다. 우리는 잉여노동과 그때그때의 고유한 삶을 재생산하는 데 기여하는 노동과의 구별이 다양한 구성체에서 다양하게 현상한다는 것을 보았다. 본질과 현상의 유사한 관계들이 모든 경제영역에서 쉽게 제시될 수 있을 것이다. 이것은 본질과 현상을 마주 세우는 것이 경제적 토대와 이데올로기적 상부구조의 마주 세움과 결코 단순하게 같을 수 없음을 의미하며, 더 나아가 경제적 영역 자체도 본질과 현상으로 분할된다는 것을 의미한다. 이러한 사실은 개별적인 경제적 범주들에만 연관되는 것이 아니라 그 전체와도 연관된다. 어떤 구성체든지 언제나 어떤 특정한 구성체가 현재화된다. 마르크스에 따르면 자본주의의 본질적 계기들을 개념적으로 파악하는 것은 더 이상 그렇게 어렵지 않다. 그러나 이때 자본주의의 본질적 계기들 역시 자본주의의 발전단계들 가운데 아주 상이한, 그 현존 방식에서 순수하게 경제적인 특징들을 드러낸다는 것을 확인할 수 있다. 영국과 프랑스의 농업발전과 농업경제의 아주 커다란 차이를 생각해보는 것으로 충분할 것이다. 우리는 이 장 처음에 토대와 상부구조는 목적론적 정립과 이 정립의 인과적 결과들에 의존한다는 점에서 존재론적으로 동등한 측면이 있다고 말했었다. 이 점을 상기한다면 사회적 현실에서 본질과 현상의 경계가 종종 유동적이라는 것, 현실적으로 존립하는 그것들 사이의 차이는 개념적-과학적 분석의 도움으로 추후에 어느 정도 정확하게 확인될 수 있다는 것 등, 이러한 사실은 그렇게 거슬리게 들리지 않는다. 이렇듯 특정한 생산관계는 특정한 법 형태를 조건 짓는다. 그리고 이들의 상호귀속성은 사회적 존재의 직접성 속에 아주 강력하게 내재해 있으며, 따라서 그것들 안에서 행위하는 사람들은 통일적인 대상을 자신의 실천적-목적론적 정립의 전제로, 객체로 삼아야 한다. 이러한 사실은 이것들이 —상대적으로— 서로 독립적으로 작용하는, 고도의 불균등한 사회적 존재의 복합체들임을, 그리고 생산력의 발전에 따라 움직이는 생산관계가 법체계와 상관없이 변화하며, 그와 동시에 이 법체계의 완전한 혹은 부분적인 변화나 적어도 그에 상응하는 재해석을 반드시 관철시킨다는 사실을 방해하지 않는다. 이런 변화가 수행될 때 새로운 대상의 직접적 실천을 위해 통상 과거의 것과 다소간 비슷한 상황이 발생한다.

따라서 본질과 현상의 관계는 단적으로 특징지을 수 없다. 하지만 우리가 시사한 바에 따르면 이데올로기에 영향을 받은 행위들에서는 이 문제와 관련하여 좀 더 자세히 살펴볼 수 있을 것이다. 무엇보다 행위자들에게 본질과 현상은 직접적으로 서로 분리될 수 없는 통일체를 이룬다. 이때 결정적인 부분은 객관적으로 언제나 본질의 작용에 방향이 맞춰진다. 그런데 인간의 삶에서 직접적으로 자기재생산을 야기하는 계기는 인간의 삶의 바로 그 본질적 계기이다. 그런데 이러한 본질영역이 이 영역을 산출한 자의 의도 및 의지와는 상관없이 전개된다고 한다면 이 영역이 목적론적 정립에 의해 움직이긴 하지만, 그 인과적 결과들은 정립자의 의도와 질적으로 다르게, 목적론적 정립의 경우보다 더 급진적으로 풀려간다고 말할 수 있다. 삶의 재생산을 위해 필요한 노동시간의 감축, 자연한계의 퇴각, 그리고 이와 더불어 사회의 점증적 사회화, 사회적 존재의 고유한 자기실현, 통일체로 살아가는 인류로의 사회의 점증적 통합 등 이런 것들은 이런 발전과정을 직접적-의식적으로 움직이고자 하는 그런 목적설정에 속한다. 본질은 목적론적으로 작용하는 의식적 목표설정과 상관없이 발생하며, 그 자체로 —비록 불균등하게 발생한다 해도— 객관적으로 필요한 존재과정,

즉 그 도정, 방향, 속도 등이 객관적 목적론과 아무런 상관이 없는 그런 존재과정이다. 목적론적 작용의 역동적 총체성은 객관적으로 본질을 구성하는데, 바로 이런 목적론적 작용에서 목적정립을 실제 본질과 의식적으로 결합하는 일은 존재하지 않는다. 이러한 사실은 모든 개별적 정립이 구체적이라는 것, 즉 언제나 본질과 현상의 통일에서 시작하고, 바로 여기에서 스스로를 개별적 이익으로 관철시키고자 한다는 사실에서 표현된다. 사회적으로 필요한 노동시간이 아주 많이 단축된 발전한 자본주의에서조차 이윤은 개별적인 실제 목적론적 정립의 실제 내용을 드러내주며, 모든 더 나아간 것들은 이 이윤의 실현을 위한 경제적-기술적 수단의 목록들이다. 직접적으로 경제적이지는 않은 다른 모든 정립의 경우에는 사회적 존재의 현상세계에의 의존성과 구속성은 더욱더 눈에 띈다. 따라서 비경제적인 정립이 본질에 미치는 영향은 개별적 정립에서 훨씬 더 간접적이고 더 적게 유지된다.

그러나 그 전체과정을 총체성 속에서 파악하고자 할 때 분명한 사실은 인간의 의지와 독립해 있는 본질의 운동이 비록 모든 사회적 존재의 토대이긴 하지만, 그 토대는 동시에 이런 연관 속에서 객관적 가능성을 의미한다는 것이다. 이러한 사실을 확실히 함으로써 마르크스는 모든 유토피아적 생각을 비실제적인 것으로 여겼다. 그런데 그는 동시에 인간은—바로 그 때문에—자신의 역사를 스스로 만든다는 사실, 그리고 인간의 사유와 의지와는 독립해 있는 본질의 전개는 모든 것을 사전에 규정하고 있는 그런 치명적인 필연성이 아님을 보여주었다. 그런데 인간의 실천이 가능하려면 그런 실천을 위한 실제 공간이 있어야 하는데, 바로 그런 필연성은 그런 공간을 제공하는 실제적 상황을 중단 없이 새롭게 생성한다. 인간이 구체적인 실천을 하는 가운데 목표로 설정한 내용들의 범위는 본질의 전개의 이런 필연성에 의해 규정되지만, 그것은 그 자체 범위로서 그 안에서만 가능한 실제적인 목적론적 정립을 위한 공간으로서 그러하지, 모든 행위 내용을 위한 불가피한 일반적 규정자로 그러한 것은 아니다. 모든 목적론적 정립은 이 공간 내부에서 일어나지만, 언제나 이러한 정립을 가능하게 하는 대안적 형식을 가지고서 그러하다. 따라서 여기서 모든 사전의 규정은 배제되고, 본질의 필연성은 개별자들의 실천을 위해 필요한 하나의 가능성의 형식을 수용한다. 그러나 더 나아가 여기서 다음의 사실이 강조되어야 한다. 즉 본질의 전개에 의해 규정된 정립들은 단순히 필연적으로 발생해야 하는 것이 필연성에 따라 발생하도록 돕는 그런 매개가 아니라, 오히려 그런 정립 자체가 직, 간접적으로 본질결정에 영향을 미친다는 사실이다. 왜냐하면 그런 정립들은 실제적 구현이 없을 경우 본질이 결코 완전한 자신의 현실에 도달할 수 없는 그런 현상세계의 방식을 규정하는 데 도움을 주기 때문이다. 그리고 우리가 본 것처럼 이 현상형식은 현실 일반일 뿐 아니라 또한 아주 추상적인 역사적 현실이기 때문에 그렇게 수행된 목적론적 정립은 본질의 구체적 발전과정에도 영향을 미친다. 하지만 이것은 이런 목적론적 정립이 그 과정에 전혀 다른 내용을 부여할 수 있다고 하는 것은 말할 것도 없고, 이런 과정을 지속적으로 유지하고 조종하고 좌절시킬 수 있다는 의미에서 그런 것은 아니다. 오히려 목적론적 정립은 자신의 구체적인 현상형식에 영향을 미침으로써, 이런 발전과정에 자신의 불균등한 특성을 각인함으로써 그렇게 한다는 의미이다.(이에 대해 앞에서 언급한 영국과 프랑스의 자본주의의 차이를 생각해보면 된다.) 본질의 전개는 따라서 인류역사의 아주 특징적인 근본적 특성들을 결정한다. 하지만 이런 전개는 현상세계의 그런 양태들(경제와 상부구조)에 따라서만 자신의 존재적 합한 구체적 형식을 보유한다. 하지만 이런 양태들은 인간의 목적론적 정립의 결과로서만 현실화될 수 있고, 이 정립에서 이데올로기는 그때그때의 문제와 갈등의 표출수단으로서 표현된다.

따라서 경제의 모순적 발전(변화로서의, 그리고 생산관계의 변형으로서의 생산력의 발전)이 드러내는 갈등들은 이데올로기를 수단으로 하여 끝까지 쟁투를 벌인다고 하는 마르크스주의의 사상을 아주 일관성 있게 생각해보면, ─우리가 방금 말한 사회적 존재 안에서의 현상과 본질의 관계를 통해 살펴볼 때─마르크스주의에 대한 속류 결정론적 이해에 아주 모순되는 결과에 이르게 된다. 왜냐하면 그 결과는 인간의 모든 의지와 완전히 독립해서 작용하는 경제적 본질이, 사회의 총체성, 즉 궁극적으로 인류와 관련하여 말하자면, 단순히 실제적 발전의 객관적 가능성들을 산출할 뿐임을 보여주기 때문이다. 이것들은 불가피하게 필연적이면서 동시에 사회적 존재의 점점 더 사회화된 형식으로 필연적으로 전진해가며, 존재론적으로 점점 더 순화된 자기존재로 전진해간다. 하지만 인류의 운명과 관련하여 보자면, 단순히 객관적인 가능성들은 남아 있다. 이러한 가능성들 중 하나가 인류의 가장 적합한 단계로 현실화되기 위해 인간은 대안을 위한 특정한 목적론적 결단을 할 필요가 있다. 여기서는 외견상으로만 객관적 가능성과 필연성이 대립관계에 서 있다. 왜냐하면 발전의 모든 단계에서 인간은 이런 객관적 가능성의 매 단계가 허락한 것만을 인간의 유에 적합한 것으로 존재할 수 있게 하기 때문이다. 이러한 의미에서 이런 가능성은 절대적 필연성이다. 즉 특정한 단계의 참된 유적합성에 이르기 위해서는 엄격하게 규정된 공간 안에서만 인간의 가능성이 전개된다는 것이다. 여기서 등장하는 모순은 전체 인류발전에 근본적인 사실이다. 이 모순은 하나의 구성체가 서서히 재생산되고 순차적으로 전개되는 일상에서뿐 아니라 하나의 구성체가 다른 구성체로 이행하는 급진적 위기의 순간에도 토대와 이데올로기의 관계를 규정한다.

　속류 마르크스주의자들이 말하는 것과 달리 여기에는 결코 이데올로기적 계기에 대한 과대평가가 숨겨져 있지 않다. 마르크스는 이미 자신의 체계의 최초의 출판물인 『독일 이데올로기』에서 노동분업에 대해 다음과 같이 말한다. "노동의 분업은 물질적 노동과 정신적 노동의 분업이 등장한 순간 이후에야 비로소 현실적으로 분업이 된다."[99] 당연히 이런 고찰을 읽은 사람에게 다음의 사실은 분명하다. 즉 정신적 노동은 사회적 노동분업의 계기로서 이데올로기와 결코 동일하지 않다는 사실. 하지만 이들은 아주 밀접하게 결합되어 있다. 즉 모든 정신적 노동의 결과는 특정한 사회적 상황에서 이데올로기로 변할 수 있다. 물론 사회적 노동분업은 이러한 변화가 필연적이고 항구적으로 발생하도록 하는 상황을 끝없이 산출한다. 그러한 경우에 그것은 사회적 노동분업 그 자체에서 표현된다. 삶의 재생산에서 발생하는 문제들을 제어하기 위한 그러한 유의 항구적인 사회적 욕구가 일단 재생산의 과정과 더불어 자발적으로 새롭게 하는 욕구로 될 경우 이러한 유의 활동은 사회적으로 필연적으로 된다. 즉 여기서 표현되는 것은 개별적인 사람들이나 전체 집단이 이로부터 삶을 유지하는 특별

---

99) Marx, *Deutsche Ideologie*, a. a. O., S. 21; MEW 3, S. 31. 여기에서도 또한 우리가 이전에 말했던 것이 확인된다. 즉 이데올로기의 요소들은 사회발전의 가장 원시적 단계에서도 이미 드러나는데, 특히 사회와 자연의 갈등을 끝내려 할 때 주로 다양하게 형성된 해결책들을 위한 수단으로 작용한다는 사실. 하지만 이데올로기의 사회적 맹아는 이미 아주 이전에 현존했으며, 심지어 노동분업에서는 상대적으로 자립화되었다. 예컨대 고든 차일드는 구석기 시대의 동굴벽화가 이미 특별하게 교육받은, 전문적 화가집단의 작품이었음을 보여주었다. (같은 책, S. 68)
고든 차일드(Vere Gordon Childe, 1892~1957)는 영국의 고고학자로서 오크니제도의 스칼라·브레의 발굴 결과로 신석기시대의 촌락구조를 밝혔으며, 원시 농경문화에서 문명단계로의 발전을 이론화하였다. 저서에 『유럽 문명의 여명』(1925) 등이 있다. (역주)

한 업무를 만들어갈 수 있다는 것이다. 끊임없이 강화되어가는 과정을 거치는 사회의 사회화가 여기에서 분명하게 드러난다. 한편으로 생산 그 자체는 아주 복잡한 특성을 유지하고 있어서, 그 자체로는 재화의 물질적 생산과 거의 관련이 없는, 심지어 아무런 관련이 없는 기구들이 전체과정을 위해 불가피한 것으로 드러나기도 한다. 이러한 분화는 경제 자체 내에서 이미 수행된다. 생산에서 상업자본과 금융자본의 역할을 생각해보면 된다. 상업자본과 금융자본의 기능은 가치와 잉여가치의 원래의 생산과 아무런 관계가 없지만, 노동분업의 특정한 단계부터 재생산의 전체과정에서 필수적인 것으로 된다. 법적 제도화의 문제도 이와 유사하다. 법적 제도화의 문제는 즉자적으로 물질적 생산과 관련이 없지만, 그럼에도 불구하고 특정한 단계에 이르면 물질적 재생산도 교환이나 교역 등에 대한 법적 제도화가 없으면 순조롭게 이뤄질 수 없게 된다. 왜냐하면 이 영역에서 활동하는 특정한 집단의 사람들이 그러한 규칙을 필요로 하기 때문이다. 사회의 사회화와 생산의 발전은 따라서 경제적으로 다음의 사실에도 의존한다. 즉 이러한 비생산자 계층은 직접적 생산에서 재생산을 위해 사회적으로 필요한 노동시간을 단축하지 않으면 존재할 수 없는데, 사회와 생산이 이러한 사태를 수용할 수 있을 만큼 충분히 성숙했는가에 달려 있다. 따라서 사회화는 얼마나 많은 사람이 존재의 직접적인 물질적 생산에 참여하지 않고서도 자신의 삶을 개별적이면서 유에 적합하게 재생산할 수 있는가에서 사회적으로 드러난다. 이로부터 사회적 활동의 이 영역들은 점차 사회적 노동분업 내에서 자기만의 삶의 영역으로 분화되지 않으면 안 된다. 이러한 유의 갈등이 현실적으로 드러날 때 처음에는 전체 공동체가 이를 해결하는 데 힘을 쏟는다. 하지만 이후에 개인들이나 전체 집단이 때때로 혹은 상시적으로 이 문제를 해결하기 위한 전권을 위임받으며, 그리고 결국 마침내 사회적 노동분업의 이 영역이 은근하게 관철되는 데까지 분화는 이 뤄진다. 구체적으로 말하자면 이것은 사회적 삶의 일상에서 생겨날 수밖에 없는 갈등들을 사회의 이익에 맞춰 해결하기 위해서는 다소간 합리적으로 연결된 체계들이 만들어지지 않으면 안 된다는 것을 의미한다. 이때 사회의 계급층위가 일단 현실적으로 생겨나면 지배계급의 이러한 이익들은 점차 붕괴한다. 그리고 그 표현은 점차 계급투쟁의 문제의 중심을 향한다. 왜냐하면 계급투쟁의 내용은 많은 경우 갈등해결의 일반화된 방식이 어떻게 혹은 어떤 원리에 따라 이뤄져야 하는지에 대한 결단이기 때문이다.(파업권에 대한 투쟁을 생각해보면 된다.)

이런 일반적 문제해결 양식으로부터 다음의 사실이 나온다. 즉 만약 법 영역이 사회적 삶의 모든 사실을 극단적으로 첨예화된 외화로 이끌 경우에만 이 법영역은 노동분업의 체계에서—노동분업이 발달할수록 더욱더 결정적으로— 자신의 과업을 완수할 수 있다. 우리는 이미 순수하게 경제적인 행위조차 그 근본에 있어서 외화를 함유하며, 그런 외화를 산출한다는 것을 알고 있다. 그러나 이로부터 직접적으로 개별적인 사건들처럼 보이는 그런 갈등들이 필연적으로 발생한다. 이런 갈등들이 사회적인 의미에서 해결되어야 한다면 해결의 도구들은 사회적인 의미에서 그 단독성을 지양한, 더욱 진전된 새로운 유형의 대상화와 외화를 만들어내야 한다. 그러한 지양은 전체과정으로서의 경제적 재생산의 효력에 따라 자발적으로 이뤄진다. 그러나 이를 통해 발생한 규정들, 그리고 또한 개별적 행위들에 내재한 단독성의 규정들은 비로소 법적 형식을 산출해야 하는 사회적 내용들 이외에 아무것도 아니다. 이렇듯 법은, 엥겔스가 말하듯이 "내적인 모순으로 인해 정면으로 향하지 않는 내적으로 서로 결합된 표현"이 된다. 법의 이런 체계로서의 특징은 한편으로 자발적으로 발생하는 경제적 재생산과정의 체계와 달리 처음부터 순수하게 정립된 체계이다. 그러나 해체와 응집의 원리들이 경제적 과정 자체의 규정들을 의식하도록 변화를 유도하는 것은 아니다. 오히려 그 원리들은 존립하는 사회의 의미에서, 그리고 갈등 속에서 현존하는 계급의 권력배분이라는 의미에서 갈등들을 가장 일반적인 방식으로 해결하는 데 적합해야 한다. 따라서 엥겔스는 정당하게도 위에 말한 생각을 이어 다음과 같이 말한다. "그리고 그것을 완수하기 위해 경제적 관계의 신실한 반영은 점점 더 깨지고 만다."[100] 우리는 다른 곳에서 이미 법은 경제적 현실을 일그러진 방식으로 반영하지 않을 수 없다고 말했었다. 이러한 사실은 인식론적 척도를 가지고서 이데올로기적 문제에 들어가는 것이 얼마나 오류인지를 다시 한 번 보여준다. 왜냐하면 이 경우 문제가 되는 것은 경제적인 것을 사상적으로 모사한 것에서 참된 것과 그릇된 것을 추상적으로 분리하는 문제가 아니기 때문이다. 오히려 문제가 되는 것은 궁극적으로 잘못 반영된 현상태(Geradesosein)가 아주 특정한 사회적 기능들을 수행하는 데 적합한 속성들을 가지고 있는가에 있다.

그리고 법을 인식이론적으로만 접근할 경우 바로 이런 "오류"에 빠지게 된다. 사법적 정립행위는 전체 사회현실에 대해 대상화하는 추상과정을 수행한다. 이때 이 과정은 사회적으로 유의미한 갈등들을 질서 짓고, 정의하며, 체계화하고자 하며, 그 체계(사법체계—역자)는 그 사회구성체의 발전정도에 따라 이런 갈등들을 해결하기 위한 상대적으로 최고의 것이고자 한다. 따라서 대상화하는 추상과정의 기준은 이러한 조건을 충족시킬 수 있는지에 달려 있다.(이러한 일이 당시의 지배계급의 이익에 따라 수행될 수 있다는 것은 자명하다.) 엥겔스는 법의 영역에서는 형식논리의 무모순성, 형식

---

100) *Engels Ausgewählte Briefe*, a. a. O., S. 380; MEW 37, S. 491.

논리의 지배가 방법론적으로 전면에 등장한다고 하는데, 이것은 전적으로 옳다. 그러나 법영역의 전문가들에게서 자주 등장하는 이러한 요청은 결국 비변증법적 과부하에 걸리고 마는데, 여기서는 사회적 존재의 구조를 오인하게 된다. 왜냐하면 논리적인 것은 여기에서 사상적 형식으로 이뤄진 단순한 도구에 불과하기 때문이다. 동일한 것, 혹은 동일하지 않은 것으로 고찰되어야 하는 것의 내용은 즉자적으로 존재하는 사회적 대상성에 의해 규정되는 것이 아니라, 특정한 갈등들을 어떻게 조율하고 이를 통해 해결할 것인지에 대한 지배계급의 이익에 의해 (혹은 계급들의 이익이나 계급 타협에 의해) 규정되기 때문이다. 이때 그 자체로 보면 사회적으로 공속적인 것이 분리될 수 있고, 이질적인 것이 공통의 것으로 될 수도 있다. 그리고 그러한 일이 발생할지, 그리고 언제 발생할지, 통합이나 분리가 올바른지, 그리고 언제 올바른지 등은 (비록 모든 것이 논리적 형식으로 현상한다 하더라도) 논리적 기준들이 결정하는 것이 아니라 구체적인 사회-역사적 상황의 구체적 욕구가 결정한다. 헤겔은 이미 여기에서 지배하고 있는 논리의 한계들을 올바로 봤다. 법체계의 모든 상세한 사항을 "이념"으로부터 유도하고자 했던 피히테와 달리, 헤겔은 형벌의 정도는 논리적으로 연역될 수 없으며, 오히려 그 정도는 지양할 수 없는 우연의 요소를 포함하지 않을 수 없다고 말한다.[101] 이런 우연성은 언제나 사회적으로 정확하게 규정된 활동공간에서만 일어난다는 사실을 덧붙이고자 한다. 절도에 대해 그때그때 구체적으로 얼마의 형벌을 내릴 것인지는 확실히 우연의 요소를 포함한다. 그러나 절도가 원래 법률적으로 어떻게 범법행위로 평가되었고 상당히 진전된 자본주의에서는 어떻게 평가되었는지 등은 당연히 사회적으로 정

---

101) G. Lukacs, *Der junge Hegel*, Berlin 1954, S. 342: GLW 8, S. 369.

확하게 결정된다.

여기서 이 영역의 구조를 상세하게 다룰 수는 없다. 우리는 여기서 우리에게 필요한 몇몇 원리적 설명을 하는 데 만족할 것이다. 이때 우리의 설명은 여기서 발생한 목적론적 정립들의 존재토대와 이 정립들이 이데올로기로서 갖는 가장 일반적인 특성들이 무엇인지를 해명하는 데 방향을 맞출 것이다. 이 말은 이데올로기 영역의 뛰어난 대표자들의 이론적 활동을 뒷받침하는 극단적으로 상이한 직관들(세계관들—역자)에 대해 비판적 판별을 하겠다는 것이 아니다.(사실 그 대표자들은 극단적으로 상이한 자기들만의 그런 직관들하에서 자신들의 이론적 활동의 본질적 측면을 이론적으로 명료하게 한다.) 엥겔스는 우리가 이미 본 그의 설명에서 사회적 노동분업의 분화가 법론을 만듦과 동시에 직업법률가도 만든다는 사실을 말했었다. 이와 더불어 비로소 이데올로기로서의 법의 특별한 존재양식이 수행된다. 이에 반해 많은 다른 중요한 이데올로기의 형식들, 예컨대 습속이나 협약 등은 우연히 자연스럽게 발생한다. 그러나 분화의 과정에서 이 영역을 위해 때때로 아주 중요한 역할을 하는 특별한 이데올로그들이 있다 하더라도 그들이 자발적으로 수행한 재생산은 사회 그 자체를 통해 그들의 사회적 실존, 연속성, 변형 등의 주된 흐름으로 남는다. 법 역시 그 발생 시기에 이러한 이데올로기적 형식들과 본질적으로 구별되지 않는다. 심지어 이런 이데올로기적 형식들과의 상호관계, 이런 형식들을 통해 받는 내적인 영향은 법의 발전에 내용적으로뿐 아니라 형식적으로 계속하여 영향을 미친다. 이러한 연관은 특히 강조될 필요가 있다. 왜냐하면 법영역이 완전히 자립적이며 스스로 설립되었다는 그런 가상은 (fiat justitia, pereat mundus, 하늘이 무너져도 정의를 세워라) 무엇보다 그런 상호영향의 불가피성을 드러냄으로써 존재 적합하게 교정될 수 있음이 드러났기 때문이다.

만약 법이 인간의 일상의 삶의 내용들에 대한, 사회적으로 자연스럽게 생겨난 확신들에 중단 없이 호소하지 않을 경우 이 법은 인간의 일상생활에서 사회적 갈등의 해결을 위한 그런 중요한 수단이 될 수 없을 것이다. 왜냐하면 개별 인간들이 ―관습에서 도덕에 이르기까지― 자연발생적 계율의 영향을 받아 당대의 사회적 재생산을 방해할 수 있는 행동들을 무시함으로써 그런 갈등들을 대규모로 개별적으로 회피할 경우에만 사회적으로 효력이 있는 법적 규제의 가능성이 발생하기 때문이다. 절도, 사기 등은 본질적으로 실천의 예외적인 (하지만 전형적인) 경우들과 연관이 되기 때문에, 바로 그 때문에 법적 범주들로서 효과적으로 기능할 수 있다. 모든 인간이 자신이 법적으로 소유할 권한이 없는 어떤 것을 매번 그저 훔친다면 법적 규제는 실질적으로 거의 가능할 수 없을 것이다. 이러한 연관의 매우 복잡한 메커니즘은 윤리학에서야 비로소 적절하게 분석될 수 있다. 그러나 다양한 상호작용의 바로 이 토대는 법영역을 본질적으로 정립된 영역으로 구성한다. 이것은 관습과 도덕의 자연발생적 규제원리들과 다르다. 그리고 법의 바로 이런 사회적 속성은 이러한 정립영역을 제어하고 통제하고 계속 유지해가는 특수층에 대한 욕구를 불러일으킨다. 따라서 법의 이데올로기적 성격은 특별한 특성을 보유한다. 자신들의 활동을 전체 복합체 안에서 가능한 한 중요한 것으로 현상하게 하는 것이 그러한 특수층들의 기초적 삶의 관심이기 때문에 그러한 가공을 통해 법을 경제적 현실에서 이데올로기적으로 떼어내려는 작업이 점점 더 강력하게 나타난다. 엥겔스가 상세하게 말했듯이, 이러한 활동이 '다시' 경제적 토대에 영향을 주기 때문에, 그리고 이런 활동이 어떤 한계 내에서 자신의 모습을 드러내기 때문에 순수하게 이데올로기적 관점은 계속 더 상승하게 된다. 이 영역에서 형성된 더 나아간 특화들을 서술하는 가운데 (법학, 법철학 등에서) 법의 내용과 형식은 종종 순수하게 물신주의적으로 인간의 독단적 힘들로 응고된다. 그리고 그렇게 발생한 문제들에 대해서도 여기서 더 자세히 다룰 수 없다. 이데올로기에 대한 존재 적합한 이해에 대항하는 가장 강력한 저항이 특화된 바로 그런 층들을 발생시키는 경향이 있다는 사실만은 주목할 필요가 있다. 한편으로 그 입장은 목적론적 정립이 이데올로기를 규정한다는 그러한 태도가 특정한 단계의 사회적 노동분업의 단순한 귀결현상이 아니라 인간으로서의 인간존재의 불가피한 구성요소가 되기라도 하듯 처신할 것이다. 다른 한편, 이와 밀접한 연관이 있기는 한데, 본질과 현상의 실제 결합은 실존하지 않은 것으로 내팽개쳐서, '순수하게 정신적인' 이데올로기적 태도방식은 본질로서 간주되어야 한다고 하고, 생존을 위한 현실적 인간의 현실적 투쟁은 현존재를 경멸하게 하는 저속한 것으로 밀쳐진다. 이렇게 함으로써 법의 가치규정들은 경멸적 의미에서 이데올로기로 된다. 따라서 법의 현실적 성격은 영화롭게 된 이런 왜곡이 있는 그대로의 것으로 이해될 수 있게, 즉 사회적 노동분업이 이 특화된 층을 자신의 보호자로 위임할 경우 필연적으로 발생하는 이데올로기의 이데올로기화로 이해될 수 있게 산출된다.

이데올로기 영역에서 정치적 실천의 위치를 좀 더 자세히 사상적으로 규정하는 것은 훨씬 더 복잡하다. 여기서도 역시 무엇보다도 존재론적으로 정초된 사실로 되돌아가야 한다. 그것이 아무리 작고 시초의 것이라 해도 끊임없이 질문이 등장하지 않는 그런 어떤 인간 공동체는 있을 수 없다. 이 질문들 중에는 다소 발전된 수준에서 등장하는 정치적 질문도 있다. 정치가 어디서 시작하고 어디서 그치는지를 정의를 내리는 것, 즉 사상적-형식적으로 한계를 고정하는 것은 불가능하다. 고트프리트 켈러는 언젠가 "정당하게도 모든 것은 정치이다."고 말한 바 있다. 정확하게 이해해서 이것은 특정한 환경 아래서 전체 공동체의 중요한, 경우에 따라 아주 운명적인 질문으로 자랄 수 없는 사회적 실천의 유형을 상상하는 것만도 쉽지 않다는 것을 의미한다. 당연히 그것은 드물지만 현실적으로 될 수 있는 단 하나의 가능성이다. 일반적으로 전체 사회의 운명과 직접적으로 혹은 아주 밀접하게 연결되어 있는 문제들은 개별 인간들의 다음과 같은 행동들과 태도방식들, 즉 그것이 있건 없건 간에 전체의 관점에서 보면 아무런 의미도 없는 것으로 보이는 그런 행동들과 태도방식들 등과는 아주 분명하게 구별된다. 그리고 정치를 삶의 영역이라 말할 때, 정치는 법의 영역처럼 노동분업 자체에 의해 경계 지어지고, 이에 필요한 전문가들로 채워지는 그런 영역과는 완전히 다른 의미에서 사회에서의 삶의 영역이다. 이러한 사실을 통찰하고 확고히 하기 위해 우리의 최초의 사유과정은 심사숙고해야 한다. 그러나 다른 한편 또한 삶과 직접 얽힌 이런 보편성을 너무 단어적으로 취하는 것도 과장일 것이다. 정치는 사회적 총체성의 보편적 복합체이지만, 실천의 하나, 그것도 매개된 실천의 하나이다. 그래서 이 복합체는 객체들의 대상화를 통해, 그리고 이 객체들을 외화하며 정립하는 가운데 전유하는 주체들의 대상화를 통해 세계를 전유하는 일차기관인 언어와 동등하게 자연발생적이고 항구적인 보편성을 가질 수는 없다.

정치는 궁극적으로 사회의 총체성에 방향을 맞추고 있는 실천이다. 그런데 정치는 직접적으로 사회적 현상세계를 변화의 영역으로, 즉 당시의 것을 유지하거나 파괴하는 영역으로 작동시키지만, 그렇게 발생한 실천은 불가피하게 매개적 방식으로 본질에 의해 움직이고 본질을 지향하며, 마찬가지로 매개된다. 사회에서 본질과 현상의 모순 가득한 통일은 정치적 실천에서 분명한 형태를 얻는다. 정치적 의도를 가진 목적론적 정립의 직접적 관점에서 볼 때 본질과 현상의 분리 불가능한 결합과 통일은 정치적 실천의 불가피한 출발이며 동시에 그러한 실천의 필연적인 목표가 된다. 그러나 본질과 현상의 바로 이런 직접적 통일 때문에 정치적 실천은 자신의 효과성을 궁극적으로, 오직 최종적으로만 결정하는 본질과의 관계에서 매개된 실천이다. 따라서 통일의 이런 직접적 형식은 현존하는 모순을 지양하지 않는다. 엥겔스는 정당하게도 구체적인 정치적 행위가 현재 작동하는 경제적 발전이 요청하는 것과는 반대방향으로 발전할 수도 있다고 말한다.[102] 이때 그는 정당하게도 그런 경우에도 우회와 손실 이후 다시 경제적 현실이 관철된다는 점을 주지시킨다. 그런데 자기 폐쇄적인-통일적 복합체들의 단순한 상호작용만이 중요하다는 표상을 가질 경우 모순적인 이런 통일의 존재 적합한 참된 속성을 보지 못할 것이다. 오히려 두 영역에서 매우 상이한 복합적 상호작용이 있다고 말할 때, 그것은 본질과 현상의 상호 영향관계가 아주 다양한 형식들로 나타날 수 있음을 수용해야 한다는 것을 의미한다.[103] 우리는 이전에 이미 상품유통의 단순한 확장이 법률적 규제를 어떻게 사회적으로 필요한 것으로 만들어내는지를 본 바 있다. 정치적 실천은 일반화된 갈등의 경우들에서 종종 법적 상부구조의 개혁을 지향한다. 그런데 성공이냐 실패냐는 실정법체계의 변형이 경제 자체에 영향을 주는지, 어느 정도나 주는지에 달려 있으며, 그런 변형이 이러한 우회를 거쳐 경제에서의 전진적 긍정성을 촉진할 수 있는지, 어느 정도나 할 수 있는지에 달려 있다. 이것은 본질과 현상의 세계들 사이의 그러한 얽힘

---

102) *Marx-Engels Ausgewaelte Briefe*, a. a. O., S. 379; MEW 37, S. 490.

103) 여기에서 사회적 존재의 인식을 위해 경제와 사회학의 학문적-노동분업적인 정확한 분리가 얼마나 방해가 되었고 되는지 드러난다. 오늘날 유일하게 과학적 방법으로 고찰되는 것은 심오하게 비과학적이다. 왜냐하면 구체적으로 서로 상호작용한다고 하는 것이 존재 적합한 합리적 연관을 표시한 것인데도 그 방법은 그것을 개념적으로 순수하게 분리하기 때문이다.

의 유형일 뿐이다.

　이제 다른 문제를 살펴보자. 이것을 다루는 이유는 그러한 연관을 열거하고자 하는 데 있지 않다. 오히려 우리가 여기서 본질과 현상 사이의 질적으로 서로 다른 무수한 상호작용을 거론하고 있다는 사실을 시사하고자 할 뿐이다. 우리는 분배를 예로 들 수 있다. 마르크스는 분배를 규정하기 위해 우선 분배가 생산과 독립해 있다는 것을 부인한다. 부르주아적 취급 방식에서는 경제의 전체상은 이 독립성을 전제한다. "분배의 분류는 생산의 분류에 의해 철저하게 규정된다. 분배는 생산의 생산물이다. 즉 분배는 그 내용에 따르자면 생산의 결과만이 분배될 수 있다는 것을 의미하지 않고, 그 형식에 따라 특정한 방식의 생산참여가 특정한 분배 형식, 즉 분배에 참여한 형식을 규정한다는 것을 의미한다. 생산에서 땅을, 분배에서 지대를 정립하는 것은 철저히 환상이다." 그러나 분배를 생산 아래 위치시키는 이러한 분류로 인해 분류의 전체 사회적 의미가 강등되는 것은 아니다. 오히려 그 반대이다. 왜냐하면 부르주아 경제에서는 생산물의 분배만을 말한 반면 마르크스는 다음을 강조하기 때문이다. "그러나 분배가 생산물의 분배이기 이전에 그것은 1. 생산도구의 분배이고, 2. 상이한 생산유형으로의 사회구성원들의 분배(개별자들의 생산관계에의 포섭)이다. 생산물의 분배는 명백히 생산과정 내에 포함되는, 그리고 생산의 분류를 규정하는 이러한 분배의 결과일 뿐이다."[104] 따라서 우리는 지금 부르주아 학문의 엄격한 노동분업에 따라 보면 사회학적-혹은 인구학적 문제처럼 보이는 인구이동의 문제(인구의 출생, 사망, 이주 등의 문제—역자)를 직접 다루고 있다. 그런데 사실 그것은 경제의 중심문제이다.(마르크스가 묘사했듯이 '원시축적'

---

104) *Robentwurf*, S. 16-17; MEW 42, S. 31.

을 생각해보라.) 역사적 경험에 따르면 정치적 관심은 통상 인구이동에 직접 맞춰져 있으며, 여기서 질적 전환점을 경험하는 생산의 촉진(혹은 경우에 따라 제지)은 인구이동과 직접 관련이 있는 대책을 수단으로 수행된다.

여기서 다시 이데올로기의 역사적 기능과 의미의 기준이 그 내용의 실제적-과학적 올바름, 즉 현실의 충실한 반영에 있는 것이 아니라 생산력의 발전의 경향에 맞는 방향과 양식을 취하는지에 달려 있음이 드러난다. 하지만 여기서 더 나아가 이 문제를 그 반대의 극단으로 끌고 가, 이데올로기 문제에서 인식이론적 척도의 거부를 사상도, 이념도 없는 순수한 실용으로 파악하고자 하는 것도 오류이다. 정치적 결단의 이데올로기적 내용은 결코 중요하지 않은 것이 아니다. 왜냐하면 순간적인 정치적 성공만이 결정적으로 중요하고 규정근거들은 중요하지 않은 것이 아니기 때문이다. 상황은 그 반대이다. 모든 정치적 결단에는 현실적으로 서로 얽혀 있기는 하지만 내용적으로는 서로 다른, 기준으로 간주될 수 있는 두 모티브가 있다. 첫 번째 모티브는, 레닌이 바로 다음 연결고리(Kettenglied)라 표현했던 것, 즉 현실적 경향들의 매듭점(Knotenpunkt), 그것도 그것의 결정적 영향이 전체 사건에 중요한 결과를 불러일으킬 수 있는 그런 매듭점이다. 그것이 언제나 본질의 직접적 변화인 것은 아니며, 오히려 구체적으로는 예외적인 경우이다. 구체적인 역사과정에서 그런 변화는 거의 인식되지 않으며, 그런 변화를 가장 분명하게 아는 경우에도 역동적이고 결단을 가져오는 힘을 가질 수 없는 그런 상황들이 있다. 1917년의 러시아 혁명을 생각해보라. 레닌은 사회주의적 혁명의 객관적 조건이 2월 차르체제의 붕괴와 더불어 주어졌다는 사실에 대해 아무런 의심도 하지 않았다. 그는 이러한 그의 확신을 언제나 반복해서 천명했지만, 만약 그가 주어진 단계의 발달의 '연결고리'를 노동자들의 경우에는 평화에의 열망에서, 농민들의 경우에는 땅에의 소망에서 인식하지 않았다면 이러한 전망에 대한 최고의 선전에도 이 혁명을 곧바로 성취할 수 없었을 것이다. '땅과 평화'라는 이 구호는—그 순수한 내용만을 고찰해보자면— 부르주아 사회에서도 실현 가능한 것으로 표상될 수 있었다. 이때 레닌의 정치적 천재성은 다음의 두 사실이 서로 대립된다는 것을 인식한 데 있다. 즉 한편으로 저 두 구호는 광범위한 대중의 격정적인 열망을 만들어내지만, 다른 한편 러시아의 부르주아에게 그 구호는 실질적으로 결코 받아들여질 수 없고, 소시민적 정당들에 의해 어떤 지지도 얻지 못할 뿐 아니라 단 한 번의 수동적 동의도 얻을 수 없다는 것을 그는 알았다. 이렇듯 그 자체로는 부르주아 사회를 결코 전복할 필요가 없는 것으로 비치는 그런 정치적 목표설정은 사회주의적 혁명을 성공적으로 수행할 수 있게 하는 폭약으로, 그러한 상황으로 이끄는 매체로 되었다.

그런데 우리는 실제 목표가 현실정치가의 눈에 분명하게 제시되는 그런 경우를 고찰했다. 그러나 목표에 대한 그러한 유의 적절한 통찰이 현존하지 않을 경우에만 이 기준은 유지된다. 비스마르크의 제국건설을 생각해보라. 19세기의 처음 4분의 3에 해당하는 시기를 살펴보면 객관적-주관적으로 독일 민족이 국가로 돌진해가는 것은 불가피해 보인다. 우리는 독일의 경제적 토대가 프로이센의 관세동맹에서 오랫동안 침체했었으며, (비스마르크를 포함한) 어떤 누구도 이런 연관을 적절하게 파악하지 못했음을 이미 지적했었다. 이 상황에서 연결고리는 두 번의 전쟁이었다. 독일 통일의 실제 경제적 토대인 관세동맹에 관여하려는 외부세력에 대항해 이 동맹의 경계를 보호하려고 수행한 오스트리아와의 전쟁과 내적-외적 정치적 통일을 안전하게 하고자 수행한 프랑스와의 전쟁이 그것이다. 당연히 그런 연결고리들을 구체적인 역사적인 것과 구별하여 다르게 해석해서는 안 된다.

1848년 부르주아 혁명의 실패로 인해 소국가주의, 프로이센의 우월함, 봉건적 절대주의의 잔존 등을 급진적으로 청산하는 문제가 현실적-실천적으로 불가능하게 되었고, 광범위한 부르주아 계층에서 "자유보다 통일"이라는 전망이 지배적인 전망이 되게 했다. 바로 이 혁명의 실패야말로 비로소 전쟁이라는 수단을 민족의 국가적 통일에 도달하기 위한 연결고리가 되게 한 상황을 만들었다. 비스마르크는 1866년 오스트리아에 대항하여 모든 병합을 성공적으로 유지함으로써 이러한 연관에 대한 상대적으로 올바른 통찰을 여전히 가지고 있었으며, ―알자스-로렌의 병합으로 인한― 1871년의 전쟁은 이러한 테두리를 넘어갔고, 이후의 전체 독일 정치의 완전히 다른 인과적 연관을 만들어냈다.

그러나 이와 더불어 정치적-이데올로기적 실천을 위한 첫 번째, 직접적인 기준, 즉 궁극적으로는 경제적인 영역에서 야기된 실제적 갈등이 어떻게 정치적 수단으로 전이될 수 있는지에 대한 기준이 명확하게 규정되었다. 이와 관련하여 어느 정도의 기간이 그런 해결책을 위해 주어졌고 주어질 수 있는지 하는 문제가 이제 두 번째 문제로 등장한다. 첫 번째 문제 복합체에서 이 기준의 구체적 속성을 분명하게 드러낼 수 있기 위해 이전에 우리는 작동하고 있는 이데올로기가 내용적으로 옳은지 그른지에 대한 모든 인식이론적 비판을 거부했다. 동일하게 도덕적 관점들(올바른 확신이건 냉소적 선동이건 간에)은 그 자체로 이데올로기의 본질의 기준으로서 의심되지 않는다. 직접적인 정치적 실천에서 순수 선동적 이데올로기는 직접적-실질적으로 위기를 모면할 적절한 수단으로 비치게끔 강력한 충격력을 보유할 수 있다. 히틀러의 권력 장악을 생각해보면 된다. 그러나 여기에서 그러한 기준만으로는 충분하지 않다는 것이 드러난다. 이러한 사실은, 말한 바대로, 정치적 실천이 비록 전체로서의 사회적 현실의 현상과 본질의 통일을 즉각 지향하기는 하지만, 이 통일을 직접적으로는 직접성 속에서만 파악할 수 있다. 이것은 적어도 의도된 대상뿐 아니라 목적론적 정립의 대상이 본질을 개시하기보다는 은폐하는 현상의 세계에 정향되어 있을 수 있다는 것을 의미한다. 따라서 정치적 실천을 분석할 때 오로지 그 직접적 효과성만을 기준으로 고찰한다면, 비록 이 효과성이 의심의 여지없이 정치적 실천의 총체성의 중요한, 불가결한 계기를 형성함에도 불구하고 그 정치적 실천의 전체 현상을 다 드러내지 못할 것이다. 왜냐하면 정치적 결단, 그리고 이 결단의 근저에 놓인 정치적 관점 등으로부터 효과성을 빼버리면 그 결단과 관점은 사실 정치적으로 일관성을 상실할 수밖에 없기 때문이다.(그런데 이데올로기의 발전에서 이런 정치적 결단과 정치적 관점은 가끔 아주 주요한 역할을 할 수 있다. 이에 대해서는 플라톤의 국가론을 보는 것으로 충분하다. 하지만 그것들은 정치적 삶에서 표현되는 실제 역학의 외부에 놓여 있다.)

그러나 소위 현실정치의 이론적 입안자들이 자주 그러하듯이 직접적 효과성이라는 즉자적으로 아주 중요한 이러한 계기를 절대화한다면 그것은 표피적 통찰에 머물 것이다. 여기서 역사에 대한 객관 존재론적 통찰은 그때그때의 정치적 결단을 불러일으키는 인과연쇄에 주목해야 한다. 만약 우리가 지속(Dauer)을 말했다면 그것은 당연히 양적으로 규정된 추상적 시간 길이를 의미하는 것이 아니라, 어떤 의식으로든 목적론적 정립으로 작동되는 새로운 인과적 계열들이 위기에 빠진 중요한 경제적 경향에 영향을 주는지의 문제를 의미했다. 따라서 어떤 이데올로기적 근거에 기초해 있든지 정치적 결단이 사회적 발전의 특정한 실제 경향에 적중할 수 있는지, 그리고 이 결단으로부터 산출된 인과계열이 이 발달에 영향을 주는지, 그리고 얼마나 주는지를 그 결단의 결과로 분명하게 드러날 경우에만 지속은 그러한 정치적 결단을 위한 기준으로 제시될 수 있다. 여기서 발생한 발산이

크면 클수록 지속성이 그 결단 안에 대체로 적게 함유되어 있다는 점은 분명하다. 그런 한에서 정치적 행동의 효과성은 지속 속에서만 충족된다. 이러한 지속을 통해서야 비로소 현실적 성공이 위기상황의 직접적 해결을 위해 충분해 보이는 힘들의 덧없는 순간적 응집을 이뤄냈을 뿐 아니라 동시에 급격한 실현 배후에서 작용하는 본질적 힘들에게 또한 효력 있는 자극을 부여했다는 사실이 드러난다.

그런데 이것 역시 사회-역사적으로 구체적으로 이해되어야 하며, 이러한 사실은 서로 분리할 수 없는 두 가지 사실을 서술한다. 우선 경제적-사회적으로 필연적인 것, 즉 본질이 역사적 과정 속에서 관철된다는 점이고, 다른 한편 모든 결단과 행위는, 그것이 천재적이든 바보스럽든 간에, 영예롭든 범죄스럽든 간에, 직접적이든 우회로를 거치든 이 과정에 영향을 줄 수 있다는 것이다. 1789년 프랑스에서는 부르주아 사회의 문제가 노출되었다. 이 문제는 —공포정치, 나폴레옹, 왕정복고, 부르주아 왕국, 제2독일제국 등을 통해— 제3공화국의 마크마옹(Marie Edme Patrice Maurice Comte de MacMahon)[105]의 실각과 더불어 비로소 실현되었지만, 마침내 그렇게 된 것이다. 다른 한편, 그리고 동시에 자신의 현상태(Geradesosein)의 개별 계기들의 도움으로 나폴레옹이나 루이 필리프(Louis Philippe)[106]는 성

---

105) 파트리스 드 마크마옹(Duke of Magenta, 1808~1993)은 프랑스의 군인, 정치가로서 크림전쟁에 출정하여 원수(元帥)가 되었다. 1871년 3월 베르사유 정부군의 총사령관으로서 코뮌을 괴멸시켰다. 1873년 티에르에 이어 대통령이 되었으며, 후에 공화파에 밀려 1879년 정계를 떠났다. (역주)
106) 루이 필리프(1773~1850)는 프랑스 7월혁명과 더불어 왕위에 올라 2월혁명 때까지 군림(1830~48)하였다. 그의 통치기간은 프랑스 시민사회의 융성기에 해당하며 산업혁명의 시작으로 계급지배가 강화되고 저널리즘이 확대되었다. 그러나 경제불황의 여파로 노동자계급의 운동이 치열해지자 정부는 이를 탄압하였고, 외교상의 문제와 결부되어 2월혁명이 일어났다. (역주)

공을 거두기도 했다. 그리고 본질이 곧 현실이기 때문에, 자신의 현상태는 본질을 결코 완전히 떨어버릴 수는 없다. 따라서 한편으로는 인간이 객관적-사회적으로 규정되며, 다른 한편으로 이때 발생한 사회적 구조와 역학의 현상태에 인간이 활동적으로 움직이면서 자신을 각인시키는데, 발전의 그러한 구체성은 이 양자 사이의 모순 담지적 통일로 드러난다. 발달의 모순적인 이 두 요소들을 이해하기는 쉽지 않다. 1789년 봉건주의의 붕괴와 더불어 자본주의로의 길이 열린 것은 분명하다. 이제 자본주의는 왕정복고가 의도적으로 그 대립자로 확신하며 나서건 부르주와 왕국이 의식적으로 촉진하건 간에 자기 자신을 중단 없이 관철시켜 나갔다. 이러한 전개과정에서 자본주의의 의미가 또한 내적으로 질적인 변화를 겪으며 계속 형성되어갔다는 사실로 인해 불가항력적인 그러한 객관적 과정이 지양될 수는 없다. 이렇듯 비스마르크 제국의 자본주의는 빌헬름 2세 시기의 제국주의로 넘어가며 성장했다. 그럼에도 불구하고 이 모든 것은 단순히 인간에게 발생한 것이 아니라 그 모든 객관적 필연성에도 불구하고 자기 자신의 행동의 열매이기도 하다. 1848년 6월의 쇼크가 없었다면 프랑스에서 제2제국도 생기지 않았을 것이다. 하지만 이 쇼크를 체험했던 바로 그 사람들이 그 일을 했다. 이런 모순을 통일로 지각하고 해석하기는 어려운데, 이런 어려움은 사태 자체에서보다는 잘못된, 물신화된 사상적 착상들에서 기인한다. 속류 마르크스주의자들은 경제적 과정이 인간의 추동적 활동성과 완전히 독립해서 움직인다고 하고, (실존주의자들은) 개별 인간이 낯선 세계로 '던져진', 고독한 결단으로, 자유를 향하도록 저주받았다고 하면서 개별 인간을 물신으로 만드는데, 이 둘은 모두 잘못된 착상에 사로잡혀 있다. 우선 이러한 대립의 불가피한 상호관계를 드러내기 위해 갈등을 해결하는데 있어서 당시의 중요한 인구 층을 움직이고 조직하지 않고서는 그 효과가 실질적으로 불가능하다는 사실에 대해 살펴보자. 18세기의 자코뱅주의자들이나 20세기의 국가사회주의(나치)자들이 그들인지는 순수하게 사실적이면서 동시에 순수하게 추상적이다. 그런데 사실 그것은 순수하게 추상적일 뿐이다. 왜냐하면 그런 대중을 움직이게 한 이념적-도덕적 내용은 이미 엄청나게 다르며, 이런 상이성은 그 이후의 모든 행동에 그들만의 특수성을 각인했고, 그들의 독특한 인간적-정치적 특성을 각인했기 때문이다. 운동을 불러일으킨 발생과 과정의 사회적-인간적 존재양식은 이후 실천의 방향과 내용도 결정한다. 인간은 대답하는 존재로서 역사가 자기에게 제기한 질문과 독립해서 존재할 수 없지만, 객관화된 사회적 운동 역시 이 운동의 사회적-인간적 발생, 정치적-도덕적 발생으로부터 독립할 수 없다.

정치적 결단의 지속적 영향의 문제, 실천적으로 선택된 그 다음의 연결고리의 영향반경의 문제에서 두 거대 집합의 동등함과 상이함이 목적론적 정립하에서 동시에 재생산된다. 실제 사람들과 힘들이 정립되는 객체 속에서 움직일 때에만 그 정립은 자연과의 신진대사에서뿐 아니라 다른 사람들의 목적론적 정립의 영향하에서도 객관적으로 효력을 발휘할 수 있는데, 동등함은 바로 이러한 사실에 의존한다. 우리가 알고 있듯이 이 두 목적론적 정립양식의 차이에 상응하게 두 번째 영역의 불확실성 계수가 그렇게 아주 크지 않으며, 질적인 것으로 둘러싸인 크기의 질서 안에 놓여 있다. 그런데 이러한 차이가 특정한 공동의 존재론적 토대, 즉 존재에 딱 들어맞는 필연성을 지양하지 않는다. 그런데 이러한 사실은 자연과의 신진대사에서도 특정한 한계 내에서만 유효하다. 한편으로 정립은 발생의 전체 계기들을 완전하고 적절하게 알고 있는 경우 수행될 수 없고, 다른 한편 이러한 요구는 언제나 노동의 직접적 목적에 제약된다. 그런데 이러한 제약은 차이의 질적 성격을 더 분명하게 만든다. 정치적 결단의 경우 인식되지 않은 것의 범위는 비교할 수 없을 만큼 더 크다. 그뿐 아니라 차이의 질적 특성은 다음에서도 표현된다. 즉 사회적 발전이 정치적 결단과 같은 바로 그러한 촉진을 통해 새로운 형식들, 새로운 법칙성들을 산출할 수 있는데 반해, 객체의 근본적 법칙성들은 자연과의 신진대사에서만 인식될 수 있다는 점이다. 만약 예를 들어 자본주의의 성장을 위한 정치적 결단이 아주 좋을 경우, 이 결단은 절대적 잉여가치(부가가치)가 상대적 잉여가치를 밀어 젖히는 단계로 진입할 수 있다. 그리고 이를 통해 위기의 정치적 해결을 통해 작동하기 시작한 인과계열이 전혀 새로운 법칙규정들을 만들어낸다. 이 말은 참된 발전경향에 맞게 정치적 결단을 수행할 수 없고, 그 결과들이 이 결단의 지속적인 영향에 놓일 수 없다는 것을 의미하지 않는다. 이때 잊어서는 안 되는 사실은 정치적 발전이 내적으로 완결된 노동의 진행과정을 가질 수 없고, 오히려 실현될 때 명백하게 드러나는 모순들이 새로운 결단을 요청한다는 것이다. 이때 그 결단이 근원적으로 올바른 것인지는 어떤 보증도 있을 수 없다. 이렇듯 영향의 지속은 사실 정치적 정립들의 사회적 정당함의 기준이지만, 그 지속이 처음부터 합리적으로 인식될 수 있는 것은 아니다. 역사만이 비로소 이에 대해—언제나 사후적으로—타당한 판단을 줄 수 있다.

그러나 이와 더불어 우리는 비로소 모순 가득한 —그리고 그 모순성 속에서만 적절하게 이해될 수 있는— 이런 과정을 이해하기 위한 입구에 도달했다. 공식적 과학의 물신화된 사유는 —그것을 고백하든 조용히 숨기든— 전형적인 사회적-인간적 태도방식의 존재론적으로 중요한 역사성을 언제나 내용의 '영원'으로, '지속'으로 변화시키고자 하는데, 이러한 활동 속에서 현실과정의 역동적 연속성이 궁극적으로 동등하게 머물러 있는 '실체'로 응고되고 만다. 이러한 정신세계와 대립되는 지점에 위치한 랑케 유의 역사주의나 오늘날 구조주의에서는 개별단계들이 다시금 발생이나 변화와의 투쟁을 할 필요도 없이 그저 정적인 개별성으로 물신화되어 고착된다. 이러한 사실은 극단적으로 노동분업적인 전문가들로 분화된 과학자들이 변증법적으로 모순 가득한 현실복합체를 존재자로 인식하는 것에 대해 뿌리 깊이 거부하고 있음을 보여준다. 정치는 처음부터 오늘날까지 그 본질적 특징을 급격한 변화 없이 계속 유지해왔다거나, 다른 구조들에 결코 전이될 수 없는 특징을 가진 당시의 구조의 한 계기일 뿐이라고 말하는 것은 편견인데, 이런 편견들은 여기서 철폐되어야 한다. 마르크스는 1950년대에 그의 주요 작품을 최초로 써 내려가고 있을 때 이 문제를 다뤘다. 여기서 그는 생산 일반에 대해 말하는 것이 의미가 있는지에 대해 말한다. 그의 대답은 그것은 추상인데, 첨가해서 말하자면 "이해가 되는 추상(verstaendige Abstraktion)"이라는 것이었다. 이런 이해 가능성은 "그것(추상)이 현실적으로 공동의 것을 뽑아내 고착시켜, 우리에게 더 이상 반복할 필요가 없게 하는 한"이라는 조건에 의해 제약된다. "이때 이 일반적인 것, 혹은 비교를 통해 특화된 이 공동의 것은 그 자체 다양한 지절들을 가지고 있으며, 상이한 규정들로 서로 다르게 분리된 채 경험된 것이다. 그것들 중 몇 개는 모든 시기에 속하고, 다른 것들은 몇몇 시기에만 공동의 것이다. 몇몇 규정들은 가장 옛날의 시기와 가장 최근의 시기에 함께 적용된다. 그런 규정들 없이 어떤 생산도 생각할 수 없을 것이다. 가장 발전한 언어가 가장 미발전한 언어를 가진 법칙과 규정들을 공유할 때에만 자신의 발달을 구성하는 바로 그것은 이런 일반적인 것과 공동의 것의 차이이다. 주체, 즉 인간과 객체, 즉 자연이 동일하다는 데서 생겨나는 통일에 대한 본질적 상이함을 망각하지 않기 위해 생산 일반에 타당한 규정들은 특화되어야 한다."[107] 마르크스의 확고한 이런 진술이 생산적으로 적용되려면 첫째, 그의 이 진술이 생산 자체에 관련이 있지 이데올로기 영역에 관련이 있지 않다는 것을 알아야 한다. 우리는 이전의 분석으로부터 사회와 자연 사이의 신진대사에서 나타나는 일차적인 목적론적 정립의 객체세계가 다른 사람들의 미래의, 기대되는 행동을 정향하고 있는 그런 정립들의 세계보다도 더 규정적이고 대상적으로 더 지속적이라는 것을 알고 있다. 따라서 그런 추상을 사용하는 데 있어서 주의할 점은 전자보다 후자에서 더 엄격한 의미로 사용해야 한다는 점이다. 둘째, 이론적 사용을 할 때 우리가 지금 추상, 그것도 존재과정에서 얻어진 추상과 관계하고 있지 존재과정 자체와 관계하고 있지 않다는 점을 잊어서는 안 된다. 마르크스는 여기서 ─존재론적으로 말해서─ "생산 일반이란 없다."고 분명하게 말한다. 그 과정의 존재 적합한 일차적 계기들은 경제적 구조, 그 변화와 연속성들이다. 따라서 이러한 "이해가 되는 추상"은 추상적인, 논리적인 표시들에 따라 판단되고 적용되어서는 안 된다. 오히려 모든 일반화의 기준은 언제나 실제 과정 자체의 연속성이다. 따라서 당연히 근원적 형식의 노동이 사회적 실천의 이데올로기적 형식이 할 수 있는 것보다 훨씬 더 명료하게 더 복잡한 형식들의 모델로서 기여할 수 있다. 마르크스는 방금 말한 고찰에서, 존재에서 기인하는 이런 항구적 모델성을 아주 분명하게 묘사해준다. "도구가 비록 손에 불과할지라도 생산도구가 없으면 생산은 불가능하다. 그 노동이 야만인의 손에서 반복적인 연습을 통해 축적되고 응집되어 완성되었다고 하더라도 과거의 축적된 노동이 없으면 생산은 불가능하다."

---

107) Ebd., S. 7; MEW 42, S. 21.
　　본문은 MEW 원문을 문법적(그리고 내용적)으로 잘못 인용하고 있어서 원문을 참고하여 번역하였다. (역주)

그리고 그는 참으로 존재 적합한 이런 상황이 어떻게 추상적-논리적 응용을 통해 완벽하게 위조될 수 있는지를 덧붙여 말한다. "자본은 또한 특히 생산도구이고 객관화된 과거의 노동이다. 따라서 내가 '생산도구'와 '축적된 노동'을 비로소 자본으로 만드는 그 특별한 것을 놓치고 나면 자본은 일반적인, 영원한 자연관계(Naturverhaeltnis)에 머물 것이다."[108] 전체 사회와 관련이 있는 갈등을 해결하기 위한 형식으로서 정치는 확실히 아주 비판적으로 통제된 이러한 의미에서 발달과정에 있는 노동의 양식으로부터 모델들을 길러내 형성할 수 없다. 갈등해결이라는 사실에 이미 과제로 함유되어 있는 비일상적인 일회적 연속성은 그러한 방식의 추상적 일반성을 발생시킬 수 없다. 해결될 수 있는 갈등이 본질과 현상의 통일의 영역에서 일어난다는 점, 불가피하게 직접적인 갈등의 해결형식이 언제나 구체적인 그 다음의 연결고리를 붙잡는 것이라는 점 등은 '일반적인' 정치의 경계가 일반적인 생산의 영역보다 훨씬 더 협소하다는 것을 분명하게 드러낸다. 마키아벨리가 말하듯 정치는 심오하고 천재적인 것이라고 하는 곳에서 이것은 본질적으로 구체적인 특성을 가지며, 일반성은 추상적이라기보다 비유적이다.[109]

그렇게 발생한 질적 차이를 정치적 실천의 구조와 역동성 속에서 자세히 서술하는 것은 당연히 불가능하며 —이를 위해 경제에 기초한 세계사가 기록되어야 할 것이다— 여기서는 몇몇 좋은 예들을 들어 정치의 범위, 내용, 존재양식, 방향 등이 언제나 상이한 방식으로 규정되었고 규정되며,

---

108) Ebd.
109) 정치적 실천과 습속, 전통, 종교, 도덕, 윤리 등과 같은 다른 양식의 실천적 태도 사이의 역동적 연관의 탐구는 전혀 다른 문제복합체이다. 여기서도 역시 어떠한 추상을 하든 극도로 조심할 필요가 있다. 이 문제들 역시 구체적으로 윤리학에서나 다뤄질 수 있다.

언제나 마르크스가 사회의 경제적 구조라고 불렀던 것에 의해 규정되었고 규정되고 있음을 보여주는 것으로 만족할 것이다. 그런데 이와 더불어 대체로 구속력이 있는 정치적 실천의 테두리가 '정치'의 실천적 개념으로부터는 결코 인출될 수 없는 질적으로 독특한 것으로 제시된다. 그렇게 주어진 활동공간 내에서만 정치적으로 해결될 수 있는 구체적 갈등들이 전개될 수 있다. 여기서 그 해결의 방식과 그 인과적 결과들은 구체적으로 우연에 의해 관철된 규정으로 채워진 구체적인 이러한 현상태에 마주 서 있다. 따라서 우선 여기서 중요한 것은 이러한 활동공간을 그 현상태에서 파악하는 것이다. 우리는 먼저 청년 마르크스가 봉건주의의 경제적-사회적 특성에 대해 제시한, 그런데 그 안에 정치적 실천의 존재양식에 대한 명료한 시사점을 간직하고 있는 상을 살펴보고자 한다. "중세시대에 농노, 봉건적 재화, 직능조합, 학자조합 등이 있다. 즉 중세에 소유, 상업, 회사, 인간 등이 **정치적으로** 존재하며, 국가의 구체적 내용은 그 형식에 의해 정립되고, 모든 사적 영역은 정치적 특성을 갖거나, 혹은 정치적 영역이다. 혹은 정치 역시 사적 영역의 특성이다. 중세에 정치체제는 사적 소유의 체제인데, 그 이유는 오직 사적 소유의 체제가 정치적 체제이기 때문이다. 중세에 민족의 삶과 국가의 삶은 동등하다. 인간은 국가의 현실적 원리이지만, 그 인간은 **자유롭지 않은** 인간이다. 따라서 그것은 **부자유의 민주주의**, 수행되는 소외이다. 추상적-반성적 대립은 근대세계에 속한다. 중세는 **현실적** 이원론, 근대는 **추상적** 이원론이다."[110]

일 년 후에 그는 프랑스혁명에서, 그리고 그 이후에 내용과 형식에서 완전히 상이한 정치적 실천의 양식을 발생시킨 사회적 범위를 탐구했다. 이

---

110) Marx: *Kritik des Hegelschen Staatsrechts*, MEGA I, I; S. 437; MEW I, S. 233.

때 마르크스는 이해할 만하고 교훈적이게도 혁명적으로 발생한 새로운 사회형식이 어떻게 봉건적 형식과 질적으로 날카롭게 대립하는지를 보인다. "이러한 지배권력을 붕괴시키고 국가업무를 인민업무로 고양한 정치적 혁명, 정치적 국가를 보편적 업무로, 즉 현실적 국가로 구성한 정치저 혁명은 필연적으로 모든 신분, 조합, 길드, 그리고 인민을 공동체로부터 분리하는 표현이었던 특권층 등을 파괴했다. 정치적 혁명은 이와 더불어 **부르주아 사회의 정치적 특성을 지양했**고, 부르주아 사회를 단순한 구성성분으로, 즉 한편으로는 **개인들**로, 다른 한편으로는 이 개인들의 본질의 내용, 즉 이들의 부르주아적 상황을 형성하고 있는 **물질적이고 정신적인 요소들**로 분해했다. 정치적 혁명은 봉건적 사회의 다양한 곤경들로 분할되고, 해체되고, 용해된 봉건적 정신을 해방시켰다. 이 정치적 혁명은 정치적 정신을 그 파괴로부터 끌어모았고, 이 정신을 부르주아적 삶과의 혼합으로부터 해방시켰고, 공동체의 영역으로, 즉 이 정신을 부르주아적 삶의 저 **특수한** 요소들과 이상적으로 독립해 있는 인민의 **일반** 업무로 구축했다. **특정한** 삶의 활동과 특정한 삶의 상황은 단 하나의 개별적인 의미로 침잠했다. 그러한 것들은 개별자가 국가 전체와 맺는 일반적 관계를 더 이상 형성하지 않았다. 공적 업무 그 자체는 오히려 모든 개인의 일반적 업무로, 정치적 기능은 그의 일반적 기능으로 되었다."[111]

우리는 한 구성체에서 다른 구성체로의 사회의 경제적-사회적 구조변동이 정치에 새로운 내용을 부여할 뿐 아니라 변하지 않고 머물러 있는 경우 원리에 새로운 내용을 부여한다는 것을 보이기 위해 이런 대비를 도입했었다. 그러한 구조변화는 여기서 볼 수 있듯이 실천과 관련하여 전혀 다른

---

111) Marx: *Zur Judenfrage*, ebd., S. 597; MEW I, S. 368.

새로운 정세를 만들어내는데, 이 정세는 정치가와 그의 추종자의 사회적 유형으로부터 행위의 당시 목표와 이 목표를 수행하는 방식에 이르기까지 쭉 뻗어 있다. 당연히 이런 변동은 한 구성체에서 다른 구성체로의 이행에만 관련이 있는 것이 아니다. 한 구성체의 발달과정에서 비록 동등하게 머물러 있는 내용성의 구조문제에서 느릿한 진화가 발생하는 것 같지만, 이런 안정성은 단지 가상일 뿐이다. 한 구성체 내부에서의 그런 느린 변동들 내에서도 질적인 양식의 변화들은 구조의 대부분의 계기들에서, 종종 가장 중요한 계기들에서 발생할 수 있다. 이렇듯 봉건적 구조의 변화는 그 외적 형식에 따라 종종 봉건주의 내부에서, 압도적으로 봉건적인 수단으로 하나의 투쟁으로서 시작되며, 이후의 단계에서야 자신의 참된 형태에 도달한다. 이렇듯 부르주아 사회의 자본주의적 분리와 자립화는 먼저 자유방임의 실현태로 현상하고, 나중에 국가와 사회의 이전의 연결방식과 아무런 공통점도 갖지 않는 강력한 국가개입주의를 —뉴딜을 생각해보라— 형성하게 된다. 그러한 변화에서도 형식주의적으로 체계화하고자 하는 모든 시도는 오류로 나아갈 수밖에 없다. 변화들은 구체적인 사회존재론적 방식에 의해서만 커다란 과정의 특정한 계기들로 파악될 수 있는데, 이 과정의 내용은 자연한계의 후퇴, 사회의 점증적 사회화 등을 만들어간다.

청년 마르크스는 "인격체로 존재하는 개인과 그런 한에서 노동의 어떤 부문에, 그리고 거기 속한 조건들에 포섭되는 개인 사이에 차이가 있음"을 통찰했는데, 이때 그는 여기서 이미 결정적으로 중요한 존재론적 문제를 목도하고 있었다. 이러한 포섭이 인격성을 제약하고 규정하기는 하지만 지양하지는 않는다. 하지만 여기서 중요한 "차이는 다른 계급과의 대립에서", 혹은 고유한 사회-경제적 위기상황에서 비로소 등장한다. 인간의 이런 사회적 규정은 "신분제에서는 (부족제에서는 더욱더) 은폐되어 있다. 예를 들어 귀족은 항상 귀족에 머물고, 평민은 언제나 평민으로 머물기 때문에 그 성질은 그의 다른 관계들과는 상관없이 그의 개별성으로부터 분리될 수 없게 된다." 말하자면 "자본주의 사회에 비로소 개인에게 삶의 조건의 우연성이 등장한다."[112] 여기서 우연성은 당연히 순수하게 사회적 존재의 존재론의 관점에서 인간의 자연적 실존과 사회에서의 그의 위치 사이의 관계의 우연성으로 고찰되어야 한다. 왜냐하면 일반자로 추상된 존재 일반의 입장에서 볼 때 모든 인간의 구체적 존재는 철저히 필연적이면서 철저히 우연적이기 때문이다. 이에 반해 마르크스의 규정은 사회적 노동분업, 분배의 형식들이 주어진 마르크스주의적 의미에서 순수하게 사회적으로 되었다는 것, 이 형식들이 자신의 근원적인 자연적 규정들을 탈색했다는 것을 보여준다. 폴리스의 시민은 토지와 대지의 사적 소유자였지만 공동체의 구성원으로서만 그럴 수 있었다는 것을 생각해보라. 이러한 사실은 경제적으로뿐 아니라 이데올로기적으로 아주 많은 결과들을 초래하는데, 예를 들어 우리는 고대에 어떤 형식의 토지소유가 가장 생산적인 형식인지에 대한 어떤 탐구도 발견하지 못한다. 관심은 오히려 "어떤 방식의 소유가 최상의 국가시민을 만드는지에 맞춰져 있다."[113]

그런 대립성들을 무한정 확장하여 부각할 수도 있을 것이다. 여기서 다뤘던 것은 질적으로 다른 대상들이 상이한 구성체들에서 (그리고 또한 그 중요한 발전단계들에서) 정치적 실천을 위해 어느 정도나 근본적일 수 있는지, 그리고 여기서 발생한 이데올로기적 차이들이 어느 정도나 질적으로 다른 사회적 존재의 속성으로 이끌 수 있고 이끌릴 수 있는지를 몇몇 참고자료

112) Marx: *Deutsche Ideologie*, a. a. O., S. 65; MEW 3, S. 76.
113) Marx: *Rohentwurf*, S. 379 und 387; MEW 42, S. 387 u. 395.

와 더불어 시사하는 것이었다. 우리는 이미 이러한 상이함의 가장 일반적 토대, 즉 자연경계의 후퇴와 사회의 점증적 사회화를 언급했다. 이제 중요한 문제는 이 복합체로부터 전체정치적 실천을 변화시킬 만큼 영향력을 행사한 그러한 계기를 부각하는 것이다. 즉 경제적-사회적 관계들에 여전히 극복되지 않은 자연적 관계의 요소가 강하게 남아 있을수록 그 관계들에는 그만큼 분명하게 마찰 없는 자기재생산을 위한 거의 절대적인 최적의 상태가 형성되는데, 이 최적의 상태는 경제적 상승발전을 통해서만 분쇄될 수 있다. 마르크스는 폴리스에 대해 다음과 같이 쓴다. "공동체의 지속의 전제는 스스로를 유지하는 자유로운 농민들 사이의 평등의 유지와 자신의 소유의 지속의 조건으로서의 자신의 고유한 노동이다."[114] 그런데 이로부터—경제적으로 불가피한— 발달을 위해 다음의 사실이 따라 나온다. "공동체가 과거의 방식으로 지속적으로 실존하기 위해 그 구성원들의 재생산은 전제된 객관적 조건들 아래 놓여 있어야 한다. 생산 자체, 인구의 진전 (이것 역시 생산에 속한다.)은 필연적으로 점차 이러한 조건들을 지양한다. 즉 그것들은 이 조건들을 재생산하는 대신 파괴하며, 결국 공동체는 자신이 근거하고 있던 소유관계와 더불어 몰락한다."[115] 경제적으로 제약된 사회적 전성기 이후 나타나는 경제적-사회적으로 불가피한 이런 해체는 아직 완전히 사회화되지 않은 모든 사회의 필연적 도정이다. 이것은 정치적 실천과 관련하여 퇴행으로 특징지어지는 결과를 가져온다. 즉 진지하게 선택된 모든 개혁은 본능적이건 무의식적이건 간에 과거의 최상의 상태를 재산출하는 데 맞춰진다.

114) Ebd., S. 379; MEW 42, S. 388.
115) Ebd., S. 386; MEW 42, S. 394.

자본주의는 비로소 그 재생산과정이 과거의 어떤 것에도 구속되지 않은 경제구성체이다. 여기에서 —역사상 처음으로— 정치적 실천을 구성하는 그런 목적론적 정립들의 목표설정이 그 내용에서 보자면 과거의 것을 재산출하는 것이 아니라 미래의 것을 이끌어내는 데 맞춰져 있어야 한다. 그런데 처음에는 —이러한 사실이 인식되지 않은 채— 오로지 객관적 경향만이 그러했다. 본래의 이데올로기적 표현 역시 과거 상태의 재산출을 목표로 하는 것으로 비친다. 그런데 그러한 정립을 이데올로기적으로 정당화하는 가운데 이 정립들에 작동하는 잘못된 의식이 표현된다. 즉 그런 정립들은 사실은 사회적 발달의 이전의 전성기로의 회귀를 열망하는 것이 아니라 '이상적인 것'으로 파악된 사회적 존재방식에 방향을 맞추고 있다는 것이다. 이 정립들은 그 특징들을 전승과 문학으로부터 추측하여 이끌어내고 있다. 중세의 급진적 이교운동의 이데올로기가 그랬고, 17~18세기 영국과 프랑스의 위대한 부르주아 혁명의 이데올로기 역시 그러하다. 후자는 처음으로 자신의 모범을 종교에서가 아니라 고대의 세속적 삶에서 취했는데, 이것은 정치적 실천에서 새로운 방향을 잡는 데 있어서 현실에 근접한 현상방식으로 나아가는 최초의 발걸음을 의미한다.(다른 하나의 이행 형식은 이성의 왕국의 실현으로서 역사로부터 일탈하여 미래를 향한 방향설정으로 나아가는 것이다.) 즉 —확실히 사회적으로 제약된, 과거의 재생에 방향을 맞춘 실천의 오랫동안의 지배로부터 독립하지 않은 채— 유럽에서 지배적인 기독교에게 과거는 마찬가지로 이상적 상태로서 역할을 했으며, 이미 그리스 신화 이래 미래가 아니라 과거가 현재적 행위의 모범으로 간주되었다는 사실을 잊어서는 안 된다. 과거에 기원을 두고 있는 그런 착상은 경제적-사회적으로 매개된 채 일상에 깊이 뿌리박고 있으며, 단순한 자기창조물보다 정신적-인륜적 우월함이 부여되며, 자수성가한 사람보다 위대한 조상들의 쇠퇴한 유산에 더 신뢰를 보여준다. 이런 생각이 경제적 발전을 통해 날마다 점점 더 강력하게 파괴되고 있음에도 불구하고 여전히 존재하면서 다양하게 영향력을 행사하고 있으며, 전체 이데올로기로 이뤄진 일상의 '세계관'에 의해 영향을 받는다. 새로운 이데올로기는 존재 적합한 필연성을 가지고서 확산되고 있는데, 이런 확산이 어떻게 종교적 이데올로기와의 투쟁을 이겨냈고 이겨내는지, 그런 확산이 종교에 어떻게 영향을 미쳤는지에 대해 여기서 자세히 다룰 수는 없다. 중요한 것은 정치적 실천과 그 이데올로기적 표현형식들의 존재와 작용에서 질적인 변화가 얼마나 근본적으로 있을 수밖에 없었는지를 보이는 것이었다.

하지만 그런 질적 변화, 그런 전회가 정치적 이데올로기에 미친 결과들 역시 아주 크고, 또한 아주 다양한 이데올로기들을 발생시켰지만, 이 모든 것에서 압도적으로 중요한 것은 여전히 이러한 발전의 객관적 요소이다. 사회적 갈등의 해결에서 주관적 요소를 보는 것도 중요하다. 이때 이러한 대비가 완전히 서로 독립적인 요소들의 인정을 의미하는 것이 아니라는 점을 잊어서는 안 된다. 주관적 요소가 등장하는 실제 활동공간은 언제나 경제적-사회적 발전에 의해 명확해진다. 여기서도 역시 인간은 객관적 과정에 의해 제기된 질문에 대답하는 존재이다. 주관적 요소에 대해 분리되어 특화되었다고 말하는 것의 정당성은 단순히 ─그러나 이 '단순히(bloss)'란 말은 전체적인, 그리고 아주 효력이 있는 복합체이다─ 다음에 의존한다. 즉 모든 질문은 대답을 이끌어내는 공식화를 통해서야 비로소 참된 질문으로 되며, 경우에 따라 대답하기 어려운 상태로 머물러 있다는 사실, 그리고 대답의 내용, 방향, 강도 등이 객관적 발전에 의해 인도된 문제들을 해결하기 위한 투쟁의 결과에 대해 아주 중요한 의미를 획득할 수 있다는 사실에 의존한다. 위기의 결과로 발전이 어떤 도정으로 나아갈 것인지는—그러나 경제적 발전의 본질적 필연성을 지양할 수는 없다— 주관적 요소에서 발생한 대답에 대단히 의존적이다.

이제 주관적 요소의 작용범위를 좀 더 자세히 서술하기 위해 우리는 주관적 요소가 당시의 사회적 상태와 맺는 관계를 아주 일반적인 수준에서나마 보여주어야 한다. 이때 사회적 삶에서의 일반화의 존재한계가 우리에게 언제나 현재해야 하며, 특히 완전히 사회화된 사회와 불완전하게 사회화된 사회의 방금 말한 차이도 현재해야 한다. 따라서 우리의 탐구는 무엇보다 그 첫 유형, 즉 근대의 유형에 국한될 것이다. 마르크스는『독일 이데올로기』에서 사회에서 정상적인 이데올로기적 존립을 정확하게 서술한다. "어느 시대나 지배계급의 사상은 지배적인 사상이다. 다시 말하자면 사회의 지배적인 물질적 세력인 지배계급이 동시에 그 사회의 지배적인 정신적 세력이라는 말이다. 물질적인 생산수단을 통제하는 계급은 그 결과 정신적인 생산의 수단을 통제하고 있으며, 그에 따라 정신적인 생산수단을 가지지 못한 계급의 사상은 대체로 그것에 종속된다. 지배적인 사상은 지배적인 물질적 관계들의 관념적 표현, 사상으로 파악된 지배적인 물질적 관계일 뿐이다. 그러므로 한 계급을 지배계급으로 만드는 관계들의 표현, 곧 이 계급의 지배사상 이외의 아무것도 아니다. 지배계급을 구성하는 개인들도 무엇보다도 의식을 가지고 있고 따라서 생각한다. 그들이 계급으로서 지배하며, 한 역사적 시대의 전 범위를 규정하는 한 그들이 이것을 전반적인 영역에서 행하며, 따라서 무엇보다도 사고하는 자, 사상의 생산자로서 지배하며, 따라서 그 시대의 사상의 생산과 분배를 규제한다는 것은, 따라서 그들의 사상이 그 시대의 지배적인 사상이라는 것은 자명하다."[116]

---

116) Marx: *Deutsche Ideologie*, a. a. O., S. 35-36; MEW 3, S. 46.

여기서 언급된 사상을 "그 자체로 무시간적 속성을 가진" 인간들이 그저 외적 권력에 복종하기나 한 것처럼 그렇게 사소화해서는 안 된다. 오히려 중요한 것은 그렇게 발생한 사회적 존재가 평균적 인간을 위한 자연적 삶의 토대를 만들어낸다는 것이며, 이들의 사상은 본질상 자신의 개인적 실존을 의식하게 하고자 하는 시도와 다를 바 없다는 것이다. 그렇다면 이것은 사회적 노동분업에 의해 산출된 지식인 계층뿐 아니라 이러한 존재형식에 존재 적합하게 묶여 있다고 느끼는 모든 평균적인 사람에게 다소간 일반적으로 표현되는데, 이러한 사실은 우리에게 더 이상 결코 새로운 현상이 아니다. 대상화와 외화는 기초적인 사회적 삶의 형식들인데, 그것이 없으면 노동도 언어도 가능하지 않을 것이다. 또한 어떤 일반화로 나아가는 경향은 동일하게 살아 있는 인간사회에 살고 있는 모두의 기초적 표현방식이다.

마르크스는 계속되는 자신의 탐구에서 노동분업이 어느 정도 발달한 사회에서 필연적으로 이데올로기적 양식의 차이들이 발생하지만, 이 차이들이 지배계급의 실존을 위협하고 이와 더불어 이 계급에 속한 사람들, 그리고 계급에 존재 적합하게 묶여 있는 사람들의 삶의 방식을 위협하는 위기상황에서는 희석되는 경향이 있음을 보여주었다. 이데올로기는 비록 의식형식이긴 하지만 결코 현실에 대한 의식과 단적으로 일치하지는 않으며, 사회적 갈등을 해결하기 위한 수단으로서 확실히 실천지향적인 것이고, 따라서 당연히 자신의 고유한 특성을 유지하는 가운데 모든 실천의 속성을 분유하고 있다. 즉 이데올로기는 변화될 수 있는 현실에 정향되어 있다.(이때 이미 말한 대로, 변화 추구에 대해 주어진 현실을 방어하는 것도 동일구조를 드러낸다.) 전체 실천 내에서 이데올로기의 고유한 특성은 언제나 궁극적으로 사회에 방향을 맞춘 일반화이다. 즉 이데올로기의 고유한 특성은 그들을 서로 유지하거나 변화시키거나 폐기할 수 있다는 데서 그 공동성이 성립하는 현상집단들의 추상적 종합이다. 이로부터 마르크스가 다음과 같이 말한 가치위계가 생겨난다. 즉 사회적 위기의 순간 자기 자신의 계급현존 혹은 자신의 계급에 대한 날카로운 비판가의 계급 귀속성은 이 계급에 대한 입장표명으로 표현되는 경우가 자주 있다는 것이다. 동일한 사유과정에서 마르크스는 아주 정당하게도 다음과 같이 말한다. "특정한 시기에 혁명적 사상의 실존은 이미 혁명적 계급의 실존을 전제한다."[117] '혁명적 계급'의 관계를 부각하는 것은 무조건적으로 필연적이다. 왜냐하면 우리는 이전에 미래에 방향을 맞춘 사회들과 과거의 이상적인 상태를 헛되게 다시 부활하고자 하는 사회들을 구별했는데, 이 구별은 결과적으로 혁명적 이데올로기를 가진 계급들이 첫 번째 집단에서만 발생할 수 있음을 시사하고 있으며, 노예도 천민도 그런 이데올로기와 그 계기들을 스스로 발전시키지 못했으며, 중세 이교집단의 경우 초기 자본주의의 도시적 영향이 없었다면, 즉 경제적 발전이 없었다면 봉건적 사회질서의 붕괴를 생각할 수 없었을 것이기 때문이다.

혁명적 계급에 대해 말하자면, 무엇보다 즉자적 계급, 즉 지배계급에 마주한 계급과 대자적 계급의 마르크스적 구별을 부각하는 것이 중요하다. 계급유형의 발달에 국한하여 표현된 이 첫 번째 공식의 경우 아주 중요한 다음의 공식이 따라 나온다. 즉 "그러나 계급에 대항한 계급투쟁은 정치적 투쟁이다."[118] 이와 더불어 잉여가치를 놓고 벌이는 직접적 투쟁은 전체 사회라는 커다란 복합체에 편입된다. 이 투쟁이 정치화된다는 것은 사회적 존재의 총체성에 방향을 맞춰 실천적 변화를 목표로 한다는 것이다. 이때

---

117) Ebd., S. 36, S. 46.
118) *Das Elend der Philosophie*, a. a. O., S. 162; MEW 4, S. 181.

이 투쟁의 정신적 수단은 사회적 규정들을 일반화한 것일 수밖에 없다. 왜 냐하면 이러한 방식의 매개를 통해서만 불만족스런 자연발생적 운동이 특정한 상황에서 혁명적 행동으로 종합될 수 있는 정치적 행위로 될 수 있기 때문이다. 정치적-실천적으로 정향된 이러한 일반화는 비록 개별자의 지적-감정적 흥분에서 출발하지만, 정치적 실천을 직접적인 계급이해를 넘어 사회적으로 보편적인 운동으로 만들 수 있는 매체를 형성한다. 여기에서 우리에게 관심이 있는 것은 마르크스와 엥겔스가 『공산당선언』에서 제기한 질문의 이데올로기적 측면이다. '임박한 혁명적 상황에서 억압받는 계급은 어떻게 지배계급으로부터 동맹자, 공동파업자, 이데올로그, 이데올로기 지도자 등을 얻을 수 있는가? 그들은 이러한 사실을 역사적 예들을 통해 보여준 후 행동하는 이데올로그들을 "전체 역사적 운동의 이론적 이해를 위해 힘겹게 노력한 사람들"[119]이라고 특징화했다.

다른 곳에서도 그러하듯 여기서도 개념적 명료화를 위해 무엇보다 혁명적 상황에서 정치적 실천이 이데올로기로 갈라져가는 지점을 연구하고 서술하는 것이 중요하다. 왜냐하면 혁명적 상황은 규정의 총체성을 더 분명하게 표현하며, 개별적 규정들에 일상의 일반적 갈등에서 더 날카로운 측면, 더 큰 입체성을 부여하기 때문이다. 그런데 이때 확고히 되어야 할 사항은, 한편으로 이 후자에서 동일한 문제가 현상한다는 점이고, 다른 한편 첨예한 혁명적 상황이 비록 질적 상승을 동반할 수는 있지만, 많은 본질적 계기들에서도 유사한 구조연관들이 드러난다는 사실이다. 따라서 레닌이 마르크스의 그런 확고한 설명을 어떻게 일반화했는지를 보는 것은 아주 흥미 있는 일이다. 레닌은 마르크스의 그런 설명을 일상의 계급투쟁

119) Marx-Engels: *Das kommunistische Manifest*, MEGA VI. S. 535; MEW 4, S. 472.

에 적용했으며, 그것들이 수행하는 기능들로부터 그 본질을 규정했다. 마르크스처럼 레닌은 계급투쟁을 부르주아와 프롤레타리아트의 직접적 적대성에 국한시키지 않았다. 이때 그의 눈에 프롤레타리아트에서 자연발생적인 조합주의적 의식만이 발생한다. 그리고 마르크스적 의미에서 그는 참된 계급투쟁, 참된 프롤레타리아 계급의식을 프롤레타리아트가 정치적인 것을 의식적으로 표현하는 곳에서만 인정한다. 이에 대해 그는『공산당선언』을 일반화하고 진작시키는 가운데 다음과 같이 말한다. "정치적 계급의식은 노동자에게 **외부로부터만**, 즉 노동자와 사용자의 관계영역 외부로부터만 도입될 수 있다. 이러한 지식을 만들 수 있는 영역은 **모든** 계급과 계층이 국가와, 정부와 맺는 관계의 영역이며, **전체** 계급들 사이의 상호관계의 영역이다."[120] 그 때문에 그는 조합주의적 비서 대신 호민관을 내세웠다.[121] 따라서 그는 노동자 조직 외에 혁명가조직을 요구했다. 그리고 여기서 그는 다시금 일반화하는 가운데『공산당선언』의 확고한 신념으로부터 최종적 결론을 이끌어낸다. 후자의 조직에서 **"노동자와 지식인 사이의 모든 차이는 완전히 사라져야 한다."**[122] 역사의 주관적 요인은 다음과 같은 경우에만 갈등의 해결을 위한 아주 중요한 힘으로 발전할 수 있다. 즉 한편으로 주어진 사회의 상태들에 대한 단순히 직접적인 불만족, 즉 이 상태에 대한 대립이 이론적으로도 그 사회의 총체성에 대한 부정으로 고양될 경우에만, 다른 한편 그렇게 형성된 정당화가 존립하는 것의 총체성에 대한 단순한 비판으로 머물지 않고, 그렇게 획득된 통찰들을 실천으로 전이할 수

---

120) *Lenin Sämtliche Werke*, a. a. O., IV, II, S. 216-217; LW 5, S. 436.
121) Ebd., S. 218; LW 5, S. 437.
122) Ebd., S. 254; LW 5, S. 468.

있을 때, 즉 이론적 통찰을 이데올로기의 주요한 실천으로 상승시킬 수 있을 경우에만 그러한 사실이 일어날 수 있다. 청년 마르크스는 이러한 과정을 이미 헤겔의 법철학 비판에서 생산적이고 조형적으로 공식화했다. "그런데 비판의 무기는 무기의 비판을 대체할 수 없다. 물질적 힘은 물질적 힘을 통해 전복되어야 하고, 이론 역시 대중을 사로잡는 순간 물질적 힘으로 된다. 이론이 인신 공격적으로 시위하는 순간 이론은 대중을 붙잡을 수 있고, 이론이 급진적으로 되자마자 이론은 인식 공격적으로 시위한다. 급진적이라 함은 사태의 뿌리를 붙잡는다는 것이다. 하지만 인간에게 뿌리는 인간 자체이다."[123]

이론적 정립의 실천적 의미가 그 정점에 이르는 바로 여기서 이론적 정립의 존재와 본질이 목적론적 특성을 갖는다는 사실이 드러난다. 이론을 불러일으키는 사회적 과정도, 정치적 행위들의 후속 현상도 어떤 목적론과 관련이 있다. 주관적 요인의 위대한 사상가로서의 레닌이 이 요인의 역사적 가능성과 역할에 대해 말할 때 그는 이러한 사실을 분명하게 표현하고 있는 것이다. 그는 정치적 갈등의 극단적인 첨예함, 혁명적 상황의 조건을 말하고 있다. "**하위층들**이 더 이상 옛 질서를 **원하**(wollen)지 않을 경우, 그리고 상층부들이 **옛 방식으로** 더 이상 **살 수 없**(koennen)을 때"[124] 이러한 현상이 나타난다. '하고자 함(Wollen)'과 '할 수 있음(Koennen)'의 대립은 무엇보다 정치적 실천의 대립적 방식을 두 축 위에서 표현한다. 즉 현상태를 유지하기 위해 억압받는 자들에게 정력적이고 통일적인 의지행위, 따라서 참된 활동성이 필요한 데 반해, 지배계급에게는 정상적인, 물론 아주 비정

---

123) Marx: *Zur Kritik der Hegeischen Rechtsphilosophie*, MEGA I, I, S. 64; MEW 1, S. 385.
124) *Lenin Sämtliche Werke*, xxv, S. 272-273; LW 31, S. 71.

상적이지 않은 삶의 재생산이면 충분하다. 이를 통해 사회구성체의 변형방식에서 주관적 요인의 결정적 기능이 규정된다.

레닌의 이런 공식으로부터 두 가지가 따라 나온다. 첫째, 어떤 지배도 스스로 붕괴하지 않는다는 사실을 레닌은 반복해서 다음과 같은 형식으로 표현한다. 즉 절대적으로 출구가 없는 어떤 상황도 정치적으로 존재할 수 없다. 그리고 또한 당연하게도 자동적으로 훌륭한 해결책이 결코 나올 수 없다고 한다. 거대한 역사적 전환은 따라서 생산력의 발달, 이 발달이 생산관계에 미친 영향의 단순한 기계적 결과가 아니며, 이를 통해 전체 사회에 단순하게 기계적으로 매개되는 것도 아니다. 둘째, 하나의 긍정태는 이런 부정태에 상응한다는 것이다. 즉 변화시키는 활동, 혁명적 실천의 생산성이 그에 상응한다. 사회적 존재는 단순히 스스로를 변화시키는 것이 아니라 언제나 반복해서 변화된다는 것, 이러한 사실은 혁명에 대한 위대한 세계사적 교훈이다. 방금 인용한 레닌의 규정은 바로 이런 적극적 측면을 부각시킨다. 이것의 필연적인 역사적 결과는 경제적 발달이 비록 객관적으로 혁명적인 상황을 산출할 수 있지만, 사실적이고 실천적인 중요한 주관적 요인을 필연적으로 산출하는 것은 아니라는 것이다. 구체적인 사회적-역사적 환경은 모든 개별 경우들마다 구체적으로 탐구되어야 한다. 일반존재론의 입장에서 보자면 그 환경들은 궁극적으로 모든 인간적 결단의 대안적 특성에 의존하는데, 이것은 동일한 사회적 사건들이 상이한 층들에, 그리고 이 영역 내부에서 상이한 개인들에게 상이하게 영향을 미친다는 전제에 기초해 있다. 그런데 그들에 의해 창조된 상황인 이러한 사건들만이 명백히 인과적으로 규정될 수 있다. 당연히 모든 개별 인간의 반응방식은 그 사건들의 구체적-인과적 전사(前史)를 가진다. 그런데 이 전사의 규정적 영향은 경제적인 두 현상의 연관만큼 분명하게 떨어져 있지 않다.

레닌은 위대한 결단에 대한 인간의 입장표명의 이런 다의성을 언제나 분명하게 보았다. 그가 11월의 결단 전야에 무장봉기를 위한 주관적 조건에 대해 긍정적 입장을 내렸을 때 그는 동시에 아무런 미사여구 없이 출구도 없이 그저 회의에 빠져 극단적인 반동의 영향 아래 떨어진 대중의 일단이 있음을 확고히 하고 있으며, 여유 있고 객관적으로 왜 그렇게 될 수밖에 없는지를 해명한다.[125] 다른 자리에서 그는 혁명으로 이끌리지 않는 일련의 혁명적 상황을 열거한다. 60년대 독일, 1859~61년과 1879~80년의 러시아가 그렇다는 것이다. "왜? 왜냐하면 혁명이 모든 혁명적 상황에서 발생하는 것이 아니라 위에서 말한 객관적 변화에 주관적 변화가 덧붙여진 상황에서만 발생하기 때문이다. 즉 혁명적 계급을 혁명적 대중행동으로 조직하여 '무너지게 하지' 않을 경우 위기의 시기에도 무너지지 않는 옛 정부권력을 파괴(혹은 충격)할 만큼 충분히 강할 때 혁명은 발생한다.[126]

이로부터 당연히 어떤 역사적 비합리주의, '천재'만이 그곳에서 올바른 출구를 발견할 수 있는 그런 혼돈이 따라 나오지 않는다. 주관적 요인 내부의 이런 분산들은 예외 없이 인과적으로 제약되며, 따라서—적어도 사후적으로— 완전히 합리적으로 파악될 수 있다. 사회적 결정의 상황들이 언제나 그러한 분산의 요소들, 미결정의 요소들을 함유해야 한다는 사실이 이것과 모순을 일으키는 것은 아니다. 전체 사회의 대중의 척도에서 문제가 되는 것은 우리가 오랫동안 알고 있는 상황을 아주 더 첨예화하는 것이다. 즉 다른 사람들에게 새로운 정립을 하도록 자극하는 그런 목적론적 정립의 결과들, 그리고 다른 사람들에게 그렇게 영향을 미치는 목적론

125) *Lenin Sämtliche Werke*, XXI, S. 439-441; LW 26, S. 98-200.
126) *Lenin Sämtliche Werke*, XVIII, S. 319-320; LW 21, S. 207.

적 정립의 결과들은 적어도 사회와 자연의 신진대사에서 나타나는 자연연관에 대한 상대적으로 올바른 인식에 의존하는 그런 목적론적 정립에서와 달리 그렇게 직접적인 일의적 규정성을 요구할 수 없다. 왜냐하면 여기서 말하고 있는 정립들은 사람들을 원하는 결정에 가까이 다가갈 수 있도록 대안을 명료하게 하려는 데 그 본질이 있기 때문이다. 무엇보다 정치적 결정의 경우 경제적 사실들과 이전에 수행되었던 정치의 결과들이 직접적으로 인간에게 영향을 미친다는 사실은 이러한 구조의 어떤 본질적인 것도 변화시키지 않으며, 기껏해야 결단의 전제들, 동기들 등을 훨씬 더 엉키게 만들 뿐이다. 그러나 사람들은 사회적 진공에서 행동하는 것이 아니라 언제나 구체적인 사회적 환경 속에서, 거기서 작동하는, 그들에게 구체적 대안을 제기하는 구체적 과정과의 연관에서 행동하기 때문에 경향에 대한 인식은 어렵고 불확실함의 계수가 없지는 않지만 결코 불가능하지도 않다.

아주 구체적으로 말하자면 이러한 사실은 일반적인 일상생활에서 보다 훨씬 더 분명하다. 일반성이 사유에서 지배적인 지위를 점유하기 이전에 먼 존재의 범주라는 사실을 의심하는 사람, 특히 일반화가 인간적 삶의 실제 움직이는 힘을 표상한다는 사실을 의심하는 사람은—인간에게 관심을 맞추고서— 혁명의 역사를 연구해야 할 것이다. 물론 혁명적 상황이 특히 그 정점에서 사회적-인간적 대안들을 단순하게 만들고, 축소하면서 요약하며, 일반화하는데, 이러한 사실은 혁명의 본질에 속하며, 모든 혁명적 상황의 객관적 측면의 본질에 속한다. 정상적인 일상에서 아직 완전히 관례화되지 않은 모든 결단은 무수한 '만약'과 '그러나'의 분위기에 놓여 있으며, 따라서 총체성에 대한 입장표명은 말할 것도 없고 이에 대한 판단들은 거의 일어나지도 않을뿐더러 거의 구속력이 없는 상태로 이뤄진다. 반면 혁명적 상황에서, 그리고 종종 혁명적 상황을 준비하는 과정에서는 고립된 개별질문들의 이러한 '악무한'이 거의 나타나지 않는다. 그런 개별질문들은 대부분의 사람들에게 그들 자신의 삶의 운명의 문제로 마주 서 있으며, 정상적인 일상과 반대로 직접적으로 분명한 대답의 형태를 요구하는, 분명하게 형식화된 질문을 함유한다. 우리가 이전에 객관적 측면에 대해 고찰했던 위기의 탈출구로서 "그 다음의 연결고리"의 의미는 따라서 삶 자체에서 직접 주체에 호소하는 목소리를 보유할 수 있다. 그러나 존재 적합한 이해라는 측면에서 볼 때 이러한 상황에서 오로지 정상적 일상에서 제기되는 당시의 무한한 개별질문들만을 보는 것은 피상적이고 잘못된 것이다. 그런 선택은 의심의 여지없이 동등하게, 심지어 더 일차적으로 작용하면서 객관적으로 현존하지만, 여기서 중요한 것은 실제 사회에서 실제 문제복합체들의 위계적 배치이다. 그러나 모든 그런 선택에는 언제나 동시에 일반화로의 경향이 숨어 있다. 사회를 변형하고자 하는 새로운 흐름들은 전복의 과정 이후—그것이 성공했든 실패했든 간에— 옛것을 새로운 대상으로, 새로운 형식으로 담아낸 새로운 존재를 보유한 대상복합체들에 체현된다. 어떤 사회에서는 복고가 이뤄지기도 했다. 그러나 본질에 따르면—인간이 언제나 생각하고 행위한다 하더라도— 어떤 사회도 혁명 이전의 상황을 재생할 수 없었다. 가장 오랫동안 말해왔던 옛 말들의 배후에 충분히 대상화된 다른 사회에 상응하는 새로운 의미가 있으며, 이러한 변화와 더불어 이 사회에 살고 있는 사람들은 —급격하게든 느리게든, 의식적이든 무의식적이든 간에— 다른 사람으로 변화된다.

또한 사람들이 자신의 역사를 만든다는 사실은 바로 그 혁명들에서 그와 관련한 가장 발달되고 가장 적절한 형태를 드러낸다. 분명하게 제기된 중심 질문들은 '대답하는 존재'에게 세계를 형성하는 힘을 부여하며, 이를 통해 정상적인 일상에서는 전체적으로든 개별적으로든 소유할 수 없는 자기형성의 계기를 부여한다. 인간의 그런 활동을 통해 커다란 위기의 시기에 사회적으로 존재하는 하나의 특정한 현상세계, 즉 계속된 발전할 경우 본질의 객관적 진보에 점점 더 적합하게 성장할 수 있는 그런 현상세계가 형성된다. 그런데 이런 적합성은 직접적으로 경제적 의미에서만 그렇다는 것은 아니다. 거대한 경제적 혁명, 특히 하나의 구성체에서 다른 구성체로의 이행은 이미 인간의 활동형식(과 사회적으로 근본적인 이 형식의 특성)이 새로운 생산관계에 적응되어야 함을 시사한다. 그러나 이러한 사실은, 전체로서의 인간과 관련해서 보자면, 아주 대립적인 형식들로, 아주 상이한 접근단계와 접근양식들을 가지고서 발생할 수 있다. 왜냐하면 ―그리고 이와 더불어 우리는 그런 변혁의 존재론적으로 근본적인 문제에 이른다― 그 내용에 대해 반복해서 말했던 경제적 본질의 필연적 발전은 즉자적으로는 엄격한 필연성에 따르고, 그 과정에서 인간이 생각하고 의지하는 것과 독립해 있지만, 그 발전은 그렇게 형성된 사회적 삶의 총체의 현상태(Geradesosein)와 단순한 가능성의 관계에 서 있기 때문이다. 즉 본질의 이러한 발달은 아주 다양한 현상형식들을 산출할 수 있는데, 한편으로 개별 사회들의 정치적-사회적 구조가 서로 다르다는 점에서, 다른 한편으로 그 사회들에서 사는 사람들의 개인적 본질이 상이하다는 데서 그 원인을 찾을 수 있다. 그런데 여기에서 사회적 발전과 관련하여 존재론적으로 중심적인 질문이 표현된다. 즉 경제적 변혁의 사회적 결과들이 이 변혁을 통해 사회적으로 가능해진 인간의 힘과 능력을 실질적으로 풀어놓는가? 그리고 풀어놓는다면 어느 정도나 풀어놓는가? 이러한 사실은 어떤 환경에서도 본질의 내적 필연성에 따라 이 본질이 직접적-기계적으로 발전한다는 것을 보증할 수 없다는 것을 의미한다. 그러한 발전은 위기를 가져오고, 위기는 인간의 행동을 불러일으키며, 이러한 행동은 사람들 사이에 그에 상응하는 변화를 산출한다. 우리는 이전에 이 현상을 다룬 곳에서 이 현상 안에 있는 불균등한 발전의 근거를 보았다. 이제야 비로소 이러한 확신이 자신의 중심적인 존재론적 내용을 드러낸다. 즉 17세기 이래 유럽에서 민주주의적 혁명을 추적하는 사람은 —긍정적인 의미이든 부정적인 의미이든 간에— 거대한 나라들이 이 변혁의 순간에 자신의 활동양식 속에서, 그리고 이 양식을 통해 인간화와 인간존재라는 의미에서 스스로를 어떻게 형성했는지를 쉽게 볼 수 있다. 경제적으로 자본주의적 생산방식은 도처에서 관철되었는데, 옛 권력 앞에서 혁명이 언제나 굴욕적으로 항복하고 말았던, 따라서 현상세계, 이 세계를 지탱하는 제도, 그리고 이 제도에 의해 유지되었던 사람들 사이에서 어떤 근본적인 변혁도 일어나지 않았던 독일에서도 자본주의적 생산방식은 관철되었다. 전체 나라의 그런 불균등한 발전 내부에서 개별적인 영역에서, 특히 전형적인 이데올로기적 영역에서도 그런 불균등한 발전이 나타날 수 있다는 사실을 동일하게 독일의 경우(특히 1789~1848년 사이)에서 확인할 수 있다.

따라서 만약 마르크스주의의 정치문서, 특히 『공산당선언』에서 계급투쟁, 즉 정치적 실천의 궁극적 전망이 대안선택의 특성을 갖는다면 여기에 역사진행에 대한 마르크스주의의 핵심사항이 표현된다. 이러한 사실은 마르크스가 사회주의의 실현에 대해 말할 때 언제나 분명하게 등장한다. 마르크스는 『자본』 제3권에서 이 중심적 질문을 다룬다. 그는 사회주의와 보다 높은 단계인 공산주의가 이끌어올 것이라고 하는 '자유의 왕국'의 위치를 다음과 같이 규정한다. "자유의 왕국은 사실 필요와 외적 합목적성에 의해 규정되는 노동이 그치는 곳에서 비로소 시작한다. 따라서 그 왕국은 본성상 원래의 물질적 생산 저편에 놓여 있다." 이 고찰에서 사회적 존재 내부에서 본질과 현상의 복합체를 강조하고 있다고 한다면 마르크스의 이런 이등분은 이 고찰과 정확히 일치한다. 그런데 마르크스는 경제라는 특수자를 필연의 왕국으로 구체화한다. 즉 그는 우선 생산력의 성장의 결과로, 그리고 이를 통해 욕구의 만족의 결과로 이런 사상적 종합에 이르기 위해 경제가 확장될 것임을 확고히 한다. "이 영역에서 자유는 오로지 사회화된 인간, 서로 결합한 생산자들이 자연과의 이런 신진대사를 합리적으로 규제하고, 맹목적 힘인 이 신진대사에 굴복하기보다는 그들의 공동의 통제 아래로 이끌어온다는 사실에 놓여 있다. 사회화된 인간은 최소한의 힘을 소모하여, 그리고 자신의 인간적 본성에 가장 적합하고 어울리는 조건 아래서 자연과의 이런 신진대사를 수행한다. 그러나 이 영역은 언제나 필연성의 왕국으로 남는다. 이 왕국 저편에서 자기목적으로 간주되는 인간적 힘의 전개, 참다운 자유의 왕국이 시작된다. 하지만 이 왕국은 저 필연성의 왕국을 토대로 해서만 성장할 수 있다. 노동일의 단축은 기본 조건이다."[127]

이론적으로 아주 중요한 이 단락에 대한 보다 면밀한 고찰을 노동일의 단축의 문제와 더불어 시작하고자 한다. 왜냐하면 현재의 부르주아 학문은 마르크스주의가 '더 이상 현실적이지 않다.'는 것을 증명하기 위해 그런 구체적 확언들을 가져다 쓰곤 하기 때문이다. 사실 문제는 다음과 같다. 마르크스가 이 문구를 쓸 당시 자본주의적 착취에서 절대적 잉여가치는 아주 중요한 역할을 하고 있었다. 분명하게도 새로운 구성체로의 근본적 변혁의 객관적 전제들을 전망하는 가운데 노동일의 단축은 그 조건으로서 결정적인 위치에 놓여 있다. 그사이 자본주의의 발달은 상대적 잉여가치가 점차 지배적이 되면서 이 질문에 또 다른 경제적 측면을 제공했다. 마

---

127) *Kapital*, S. 355; MEW 25, S. 828.

르크스는 당연히 당시의 실제 상황에서 출발했으며, 당시의 전망을 탐구했다. 그러나 우리가 알고 있듯이 그가 절대적 잉여가치의 생산을 "노동의 자본에의 형식적 포섭에 대한 구체적(물질적) 표현"으로 고찰하고, 이에 반해 상대적 잉여가치를 "실제적 포섭"으로 고찰하기 때문에[128] 현재적 상황은 결코 마르크스주의의 방법에 대한 반박을 담고 있지 않다. 여기서 중요한 점은 다만 사회주의를 향한 경제적 "근본조건"이 이미 자본주의에서 실현되기 시작했으며, ―마르크스가 결코 주장하지 않았던 것처럼― 이와 더불어 사회주의를 자동적으로 이끌어낼 수 있는 것은 아니라는 것이다. 우리는 따라서 방법론적으로 중요한 계기들을 좀 더 자세히 살필 것이다.

첫째 계기는 다음과 같다. 경제는 사회주의에서도 필연의 왕국으로 존재하고 머문다. 생존과 재생산을 위한 "인간의 자연과의 투쟁"은 존재 적합한 근거에 따르면 결코 변할 수 없다. 이 싸움은 인간(사회)과 자연의 지양 불가능한 관계에 의존한다. 마르크스는 여기서 명백한 논박은 없었지만 푸리에서 블로흐에 이르기까지 사회에서 자유의 왕국의 형성과 더불어 원리상 존재 적합한 자연존재가 변한다는 것, 그리고 이와 더불어 자연이 인간과 사회와 맺는 관계도 변한다고 하는 모든 유토피아를 거부한다. 여기에 마르크스주의 존재론의 중요한 원리가 언표되어 있다. 즉 자연존재의 사회적 존재로의 이행은 자연의 존재 적합한 범주적 특성에 결코 다시 영향을 미칠 수 없다는 것이다. 노동과 이로부터 발생하는 과학을 통한 자연인식의 엄청난 확장은 양자 사이의 신진대사를 강화하고 엄청난 높이로 고양될 수 있을 뿐이다. 그러나 그 전제는 자연의 즉자존재에 대한 단

---

128) Archiv Marxa i Engels II(VII), Moskau 1933, 100, Kap. I, S. 472; in: *Resultate des unmittelbaren Produktionsprozesses*, a. a. O., S. 51.

순히 점증하는 통찰이지 자연존재의 원리의 변화는 아니다. 그런데 경제적 법칙의 "자연법칙적" 특성을 말하는 경우도 많다. 자연 자체에서는 목적론적 정립이 결코 발생하지 않는 반면, 모든 경제적 현상이 목적론적 정립으로부터 시작되는 인과사슬로 이뤄져 있는 한 그 표현이 존재론적으로 완전히 올바른 것은 아니다. 이 표현의 정당성은, 우리가 마르크스의 『자본』에서 본 것처럼, 경제적 발전의 본질적 법칙, 즉 재생산을 위해 필요한 사회적 노동시간의 감소라는 법칙, 사회의 점증적 사회화와 세계경제가 발생할 때까지 계속되는 작은 사회들의 통합의 경우에서 나타나는 자연한계의 후퇴라는 법칙 등이 비록 존재 적합하게 목적론적 정립들로부터 발생하지만, 이것을 발생시킨 인과사슬은 이 사슬을 이끌어냈던 정립들의 내용과 의도 등과 상관없이 유효할 수 있다는 사실에 의존한다. 이런 의미에서 경제의 세계는 필연성의 왕국에 속한다. 그런데 이때 이런 필연성과 자연 사이의 근본적 모순은 한순간도 간과되어서는 안 된다. 자연법칙은 사회와 전혀 무관하게 서 있다. '무관하다'는 표현 속에 이미 허락되지 않은 의인적 뉘앙스가 풍겨난다. 이에 반해 필연성의 사회적 왕국은 모든 인간적 발달의 모터이다. 마르크스는 많은 곳에서 노동을 통한 인간의 인간화로부터 노동분업과 노동양식의 최고의 형태에 이르기까지 이 필연의 왕국이 중단 없이 인간의 인간화를 촉진한다고 말한다. 그런데 그는 "개별성의 보다 고차적 발달은 개별자들을 희생시키는 역사적 과정을 통해서만 구입된다."는 사실을 덧붙인다.[129] 이렇듯 우리가 방금 제시했듯이 필연의 왕국의 모든 영역은 이렇게 진행된다.

무엇보다 객관적으로 법칙적인 이 경제적 과정이 비록 사회적 존재의

---

129) *Theorien über den Mehrwert*, II, I, S. 309-310; MEW 26, 2, S. III.

보다 고차적 발달을 포함하지만, 어떤 견지에서도 목적론적 특성을 갖지 않는다는 사실은 분명하다. 이 과정은 이전에 대충 설명했던 테두리 안에서, 즉 사회적 존재가 점점 더 순수하게 사회성을 전개하는 방향에서 움직이며, 이와 더불어 이 과정에서 형성되고 변형된 사람들을 그 참된 대답을 통해 이들을 현실적인 유적 존재로뿐 아니라 참된 개별성을 가진 자로 만들 수 있는 그런 질문 앞에 세운다. 그런데 과정 그 자체는 이를 위한 당시의 실제적 가능성의 활동공간을 존재 적합하게 지시할 뿐이다. 대답들이 방금 시사한 의미에서 주어질 것인지 그 반대의 의미에서 주어질 것인지는 더 이상 경제적 과정 그 자체에 의해 규정되지 않고, 이 과정으로부터 제기된 인간의 대안적 선택의 결과이다. 따라서 역사에서 주관적 요인은 궁극적으로, 오직 궁극적으로만 경제적 발달의 산물이다. 왜냐하면 주관적 요인이 마주해 있는 선택적 대안은 이 과정으로부터 생겨나지만, 그럼에도 불구하고 그 요인은 본질적 의미에서 이 과정으로부터 상대적으로 자유로우며, 그의 긍정이나 부정은 단지 가능성으로만 그 과정에 묶여 있기 때문이다. 주관적 요인들(과 이와 더불어 이데올로기)의 역사적으로 활동적이고 위대한 역할은 여기에서 정당화된다. 그런데 마르크스는 사회주의로의 이행, 자유의 왕국으로의 진입의 특징을 드러내고자 할 때 그는 —계속 머물러 있는— 필연의 왕국을 분석하는 가운데 이미 이 문제를 말한다. 이때 합리적 통제, "공동의 통제", "최소한의 힘의 소비" 등을 말한다면, 그것은 순수한 경제언어이다. 그러나 그가 사람들이 이 조직을 "그 인간적 본성에 가장 적합하고 어울리는 조건들 아래서" 수행해야 한다고 말하자마자 경제 세계의 내부에서 이미 도약이 발생한다. 왜냐하면 생산성의 고양을 향한 돌진은 자연발생적 필연성과 더불어 경제적 활동 자체로부터 생겨나기 때문이다. 이때 인간의 능력이 발달한다는 것은 본질의 관점에서 보자면 부산물이다. 당연히 인간의 발달을 의도하고 촉진하는 경우들이 있었고 또 있다. 수공업 장인조합의 황금기나 교육체계가 생산을 위한 준비에 아주 강하게 방향을 맞추고 있는 현재를 생각해보는 것으로 충분하다. 물론 오늘날 노동의 기쁨을 고양하기 위한 절차를 공들여 다듬어낸 전문적 심리학자들이 활동하는 공장들이 있다. 그러나 이런 것들은 예외 없이 생산성을 향상하기 위한 수단, 순수 경제적 목표설정의 실현을 위한 수단일 뿐이다.

이에 반해 "인간적 본성에 가장 적합하고 어울리는" 생산조건은 경제의 조직체를 더 이상 순수 경제적 목표설정에 따라서 요구하지 않는다. 이러한 사실은 마르크스가 공산주의에서 노동에 대해 부여한 특징, 즉 "노동이 삶의 수단일 뿐 아니라 그 자체로 삶의 욕구로 된 이후에"라는 말과 밀접한 연관이 있다.[130] 또한 역사에서는 적어도 그러한 착상의 부분적 예들을 수없이 볼 수 있다. 상대적으로 좋은 환경에서 나타나는 단순한 농업경제로부터 중세 후기와 르네상스의 수공업에 이르기까지 인간의 삶에서 그러한 역할을 노동에 부여할 수 있게 하는 상황들이 언제나 있었다. 그런데 그러한 것들은 그저 단순히 지나가고 마는데, 왜냐하면 경제적 발달은 오늘날까지 생산력의 미발달에 의지하는 그런 주관적 완성을 언제나 필연적으로 파괴하기 때문이다. 그런데 사람들로부터 자신의 삶의 의미를 노동에서 파괴하는 것이 아니라 발견하려는 열정이 있다. 그러므로 이러한 종류의 개인적 노력들은 모든 사회에서, 따라서 현재의 사회에서도 역시 산발적이지만 반복해서 등장한다. 그러나 이 모든 것은 마르크스의 요구가

---

130) Marx-Engels: *Kritiken der Sozialdemokratischen Programm-Entwürfe*, Berlin 1928, S. 27; MEW 19, S. 21.

지금까지의 발달과 전혀 상관없는 어떤 유토피아적 의미를 갖지 않는다는 것을 보여주며, 그의 요구는 단지 경제의 지배 아래 놓여 있는 사회들에서는 대체로 활동할 수 없는 능력, 소원, 열정 등을 해방시킨다. 이때 이 능력, 소원, 열정 등은 인류의 전체적인 발달의지를 통해서야 비로소 새로운 방향을 부여할 수 있는 인간 유의 본질적 표식이긴 하지만 모든 인간의 삶을 의미 있게 형성할 수 있다. 여기에서 또한 인류는 사회적 존재를 현실적으로 파악하는 이데올로기의 토대 위에서만 해결될 수 있는 결단 앞에 세워진다. 당연히 경제적 발달의 필연성이야말로 비로소 그러한 실제 선택적 대안의 가능성을 창조한다.(낮은 단계의 생산력을 가진 사회주의 사회들은 객관적으로 거의 그런 결단에 마주칠 수 없다.) 실천적-정치적 관점이 아니라 단순히 일반존재론적 상황에 대해 말하고 있는 이곳에서 주목할 수 있는 것은 다만 필연의 왕국으로부터 자유의 왕국으로의 이행의 선택적 대안에 대해 논의할 때 그런 선택의 이데올로기적 해결은 지금까지의 역사의 위기에서 질적으로 다른 더 고차적 특성을 가져야 한다는 것이다.

이 질문의 기초존재론적 토대는 당연히 변할 수 없다. 생산력의 발달만이 사람들을 그런 이데올로기적 대안 앞에 세울 수 있다. 그러나 여기에서 인류역사에서 지금까지보다 훨씬 더 분명하게 우리가 반복해서 말했던 다음과 같은 존재론적 상황이 현상한다. 경제적 발달의 필연성은 인간의 이데올로기적 결단을 위한 가능성의 활동공간을 창출하는 것이다. 혹은 이 상황의 특수성을—존재론적으로 유사한— 이전의 상황과 대립하여 부각시키기 위해. 경제적 발달은 모든 객관적 조건이 인간의 참된 인간화를 가능하게 하는 지점, 인류가 즉자적으로 현실적인 인간의 유로 되는 지점에 도달할 수 있다.(도달할 것이다.) 여기서는 이 가능성의 활동공간을 구체적인 상으로 제시하는 것이 불가능하다. 경향상 여기서 확실히 중요한 것은 생산력의 한계 없는 진전이 그 경제적 의미를 상실한다는 사실이다. 그런데 오늘날 이에 대한 ─완전히 일의적으로 해석할 수 없는─ 어떤 경향들만이 눈에 들어온다. 그 경향은 원자의 발달이 전쟁수행과 관련하여 의미하게 된 전환에서 가장 분명하게 드러난다. 원자의 궁지는 지금까지 세계사에서 그 유래를 볼 수 없는 그런 궁지이다. 그런데 이 문제가 경제적-기술적 전쟁준비에 아직 영향을 미치지 않고, 이 전쟁준비가 경제적 생산 일반에 아직 영향을 미치지 않지만, 멀지 않은 미래에 그렇게 될 것이다. 왜냐하면 몇몇 영역에서 생산성이 훨씬 커짐으로써 원자문제가 경제적으로도 타당성을 가지게 될 것이기 때문이다. 그럼에도 불구하고 이 즉자가 대자로, 이 가능성이 현실로 될지는 비록 경제적 과정과 관련이 있다고 하더라도 더 이상 경제적 과정에서 직접 도출될 수는 없다.

지금까지 우리는 경제 자체와 관련이 있는 새로운 대안들을 탐구했다. 그러나 마르크스는 앞에 인용된 부분에서 이러한 대안을 형성하는 데 전제가 되는 자유의 왕국의 본질에 대해 명료하게 말한다. 그는 자유의 왕국과 필연의 왕국의 관계에 대해 다음과 같이 말한다. "필연의 왕국 저편에서 자기목적으로 간주되는 인간적 힘의 전개, 참다운 자유의 왕국이 시작된다." 하지만 그는 필연성의 왕국이 그러한 성장의 변경할 수 없는 토대로 머문다는 사실을 잊지 않고 첨가한다. 이 연관에서야 비로소 "자기목적으로 간주되는 인간적 힘의 전개"가 그 구체적 의미를 보유하게 된다. 우리는 이미 노동을 인간적 삶의 첫 번째 토대라고 말했었다. 우리는 또한 인간이 실제로 인간화하는 가운데 나타나는 불가피한 이중성, 즉 노동과정으로부터 넓은 의미에서 유적 존재로서의 발달뿐 아니라 개별성으로서의 발달도 나타난다는 것을 보여주었다. 이 과정이 올바로 이해되려면 그 계기들이 서로 분리되고 통일되는 이 과정의 이중성을 적절하게 이해해야 한다. 경제적 과정이 구성체를 역동적으로 변화시키는 가운데 질문들을 제기하며, 이 질문에 대답함으로써 개별 인간들은 스스로를 유적 존재로서만이 아니라 개별성으로 형성하고 전개한다. 이때 이 질문들은 자신의 궁극적인 실재의 토대를 경제적으로 규정된 당시의 대상들에 두고 있지만, 사회적으로, 특히 사회적 노동분업에 기초한 존재환경에서 중단 없이 이 직접성을 넘어간다. 그러나 이러한 넘어감은 궁극적으로 물질적 생산과정에 의해 규정된다. 만약 특정한 정신적 입장표명이 자립화될 경우 사회적 욕구는 언제나 이를 위한 모터로 현존한다. 이런 연관은 결코 의식 적합적인, 그리고 존재 적합적인 연관일 필요는 없다. 물론 이 연관은 현실 속에서 가장 극단적인 예외 경우들에만 그렇다. 마르크스는 "그들은 그것을 모르지만 그것을 한다."고 인간의 사회적 실천에 대해 말한다. 그리고 우리는 말할 수 있다. 그런 실천이 좁은 의미의 생산과정에서 멀리 떨어져 있을수록 그 실천이 자신의 사회적 토대와 기능에 대한 올바른 의식으로 수행될 가능성은 그만큼 협소해진다.

　의식은 사회 안의 모든 개별 인간이 처한 상황에서 직접적으로 형성되며, 그가 자신의 삶을 사회에서 어떤 식으로든 실현하기 위해 내적-외적으로 극복해야 하는 상황, 자신의 실존을 안전하게 하고 때때로 이를 넘어 내적 만족과 자신과의 일치에 대한 규준을 만들어내는 이 상황들이 모든 개인에 미치는 영향의 결과로부터 생겨난다. 마르크스는 『독일 이데올로기』에서 다음과 같이 말한다. "의식은 의식된 존재와 다를 수 없으며, 인간 존재는 자신의 현실적 삶의 과정이다."[131] 그러한 삶의 과정의 직접적 소여에서도 사회적 존재의 근본적-상호연관적-지양 불가능한 양극성이 발생한

---

131) *Deutsche Ideologie*, a. a. O., S. 15; MEW 3, S. 26.

다. 즉 실천의 근본구조로서의, 그리고 실천을 인도하고 동반하며, 실천으로부터 따라 나오는 의식의 근본구조로서의 개별성과 유적합성. 유적합성과 개별성의 내용, 형식, 상호관계 등은 사회적 발달의 모든 단계에서 다르게 조달되며, 서로 다른 관계로 드러난다는 것은 일반적으로 받아들여지는 사실이다. 따라서 —의식 적합하게— 어떤 때는 이 요소가, 다른 때는 저 요소가 관심의 전면에 서며, 때때로 아주 강하여 다른 요소가 송두리째 소멸한 것처럼 나타나기도 한다. 예를 들어 현재가 바로 그런 경우이다. 오늘날은 개별성이 지배적인데, 이러한 의식은 특히 지성계에서 만연해 있는데, 유적합성과 모든 개별자들이 사회와 맺는 유대가 전혀 존재하지 않기라도 한다는 표상들로 나타난다.(이것은 기껏해야 순진한 발상이며, '소외'의 형식으로 등장한 부정적인 객관태이다.)

여기에 함유된 존재론적 환상은 다음의 사실들을 보자마자 곧 폭로된다. 즉 인간 유의 즉자존재가 오늘날만큼이나 그렇게 아주 모순적 형식들로라도 객관적으로 그렇게 멀리까지, 그렇게 다양하게 발달하지 않았었으며, 자신의 대자존재가 그렇게 많이 출현하지 않았다. 이렇듯 고도의 분화된 이 단계가 그 자체로 인간 개별성의 영향 없이 머물 수 있다고 가정하는 것은 우스운 일이다. 유적합성을 단순히 개별 인간의 의식에 반영되고 표현되는 것이 아니라 그 존재에 따라 고찰하면, "개인의 현실적인 정신적 풍요는 그의 현실적 관계의 풍요에 철저히 의존한다."[132]는 마르크스의 진술은 참되다.

그러나 이런 현실적 관계는 노동분업의 산물이며, 사람들에게 자신의 삶에서 대답되어야 하는 질문들을 제기하며, 이를 통해 그 안에서 이 질

132) Ebd., S. 26; ebd., S. 37.

문에 답할 능력을 발달시킨다. 이때 이 대답들은 사람들의 개별성과 유적합성을 동시에 발달시킨다. 우리는 대상화와 외화가 동일한 실천적 행위의 측면들임을 보여주었고, 이 양자의 구별의 정당성은 다음의 사실에 근거한다. 즉 대상화에서 인간은 실천적으로 뭔가를 산출하며, 그 산출물은 (그것이 언어를 통한 감정의 단순한 표현이든 어떻든 간에) 본질상 압도적으로 유에 적합하며, 어떤 측면에서 보면 유의 바로 그 본질의 구성요소를 형성한다. 이에 반해 동일한 행위에서 외화의 측면은 이 행위가 특정한 개별적 인간에 의해 수행되었다는 것, 긍정적이든 부정적이든 그 개인의 측면을 표현하고 있으며 또 그 측면에 영향을 미친다는 사실에 근거한다. 사람들이 자신에 대해 무엇을 생각하고 싶어 하든 이런 동시성은 불가피하게 남아 있다. 그들은 자신의 개별성을 의식적이든 무의식적이든 그들 자신의 고유한 유적합성을 형성하는 데 협력하는 그런 행동에서만 표현할 수 있다. 우리는 또한 이런 행동이 이 행동 안에서 작동하는 일반화의 결과 그런 효력을 보유한다는 사실을 알고 있다. 그러나 이러한 종류의 일반화는 이데올로기의 초석이 되기 위한 전제이며, 사회적 삶에 의해 제기된 갈등을 해결하는 데 도움을 주기에 적합하게 된다. 우리가 이러한 과정을 좀 더 면밀히 고찰해보자면, 우리는 이 과정이 비록 필연적으로 목적론적 정립에 의해 발생한다고는 해도 사회적 과정으로서 결코 목적론적 성격을 소유할 수 없다는 사실을 다시 한 번 확고히 한다. 사회적 과정 그 자체는 목적론적 정립에 의해 작동하기 시작하지만 일단 현실로 되면 인과성으로서만 작용할 수 있는 인과계열로 이루어져 있다. 그런데 사회적 노동분업이 점점 더 복잡한 관계를 산출하기에 이를 통해 구체적 목적에 적합하거나 적합하지 않은 외화(대상화)가 발생하며, 이 과정의 인과성은 구체적 목적에 적합한 것을 받아들이지만, 그렇지 않은 것을 제거한다. 그런데 이 두 가지를 경향적인 방식으로만 그렇게 한다.

여기서 우리에게 관심을 끄는 것은 무엇보다 이데올로기를 발생시키고 이데올로기를 효력 있게 만드는 그런 외화의 운명이다. 단 한 명의 개인이라도 자신의 삶의 갈등을 해결하고자 할 경우 외화는 언제나 그 직접적인 현상방식에서 이미 언제나 이중성을 가진다. 한편으로 외화의 내용은 (현실적이든 상상된 것이든) 개별 인간의 삶의 욕구의 내용에 의해 규정되고, 다른 한편 그 표현의 의도는 이론적으로, 실천적으로 그렇게 형성된 행동을 사회적으로 존재해야 하는 것의 실현으로 보일 수 있게 방향이 맞춰진다. 후자가 구체적으로 옳든 그르든, 그 의도가 선의에서 생겼든 악의에서 생겼든 간에 개별성과 유적합성의 이런 이중성은 그런 모든 행동에 필연적으로 함유되어 있다.[지드(Gide)조차도 '무상주'(주주로부터 납입을 받지 않고 발행되는 주식. 주식배당이나 잉여금의 자본전입에 따라 발행되는 주식이다—역자)를 존재해야 하는 것, 유와 관련 있는 것이라고 표현한다.] 발생과 효력이 있게 됨에 반드시 필요한 이런 일반화는 많은 경우 그 토대를 일상의 삶이라는 중요한 직접적인 사회적 사실에서 갖는다. 인간의 공동의 운명이 이 사실에서 실천적으로 명료하게 드러나지 않는다면 이런 직접성을 넘어서는 그런 일반화는 영향력이 풍부한 것은 말할 것도 없고 발생할 수도 없을 것이다. 일상의 경험의 이런 토대에 기초해서야 비로소 일반적인 사회적 가능성과 필연성에 광범위하고 심오하게 적용될 수 있다. 호라츠[133]가 자신의 광범위한 일반화, "그것은 당신 때문입니다.(tua causa agitur.)"를 이웃의

---

133) 호라츠(호라티우스, Quintus Horatius Flaccus, B.C. 65~A.D. 8)는 로마의 서정시인, 풍자시인이다. 베네치아 출신으로 로마에서 교육받다 18세에 아테네에서 공부하였다. 기교가 탁월하고 도회인적인 유머와 인간미가 가득 찼던 것으로 알려져 있다. 로마 시정시의 최고의 작품으로 꼽히는 『서정시집(Odae)』 4권을 남겼다.

큰 화재가 나에게도 위협이 된다는 상과 결합한 것은 이 상황에 대한 예시로 기여할 것이다. 일반화는 다소간 직접적으로 인간의 일상 실천과 결합해 있으며, 혹은 아주 가깝게 매개되어 있는데, 따라서 그런 일반화의 대체적인 사회적 관철력을 통찰하기는 그렇게 어렵지 않다. 그것은 실천적으로 행해지는 인륜성, 법규, 정치적 실천에 이르기까지 인간의 관습, 습속 등에서 쉽게 관찰될 수 있다. 특정한 일반화의 구체적 유통이 도처에서 사회-역사적 과정의 결과라는 사실은 이러한 사실을 말해주는 것이지 이를 반대하는 것은 아니다. 왜냐하면 자본주의적 발달의 시초에 광범위한 농민층이 규정된 법, 근대의 사법적 법 실천에 대하여 거부적 태도를 보여줬는데, 이 경우 여기서는 무엇보다 다른 계급의 이익에 의해 규정된 일반적인 법적 규율의 지배에 대해 자신의 계급의 관점에서 정당화될 수 있는 불신이 표현되어 있기 때문이다.(도시와 농촌의 대립) 그러나 여기서 중요한 것은 어떤 경우에도 일반화에 대해 객관적으로 저항하는 것이 아니라 새롭고 낯선 것에 대항하여 (전통, 습속, 관습 등으로부터 얻어진) 과거의, 전승된, 지금까지 있어온 그런 일반화를 방어한다는 점이다. 여기에서 다뤄지는 경향들은 사회적 실천의 모든 영역에서, 이 영역에 상응하는 일상의 삶에서 그렇게 어렵지 않게 제시될 수 있다. 그 이유는 무엇보다도 여기서 중요한 것은 일반화이기는 하지만, 개별적 경우들, 이 경우들의 복합체가 구체적으로 제약된 유적합성의 수준으로 고양시킨 그런 직접적인 특수한 일반화이기 때문이다.

여기서 사회적 발달과정의 내적 변증법은 노동분업의 결과로 생긴 정신적 유형의 복합체들이 그 이데올로기적 기능을 충족시킬 수 있는지에 대해 고려한다. 그러나 이 문제영역은 여기서만 끝나지 않는다. 개별성의 측면에서뿐 아니라 유적합성의 측면에서도 보다 고차적인 유적합성이 생겨난다. 이때 이 고차적 유적합성은 사회적 존재의 두 극점에서 모순들을 일반화하여 인간에게 특정한 일을 할 수 있도록 하는 능력을 가지고 있는 본질적 발달복합체들의 조정에 적합하다. 즉 인간은 그런 복합체들 안에서만 개관적으로 도달한, 오로지 가능성의 공간에서만 표상되는 현재의 자신의 즉자태를 자신의 대자존재의 현실로 변화시킬 수 있다. 인류의 발달은 사실 그러한 이데올로기를 산출했으며, 특히 철학과 예술에서 그러했다. 철학과 예술이 경제에, 그리고 사회적 재생산에 반드시 필요한 경제관련 사회조직에 어떤 직접적 영향력도 행사하려 하지 않고 또 할 수도 없지만, 여기서 제시된 문제들을 해결하고자 할 때 다른 것으로 대체할 수 없는 한 이것들은 이데올로기의 가장 순수한 형식들이다.

이때 여기서 종교를 다루는 것도 일반적인 관습에 속한다.(헤겔의 절대정신이론은 이를 잘 보여준다.) 여기서 우리는 종교가 사회적 현실에서 방금 말한 의미에서 순수 이데올로기가 결코 아니었고 아니기 때문에, 반대로 인간의 실제 사회적 실천에서 직접적으로 효력을 미치는 요소이기 때문에 종교를 도외시하지 않을 것이다. 종교는—그것도 아주 본질적인 방식으로—언제나 철학의 목표설정과 나란히 자신의 목표설정을 수행하는데, 이를 통해 종교는 사회적-존재론적으로 정치와 철학 사이의 종합적 이행형식을 표현한다. 당연히 때때로 유적합한 일반화에 대한 자신의 진술을 실천적으로 직접 변환하고자 하는 철학과 예술작품들이 있다. 그러나 종교들은 이런 극단적인 경우에서도 철학과 예술들과는 구별된다. 왜냐하면 종교들은 통상 철학과 예술의 가능성의 영역 외부에 놓여 있는 사회적-조직적 수단, 권력수단을 작동시킬 수 있기 때문이다. 만약 정치적 실천이 종교를 때때로 그러한 방식으로 사용한다면 (철학적-예술적 양식이 아니라) 정치적 양식의 실천적 관철수단들은 바로 그렇게 존재한다. 이에 반해 종교들은 그 이외에도 자신만의 기구를 형성하곤 한다. 분파와 교회는 이런 관점에서 사회적으로 구별된다. 분파는 순수 도덕적 영향력 행사를 넘어가는 그러한 기구들의 존립을 종교의 본질에 모순적인 것으로 고찰한다. 특정한 국가와 결합한 상태에서나 초국가적인 방식으로, 혹은 자발적이거나 국가적 수단의 요청에 의해 정치적 실천의 수단에 대한 이러한 사회적 수용이 일어날 것인지의 문제는 특히 역사적으로 고찰되어야 한다. 여기에서 주요한 문제는 ―헤겔과 반대로― 사회적 존재의 존재론의 관점에서 볼 때 철학과 예술과 비교되는 종교의 상이한 특성을 제시하는 것이었다. 이 경우 헤겔과 몇몇 다른 사람들이 종교의 전체 복합체를 신학이나 종교철학으로 환원함으로써 종교에 대한 잘못된 구성을 하고 있음을 볼 수 있다. 이러한 연관을 구체적으로 발견하는 것은 순수하게 역사적인 연구이다. 이데올로기의 순수형식들만을 특수한 현상으로 보아야 한다고 하는 곳에서 그런 얽힌 이행형식들로의 진입은 문제를 분명하게 하기보다 어렵게 만든다. 이외에도 덧붙여져야 하는 사실은 다음과 같다. 즉 철학과 예술은 그 발달의 총체성 속에서 고찰되며, 인간 유, 즉 사회적 존재와 그중에서도 인간의 사회적 존재를 대자존재로 향하게 하는 가운데 탈물신화하면서 적어도 사상적으로는 소외를 해체하고자 하는 데 반해, 모든 종교는, 우리가 다음 장에서 보게 될 것인데, 필연적으로 사회적 존재의 내재성과 현세성을 부정함으로써 결국 소외에의 ―아주 독특한― 경향을 지양할 수 없는 토대로 가지고 있다는 사실이다. 존재론적 문제는 본질적으로 이러한 경향에서 생겨난 실천과 결합되어 있기 때문에 이것을 윤리학에서 실천의 특수한 변종으로 이해하며 다루는 것이 가장 목적에 부합할 것이다.

모든 존재론적 질문의 경우에서처럼 발생은 이 문제를 이해하는 출발점이다. 여기서 이미 경제와 이데올로기 일반의 본질적 차이가 드러나며, 이에 상응하여 이데올로기 영역 내부에서도 그 차이가 드러난다. 현실을 순수하게 의식 적합하게 만들어내는 모든 가공은, 이 가공이 실제로 이데올로기가 될 것인지, 언제 어떻게 될 것인지와 상관없이, 사회화된 인간의 삶이 재생산과정으로부터 출발한다. 생산력의 발달, 사회적 노동분업은 (수학이나 기하학과 같은) 그런 영역을 생산에 대한 관심에서 생산으로부터 떼어내 이 영역에 사회적 노동분업에서 자립적 지위를 부여한다. 여기에서 명백한 사실은 노동분업을 통해 산출된 지식영역의 사회적 자립성이 동시에 여기서 요구되고 필요한 일반화를 보다 높은 수준으로 고양하며, 이를 통해 직접적이든 간접적이든 간에 생산력 발달의 가능성에 영향을 미친다. 따라서 과학의 자립화와 분화는 성장하는 사회적 노동분업의 과정에서, 그 결과로 우연히 자연발생적으로 발생한다. 그런데 우리가 우리의 관심을 철학의 발생에 맞출 경우 우리는 우선 과학적 일반화와 철학적 일반화 사이에 정확한 경계가 선험적으로 이미 그어져 있지 않다는 사실을 알아야 한다. 노동분업으로 인해 상이한 지식 분야들 사이에 인위적인, 물신화하는 한계를 세우는 경향이 있는 오늘날도 특정한 일반화의 경우에 이 일반화가 과학적 성격인지 철학적 성격인지를 확정하기는 쉽지 않다.

따라서 일반화의 양상은 역사적으로 극히 상이하다. 그런데 이때 분명한 분화의 방향이 눈에 들어온다. 즉 철학은 과학의 일반화를 인간의 역사적 생성과 운명, 인간의 본질, 존재, 생성 등과 분리 불가능한 관계에 있다는 것을 보임으로써 과학의 일반화를 훨씬 더 멀리까지 이끌고 간다. 과학에서 일반화의 방법이 점점 더 강력하게 탈의인화되어가는 반면, 그 일반화의 정점은 철학에서 동시에 인간중심주의를 의미한다. 이때 이 말은 강조될 필요가 있다. 왜냐하면 예술들이 의인화되어가는 근본적 경향과 반대로 철학의 방법은 과학의 방법과의 단절을 결코 의미하지 않기 때문이다.

세계에 대한 인간학적인 통각의 한계를 넘어가는 것은 철학에서 여전히 유지되고 있으며, 심지어 더 강화되고 있다. 철학의 발달은 과학성의 (조작되지 않은) 참된 방법과의 점점 더 깊은, 하지만 언제나 비판적인 유대를 드러낸다. 이런 연관에서 인간중심주의는 이중의 의미를 갖는다. 첫째, 철학에서 인간 유의 본질과 운명, 즉 어디서 와서 어디로 가는가의 문제는 항구적인 —하지만 시간-역사적으로 언제나 변하는— 그런 중심문제를 이룬다. 과학의 필연적인 노동분업을 넘어가는 것, 즉 철학적 보편성은 철학 자체에서 결코 자명한 자기목적이 아니고, 공인된 결과들에 대한 단순히 백과전서적 혹은 교육학적 종합이 아니라 인간 유의 이러한 출처와 나아갈 방향을 가능한 한 적절하게 파악할 수 있기 위한 수단으로서의 체계화이다.

다른 한편, 그러나 이러한 지식 역시 자기목적이 아니다. 협소한 학문적 의미에서가 아니라 현실적으로 철학자라는 이름에 합당한 그런 철학자는 자기 시대의 결정적 갈등들을 결정적으로 포착할 수 있도록 방향을 제시하는 사유를 하며, 이 갈등의 해결의 원리들을 만들어내고 이를 통해 문제해결을 하는 데 더 결정적인 방향을 부여한다. 봉건주의와 자본주의의 위기적 이행시기에 갈릴레이의 과학적 연구의 이데올로기적 의미가 가졌던 중요한 역할들을 우리는 반복해서 말했었다. 그러나 이 역할은, 세계사적 의미에서 단순히 우연은 아닌데, 그의 학설의 중심 의도로부터 나오지는 않는다. 그의 학설은 구체적 자연법칙성의 과학적 확립을 지향하고 있으며, 중요한 이데올로기로서의 이 이론의 역사적 운명은 자신의 이 본질을 건드리지 않는다. 위기 이후 이 이론은 정당하게도 존재하는 그대로 인식된다. 이에 반해 브루노(Giordano Bruno)[134]의 이론은 바로 이 위기에 결

---

134) 조르다노 브루노(1548~1600)는 르네상스 시기의 이탈리아 자연철학자로서 당시 스콜라

정적으로 진입하는 바로 그런 의도를 가진다. 그리고 이오니아의 자연철학에서 헤겔까지 모든 참된 철학은 그러한 의도로부터 태어났으며, 그 서술방식에서 브루노의 맹렬한 기질이 크게 작용하게 되는지, 혹은 그 색조가 순수 개관성으로의 경향을 드러내는지는 전혀 상관이 없다. 이러한 관점에서 브루노와 스피노자의 차이는 양자의 궁극적 본질의 심오한 유사성과 상관없이 그저 본질적으로 문체상의 차이일 뿐이다.

따라서 당연히 위대한 철학자들은 비록 학술교과서들에 나타나는 것보다 훨씬 더 깊이 자기 시대의 커다란 질문에 뿌리박고 있고, 그 내용에 훨씬 더 결정적으로 기여하지만 결코 정치적 활동가로 되는 것은 아니라고 한다. 여기서 중요한 것은 두 경우에 이데올로기적 실천을 규정하는 정립들의 의도가 어디로 목표를 설정하고 있는가 하는 점이다. 우리는 이 목표가 정치적 실천에서 레닌이 말한 바대로 언제나 직접적으로 "그 다음 연결고리"여야 한다는 것을 보여주고자 했다. 반면 이와 유사할 뿐인 범주는 참된 철학의 전형적 상에 속하지 않는다. 이 범주는 경우에 따라 사회의 매우 특정하고 구체적인 변형을 목표로 설정할 수 있지만, 이 목표는, 순수 철학적 수준에서만 다뤄지는 한, 언제나 어느 정도는 유토피아적 성격을 가진다. 왜냐하면 실현을 위한 실제 매개요소들은 전형적인 철학적 사유장치로는 파악할 수 없기 때문이다. 그런데 이런 실현 불가능성이 이데올로기적 무영향성을 의미하지는 않는다. 왜냐하면 정치가들은 곧 있을 미래만을 바라보는 경향이 있는 데 반해, 철학적 높이에 올라 있는 모든 유토피아는 금방 다가오는 미래와 일치할 수 없기 때문이다.(대개는 일

철학과 로마 가톨릭에 반대하다 화형당하였다. 그는 고대 그리스의 철학과 코페르니쿠스의 지동설에서 영향을 받았으며, 범신론을 전개했다. (역주)

치하고자 하지도 않는다.) 오히려 그런 유토피아는 당대의 위기를 해결할 수 있는 최상의 해결책과는 상관없는 그런 양식과 수준의 유적합성을 지향한다. 따라서 그러한 유토피아의 객관성과 직접적 진리는 기껏해야 문제투성이일 수 있지만, 인류의 발달을 위한 유토피아의 가치는 바로 그러한 문제에서 종종 혼란스럽기는 하지만 중단 없이 작용한다. 우리는 모든 그러한 위기의 실제 사회적 해결책이 인류가 이 새로운 기초 위에서 스스로 만들어갈 수 있을 가능성의 활동공간만을 창출할 수 있다는 점을 보았다. 그리고 철학에 의해 언표된 것 역시 단순히 하나의 가능성이라면 이 철학은—이것이 참된 철학이라면— 인간 유의 구체적 발달단계를 구체적이고 역동적으로 (미래를 지시하면서) 표현할 수 있는 가능성들을 갖는다.

그런데 인류의 발달은 연속적 발달이기 때문에, 그리고 그 과정에서 유의 생존을 위한 투쟁이 중단 없이 표현되고자 하기 때문에 위대한 철학자들은 이러한 발달단계들을 표현하는데, 그것은 대개 올바르거나 분명한 의식 없이 많은 사람들 안에서 존립하는 것에 대한 열망이나 불투명한 추상적 부정으로, 다가올 것에 대한 모호한 예감으로 살아 있는 것이다. 이때 그것의 결과는—많은 매개를 통해—그들의 행동에 나쁜 영향을 주기도 한다. 여기에서도 역시 그러한 구상의 이데올로기적 특징이 부각될 필요는 있다. 철학 역시 모든 문제에서 혹은 본질적인 문제에서 언제나 올바르고 진보적이기 때문에 영향을 주는 것이 아니라 그러한 갈등의 해결을 나름의 방식으로 촉진하기 때문에 영향을 준다. 틀린 것, 퇴행적인 것, 궤변적인 것 등도 위기상황의 가능성의 영역에 속한다. 따라서 철학의 역할은 인류발달의 입장에서 볼 때 매우 부정적일 수도 있다. 이 문제는 당연히 구체적인 탐구를 통해서만 올바로 다뤄질 수 있다. 여기서 말할 수 있는 것은 발달의 아주 일반적 경향을 고찰해보면 궁극적으로는 미래를 지시하는 것이 실제로 지배한다는 사실이다. 철학에 의해 사상적으로 각인된 유적합성은 역사과정에서 가능성의 활동공간에 있던 것들을 실제 가능성으로 모순 가득하게 형성된 것들과 실제적-본질적 연관을 가질 수 있는데, 그런 지속적 영향은 바로 그렇게 되는 경우에만 가능하다. 따라서 철학의 영향사는 이렇듯 아주 모순적이다. 한편으로 철학은 내적인 생동적 연속성을 소유하며(그리고 이와 더불어 실제 과정의 실제 연속성을 자기 방식으로 사상적으로 모사한다.) 다른 한편, 과거의 위대한 철학들이 기획한 인간 유의 본질에 대한 상들 중 어떤 것이 현재의 결단에서 이 내용의 현실적 문제와 내적 연관을 가지는지에 따라서 이 연속성의 내용은 중단 없이 근본적 변형과 변화에 종속된다. 당연히 그런 변화들은 과거의 개별적인 사유 체계 내에서도 발생해야 한다. 유 관념은 순수하게 동종적이지 않으며, 결코 단일하지도 않다. 오히려 그것은—그 현실의 상이 보여주듯— 역동적이고 구체적인 복합체이며, 구체적인 모순에 의해 움직인다. 특히 위대한 철학들의 이러한 특성이 결정적으로 연속성의 이 두 경향에 영향을 미치게 된다는 사실은 자명하다.

철학의 중심 대상은 인간 유이다. 즉 그 대상은 유적합성에 대한 당시의 현실적 유형을 필연적이고 가능한 것으로 산출하기 위해 우주와 사회가 현실적으로 과거에 어떠했고, 어떻게 되었으며, 지금은 어떠한지의 관점으로부터 나온 우주와 사회에 대한 존재론적 상이다. 철학은 따라서 두 극단, 즉 세계와 인간을 구체적인 유적합성의 상에서 종합적으로 통일한다. 이에 반해 예술의 중심에는 인간이 서 있다. 즉 예술은 인간이 자기 세계와 환경과 서로 분리된 채 어떻게 유적합한 개별성을 형성하는지를 보여준다. 나는 나의 책 『심미적인 것의 특성(*Eigenart des Ästhetischen*)』에서 예술적 정립방식의 본질적이고 일반적인 규정들을 서술하고 분석하고자 했다. 여기서는 예술이 사회적 존재의 존재론과 맺는 관계만을 말하고자 한다. 여기에서 무엇보다 중요한 것은 예술적 영역의 의인화는 일상의 삶의 자연발생적 의인화와 반대로 의식적 정립이라는 점이다. 따라서 그 차이는 특히 다음에서 드러난다. 즉 일상의 삶에서 나타나는 의인화 정립들은 본질적으로 실천적인데, 여기서는 탈의인화의 방식에 의거해서 발생한 노동, 과학 등으로부터 그저 넘겨받은 경험들이 아주 중요한 역할을 할 수 있고, 또 해야 한다. 왜냐하면 여기서도 의인화의 요소는 압도적으로 올바른 통찰을 방해하는 부정적인 역할을 하기 때문이다. 반대로 예술의 의식적 의인화는 자신만의 본질과 목표설정에 근거하여 특별한 동종적 매체를 창출하며, 삶에서 떨어져 나온 것은 그것이 통일성의 이러한 과정에 종속된 이후에만 사용될 수 있다. 이러한 유의 변형은 오로지 예술적 정립이 직접적-실제-실천적 목표를 지향하기 때문이 아니라 순수하게 미메시스적 조직을 창조하는 데 정향되어 있기 때문에 가능하다. 이 창조가 인간에 미친 의도된 결과는 그 본질상 그런 조직체를 통해 특정한 의향을 불러일으키려는 데 제한된다. 이 의향이 실제 행위로 관철될 것인지는—정립의 궁극적 본질에서 볼 때—무조건적으로 필연적일 수는 없다. 현실에 대한 의인적 이해는 순수 미메시스적 조직의 창조에 방향을 맞추고 있다. 이 조직체는 우리의 입장에서 볼 때 의심의 여지없이 영향을 미치고자 하는 의도를 가지며, 이때 물론 —필연적으로— 직접적 실천과의 직접적 관계를 보유하지는 않는다. 이 조직체의 형성 역시 사회적으로 결코 의식적 행위로 수행되지 않는다. 원시시기의 사회적 필요의 결과 그런 미메시스적 형상들은 마술적 실천(노래, 춤, 동굴의 벽화 등)의 구성요소들이었다. 예술에 대한 사회적 욕구가 등장했을 때 이 욕구는 또한 전혀 새로운 정립양식을 고안할 필요가 없었으며, 이미 현존한 많은 것들이 새로운 욕구에 상응하여 재형성될 수 있었다. 이 새로운 욕구의 중심에는 인간의 자기인식, 자기 자신에 명료하게 도달하고자 하는 소망이 놓여 있다. 물론 이를 위해 인간의 특정한 발달단계에 이르러야 하는데, 즉 자기 사회의 계율에 대해 단순히 복종한다고 해도 자신의 개별성에 충분한 내적 자기안전을 객관적으로 부여할 수 없다고 인식하는 그런 단계에 이를 때에야 가능하다. 당연히 모든 사회는 이러한 유의 갈등이 자체 안에서 일어나자마자 직접적인 사회적 수단을 사용하여 자기에 속한 사람들의 태도를 관련사회의 정상적 발달이라는 의미에서 규제하고자 한다. 그러나 이와 더불어 유적 존재로서의 개별 인간의 의미 있는 삶이 동일하게 보장되는가? 우리는 유적 존재로서의 개별 인간을 강조하고 있는데, 왜냐하면 파편적 개인의 소망의 만족은 개인적 선호에 의해, 행운과 그렇지 못한 우연들에 의해 너무 많이 제약되어 있으며, 따라서 어떤 사회도 이에 대한 완전한 보증을 할 수가 없기 때문이다. 유적 존재로서의 개별 인간은 자신의 열정을 자신이 속한 사회의 구성인자로서만 대상화할 수 있기 때문이다. 그러나 이러한 필연성은 사회가 발달할수록, 따라서 서로 얽혀 있을수록, 그리고 이와 더불어 정립의 대상화를 통해 실현된 유적합성이 더 많이 드러나고, 따라서 서로 얽혀 있을수록, 또한 점점 더 다양하게 된 사회적 관계들이 개별 인간을 개별성을 가진 존재로 더 많이 만들수록 모순과 갈등은 그만큼 더 커진다. 단순한 특수성의 수준에 머물러 있는 인간은 이 모순의 복합체에서 자신에게, 그리고 자기 자신의 재생산에 가장 유리한 것을 자신을 위해 실현하고자 한다. 그러나 사회가 발달하고 이와 더불어 제기된 질문과 대답이 아주 모순적으로 복잡해지기는 했지만, 이런 사실이 아직까지 사회적으로 형성되고 경향적으로 점점 더 유적합하게 된 개인들과 유기적-필연적 연관으로 들어가지 않았기 때문에 여기서 예술에 대한 사회적 욕구는 이러한 유의 갈등의 해결을 위한 이데올로기적 지시자로 등장한다. 예술의 존재론적 특성은—여기서 예술과 아주 대립되는 속성을 갖는 것으로 고려되는 철학과의 병렬적 관계에서 비교해볼 때— 예술이 그 본질적 의도에서 보자면 직접적인 일상의 실천에 방향을 맞추는 것이 아니라 그 내용과 형식이 이데올로기적 갈등의 해결에서 매우 의미 있게 될 수 있는 그런 미메시스적 조직을 창출한다는 데 있다. 물론 이것은 그럴 수 있다는 것이지 반드시 그렇다는 것은 아니다. 왜냐하면 한편으로 —공예품에서 순수문학에 이르기까지— 예술이 일단 현존하자마자 이런 유적 운명과 관계없이 존재하는, 그리고 잠정적 특수성을 모사하는 데 머물러 있는 그런 변종이 형성되기 때문이다. 이 변종은 순간적으로는 강한 인상을 남길 수 있고, 또 현실적-사회적 갈등을 해결하는 데 특정한 역할을 수행할 수 있다. 하지만 그것은 특정한 시간이 지나면 흔적 없이 사라지는 경향이 있다. 본래의 참된 예술은 인간이 자신의 유적 운명을 체험하면서 —궁극적으로는 특수한 실존이 몰락하는 가운데— 스스로를 어떻게 개별성으로 고양하는지를 발견하는 데 방향을 맞춘다. 이때 이 개별성은 동시에 유에 붙들려 있기 때문에 지속적으로 필요한 구체적 인간 유의 초석으로 될 수 있다. 이러한 존재론적 근본관계로부터 내가 앞에서 말한 작품에서 상세히 서술하고자 했던 예술적 미메시스의 특별한 특징들이 성장한다.

눈에 띄는 사실은 그리스 문화가 비록 실천적으로 보자면 직접적으로 효력을 발휘하지는 않을지 모르나 인간 유의 운명에 결정적으로 중요한 철학과 예술의 이러한 본질을 그렇게 이른 시기에, 그렇게도 적절하게 이해했다는 사실이다. 철학에 대해 말하자면 소크라테스의 형상과 운명을 보여주는 것으로 충분할 것이다. 소크라테스는 자신의 고귀한 철학적 죽음 이후에 예수처럼, 그리고 돈키호테와 햄릿처럼 인류가 연속성을 가지고 발전하기 위해 참조하는 의식의 보물이 되었으며, 그가 언제나 중요하게 생각했던 삶과 교훈의 이러한 통일성 속에서 갈등을 해결하고자 정신적으로 준비할 때 언제나 특별한 역할을 수행했다. 그리고 아리스토텔레스는 예술의 본질, 예술적 객체성의 양식 등 오늘날에도 여전히 유효한 것으로 평가될 수 있을 만큼 정확하게 예술적 미메시스의 존재론적 본질에 대한 적절한 표상을 가지고 있었다. 그는 『시학』 제9장에서 다음과 같이 쓴다. "발생한 것을 말하는 것이 아니라 발생할 수 있을 것, 규칙상 혹은 필연성에서 볼 때 가능한 것을 말하는 것이 시인의 과제이다. 역사서술가와 시인은 묶인 언술이나 묶이지 않은 언술로 구별되지 않는다. 우리는 헤로도토스의 작품을 운문(시)이라 말할 수도 있다. 운문형식이 있건 없건 간에 그의 작품은 역사와 아무런 상관이 없는 것이라 할 수도 있다. 오히려 그 차이는 전자가 우리에게 존재한 것을 말하고, 후자는 존재할 수 있는 것을 말한다는 데 있다. 따라서 시는 역사 서술보다 지혜의 가르침에 더 가깝게 서 있으며, 따라서 더 고귀하다. 왜냐하면 역사서술은 보다 개별적인 것을 말하는 데 반해 시는 보다 일반적인 것을 말하기 때문이다."[135] 아리스토텔레스는 시의 본질적 체험을 발견하고 서술했으며, 예술적 체험의 도움으로 인간은 예술 속에 녹아 있는 이러한 지혜를 지시할 수 있게 된다. 여기서 말하고자 하는 것은 바로 카타르시스이다.[136] 존재론적으로 보자면 카

---

135) Aristoteles: *Poetik*, Paderborn 1959, S. 69. 아리스토텔레스가 역사학을 그리스인의 눈으로 통찰했고, 역사학의 이후의 발달에 대해 아무런 예감도 가질 수 없었다 하더라도 시와 역사를 대비한 그의 통찰의 존재론적 올바름에는 아무런 변화가 없다.

136) 이 문제를 더 밀어붙여 분석할 경우 우리의 사유과정은 빗나가고 말 것이다. 나는 다만 아리스토텔레스가 카타르시스를 비극적 결과의 특수문제로 고찰한 것이 아니라 사회적으로 의미 있는 모든 예술의 일반적인 영적 기능으로 고찰했음을 말하는 것으로 만족하려 한다. 이에 대해서는 『정치학』 제VIII권 음악에 대한 그의 상세한 설명을 보라. 카타르시스

타르시스는 단순히 특수한 파편적 인간과 불가피하게 개별성이면서 유적 본질을 갖고자 하는 인간 사이의 매개요소이다. 그리스 폴리스, 르네상스, 계몽 등은 황금기이면서 동시에 위기의 시기였는데, 이처럼 이런 대립들을 격정적으로 체험하게 되는 시기가 있으며, 또 당시의 사회구조가 거기서 형성된 갈등들을 사라지게 하고, 또 주어진 상태에의 적응에서만 유적합성을 보는 그런 시기도 있다. 혹은 우리 시대와 같이 —이 시기는 자연스럽게 성장한 그 반대 극단인데— 유적합성 없이 "순수한" 개별성을 인간의 감정 내용으로 만드는 그런 시대도 있다. 특수성과 유적합성(참된 개별성) 사이의 긴장은 당연히 그런 시기들에도 완전하게 사라질 수 없다. 그런 긴장은 사회적-역사적 발달의 필연적 결과이지만, 적절한 이데올로기적 표현을 거의 함유하고 있지 않다. 오늘날 소위 선도적 지식인 집단에서 형성된 19세기에 대한 지배적 반감은 궁극적으로 공개적으로 카타르시스에 방향을 맞춘, 다소간 일관성이 있는 그런 갈등해결책들이 지배적 조작에 대한 공개적인, 혹은 은폐된, 혹은 억압된 적응(비순응적 순응주의)의 영역들을 교란한다는 데 있다. 그러나 욕구의 발생 자체는 사회적 존재에서 기본적으로 필요한, 현실에 대한 제어행위로부터 생겨나는데, 이때 현실에 대한 제어는 실천적-개별적 인식을 필연적 전제로 갖는다. 이 대상화(외화) 행위들은 사회적-실천적 필연성으로부터 자연발생적으로 점점 더 높은 단계의 일반화에 방향을 맞춰 움직인다. 이때 당연히 이런 일반화가 일상적 실천을 더 높이 넘어갈수록 실천을 매개로 한 진리의 통제는 그만큼 더 어려워

개념의 미학적 일반화는 이 개념의 사회적 역할과 깊은 연관 속에 서 있는데, 이 문제에 대해 나는 『심미적인 것의 특성(*Eigenart des Ästhetischen*)』 1, (GLW II), S. 802 이하에서 다뤘다. 이 문제복합체의 구체적 서술은 윤리학에서야 비로소 가능하다.

지고 더 불확실해진다. 그런데 이러한 사실은 이런 일반화에 대한 사회적 욕구, 그 사회적 영향을 결코 배제하지 않으며, 경우에 따라 심지어 더 강화할 수 있다. 왜냐하면 우리가 이미 본 것처럼, 크건 작건, 잠재적이든 폭발적이든 간에 갈등의 해결은 다음의 의미에서 일반화를 요청하기 때문이다. 즉 갈등을 해결하고자 하는 행동들은 일반적인 사회적 연관의 필연적 결과로, 인간의 삶을 움직이는 일반적인 전형적 경향의 필연적 결과로 현상해야 한다는 바로 그런 의미. 그런 일반화는 객관적-사회적으로 사실 그런 성격을 가지고 있으며, 이로부터 이 일반화를 의식하게 만들고, 이를 갈등의 해결을 위해 평가하게 만드는 일반적인 주관적 충동이 따라 나온다. 이 모든 것을 통해 볼 때 그런 문제복합체를 자세히 생각하는 것은 언제나 등장하는 사회적 욕구이다. 그런 사회적 의식의 산물들은 질적으로 서로 매우 다르다. 인격성의 표현뿐 아니라, 그리고 이와 관련하여 인격성의 표현들이 어느 정도나 현실의 본질과 맞아 떨어지는지 혹은 현실의 본질을 빗나가는지 등과 관련해서뿐 아니라 그 표현들이 의도하고 있는 존재의 높이와 관련해서도 질적인 차이가 있다. 그리고 이런 의도들이 점점 더 높은 일반화의 단계를 지향할 수 있다는 사실은 사회적 존재의 본질에 속하며, 사회의 사회화로부터 이 안에서, 그리고 이를 통해서 파편적 개체 인간이 개별성화로 나아가는 발달경향에 속한다. 그러한 것들은 많은 사람들에게서 의식적으로 작용하지 않을 수 있고, 또 거의 의식적으로 작용하지 않을 수도 있다. 또한 이러한 사실들이 사유되고 언표된다고 해도 실천적 작용에 거의 아무런 영향도 미치지 않을 수 있다. 그리고 자신의 실존, 성장, 점점 더 높은 수준에서 오는 질문들에 대한 그의 취급경향 등의 연속성은 연속되는 발달과정에서 점점 더 높은 형식의 이데올로기를 창조하는데, 이 형식들은 바로 실천과의 문제 있는 관계로 인해 점점 더 순수하게 이데올로기로 된다.

무엇보다 철학과 예술이 그렇다. 철학적 관념론은 물신화의 방법을 사용하면서 무엇보다 철학과 예술의 형식들을 자기목적으로 변화시키며(철학적 관념론은 명백히 법과 같은 실제 실천과 아주 밀접하게 연결되어 있는 그런 형식들의 경우에도 그렇게 한다.) 이와 더불어 사회적 존재로부터의 이것들의 발생, 사회적 존재의 발달에서 이것들의 실제 역할을 사라지게 하고 만다. 이런 일은 주로 철학적 관념론이 이 형식들을 아무런 기준도 없이 과도하게 드러냄으로써 이뤄진다. 이에 반해 사회가 자연과 맺는 신진대사에서 목적론적 정립의 인과계열로부터 일종의 기계적-필연적으로 작용하는 "제2의 본성"을 만들어내는 속류 마르크스주의는 보다 높은 이데올로기적 형식들로는 어떤 것도 시작할 수 없다고 한다. 이런 무능은 무엇보다 마르크스주의의 위기의 시간에 그렇게도 자주 부르주아 철학에 대한 "철학적 보충"으로 도피하게 되는 근거가 된다.(신칸트주의에서 실증주의와 신실증주의 등에 이르기까지 이것들은 모두 이러한 계열의 예일 수 있다.) 마르크스주의의 방법은 사회적 존재의 실제 운동에서 벗어난, 따라서 비록 불균등하고 종종 역설적이고 모순적으로 나타나는 사회적 존재의 발달과정에서 실제 역할을 수행하는 필연적 의식형식들을 그 현실적 존재 위에서 탐구하고자 하는데, 바로 이 참다운 방법만이 참된 결과들에 도달할 수 있다. 여기서 일상적-직접적 의식에게 역설적 상황이 명백하게 드러난다는 사실은 사회적 존재의 발달에 내재한 모순적인 것을 올바로 모사할 수 있음을 지시한다. 이렇듯 청년 마르크스는 고차적 이데올로기의 형식들, 특히 철학에 대한 급진적 청년 헤겔주의자들의 과대평가와 투쟁했고, 어떤 타협도 하지 않은 채 다음의 입장을 견지했다. "물질적 힘은 물질적 힘에 의해 몰락되어야 한다." 이 말은 그에게서 당연히 경제적 발달에서 성장한 실제 갈등들을 전제하고 있다. 그러나 그가 자신의 사유과정을 다음과 같이 마친다고 해서 그것이 그의 변증법의 원리와 어떤 모순에도 빠지지 않는다. "이론이 대중을 붙잡는 한에서만 이론 역시 물질적 힘으로 된다. 이론이 인간에 대해 논증하는 한 이 이론은 대중을 사로잡을 수 있으며, 이론이 근본적으로 되는 한 이론은 인간에 대해 논증한다. 근본적이라 함은 사태를 그 뿌리에서 파악한다는 것이다. 그런데 인간에게 뿌리는 인간 자체이다."[137] 이것은 물론 이후에 "경제주의"로 알려진 것과 대비되는 청년 마르크스의 특별한 이론이 아니다. 우리는 이 탐구를 시작한 첫 부분에 "자유의 왕국"에 대한 그의 규정들을 보았으며, 우리의 사유과정은 그의 모든 본질적 규정을 바로 여기서부터 이끌어냈다. 그런데 우리가 이런 규정들을 다시 살펴보면, "인간적 본성에 가장 적합하고 어울리는 조건 아래서" 이뤄지는 사회주의화된 노동의 실현, 즉 자유의 왕국의 실현은 "자기목적으로 간주되는 인간적 힘의 발달"[138]로서 경제적 발달뿐 아니라 동일하게 이데올로기적 발달도 전제한다는 사실이 분명하게 드러난다. 우리는 언제나 반복해서 경제적 발달의 근본적-정초적 기능을 시사했으며, 동시에 경제적 발달은 "단지"—그러나 절대적으로 불가피하게— 자유의 왕국을 위한 가능성을 산출할 수 있을 뿐임을 보이고자 했다. 당연히 자유의 왕국은 —이런 가능성의 토대 위에서만— 지고의 이데올로기적 무장을 필요로 하는, 사회적 발달의 연속성에 의해 산출된, 보존된, 보다 높이 고양된 이데올로기를 필요로 하는 그런 인간의 행위 자체에 의해 실현될 수 있다.

---

137) Marx: *Zur Kritik der Hegeischen Rechtsphilosophie*, MEGA 1, 1, S. 614; MEW I, S. 385.
138) *Kapital* III, II, S. 355; MEW 25, S. 828.

마르크스는 『독일 이데올로기』에서 이데올로기의 발생과 전개의 궁극적 원리들, 특히 가장 순수하고 일반적인 양식의 원리들을 이데올로기에 대한 청년 헤겔주의자들의 관념론적 과대확장과 과대평가에 대항하여 투쟁하는 가운데 이데올로기가 그 존재상, 그리고 그 본질상 근본적으로 자립적임을 부정한다. 그리고 다음과 같이 말한다. "그것들(이데올로기의 원리들)은 어떤 역사도, 어떤 발달도 갖지 않는다. 오히려 자신의 물질적(구체적) 생산과 물질적(구체적) 교류를 전개하는 사람들은 이런 현실과 더불어 자신의 생각도, 자신의 사유의 산물들도 변화시킨다."[139] 이 규정은 여러 측면에서 수많은 오해를 불러일으켰다. 한편으로 속류 마르크스주의는 이로부터 다음과 같은 결과를 이끌어냈다. 즉 엄격히 말해 경제적이지 않은 인간의 모든 산물은 직접적-기계적으로 경제와 의존관계에 있으며, 경제적 발달의 단순한 "산물"이라는 것이다. 다른 한편 부르주아 이론 일반은 이념적 표현방식들을 경제적-사회적 토대에서 이끌어내는 모든 시도에 대항하며, 이를 위해 완전히 자립적인, 내재적-자율적인 전개에 대해 항의한다. 왜냐하면 그런 자립적-내재적-자율적 전개는 개별영역들의 순수 내적 법칙성에 의해서만 규정될 수 있기 때문이다. 예컨대 법이 도대체가 존립하려면 여기에 하나의 규정이 있다고 말해야 한다. 이 두 대립적 직관들이 궁극적으로 일상적 삶의 존재론의 유사한 편견들에서 나온다는 것은 주목할 만하고 또 참되다.

무엇보다 여기서 중요한 것은 물화와 관련된 문제복합체이다. 우리는 이 문제를 다음 장에서 상세하게 다룰 것이다. 자연소여의 아주 많은 부분들이 사물들의 현상형식에 직접적으로 주어져 있다는 사실은 일상적 삶의

---

139) *Deutsche Ideologie*, a. a. O., S. 16; MEW 3, S. 27.

자연발생적 존재론에서 "자연스런" 출발점을 이룬다. 모든 사물이 형성과정을 통해 비로소 자신의 물성을 보유하게 되었다는 사실은 이미 전개된 과학적 인식의 단 하나의 사유결과일 수 있다. 노동의 산물들에 내재한 대상화는 자신의 구조에 대해 존재론적으로 새로운 특징을 드러낸다는 사실을 우리는 이미 보았다. 그런데 이 새로움은 대상화들에 내적으로, 대상적으로 내재해 있는 우리에게의 관점에 국한되며, 따라서 이미 객체 안에서 그것의 사회적 사용 가능성을 지시해준다. 그런데 이때 이 새로움은 자신의 현상방식이 자신의 기원, 자신의 형성됨을 발생적 과정으로부터 어떻게든 직접적으로 폭로할 수밖에 없는 그런 방식으로 단순한 대상들(사물들)에 의해 부각되는 것은 아니다. 대상화는 비록 인공물로서 현상하지만 자신의 기원에 대한 이런 지시는 그 직접성 가운데 추상적으로 머문다. 대상화된 '사물'을 발생적 과정의 결과로 파악할 수 있기 위해 단순한 사용능력을 넘어서는 전문지식을 가져야 한다. 일상적 객체들의 이런 속성으로부터 이제 일상에서는 자연발생적으로 다음과 같은 착상이 생겨난다. "사물들"은 발생적으로 형성된 것이 아니라 필연적으로 "이미 소여되어 있는 것"으로 파악해야 한다는 착상. 그것의 형성에 대해 질문을 받으면 대개 초월적 "창조자"를 말한다. 이렇듯 의심의 여지없이 객관적으로 인간 자신의 고유한 활동의 산물인 불의 사용을 설명하기 위해 도입된 프로메테우스 신화에 그런 요소가 있다. 그리고 나중에 등장하는, 과학과 철학에까지 밀고 들어온 화폐의 본질과 위력 등에 대한 신화들도 그렇다. 따라서 긍정적으로 평가되는 보다 고차적인 인간의 활동도 동일하게 위로부터의 신화적 "하사품"으로 물화되는 것이 그렇게 놀랄 일이 아니다. 바로 철학(지혜)과 예술이 그렇다. 법에서처럼 삶과의 직접적 연관이 아주 강한 곳에서 완전히 초월적인 것으로 투사되기 위해 입법자들에게 신화적 형상을 부여하고, 그들에 의해 공포된 법에 초월적 계시라는 토대를 부여했다.(모세가 그랬고, 리쿠르고스와 솔론 역시 비록 세속적이긴 하지만 그런 형태를 갖는다.) 인간 자신의 고유한 행위를 이렇듯 신의 선물로 신비화하는 것, 혹은 신에 의해 파견된 영웅들은 고도의 과학적 발전단계에 있는 현재의 세계이해에도 여전히 살아 있다. 왜냐하면 고차적인 정신의 영역들이 인간적 실천의 결과가 아니라 "생성되지 않은" 가치들로, "직관"으로(수학), "영감"으로(예술) 파악되고 있기 때문이다.

생성, 인간적 실천 등이 사회적 존재의 대상과 과정들을 그 기원에 근거하여 적절하게 인식할 수 있게 하는 적절한 토대로서 보편적으로 유효하다는 생각에 대해 일상적 사유는 이렇듯 자연발생적으로 저항을 한다. 그런데 이런 저항은 실제 발생적 과정 자체에 대한 동일하게 자연발생적이고 동일하게 왜곡시키는 이해에 의해 강력하게 보충된다. 여기서 의미하고 있는 것은 존재론적으로 아무 생각 없이 노동에서 정신적 과정과 물질적 과정을 날카롭게 분리 혹은 대립시키면서 출발하는 많은 이론들이다. 이런 분리는 노예제의 형성 이후 지배계급에서 다음과 같은 표상이 굳어진 한 사회적으로 현존하는 토대를 갖는다. 즉 노동과정 자체는 기계적 성격을 가지며, 수행의 본질과 방법을 정신적으로 규정할 때만 인간적 정신의 생산력이 드러난다는 표상.(이것은 매우 자주 초월적으로 정당화된다.) 따라서 이제 창조자의 순수한 표상은 이 표상의 구체적 실현보다 더 고귀하게 서 있는 것으로 비치며, 창조자는 그에 의해 창조된 것보다 더 고귀한 것으로 비친다. 이러한 이해방식이 종교와 맺고 있는 밀접한 결합을 살피지 않는다고 해도 방금 말한 학설과의, 기원의 신비화와의 내적 친근성은 명료하게 드러난다. 사회적 존재는 구체적-역동적 복합체들의 상호작용에 의존하는데, 이 양자는 방법론적으로 이런 구체적-역동적 복합체들을 사상적으로 파괴하고 있다는 데서 양자의 공동의 특징이 드러난다. 이를 통해 잘 못된 양극화가 발생한다. 한편에는 추상적 (그리고 따라서 초월적) 주체성이, 다른 편에는 "사물들" 사이의 동일하게 추상적인 기계론적 연관(단순하게 말하자면 "물화")이 서 있다. 양극단이 서로 귀속된다는 사실은 기계론적으로 필연성에 기초해 있는 17~18세기의 세계이해에서 명료하게 드러난다. 그런데 이 "세계시계"의 태엽을 단번에 감은 바로 이 추상적 세계창조자 역시 이러한 세계이해에 속한다.

　이런 문제들에 대한 논쟁에서 마르크스의 참된 구상은 거의 드러나지 않는다. 그의 참된 구상은 다음과 같다. 즉 인간은 동물적 상태로부터 노동과 언어를 통해, 과정들의 대상화를 통해, 주체의 외화방식들의 산출을 통해 자유의 왕국의 전망에 이르기까지 스스로를 고양하여 자신을 인간화시킨다는 통일적 역사가 그것이다. 이 논쟁은 이런 과정의 통일성에 맞춰져 있지 않다. 이 과정에서는 자연과의 물질적 신진대사에 역동적 토대와 움직이는 모터의 역할이 부여되고, 이를 통해 인간에 의해 산출된 대상화의 체계는 역사적으로 자유의 왕국의 실현을 위한 실제 가능성, 인간의 활동을 위한 실제 가능성을 제공하는 사회적 존재의 수준을 산출한다. 이때 인간에게 자기목적이 될 수 있는 인간활동은 개별적인 자기전개와 유적합한 자기전개의 통일이라 할 수 있다. 따라서 인간의 정신적 활동은 생산과정으로부터 자연발생적으로 성장한 사회적 노동분업을 통해 다양한 방식으로 분화된다. 왜냐하면 과정 그 자체는 목적론과 아무런 상관이 없기 때문이다. 여기서 중요한 것이 사회, 점점 더 순수해지는 사회화, 유적 토대의 실제적 통합 등, 이러한 것들의 성장과정에의 직접 관여인지 간접적 관여인지의 문제, 혹은 자유의 왕국을 위한 인간적 전제들을 예견적으로 대상화하고자 하는 의도들, 대부분 의식되기는 하지만 종종 잘못 의식되며,

정말 가끔씩만 명료하게 의식되는 그런 의도들이 문제인지는 언제나 그 기원의 사회적 '지금, 그리고 여기'와 밀접한 연관에 놓여 있다. 다만 이것들은—불균등하고 모순적으로— 서로 작용하면서 가능성에서 현실로의 이러한 변화를 위한 장비를 산출할 수 있을 뿐이다. 다만 (언제나 목적론적으로 작동하는) 실천을 이끌어내는 의식 적합한 물질적이고 직접적인 혹은 간접적인 요소들의 통일을 위한 이런 얽힘은 모든 개별적 계기로 하여금 역사성에 마주하게 하여 그 개별적 계기들의 독립성을 상실하게 하는 그런 역사과정을 산출한다. 그러나 청년 마르크스가 이미 기획한 이데올로기적 발달의 이런 전체상은 이데올로기에 대한 이데올로기적 논쟁에서 거의 등장하지 않는다. 우리는 또한 적대자들의 존재 적합한 동기를 특징화하고자 했다. 하지만 마르크스 이데올로기 교설의 대부분의 변호인들은 대부분 현실적 문제를 빗겨간다. 그들은 사회적 존재의 특수성에 대한 마르크스의 규정을 완전히 무시하며, 부르주아 유물론으로부터 모든 정신적인 것이 물질적인 것을 통해 일방적으로 기계적-인과적으로 규정된다는 사상을 수용한다. 이때 매우 자주 하나의 존재 혹은 자연존재의 개별적 한 형식이 경제의 기능을 넘겨받는다.(카우츠키 윤리학에서 생물학적 인과성을 보라.) 이렇듯 여기서 기계적 유물론이라는 잘못된 아류시대가 현상한다. 부르주아 비판가들은 이러한 아류에 대항하여 아주 정당하게 자신을 유지할 수 있을 것이다. 더 나아가 속류 마르크스주의를 넘어가고자 하는 시도가 등장하자마자 이런 시도는 부르주아 철학(칸트, 실증주의 등)의 수용이라고 말하곤 한다. 오늘날에도 스탈린시대의 이론들에 대한 많은 비판가들의 경우가 바로 그렇다.

너무나 일반적인, 하지만 토대로서는 아주 중요한 저런 존재론을 넘어 현실적 대립들의 충돌을 큰 오해를 일으키지 않고서 여기서 할 수 있는 만큼의 시사적 수준에서나마 보여주고자 한다면 다음과 같은 방법론적인 주의가 필요하다. 즉 유일하게 존재 적합한 통일적 전체의 발달을 아주 중요하게 취급한다고 하더라도 이로부터 결코 특수과학의 불가능성이 따라나오지 않으며, 현상들과 현상집단들의 개별 연관들을 특화해서 탐구하는 것이 불가능하지 않다는 사실이다. 그런 개별 탐구로 가득한 마르크스의 삶의 작품은 상이한 탐구방식들 사이에 방법론적으로 어떤 통합 불가능성도 놓여 있지 않다는 사실, 아니 오히려 그 방식들이 서로를 지지한다는 사실을 드러낸다. 그런데 그런 가능성을 인정한다고 해서 여기서 작용하는 근본적 모순성이 지양되지는 않는다. 이에 대해 종종 시사했던 그런 방법론적 난관만을 간단히 말하고자 한다. 즉 예컨대 소위 경제적인, 그리고 사회적인 문제들을 아주 자립적으로 취급하는 방식들에서 종종 드러나듯이 존재론적으로 분리 불가능한 것이 방법론적으로는 서로 분리되어 있다는 사실로부터 일종의 방법론적 난관이 발생할 수 있는데, 이에 대해서만 간단히 말하고자 한다. 개별 문제들에 대한 생산적인, 그리고 현실 왜곡을 피하는 고찰을 할 수 있기 위해서는 이 고찰은—단지 방법론적으로만—고립되어 있는 현상집단들의 존재 적합한 연관과 이들의 상호귀속성에 엄격하게 붙들려 있어야 하며, 이 집단들의 특별한 상호관계를 존재 적합한 원래의 구체적 총체성에서 추상시켜 떼어내지 않아야 한다. 이런 일이 수행될 수 있다는 사실을 마르크스는 수없이 많이 보여주었으며, 우리들은 참된 역사가의 실천에서도 이 분리가 어떻게 통일 속에서, 그리고 이 통일이 어떻게 분리 속에서 본능적으로 올바로 파악되고 서술될 수 있는지에 대한 예들을 발견할 수 있다. 방법론적인 통찰이 존재 적합한 연관에 대한 단순한 해석을 넘어가지 않을 경우에만 그 통찰은 올바른 통찰이 될 수 있다. 그러나 이를 위해 전체과정의 궁극적 총체성과 이 총체성이 개별적 현상집단들에 미치는 규정적 영향에 추상적으로 단순히 붙들려 있는 것으로는 충분하지 않다. 이때 사람들은 추상적인 공허에 쉽게 매몰될 수 있다. 여기서 발생한 실제 연관을 생산적으로 구체화할 수 있기 위해 개별 복합체들의 구체적 구조와 역학을 구체적으로 이해해야 하며, 그 개별 계기들(과 그 안에서 규제하는 포괄적 계기)을 구체적으로 파악해야 하고, 불균등한 발달경향의 필연성 역시 전체 복합체의 총체성 내부에서 당시의 구체적 복합체의 운동에서뿐 아니라 구체적 복합체의 부분복합체들의 상이한 변화들 속에서 작용하는 분리와 공속성의 통일, 자립성과 상호의존성의 통일에서도 파악해야 한다. 전체과정에서 순수한 이데올로기적 형식의 위치에 대해 말하고 있는 우리의 경우에 철학뿐 아니라 예술도 정신적으로 대상화된 것으로서 매우 복잡한 복합체일 수밖에 없음이 분명하게 드러난다. 이 복합체들은 극히 다양한 서로 다른 경향들의 상호작용과 예술적 동질화로부터만 형성될 수 있고, 인간 발달의 전체과정에서 이것들의 지속적 영향의 결과 다양하고 서로 이질적인 현상들이 나타나곤 한다.(셰익스피어의 영향은 19세기 초부터 그가 참된 예술적-유기적 구성의 모형으로 간주되기는 하지만, 18세기 말에 딱딱한 형식들과 형식론에 대항해서 폭약으로 작용했다는 사실을 생각해보라.)

이런 연관에서 그런 복합체들의 내적 속성에 대해 유사하게나마 적절한 상을 부여하는 것, 목적론적으로 대상화하면서 동질화된 이 복합체의 구성요소들이 어떻게 사유에서 그 기원에서뿐 아니라 그 결과에서 —상대적으로— 자립화될 수 있는지를 보이는 것, 그럼에도 불구하고 정초하는 내적 통일이 질, 규모 등을 규정하는 동질화의 원리로서 어떻게 그 기원에서뿐 아니라 지속적인 영향에서도 포괄적 계기로 머물러 있어야 하는지를 보이는 것 등은 당연히 불가능하다.

순수 이데올로기적 복합체에 대한 그런 통찰은 다시금 마르크스의 이데올로기 이론을 생각나게 한다. 그때그때의 기원과 관련하여 말하자면 — 비록 오늘날 유행하는 많은 통찰들과는 모순되지만 — 여기서 포괄적 계기는 바로 이데올로기직인 깃으로시 사회적 갈등의 해결을 위한 계기일 수밖에 없음은 분명하다. 그런데 사회민주주의에서뿐 아니라 스탈린주의에서도 나타나는 속류 마르크스주의와 달리 이런 사회적 갈등들은 단순히 당시의 일상의 실제적인 정치적 혹은 경제적 질문에 국한되어서는 안 된다. 당연히 특정한 역사적 상황에서는 그런 문제, 그런 문제복합체가 관심의 중심으로 떠밀려와 마지막 연결고리에 대한 정치적 추구만이 아니라 그런 반응들도 불러일으킬 수 있다. 그런 경우들이 있으며, 그러나 이 경우들은 이 영역에서 거의 중심에 놓이지 않는 특별한 경우들이다. 왜냐하면 당시의 위기복합체의 계기들을 결정함으로써 다소간 자연발생적으로 전체복합체의 실천적 해결이 발생할 수도 있는데, 정치적 이데올로기는 바로 그런 위기복합체의 계기들을 실제적-실천적으로 파악하고자 하는 목적을 갖기 때문이다. 순수한 이데올로기는 그렇지 않다. 우리는 의미 있는 모든 철학이 세계상태에 대한 전체 상을 부여하고자 한다는 사실을 보았다. 우주론에서 윤리에 이르기까지 모든 연관을 종합하여 이 연관들로부터 나오는 현실적 결정들 역시 인간 유의 운명을 규정하는 그런 결정들의 필연적 계기들로 현상한다. 플라톤의 이데아론에서 나타나는 추상적 측면들의 이런 연관이 소크라테스의 삶과 죽음에까지 과거 폴리스의 —유토피아적— 구원이라는 의미에서 하나의 결정을 압박한다는 사실은 이를 잘 드러내는 한 가지 사례이다.

그리고 위대한 예술은 유사한 높이의 유적합성의 의도를 가지고 질문들음 제기한다. 다만 여기서는 구체화하고 보충하는 반대 극으로서 인간의 개별성의 유형을 전면에 내세우는데, 이를 통해 그 사람의 심정과 행위들은 현실적 위기에서 유적합성의 의도를 세계사적 의미에서 풀어놓는다. 오늘날 위대한 예술은 형식적 질문제기에 그치고, 기술적 새로움만을 추구한다고 하는 선입견이 지배하고 있다. 따라서 —외견상— 형식적 원리가 결정적으로 중요한 것으로 보이는 한 가지 예를 제시하는 것은 우리 문제를 이해하는 데 아주 유용할 것이다. 정당하게도 아이스킬로스(Aischylos)가 두 번째 배우를 도입한 한에서 그는 아주 위대한 (형식을 도입한—역자) 개척자였다고 할 수 있다.[140] 이 새로움을 있는 그대로 살펴보면, 한편으로는 화자와 합창단이, 다른 한편으로는 합창단원들에 의해 둘러싸여 이뤄지는 대화가 서로 대각을 이루며 대립하는 두 세계상을 폭로하고 있음을 발견할 수 있다. 이제 형식적 중심이 된 대화는 오로지 이 대화가 예술적으로 거대한 갈등의 비극적 해결을 인간 유의 관점에서 세계관적 방식의 답변으로 인정할 수 있는 길을 개시함으로써만 그 의미를 가진다. 그것은 당시에 세계관적으로(그리고 정치적으로) 새로운 중심문제로 전면에 나타났던 것에 대한 답변이었다.

따라서 철학과 예술의 우선성을 위기에 답변하는 기능에 고찰하지 않을 경우 철학과 예술의 본질과 위대함을 놓치고 말 것이다.

---

140) 아이스킬로스(B.C. 525~B.C. 456)는 그리스 3대 비극작가(소포클레스, 유리피데스와 함께) 중 최초의 사람으로 비극의 아버지라 불린다. 아리스토텔레스에 따르면 이전의 비극에서는 배우가 합창단과 상호작용함으로써 갈등을 풀었던 데 반해, 아이스킬로스는 갈등을 풀기 위해 가능한 한 많은 배우들을 등장시키는 형식적 파격을 도입하였다. 즉 비극에 드라마의 요소를 도입한 것이다. 70~90여 개의 작품을 만든 것으로 알려져 있는데, 오늘날 7개만 남아 있다. 남아 있는 작품으로는 이른바 오레스테스 3부작인 「아가멤논」, 「제주를 바치는 여인들」(코에포로이), 「자비로운 여신들」, 「테베를 공략하는 일곱 명의 장군들」, 「탄원하는 여인들」, 「결박된 프로메테우스」, 그리고 「페르시아인」 등이 있다. (역주)

지속적 영향도 유사한 문제를 갖는다. 지속적 영향을 가능하게 하는 것은 단순히 논리적-기술적 통찰력도, 혹은 백과사전적 지식이나 한계 없는 상상력 등도 아니다. 그러한 영향의 높고 낮음의 문제에서 외견상 자의적인 것(실제로는 불균등한 발달)을 고찰해보면 지속적 영향을 가능하게 하는 궁극적인 모티브가 철학에서도 예술에서도 다음의 사실에 놓여 있음을 볼 수 있다. 즉 철학과 예술이 당대의 중요한 질문들에 대해 사람들이 정신적 명료함을 얻도록 도움을 줄 수 있는 답변을 제안할 수 있는지, 그리고 어느 정도나 그럴 수 있는지에 달려 있다. 여기서도 이 의도가 중심에 세워져야 하며, 이런 의도는 단순히 형식적인 혹은 유비적인 현실성을 가져서는 안 된다. 따라서 거대한 지속적 영향은 직접성에 제약된 현실성의 특성을 거의 갖지 않는데, 그럼에도 불구하고(혹은 그 이유는) 그 최종적 모티브는 언제나 다시 그런 방식의 세계사적인 현실성으로 남아 있다. 예를 들어 하이네는 르네상스의 회화가 "낭만주의"에 미친 그런 영향관계를 아주 적절하게 묘사했다. "이탈리아의 그림들은 작센의 신학자들보다 아마도 훨씬 더 효과적으로 천박한 성직자주의를 공격했다. 티치아노(Tiziano Vecellio)[141]의 회화에서 빛나는 몸은 프로테스탄티즘이다. 그의 작품에 나오는 비너스의 허리부분 몸체는 독일의 수사(루터—역자)가 비텐베르크의

---

141) 티치아노 베첼리오(1488/90~1576년)는 이탈리아의 전성기 르네상스 시대에 활약했던 화가이다. 그는 베네치아 회화의 황금기를 함께한 사람으로, 1533년 신성 로마제국 황제였던 카를 5세로부터 귀족 작위를 받고 그의 궁정화가로 임명되었다. 1545년 교황 바오로 3세의 초청을 받아서 로마를 방문하기도 했으며, 동시대인들로부터 '별 가운데 있는 태양'이라고 불릴 만큼 탁월한 재능을 보였다. 특히 색채에 대한 그의 열정은 이후 색채와 음영으로 화면을 가득 메운 바로크 예술의 색채주의로 발전하는 계기가 된다. 남아 있는 작품으로는 「성스런 사랑과 세속의 사랑」, 「성모 승천」, 「바쿠스의 축제」, 「우르비노의 비너스」 등이 있다. (역주)

성전 문에 붙인 조항들보다 훨씬 더 근본적인 테제들이다."[142] 당연히 그런 많은 영향들이 여기서 말한 것처럼 그렇게 직접적이지는 않다. 하지만 그러한 영향은 당시의 사람들이 일상에서, 정치에서 세계관적인 방향을 추구하는 가운데 얻고자 싸운 유적합한 중심문제로 언제나 다시 돌아올 수 있다. 그리고 바로 그런 추구의 도움으로 그들은 당시의 갈등들을 풀고자 한다. 따라서 순수 이데올로기의 지속적 영향은 아주 명료한 불균등성을 드러내며, 종종 급작스럽게 출현하기도 하고 사라지기도 한다. 철학과 문학 등 이들의 역사가 그런 문제들에 몰두하는 한, 이것들의 역사는 대체로 다음과 같은 올바른 전제에 기초해 있다. 즉 특히 철학적으로, 예술적으로 가치 있는 복합체들은 그러한 지속적 영향에 이르는 경향이 있다는 것이다. 하지만 그럼에도 불구하고 그 역사가 이러한 지속적 영향을 오로지 당시에 작용하는 조직체로부터, 이 조직체의 이론적-예술적 고귀함으로부터 곧바로 이끌어내고자 한다면 잘못된 길로 가게 될 것이다. 이러한 것이 지속적 영향의 일반적 전제로 여전히 남아 있기는 하지만, 그 구체적 연결고리는 사회적 발달에 의해 규정된다. 모든 시대는 자신의 고유한 갈등을 해결해야 한다. 그리고 이때 그 시대가 과거로 돌아가서 버팀목을 추구한다면 그 시대는 언제나 몰리에르(Moliére)의 다음의 의미에서 그렇게 한다.[143] "je prends mon bien ou je le trouve."(내가 그것을 발견한 곳에서 나는 그

---

142) Heine: *Die romantische Schule, I. Buch, Sämtliche Werke*(Elster) v, S. 227
143) 몰리에르(1623~73)는 프랑스 고전 희극의 거장으로서 그의 희극은 상승하고 있는 부르주아 계급을 대표한다. 루이 14세 앞에서 「사랑에 빠진 의사」를 상연하고, 이후 정기적으로 프티 부르봉(Petit Bourbon) 극장에 출연할 수 있게 된다. 주요 작품을 연대순으로 들면 「남편 학교」, 「아내들의 학교」, 「동 쥐앙」, 「인간 혐오자」, 「앙피트리옹」, 「조르주 당댕」, 「수전노」, 「타르튀프」, 「스카팽의 간계」, 「유식한 여자들」, 「기분으로 앓는 사람」 등이 있다. (역주)

것을 소유한다.) 그러나 이 '나의 소유(mon bien)'는 시대와 연관해서 나타난 해결되어야 할 갈등이다. 따라서 서로 함께하기도 하고 흩어지기도 하는 그런 갈등의 계기들은 우선 순수하게 철학적-예술적이지 않으며, 사회적 밑딜을 통해, 갈등과 그 해결의 인간적 내용을 통해 규정된다.

피상적으로 보면 이렇게 함으로써 철학에서 가장 심오한 철학적인 것이, 예술에서 가장 고유한 예술적인 것이 사라지거나 적어도 부차적인 것으로 밀려나는 것으로 보일 수 있다. 그러나 상황은 정반대이다. 무엇보다 두 영역에서 문제가 되는 것은 복합체들이다. 즉 이데올로기적인 것은 꼭대기에 있는 것, 기원과 지속적 영향을 궁극적으로 규정하는 실질적인 포괄적 계기로서 외부에서 복합체로 밀려들어 온 것이 아니며, 그 영역 내부에서 다른 것들을 자기 안에서 '결과'로 가져오는 '원인'도 아니다. 오히려 그것은 당시에 발생한 복합체의 현상태(Geradesosein)로 나아가도록 발생의 측면에서 자극하는 것이다. 예술가들뿐 아니라 철학자들은—자신들만의 고유한 수단을 사용하여— 유적합한 인간의 세계상을 가능한 한 총체적으로, 가능한 한 적절하게 구축하고, 존재의 본질을 엿듣고 습득하고자 노력하며, 이러한 총체적 세계상은 직접적-혹은 간접적으로 문제를 일으킨 갈등을 단순히 "해결할" 뿐 아니라 더 나아가 그 갈등을 인류가 자기 자신에게 나아가는 도정에서 필연적인 단계로 삼는다. 이를 통해 이들이 답변하고자 하는 세계에 의해 제기된 질문들은 그 복합체의 현상태를 구성한다. 인간의 세계에 대한 실천적이면서 사변적인 그런 이데올로기적 착상들로부터 예술적 복합체와 철학적 복합체가 생겨난다. 이 복합체들은 이러한 문제제기와 본질적으로 연관이 있는 모든 것을 포괄한다. 이때 이것들은 질문하는 역사적 순간의 규정들 안에서 그렇게 하며, 또한 이와 동시에 철학적으로, 혹은 예술적으로 대답하는 주체의 태도로서 그렇게 한다. 따라서 그런 복합체들의 다양성과 풍부함은 이 복합체들을 촉발시킨 질문과 이 복합체들에 의해 촉발된 대답의 내용만큼이나 한계가 없다. 따라서 그러한 복합체 하나를 구축하는 형식들은 무한히 다양할 수 있다. 그러나 동일한 근거에서 이런 무한성은 매우 구체적인 제한된 유형의 조직체에 배치된다.[144] 이때 현실의 이질적인 작용 한계를 적절하게—즉 그런 이질성의 인간적 의미를 보존하면서— 동질화하기 위해 계기들의 자립화가 발생할 수 있는데, 그럴수록 이 계기들은 전체 조직체의 통일로 다시 모인다. 그런데 총체성과 계기들 이 양자는 사회적-역사적 존재자로서 인류발달의 연속성에서 효력을 발휘할 수 있기 위해 이러한 높이로까지 고양되기 때문에 이 양자는 지속적 영향 속에서 자립적으로 작용하는 힘들로 형태화될 수 있다. 과학이 그런 계기들의 연속성을 이념적으로, 그리고 역사적으로 특화하여 파악하고자 할 경우 이해가 아주 잘되는 그런 예들이 역사에 아주 많다. 그런데 이 계기들을 추상적 차원에서 개념적으로 서로 분리하여 자립시킬 경우 본질에 대한 현실적 이해를 어렵게 할 뿐인 가상적 대상들이 쉽게 형성할 수 있다는 것이다.[145] 존재와 존재 적합한 현실적 연관들에

---

144) 문학에는 서사적-드라마적-서정적 형식만이 있음을 생각해보라.

145) 빈델반트와 리케르트의 과학론, 보링어(Worringer)의 경우 추상과 감정이입을, 군돌프 (Gundolf)의 경우 원체험과 도야체험에 대해 생각해보라.

빌헬름 보링어(Wilhelm Worringer, 1881~1965)는 독일 미술사학자로서 표현주의적 전통에 서 있다. 영국의 초기 모더니즘에 영향을 주었다. 그의 최고의 작품으로 꼽히는 박사학위 논문 「추상과 감정이입(Abstraction and Empathy)」에서 그는 예술을 두 종류로 나누는데, 하나는 추상예술이고, 다른 하나는 감정이입의 예술이다. 전자는 좀 더 원시적 세계관과 친화적이라 하고, 후자는 르네상스 이후 넓은 의미의 실재론과 연결된다고 한다. 그는 추상예술이 실재론적 예술에 비해 결코 열등하지 않다고 함으로써 당시 발흥하던 추상이론을 정당화하는 데 크게 기여하였다.

프리드리히 군돌프(Friedrich Gundolf, 1880~1931)는 바이마르 공화국 시기의 가장 중요한 문학자이자 시인 중 한 사람이다. 그의 교수자격 논문인 「셰익스피어와 독일정신

대한 참된 모사가 유행하는, 종종 매우 영향력 있는 그런 가상적 대상들로 변질될 수 있다고 말했는데, 이런 변질에 대한 투쟁이 성공할 수 있으려면 그 기원뿐 아니라 지속적 영향의 관점에서 실제적으로, 역동적으로 탐구되어야 한다.

마르크스적 방법의 정신에서 문제를 이렇게 다룰 때 참된 철학적 내지 예술적 가치들이 너무 협소하게 취급될 수 있다는 두려움이 제기되는데, 이런 두려움은 근거 없는 것이다. 반대로 우리는 부분적 내재에 방향을 맞춰 가치들을 고립적으로 고찰할 경우 총체성이라는 최고의 가치, 인류의 운명에 닻을 내린 최고의 가치를 비껴갈 수밖에 없다고 생각한다. 그 이유는 다음과 같다. 즉 이 최고의 가치들은 인간에게 현실을 보다 풍부하고 심오하게 파악할 수 있게 하는 새로운 기관을 형성해주며, 그런 풍부화를 통해 인간 자신의 개별성을 좀 더 개별적이면서 동시에 좀 더 유적합하게 만들게 된다. 그리고 이러한 사실들을 통해 인간의 인가됨은 더욱 고양된다. 최고의 가치들의 본질은 바로 이런 사실에 놓여 있다. 우리는 다른 연관에서 음악에 대한 마르크스의 이와 연관된 설명을 인용하였다. 여기서는 그로부터 다음의 생각을 부각하고자 한다. "인간의 본질이 대상적으로 전개되어 풍부하게 됨으로써 비로소 인간적인 주관적 감성의 풍부함은 생성되며, 음악적 귀, 형식의 아름다움을 위한 눈이 형성된다. 간단히 말하자면 인간적으로 향유할 능력이 있는 감각들, 즉 인간의 고유한 능력으로서 자기를 확인하여 자기를 완성하기도 하고 산출하기도 하는 감각들

(Shakespeare und der deutsche Geist)」(1911)은 독일 문학연구의 전환점을 준 것으로 평가된다. 예술작품을 철학적-역사적으로 탐구해야 한다고 하며, 위대한 예술가들은 시대의 상징적 인물로 탐구되어야 한다고 한다. 『괴테』(1930년 제13판)역시 그의 유명한 작품에 속한다. (역주)

이 산출된다."[146] 이렇듯 인간적인 모든 표현과 외화들이 참된 인간화의 생동적 계기들로 드러남으로써 철학과 예술은 고립적인 자기 내 근거를 상실하며, ―궁극적으로― "개별과학"적 탐구나 주관주의적 에세이의 전망으로부터 바라보는 시선에 불가피하게 붙들려 있는 단순한 사치적 특성을 상실한다. 속류 마르크스주의자들은 전도된 징후와 더불어 유사한, 하지만 훨씬 덜 인간적인 결과들에 도달하는데, 이러한 사실은 마르크스주의의 참된 질문과 아무런 상관이 없다.

왜냐하면 마르크스의 이 이데올로기론에서도 자신의 근본원칙은 다음과 같이 표현되어 있기 때문이다. 즉 인간에게 근본 뿌리는 인간 그 자체이며, 인간의 사회적 발달이 대상화를 촉발시키지만(대상화는 일상의 삶에서 그에게 종종 낯선 대상으로 마주 서 있는 듯하지만, 실제로는 그 자체로 그에게 영향을 미친다.) 이 대상화는 궁극적으로 개별적일 뿐 아니라 유적합한 자기 자신의 외화이며, 이 외화의 결과는―전체과정의 총체성을 볼 경우― 그의 인간적 개별인격성의 고양, 심화, 확장을 가져오며, 인간발달의 위기에 자신의 파편적 특성을 넘어 인간 유의 대자화를 선택한다는 것이다. 왜냐하면 "인간의 존재"는 사상과 체험의 최고의 높이에서뿐 아니라 일상의 혼란과 착종으로도 전개되는 "자신의 현실적 삶의 과정"[147]이기 때문이다. 따라서 청년 마르크스는 『경제학-철학 수고』에서 성공적인 사회주의의 전제와 결과에 대해 말하는데, 그의 이 진술은 자신이 10년 후에 '자유의 왕국'을 말하는 정신과 동일한 정신에서 그렇게 한다. 그는 자유의 왕국에 대해 다음과 같이 말한다. 이 변화는 "모든 인간적 감각과 특성의 완전한 **해방**

---

146) Marx: *Ökonomisch-philosophische Manuskripte*, MEGA III. S. 120; MEW EB I, S. 541.
147) *Deutsche Ideologie*, a. a. O., S. 15; MEW 3, S. 6.

을 의미한다. 하지만 이 해방은 이 감각과 특성들이 주관적으로도 객관적으로도 **인간화**된다는 사실을 통해 이뤄진다. 눈은 **인간적** 눈으로 되었고, 그의 **대상**은 인간을 위해 인간에게서 유래하는 사회적-**인간적** 대상이 되었다. 따라서 삼각은 직접적으로 실천하는 기운데 이론가가 되었다. 이 감각들은 사물자체를 위해 사물과 관계하지만, 사물자체는 자신과의, 그리고 인간과의 대상적-인간적 관계이며, 그 역도 성립한다. 따라서 욕구와 향유는 자신의 **이기적** 본성(자연)을 상실했고, 자연(본성)은 사용이 이제 **인간적** 사용으로 됨으로써 자신의 단순한 **유용성**을 상실했다. 동일하게 다른 사람들의 감각과 정신 역시 나의 **고유한** 취득이 되었다. 따라서 이런 직접적 기관들 외에 사회적 기관들이 형성되는데, 예컨대 사회적 형식 속에서 타자와 직접 교류하는 활동이 삶의 표현의 한 기관이 되었고, 인간적 삶의 취득방식이 되었다."[148]

존재론의 객관적 측면의 관점에서 볼 때 이것은 사회의 사회화의 완성을 의미하는데, 그 주관적 측면은 내적으로 충족된 유적합성과 이와 곧바로 연결되어 있는 개별 인간의 참된 개별성을 형성한다. 전자(유적합성)에게 생산력의 전개가 불가피하듯 후자(참된 개별성)에게는 순수 이데올로기에서 그 정점에 이르는 이데올로기적 발달이 불가피하다. 다만 생산력의 전개가 불가역적 인과과정으로서 인간의 목적론적 정립으로부터 필연적으로 관철되는 반면, 이데올로기적 발달의 필연성은 이데올로기를 정초하는 정립들의 대안적 성격을 지양하지 않고 보존해야 하고, 따라서 인간 유의 즉자를 대자로 변화시킬 수 있는 실제 가능성으로 표현할 수 있다는 점에서 서로 차이가 난다. 그러나 이로부터 단순한 주체성이 경제적 과정의

---

148) *Ökonomisch-philosophische Manuskripte*, S. 118-119; MEW EB I, S. 540.

객체성에서 따라 나오는 것은 결코 아니며, 비합리적인 것이 그런 과정의 합리성에 마주 서 있지도 않다. 마르크스는 생산력의 발달이 동시에, 비록 매우 자주 비인간적 형식이긴 하지만, 인간의 고차적 발달임을 보여주었다. 그러나 단순한 자연존재에서 의식적인 사회적 존재로, 단순한 개체에서 개별성(개성)으로 인간의 이런 모순적 도야(형성)를 이끌어가는 투쟁들은 인간에게 주어진 문제해결의 수단으로서 인간 안에 참된 유적합성을 전개하도록 돕는 매개체이다. 여기서 직접적-기계적 "결과들"을 생각해서는 안 된다. 갈등에 연루된 사람들은 오히려 대개 자연발생적으로 행동하며, 우리가 일상의 삶의 존재론이라 불렀던 것에 의해 동기부여를 받는다. 그러나 이 존재론은 어떻게 생겨나는가? 의심의 여지없이 이 존재론에서는 인간의 일차적-직접적 체험이 결정적으로 중요하다. 그러나 그 내용과 형식은 이데올로기에 의해—무엇보다도 순수 이데올로기에 의해— 아주 많은 영향을 받으며, 그 대상화는 바로 이 이데올로기 영역에 연결된다. 일상의 사건들을 훌륭하게 제어하기 위해 마르크스를 읽어서는 안 되고, 윤리적 결단을 할 때 돈키호테나 햄릿에게 영향을 받기 위해 그들을 예술적으로 체험해서는 안 된다. 우리가 다루는 것이 좋건 싫건 바로 그 경우이며, 이러한 사실은 이데올로기의 영역에서도 다를 수 없다. 또한 파시스트적 결단에 이르기 위해 니체나 체임벌린(A. N. Chamberlain, 제2차 세계대전 발발시 영국 수상—역자)을 연구하는 것은 필연적이지 않았다. (최고의, 그리고 가장 풍족한) 이데올로기들과 일상의 존재론 사이의 상호관계가 밝혀지지 않는 한, 즉 갈등의 해결방식이 일상의 삶에서 솟구친다는 것, 그리고 동시에 일상에서 이데올로기들이 개입하고 작용한다는 것 등, 이러한 사실이 밝혀지지 않는 한, 인간발달의 연속성뿐 아니라 그 위기의 성격도 설명할 수 없는 것으로 현상할 것이다.

이렇게 도달한 통찰에서 출발할 경우 상부구조의 다른 복합체들에 붙박인 이데올로기적인 것을 밝혀내는 것은 쉬워 보인다. 자연과학의 경우 문제가 가장 단순해 보인다. 자연과학의 진보는 생산의 발달과 긴밀한 연관이 있다는 일반적인 역사직 획신은 한편으로는 옳지만 다른 한편으로는 너무 추상적이어서 많은 것을 말해주지 않는다. 왜냐하면 자연과학이 처음에 자연과의 신진대사에서 목적론적 정립을 통해 구축된 순수하게 경험적인, 종종 우연적인 통찰로부터 서서히 자립성을 획득했다고 하는 사실은 많은 것을 얘기해주지 못하기 때문이다. 근대의 물리학과 같이 가장 복잡한 이론은 일반 존재론적 관점에서 볼 때 원시인이 갈 수 있는 돌인지를 직접적으로 인식할 수 있었던 근거와 동일한 근거에서 결코 이데올로기가 아니다. 그리고 특정한 일반적-사회적 결과들의 경우 우리는 이미 갈릴레이나 다윈의 이론의 이데올로기화가 마치 프로메테우스의 신화가 불을 만드는 행위에서 나왔듯이 그렇게 그 이론들의 이론적 본질로부터 필연적으로 직접 이끌려 나오지 않는다는 사실을 보았다. 그러나 이제 자연과학을 그 기원과 지속적 영향의 문제에서 이데올로기의 영역과 폐쇄하여 분리하고자 시도한다면 그것 역시 하나의 신화이다. 이 경우 다시 중요한 문제가 되는 것은 자연과학의 역사가 고상하게도 외면하곤 하는 것, 즉 일상의 삶의 존재론이다. 그러나 일상의 존재론은 전체 시대의 과학이 자립성에 기초하여 서 있다는 그런 근본 생각에 아주 강력하게 영향을 준다. 나는 달 아래의 세계와 달 위의 세계를 나눴던 고대의 구별을 그저 환기시키고, 또 ─비전문가이긴 하지만─ 고도로 발달한, 그리고 외견상 정확한 조작기술이 오늘날 어떻게 전혀 근거도 없는, 아무런 기초도 없는 존재표상을 일상에서 (그리고 이를 통해 간접적으로 과학에서) 형성하는 경향이 있는지를 그저 시사하고 싶다. 이때 이 존재표상은 고대의 존재표상과 대조되는 그런 표상이며, 과학적 사유에서 종종 "공리(도그마)"로서 함께 이끌려 들어오는 표상이고, 그것에 대한 일반적 비판을 위해서는 사회적-역사적 존재의 변화가 전제되는 그런 존재표상이다. 따라서 엥겔스는 이러한 관점에서 자연과학(그 구체적 결과가 아니라 그런 근본표상)에 대한 필연적 비판을 시사했다. 그는 17~18세기 철학이 자연과 맺는 관계에 대해 다음과 같이 말한다. "당시의 철학이 동시대의 자연인식의 제약된 입장에 의해 현혹되지 않았고, ―스피노자로부터 위대한 프랑스 유물론자들에 이르기까지― 세계를 그 자체로 설명하려고 노력했으며, 미래의 자연과학에 상세한 정당화를 넘겨준 것은 당대 철학의 가장 영예스런 점이다."[149]

사회과학의 경우 그 질문은 객관적으로는 더 단순하지만 주관적으로는 훨씬 더 논쟁의 여지가 있다. 더 단순한 이유는 모든 사회과학의 존재론적 토대가 인간의 의식에서, 그리고 미래의 목적론적 정립에서 변화를 이끌어내고자 하는 그런 목적론적 정립을 형성하는 것이라는 데 있다. 이와 더불어 이미 그것의 기원뿐 아니라 그 결과(영향)도 지양할 수 없는 이데올로기적 요소를 간직한다. 현실화는 당연히 훨씬 더 복잡하다. 한편으로 모든 사회과학이 사회적 노동분업에서 수행하는 역할은 동시에 자신에 의해 다뤄지는 사태와 연관들이 실제로 사회적 존재의 총체성 속에서 어떻게 작용했고 작용하고 있는지를 모사하고 질서 지우고 서술해야 하는 과제를 제시하기 때문이다. 이러한 경향과 이러한 경향의 점진적 충족으로 인해 이런 과학들은 비로소 과학들로 되며, 동시에 이 과학들은 사회적 존재 내에서 적절한 자리를 차지하게 된다. 그런데 이러한 직접적인 사회적 존재로 인해 이런 경향적 계기는 절대적인 것으로 물신화될 수 있다. 특히 마르크

---

149) *Engels: Dialektik der Natur*, MEGA, S. 486; MEW 20, S. 315.

스의 이데올로기론에 대항한 투쟁에서 그런 물신화가 형성되었다. 이 물신화는 무엇보다도 (주관적) 이데올로기와 순수 객체성이라는 형이상학적으로 고착된 대립의 산물로서 과학의 유일한 지배원리로 표현되었다. 순수하게 존재론적으로 고찰해보면 이런 형이상학적 대립성은 순수하게 허구적인 것에 불과하다. 무엇보다도 과학적 작품의, 혹은 전체 과학의 특정한 이데올로기적 기원으로부터는 객관적인 과학적 확립이나 이론들을 이끌어낼 수 없다. 유명한 예를 끌어들여 말하자면, 시스몽디(Jean Charles Léonard de Sismondi)[150]의 경제학의 출발점은 의문의 여지없이 이데올로기적 투쟁이다. 즉 자본주의적 경제의 발달 방향을 위해 위험한 모순들을 피하기 위한 투쟁. 그러나 이러한 착상은 과학에 객관적으로 올바르게 신기원을 만드는 경제적 분석과 더불어 정당화된다. 즉 그런 생각은 자본주의가 특정한 높이의 발달에 이르러서부터 나타나는 경제위기의 경제적 법칙성을 증명함으로써 정당화된다. 그의 큰 적대자인 리카도도 이러한 테제의 과학적 정당성을 인정하지 않을 수 없었다.(리카도에 대해 간단하게나마 말하자면 그의 경제학의 과학적 객관성, 즉 전체자본의 이익의 관심이라는 망루로부터 바라본 그의 자본주의 경제의 고찰도 동일하게 이데올로기적으로 규정된 객관성이다.) 열거할 예들은 한없이 많다.

---

150) 장 샤를 시스몽디(1773~1842)는 스위스 태생의 역사학자이자 경제학자로서 위기이론의 한 입론자로 알려져 있다. 그는 애덤 스미스 계열을 따랐지만, 좀 더 인본주의적인 경제학을 제창하였다. 그는 경제학이 부의 증가의 수단에 대해서는 너무 많이 연구하고 행복을 산출하기 위한 부의 사용에 대해서는 너무 적게 연구한다고 생각했다. 경제학에 미친 그의 가장 중요한 기여는 경제적 사이클의 발견에 있다. 그는 정부의 시장규제를 강조하였으며, 이에 맞춰 자유방임을 비판하기도 한다. 이런 점에서 그는 사회주의자들의 일정한 선구자로 역할을 한다. 그의 주요 저서로는 『정치경제학의 새로운 원리(Nouveaux principes d'économie politique)』가 있다. (역주)

그 근거는 가까이 있다. 사회적 노동분업은, 점점 더 세분화된 방식으로, 상이한 과학들을 발생시켰는데, 그 이유는 자연과학의 도움으로 자연과의 신진대사가 점점 더 지배적으로 된 것처럼 특히 사회적 존재를 지배할 수 있기 위해서 그렇게 되었다. 의문의 여지없이 그것은 사태를 선택하고 비판하고 취급하는 문제에서 객관성에 대한 요청을 전제한다. 그러나 이와 더불어 이데올로기적 계기들이 이런 과학들에서 배제된다고 믿는 것은 하나의 환상에 불과하다. 우리가 이전에 이데올로기 일반에 대한 고찰, 특히 정치적 이데올로기에 대한 고찰에서 과학이 진리문제에서 중립을 지킨다고 하는 주장에 강하게 반론을 제기했는데, 이때 그런 반론에는 가장 순수한 객관적 진리도 사회적 갈등을 해결하기 위한 수단으로서, 따라서 이데올로기로서 다뤄질 수 있다는 확신이 당연하게 포함되어 있었다. 이데올로기라는 것은 정신적 구조물의 고정된 사회적 속성이 아니라 그 존재론적 본질상 사회적 기능이기 때문에 그것은 결코 존재양식이 아니다. 이로부터 객관적인 과학적 진리와 마주 서 있는 사회적으로 효력이 있는 이데올로기들의 이미 제시된 중립성이 드러난다. 그런데 즉자적으로 올바른 이러한 단언의 경우에도 추상적 (인식이론적 내지 논리적) 일반화에는 주의해야 한다. 왜냐하면 이 일반화는 매우 쉽게 즉자적으로 존재 적합한 올바른 것을 과부하를 통해 왜곡할 수 있기 때문이다. 사회적 행동, 그 갈등들, 그리고 이 갈등의 해결 등은 자연과의 신진대사와 아주 많이 구별되며, 이러한 차이는 전자(사회적 존재)에서는 잘못된, 불완전한 이론들을 성공적으로 이용할 수 있을 활동공간이 후자(자연존재)에서보다 훨씬 더 크다는 사실에서 표현된다. 하지만 올바른 이론들, 사태에 대한 올바른 단언 등의 긍정적 의미가 이와 더불어 결코 지양되지 않는다. 그 반대이다. 사회과학에서 예컨대 한 사회의 지배적 이념이 지배계급의 이념이라고 하는 일반적인 사회적 상황은 자주 과학성의 경화로 이끄는 데 반해, 고전적인 대립적 이데올로기들은 투쟁 가운데 (순수과학으로서의) 과학의 본질적인 갱신과 수준의 고양을 작동시킬 수 있다. 왜냐하면 새로운 이데올로기적 착상은 그때까지 소홀하게 다룬 사태들, 연관들, 법칙성들에 빛을 비출 수 있기 때문이다. 인식이론적으로 요청된 객체성에 마주한 이데올로기의 존재론적 중립성으로부터 과학적 올바름은 이데올로기의 관철력을 이데올로기로서 방해해야 한다는 사실이 따라 나오는 것도 아니고, 순수하게 과학적으로 생성된 것은 커다란 이데올로기적 역할을 수행할 수 없다는 사실이 따라 나오는 것도 아니다.

이데올로기와 과학의 관계는 이른바 가치중립이나 가치평가의 거부 등을 선언한다고 해서 결코 서술될 수 없다. 이러한 경향은 대부분의 경우 그 자체 순수 이데올로기로서 드러난다. 왜냐하면 지배계급의 가치평가가 "가치중립적으로 확립된 사태들"로 다뤄지기 때문이며, 가장 기본적인 주제의 선택, 예컨대 역사학에서 사태들의 선택이 모든 이데올로기적인 것과 완전히 독립해서 수행될 수 없다는 사실 또한 여전히 유효하게 남아 있기 때문이다. 그런데 모든 사회과학의 상세한 분석만이 이러한 관계에 대한 실제로 설득력 있는 서술을 제시한다. 왜냐하면 사회과학들의 기능은 매우 다른데, 이때 이러한 관계는 개별적인 영역들에서 질적으로 (구조적으로, 역학적으로, 범주적으로 등) 상이한 방식으로 현상하기 때문이다. 그러한 규모의 탐구는 사회적 존재의 존재론의 가장 근본적인 질문들에 국한된 우리의 이 작업의 범위를 넘어설 것이다. 단지 올바른 문제제기의 방법을 보여주기 위해 투키디데스의 역사적으로 중요한 방법론적 문제제기를 제시해볼 필요는 있어 보인다. 투키디데스는 그러한 논쟁에서 드물지 않게 까까저 개관성의 모형적 인물로 제시되는데, 특히 예거(Werner Jäger)[151]의 분석은 이를 뒷받침한다. 예거에게는 마르크스의 이데올로기론에 붙들려 있다는 비난을 단 한 번도 받지 않았다. 예거는 투키디데스를 정치사의 창조자로 간주했으며, 그에게서 국가의 문제, 폴리스의 문제는 중심적인 출발점을 형성한다. 이때 투키디데스에게 결과적으로 아주 중요한 점은 "순수한 비당파적 진리를 부여하는 것"이다. 하지만 어떻게 그는 이에 도달할 수 있는가? 예거는 이에 대한 정확한 서술을 한다. "투키디데스가 '역사'를 정치세계에 전이할 때 그는 진리추구에 새로운 의미를 부가했다. 우리는 그의 발걸음을 행동에 대한 헬레니즘적 파악으로부터 이해해야 한다. 헬레니즘적 파악에 따르면 원래 움직이게 하는 자는 인식이다. 이런 실천적 목표로 인해 진리에 대한 그의 추구는 관심에 의해 좌우되지 않는 '이론'을 추구한 이오니아의 자연철학자들과 구별된다. 올바른 행동으로 이끄는 것이 아닌 다른 목표를 가진 과학을 안 고대인은 없다."[152] 예거는 다시 논리적으로 투키디데스를 이러한 관점에서 플라톤과 병렬적으로 놓는다. 그러나 이 둘이 자신의 과학의 목표를 올바른 행동으로 이끄는 것이라 설정한다면 이데올로기를 사회적 갈등의 해결을 위한 수단으로 본 마르크스의 학설과 무엇이 다르단 말인가? 그리고 우리는 사람들이 현실적으로 의미 있는 역사가들의 방법론적인 출발점을 점점 더 면밀히 살펴보면 그들이 ― 그러나 오직 방법론적으로만 ― 어디에서나 그러한 결과에 도달할 것이라고 믿는다. 마키아벨리나 기번, 콩도르세나 티에르(Louis-Adolphe Thiers)[153]

---

151) 베르너 예거(1888~1961)는 20세기 초에 활동한 철학자로서 제3인문주의의 대표주자이다. 나치 시기에 미국으로 이민하여 하버드 대학교 고전연구소의 초대 소장이 되었다. 주저인 『파이데이아(*Paideia*)』에서 그는 그리스의 도야사상을 서양문화의 기초로 이상화한다. (역주)

152) Werner Jäger: *Paideia* 1., Berlin 1959, S. 486.

153) 루이 아돌프 티에르(1797~1877)는 프랑스의 정치가이자 역사가로 1823년부터 『프랑스혁

에게 출발점과 목표설정이 철저히 다르다는 사실은 역사의 정치적(이데올로기적) 시각과 역사를 가공하는 과학적 방법 사이의 존재 적합한 이런 연관에 대해 아무것도 변화시키지 않는다. 정치적으로 서로 대립했던 역사가들인 버크와 랑케의 경우에도 이런 사실은 타당하다.

동일한 사실이 경제에서도 쉽게 확인되는데, 의미 있는 경제의 입안자들은 예외 없이 갈등의 상황에서 출발했으며, 이데올로기적 해결책에 대한 아무런 전망도 없이 대답을 하지는 않았다. 자본주의 자체와 자본주의에 대한 이론적-과학적 탐구 사이의 눈에 띄는 평행은 지도적인 과학적 형태에 대한 그런 착상이 없다면 그저 하나의 기적에 불과할 것이다. 이때 우리의 고찰에 특히 중요한 것은 과학이 갖는 지양할 수 없는 이러한 이데올로기적 기능 능력이 그런 착상을 사회존재론적으로 순수한 이데올로기에 접근시킨다는 사실이다. 과학 역시 일상의 영역에서 솟아오르며, 일상의 내용과 형식, 힘과 한계 등을 통해 계속 규정되고, (순수하게 과학적이고 포괄적인) 과학의 평가들은 선과 악의 확대로서 다시 이 일상의 영역으로 되돌아온다. 일상의 존재론으로의 이런 실천적 진입은 다시 과학에서 성장한 철학적 혹은 준철학적인 다양한 이론들에 의해 강화된다. 매우 모순적으로 뻗어 나간 자연법의 영향을 생각해보는 것으로 충분하다. 이론들이나 확고한 사태 등의 이데올로기로서의 기능은 사회적 노동분업이 이런 분과들, 이 분과의 대표들에게 다시 할당한 경계들을 매우 자주 소멸시킨다. 일상의 존재론이 자기 안으로 흘러들어 간 이데올로기의 구성요소들

명사(*Histoire de la Révolution Française*)』 집필에 몰두하여 1827년 전8권을 완성하였으며 미녜와 함께 필연사파(必然史派)의 대표로 손꼽히게 되었다. 폴리냐크 반동내각에 항거하였고 루이필리프의 시민적인 왕정실현에 협력하였으며 수상을 지냈다. 행정장관을 거쳐 대통령이 되어 부르주아 공화주의의 확립과 안정을 위해 협력하였다. (역주)

을 단순화하고 속류화할수록(역사적인 것은 여기서 종종 다시금 신비적 성격을 함유한다.) 그만큼 그 존재론은 종합의 경향을 가진다. 양자에게서 중요한 것은 실천의 직접적 인도를 강화하는 이데올로기 기능이다.

마르크스주의가 이데올로기의 문제복합체로 끼워놓은 문제를 최소한이나마 건드리지도 않은 채 이 문제복합체를 다룬다는 것은 불가능하다. 부르주아 계층의 뛰어난 사상가조차도 이 문제를 심도 있게 다루지 않았다. 막스 베버 같은 진지한 학자는 이 문제를 인식이론적 농담으로 변화시켰다. "왜냐하면 유물론적인 역사 의미는 임의로 오를 수 있는 마차가 아니며, 혁명의 담지자들 앞에서 멈추지 않기 때문이다."[154] 막스 베버는 여기서 과학과 이데올로기의 인식이론적 대비, 형이상학적으로 응고된 대립적 대비를 전제하는 그런 인식이론적 대비에서 출발한다. 과학은 철저히 가치중립적으로 진행할 수 있다고 하며, 따라서 가치평가적인 목적론적 이데올로기와 어떤 동일성도 가질 수 없다. 따라서 양자 사이의 사회적 기능에서의 공통성은 원리상 배제된다. 베버에 따르면 마르크스주의자들은 자신들의 이론을 과학으로 간주할 것인지, 이데올로기로 간주할 것인지를 단번에 선택해야 한다고 한다. 이것은 순수하게 인식이론에 기초한 형이상학이다. 우리는 양 복합체의 분리가 사회적 존재에서 그 기능이 어떠한가에 의존하지, 과학성이나 비과학성의 문제와 아무런 관련이 없다는 사실을 보았다. 과학성은 객관적 현실을 있는 그대로 인식하려는 노력에서 정당화된다. 그것은 자연과학에서 사회적으로 자연스럽게 형성되는데, 왜냐하면 자연과학의 결과들은 사회적 존재를 물질적으로 재생산하는 가운데 그러한 의도를 점차 성공적으로 수행할 경우에만 활동적이고 긍정적인 역

---

154) Max Weber: *Gesammelte politische Schriften*, München 1921, S. 446.

할을 할 수 있기 때문이다. 자연과학의 출발점과 그 방법과 결과들이 일상의 삶의 존재론에 의해 아주 많이 규정되곤 한다는 사실을 우리는 이미 보았다. 그리고 과학이 일상의 삶의 이 존재론과 맺는 관계가 그렇게 자연발생적이라 하더라도 보다 깊이 분석해보면 그 존재론을 단순히 받아들이건 비판적으로 버리건 간에 그러한 행위는 대개의 경우—의식적이건 무의식적이건, 직접적이건 간접적이건, 경우에 따라 대단히 많이 매개되어 있건 간에—당시의 생산력의 상태에 대한, 당시의 사회상태에 대한 입장표명과 밀접한 연관이 있음이 언제나 드러날 것이다. 이런 역할은 사회과학에서 훨씬 더 분명하게 드러난다. 모든 법학은 주어진 사회상태를 보호하는 데서 출발하는데, 이러한 사실은 오늘날 거의 논쟁의 여지가 없다. 그리고 수십 년간 독일 정신과학을 지배했던 랑케의 역사과학적 '객관성'의 방법론적 기초, 즉 모든 시대는 신에게 가깝게 있다고 하는 과학적 객관성의 방법론적 기초는 명백히 역사과정 자체에 대한 어떤 '가치중립적'인 객관적 모사가 아니라 프랑스혁명 이후 보수적으로 채색된 일상의 삶의 존재론을 단순히 과학적 '공리'로 고양하며, 따라서—적어도—복고된 독일의 잠재적 (그리고 종종 효력이 있는) 이데올로기이다. 막스 베버의 의미에서의 이데올로기냐 과학이냐고 하는 완고한 딜레마는 있지 않다.

신실증주의적 조작의 유행하는 선전구인 소위 탈이데올로기화 문제 역시 크게 다르지 않다. 사회적 갈등은 실존하고, 이 갈등은 어떻게든, 즉 정신적이든 선동에 의해서든 간에 해결되어야 하는데, 이러한 사실은 넓게 퍼진, 가장 잘 조직된 조작이 이뤄지는 곳에서도 객관적으로 지양할 수 없는 그런 사회적 사실이다. 그러나 그것은 실제로 수행된 탈이데올로기화를 사회적 자기모순으로, 그 이론을 기껏해야 자기기만으로 만든다. 따라서 탈이데올로기화의 "이론적 원본성"은—이데올로기론 내부에서—쟁론

되지 않는다. 탈이데올로기화는 그 사회적 존재 규정에서 보면 동일하게 하나의 이데올로기이지만, 독특한 특성을 가진 이데올로기이다. 즉 대개 그 이전의 이데올로기들이 —합리적으로 정초되었건 비합리주의적으로 정초되었건 간에, 혹은 아주 확신할 만하건 선동적이건 간에— 모든 갈등을 해결할 때 압도적으로 궁극적 실천원리로 간주된 인간의 유적합성에 호소했던 데 반해, 조작시대의 탈이데올로기화는 거의 배타적으로 파편적 인간을 작동시키고, 이런 파편성의 통찰과 본능에만 영향을 미치고자 한다. 여기서 이미 인식이론은 이데올로기와 비이데올로기의 구별을 위한 적절한 기관이 아니라는 것이 드러난다. 어떤 것이 이데올로기가 되는지는 인식이론으로는 판가름할 수 없는 그 사회적 기능이 결정한다. 가치중립에 대한 베버의 요청(더 정확히 말하자면, 어떤 가치판단에도 떨어지지 않으려는 소박한-주관적 의도)과 더불어 주체가 이데올로기를 대상화하고자 하는지만이 규정될 수 있고, 또한 그것은 대상화된 것이 —원하든 그렇지 않든 간에— 객관적으로 이데올로기로 기능하는지의 사실과는 다시 아무런 관련이 없다. 이 두 경우에 중요한 것은 그저 "직업 양심(Berufsgewissen)"의 위안이다. 왜냐하면 학자로 머물고자 하는 학자, 혹은 —적어도 교육을 받은 자로서— 사회의 어떤 당파적 입장과 거리를 두고 있는 자의 입장에 있는 베버의 경우, 즉 탈이데올로기화의 경우에 훌륭한 매니저의 (경우에 따라서는 성공적인 광고주의) 실천적 효과는 자신의 정치적-저널리즘적-과학적 대상화에서 현실화될 수 있기 때문이다.

우리의 고찰을 통해 드러난 것은 베버가 이의제기한 외관상 필연적인 결단, 즉 의도된 대상화가 과학인지 이데올로기인지에 대한 결단이 우연적이라는 사실이다. 따라서 그것은 마르크스주의에 결코 딜레마가 되지 않는다. 한편으로 마르크스주의가 처음부터 자기 시대에 나타난 부르주아와 프롤레타리아트 사이의 갈등을 풀기 위한 도구 혹은 기관으로 이해되어야 한다는 것은 명확하다. 명료한, 하지만 종종 자주 속류화되어 단순하게 해석되는 포이어바흐에 대한 마지막 테제, 즉 현실의 해석과 변혁의 대립(과 동일)이라는 테제는 이러한 착상을 처음부터 아주 명료하게 드러낸다. 마르크스주의가 어떤 인식이론적으로 구성된 '무시간성'을 통해 자신의 고유한 역사적-사회적 기원을 은폐하고자 하지 않았다는 것도 거의 다툼이 없다. 모든 자신의 선행자들(헤겔, 고전 경제학, 위대한 유토피아주의자들 등)에 대한 아주 의식적인, 동시에 좀 더 진행된 비판적 착상은 이러한 사실을 아주 명료하게 보여준다. 따라서 마르크스주의는 자신의 이데올로기적 기원과 기능을 결코 은폐하지 않았다. 고전가들 중에는 마르크스주의가 프로테스탄트의 이데올로기라고 말하는 자들이 종종 있다. 다른 한편, 그리고 동시에 그것은 자신의 모든 이론적-역사적, 그리고 사회적 서술에서 언제나 과학성을 요청한다. 잘못된 관점(프루동이나 라살레)에 대한 마르크스의 논박은 언제나 사태의 본질에 따라 순수 과학적으로 이뤄졌고, 그 이론에 나타나는 비일관성과 역사적 서술에 나타나는 부정확성 등을 합리적이고 체계적으로 증명해 보여줬다. 그런 해명은 그런 잘못된 관점의 사회적 기원을 비판하고 또 때때로 관련 이데올로기적 태도의 자연스런 무근거성, 소박함, 그리고 악의 등을 비판함으로써 종종 강화되는데, 이러한 사실은 그런 비판적 분석의 과학적 성격을 결코 변화시키지 않는다. 과학적인 것과 비과학적인 것의 실제 대립은 구체적이고 방법론적인 문제이다. 서술방식의 기술, 문필가적 기질의 차이 등은 객관적으로 그것과 아무런 관련이 없다. 올바른 것이 아주 격정적으로 표현될 수도 있고, 잘못된 것이 가장 숭고한 초당파성의 태도로 표현될 수도 있다. 더 나아가 레닌은 계급사회의 역동적 구조를 더욱 중시하고 구체화하는 가운데 객관성이 점차 상승해갈 수 있다는 사실을 보았고, 사건들에 대한 공개적-당파적 입장표명에서 이런 객관성이 지양되거나 손상된다고 보지 않았으며, 마르크스주의자들은 "특정한 사건에 대해 어떤 가치평가를 하든 직접적-공개적으로 특정한 사회집단의 입장에 맞아 떨어질"[155] 수밖에 없다는 점을 인정해야 한다고 말하는데, 레닌의 이런 생각은 아주 철저히 올바르다. 이데올로기와 과학의 통일과 분리는 '가치평가'라는 표현 속에 이미 분명하게 드러난다.

그러나 만약 우리가 이러한 유의 잘못된 비난을 제거하려면 우리는 동시에 참된 마르크스주의의 특수성을 좀 더 자세히 살펴야 한다. 마르크스주의는 과학과 철학을 새롭고 독특한 방식으로 결합했다. 우리는 이러한 사실을 이미 이전의 연관에서 말했었다. 이제 다뤄야 할 것은 여기서 효력을 발휘하는 원리를 확고히 하는 것이다. 이 원리는 방법론적 본질에 따라 철학과 과학에 대한 존재론적 상호비판이다. 즉 과학은 대개 철학적 종합으로 나타나는 존재론적 일반화가 사회적 존재의 현실적 운동과 일치하는지, 그리고 이 일반화가 사회적 존재와 추상적으로 동떨어져 있지 않은지를 '아래로부터' 통제한다. 다른 한편 철학은 과학에 항구적인 존재론적 비판을 '위로부터' 수행한다. 즉 철학은 모든 개별질문이 어느 정도나 존재적합하게 올바른 위치에, 올바른 연관 속에 구조적이고 역동적으로 위치해 있는지, 개별적인 구체적 경험의 풍부함에 빠져서 사회적 존재의 총체성의 모순적인 불균등한 발달경향에 대한 인식을 놓치지 않고 어느 정도나 고양하고 심화시키는지를 통제한다. 이 두 비판적 입장은 동시에 일상의 삶의 존재론에도 향해 있다. 마르크스주의는 사회적 존재의 토대에 대한 모든 의식형식을 검토하고자 하고 또 할 수 있기 때문에, 마르크스주

---

155) *Lenin Ausgewählte Werke*, a. a. O., XI, S. 351; LW I, S. 414.

의 역시 이 사회적 존재에 깊이 뿌리박고 있는, 거의 탐구되지 않은 표상복합체에 마주하여 사회적 존재와 비판적으로 대결할 수 있다. 그런데 과학과 철학의 이런 식의 최초의 친밀한 결합은 지금까지의 인류발달의 결과이다. 우리는 앞에서 갈등이 시기에 유적합한 문제들을 다루는 데 있어서 철학의 중요한 기능에 대해 묘사했었다. 물론 그런 시기에 철학은 기껏해야 간접적으로만 결단에 영향을 미칠 수 있었다. 위대한 프랑스혁명의 시기에 계몽철학의 역할은 중요한 이행현상이었다. 일관성 있고 사회적인 이런 존재논리, 그리고 철학적 일반화를 실제 경제적 과정 위에 의식적-방법론적으로 이렇게 구축하는 것, 이러한 것들은 "인류의 전사"를 끝낼 갈등들에서 결단이 세계사적인 척도에서 점차로 의사일정에 놓이게 되었다는 것을 보여주는 역사적 기호이다. 따라서 이러한 갈등의 이데올로기적 해결을 참된 과학성의 토대 위에서 수행할 수 있는 가능성이 생겨난다.

그런데 그것은 그저 단순한 가능성이다. 위대한 프롤레타리아트 정당이 생겨난 시기에 마르크스주의의 창건자들은 이 문제를 해결될 수 있는 문제로 파악했다. 『독일농민전쟁』(1875)의 후기에서 엥겔스는 당의 투쟁이 "세 측면에서 —(자본가들에 대항한) 이론적-정치적-그리고 실천적-경제적 (저항)— 조화롭고 연관성이 있으며 계획적으로 수행되어야 한다고 문제를 제기한다. 그리고 이론, 과학성의 문제와 관련하여 그는 "사회주의가 과학으로 된 이후 그것은 과학처럼 운용"되어야 한다는 요청을 중심에 두었다.[156] 마르크스주의의 본질로부터 성장한 이러한 요청의 실천적-이데올

---

156) Engels: *Der deutsche Bauernkrieg*, Berlin 1930, Vorbemerkung zu ..., S. 169-170; MEW 7, S. 542. 레닌은 『무엇을 할 것인가?』에서 이 문제를 혁명적 정당개혁에 대한 자신의 제안의 중심에 둔다. 그는 엥겔스의 요청을 다음과 같이 요약한다. "혁명적 이론 없이 혁명적 운동은 있을 수 없다." *Werke* IV, II, S. 152; LW 5, S. 379.

로기적 실현에 대해 마르크스는 이미 그보다 10년 전에 분명하게 언급하고 있으며, 특히 이러한 갈등의 존재론적 속성, 프롤레타리아 혁명과 관련이 있는 복합적 문제 등을 그 존재와 생성 속에서 포괄하고 있는 연관에서 언급한다. 따라서 이 연관에서 이러한 과학성의 존재필연성은 혁명의 존재론적 자기통제로서, 자기비판을 위한 충동으로서 현상한다. 따라서 마르크스는 『브뤼메르 18일(*Achtzehnte Brumaire*)』에서 프롤레타리아 혁명의 복잡한 불균등성을 부르주아 혁명의 전형적 진행과정과 대립되는 것으로 구체화한다. "프롤레타리아 혁명은 … 꾸준히 스스로를 비판하며, 자신의 고유한 과정을 중단하면서도 전진해가며, 외견상 완수된 것에로 되돌아가 새롭게 다시 시작하며, 자신의 처음 시도의 불완전함, 유약함, 비참함 등에 대해 통렬하게 비웃는다."[157] 이러한 관점에서 지금까지 가장 위대한 프롤레타리아트 혁명의 레닌적 단계를 고찰하는 사람은 이러한 자기비판을 1917년 4월의 준비단계에서, 그리고 6월항쟁의 시기에 이미 관찰할 수 있다. 이러한 자기비판은 브레스트평화조약[158]에 대한 논쟁에서 보다 날카로운 모습으로 나타나며, 신경제정책(NEP)[159]을 도입할 때 레닌의 이론

---

157) Marx: *Der achtzehnte Brumaire* etc., a. a. O., S. 15; MEW 8, S. 118.

158) 브레스트 평화조약은 10월혁명을 성공으로 이끈 소비에트 러시아와 유럽 중부지역의 나라들(독일, 오스트리아, 오스만제국, 불가리아) 사이에 1918년 3월 맺어졌다. 이 조약으로 러시아는 제1차 세계대전에서 손을 뗀다. 러시아는 혁명 직후였기에 내적으로 평화에 대한 열망이 강했고, 또 독일을 중심으로 한 중부지역의 권력에 두려움을 느끼고 있었다. 이 조약으로 독일은 서부지역의 전투에 몰두할 수 있었고, 러시아는 혁명 후의 러시아를 안정시킬 수 있었다. (역주)

159) NEP(신경제정책, Die Neue Ökonomische Politik)는 레닌과 트로츠키가 자기 당 안에서 일어난 엄청난 저항을 잠재우기 위해 1921년, 제10회 소비에트 공산당대회에서 제정한 경제정책 프로그램이다. 농업과 상업의 자유를 상당 부분 인정하고 있으며, 산업영역에서도 시장경제적 요인을 어느 정도 인정하고 있다. (역주)

적 서술에서 그 최초의 위대한 절정에 이른다. 여기에서 '전쟁공산주의'[160]의 전체 단계는—객관적으로 보면 어쩔 수 없는 측면이 있음에도 불구하고— 사회주의를 구축하기 위한 올바른 도정의 일탈로서 자기비판적으로 비난을 받는다. 그가 조합의 논쟁에 나타났을 때도(1921) 유사한 특성을 드러내며, 그가 병들어 있을 때 기록한 것들은 혁명에 대한 새로운 자기비판을 정신적으로 준비하고 있음을 알 수 있다. 즉 그는 정부기구와 당기구의 점진적 관료화를 문제 삼고 있다.

여기에서 이론적-실천적 실현으로 묘사된 프롤레타리아트 혁명의 자기비판은 당이 실천을 할 때 엄격한 과학성을 갖춰야 한다는 요청을 충족한 것임을 어렵지 않게 볼 수 있다. 엥겔스는 갈등해결을 위한 과학적 수단으로서의 마르크스주의가 엄격한 과학성을 가진다는 점에서 독특한 위치를 갖는다고 말했었다. 이때 이것은 철학적 규범과 사회적 사실의 대립을 말하는 것이 아니다. 이러한 사실은 레닌의 위대한 자기비판을 구체적으로 분석해보면 분명하게 드러난다. 이러한 태도는 자코뱅주의자들이 1793/4년에 취하던 것과는 확실히 다르다. 이론은 그때그때의 불균등한 발달을 구체적으로 불러일으키는 유일한, 완전히 새로운 구체적 상황에서 과학적으로 최적의 해결책을 발견하기 위한 방법일 뿐이다. 물론 마르크스 자신은 이러한 사실을—역사적으로 필연적인 방식으로— 인식하지 못했을 것이다. 이로부터 이미 우리가 사회적 갈등을 해결할 수 있는 과학적 방법이

---

160) 전전공산주의(Kriegskommunismus)는 소비에트 연방이 간섭 전쟁과 내전에 대항하기 위해 정치·경제·문화에 걸쳐 1918년부터 1921년까지 실시한 비상정책이다. 소련은 붉은 군대에 필요한 무기와 식량을 공급하기 위해 전 기업의 국유화, 곡물의 국가독점과 식량징발, 외국무역 독점을 실시하였다. 그러나 1920년에 들어서면서 비상정책에 의한 식량징발에 농민의 불만이 높아지면서 생산성은 저하되었고, 농민반란과 공장노동자 반란으로 인해 1921년 NEP로 전환하였다. (역주)

라고 기술한 마르크스주의의 독특한 위치가 엥겔스의 제안을 확고히 하면서 충족할 수 있는 실제 가능성이기는 하지만, 단지 가능성에 머문다는 사실이 드러난다. 이것은 마르크스 교설의 문구에 형식주의적으로 충실히 머물 경우 따라 나온다는 가정, 과학성의 요청이 개별 인간이나 심급의 결단을 통해 대체될 수 있다는 가정은—어떤 것에 의해서도 정당화되지 않은— 경멸적 의미의 이데올로기이며, 그것의 실행은 마르크스주의를 그러한 수준으로 강등하고 만다. 프롤레타리아의 계급상황으로부터 교정수행 능력이 자동적으로 따라 나올 수 없다는 사실을 제2인터내셔날의 이론적 교설과 제1차 세계대전에서 이 계급의 파업은 잘 보여준다. 우리는 그러한 이론의 기원과 속성에 대한 이론적-역사적 분석을 통해 이 이론이 이데올로기적으로 (마르크스보다 덜 결정적이고 덜 구체적이긴 하지만) 부르주아와 프롤레타리아의 갈등을 해결할 —종종 무의식적인— 의도로 생겨났다는 사실을 알 수 있다.

이데올로기의 성격이 기능으로부터 사회과정에서 발생하기 때문에 여기서 무엇보다 중요한 사실은 상황에 대한 사회적-역사적 인식과 관련한, 그리고 주어진 갈등을 해결하고자 하는 시도에서 그 내용과 방향 등과 관련한 내적인 방법론적 우선성의 문제이다. 여기서 주목할 것은 이러한 우선성이 여기서 언제나 구체적이어야 한다는 것이다. 결정적으로 중요한 계기는 행위자들이나 지도자들에게 내재한 심리적 우선성이 아니라 구체적으로 "무엇을 할 것인가"를 형성할 때, 갈등을 해결할 때 어떤 복합체가 객관적 우선권을 갖는가이다. 행위자의 심리가 언제나 이런 객관적 상황에 맞는 것은 아니다. 또한 과학과 철학이 발달단계의 상태에 대해 객관적인 파악에 이르렀는지, 그렇다면 여러 갈등과 개별 갈등을 해결하고자 하는 전략과 전술이 어디에서 객관적으로, 과학적 방법으로 도출되었는지, 혹은 전술적 결정이 객관적 우선성을 갖는지, 그렇다면 전략과 일반적 이론은 선동강화적 조력기구로서 어디에 편입되는지 등 구체적 딜레마를 객관적으로 말하고 있다. 이 딜레마가 개념적으로 분명하고 일의적으로 형식화될 때 이 딜레미는 레닌(마르크스와 엥겔스의 정신에서) 내시 스탈린이 마르크스주의를 어떻게 이론적으로, 실천적으로 다뤘는지, 그 대립을 역사적으로 표현한다.

여기는 당연히 레닌과 스탈린의 생각의 대립을 자세히 다루는 장소가 아니다. 우리는 레닌의 방법을 많은 기회에 이미 밝혔었다. 그리고 스탈린에 대해 저자는 이미 공개적으로 반복해서 표현했다. 따라서 그의 방법을 드러내는 몇몇 예를 보여주는 것으로 충분하다. 1920년대에 스탈린과 트로츠키 사이에 중국혁명 문제에서 전술상의 차이가 발생했을 때 스탈린은 그 차이를 다음과 같이 해결했다. 즉 그는 자신의 전술적 노선을 중국 봉건주의(이것은 결코 존재하지 않았다.)의 해체 위에 '이론적으로' 구축할 수 있기 위해 ―보편발달사적으로 중심이 되는 중요한― 아시아적 생산관계를 마르크스주의 체계로부터 떼어냈다. 혹은 1939년 그가 히틀러와 조약을 체결했을 때 그는 제2차 제국주의 전쟁이 그 사회적 본질상 첫 번째 전쟁과 동일하며, 따라서 프랑스와 영국의 노동자들이 파시스트의 침공에 대해 리프크네히트(Karl Liebknecht)[161]의 입장, 즉 "적은 우리나라에 있다."

---

161) 카를 리프크네히트(1871~1919)는 사회주의청년운동의 좌파를 이끈 지도자이다. 1907년 청년인터내셔널의 간부를 지냈다. 독일사회민주당 극좌익에 서서 총파업과 대중행동에 의하여 독일의 민주화를 강행하여야 한다고 주장하였고, 제1차 세계대전에는 반대 입장을 취하였으며, 1914년 12월 당의 결의를 어기고 군사예산에 대하여 반대투표를 하였다. 그 뒤에도 반전운동을 계속하였기 때문에 당의원단에서 제명되었고, 또 작업병으로 소집되어 고역을 치렀다. 제국주의 전쟁을 내란과 사회혁명으로 끝내야 한다고 주장하며, 로자 룩셈부르크와 함께 비합법적 스파르타쿠스단을 조직하여 1916년 5월 1일 베를린에 1만 명

를 수용해야 한다고 선언했다. 여기서 우리에게 중요한 것은 다만 방법이다. 전술적 결단이 어느 정도까지 올바르고 그른지는 이제 토론의 대상이 아니다. 중요한 것은 그 모든 경우에서 스탈린이 순수한 전술적 숙고로 진행했으며, 당시의 역사적 상황에 대한 이론적 분석을 자기가 이미 수행한 결단의 단순한 선전수단으로 사용했다는 사실이다.

따라서 그는 마르크스의 방법과 단절했다. 누구도 그의 전술적 결정들이 사회주의에 대한 신조에서 규정되었다는 사실을 부인하지는 않지만, 그렇다고 그것이 마르크스와의 대각적-배타적-방법론적 대립을 지양하지 않으며, 이러한 방법을 통해 마르크스주의가 경멸적 의미의 이데올로기로 강등된다는 사실을 방해하지 않는다. 그리고 지금까지 수행된 그의 방법으로부터의 회귀가 유감스럽게도 이런 중심지점으로 방향을 잡고 있지 않다. '인격(인물)숭배', 스탈린주의를 말할 때 혐오감으로 표시하는 표현 등은, 이 경우에 프루동이나 라살레의 경우에서와 마찬가지로 마르크스의 방법과 일치하지 않는 관점의 체계가 문제가 되고는 있지만, 근본적 청산에 대한 두려움, 마르크스와 엥겔스적인 의미에서의 프롤레타리아 혁명의 자기비판에 대한 두려움을 분명하게 드러낸다. 따라서 오늘날 실행되는 마르크스주의에서 전술은 이론에 대해 언제나 지배적이지 않으면 안 된다. 그러한 상황은 마르크스주의에 그 이전의 모든 교설과는 전혀 다른 결과를 가져왔다. 만약 누군가가 —아주 오랜 기간 아무런 영향력도 없었던

의 반전시위대를 조직하였다가 체포되어 투옥되었다. 독일혁명가의 대표로서 국제적으로도 유명해졌으나 독일혁명 직전에 석방되었고, 독일혁명에 임해서는 "모든 권력을 노병평의회(勞兵評議會: 레테)로"라고 주장하였다. 독일공산당을 결성하고 1919년 1월 혁명파의 쿠데타에 참가하였다가 학살당하였다. 저서 『군국주의와 반군국주의』(1906)는 반전주의의 바이블이라고 일컬어진다. (역주)

― 플라톤이나 데카르트를 방법론적으로 현실화하고자 한다면 그는 방법 그 자체를 손대는 것으로 충분하다. 그러나 마르크스의 교설은 말한 바와 같이, 철학과 과학의 새로운 양식의 종합이다. 그것을 새롭게 한다는 것은 따라서 현재 상황에 대한 이론적 인식과 유기적으로 결합되어야 한다. 즉 참된 마르크스적 방법의 토대 위에서 현재의 상황으로, 현재의 문제로, 이 문제의 해결방법들로 이끈 경제적 도정을 과학적으로 밝혀야 한다. 과학과 철학의 통일체인 마르크스주의로부터의 일탈은 마르크스주의자들로 하여금 종종 40~50년 전에 형성된 범주들을 현재에 무비판적으로-기계적으로 적용하게 하는 결과를 가져왔다. 이러한 사실이 자본주의, 사회주의, 후진적 인민들을 위해 철회되지 않으면 사회적 갈등을 해결하는 데 있어서 마르크스주의가 가진 특수성을 성공적으로 유효하게 할 수 있을 가능성은 사라진다. 이 문제에 대한 보다 구체적인 접근을 여기서 수행할 수는 없다. 여기서 다룰 수 있었던 것은 마르크스의 방법이 세계에 대한 인간 사유의 발달에서 이런 특별한 지위를 차지한다는 것, 따라서 그것은 갈등해결에서 특정한 방식으로 이데올로기로 참여할 수 있는 가능성을 간직하고 있다는 것을 보이는 것이었다. 또한 마르크스의 방법이 갈등해결을 위해 과학적으로 객관적인 토대만이 아니라 즉자적으로 존재하는 인간 유에서 대자적으로 존재하는 인간 유로의 변화와 출구에 대한, 인간적이고 유적합한 전망을 사상적으로 수행할 수 있음을 보이는 것이었다. 마르크스주의의 이러한 재생이 있을 것인지, 어디에서, 어떻게 있을 것인지의 문제는 여기서 그저 시사하는 것도 불가능하다. 그러나 이 마지막 부분에서는 이러한 가능성을 존재론적으로 제시하는 것이었다.

제4장

소외

1. 소외의 존재론적 일반 특징들

만일 우리가 소외현상을 분명하게 요약해서 구체적으로 파악하고자 한다면, 무엇보다 그 위상을 존재의 사회적 복합체 전체 속에서 정확히 보아야만 할 것이다. 이 점을 간과할 경우—넓거나 좁게 파악할 경우 나타나는 결과처럼—분석은 불가피하게 사유상의 오류의 소용돌이에 빠질 것이다. 그것을 피하기 위해, 마찬가지로 처음부터 우리는 소외를 존재 발전의 특정한 고점에서 출현하고, 역사적으로 언제나 상이하면서도 보다 풍부한 형태를 취하는 사회-역사적 현상으로서만 고찰해야 한다. 따라서 소외의 성격이 우주적 보편성을 갖지 않는다는 것은 말할 것도 없으며, 심지어 일반적인 "인간 조건"과도 관련이 없다.

소외가 우주적 보편성을 갖는 것이 아니라는 이런 한계설정은 오늘날 거의 현실성을 갖지 않는다. 왜냐하면 이미 말했듯이 유명한 물리학자 조르단이 엔트로피에서 원죄의 우주적 변종을 본다고 할 때 사람들은 그것을 단지 신실증주의의—원하지는 않겠지만— 조악한 농담 정도로 여길 수 있기 때문이다.[1] 그런데 오랫동안 영향력을 발휘해왔고, 모든 존재와 사유에서 잠정적이나마 유효한 것으로 여겨지는 이런 파악방식은 헤겔에 의해 제시되었다. 헤겔적 이해에 대한 투쟁이 마르크스적 관점의 형성에 상당한 역할을 수행했기 때문에, 우리의 과제를 설정하는 모두(冒頭)에서 이에 대해 짧게 언급하는 것은 도움이 될 것이다. (소외—역자) 문제에 대한 일반화된 해석은 헤겔에게서 논리적이고 사변적인 뿌리를 두고 있다. 이러한 해석은 주-객 동일에서 가장 적절하게—하지만 부정적 의미에서만 일관되게— 구현되는 절대적 사유의 정초에로 나아가지 않을 수 없다. 따라서 헤겔이 『정신현상학』에서 개진했던 소외(부, 국가권력 등)는 그 본질에 비추어본다면 단지 "순수한 (말하자면 추상적이며 철학적인) 사유"의 소외일 뿐이다. "그러므로 **소외의 역사** 전체와 소외의 온전한 **회복**은 추상적인, 다시 말해 절대적인 사유의 생산의 역사, 논리적이고 사변적인 **사유의 생산의 역사**에 다름 아니다."[2] 따라서 소외의 발생과 극복이라는 중심문제가 본질이며, 이는 대상성 일반을 자기의식으로 지양하는 과정, 주-객 동일의 정립 과정이다 "핵심은 **의식의 대상**이 자기의식과 다르지 않다는 것, 혹은 대상

---

1) Pascual Jordan: *Der Naturwissenschaftler vor der religiösen Frage*, Oldenburg/Hamburg 1963, S. 341. 조나단(1902~80)은 독일의 물리학자이다. 1920년 후반에 막스 보른, 베르너 하이젠베르크와 함께 양자역학, 볼프강 파울리, 유진 위그너와 함께 양자전기역학의 기초를 세웠다. 로버트 디커와 동시에 자연의 보편상수를 우주의 팽창에 의존하는 변수로 만들 것을 제안하는 우주론을 창시했다. 저술로는 막스 보른과 함께 지은 『기초 양자역학(*Elementare Quantenmechanik*)』(1930)이 있다. (역주)
2) MEGA III, S. 154; MEW EB I, S. 572.

은 단지 대상화된 자기의식, 대상으로서의 자기의식일 뿐이라는 것이다. … 그러므로 **의식의 대상**을 극복하는 것이 관건이다. 대상성 그 자체는 **인간적 본질**에, 자기의식에 일치하지 못한 **소외된** 인간의 상태로 간주된다."[3] 이러한 이론에 대한 마르크스의 반대는 무엇보다 유물론적-존재론적 의미에서 대상성은 결코 정립적 사유의 산물이 아니라 존재론적으로 우선하는 것, 존재와 분리될 수 없는 (올바른 사유에서는 존재와 떨어져서는 생각될 수 없는) 모든 존재의 자연적 속성이라는 점에 집중되어 있다. 마르크스는 다음과 같이 설명한다. "인간은 **몸을 지니고**, 자연적이고, 살아 있고, 현실적이고, 감각적이고, 대상적인 존재이다. 인간은 … 현실적이고 감각적인 대상들에만 자신의 생명을 **표현할** 수 있다. 대상적으로, 자연적으로, 감각적으로 **존재한다**는 것은 대상, 자연, 감각을 자기 밖에 갖는다는 것, 혹은 스스로 제3의 존재에 대한 대상, 자연, 감각이 된다는 것과 동일하다. **배고픔**은 자연적인 **욕구**이다. 따라서 배고픔은 스스로를 충족시키기 위해, 스스로를 안정시키기 위해 자기 밖에 하나의 **자연**을, 자기 밖에 하나의 **대상**을 필요로 한다. 배고픔은 육체가 자기 밖에 존재하는, 통합과 본질 표현을 위해 불가피한 대상을 향한 육체의 대상적 욕구이다. … 자신의 자연을 자기 밖에 갖지 못하는 존재는 결코 **자연적** 존재가 아니며, 자연의 존재의 일부가 되지 못한다. 자기 밖에 어떤 대상도 갖지 못하는 존재는 결코 대상적 존재가 아니다. 스스로 제3의 존재에 대상이 되지 못하는 존재는 자신의 존재를 자신의 **대상**으로 갖지 못하는, 다시 말해 대상적으로 관계하지 못한다. 그의 존재는 결코 대상적인 것이 아니다. 비대상적 존재는 **비존재**(허깨비—역자)이다."[4] 즉자적으로 존재하는 것은 사유 속에 적절하게 반

---

3) Ebd., S. 157; ebd., S. 575,

영되고 표현된다고 하는 존재에 대한 이런 사유적 재현에 기초해서만 현실적 소외를 현실적이고 사회적인 인간존재 속의 현실적 과정으로 존재론적으로 규정할 수 있으며, 헤겔적인 견해가 관념론적으로 전도되었음을 분명히 제시할 수 있다. 마르크스는 이러한 대립을 다음과 같이 기술하고 있다. "인간존재가 **비인간적으로**, 자기 자신과 반대로 **대상화되는** 것이 아니라, 오히려 추상적 사유와 **구별되고 또 대립되는** 가운데 **대상화되었다**는 것, 이것이 바로 소외의 정립된 본질이자 지양될 수 있는 본질이다."[5]

　이로써 소외의 존재론적 '장소'가 분명하게 규정되었다. 사회발전과정에서 소외가 지닌 구체적인 본질, 그 위상과 의미는 이제 청년기 마르크스나 성숙한 마르크스가 경제학적으로 분석했던 무수한 연관들 속에서 드러난다. 우리는 이와 관련된 마르크스의 수많은 설명들 가운데 하나를 제시할 것이며, 심지어는 순수한 경제학적-과학적 시기로 추정되는 많은 후기 저작들로부터 끌어올 것이다. 이러한 작업은 소외의 문제를 성숙한 '경제학자'가 넘어서야 하는 것으로, 오늘날에는 단지 부르주아적 지성들에게만 의미를 갖는, (아직은 철학적인) 청년 마르크스의 특수한 물음으로 간주하는 마르크스의 저 '비판적' 지지자들의 부당성을 조명하려는 의도를 갖고 시도될 것이다. 이에 대해 마르크스 스스로 『잉여가치론』에서 시스몽디(Sismondi)와 같은 낭만적 반(反)자본주의자에 대항한 리카도의 자본주의 옹호에 기대어 "생산을 위한 생산은 인간 생산력의 발전, 따라서 **자기목적으로서의 인간본성의 풍부함의 발전**을 의미할 뿐이다."는 문제를 제기했다. 시스몽디가 개인의 복지를 전체과정의 필연성과 추상적으로 대립시킨 반

---

4) Ebd., S. 160-161; ebd., S. 578.
5) Ebd., S. 155; ebd., S. 572.

면, 마르크스의 관심의 중심에는 (개인이 포함돼서 파악된) 그 역사적 전체에서의 발전의 총체성이 놓여 있다. 이러한 관점에서 비로소 그는 다음과 같이 말할 수 있었다. "비록 **인간** 유(Gattung)의 능력들의 이 같은 발전이 처음에는 다수의 인간 개인들과 특정한 인간계급들의 희생을 대가로 이루어질지라도, 이 발전은 마침내 이러한 적대를 철폐하고 개별적 개인들의 발전과 일치한다는 것, 그리하여 개체성의 보다 높은 발전은 오직 개인을 제물로 삼는 역사적 과정을 통해서만 획득된다는 것, 바로 이러한 사실은 이해가 되지 않는다. …"[6] 마르크스가 여기서 제시한 변증법적 모순은 우리가 앞 장에서 사회주의와 공산주의의 필연성에 대한, 또한 이러한 필연성의 양식에 대한 그의 이해를 탐구하면서 언급했던 과정의 이론형식 속에 놓여 있다. 따라서 우리는 이 고찰을 다시 언급하지 않을 수 없다. 왜냐하면 지금은 소외로 표현된 변증법적 대립 자체가 우리의 핵심적인 관심사이기 때문이다.

여기에서 중요한 문제는 생산력의 발전이 곧바로 인간 능력들의 보다 높은 형성을 야기하지만, 그럼에도 동시에 이 과정에서 개인들을 (물론 전체 계급들도) 희생시킬 가능성도 담고 있다는 것이다. 이러한 모순은 필연적이다. 왜냐하면 모순은 우리가 앞서 다른 맥락에서 그것이 총체성으로서 기능하는 데 필수적인 성분으로 인식했던 사회적 노동과정의 존재론적 계기들을 전제하고 있기 때문이다. 그리하여 무엇보다 생산과정은 엄밀히 말해 목적론적 정립들로부터 이루어진 하나의 종합이라는 것, 하지만 그것 자체는 순수한 인과과정일 뿐 결코 어디서도 목적론적 성격을 갖지 않는다는 것이 중요하다. 개별적인 목적론적인 정립들은 전체과정으로 총괄

---

6) Marx: *Theorien über den Mehrwert*, Stuttgart 1921, S, 309; MEW 26, 2, S Ⅲ

되는 개별적인 인과계열들을 위한 출발점을 형성하는데, 그것들은 이 전체과정 속에서 새로운 기능들과 규정들을 담지하면서도 그 인과적 성격은 결코 상실하지 않는다. 물론 이종성들이 정립 집단들 속에서, 그것들 상호 간의 관계들 속에서, 마르크스가 종종 불균등한 발전으로 나타내곤 했던 바를 산출한다. 그럼에도 이를 통해서는 전체와 그 부분들이 지닌 인과적 성격이 결코 지양되지 않을뿐더러, 오히려 더욱더 강조되고 있다. 객관적이고 목적론적인 발전 전체는 (그것이 단순히 신학자들이나 관념론적 철학자들의 이념 속에서가 아니라 현실 속에서 존재할 수 있을 때) 결코 불균등한 성격을 지닐 수 없을 것이다.

하지만 이와 더불어 비로소 우리가 다루고 있는 현상, 즉 소외의 존재 범위가 기술된다. 우리가 끌어들인 표현들에서 마르크스에 의해 분명하게 서술된 현상 자체는 다음과 같이 정식화될 수 있을 것이다. 즉 생산력의 발전은 필연적으로 동시에 인간 능력들의 발전이다. 그럼에도 —여기에서 소외의 문제가 탄력적으로 조명되는데— 인간 능력들의 발전이 반드시 인간 인격의 발전을 도모하는 것은 아니다. 오히려 그와는 정반대이다. 즉 그것은 개별 능력들의 고도 발전을 통해 인간 개성을 왜곡하고 훼손할 수 있다.(현대의 팀 전문가들을 생각하는 것만으로도 충분한데, 그들에게서 세련되게 계발된 최고의 전문가적 숙련은 인격을 파괴하는 경향이 있다.) C. W. 밀스(Charles Wright Mills)는 곧바로 도덕을 염두에 두면서, 하지만 실제로는 궁극적으로 인격의 파괴를 생각하면서 이러한 현상을 다음과 같이 기술하고 있다. "우리 시대의 도덕적 불안의 원인은 강력한 제도들의 시대에 살아가고 있는 남자와 여자가 더 이상 낡은 가치와 모범에 속박되어 있다고 느끼지 않는다는 데 있다. 그러나 다른 한편으로 그 낡은 것 대신에 근대 세계의 인간이 종속되어 있는 반복적 노동에 도덕적 의미와 의의를 부여해줄 수 있는 어떤 새로운 가치와 모범도 드러나지 않고 있다."[7] 그렇다고 해서 우리는 이러한 대립적 사태를 깨닫기 위해 마르크스와 엥겔스가 수십 년 동안 제공했던 끔찍한 소외의 예들로 돌아갈 필요는 없다. 다른 한편 우리 는 이미 동일한 현상들을 이전 단계에서 고찰할 수 있다. 예를 들어 퍼거 슨(Ferguson)은 순전히 경제적인 의미에서 낡은 수작업에 비해 진보를 의 미했던 공장제수공업을 다음과 같이 기술했다. "사실상 많은 기업은 정신 적 능력을 요구하지는 않는다. 기업은 감정이나 이성을 완벽하게 통제하 는 데 성공하고 있으며, 무지는 미신과 마찬가지로 근면의 어머니이다. … 따라서 정신을 거의 사용할 필요가 없는 공장(Manufakuren), 또 특별히 상 상력을 발휘할 필요 없이 인간도 기계의 구성요소로 간주되는 공장들이 가장 번성한다."[8]

하지만 그러한 과정은, 대립적으로 작용하는 힘들이 노동과정과 사회적 재생산의 모든 행위 속에서 동시적으로 작용할 경우에만, 그것들이 이러 한 행위의 필수적 계기로서 영구적으로 나타날 경우에만 그렇게 일반화될 수 있다. 구체적으로 이러한 대립들은 발전의 상이한 단계에서 상호 간에

---

7) C. Wright Mills: *Die amerikanische Elite*, Hamburg 1962, S. 390.
   찰스 라이트 밀스(1916~62)는 미국의 사회학자이다. 밀스는 1959년 출간된 저서 *The Sociological Imagination*으로 유명한데, 여기서 그는 전기와 역사, 이론과 방법의 관계 가 사회학적 탐구에 중요함을 제시했다. 또 그는 미국의 권력 및 계급구조에 대한 연구서인 *The Power Elite*로도 유명하다. (역주)

8) Adam Ferguson: *Abhandlung über die Geschichte der bürgerlichen Gesellschaft*, Jena 1904, S. 256-257.
   애덤 퍼거슨(1723~1816)은 스코틀랜드의 '상식학파'의 역사가이자 철학자이다. 사회적 상호 작용이론으로 근대 사회학의 선구자로 간주되고 있다. 저서로 *The Morality of Stage Plays Seriously Considered*(1757), *Essay on the History of Civil Society*(1767), *Institutes of Moral Philosophy*(1769), *Remarks*(1776) 등이 있다. (역주)

분명하게 구분될 수 있다. 다만 능력의 발전과 인격의 계발 사이의 근본적 대립이 그것들을 구분해주는 현상방식의 근저에 놓여 있다는 것이 문제이다. 그것은 이제 모든 소외현상, 특히 발전된 생산에 해당된다. 마르크스에 의해 정확히 기술된 이러한 사실을 존재론적으로 보다 명확히 하기 위해 나는 앞 장에서 노동행위를 용어상으로 구분했었다. 독자는 마르크스가 설령 변형된 용어법이기는 해도 통일적으로 기술한 노동행위를 내가 분석적으로 대상화(Vergegenständlichung)와 외화(Entäußerung)로 나누었다는 사실을 기억할 것이다. 물론 실제 행위에서 두 계기는 분리되지 않는다. 즉 노동을 하는 중에 (혹은 그전에) 모든 운동, 모든 고려는 일차적으로는 노동대상의 대상화에, 다시 말해 노동대상의 목적론적 변형에 맞춰져 있다. 이러한 과정의 완성은 이전에 단순히 자연적으로 존재하는 대상이 대상화를 경험한다는 사실에, 다시 말해 사회적인 유용성을 획득한다는 점에 표현된다. 나는 여기서 등장하는 존재론적으로 새로운 것을 상기하고자 한다. 즉 자연대상 그 자체는 즉자성(Ansichsein)을 갖는 반면, 그것이 우리에 대해 존재하게 된다(Fürunswerden)는 것은 인간 주체에 의해 인식론적 차원에서 연구되어야만 할 것이다. 설령 이런 일들이 수없이 반복되어 구태의연해질지라도, 대상화는 대자존재를 대상화된 것들의 물질적 현존 속에서 직접적-물질적으로 표현한다. 이제 대자존재는, 비록 이 특별한 생산과정과 무관한 사람들이 그 대상화의 의미를 깨닫지 못할지라도, 자신의 물질적 속성에 속할 것이다.

하지만 그와 같은 모든 행위는 동시에 인간 주체의 외화의 행위이다. 마르크스는 노동의 이러한 이중성을 정확하게 기술했다. 이러한 사실은 통일적 행위가 사실은 이처럼 이중적이라고 하는 우리의 용어상의 구분을 강화시킨다. 노동에 관한 잘 알려진 구절에서 그는 다음과 같이 말했다. "노동과정이 끝나면 그 과정을 시작할 때 이미 노동자의 생각 속에, 따라서 이미 관념적으로 존재했던 하나의 결과가 나타난다. 노동자는 자연적인 것의 형태만을 변화시키는 것이 아니다. 그는 자연적인 것 속에서 동시에 그가 알고 있는 목적을, 그의 행위의 종류와 방식이 법칙으로 규정했고 또 그가 자신의 의지에 종속시켜야만 하는 목적을 실현한 것이다."[9] 여기서 단순히 노동과정의 두 가지 측면만 다루어진 것은 아니라는 것이 분명하다. 앞서 우리가 끌어들인 예에 따르면, 사회적으로 매우 중요한 상이함이 이러한 노동행위를 통해 동일한 노동 주체 속에서 발생할 수 있으며, 당연히 특정한 노동방식이 지배하는 가운데 발생할 수밖에 없다. 그렇지만 여기서 두 계기의 차이가 드러난다. 즉 대상화는 당시의 분업에 의해 아주 일의적으로 분명하게 규정되고, 그리하여 대상화는 이 분업에 필요한 능력들을 인간 안에서 발전시킨다.(당연히 이 말은 경제적으로 제약된 평균치만을 의미할 수 있으며, 또 이 평균치의 지배가 개인적 차이를 이러한 견지에서 결코 완벽하게 제거할 수는 없는데, 이러한 사실이 사태의 본질을 결코 바꾸지는 못한다.) 이에 반해 외화가 역으로 노동의 주체에 미치는 작용은 원칙적으로 다양하다.

인간 능력의 발전이 인간 인격의 발전에 유리하게 작용할 수도 있고 그 반대로 작용할 수도 있는 것은 객관적으로 현존하는, 그리고 객관적으로 영향을 미치는 하나의 보편적인 사회적 경향이다. 확실히 이러한 사회적 경향이 동일하게 사회적 평균치를 산출하는 것 같기는 하다. 그렇지만 이 평균치는 대상화의 결과로 생겨난 평균치와는 질적으로 구분된다. 이러한 평균치는 현실적인 평균이어서, 여기서는 다만 ―구체적인 노동의 과제와

---

9) Marx: *Das Kapital* I, Hamburg 1914, S. 140; MEW 23, S. 193.

관련해서— 구체적인 과제를 실행함에 있어서의 많고 적음만이 문제될 수 있다. 그렇지만 외화의 경우 정반대의 태도방식이 발생할 수 있다. 청년 마르크스가 활동하던 당시의 노동의 질서를 생각해보라. 『경제학-철학 수고』가 나온 지 몇 년 안 돼서 이미 그는 『철학의 빈곤』에서 프롤레타리아를 "대자적인 계급"으로 구성하는 문제에 대해 말한다.[10] 대자적 계급의 구성이라는 말은 여기서 당연히 프롤레타리아트가 자본에 맞서 실제로 전개한 저항을 의미했다. 그렇지만 이 저항이 전체 계급을 포괄하지는 않는다.(즉 계급 전체가 저항을 하는 것은 아니다—역자) 계급투쟁의 헌신적인 영웅들로부터 어리석은 체념자와 파업의 파괴자에 이르기까지 다양하게 포진해 있는 이 전체 스펙트럼이 기계적 기술방식에 따라 정태적으로 서술될 수도 있겠지만, 여기에서는 결코 현실적 평균치가 제시될 수가 없다. 왜냐하면 사람들은 노동하는 가운데 드러나는 자신의 개별적 외화를 사회적으로 총괄하고 분류하는 방식에 대해 질적으로 매우 다르게, 종종 적대적으로 반응하는데, 이런 상황에서 현실적 평균치를 제시한다는 것은 이런 사람들을 평균적 방식으로 총괄하고 분류하는 문제이기 때문이다. 당연히 모든 개별적인 반응은 그것들을 훨씬 포괄적으로 규정하는 사회적 토대와 사회적 결과를 지닌다는 사실이 이러한 개별적인 차이들을 지양할 수는 없으며, 오히려 그것들에 각인된 개별적인 (동시에 역사적-민족적-사회적 등등) 윤곽을 제공한다. 마르크스는 언젠가 특정 시기에 누가 노동운동의 정상에 서 있는가는 언제나 우연이라고 말했다.[11] 그것은 한편으로 문자 그대로의 의미로 정상과 관계가 있을 뿐 아니라, 모든 집단이나 소집단의 정상과 관

10) Marx: *Das Elend der Philosophie*, Stuttgart 1919, S. 162; MEW 4, S. 181.
11) Marx: *Briefe an Kugelmann*, 17. 4. 1871, Berlin 1927, S. 98; MEW 33, S. 209.

계하는 것이다. 다른 한편으로 그것은 모든 노동자는 자신의 외화가 역으로 자신의 인격에 작용하는 방식에 대해 개별적으로 반응한다는 것을 표현하고 있다. 이로부터 발생하는 선택들의 결정은 우선 처음에는 개별적 결정이다. 반복해서 설명한 것처럼, 우리는 개별 인산들 속에서 모든 사회적 과정의 현실적이며 존재론적인 한 극단을 일별할 수 있으며, 소외는 개인에 집중된 가장 결정적인 사회적 현상들(개인주의 사회에서 가장 결정적인 현상들—역자) 중 하나이다. 따라서 여기서는 사회적 총체성이라는 다른 극단에 내재한 추상적인, 하지만 여기서는 추상적-사회적인 '필연성'과 마주하며 서 있는 그런 추상적-개인적 '자유'를 다루는 것이 아니라, 선택들이 언제나 어떤 사회적 과정과 연관되어 제기된다는 사실을 다루고 있음을 상기하는 것이 중요하다. 또한 하나의 사회적 구조가 그 계속적인 발전 속에서 지금까지의 고유한 방식을 보존할 수 있을 것인지, 혹은 본질적인 측면에서 다르게 변화될 것인지가 문제시되는 곳에서는 변화는 선택이 없이는 완성되지 않는다. 러시아의 농업체제의 미래에 관해 언급한 베라 사슬리치(Vera Sassulitsch)[12]에게 보낸 편지에서, 마르크스는 농업 공동체 일반이 "공동소유에서 사적 소유로의 이행기로서" 등장하곤 한다는 사실을 다음과 같이 말한다. "하지만 어떤 상황에서든 농업 공동체의 발전은 이러한 길을 취하지 않을 수 없다는 말인가? 결코 그렇지는 않다. 그 근본형태는 다음과 같은 선택을 허용할 것이다. 즉 그 속에 보존되어 있는 사적 소유의 요소가 집단적 요소에 대해 승리하거나 아니면 후자가 전자에 대해 승리할 것이다. 모든 것은 그것이 발견되는 역사적 환경에 달려 있다. … 이

---

12) 베라 사슬리치(1849~1919)는 러시아의 나로드니키(인민주의자)이자 나중에는 마르크스주의 저술가와 혁명가로 활동하였다. (역주)

두 가지 해법은 선험적으로 가능하지만, 분명한 사실은 이들 각자에게 전혀 다른 역사적 환경이 전제된다는 사실이다."[13]

물론 그렇다고 해서 그러한 사회적 선택들이 개인에게 소외와, 그리고 그 소외로부터의 해방이 중요한 것과 똑같은 내적 속성을 지니고 있는 것처럼 일컬어져서는 안 된다. 개별적인 선택 결정이 소외의 동력의 본질에, 이러한 동력의 현상태에 속할지라도, 소외가 직접적이고 개별적으로 표현이 된다면 다양한 상호관계를 통해 종종 광범위하게 매개되어 있지만, 그럼에도 사회적인 사건이라는 것은 소외와 같은 현상을 좀 더 잘 이해하는 데 절대적으로 필요하다. 이러한 규정들에 대한 고려가 없다면, 우리는 순수하게 사회적으로 드러나고, 객관적이고 필연적이고, 경제적이고 사회적인 구조들의 현상태(Geradesosein)에서 구조변동들을, 그 구조변동들에 존재론적으로 —궁극적으로, 물론 오직 궁극적으로만— 놓여 있는 개별적인 선택 결정들을 인식하지 못함으로써 경솔하게 지나치지 않을 수 없을 뿐 아니라 이러한 현상태를 왜곡할지 모른다. 우리가 일상생활의 존재론이라 일컫는 바에 대한 탐구의 방법론적 중요성은 그러한 탐구에서 이 모든 일련의 상호 영향들 —총체성에서 개별결정들에 이르기까지, 이 개별결정들에서 다시금 복합적인 총체성에 이르기까지— 은 사회와 그것들의 총체성에서 직접적인, 때로는 초보적이거나 혼란된 표현을 발견한다는 점에 기초해 있다. 예를 들어 우리는 처음부터 소외의 현상에서 사회발전의 경향들을 감지할 수 있다는 점을 시사했는데, 마르크스는 무엇보다 예술을 일반적인 사회발전에서 그 불균등으로 지적했다. 우리는 이제 불균등 발전의 양극단이 이른바 한편에서는 협애한 완성들, 다시 말해 저급하거나 정체된

---

13) Marx; *Briefe an V. I. Sassulitsch*, Dietz 19, S. 388-389; MEW 19, S. 388 f.

사회발전의 수준이 그 객관적 토대를 형성하고 있다는 것과, 다른 한편에서는 필연적으로 인간 삶을 왜곡하는 확실한 객관적 진보가 소외의 사회사에서 불가피하게 출현하는 모습을 실제로 목도할 수 있을 것이다.

어떤 의미에서 우리는 (이미 노예제에서 보였을 법한) 분업의 특정한 수준에 관한 전체 인류의 역사는 인간소외의 역사이기도 하다고 말할 수 있을 것이다. 이러한 의미에서 이 소외는 객관적으로도 역사적 연속성을 지니고 있다. 하지만 개별 인간들의 목적론적인 정립은, 그 토대가 사회-경제적으로 강력하게 규정되어 있을지라도, 그 직접적 존재에서 언제나 어느 정도는 새롭게 시작했으며, 오직 그 결정적인 객관적 토대에서만 객관적 연속성과 결합되어 있다는 것은 다른 모든 곳에서와 같이 여기서도 유효하다. 정립들은 오직 객관적 의미에서만 이러한 계기들과 관련되어 있으며, 주관적이며 즉각적인 의미에서는 매 순간 접촉하는 개별 인간들이 직접적으로 영위하는 인격적 삶과 관련되어 있다. 정립은 이러한 존재방식을 그 존재형태들에 직접적으로 영향을 미치는 다른 수많은 선택 결정들, 예를 들어 윤리학의 결정들과 공유하고 있다. 반면 다른 정립들, 예를 들어 객관적인 사회성과 그 연속성이 직접성을 띠고 있는 정치적 정립들과 대립할 때, 정립들은 훨씬 강하게 규정된다. 현재의 소외형태들에 대한 반응에서 지나간 소외형태들에 대한 기억이 얼마나 적은 역할을 하는가는 놀라운 일이다. 종종 그러한 기억은 소외된 것이 현재의 소외형태를 망각하게 하는 데 기여한다. 18/19세기 자본주의에서의 농노와 노예가 그렇고, 자본주의적 조작의 현대적 만능에 대한 반발과정에서 마르크스와 엥겔스에 의해 묘사된 소외형태가 그렇다. 객관적이고 사회적이며 항시 존재하는 연속성에 대한 적절한 관찰 역시 개인의 입장에 드러난 이 엄밀한 현재성을 잃지 않을 것이다.

그럼에도 일반적으로 관찰은 적어도 상반된 오류에 빠질 수도 있다. 왜냐하면 관찰은 이처럼 직접적이며 현실적으로 존재하면서 결코 간과할 수 없는 소외의 속성을 절대화하고 아울러 늘 분명하고 구체적으로 기술된 현상들로부터 어떤 인간 대 사회, 주체 대 객체성 등과 같은 일반적이며 초역사적인 '인간 조건'을 만들기 때문이다. 사회를 벗어난 인간, 인간을 도외시한 사회는 공허한 추상들이어서, 이를 통해 우리는 논리적이며 의미론적인 등등의 사유놀이를 추구할 수는 있을지 몰라도 그것이 존재에 대응하는 것은 아니다. 앞서 우리가 기술했듯, 자신의 소외에 대한 인간적 반응의 직접적이며 인격적이고 역사를 무시한 비연속적인 특성도 결국은 객관적이며 사회적인 성격을 띤다. 이러한 성격은 물론 복종 행위에서 가장 크게 드러난다. 그것을 정초하는 과정에서 다른 사람도 똑같은 상황에 처해 있다는 것, 그들 역시 반역하지 않는다는 것 등의 사회적인 예도 중요한 의미를 갖고 있다. 물론 사회혁명에 근접한 시대와 상황에서 소외된 삶의 형식을 실천적으로 변혁하는 데 있어 그러한 동기가 개별 인간의 결정에 의미 있는 역할을 할 수 있을 것이다. 그럼에도 정상적인 상황하에서 개인은 곧바로 자기 자신에 관해 다음과 같은 물음을 묻지 않을 수 없다. 말하자면 잠재적으로 작용할 수 있거나 혹은 일시적으로 의식될 수 있는 자신의 소외된 삶에 대한 불만이 사실이 되는지 여부와, 또 그것이 어떻게 사실이 되는지는 일반적으로 볼 때 주로 개인적인 고려와 결정에 달려 있다는 것이다. 이는 소외의 모든 형태, 사회·경제적으로 발생한 직접적 소외뿐만 아니라 그것이 직접적으로 현상한 형식인 이데올로기 형태(종교)와도 관계된다. 후자와 비슷한 소외의 양태들은 설령 상당 정도 매개가 되었다 할지라도 결국에는 사회적으로 근거 지어져 있는 것이다. 하지만 후자의 경우에서 순전히 개인적인 결단에 상당한 무게가 있다고 주장하는 것은 크게 무리가 아닐 것이다. 어쨌든 직접적이며 순수한 개인적인 결단들이 구체적인 사회적 관계하에서 이루어진다는 것이 여기서 발생한 물음들에 대한 답변이라는 점이 결코 잊혀서는 안 될 것이다. 사회적인 것과 개인적인 것 간의 이처럼 풀기 어려운 착종상태에서 선택적 결정이 곧바로 개인적인 동기에서 발생했는지 혹은 이미 직접 사회적으로 결정되었고, 결정적으로 의도되었는지의 사태는 그것을 사회적으로 평가하는 일에서도 객관적 의미를 갖는다. 이로부터 이러한 물음들을 그 구체적인 복잡성 속에서 고찰해야 한다는 요구가 이어진다. 능력의 발전과 인격의 발전 간의 변증법적 모순, 따라서 소외는 그것이 아무리 중요하다 할지라도 인간의 사회적 존재의 완전한 총체성을 결코 포괄하지 못한다. 다른 한편으로, 이러한 모순은 주관성과 객관성의 추상적 대립으로, 개인과 사회의, 개체성과 사회성의 대립으로 환원되지 않는다. 그 가장 심오한 근원과 규정에서 볼 때 결코 사회적 존재가 되지 못하는 주관성은 존재하지 않는다. 인간존재에 대한, 노동과 실천에 대한 가장 단순한 분석은 이 점을 결코 논박할 수 없는 방식으로 보여주고 있다.

한 인간의 인격은 오직 매 순간 구체적인 사회-역사적인 공간 속에서만 탄생하고, 확대 혹은 소멸할 수 있다. 때문에 능력과 인격의 발전의 모순에 대해 단순히 일면적으로—물론 뿌리 깊은—주목하는 것으로는 충분하지가 않다. 인격의 발전 역시 개별적인 능력들의 고차적인 형성에 여러 가지 면에서 의존해 있다. 만일 우리가 오로지 개별적인 노동행위만을 고찰하는 것이 아니라 사회적인 분업을 고려한다면, 이 상황에서 우리는 그것이 발생하는 중요한 계기를 일별할 수 있다는 것이 분명해진다. 왜냐하면 사회적 분업은 인간들에게 여러 면에서, 종종 서로 간에 지극히 이종적인 과제들을 제시하는데, 그것을 올바로 수행하기 위해서는 인간들의 이종적인 능력들의 종합이 요구되고 또 이를 통해 그들 속에 자극이 이루어져야 한다. 하지만 오래전부터 알고 있듯, 존재의 차원에서 개별 인간은 근본적으로 사회적 존재의 한 극을 형성하고 있기 때문에, 이처럼 이질적 과제들이 모든 개인 속에 동시적으로 존재함으로써 그것들을 통합하려는 경향, 그것들을 결합하고 종합하려는 경향은 존재론적으로 볼 때 불가피한 일이다. 존재의 차원에서 그러한 종합의 불가피성은 모든 인간이 오직 지양 불가능한 통일적 존재로서만 살고 또 활동할 수 있다는 단순한 사실로부터 생긴다. 차별화하는 일면적 고찰이 인간의 개별적이고 실제적인 행위들을 —그들의 개인적인 삶에서 그것들은 불가분적인 통일을 이루고, 또 불가분적으로 상호작용한다— 전혀 상이할뿐더러 상호 무관해 보이는 틀 속에 집어넣을지라도, 그리고 비록 그것들이 직접적이고 개별적으로 정립되었을지라도, 그것들은 그 수행과정과 결과들 속에서, 그것들이 인간 자신에게 미치는 역작용 속에서 지양 불가능한 통일적 영향을 미친다. 우리는 그것들 모두 동일한 인간의 소외행위라는 점을 잊지 않고 있다. 이러한 종합이 그 자체 다양한 이종적 능력 형성에 구체적으로 영향을 미침으로써 형성된 주관적이며 동시에 객관적인 이러한 인격은 사회적 분업으로 인해 이미 훨씬 전에 드러나 있다. 이미 호머의 헤르메스, 아레스, 아르테미스, 헤파이스토스 등과 같은 신들에서 보듯,[14) 차별화된 인격의 프로필

---

14) 헤르메스(Hermes—'표지석 더미'라는 뜻)는 그리스 신화에 나오는 여행자·목동·웅변·체육·무게·상업·도둑을 주관하는 신이며, 주로 신들의 뜻을 인간에게 전하는 전령 역할을 수행한다. 숨은 의미를 해석하는 학문인 해석학(hermeneutics)이라는 용어는 헤르메스에서 유래한다.
아레스(Ares)는 그리스 신화에 나오는 전쟁의 신이다. 로마 신화의 마르스와 동일시된다. 제우스와 헤라 사이에서 태어난 아들이며 헤파이스토스와는 형제지간이다. 올림포스의 12신의 두 번째 세대에 속한다. 창, 칼, 방패, 놋쇠 갑옷, 전차, 독수리가 대표적 상징물이다.

이 어떻게 사회적 분업을 산출한 저 인격 발전의 투영물이 되는가라는 점을 지적하는 것으로 충분하다. 이러한 차별화는 사회적으로 끊임없이 전향적으로 확대되고 있다. 고대 후기에서 사인(私人)들에 대한 사회적 분류가 이루어졌을 때, 그것은 삶의 모든 영역에 걸쳐 인격석 존재의 형식과 내용에서 본질적인 변화를 야기했다. 그리하여 이 같은 사회발전들이 인간 개체성의 속성과 위력에서 —선과 악을 요구하거나 방해하는— 현실적으로 유일한 가능성의 여지를 낳게 된 것이다.

인간이 인간으로서 생성되는 과정은 전체과정에 비추어볼 때 보다 특수한 존재양식으로서의 사회적 존재의 구성과정과 동일하다. 최초의 야수 상태에서 개별 인간은 비유기적이고 유기적인 본성 속에서 항상 현존하면서 영향을 미치는 단순한 개별성과 구별되지 않는다. 하지만 —장기간에 걸친 조련이기는 해도— 단순한 자연존재로부터 사회존재를 형성하는 도약이 시초부터 외연적으로나 내포적으로 끊임없이 상승하면서 개별자의 보편자에 대한 (복합체의 존재 전체에 대한, 그 과정을 규정하는 법칙들에 대한) 관계에서 이루어지기 시작한다. 자연에서는 총체성의 운동법칙과 개별성의 운동방식 간에 차이가 드러나기도 한다. 전체과정에 대한 정태적 파악의 필연성을 확정함에 있어 볼츠만(Ludwig Boltzmann)[15]은 이러한 차이에

아르테미스(Artemis)는 그리스 신화에 나오는 달과 사냥·야생동물·처녀성의 여신이다. 로마 신화에 나오는 디아나(라틴어: Diana)와 동일시된다. 제우스와 레토 사이에서 태어난 딸로 아폴론과는 남매지간이다. 올림포스의 12신의 두 번째 세대에 속한다. 곰과 사슴, 활과 화살, 초승달, 토끼가 대표적 상징물이다.

헤파이스토스(Hephaistos)는 그리스 신화에 나오는 기술·대장장이·장인·공예가·조각가·금속·야금·불의 신이다. 로마 신화에서 불카누스와 동일시된다. 제우스와 헤라 사이, 혹은 헤라에게서 태어난 아들로, 아내는 사랑과 미의 여신 아프로디테이다. (역주)

15) 루트비히 볼츠만(1844~1906)은 오스트리아의 물리학자로서 원자의 성질(질량·전하·구주 등)이 어떻게 눈에 보이는 문진이 성진(전성ы·열전ᄄ·학산 등)을 결정하는지를 설

대해 이미 지적한 바 있다. 그럼에도 이 차이는 상호 간에 하나의 통일성을 보여주는 필연성에 의해 규정된다. 특수한 운동방식은 이러한 차이에 영향을 주지 않거나 혹은 전혀 주지 못한다. 즉 유적(類的)으로 규정된 비유기적 자연의 특정한 속성의 발생이나 소멸이 대립적으로 드러나는 유기적 자연에서도, 보편법칙의 이 같은 통일성은 그대로 관철되고 있다.

(하지만—역자) 사회적 존재에서는 다르다. 자연의 그 어떠한 것과도 유비될 수 없는 사회적 존재에서는 개체성들(개별 인간들)의 자기 형성적 환경이 점차적으로 문제되기 때문에, 그리하여 모든 사회적 과정의 출발점에는 목적론적인 정립과 선택적인 결정이 이루어지기 때문에, 존재론적 본질은 보편적으로 작용하는 필연성을 변경시키지 않을 수 없다. 본질적으로 우리가 통상 '조건-결과(Wenn-dann)'의 연관으로 인식하는 필연성은 자연에서는 문제의 대상들, 관계들, 과정들 등을 다룸에 있어 일정한 자동장치처럼 작동한다. (반면—역자) 사회적 존재에서는 사정이 달라진다. 즉 필연성은 선택적 결정들의 소환(호출)으로만 관철될 수 있다는 것, 다시 말해 마르크스가 반복해서 정식화한 바처럼, '파괴의 형벌(bei Strafe des Untergangs)'의 결정적인 동기로서 작용할 수 있다는 점에서 다르다. 이 새로운 구조는, 목적론적 정립들이 항상 자연과정이 관철되는 것과 유사한 필연성으로는 결코 지양되지 않는 인과계열들을 정립함으로써 만들어진다. 사회적-인간적 행위들과의 이러한 인과적 연관들이 고려될 때 선택적 결정, 즉 '파괴의 형벌'의 필연성이 다시금 적법하게, 물론 다시금 일반적 의미에서 '자연적' 인과계열들을 발생시킨다.(우리는 앞서 이러한 구조가 이미 개별적인 노동행위의 내부에서 결정적으로 작용하고 있음을 지적했다.)

명 및 예측하는 통계역학(統計力學)을 발전시키는 데 크게 이바지했다. (역주)

이제 점증하는 분업에 기초해서, 분업이 개별 인간에게 답변하는 것으로 제기한 문제의 결과, 개별 인간들의 단순한 개별성이 점점 더 인격을 발전시키는 쪽으로 움직일 때, ―여기에서 '파괴의 형벌'의 필연성이 확고하게 작용한다― 또한 사회적-일반적-경제적 필연성과 점점 더 개별화되어가는 개별적인 삶의 과정의 진행 사이에서 사회적이고 역동적인 관계들이 움직일 것이다. 사회와 자연의 신진대사에서 자연적 제약이 점점 더 축소될 때, 경제적 범주들 자체가 점점 더 순수하게 사회성을 띠게 될수록, 전자(사회―역주)는 언제나 보다 분명하게 정립된 체계의 성격을, '필연성의 왕국'의 성격을 띠게 되는 것이다. 우리는 앞서 이러한 과정 자체가 개별 인간의 의지, 소망 등으로부터 언제나 독립된 필연적인 것임을 지적한 바 있다. 개개의 선택적 결정들이 개인의 삶에 본질적으로 영향을 주고 있는 바의 사회적 존재라는 다른 극에서는 실천이라는 다른 의미의 복잡한 연관들 및 규정들이 등장한다. 실천이 경제-사회적으로 필연적인 것을 직접적으로 규정할 수 없다 할지라도, ―여기서 이러한 실천은 이러한 연관들 속에 세워진 개인들의 제 행위를 단순히 일반적 법칙의 연관 속에서 개별성의 계기로 만들 뿐인데― 이러한 실천은 사회-역사적 의미에서 볼 때 결코 사소한 것이 아니다. 우리의 앞선 고찰에 따르면, 마르크스와 레닌이 발전 속에서, 극명하게는 혁명 속에서 주관적 요인이라고 명명했던 바가 그 뿌리를 넓게는 이러한 영역 속에 두고 있음이 밝혀졌다. 우리가 여기서 생산력을 통한 인간 능력의 발전이 인간의 인격성의 보존과 (혹은 파괴와) 빚는 갈등에 대해 이야기할 때, 이러한 갈등은 마찬가지로 앞서 지적된 사회발전의 이중적 속성에 달려 있다. 갈등은 사회발전에서 상당한 역할을, 즉 주관적 요인의 확대 혹은 실패로 드러날 수 있는 역할을 발휘한다. 따라서 그것은 상당히 중요한 하나의 사회적 현상이다. 다른 한편으로 갈등은 오늘날의 다양한 관습과 마찬가지로 사회발전의 유일한 혹은 절대적인 갈등 도식의 핵심으로 파악되지는 않는다. 소외는 다만 사회적 갈등들 가운데 한 가지일 뿐이다. 물론 지극히 중요한 것이지만 말이다.

따라서 소외현상을 현실적으로, 신화적 가미나 왜곡 없이 파악하려 할 경우, 인격성이 문제가 많음에도 불구하고 하나의 사회적 범주라는 점을 간과해서는 안 될 것이다. 인간이 유기적 자연의 모든 생산물과 마찬가지로 직접적이고도 절대적으로 생명체라는 것은 자명하다. 탄생과 성장과 죽음은 모든 생물학적 생명과정의 불가피한 계기들이자 또 그러한 계기들로 남아 있다. 그럼에도 자연적 제약의 축소─끊임없는 축소, 하지만 결코 소멸은 아닌─는 사회의 재생산과정 전체뿐만 아니라 그것과 불가분적인 개별 생명체의 본질적 징표이다. 영양과 성장 행위와 같은 생명체의 근본적인 표현들이 상당 정도 질적 변화를 자극하면서 사회화될 수 있고, 사회화의 동기가 그러한 표현들 속에서 점점 지배적인 역할을 담당할 수 있지만, 그럼에도 그 생물학적 토대는 결코 완전히 무시될 수는 없다. 그렇기 때문에 여기에 작용하는 계기들 속에서 그 비율들에 대한 부적절한 평가는─생물학적인 것에 대한 과대평가 혹은 저평가와 상관없이─불가피하게 소외를 잘못 파악할 수가 있다.

그리하여 마르크스는 당연히 다음과 같이 말할 수 있다. "오감의 형성은 지금까지의 세계사 전체의 노동이다."[16] 따라서 진정한 유적 존재(Gattungsmäßigkeit)로의 인간의 발전은 대부분의 종교가들과 모든 관념론적 철학자들이 기술하는 것처럼 '보다 낮은' 감성의 퇴보에서 이른바 인간의 (사유 등의) '보다 높은' 능력의 단순한 발전은 결코 아니다. 오히려 그것

16) MEGA, S. 120; MEW EB, S. 41 f.

은 전체 인류 속에서, 따라서 또한 —심지어 직접적으로, 다른 무엇보다도 — 인류의 감성 속에서 표현되어야 한다. 마르크스가 앞서 제시한 확정을 준비하고 정초 지웠던 고찰에서, 그는 인간의 시각에서 계급사회의 왜곡된 삶의 제약들을 극복하는 문제에 대해 언급했고, 또 이 단계에서 발생히는 해방된 인류에 대해 이야기했다: "사유재산의 지양은 그리하여 모든 인간적 감각과 속성들의 완벽한 **해방**이다. 하지만 그것은 이러한 감각과 속성들이 주관적일 뿐 아니라 객관적으로도 **인간화**된다는 의미에서의 해방이다. 눈은 인간적 눈이 되고, 마찬가지로 눈의 대상은 인간에 의해 인간을 위해 생긴 사회적-인간적 대상이 된다. 감각은 그리하여 직접적으로 실천 속에서 이론이 되는 것이다. 감각은 사물 때문에 사물과 관계한다. 하지만 사물자체는 자기 자신과 인간에 대한 대상적-인간적 태도이고 또 그 역(逆)이기도 하다. 때문에 욕구 혹은 만족은 그 나름의 **이기적** 본성을 갖는다. 유용한 것이 **인간적으로** 유용한 것이 되면서, 본성은 그 단순한 **유용성**을 상실한다."[17] 동시에 마르크스는 개인으로서의 인간의 삶 속에서 '소유'가 소외의 결정적 동인을 표현하고 있음을 지적한다.[18] 마찬가지로 여기서는 인간 능력의 발전과 확대와 인간으로서의 그의 인격의 형성 간에 발생하는 사회적 갈등 때문에 우리가 지금 고심하고 있는 근본 현상들이 문제이다. 이러한 갈등이 인간의 삶의 영역 전체와 관련되어 있다는 것, 따라서 인간의 감각들의 삶(생명)과 관련되어 있다는 것을 분명히 파악하는 것이 대단히 중요하다. 이러한 연관을 올바로 파악하기 위해, 우리가 미분화된 자연 개념을 가지고 씨름할 필요는 없을 것이다. 우리가 인간적 감성과 관

---

17) Ebd., S. 118; ebd., S. 540.
18) Ebd,, S, 118; ebd,, S, 539,

련해서 제시한 것은 생명체의 전체 발전을 전제하고 기초로 삼는데, 오직 이것만이 문제이다. 고등 동물류의 발생과정에서 그 자체 고립된 자연력과 같은 이른바 특정한 자연현상은 순수한 상태에서 생명체에 대해, 예를 들어 식물에 대해 그대로 영향을 미치지는 못한다. 그러한 자연력들은 생명체의 삶의 조건에 상응하는 생물학적 요소로 통합·변경되는 것이다. 특정 영역 내에서의 공기 진동은 그때마다 소음으로 나타나고, 에테르 진동은 색 등과 같은 가시계의 표지로서, 감각의 특정한 화학적 과정이나 화학적 속성은 맛이나 향기로 나타난다. 여기서 발생하는 문제들을 천착할 수 없다 할지라도, 한편으로는 생물학적 변형이 문제시되고 있다는 것이고, 다른 한편으로는 변형의 방식이 그 환경에 대한 고등동물의 적응을 완성하고 종의 보존과 발달을 요구한다는 점이 확정되어야 한다. 그럼에도 비유기적 자연의 본래 모습이 그 참다운 법칙 속에서 인식된다면, 이러한 자연현상들은 그 같은 생물학적 변형과 무관하게 본래의 모습 속에서 올바로 파악되어야 할 것이다. 이를 위해 ―탈인간학적― 자연과학이 점차로 인류의 발전과정에서 고유의 인식 방식을 준비해왔다.

그럼에도 이는 노동으로부터, 인간화로부터, 인간의 사회화로부터 비롯된 발전의 후속적 결과일 뿐이다. 노동과정에서의 목적론적 정립, 즉 노동의 결과는 그것이 완성되기에 앞서 이미 사유 속에서 선취되어야 한다는 필연성은 온전한 인간의 변형을, 그리하여 생물학적으로 발생한 그의 원초적 감각의 변형을 의미한다. 엥겔스는 이러한 발전을 고찰함에서 다음을 강조했다. "독수리는 인간보다 훨씬 멀리 본다. 하지만 인간의 눈은 독수리의 눈보다 사물에서 훨씬 많은 것을 본다. 개는 인간보다 훨씬 예민한 코를 갖고 있다. 하지만 개는 각기 다른 사물들의 특정 징표들에 존재하는 수많은 부분들의 냄새를 구별하지 못한다. 또 야생의 어린 시절의 원숭이에게서는 존재하지 않았던 감각이 인간의 손 자체와 더불어 비로소 노동을 통해 형성되기도 한다."[19] 하지만 엥겔스가 그것을 필연적으로 간주하지 않았다는 것을 이 자리에서 밝히지 않는다 해도 감각의 발전과정에는 이중적 작용의 가능성이, 즉 인간적 삶의 영역 속에서 소외의 갈등들이 발생할 가능성이 담겨 있다. 인간의 감각적 삶 속에서 노동은 본래 능력의 계발로 이어질 뿐 아니라, 노동 고유의 직접적 우위를 담고 있는 이러한 경향이 전체 발전과정 속에 보존되어 있다는 것은 자명하다. 인간적 측면에서 고찰할 때, 탈인간적 과학의 발생 역시 이러한 복합체에 속한다. 그럼에도 이로부터 감각의 발전과 나란히 전개된 인격의 발전이 그 감각의 발전과 무관할 수 있다는 결론이 이어지지는 않는다. 마르크스는 당대의 노동자의 삶을 경제학적으로 분석하는 가운데 인간의 가장 기본적인 삶의 표현들 속에서 극명하게 감각적으로 근거 지어진 소외를 입증했다. 그는 다음과 같이 상론한다. "그리하여 인간(노동자)은 먹고, 마시고, 낳고, 기껏해야 거주하고 치장하는 등의 동물적 기능들에서도 자유롭게 행동한다고 느끼고, 또 그의 인간적 기능들 속에서 동물 이상이라는 결론에 도달한다. 동물적인 것이 인간적인 것이 되고, 또 인간적인 것은 동물적인 것이 된다. 먹고 마시고 낳는 행위도 물론 진정한 인간의 기능들이다. 하지만 그것들을 인간적 행위의 여타의 범위로부터 분리시켜 마침내 유일한 궁극 목적으로 만드는 추상 속에서 그것들은 동물적인 기능이 된다."[20] 대단히 노골적인 '동물적'이라는 은유는 여기서는 단순히 수사적으로 사용된 것도 아니고 또 그것을 문자 그대로의 의미로 받아들일 필요도 없다. 정확히 이해한

---

19) Engels: *Dialektik der Natur*, MEGA Sonderausgabe, S. 697; MEW 20, S. 444.
20) MEGA III, S. 86; MEW EB I, S. 515

다면 그것은 오히려 인간의 특정한 소외를 환기시켜주는, 엄밀히 저 상태를 가리킨다. 말하자면 현재의 문명 상태—이 문명의 토대로서 제 능력의 발전도 물론 포함된다— 로 인해 원칙적으로 가능했던, 유적으로 가능해진 인간존재의 (사회적 존재의, 인격적 존재의) 복합체로부터의 인간의 타락, 강제적으로 수행되는 노동생산력의 발전과 여기서 반복된 그 결과는 다음과 같이 규정된다. 즉 생명체로서의 인간의 재생산을 위한 사회적 필요노동시간이 지속적으로 줄어든다는 것은 현재 경제적으로 가능한 소비의 여지를 조정함으로써 물리적 생명의 직접적 재생산에 필요한 행위들(단순히 먹고 마시는 등의 행위—역자)의 경제적 무게가 처음의 절대적 우위를 점점 상실하게 된다는 것, 단순한 생명의 직접적 재생산으로부터 더욱 멀어진 욕구(이를테면 문화적이고 정신적인 욕구—역자)와 그 충족을 위한 가능성이 발생한다는 것이다. 이 과정은 외연적인 동시에 내포적이고, 양적인 동시에 질적이다. 한편으로 최초의 단계에서는 일반적으로 결코 있을 수 없는 충족 가능한 욕구가 발생하고, 다른 한편으로 생명의 재생산을 위해 불가피한 욕구는 그것을 이 같은 생명의 직접적 재생산으로부터 멀리 떨어진 사회적이고 보다 고차적인 수준으로 생생하게 고양시킨 충족을 보존한다. 이 점은 특히 영양에서 분명해진다. 물론 지배계급에서 이러한 유의 커다란 고양이 발견될 수 있는데, 그것은 해당 사회에서 일반적인 유의 욕구 충족과 단순히 느슨한 단계로만 결합되어 있다. 하지만 지배계급은 역사적으로 발전하는 추세에 상승운동을 시작하는데, 이러한 운동은 예를 들어 단순히 생리적으로 작용하는 허기증을 이미 사회화된 식욕으로 고양시킨다. 이 영역으로의 복귀는 따라서 단순하고 거친 생리적 요소의 복귀를 야기하는데, 이는 이미 현실적으로 도달된 사회적 단계로부터 인간적 감각이 겪는 소외의 일종이기도 하다. 이를 마르크스는 '동물적'이라는 표현으로 적절히 표현하고 있다.

보다 넓고 심오한 방식에서 이러한 발전은 인간 유의 직접적 재생산이라는 다른 커다란 영역에서, 즉 성(性)의 영역에서 드러난다. 푸리에(Francois-Marie-Charles Fourier)[21]가 이 영역에서의 사회적 인간적 발전을 각각의 문명의 단계의 척도로서 간주했을 때, 그는 대단히 옳았다. 마르크스는 이러한 물음에서 이미 푸리에의 이러한 사회비판적 문제설정과 항시 긴밀하게 연결되어 있으며, 여기서 필연적으로 발생하는 소외에 관해 다음과 같이 이야기했다. "인간 대 인간의 직접적-자연적-필연적 관계는 **남자와 여자의 관계**이다. 이러한 **자연적이며** 유적인 관계에서는 인간과의 관계가 곧 자연과의 관계, 인간 고유의 **자연적** 규정이듯, 인간 대 자연의 관계가 곧 인간 대 인간의 관계이다. 이러한 관계에서는 얼마만큼 인간에게 인간적 본질이 자연으로 혹은 자연이 인간의 인간적 본질이 되느냐가 **감각적으로 나타나고**, 직관 가능한 **사실**로 환원된다. 그리하여 이러한 관계로부터 우리는 인간의 형성 단계의 총체적인 모습을 판단할 수 있다. 이러한 관계의 특성으로부터, 얼마만큼 인간이 유적 존재로서, 인간으로서 형성되고 파악되는가가 이어진다. 남자와 여자의 관계는 인간 대 인간의 **가장 자연적인** 관계이다. 따라서 그 관계에서 얼마만큼 인간들의 자연적 태도가 **인간적이** 되거나 혹은 얼마만큼 **인간적** 본질이 인간에게 **자연적** 본질이 되고, 얼마만큼 인간의 **인간적 본성(자연)**이 인간에게 **자연**으로 되는가가 드러난다. 이러한 관계에서 또한 얼마만큼 인간의 **욕구**가 **인간적** 욕구가 되고, 따

---

21) 프랑수아 마리 샤를 푸리에(1772~1837)는 프랑스의 사회이론가이다. 생산자 협동조합인 팔랑주(phalange)에 바탕을 둔 사회의 건설을 주장했다. 이러한 그의 사상체계를 푸리에주의라고 한다. 주저로 『인간의 사회적 운명과 4가지 운동의 논리(Théorie des quatre mouvements et des destinées générales)』(1808)가 있다. (역주)

라서 얼마만큼 인간에게 **다른** 인간이 인간으로서 욕구가 되는가, 얼마만큼 그가 그의 개별적 현존재에서 동시에 공동존재가 되는가가 드러난다."[22) 여기서 성(性)들의 자연적 관계가 인간들의 인격적 관계로 바뀌고, 아울러 동시에 인간적-유적 생활방식으로, 인간의 현실적 인간화를 통해 더 이상 '침묵하지' 않는 유의 실현으로 바뀌는 본질적 계기가 발견된다. 인간이 순전히 자기 자신에 의해, 순전히 내면에 의해 인간이 되고, 비로소 올바로 인격이 될 수 있는 양하는 것은 관념론적-주관주의적 편견에 속할 것이다. 인간은 그를 둘러싸고 있는 세계에 동물적으로, 다시 말해 시시각각으로 주어지는 외부세계에 대해 단순히 적응하듯 반응하는 것이 아니라 오히려 나름대로 그것을 자기 스스로 형성해서 언제나 사회화된 인간의 환경세계로 능동적-실천적으로 관여할 때, 인간화는 객관적으로 노동 속에서, 그리고 노동에 의해 주관적으로 산출된 능력의 발전 속에서 수행될 수 있다. 마찬가지로 동료에 대한 그의 관계가 인간 대 인간의 관계로서 언제나 인간적 형태를 취하고 실천적으로 실현할 수 있을 때 비로소 인간은 인격으로서 인간이 될 수 있는 것이다.

푸리에가 올바로 보았던 것처럼 생물학적 견지에서 가장 직접적이고 가장 불가피한 관계는 남자와 여자의 관계이다. 다른 모든 곳에서와 마찬가지로 이 영역에서도 특별히 첨예한 방식으로, 두 개의 독립적이면서도 여러 가지 면에서 상호착종된 유적 존재(Gattungsmäßigkeit)의 방식에서 인간화의 과정이 수행되는데, 인간화와 사회화 간의 궁극적 동일성은 이러한 존재 속에서 표현된다. 때때로 우리는 유적 존재 자체에 대해 언급한 바있다. 이러한 존재는 노동과 분업 등의 발전에서 특정 사회구성체의 구조

---

22) Ebd., S. 113; ebd., S. 535.

에 이르기까지 발전하며 또한 인간의 직접적이며 감각적인 삶을 끊임없이 변형시키고 있다. 모계제도와 그것의 소멸은 상당한 영향에 속하는바, 남자와 여자의 관계는 이러한 영향에 종속되어 있다. 이러한 발전의 역학이 전혀 영향력을 발휘하지 못하는 사회구성체의 발전 혹은 발생과 소멸은 존재하지 않는다. 이렇게 발생해서 사회적으로 변화된 기능들이 남자와 여자의 관계에서 —참여자의 의도나 기도와 무관하게— 사회적 분업의 계기들로서 극히 중요한 새로운 사회적 관계들의 원인이 되지만, 어떻든 그로 인해 남자와 여자 간의 인간적 관계에서 직접적으로 커다란 변화가 야기되는 것은 아니다. 물론 그러한 기능은 언제나 다시금 그러한 관계들을 위한 가능성의 여지를 창출할 것이다. 모계중심의 생활양식이 몰락한 이래 남성의 지배, 여성의 억압이 인간들의 사회적 공생의 항구적 토대가 되었다는 것은 분명하다. 엥겔스는 이 점에 관해 다음과 같이 이야기한다. "모권의 전복이 여성성의 세계사적 몰락이었다. 가정 내에서도 남성이 주도권을 장악했고, 여성의 지위가 격하되어 노예화되고, 남성의 쾌락의 노예이자 단순한 자식 생산의 도구가 되었다. 이같이 낮아진 여성의 지위는 이른바 영웅시대 및 고전시대의 그리스에서 종종 등장했던 것처럼 가식적으로 분장되고, 때때로 부드러운 형태로 위장되기도 했다. 하지만 이러한 사태는 결코 사라지지 않았다."[23] 지금은 오늘날에 이르기까지 결코 진부하지 않은 여성의 억압기간의 역사를 해명할 자리는 아니다. 우리 문제의 관점에서 볼 때, 그것은 일반적으로 양성 전체의 소외를 의미한다는 것이 분명하다. 왜냐하면 우리는 이미 다른 인간들의 적극적인 소외는 필연적으로 자기 자신과의 소외로 나갈 수밖에 없다는 것을 알고 있기 때문이다.

---

23) Engels, *Der Ursprung der Familie*, Stuttgart 1919, S. 42; MEW 21, S. 61.

하지만 동시에 그러한 일반적인 고찰은, 소외시키는 자와 소외된 자의 의식이라는 주관적 계기를 일반적으로 고려하지 않는 것은 비역사적이며, 대상을 왜곡할 것이라는 사실에 의해 보충되어야 한다. 아울러 남자와 여자의 관계가 소외된 형태로 진행될 수밖에 없는 문명화의 발전과정 전체, 따라서 일련의 소외형태들은 지금까지의 발전의 필연성 요소들에 속하고, 오직 공산주의에서만 현실적으로 극복될 수 있다는 일반적인 확정의 진리는 문제시되지 않았다. 그럼에도 소외 자체의 현상뿐만 아니라, 그것을 극복하려는 시도의 사회적이며 인간적인 의미는, 소외된 상태가 인간의 비하와 어디에서, 어떻게, 얼마나 강하게 등으로 결합되는가 등 소외의 성격을 크게 변화시킨다. 나중의 고찰에서 이러한 의식의 사회적-인간적 측면이 중요한 역할을 담당하기 때문에, 여기에서 그것을 일별하는 것도 합목적적일 것이다. 다음에 이어지는 고대의 예가 노예로서의 여성의 존재와 압도적으로 관련되어 있다는 것은 사태의 본질에 비추어볼 때 주목할 만한 내용을 변경하지는 않는다. 다시 말해 노예제 및 그와 유사한 제도들(초야권, ius primae noctis[24])으로부터 우리 시대의 봉사관계에 있는 여성의 성적 무방비상태에 이르기까지)이 여성적 삶의 소외의 역사에서 항상 대단히 중요한 역할을 담당하고 있다는 것이다. 무엇보다 우리는 먼저 『일리아드(Ilias)』를 생각해볼 수 있다. 브리자이(Briseis)[25]가 아킬레우스(Achilleus)의 노예가 된다. 큰 전쟁을 치른 이후 아킬레우스는 그녀를 아가멤논(Agamemnon)에게 넘기는데, 화해를 하자 그는 그녀를 다시금 넘겨받는다. 여기서 그녀는 '말

---

24) 처녀들이 시집가기 전에 낯선 사람과 하룻밤을 보내 처녀성을 잃는 고대 사회의 관습. (역주)
25) 호머의 『일리아드』에 등장하는 헥토르와 파리스의 사촌이자 신을 섬기는 사제이지만 나중에 아킬레우스의 노예이자 사랑하는 여인이 된다. (역주)

을 하는' 단순한 대상일 뿐으로, 이 대상은 말을 못하는 대상과 마찬가지로 다른 사람의 소유로 넘겨질 수 있다. 에우리피데스(Euripides)의 『트로이의 여인들(Troperinnen)』에서는 이미 이러한 실행에서 인간의 존엄을 훼손하는 행위가 주요 주세이나. 어인들이 승자의 노예가 되지 않을 수 없다고 해서 사태가 달라지는 것은 아니다. 이러한 사태는 그것에 대한 인간적인 분노와 —물론 객관적으로는 무기력하다— 더불어 나타날지라도 종종 주관적으로 머문, 적극적인 저항에 대한 동경만이 빛을 발한다. 에우리피데스의 비극 『안드로마케』[26]에서 이러한 저항은 이미 개인적 실천의 형태로 바뀐다. 비판이 고조된 상황에서 안드로마케는 그녀의 적과 마찬가지로 자유로운 사람처럼 행동하면서 —비극의 정지된 현실 속에서— 그녀와 적대적인 다른 사람들에게 응분의 태도를 촉구하는데, 물론 그 배경에는 불가피한 그녀의 노예상태가 매 순간 그녀의 물리적 몰락을 야기하는 긴장이 놓여 있다. 여기서 고대의 이러한 소외에 대한 가능한 최고의 거부가 표현되기 때문에 이처럼 극적인 분위기는 문제의 역사와 관련하여 흥미롭다. 그 거부는 무엇보다 나중에 스토아주의자들에게서 소외의 내면적-정신적-영적 지양(止揚)으로서 나타나는데, 그들은 최소한의 가능성도 없는 상태에서 단지 시각적으로만 소외의 객관적 지양 자체를 현실 투쟁의 대상으로 삼을 수 있을 뿐이었다.

언제나 여기서는 소외와 그 소외에 대한 투쟁의 과정에 대한 중요한 규정이 등장한다. 다시 말해 대자적인 유적 존재로서의 인간의 의식이 사회적으로 지양 불가능한 형태로 나타나는 것이다. 소외된 인간은 또한 소외 속에서 자신의 즉자적인 유적 존재를 보존해야만 한다. 노예소유주와 노

---

26) 안드로마케는 트로이의 영웅 헥토르의 아내이다. (여주)

예, 남편과 아내는 고대적 의미에서는 이미 사회적인 범주들이며, 가장 소외된 상태에서 초보적 인간화의 단순한 자연존재를 넘어서 있다.(이러한 인간화는 사회적인 종류의 소외들을 아직은 인식할 수 없다.) 소외된 인간에게서 박탈되어 있는 것은 따라서 단순히 그의 사회적 인간성, 인간 유라는 사회성에의 귀속성이 아니다. 노예를 '말하는 도구(instrumentum vocale)'로 표현하는 것이 법적-용어적으로도 그와 동일한 박탈을 시사할지라도, 객관적이며 즉자적으로 볼 때 노예 역시 사회적 존재이자, 인간 유의 한 예이다. 여기서는 단지 객관적 존재만이 고려되는 것은 아니다. 왜냐하면 의식, 다시 말해 모든 인간에게서 사회적 존재로부터 필연적으로 유래하는 사회적 과제와 요구 등에 대한 의식적 반응은 모든 살아 있는 인간의 존재에서 무시될 수 있는 계기가 아니기 때문이다. 따라서 유적 존재를 따로 떼어 그 영향 혹은 결함에 대해 이야기한다면, 질적으로 다른 보다 고차적인 종류의 의식이 주목되어야 할 것이다. 여기서 이미 서술된 차이, 즉 특정한 인간이 고유의 특수성 너머로 고양될 수 있는 사람들에 대해 맺고 있는 차이가 문제된다. 그러한 종류의 의식이 갖는 사회적-실천적 현실성은 의심하기가 어렵다. 즉 그러한 종류의 활동들의 실천적 영향으로 채워진 인류의 전 역사는 의심을 결코 낳게 할 수는 없는 것이다.

다른 한편 우리가 여기서 관념론적 물신화의 희생물이 되려 하지 않는다면, 인간의 사회적 발생, 그들의 존재론적 속성이 신중하고 비판적으로 탐구되어야만 한다. 우리에게 이 순간 가장 중요한 이해방식은 특수성 너머로 고양된 의식이 육체적-사회적인 면에서 정상적으로 존재하는 전체 인간들에 대해 갖는 구체적인 분리이다. 이러한 이해는, 동물적인 표상들이 발생한 이래로, 하지만 특별히 고대 후기에 나타난 인류의 커다란 위기와 기독교에서 정점을 이룬 이래의 존재론적 인간상에 대해 커다란 영향을 미쳤다. 우리가 —명시적으로 혹은 암묵적으로— 이 모든 이론의 존재론적 전제를, 말하자면 형이상학적으로 조야한, 이중적 방향에서 구체화된 '물리적' 인간과 '정신적-영적' 인간의 대립을 인정할 경우, 자립적으로 존재하고 유일하게 석합한, 영혼에 관한 보나 넓은 범위에서 확대된 이론이 다시금 우리에게 다가올 것이다. '육체'와 '영혼'의 단순한 대비의 경우 어떠한 인식이론도 이러한 이원론을 성공적으로 논박할 수 없다. 그러므로 에른스트 블로흐(Ernst Bloch) 자신도 다음과 같이 말했다: 영혼은 '현상학적으로는 독립적으로 주어지며', '심신 평행론'의 무능에 대해 아이러니컬한 주의만을 덧붙일 뿐이다.[27] 또 실제로, 현상학적 지시에 따라 현실을 '괄호칠' 경우, 목적론적 정립의 주체는 여타의 모든 노동행위 속에서 독립적 존재자로서 정립을 '수행하는' 육체와 대립된 것으로 나타난다. 여기서 우리는 모름지기 그것이 직접적인 현상계의 가상을 이중적인 실체로 구체화하는 현상학적 방법 자체임을, 즉 사회적 존재의 역동적인 통일행위로부터, 그리하여 그 방법에서는 상세히 논할 수 없는 원시적인 사회성으로부터 인간학적 자연사실을 구성하는 현상학적 방법이라는 것을 쉽게 잇는다. 우리에게 유일하게 흥미로운 특수적 혹은 비특수적 인간존재와 의식의 문제에는 그 '이념적' 영역의 내부에 분리를 드러내주는 하나의 균열이 존재한다. 즉 인간을 그 고유의 특수성 너머로 고양시킴에 있어 이러한 운동은 언제나 상당 정도 사회화된 의식을, 우리가 제시한 예에서는 여성으로서 고유하게 주어진 사회적 존재를 넘어서 풍부한 현실적 결과들을 전제하고 있는 것이다. 고양의 행위는 모름지기 이러한 종류의 존재가 그럼에

---

27) Ernst Bloch: *Geist der Utopie*, München/Leipzip 1918, S. 416; 현재는 Bloch Gesamtausg., Bd. 16, Ffm 1071, S. 416.

도 인간의 진정한 유적 존재에 대응하지 않는다는 것을 통찰하는 데 있다. 왜냐하면 인간의 다양한 모든 사회성에는 인간의 유적 존재가—포이어바흐에 대한 마르크스의 비판의 의미에서— 암묵적으로 남아 있기 때문이다. 유적 존재는 물론 순수한 직접성이라는 의미에서의 존재는 아니다. 왜냐하면 완전히 특수한 상태의 인간에게도 어떤 특수한 유적 귀속성이, 그의 시대의 특정한 순간에 주어진 현상형식이 의식되기 때문인데, 이러한 귀속성이 심지어는 개별적인 행위들의 모티브 역할을 할 수도 있다. 하지만 그와 더불어 인간 유의 본질은 오랫동안 창출되지 못했다. 즉 인간 유는 단순히 그의 직접적 현존방식에서만 파악되었던 것이다. 사유 상으로 또 그에 대응해서 실천적으로 구체화되지 않은 인간 유는 역사과정의 존재론적인 대상성을 갖는데, 물론 그 시작은 유적 존재의 기억에서 사라졌고, 마찬가지로 그 결말은 단지 시각적으로만 대상화될 수 있다. 하지만 이 모든 것에도 불구하고 유적 존재는 개인들 곁에서 진행되지 않는 하나의 실제적인 과정이다. 그리하여 개인들은 그 과정의 단순한 방관자로 남지 않을 수 없게 되고, 오히려 그 과정의 진정한 과정적 성격은 개인적 삶의 순수한 과정이 총체성의 운동의 불가분적-통합적 요소를 형성한다는 점에 있다. 개별 인간이 자신의 삶을 이러한 유적 발전의 부분인 하나의 과정으로서 파악할 때, 그리하여 그로부터 주어지는 자기의무를 이 역동적인 연관에 속하는 자신의 고유한 생활방식으로 체험하고 실현하고자 할 때, 비로소 개인은 더 이상 자신의 유적 존재에 미련하게 매여 있지 않은 현실적 성격에 도달할 수 있다. 적어도 자신의 삶의 유적 존재를 진지하게 추구하고자 할 때 비로소 인간은 자신의 특수한 인간성 너머로 자신을 고양시키는 것—적어도 자기 자신에 대한 의무로서— 을 나름대로 보여줄 수 있다.

현존하는 사회적 존재 속에서 명시된 생산력과 생산관계의 모순에 대한 부정이 발생하고, 때문에 그 모순이 집단적 성격을 획득할 경우, 앞서 기술된 체험들로부터 혁명의 주관적 요인들의 한 계기가 생길 수 있다. 우리는 이 모든 갈등이 이데올로기적으로 해결된다는 것을 알고 있다. 사회적 발전 전체의 비목적론적 성격, 그것의 필연적인 불평등성은, 사회적 존재 내에서의 과정 전체의 현실적(seinshaften) 결과들과 개별 인간들의 운명이 드러날 때 특히, 그럼에도 혁명적 집단성이 아직은 발생하지 않았을지라도, 혹은 객체의 속성이 혁명의 주관적 요인을 이루는 상태에 도달하지 못했을지라도, 많은 경우―모든 사회적 갈등과 마찬가지로― 이데올로기적으로만 해결될 수 있을 법한 갈등들이 소환된다. 이와 관련하여 이른바 일상적 삶 속에서 정상적으로 기능하는, 사회적으로 설립된 선택들에 대한 결정들이 전통적이고 관습적인, 법적이고 도덕적인 등의 규범들에 대한 단순한 복종으로는 만족스럽게 답변될 수 없다는 것이 종종 드러난다. 우리 앞에 놓인 갈등은 일차적으로는 개별적인 경우에 개별적으로 해결된다. 여기서는 개인에게 그러한 개별적인 선택 결정의 필연성이 사회적으로 주어진다는 점이 중요하다. 개인은 그것을 단지 반항 혹은 복종으로만 (입센에게서 노라나 알빙 부인처럼) 응답할 수 있다. 그 일반적인 사회적 존재에 비추어볼 때 선택은 동일한 것으로 남는데, 왜냐하면 선택은 사회적 모순의 내부적 출현을, 개별적인 개인들의 삶에서의 유적 존재의 발전을 결코 벗어나지 못하기 때문이다. 이러한 유의 갈등은 무수히 많은 개별적인 충돌에서 시작하여 사회적으로 근거 지어진 선택과 그 결정 가능성들을 통해 드러날 수 있다. 행동하는 주체가 특정 갈등들에 대한 지배 이데올로기의 해결방식을 개인적으로 거부할 때 그 자신이 ―궁극적으로― 새로운 사회상태를 실현할 것이라는 점에 대해 스스로 이론적인 명료함에 도달할 수는 없을 것이다. 그럼에도 갈등의 사회적 성격은 모름지기 여기서 표현된다. 인간의 개별적 능력의 발전과 개인으로서 그것을 확장할 가능성 간의 대립은 앞서 지적했던 것처럼 생산과 발전으로부터 직접적으로 유래하며, 그러한 대립의 궁극적이고 결정적인 형태가 전체 사회에 남아 있다. 하지만 생산으로부터 산출된 모든 사회구조 변화는 인간적 삶의 모든 표현에서 이전이건 이후이건, 급격한 변동에서이건 점진적 성장에서이건 간에, 우리가 알고 있듯 지속적으로 사회화가 강화되면서 기형적으로 작용하지 않을 수 없기 때문에, 이러한 근본적 모순이 인간적 삶의 모든 표현의 근저에 놓여 있지 않을 수 없다.

개별 인간이 생산과정과 맺고 있는 사회적 활동이나 관계가 보다 복잡하게 얽힐수록, 이러한 근본적 모순들은 더욱더 커다란 변형을 겪지 않을 수 없다. 남자와 여자의 관계에서도 그렇다. 그럼에도 여기서는 언제나 동일성과 비동일성의 동일성만이 문제시되고 있다. 분열적 경향들을 최종적으로 종합하는 동일성은, 개체성의 확장이 단순히 —설령 그것이 일차적일지라도— 내부로부터 진행·정립된 과정의 결과는 결코 아니라는 점에 기초해 있다. 인간은 모름지기 답변하는 존재이다. 인간의 개체성은 처음에는 옳다. 능력계발이라는 개인적인 종합이 없다면, 능력의 계발이 앞서야지만 실제로 대처할 수 있는 바의 물음들에 대한 개인적인 답변들을 마련하지 못한다면, 어떠한 개체성도 발생할 수 없다. 사회적으로 뿌리 깊게 정초된 이러한 동일성의 내부에서 유(類)의 의식적 형태들은 그 자체 생산력 제고의 불가피한 결과들이라는 것, 즉 생산력의 제고가 없다면 이러한 유의 발전도 객관적으로 불가능할 것이라는 식의 전혀 다른 방식에서이기는 해도 여러 상이한 원리들이 성장한다. 이러한 능력들을 개체성으로 종합하는 일 역시 필연적으로 진행되는 과정이다. 왜냐하면 종합 일반이 없다면, 발전이나 가용성도, 생산 등의 가변적 필요에 대한 적응도 마찬가지로 불가능할 것이기 때문이다. 그 차이는 '단지' 다음과 같을 뿐이다. 말하자면 즉자적인 유적 존재의 수준에서의 인격성이 사회적 재생산의 과정에서 그 기능을 충족시키기 위해서는 실제로 작동하는 방식의 현실성과 다르게 출현하는 것이 불가능한 반면, 대자적인 유적 존재는 동일한 전 과정에 의해 단순히 하나의 가능성으로 산출된다는 것이다. 물론 그것은 우리가 다른 맥락에서 강조했던 것처럼, 아리스토텔레스의 뒤나미스(Dynamis)의 의미에서의 가능성으로서, 어떤 잠재적 현실태로서 산출되는바, 여기서 현실성의 언제, 어떻게, 어느 정도 등(내용과 방향 등의 차이가 포함된)은 언제나 상당한 변형의 여지를 지니고 있다. 왜냐하면 사회와 인간 인격성의 총체성은 불가분적으로 상호결합되어 있어, 하나의 동일한 역동적 복합체의 양극을 형성하기 때문이다. 하지만 양자는 그 직접적이며 실제적인 발전의 조건들에서 서로 간에 질적으로 상이하다. 어쨌든 이렇게 발생한 상이한 운동의 형태들은 그럼에도 결국에는 상호 긴밀하게 결합될 수 있는데, 이러한 결합 역시 내적 모순의 결합이다.

  양자의 밀접한 관계는 모름지기 이러한 상이성 속에서 표현된다. 대자적인 유적 존재는 우선은, 그리고 대개는 일상적 삶 속에서 지배적인 현재의 즉자적 유적 존재에 대한 개별적인 불만족으로서 나타나고 때때로 그에 대한 직접적인 부정으로서 나타난다. 직접적으로 볼 때 이러한 반대운동은 그 개체성에 대한 변호로서의 개별 인간들로부터 시작된다. 하지만 그 근저에 놓인 의도는, 그것이 어느 정도 의식되느냐에 관계없이 궁극적으로는 현재 도달 가능한 대자적인 유적 존재의 형태들을 지향하고 있다. 물론 여기서는 유적 존재의 등장에 대한 어떠한 내적 보증도 주어질 수가 없다. 또한 여기서는 나름대로의 실천적 실현 가능성에서뿐만 아니라, 실현하고자 하는 것의 본질적 내용에서 간과될 수 있는 목적론적 정립도 문제이다. 하지만 여기서는 사회적 총체성의 한 극이 다른 극의 구체적 성과에 대한 답변을 모색하는 것이 문제이기 때문에, 이러한 '잠재태(dynamei)'에는 개별적인 의도들이 인격성의 관점에서 추구했던 것이 담겨 있기 때문에, 두 가능성이 하나의 동일한 사회적 과정 전체이기 때문에, 개별적인 정립을 위해서 이전에 조명한 목표나 길은 전혀 방해가 되지 않는다. 앞 장에서 상세히 고찰했던 것처럼 유적 발전의 연속성에서, 유적 기억의 연속성에서 가능적인 것에 대한 그러한 예감과 선취가 대자존재의 발생의 계기들로서 —위대한 예술과 철학으로서, 하지만 또한 덧없는 생으로서— 보존될 수가 있을 것이다. 거기서 우리는 대자적인 유적 존재를 선취하고자 하는 의식적이고도 객관적인 노력을 시도했는데, 그것을 정립하는 주체는 그러한 정립을 수행할 수 있기 위해서 자신의 특수성 너머로 고양(高揚)되어야 했으며 또 할 수가 있었다. 여기서 우리가 이 연관을 지적하지 않을 수 없던 것은 그러한 고양의 발생과 영향을 사람들의 일상적 삶에서 보다 명료하게 볼 수 있기 위해서이다. 어쨌든 일상적 삶의 행위들에 실제적인 우위가 주어진다는 점이 고려되어야 한다. 반향과 단순한 객체화는 보존되어 있다. 물론 그것들의 단순한 발생 가능성은 분명하게 그러한 객체화에서 표현된 선택적 결정들 속에 더 이상 특수하지 않은 인격성, 그 내용과 대상, 그 사회적 전제들과 결과들에 이르는 길에 대한 일반화된 서술이 발견되고 있다는 것을 분명하게 시사하고 있다. 그리하여 사회적인 내용에 비추어볼 때 개별 인간의 중요한 부분을 그 일상적 현존 속에서 심오하게 움직이는 언어에 대한 물음이 제기된다. 예술작품과 마찬가지로, 철학도 현실적으로 이른바 '천재적' 인격의 산물과 다르지 않다면, 철학은 모델 형성적 방식으로 스스로를 객관화할 수 있을 것이다. 객관적인 혁명적 상황이 주어진 경우에서 능동적이며 주관적인 요인을 유발하는 사태가 불가능할지 모르는 것과 마찬가지로, 상대적으로 긴 기간과 많은 양의 개별 인간들의 개별 결정들이 그 일상적 삶에서 그러한 사태를 앞서지 못할 것이다. 이러한 일상적 삶은 종종 대단히 혼란스럽고 방향을 상실한 것으로 보이므로, 오직 그 속에서만 사회성을 향한 사실저이고 이데올로기적인 구체화가 점차적으로 성숙될 수 있을 것이다. 물론 우리는 단연코 특정 시대의 일상적 삶의 존재론이 갖는 인식론적 한계는 그것이 최상으로 객체화된 상태에서 다시금 발견된다는 것을 극명하게 깨달을 수 있다.

이러한 연관은 존재론적 의미에서 결정적으로 중요한 사실을 밝혀주고 있다. 즉 그것은 무엇보다 일반적이거나 비역사적이며 인간학적인 범주로서의 소외는 결코 존재할 수 없다는 것을, 소외는 언제나 사회-역사적 성격을 띤다는 것을, 소외는 모든 구성체, 모든 시기에 현실적으로 작용하는 사회 세력들에 의해 새롭게 해결된다는 것을 밝혀주고 있다. 이는 물론 역사적 연속성과 모순되지 않는다. 하지만 이러한 연속성은 언제나 구체적인 방식으로, 대단히 모순적이고 불균등한 방식으로 영향을 미친다. 다시 말해 소외된 사회적 상황을 경제적으로 지양하는 일은 종종 그것을 넘어서는 새로운 소외형태를 끌어들일 수 있는데, 그것에 대해 이미 알려진 낡은 투쟁수단은 이제 무기력한 것으로 판명된다. 그럼에도 우리는 여기서 그로부터 모든 후속적 결과를 도출하기 위해 그것을 사회-역사적인 현상으로 다루기보다는 오히려 개별 인간을 개별 인간으로 다루는 데만 더욱 주력하고 있다. 일반화된 의미에서 소외는 물론 사회적으로 발생한 모든 것과 관련되어 있다. 개별행위들의 사회적 총합의 결과로만 사회적으로 연관된 대상성들과 과정들 등이 일반적으로 발생할 수 있을 것이다. 그럼에도 생산과정에서 이러한 총괄적 종합은, 개별 인간들의 수행 및 그 과정에서 드러나는 그들의 개성이 경제적 총체성 속에서는 오로지 사회적-필연적 노동방식으로서만, 본질적으로는 평균적으로만 타당성을 가질 수 있다는 식의 불가피하게 자연발생적으로 일어난다. 생산이 인간의 개별 능력들에 미치는 이러한 영향은 기껏해야 최고의 과학적 수행에서 지양된다. 물론 전향적으로 움직이는 경제적 힘들의 영향은 이미 매개된 것이다. 하지만 사회적 존재의 존재론에서 이러한 인식과 똑같이 중요하게 인간의 인격에 대한 영향은 인격 그 자체와 무매개적이고 지양 불가능하며 직접적으로 관련되지 않을 수 없다는 것을 이해해야 한다. 사회적 보편성, 커다란 개체화의 영향들이 보여주듯, 이러한 개별적 성격들은 지양되지 않는다. 오히려 정반대이다. 사회적으로 대단히 중요한 사태, 즉 오직 이러한 도정에서만 더 이상 특수하지 않은 인격이 발생하고 영향을 미칠 수 있다는 것은 모든 개인적 견해들이 —종종 실제로는 소멸할지라도— 인간 유의 역사와 맺을 수 있는 가능성의 관계를 제시해준다. 모름지기 특수하지 않은 인격은 그 인격 속에서 이루어지는 자기발전과 자기해명이 궁극에는 독립적으로 존재하는 인간 유의 발전과 해명을 의미함으로써만 발생할 수 있기 때문에, 더 이상 특수하지 않은 인격이 대자적인 유적 존재와 맺고 있는 이러한 결합이야말로 유의 '침묵'을 현실적으로 극복할 수 있게 해준다.

더 이상 특수하지 않은 인격과 대자적인 유적 존재 사이에 존재하는 이 같은 불가분적 유대가 분명해질 때 비로소 소외문제는 훨씬 구체화될 수 있다. 왜냐하면 그럴 때 비로소 한편으로 소외가 무엇보다 인간의 비특수성(보편성—역자)의 발생을 명백히 저지하기 때문이다. 이는 특수성 너머로의 정신적-윤리적 고양이 소외에 대한 확실한 방어수단이 될 수 없다는 것과 똑같다. 다시 말해 사회-경제적으로 작용하는 요소들 역시 특수한 인간들의 생활방식 속에 왜곡된 형태로 개입할 수 있다는 것을 잊어서는 안 된다. 노예제와 농노제를 언급할 필요도 없이 19세기 자본주의에서의 노동시간의 문제만 기억하면 될 것이다. 심지어 이러한 소외들은 그것이 모든 개별적-이데올로기적 저항을 뒷전으로 몰아세울뿐더러 완전히 절멸할 만큼 치명적일 수 있다. 소외의 고유한 변증법은 보다 높은 수준에서 특수성을 초월하려는 단호한 노력, 예를 들어 객관적이고 사회적인 의미를 지닌 사태에 대한 무조건적인 헌신은 자생적(sui generis) 소외로 발전할 수 있다는 것에서도 드러나는데, 이 점에 관해서는 뒤에 가서 보다 상세하게 언급할 것이다.(스탈린 시대나 옛 프로이센 왕국 등의 문제가 그것과 긴밀히 연관되어 있다.) 모름지기 그러한 무조건적 ―때때로 완전히 무비판적인― 헌신이 인격의 특정 측면을 강화할 수 있다. 그것은 또한 지나치거나 혹은 철저히 소외될 수도 있다. 하지만 다른 한편에서 한 인간이 특수한 상태로 남아 있을수록, 그는 소외의 영향에 무기력하게 노출될 수 있다는 것도 확실하다. 개별 인간에 대한 감정의 지배를 둘러싼 고대의 윤리적 문화의 위대한 투쟁은 ―그 당시 소외 그 자체의 개념이 아직은 인류의 사유 체험 속에 들어오지 않았을지라도― 객관적으로는 그들의 사회적-도덕적 저항이다. 물론 폴리스(Polis)라는 특수한 사회적 조건하에서만 그렇다. 왜냐하면 이러한 조건들 속에서는 특수성의 극복이 인격과 결부된 이기적 감정들의 극복에만 집중되어 있기 때문인데, 더 이상 특수하지 않은 인격에게 시민들의 도덕이 ―경향적으로― 방향과 지지점을 부여한다. 때문에 훨씬 뒤 보다 높은 단계의 총체적 발전에 와서야 비로소 스피노자(Spinoza)의 천재적인 통찰이 나타날 수 있다는 것은 결코 우연이 아니다. "감정은 오직 반대되고 방해하려는 감정보다 더 강력한 감정을 통해서만 저지되거나 지양될 수 있다."[28] 그럴 때 비로소 비특수적 인격이 사회적인 '소우주'가 되고, 그

---

28) Spinoza: *Sämtliche Werke* I, S. 180.

리하여 참으로 영향력 있는 총체성으로서의 사회발전의 반대 극(極)이 되는 것이다. 물론 여기서 스피노자는 이론적 정점에 서 있다. 이처럼 고유의, 보다 고차적인 의미에서의 인격성은, 폴리스 내의 존재에 의해 규제된 삶의 파괴가 시민의 생활방식에서 비특수적 자아의 사회적 안전을 부정할 때 비로소 발생한다. 여기서 발생한 위기가 기독교와 장기간 지속된 그 이데올로기적 지배를 가능하게 했다. 왜냐하면 고대에 고향을 상실한 비특수적 자아들이 종교적인 소외의 도움으로 그들이 발전할 수 있는 토대를 찾은 것처럼 보이기 때문이다.(이러한 문제에 관해서는 다음 장에서 상세하게 언급할 것이다.) 사실상 다른 어떤 사회도 자연적 제약을 근대 부르주아 사회처럼 결정적으로 축소하지 못했는데, 이렇게 축소됨으로써 다양한 사회적 요소들이 빠른 속도로 사회화되었으며 본래적 의미에서의 인격은 (그것이 지닌 특수한 문제와 함께) 이 사회적인 요소와 긴밀히 연결되었다. 이 부르주아 사회의 탄생을 가능케 한 위기의 시대로 인해 비로소 인간은 비특수적 인격에로 가는 도정에서 자신의 감정에 대한 관계를 총체적-변증법적으로 이해할 수 있게 되었다.

이 모든 것과 더불어 우리에게는 소외와 (주관적이며 의식적으로) 그것을 극복한 역사적이며 과정적인 근본성격이 밝혀진다. 하지만 이러한 현상을 적절히 이해하기 위해서는 각각의 소외는 단순히 순수하고 추상적이며 이론적인 개념을 표상할 뿐이라는 객관적이고 완결된 통찰이 요구된다. 만일 우리가 사유를 통해 소외의 진상(眞相)에 다가가고자 한다면, 사회적 존재의 실제현상으로서의 소외는 현실적으로 다수의 형태로서만 등장할 수 있다는 점을 이해하지 않으면 안 된다. 그렇다고 해서 이러한 실제현상 내부에서의 개별적인 차이만이 생각되는 것은 아니다. 즉 모든 보편개념은 존재의 근거로서 개별적으로 상이한 개별성들의 차이를 지니고 있다. 그럼에도 소외의 복수적 존재방식은 그것을 훨씬 넘어서 서로 간에 질적으로 상이한 역동적인(dynamische) 소외복합체이며, 의식적이며 주관적으로 그것을 극복하려는 시도이다. 물론 개별적인 소외들은 실질적으로 상당 정도 독립적으로 존재하므로 사회에는 언제나 다시금 존재복합체 속에서 소외시키는 영향들과 투쟁하면서 다른 복합체들을 저항 없이 수용하는 인간이 존재한다. 소외의 관점에서 볼 때 그처럼 대립적 방향의 행동들 사이에서 인격성에 강력하게 영향을 미치는 인과적 연관이 존재한다고 생각하기란 쉽지가 않다. 이 문제들을 지금 상세히 논구할 수는 없지만, 나는 노동운동에서 종종 등장하는 예를, 즉 노동자로서 자신의 소외를 감내하면서 성공적으로 투쟁하는 사람이 가족생활에서는 폭군처럼 자신의 아내를 소외시키고, 이로써 자기 자신에 대한 새로운 소외에 빠지는 경우를 지적하고자 한다. 그것은 결코 우연이 아니며, 또한 단순히 인간적인 '나약함'도 아니다. 우리는 앞서 거듭 인간에게서 그의 능력 등의 발전이 곧 그의 인격을 관철시키는, 질적으로 상이한 역학을 지적한 바 있다. 이로부터, 생산력 발전에 의해 지정된 일차적이고, 자연발생적-필연적인 과정, 즉 무엇보다 개별 능력들의 형성과 변형 등이 문제가 되는 과정과는 반대로 (이 영역 내부에서의 차별화는 결코 부정되어서는 안 된다. 하지만 그것은 우리가 현재 당면한 문제들에 대해서는 예외적으로만 밀접한 연관이 있다.) 인간적 행위의 의도가 총체성으로서의 인격을 지향하지 않을 수 없다는 결론이 이어진다.

단순화의 모든 왜곡을 배제하기 위해서는, 물론 특수성의 수준에서이지만 사회적 분업을 확장하고 완성하는 과정에서 똑같이 인격도 도야해야만 하고, 나아가 개별적인 능력의 발전이 일어나는 만큼 사회적 능력의 발전도 일어난다는 점을 분명히 해야 한다. 어떻게 개별적인 능력들이 서로 간에 조화를 이루고, 어떻게 사회적으로 수행된 노동이 개인적인 삶과 조화를 이루는가라는 점에는 생산에 의해 작동되는 특정한 자발성이 있다. 이러한 상호작용으로부터 의심할 여지없이 개별적 차이가 발생하는데, 극명하게 드러난 개인적인 특성, 개인적 방식에 의한 전체 연관에의 반응, 대단히 주관적인 감정들 등이 이러한 차이를 만든다. 그럼에도 이 모든 것은 본질적으로 즉자적인 유적 존재의 수준에서 일어난다. 이러한 사실은 인간과 인간들 사이에 고유한 것으로 언명된 소외의 형태가 여기서는 개인적인 특이성으로 인정되곤 한다는 점에서 이미 드러났다. 우리는 단순히 관료적으로 고착된 틀에 박힌 인간을, 즉 과도한 야심과 업무에 집착하는 인간, 가정 내 폭군 등을 생각할 수 있다. 그는 이러한 그 자신의 특성들을 스스로의 인격의 구성요소로 긍정하고 있다. 그는 그런 특성에도 불구하고가 아니라 그 특성 때문에 주변 세계로부터 인격으로 존경받고 있다. 이러한 유의 인격의 성립은 물론 보다 고차적 의미의 사회-역사적 사실이다. 왜냐하면 이 최초의 자발적이고 직접적이며, 종종 상당히 소외된 인격의 종합이 사회적 존재의 토대를 형성하는데, 오직 이로부터만 더 이상 특수하지 않은 개인이 성장할 수 있기 때문이다. 다시 말해 여기서는 사회적 삶을 질서 짓는 원리들이 (전통에서 법과 도덕에 이르기까지) 곧 이데올로기적 무기들이며, 때문에 많은 경우 사회적 갈등들을 해결한 이러한 원리들이 사회진보의 견인차라는 점을 결코 잊어서는 안 될 것이다. 그러므로 지금 다루어진 수준의 인격의 발전에서 상당히 두드러진 개별 인간의 저 목적론적 정립에 대해 이 원리들이 미치는 영향은 단연코 부정적인 것으로서, 소외된 것으로만 파악되어서는 결코 안 된다. 즉자적인 유적 존재는 항상 대자적으로 존재하기 위한 가능성의 여지를 창출하기 때문에, 그 관계 역시 그러한 연관을 보여주어야만 한다. 객관적으로 볼 때 이는 대자적인 유적 존재를 향한, 비특수적 개체성을 향한 여러 가지 경향들의 잠재적 현존과 작용의 가능성을 의미한다. 물론이다. 즉 단순한 가능성, 심지어는 일반적일 뿐 아니라, 개별적인 결정들에서 언제나 다시금 정반대로 바뀔 수도 있다. 주관적으로 볼 때 모름지기 명증적인 확실성—이데올로기적인 규제원리들은 이러한 확실성을 갖고 등상한다— 으로부터, 관련자의 내면적인 고착, 무비판성 등이 발생하는 것이다. 그러므로 이 두 체계의 관계를 고찰할 때 우리는 단순히 특수한 인격과 평범한 인격 사이의 다양한 이행현상들에만 사실적으로 주목해서는 안 되고, 오히려 동일한 사회적 현실의 토대로부터 그것이 성장한 사회적 필연성을 이론적으로 파악하려고 해야 한다. 물론 여기서 사회의 계급분열이 결정적인 역할을 하는데, 무엇보다 여기서 개별 인간이 일상적 삶에서의 개별 인간으로서 정위(定位)되는 것이다. 이러한 문제가 이미 고대에서 어떻게 인식되었는가를 관찰하는 것도 흥미롭다. 그것은 소포클레스(Sophocles)[29]의 가장 극적인 새로움에 속한다. 그는 안티고네와 이스메네, 일렉트라와 크리스테미스의 대립 속에서 사회적으로 근본적인 이 같은 대립을 이론적으로 정식화하지는 못했지만, 인간실천의 형상이라는 관점에서 결정적인 사실로서 분명하게 인식했다.

남자와 여자의 관계에서 우리가 간단히 시작했던 소외에 대한 고찰들을 구체적으로 마감하기 위해서 이처럼 오랜 우회가 불가피했다. 이러한 우회를 통할 때 비로소 소외영역의 사회적이며 개별적인 규정들이 지닌 불가결한 결합과 동시에 실천적-인간적 모순을 일별하는 것이 가능하기 때문이다. 물론 이러한 관계에서 전체 삶의 조건들은 사회적으로 규정되어 있

---

29) 소포클레스(B.C. 496경~B.C. 406)는 아이스킬로스 및 에우리피데스와 더불어 고대 그리스의 3대 비극작가 가운데 한 사람이다. 대표작으로『오이디푸스』와『안티고네』등이 있다. 안티고네와 이스메네는 자매간으로서 전사한 오빠의 시체의 장례를 치러주는 문제에서 대립한다. (역주)

다. 직접적이며 사회적으로 주어진 것을 초월하려는 개인적인 노력은 여기에 그 뿌리를 두고 있다. 때문에 심지어 사회발전의 근본 방향이 이러한 관계에서 긴밀하고 소외된 형태를 창출한다는 것, 그럼에도 어쨌든 이러한 발전의 경향들은 보다 높은 질서의 욕구를 충족시키기 위해 자연발생적인 길을 찾고 있다는 것이 반복적으로 나타나고 있다. 아마도 도시의 피로 묶인 그리스의 혼인제도를 상기하는 것으로 충분할 텐데, 그들의 일부일처제는 여성의 입장에서는 일종의 소외된 가사노예를 만드는 것이다. 보다 높은 인간적 수준에서 성의 교환을 위한 불가피한 사회적 압력은 그럼에도 자생적으로 매춘에서 충족처를 확보한다. 여기서 "정신과 예술적 취미 형성을 통해 … 고대 여성의 일반적 수준을 넘어 우뚝 선 그리스의 독특한 여성성이 발전되었다."[30] 그리스의 여성들이 '정상적' 소외 너머로 이렇게 올라설 수 있었던 것은 단지 그들의 매춘제도를 통해서만, 그리하여 다른 소외된 제도를 통해서만 가능했다는 것은 그 당시 외면적 인간성 못지않게 내면적 인간성에서도 객관적 한계가 이 영역과 얼마나 밀접하게 관련되어 있는지를 보여준다. 당연히 이데올로기적으로 볼 때도 그리스 비극의 전개는 대자적인 유적 존재에 대한 명백한 지향 역시 삶 속에서 결코 넘어서기 어려운 이러한 현실을 무시하고 있다.

지난 백 년 동안 즉자적인 유적 존재의 수준에서 경제발전은 그 자체 거대한 발전을 이룩했다. 즉 여성이 경제적으로 독립해서 생존할 수 있는 가능성은 상당 정도 사회적으로 실현되었으며, 유명한 여성들은 [퀴리 부인(Madame Curie)을 생각하는 것으로 충분한데] 남성들에 비해 그들이 지적으로 열등하다는 주장의 허구성을 명백히 보여주고 있다. 하지만 그렇다고

---

30) Engels: *Der Ursprung der Familie*, a. a. O., S. 50-51; ebd., S. 67.

해서 푸리에서 마르크스에 이르기까지 제기된, 남성과 여성의 관계에서의 근본적 소외라는 커다란 문제는 이러한 관계에서의 양자의 자기소외, 즉 그들 서로가 소외시키고 소외되는 문제를 현실적으로 해결할 수 있는가? 누구도 그것을 주장할 수는 없다. 오히려 반대로 그 상황이 지닌 상당한 위기는 확대된 위기들 속에서 더욱 분명해진다. 우리는 때때로 다른 맥락에서 오늘날의 많은 성운동은 남성과의 관계에서의 여성의 소외로부터의 해방을 지향하고 있다는 점을, 하지만 그러한 운동은 정확히 경제-사회적 소외에 대한 해방투쟁인 혁명적 노동운동의 이데올로기적 척도와 함께 단순히 기계파괴의 수준에서, 그리하여 실제로는 지극히 초보적인 수준에 있다는 것을 지적한 바 있다. 즉 성운동과 관련하여 여성의 삶의 방식에서 경제적 자립을 위한 토대로서, 일상화된 사회적 소외형태의 경제적 도약으로서 단순한 경제발전은 문제를 현실적으로 해결하기에는, 노동과 가정생활에서의 여성들의 사실적(De-facto) 평등을 관철하는 데 기여하기에는 아직 역부족이라는 점이 당연히 강조되어야 한다. 평등은 그러므로 무엇보다 그것을 저해하는 특수한 토대와, 성별(性別) 자체와 투쟁하지 않으면 안 된다. 여성들의 성적 예속은 확실히 그들의 예속 일반의 가장 근본적인 토대가 될뿐더러 더욱 그에 상응하는 인간적 왜곡들이 남성들의 표상과 감정생활에서 중요한 역할을 담당하고 있다. 그것은 수천 년 동안 여성 특유의 심리에 깊이 각인되었으며 그곳에 뿌리를 내리고 있다. 이 같은 여성소외에 대한 여성의 해방투쟁은 때문에 존재론적으로는 단순히 남성에 의해 시작된 소외의 노력을 지향하는 것이 아니라, 여성 고유의 내면적인 자기해방을 의도하는 것이다. 이러한 관점에서 볼 때 현대의 성운동은 단연코 긍정적이며 진보적인 핵심을 지니고 있다. 이러한 운동에는 —의식적이건 무의식적이건— '유산자'가 이데올로기에 대항하는 선전포고가 담겨 있는데, 이미 마르크스에서 보았던 것처럼, 이러한 이데올로기는 이 영역에서 여성의 성적 예속의 근본적 해소가 없다면 극복할 수 없는 저 남성소외의 근본토대들 가운데 하나이다.

하지만 모든 근본적 의미 가운데 이것이 현실적이고 총체적인 해방 가운데 중요한 것이기는 해도 단지 하나의 계기에 지나지 않는다. 불가피하게 자연적 제약을 상당히 제거할 때조차 인간은 일종의 자연적 존재로 남아 있으며, 그렇기 때문에 자신의 자연적 현존을 절멸하고 억압하는 것은 자신의 삶 전체를 왜곡하지 않을 수 없다. 하지만 동시에 자연적 제약의 제거, 자연적 존재의 끊임없는 사회화가 결코 인간으로서의, 인간적-유적 존재로서의, 개인으로서의 그의 실존의 토대를 형성하는 것은 아님을 잊어서는 안 된다. 고립된 성적 해방만으로는 성관계의 인간화라는 핵심문제에 대한 진정한 해결에 결코 도달할 수 없다. 그것은 무엇보다 지금까지의 발전이 순수한 성(섹슈얼리티)의 사회적 인간화에서 도달했던 수많은 것들(에로티즘)을 다시금 상실할 위험을 안고 있다.[31] 사람들이 불가분적 방식으로 (사회화된 자연적) 존재로서, 그리고 동시에 사회적 인격으로서 통합하는 서로 간의 관계를 발견할 때 비로소 성적 삶의 소외가 현실적으로 극복이 될 수 있다. 이러한—옳고 중요한— 해방투쟁에서 순수한 성적 계기들에 대한 배타적 강조는 대단히 쉽게, 적어도 일시적으로는 낡은 형태의 소외들을 새로운 형태의 소외들로 대체할 수 있다. 왜냐하면 성이란 여성 공

---

31) 유감스럽게도 이 영역에 관한 우리의 인식은 지극히 제한되어 있고 또 불확실하다. 예를 들어 이 문제에 대한 상이한 해결 유형과 같은 커다란 관계에 대해 우리는 거의 알지 못하고 있다. 심지어 해방운동의 사실적 범위가 얼마나 되는지에 관해서뿐만 아니라 그에 대한 진정한 인간적 해법의 몫이 얼마나 큰지에 대해서도 무지하다.

산주의자 콜론타이(Aleksandra Mikhailovna Kollontai)[32]의 표현에 따르면, '물 잔'과 같아서 상당 정도 남성의 성에 대응하는 중요한 성분을 갖는데, 이를 통해 남성들은 수천 년 동안 여성들을 소외시키는 동시에 물론 자기 자신도 소외시켰기 때문이다. 그러한 운동들을 평면적이고 낡은 양식의 속물적 형태로, 즉 포르노그래피적인 기벽(奇癖)으로 위장해서 현실적인 마조히즘을 예찬하고, 여성 스스로 선택한 무조건적인 종속을 야기할 수 있는 속물적 형태로 바꾸는 일은 한 예에서 보듯 해방과정에서의 이 같은 위험과 제약을 분명하게 보여준다. 따라서 이러한 소외영역의 주관적 요인은 경제발전이 즉자적인 유적 존재를 위해 사회적으로 창출했던 가능성의 여지를 이용할 수 있는 것과는 멀리 떨어져 있다. 하지만 이러한 영역은 즉자적 유적 존재와 대자적 유적 존재 사이의 변증법적 연관을 이해하는 데, 그리고 동시에 인류의 사회발전의 객관적 요인과 주관적 요인의 모순적 역학을 이해하는 데도—모름지기 그 극단적 속성으로 인해— 대단히 도움이 된다. 사회적 성취들이 즉자적인 유적 존재의 객관적 영역에서 소외를 극복하는 데 불가피한 조건들을 창출하는 것과 마찬가지로, 그것들은 소외가 실제로 현실화되는 과정에서 전혀 무기력한 상태로 있을 수도 있다. 성관계의 영역이 이 점을 분명하게 보여준다. 왜냐하면 거기서 실제적인 실현, 주관적 요인의 현실적 영향은 오직 끊임없는 개별적인 실천의 형태에서만 실현될 수 있기 때문이다. 남자와 여자의 진정한 관계, 섹슈얼리티와

32) 알렉산드라 콜론타이(1872~1952)는 제정 러시아의 장군 도모노비치의 딸로 상트페테르부르크에서 태어나 취리히 대학을 졸업했다. 1898년 러시아사회민주당에 입당하였으나, 1915년 공산당으로 당적을 옮겼다. 1917년 10월혁명 후 공공복지인민위원 등의 요직을 거쳐 세계 최초의 여성 외교관으로서 여러 나라의 대사를 역임했다. 여성해방에 관한 대표적 저서인 『붉은 사랑』(1923)은 한때 독서계를 풍미했고, 그것의 후편으로 『위대한 사랑』(1932)이 있으며, 이 밖에 노동문제를 다룬 『경제 진화에 있어서의 노동』(1928) 등이 있다. (역주)

인간성 및 인격성의 통일을 삶 속에서 완벽하게 구현하는 것은 오직 구체적 남성이 구체적 여성과 맺는 개별적인 관계 속에서만 현실적으로 이루어질 수 있다. 모든 사회적 실천의 보편성에도 불구하고 개인은 결코 아무것도 아니지 않다는 유명한 영국의 속담은 여기서 질적 증가의 형태에서 하나의 확증을, 즉 사회적 총체성을 구성하는 각각의 인간의 대극(對極)이 사회적 과정 전체에서 무시할 수 없는, 종종 결정적인 요소임을 명백히 보여주고 있다.

현실적으로 살아가는 개별 인간들을 총체적으로 배제시키는, 사회발전에 대한 '순전히 객관적인' 이러한 논박도 —마르크스와는 전혀 관계가 없는— 보다 넓은 견지에서는 사회적 존재와 생성의 현실 지향적 존재론에 기여할 수 있다. 마르크스는 공산주의의 인간적 문제를 언제나 대단히 유보적이면서도 의도적으로 추상화해서 다루었다. 미래의 인간적 반응들의 구체적 형식과 내용을 사회과정의 상대적으로 짧은 거리에서, 또 경제적 요소들이 보다 높은 개연성을 띠고 사전에 규정될 수 있는 경우들에서, 매 순간 현재적 관점으로부터 보다 구체적인 형태로 파악하는 것이 원리적으로 불가능하기 때문에 마르크스의 태도는 당연히 옳다. 때문에 마르크스는 —의식적으로 저 유토피아주의와 첨예하게 대립해서— 가장 일반적인 원리에, 종종 개별 인간들의 본질에서의 필연적 변화라는 존재론적 의미의 객관적 전제들에 스스로를 한정시켰다. 모든 유토피아적 왜곡에 대한 이 같은 비판적 회피가 과정 전체의 시각에서 규정된 인간적인 구체적 결과들, 즉 공산주의 사회의 인간적 선 조건을 그것과 반대로 진행되는 경제적 운동과 조화를 이루게 하는 데 적절할 결과들을 도출할 수 있게 해주었다. 이러한 맥락에서 무엇보다 흥미로운 것은 소외의 문제이며, 여기서 그것이 감각적인 사회적 존재로서의 인간에 미치는 영향이다. 우리는 이미 앞에서 마르크스의 대단히 의미 있는 진술을 끌어들였었다. 즉 소외된 인간이 그를 둘러싸고 있는 현실과 맺고 있는 관계의 근본범주로서 '소유'에 대한 사회적 극복은 감각이 "직접적으로 그 실천 속에서 이론가가 되었다."는 말로 이어질 수 있다는 것이다. 계급사회의 평균적 인산들에게 그렇게 말을 한다는 것은—직접적으로— 대단히 유토피아적으로 들린다. 그럼에도 그의 삶의 과정 전체는 유토피아와 첨예하게 대립해 있었다. 이러한 사정은 노동자의 물질적 궁핍이 감각의 그 같은 사용을 불가능하게 했던, 마르크스가 영향을 미쳤던 동시대뿐만 아니라, 심지어는 자본주의적으로 조작된 현재 우리 시대의 복지에서도 마찬가지이다. 마르크스가 압도적 다수 인간들의 이러한 방식의 태도를 사회적으로 극복 불가능한 것으로 간주할 것이라는 데서 우리가 일종의 유토피아주의를 간취한다면, 우리는 무엇보다 —하지만 단순히 잠정적으로만— 예술처럼 오래되었으면서도 오늘날에도 영향력 있는 사회현상들을 생각할 것이다. 물론 우리는 여기서 사회 속에서의 인간의 사회적 활동으로서 예술에 대한 솔직한 관찰에서 시작해야지, 예술 속에서—현실에는 결코 존재하지 않는— 순전히 관조적인 태도를 간취하거나 혹은 예술 속에 언제나 담겨 있는 당파적 입장을 무의미하게 통일적으로 절대화하는 왜곡된 이론들에서 시작해서는 안 될 것이다.

예술은 사회적(이데올로기적) 실천으로서 궁극적으로는 이러한 노동영역의 모델로부터만 이해되어야 한다. 우리는 나중에 모든 실천적 노동행위에는—가능한 한 정확히 진리에 맞게— 목적론적 과정과 그 객관세계에 대한 사유의 반영이 선행해야 한다는 것을 확정할 수 있었다. 목적론적-실천적 정립과 엄밀한 진리에 대한 현실적 고찰 간의 이러한 상호착종이 이제 예술과 또—적당히 변경하면(mutatis mutandis)— 그 예술에 대한 수용성에서의 창조적 관계를 특징짓는다. 물론 물질적 실천과 이데올로기적 실천 간의 대립은 동시에 중요한 차이를, 심지어는 그것들 사이의 대립을 산출한다. 여기서 우리에게 가장 중요한 것은 현실에 대한 엄밀한 진리의 재현이 두 영역에서 (생산물 가치의) 성공을 위한 전제를 형성한다는 점이다. 하지만 첫째로 노동과정에서는 구체적 과제에 유용한 구체적 대상들을 수립하는 것이 문제이고, 현실에 대한 이해는 오로지 가능한 최고의 구체적 이용 가능성을 지향한다. 반면 예술의 대상은 인간에게 고려되는 전체 현실(자연과의 신진대사를 포함한)이어야 한다. 둘째로, 노동생산물 가치의 구체적 생산단계에서는, 그것이 직접적으로 사용 가능한지 혹은 불가능한지 여부에 따라 첨예하게 구분되는 반면, 예술창작에서 가치 혹은 무가치의 가능성은 사전에 규정하기 어려울 정도로 놀랄 만큼 확장될 수 있다. 셋째로, 노동의 가치는 엄격히 시간의 제약을 받고 있다. 생산성의 모든 단계는 최고의 가치에서 완전한 무가치로까지 추락할 수 있는 반면, 중요한 예술작품에서는 천년을 지속하는 영향이 가능하다.

이 모든 것은 결과적으로 노동의 생산물이 소외와 절대 무차별적으로 대립됨으로써, 노동과정에서의 최고의 소외로부터 최상의 사회적 유용성을 지닌 생산물이 탄생할 수 있게 해준다. 모름지기 여기서 이러한 중립성이 표현되는 것이다. 예술작품은 현실적으로 그것이 유일무이한 것일 경우, 소외와 달리 영원하고 내재적 목적을 지닌다.[33] '사진처럼' 현실을 충실하게 재생하는 작업만으로는 그러한 영향을 유발할 수 없을 것이다. 탈물신화의 길을 따라가는 것은 예술의 과제였고 또 과제이다. 여기서 우리는 존재론적 문제에 한정될 수도 없고 한정되어서도 안 될 것이다. 답변은 언제나 단순하게 들린다. 즉 예술가는 세계를 참다운 개성의 눈으로,

33) Georg Lukacs: *Die Eigenart des Ästhetischen* I, S. 696 ff. ; GLW II.

즉 인간과 세계를 자기 안에 포함한 대자적인 유적 존재에 대한 깊고 정력적인 의도를 자기 안에 담고 있는 눈으로 고찰하므로, 예술가 자신의 주관적이며 특수한 직관과 전혀 상관없이 예술의 단순한 현존만으로도 소외와 씨우고 또 그 소외로부터 해방된 세계를 예술적 미메시스(Mimesis) 속에서 탄생시킬 수 있다.(그 의미는 마르크스가 요구했던 것처럼 엄밀히 이론가가 되는 것이다.) 고전적 마르크스주의자는 (마르크스 자신이 이미 『신성 가족』에서, 엥겔스가 발자크에 대해서, 레닌이 톨스토이에 대해서 말하듯) 이러한 존재론적 근본물음에 대해 명명백백하게 지적했다. 마르크스의 이전의 정식화는 아직은 단순하고 간단하게 들린다. 즉 "유진 슈(Eugene Sue)[34]는 그의 협애한 세계관의 지평 너머로 고양되었다." 엥겔스와 레닌은 이미 그러한 구체적 고양이 어떻게, 그리고 어디서 발견될 수 있는가에 대해 상세하게 분석했다.[35] 존재론적으로 볼 때 공통적으로 의미 있는 것은, 서로 간에 상이한 경우의 전체에서 해당 예술가가 어떻게 그의 유적 존재로부터 자생적으로 성장해왔고, 또 어떻게 그가 창작과정에서 자신의 특수성(현재의 즉자적 유적 존재의 무비판적 수용)에 대한 실천적 극복으로 전화시켰던 본래적인 개인적 세계를 지니게 되었는가, 그리하여 그가 창작자로서 더 이상 특수하지 않은 인격체로 성장했는가가 문제시되는 데 있다. 따라서 발자

---

34) 유진 슈(1804~57)는 프랑스의 작가이다. 도시생활의 어두운 면을 다룬 소설들을 써서 선풍을 일으켰다. '신문 소설(roman-feuilleton)'의 대표적 인물이다. 그의 작품들은 멜로드라마라는 비난을 받지만 프랑스에서는 최초로 산업혁명이 가져온 사회의 병폐를 다루었다는 데 의의가 있다. 대표작으로 『아르튀르(Arthur)』(1838), 『마틸드(Mathilde)』(1841), 『파리의 비밀(Les Mystères de Paris)』(1842~43), 『방랑하는 유대인(Le Juif errant)』(1844~45) 등이 있다. (역주)

35) MEGA III, S. 348; MEW 2, S. 181. Lenin: *Sämtliche Werke* XV, S. 127-131; LW 17, S. 33-37.

크(Balzac)가 왕당파적인 반동적 공감을 지닌 한 인간으로부터 자본주의적 문명에 대한 위대한 종합적 비판가가 되었듯, 톨스토이는 농민들에 대한 동정심을 지닌 귀족주의자로부터 평민적-민주주의적 휴머니즘의 대변자이자 이로부터 계급사회를 철폐하려는 비판자가 되었다. 예술의 세계사적 역할에서 이처럼 근본적인 직관이 본질적으로, 특히 그들의 실천에서 수많은 위대한 예술가들에 의해 공유되었다. 설령 그들이 용어상으로는 때때로 전혀 다르게 이야기할지라도 —그들이 이러한 문제를 이론 일반의 수준에서 제기했을 뿐 그들의 실천에서는 실현하지 않았다 할지라도— 사정은 크게 달라지지 않는다.

물론 이 문제를 여기서 그에 합당한 비중으로 다룰 수는 없다. 그것이 이론가로서의 감각이 분명하게 드러난 우리의 문제와 직접 맺고 있는 관계 때문에, 개별적인 입장에서만 위대한 예술가들을 짧게 기억할 수 있을 것이다. 이와 관련해 우리는 신비적으로 구체화된, 종종 천상으로 투영된 영감이론들을 상세히 언급할 수는 없다. 보다 중요한 것은 그들의 특수한 주관성이 현실의 감각적 재현의 토대를 그들의 작품 속에서 만들고 있는데, 그럼에도 작품이 완성될 때까지 근저에 놓여 있는 자아가 자신의 특수성과 첨예하게 대비되고 있다는 것이 현대 예술가들에게도 더할 나위 없이 분명하다는 점에 있다. 플로베르(Flaubert) 이래 특수성에 매몰된 저자를 경멸적으로 제거하는 일은 잘 알려져 있다. 톨스토이는 개별 인물들에 대해 종종 되풀이되는 특수하고 주관적인 태도로 인해 대단히 심각하게 자기비판을 했다. 세잔(Cézanne)은 자신의 특수한 인격을 현실에 대한 훌륭한 기록 장치로 간주했다. 하지만 이것이 현실을 재현하는 데 방해가 될 때, 그는 '상처'의 이러한 활동을 단호히 거부했다. 왜냐하면 그것들은 그가 예술작품에 대해 요구했던 본질적인 것, 그 본래적 모습의 현상적 변화

과정에서 자연에 지속성을 부여했던 것을 악화시키고 마침내 파괴하기 때문이다. 특수한 인격성과 그것 너머로의 고양 사이의 대립은 아직은 이러한 유의 수많은 고백으로 덮여 있다. 그것이 어떻게 형성되었는가와 관계없이, 침으로 위대한 예술가의 자기 고백에는 언제나 이러한 대립이 근저에 놓여 있는 것이다.

그 본질에 비추어 적절한 모든 수용성에는 여러 가지로 유사한 과정이 일어나고 있다. (넓은 의미의) 예술사에서 대단히 드물게 기록되었던 이론적 사태, 즉 한낱 자연주의적인 작품(특수적-직접적 인간의 시점에서 본 세계의 재현)은 대단히 빠르게 노화되는 반면, 세계 너머로의 고양에 대한 예술적 파악은—대자적인 유적 존재의 세계에서 오랫동안 영향을 미치면서 지속할 수 있었던— 이러한 존재론적 배치(Konstellation)의 사회적 실재성과 중요성을 가리키는 표지이다. 여기서 외부적으로 보다 중요한 유의 발전의 특성이 드러난다. 다시 말해 대부분 특수성의 수준에 머물러 있던 수많은 사람들에게서 즉자적인 유적 존재의 자연발생적이고 사회적인 확장이 이루어지고 있지만, 마찬가지로 이러한 확장은 언제나 대자적 유적 존재를 위한 가능성의 여지를 자연발생적으로 창출한다는 것이다. 잠정적으로 예술의 영역에, 그리고 심지어는 그것의 본질적이고 감각적인 객체화에 머물기 위해 헝가리에서는 벨라 바르톡(Bela Bartoks)의 친구이자 동료인 작곡가 졸탄 코다이(Zoltan Kodaly)[36]가 대단히 성공적이고도 전망 있는 교육운

---

36) 졸탄 코다이(1882~1967)는 헝가리의 작곡가, 민속음악자, 교육자, 언어학자이자 철학자이다. 바르톡과 함께 헝가리 근대 음악을 대표하는 작곡가로서, 전통 민요를 채집하고 현대화했다. 헝가리의 국민영웅 하리 야노슈의 삶을 바탕으로 한 같은 제목의 오페라 등이 유명하며, 첼로의 연주어법을 극대화한 무반주 첼로 소나타는 후대 작곡가에게 큰 영향을 끼쳤다. 음에 대한 독보적이 연구를 접목시킨 코다이식 음악교육법도 유명하다. (역주)

동을 주도했다. 그 운동은 비음악적인 인간은 없고, 오직 조악하게 교육될 뿐이라는 코다이의 확신에서 출발했다. 이러한 근본 직관으로부터 학습계획이 나왔고, 부분적으로는 실현되기도 했다. 그에 따라 현재까지 많은 사람들이 바흐에서 바르톡에 이르는 최고의 음악을 적절히 재현할 수 있는 능력을 교육받게 되었다. 다른 한편으로 자연발생적으로 발생하면서 원초적인 예술적 감각으로 채워진 유아 미술의 대중성은 그러한 가능성들이 일반적으로 현존하고 또 영향력이 있음을 보여주고 있다. 현실의 참다운 재현이라는 문제에서 유아들의 자연스러운 시각적 능력이 실패하곤 한다는 것은 다만 그러한 자연발생성의 일반적인 한계를 보여줄 뿐, 세계에 대한 한낱 특수하고 감각적인 태도가 비특수적인 세계로 초월할 수 있는 가능성을 내부에 숨겨두고 있다는 테제에 대한 논박이 결코 아니다.

이러한 약간의 시사조차도 지극히 다른 생활영역 속에 사는 모든 인간에게 가능성으로서의 특수성의 극복이 현존하고 있음을 보여주고 있다. 이러한 종류의 사회적 실천 및 그것의 고도 발전과 순전히 경제적인 종류의 즉자적인 유적 존재 사이의 차이는 모름지기 후자가 그 본질상 인간들의 지식 및 의지와 무관하게 관철되는 반면, 전자의 목적론적 정립의 의도는 그것이 반드시 올바른 의식에 의해 수반되지 않는다 할지라도 결과에 직접적이면서도 결정적으로 영향을 미친다는 점에 있다. 물론 순수한 혹은 절대적인 경제적 경향들보다 훨씬 모순적이고 불균등한 방식에서 그렇다. 양자는 직접적으로 개별 인간들의 목적론적인 정립에 기초해 있다. 하지만 경제적인 경향들은 파산선고를 받은 개별 인간들이 경제적으로 사전에 지정된 특정 방식으로만 답변할 수 있는 과제들을 설정함으로써 관철된다. 물론 우리는 현재의 경제구조가 그것을 직접적으로 보완하는 이데올로기들(법 등)의 영역에 직접적으로 작용하는 상부구조가 이미 현저한 불균등성(로마법의 수용 혹은 거부)을 보여주고 있음을 살펴보았다. 이러한 불균등성은 그럼에도 개별 인간의 목적론적 정립이 사회적으로 연관된 현 질서의 주관적 요인으로 성장할 때 주체들에 의해 현실화될 수 있을 것이다. 그것들이 미치는 효력의 특성은, 따라서 순수한 경제적 실천으로부터 일정하게 일탈하면서 특정한 사회적 현실의 토대로서 그 존재방식의 여러 가지 중요한 특성을 지녀야 할 것이다.

순수한 이데올로기의 수준에서 이루어지는 객체화들도 물론 인간사의 일반적인 발전의 필연성에 종속되어 있다. 그것은 무엇보다 객체화와 실현이 의미의 새로운 뉘앙스를 띠고 있다는 점에서 앞서 논구된 것과 구별된다. 이 새로움은 소외가 대상화와 불가분적으로 맺고 있는 통일 안에서 어떤 무게를 지니고 있는가라는 데서 등장한다. 객관적으로 볼 때 전자(소외—역자)는 현실적으로 수행되는 목적론적 정립의 어떤 것으로부터도 제거될 수 없다는 것이 분명하다. 소외가 의식적인지 혹은 전혀 문젯거리가 되지 않는지 여부는 어쨌든 종종 노예노동에서 보듯 사회적 차원에서 직접적으로 무시될 수 있다. 하지만 바로 여기서 —객관적이고 경제적으로— 이처럼 무시되고 있는 개별적 요소들의 사회적 총합이 그것들이 저평가될 수 있고, 그것들의 생산성의 성공 척도를 가늠하는 최종적인 근거로서 표현될 수 있다는 점이 드러난다. 다른 극(極)에 대해서는 이렇게 말할 수 있다. 즉 소외와 인간 개체성의 표현을 향한 내부적 경향은, 그것이 독립적으로 언제나 다른 대상화를 찾지 못할 때는 생리학적으로 무의미한 단순한 자극, 무규정적이고 추상적인 가능성으로 남을 뿐이라는 것이다. 목적론적 정립의 행위에서 불가분적으로 통일되어 있던 두 요소들이 내부적으로 수없이 갈라지는 현상은 정신적으로 고립된 인간 개체성들(영혼들)에게 인간의 사회적 존재로부터 동떨어져서 실존할 수 있는 자생적(sui generis) 존재를 제시하는 모든 견해에 대한 논박하기 어려운 명백한 비판을 담고 있다. 모든 이성적 존재의 인정은 존재론적 비판을 결코 감내할 수 없지만, 칸트의 윤리학은 이러한 존재를 가지고 사회로부터의 독립을 정초할 수 있다고 생각한다. 칸트가 비특수적 인간에 도달하려고 하는 바의 정언명법은 특수성의 세계로부터 직접적이며 현상적으로 고립된 것처럼 보인다. 그럼에도 정언명법은 그 속에 담긴 대상화와 소외에 대해 결코 실질적 기준을 제공할 수 없다. 왜냐하면 이러한 명법 자체뿐만 아니라 그것의 유일한 타당성의 영역(이성적 존재)도 논리학에 한정되어 존재의 토대를 논리적으로 왜곡함으로써, 대자적인 유적 존재를 향한 그 모든 경향으로부터 본래적인 사회 세계를 추상하는 작업을 넘어서지 못하기 때문이다. 논리화는 이러한 행위를 사회적 진공상태로 이전하는데, 이로부터 비롯된 추상적 일반화로서의 무모순성은 모든 본질적이고 구체적인 문제들에서 해결 불가능한 이율배반에 빠진다.(우리는 여기서 이미 논구된 기탁의 예를 생각해볼 수 있다.) 이러한 논리적 구조를 통해 한편으로 이른바 정언명법은 사회-역사적 영역으로부터 추상적으로 벗어난다. 정언명법은 그 존재론적 의미에서 원초적이고 결정적인, 현실의 결과에서 구체적으로 답변되는 성격을 상실한다. 다른 한편으로 여기서 요청된 이성세계는 원칙적으로 무모순적인데, 이로 인해 의무들의 갈등과 동일한 근본적인 윤리적 현상들은 더 이상 윤리학 등의 대상이 되지 못한다.

따라서 우리가 소외를 이해하는 데 이처럼 결정적으로 중요한 배치(Konstellation)에 현실적으로 좀 더 가까이 다가가고자 한다면, 우리는 개인주의 윤리학의 그 같은 관념적이고 고립적인 모든 탐구를 존재론적 의미에서 현실적이고 사회-역사적인 토대로부터 끌어내서, 오로지 대상화와 소외(제 능력과 인격의 발전)의 현실적 변증법에 집중해야만 할 것이다. 자발적이고 필연적인 대상화의 발생과 전개를 우리는 앞에서 기술했다. 소외의 특성을 파악하기 위해, 우리는 여기서 생각된 것이 개체성의 이념적 탈사회와 맺는 대립에 대해 간단히 지적하지 않을 수 없다. 설령 그 직접적인 헌신방식이 현재의 정상적인 현상방식에서의 대상화의 형식들이 지닌 자연발생적 필연성과 대립되어 있음을 보여줄지라도 하나의 태도가, 그것의 발생과 영향이 철저히 사회적-역사적으로 규정된 태도가 문제되기 때문이다. 객관적으로 분리가 될 수 없는 대상화와 소외 간의 통일은 그 내적인 구조에서 중요한 변화들이 나타난다 할지라도 여기서도 분명하게 존재한다. 여기서 가장 중요한 것은 목적론적 정립의 완성된 객체화에서 확실히 소외가 객관적으로 우위에 있다는 점이다. 물론 이러한 우위는 완전히 문자 그대로 이해될 필요가 있는 것이 아니고 직접적으로 이해될 필요가 있는 것도 아니다. 우리는 방금 마르크스의 정식들과 그의 중요한 후임자들에서, 어쩌면 세잔의 고백에서 특수한 주관성의 극복이 모름지기 진정한 객체화(따라서 진정한 대상화)의 결정적인 전제를 형성함을 볼 수 있었다. 하지만 이것들은―진정으로 성공한 경우 전체에서―단순히 하나의 대상화가 아니라, 오히려 동시에 그것과 분리되지 않은 상태에서 더 이상 특수하지 않은 주체의 소외이다. 따라서 즉자적인 유적 존재의 객체화와―여기서는 주체의 소외의 적합성(Adäquatheit)이 대상화의 객관적 성공 혹은 실패에 결정적 요소가 되지 못하거나 극히 미미한 요소가 될 뿐이다―반대로, 여기서 적절한 대상화는 모름지기 비특수적 주체가 적절히 표현한 이러한 종류의 소외가 없다면 불가능할 것이다. 따라서 정립의 의도가 곧바로 (어떻든 특수한) 주체성의 배제를 지향할지라도 혹은 바로 그러한 이유 때문에 객체화 속에서 순수하게 지양된 주체성의 고차적 형식이 발생하는 것이다. 이러한 구조는 개인의 윤리적 실천을 포함하는 모든 고차적 형태의 이데올로기 속에서 드러나지만, 유감스럽게도 지금은 그에 상응하는 내용을 다루지는 못한다.

이 점에 관해서는 객체화의 양극에서 가장 중요하고, 내적이며 역동적인 구조관계에 상응해서 단순히 묘사되었을 뿐이다. 우리가 이제 그것들 사이의 이행의 원리에 대해 일별하고자 할 경우, 지금까지와 마찬가지로 소외는 단지 대상화의 현상들 가운데 하나라는 것에서 시작해야 할 것이다. 소외의 중요성이 그렇게 크다고 한다면, 그것을 오로지 사회적 과정의 객체화로서만 다룰 필요는 없다. 그러한 이해는 단순히 사회적으로 변형된 헤겔의 오류의 재탄생, 말하자면 소외와 대상성(대상화)을 보편적으로 동일시하는 것이다. 즉자적 유적 존재와 대자적 유적 존재의 객체화 사이의 이행형식, 그것들이 특수적 인격 및 비특수적 인격과 맺고 있는 연관성은 그것들이 연출하는 양방향의 역학 속에서 드러난다. 첫째로, 앞서 기술한, 소외가 우위에 있는 객체화의 단순한 사실이 즉자적 유적 존재에 대한 대자적 유적 존재의, 특수자에 대한 초특수자의 승리를 결코 보장해 주지 않는다. 언젠가 이데올로기적 형식이 그러한 갈등을 해결하게 된다면, 여기서 발견한 목적론적 정립은 즉자적 유적 존재의 객체화뿐만 아니라 대자적 존재의 객체화도 야기할 수 있을 것이다. 심지어 역사는 상당수의 예술작품들과 철학들이, —형식상— 윤리적인 삶의 결정들이 즉자적 유적 존재[37]나 개인적 삶에서의 특수성의 수준을 넘어서기보다는, 오히

---

37) 루카치는 Gattungsmäßigkeit라는 말을 『사회적 존재의 존재론』에서 포괄적이면서도 다양하게 사용하고 있다. 이 개념은 존재의 유적인 성격, 유적합성을 의미하며, 그 발전단계에 따라 즉자적 의미와 대자적 의미를 지닌다. 우리말로 옮기는 과정에서 상당히 고심을 했지만 일단 '유적 존재'로 통일시키기로 했다. 따라서 '즉자적 유적 존재', '대자적 유적 존재'라는 말을 사용한다. (역주)

려 그것들이 지닌 사회적-인간적인 탁월성을 의식적으로 지지하고 있음을 보여준다. 우리는 단지 지드(Andre Gides)[38]가 말한 인간행동의 원리로서의 '이유 없는 행동(action gratuite)'을 생각하면 된다. 이는 우리가 사회적 존재 내부의 경향들을 추구할 때, 그것들을 그것들이 필연적으로 속해 있을지 모르는 형식적 영역에 따라서가 아니라 항상, 그리고 무엇보다 내용과 방향에 기초해서 판단하는 데서 드러난다. 순수 경제학의 영역이 하나의 예외가 될 수 있다. 여기서는 특정한 경향들이 속도와 구체적인 현상태(Geradesosein)에 따라, 종종 매우 다르게, 하지만 그럼에도 결국에는 강제적으로 관철되고 있다. 모든 이데올로기적 영역에서 우리는 무엇보다 사회적으로 제기된 물음들과 그에 대한 선택적인 답변들을 근본성격으로 고찰할 수 있다. 이러한 선택적 성격은 단순히 특정한 사회적 존재로부터 제기된 물음들에만 관계하는 것이 아니라ㅡ데카르트와 파스칼, 헤겔과 키르케고르 등에서 그러한 대비를 생각할 수 있다ㅡ답변들의 수준, 방향, 의도, 그리고 가능성에도 관계한다. 다시 말해 최고의 이데올로기적 형식들은 대자적인 유적 존재의 의식화에, 진정한 인간적 인격의 확장에, 그것들 속에 있는 소외의 투쟁에 기여하는 것이 아니다. 정반대로 그것들은 단순히 즉자적인 유적 존재를 유일하게 가능한 현존형식으로 받아들이기보다는 오히려 다소간 의식적으로 인격을 단순한 특수성에로, 소외의 고착에로 오도하고 격하시키고자 하는 것이다.

물론 이데올로기적인 반대운동도 언제나 다시금 확인 가능하다. 인간적 실천을 직접적으로 규제하는 상이한 이데올로기적 형식들이 실제로 어떻

---

38) 앙드레 지드(1869~1951)는 프랑스의 소설가·비평가이다. 대표작으로 『배덕자』(1902), 『좁은 문』(1909), 『전원교향악』(1920) 등이 있다. (역주)

게 끊임없이 상호이행하고, 근거 짓고 보충하는 등등 계속적으로 서로를 필요로 하는가를 분명히 하는 것은 무엇보다 『윤리학』에서 가능할 것이다. 이러한 속성, 그 속성의 역학은 우리가 당면한 문제에서 다음과 같은 결과를 갖는다. 즉 형식적 조건들 밑에서 즉자적 유적 존재를 형성하고 강화하고자 하는 다수의 이데올로기적 표현방식들은 그것들의 대자존재가 발전하는 과정에서 중요하거나 심지어는 결정적인 기능들을 발휘하기도 한다. 그러한 식의 기능교체의 가능성은 물론 매 순간 사회-역사적으로 규정된다. 때문에 이러한 교체는 상이한 사회구성체 속에서 지극히 다른 내용들과 형식들, 그리고 방향들을 보여주지 않으면 안 된다. 심지어 그것은 인류의 발전과정에서 상이한 영역들을 정반대의 의미로, 한낱 형식주의적인 사회학주의를 하나의 공통분모로 만들 수 있는 의미를 지니고 있다. 우리는 사회상태를 보존하는 전통의 기능과 같은 것을 염두에 두기도 한다. 우리가 다른 맥락에서 마르크스와 더불어 사회의 경제적 재생산은 특정 단계에서 생산력의 확대 발전에 의해서만 파괴될 수 있는 최적 상태에 도달한다고 특징지었던 사회발전의 저 단계에서, 고대의 예술이 발생하였다. 이 단계에서 도덕적-정치적으로 굴절되지 않은 도시민이 그 당시 가능한 대자적인 유적 존재를 향한 결정적인 경향을 지녔던 반면, 그들의 해체과정은 이 유적 존재와 그로부터 발생한 전통들을 파괴하면서 —다른 관점에서 본다면 상당한 진보이지만— 불가피하게 전체 삶을 사유화(私人化)하고, 유적 존재의 대자를 단순한 즉자로 추락시키게 되었다. 생산력의 발전이 이러한 종류의 모순을 전혀 제기하지 않는, 완벽하게 사회화된 구성체들에서는 전혀 다르다. 전통의 보수적 역할 또한 변화된 경제구조에서는 대자로의 경향을 갖거나 혹은 즉자로의 경향을 가질 수 있다. 우리가 살펴보았던 것처럼, 마르크스가 그러한 '협애한' 완성들을 과대평가하고, 그것들을 현재의 모델로 간주하는 것에 대해 경고한 것은 정당하다. 그는 동시에 그 같은 사회에서의 자기만족을 '통속적인' 것으로 묘사했으며,[39] 또 다른 자리에서는 오해로 인해 시민을 찬양한 일조차 봉건적 절대주의가 부르주 아 사회로 바뀌는 과정에서 필연적이고 세계사적인 활기를 불어넣기 위해 이데올로기적으로 불가피했다고 지적했다.

역사가의 과제는 이러한 이데올로그들의 오해를 분명히 하는 것이다. 그럼에도 이데올로그들은 이러한 오해로부터 그 같은 세기적 대립의 해결 을 위한 견인차를 만들었기 때문에, 그들은 실천적으로 인류의 역사에서 유적 존재의 대자성(독립―역자)을 위한 투쟁의 선봉자가 되었던 것이다. 물론 이러한―그리고 비슷한 다른 모든― 연속성의 성격을 구체화하기 위 해서는 변화를 유포하고 관철시킴에 있어 전통이 아니라 법(헌법)이 매개 적 수단임을 필연적으로 인식하는 것이다. 법은 이제 정상적이고 사회적인 일상 속에서 특정 경제의 현상태(Status quo)의 합법적 고착을 위해, 경제가 원활하게 기능하도록 하는 데 현저히 중요한 도구이다. 따라서 이 차원에 서는 대자적으로 존재하는 인간의 유적 성격에 대한 지향이 전혀 없다. 하 지만 여기서 가능성으로서의 대자존재에 대한 의도가 똑같이 법안에 담겨 있다는 점을, 이러한 의도는 경우에 따라서는 폭발적으로 표현될 수 있다 는 점을 분명히 통찰하는 것이 중요하다. 우리는 드레퓌스(Dreyfus) 사건[40]

---

39) Marx: *Rohenwurf*, Moskau 1939, S. 387-388; MEW 42, S. 395 f.

40) 드레퓌스 사건은 19세기 후반의 수년 동안 프랑스를 양분했던 정치적 추문 사건을 말한다. 프랑스 육군의 포병대위였던 유대인 알프레드 드레퓌스는 1894년 반역죄로 유죄판결을 받 고 프랑스령 기아나의 악마 섬으로 유배당한다. 에밀 졸라는 1898년 1월 13일 문학 신문 《로로르(*L'Aurore*, 여명)》에 「나는 고발한다!」라는 제목으로 대통령 펠릭스 포르에게 보내 는 유명한 공개편지를 기고함으로써 일반 사회에 그 사건을 폭로하며, 이로부터 '드레퓌스 파'와 '반드레퓌스파'로 양분된다. 유대인들에 대한 박해가 심해지자 나중에 시오니즘 운동

을 생각해볼 수 있다. 그것은 물론 주요하게는 단순히 그 시대의 정치적 투쟁이었으며, 실제로 중요한 대변자들인 오레(Jaurès), 졸라(Zola), 아나톨 프랑스(Anatole France) 및 그 밖의 다른 사람들도 그러한 의도로 시작했고 또 그러한 의도로 충만했었다. 이처럼 실현된 의도의 영향은 결과에도 적지 않게 기여했다. 따라서 사회의 이데올로기 중재기구에서의 상하 이동은 고양의 형태에서뿐만 아니라 추락의 형태에서도 하나의 일반적인 사회적 현상이며, 어떤 극단적 형태도 보다 고차적인 이데올로그의 사명을 위한 세계사적 추세(趨勢)에서 그 연속성을 지양할 수 있다. 그러나 전형적이고 예외적인 이행과정에 대한 사회적이며 구체적인 탐구는 이러한 사명에 대한 경직된 이해를 방지한다. 소외와 반대로 대자적인 유적 존재를 위해, 인간의 진정한 인격화를 위해 어디에서, 언제, 그리고 어떻게 모범적인 행동이 실제로 뒤따르는지의 문제가 결정적으로 남아 있다.

어쨌든 후자의 고찰들은 소외의 현상들을 넘어선다. 하지만 우리는 여기서 소외가 인간의 억압과정에서 하나의 중요한 형식일 뿐이지, 인간의 유일한 형식은 아니라는 점을 반복하지 않을 수 없다. 이제 우리가 어떤 일면적 절대화에 저항하고자 한다면, 아울러 소외는 자기 자신 위에 세워진 사회적 구조의 특수영역으로서 이해되어서는 안 되며, 그 보편성으로 인해 계급투쟁의 피안에 설 수 있는 영원한 '인간 조건'으로서 이해되어서는 더더욱 안 된다. 그와는 정반대이다. 우리의 근본 입장에서 무언가를 변경하지 않고서도, 우리는 다음과 같이 이야기할 수 있을 것이다. 현재 중요한 소외의 형태들에 대한 찬성과 반대가 직접적 혹은 간접적 의미를, 결정적 혹은 부수적 의미를 갖지 못하는 계급투쟁이란 존재하지 않는다는

으로 발전하기도 한다. (역주)

것이다. 또한 형식논리적 단순화를 고려해야 한다면, —이에 대해 효과적인 수단은 특정의 역사적 상황을 그 사회적 현상태(Geradesosein) 속에서 가능한 한 정확히 인식하는 것이다— 우리가 이러한 상황을 사유 속에서 정태적 상태로 고착화하는 것이 아니라 그 구체적 동학(動學) 속에서, 구체적인 발생(Woher)과 목적(Wohin)에서 고찰할 때 비로소 자명해진다. 우리가 그러한 방법을 가지고 소외현상들에 대해 접근할 경우, 경제적이고 정치적인 지배를 공고화하는 관점에서 본다면, 소외가 현상하는 방식의 상당 부분을 이러한 긍정적 기능들을 위해 실행하는 것이 지극히 적절하다는 것이 곧바로 드러날 것이다. 소외된 이데올로기가 사유 속에서 미래 지향적인지 혹은 과거 지향적인지와 전혀 상관없이 모름지기 소외라고 한다면 더 그렇다. 이것은, 대단히 순응 지향적인 현대적 소외의 사유와 감정의 체계가 노골적인 형태로 모든 과거와 전통 등을 폐기 처분하는 초현대성을 표방하는 점에서 오늘날에 더욱 분명하게 드러난다. 여기서 소외가 객관적이고 본질적인 보조기능을 갖는 것은 당연하다. 하지만 이러한 기능들은 한편으로 의미가 없지 않으며, 다른 한편으로는 동시대의 착취관계와 긴밀하게 결합된 가장 중요한 소외들이다. 우리는 노동시간을 둘러싼 투쟁을 생각해볼 수 있다. 본래 노동조합의 계급투쟁에 헌정했던 『임금, 가격 및 이윤』이라는 소책자에서 마르크스는 노동시간에 대해 그가 청년기 저작 『경제학-철학 수고』에서 현재 지배적인 노동시간을 중요한 소외의 형식으로 폭로했던 것과 정확히 같은 방식으로 이야기했다. 즉 "시간은 인간 발전을 위한 공간이다. 잠을 자고, 밥을 먹고 등을 통한 단순한 물리적 중단이나 자본가를 위해 요구되는 노동시간과 무관하게 마음대로 처분할 수 있는 자유시간, 자신의 온전한 생명의 시간을 전혀 갖지 못한 사람은 우리에 갇힌 동물보다 나을 것이 없다."[41] 우리는 당대의 실천적인 계급투쟁이 경제적인 상황과 얼마나 불가분의 관계를 맺고 있는지를 알고 있다. 19세기에 한 노동자가 하루 12시간을 일반적인 인간의 운명으로 간주했건, 혹은 오늘날 거대자본으로 변한 소비와 서비스 조직을 통한 인간의 조작 가능성을 최후로 도달한 인간 복지상태로 간주했건 간에, 형식상 그처럼 상이한 두 개의 소외 양태는 현대의 거대자본의 경제-사회적 목적정립에 정확히 대응하고 있다. 여기서 소외가 노동자의 내면적인 삶 전체를 보다 강하게 장악할수록, 대자본의 지배는 더욱 간섭받지 않고 작동할 수 있다. 또한 자본주의의 이데올로기적 장치가 발전할수록 그것은 더욱 강하게 그러한 소외형태들을 개별 인간들 속에 확고하게 고착시키는 데 반해, 혁명적인 노동운동을 위해, 주체적 요인들을 각성, 발전시키고 가능한 최상으로 조직화하기 위해, 소외를 소외로서 폭로하고, 그 소외와 의식적으로 투쟁하는 것은 혁명을 위한 중요한 계기(물론: 한낱 계기임에도 불구하고)를 준비하는 것이다.

레닌은 소외 자체를 단순히 지적하는 것에 그치지 않고, 이러한 상황을 그의 초기 저작인 『무엇을 할 것인가?』에서 창의적인 방식으로 분석했다. 잘 알려져 있듯 노동자의 계급투쟁에서 단순한 자발성(Spontaneität)과 의식성 간의 대립이 그의 핵심적 주제를 형성하고 있다. 하지만 이러한 대립은 방법론적으로 볼 때 단순히 심리적인 대립이 아니라 언제나 사회적이고 내용적인 대립이다. 즉 문제는, 자본주의적 착취의 어떤 계기가 그 착취에 저항하는 노동자의 태도를 본질적으로 규정하느냐이다. 자발성은 경제적 존재와 생성에 대한 직접적인 반응이다. 임금인상이나 노동시간 단축을 위

---

41) Marx: *Lohn, Preis und Profit*, Berlin 1928, S. 58; Kleine Ausgabe Dietz, 1973, S. 60; MEW 16, S. 144.

한 단순한 투쟁은 자본가와 노동자의 근본관계를 본질적으로 동요시키지는 못한다. 노동시간을 12시간에서 11시간 반으로 단축하는 것이 노동자에게는 실제적인 자극이 될 수 있다는 것은 분명하다. 그럼에도 그것은 소외의 수단으로서 노동시간이 기능히는 것에 대해 결정적인 의미에서 거의 영향을 미치지 못한다. 여기서 발생한 의식은 우리가 사용한 용어에 따르면 즉자적인 유적 존재의 수준에 머물러 있는 것이다. 그런데 레닌이 이러한 자발성에 —거칠게 말해서 그가 당시의 차르주의(테러주의)에 대한 개인적인 저항에서 다시 발견했던— 의식성을 대립시켰을 때, 이 의식성은 사유적 포착인 동시에 총체성으로서의 자본주의적 체계에 대한 실천적 투쟁을 의미했다. 때문에 이러한 의식성이 노동계급 속에서 자생적으로 발생하기란 불가능하다. 이 의식성은 '외부로부터' 노동자계급에게 심어져야 하며, 이로써 그것은 계급의 '자기인식'이 되는 것이다.[42] 그러한 의식성에 비추어볼 때 혁명적 전사의 출신 계급의 차이가 더 이상 의미를 갖지 못하는 것은 당연하다.

앞서 우리의 분석을 따라왔던 독자는 이러한 관계에서 우리가 대자적인 유적 존재로 묘사했던 수준을 인식하는 데 어려움이 없을 것이다. 즉 레닌이 이러한 복합적 문제 전체를 오로지 정치적 행위의 관점에서 고찰했다는 것은 소외가 자기 자신 위에 설립된 것, 사회적-인간적으로 철저히 자립적인 것이 아니라 사회발전과정의 한 요소라는 것, 이 과정에서 소외는 상황에 따라 완전히 소멸하는 것으로 보이거나 혹은 그 고유한 특성을 명시적으로 보존하고 있다는 우리의 입장을 곧바로 확증하는 것이다. 레닌

---

42) Lenin: *Was tun?*, Sämtliche Werke IV/II, S. 159, S. 190-191, S. 205-206, S. 212; LW 5, S. 435 ff.

이 그의 분석에서 만인을 위한 그들의 정립행위가 그들의 소외를 확증하거나 반대하는 바의 개별 인간에서 출발하지 않는 것처럼 보이는 것은 마찬가지로 그의 설명들 속에 우리의 설명들도 객관적으로 포함되어 있다는 사실을 변경시키지는 않는다. 또한 우리는 개별 인간들이 사회적 규정들의 총체성과 맺고 있는 관계를 모든 대자적인 유적 존재의 토대로서 기술했다. 레닌의 기술을 통해서 볼 때 모든 개별 인간에서 자발성에서 의식성으로 가는 길은 개인적으로 진행되어야 한다는 것은 분명하다.

그러나 여전히 풍부한 의미를 지니고 있는 특정 소외의 전형적 특성은 그 소외의 역사적이고 본질적인 생성을 결코 은폐할 수 없다. 여기서 물론 다분히 개략적이기는 해도 이러한 과정을 기술하려고 시도하기는 어려울 것이다. 우리가 마르크스를 따라 특징지었던 사회의 사회화의 커다란 두 단계는 그 내적 속성에 대단히 중요한 결과를 갖고 있다는 점을 다시금 지적할 수 있다. 우리가 스스로의 사회적 최적 상태에 대한 경제적 초월이 내부의 해체 경향을 야기하지 않을 수 없는 사회를(폴리스의 전형인 노예경제와 많은 새로운 특성을 지닌 봉건제 사회를) 상기해볼 때, 두 사회체제의 특징은 사회에서의 인간의 지위가 출생에 의해 사회적-자연적으로 규정된다는 데 있다. 우리의 문제와 관련해볼 때 결과적으로 그것은 한편으로 대자적인 유적 존재가 보다 순수하고, 보다 발전되고, 보다 포괄적인 형태로 표현되기란 불가능하다는 점이고, 그럼에도 다른 한편으로, 그리고 동시에 그 당시 가능한 형태는 —상대적으로— 고정된 사회적 토대를 점유할 수 있다는 것이다. 따라서 그것은 신분 구성원보다는 순수한 형태의 도시민들에게서 일어난다. 대자적인 유적 존재의 지향은 사회적으로 견고하게 기초가 세워져 있다.(마르크스에 따르면 협애한 완성) 이러한 사회체제가 이처럼 확실하고, 탄력적이고, 고정되고, 긴밀하게 연관된 조건들 너머로 경제적으로 초월하는 것은 폴리스가 해체될 때, 사인(私人)으로서의 인격이 발생할 때 비로소 시작될 수 있다. 모든 신분계층은 그 나름대로 이러한 해체과정을 전제하고 있다. 기독교는 사인들의 새로운 소외에 대해, 사회적으로 ─물론 새롭게 소외시키는─ 만족스럽고 영향력 있는 답변을 발견했던 그의 능력의 세계적 타당성에 힘입은 바 크다.(여기서 등장하는 구체적인 문제에 대해서는 다음 장에 가서 비로소 언급될 수 있다.) 그럼에도 기독교가 객관화된 모든 사회적 구성의 초기 급진적 중립화로부터 ("시저의 것은 시저에게로") 사회 신분계층의 구성 이데올로기 및 지지 이데올로기에 이르기까지 철저히 연구했던 것 역시 기독교의 운명에 속할 것이다. 마르크스는 이렇게 발생한 구조를 다음과 같이 특징지었다. **"봉건제도.** 낡은 부르주아 사회는 **직접적으로는 정치적** 성격을 지닌다. 다시 말해 부르주아적 삶의 요소들, 이를테면 점유나 가족 혹은 노동의 종류와 방식은 영주권의, 신분과 조합의 형태에서 공적 삶(Staatsleben)의 요소들로 고양되었다. 그것들은 이들 형태에서 개별적 개인들이 국가 전체와 맺는 관계, 다시 말해 그들의 정치적 관계를 규정하는 것이다 …."[43] 쉽게 표현하기 어려운 이들 사회의 문제를 이처럼 짧게 파악한 특성은 지금 우리의 문제에서는 단지 자본주의적 토대의 근대 부르주아 사회에 대한 대비로서만 존재한다. 마찬가지로 그것이 무엇보다 위대한 프랑스혁명의 소용돌이로부터 발생했다는 점에서 중요하다.

우리는 다시금 마르크스의 견해로 되돌아가고자 한다. 그는 혁명적 헌정의 구성에 대응하는 것을 결정적인 특수태(Spezifikum)로서 고찰했다. "마침내 인간은 부르주아 사회의 구성원일 때 **본래적** 인간으로, **공민**

43) MEGA, I/I, S. 596; MEW I, S. 368.

(citoyen)과 구별되는 **인간**(homme)으로 간주된다.[44] 왜냐하면 그는 감각적
이고 개별적인 것에 **가장 근접한** 실존의 의미에서의 인간이기 때문이다. 반
면, **정치적** 인간은 단지 추상화되고 기교적인 인간, 즉 **비유적이고 도덕적인**
인격으로서의 인간이다. 현실적인 인간은 **이기적인** 인간의 형태에서 비로
소 인정되고, 참다운 인간은 **추상적** 공민의 형태에서 비로소 인정된다."[45]
이로부터 자본주의의 신경제에 의해, 사회의 사회화의 증가에 의해 산출
된 의식의 새로운 구조적 속성이 이해되는데, 그것은 우리의 문제와 새로
운 시대의 소외의 존재방식에 결정적인 특징을 갖는다. 사회적 삶의 물질
적 토대는 개별 인간의 개별 의식에서도, 헌정의 '인간'의 의식에서도 ―객
관적으로― 모든 사회에 자연스럽게 존재하는 물질적 존재의 우위를 보유
하고 있다. 여기서 의식에 관해 이야기할 때, 언제나 중요시되는 인식이론
적인 이론들과 세계관들 등이 아니라, 개별 인간들의 실천적 행위들을 일
상생활에서 규율하는 의식이 생각되는 것이다. 또 강제적으로, 그리고 자
발적으로 표현되는 '파산선고'의 필연성의 결과 경제적 삶의 실질적 우위
가 사회의 모든 실존의 토대로서 나타나는 것이다. 그것은 즉자적인 유적
존재의 순수한 현상이다. 반면, 그것을 넘어서는 모든 것은 삶 속에서 단
지 이념적 형태로만 등장하는 것이다.

　우리가 사회성의 근대적 존재형식을 올바로 평가하고자 한다면, 이러한
대립에 기초해서 이러한 관념론이 역사적 의미에서 본질적으로 새로운 것
임을 분명히 아는 것이 대단히 중요하다. 물론 거칠게 말한다면 플라톤 이

---

44) 루카치는 여기서 경제적 인간을 의미하는 'hommes'를 감각적이고 구체적인 인간으로, 반
　　면 정치적 인간을 의미하는 'citoyen'은 추상적 인간으로 이야기하고 있다. (역주)
45) Ebd., S. 437; ebd., S. 233.

래로 인류의 정신적 삶 속에서 일정한 역할을 담당했던 관념론적 세계관과 대립된다는 것은 자명하다. 부정적으로 볼 때, 이러한 공민적 관념론의 인간과 사회적 유물론과의 대립은 종교에서 말하는 '육체'와 '영혼'의 대립과는 관계없는 것이다. 즉 두 대립 쌍은 종종 현실적으로 분명한 관계가 없이도 삶과 사유 속에서 상호교차된다. 마르크스의 이론이 인간적 사유 속에서 수행한 세계관적 전환은 곧바로 다음의 두 가지 사실에 기초해 있다. 즉 한편으로 그는 일찍부터 이 새로운 사회적 유물론과 낡은 자연과학적 유물론을 하나의 존재론적 관계 속에 집어넣었다.(우리는 『독일 이데올로기』의 역사에 관한 통일적 과학이나, 훨씬 뒤 다윈과의 관계 등을 생각해볼 수 있다.) 다른 한편으로 그는 행동의 이념적 동기의 존재, 역할, 기능 등을 사회적 존재의 존재론으로부터 실질적으로(seinsfaft) 파악했다. 이러한 노선을 엥겔스는 이미 『포이어바흐에 관한 테제』에서 탐구했고, 나중에는 그의 생애 후반부의 서신들 속에서도 확인할 수 있었다. 언급할 가치는 없지만 본질적으로 그것은 성과가 있는 것이다. 제2인터내셔널 시기의 지배적 이론들은 순수 경제적인 것의 영역에서의 기계적 유물론과 마찬가지로 모든 비경제적인 것의 기계적 의존성이거나 혹은 일종의 주관적 주의주의(칸트의 영향 등)의 혼합이었다. 레닌은 물론 앞서 기술했던 것처럼 정당한 연관의 비율들을 이론적으로 다시 확립했다. 그럼에도 스탈린하에서 마르크스주의는 다시금 기계적 필연성과 주의주의(거칠게는 조작)의 비유기적 혼합으로 왜곡되었다.

우리가 소외의 현상들에 방법론적으로 올바로 접근하려면 이러한 마르크스주의의 올바른 비율이 재확립되어야만 한다. 무엇보다 여기서 대단히 중요한, 더 이상 특수하지 않은 인간의 인격이 직접적으로 이념적 수준에서 작용하지만, 그것과 불가분적인 상태에서 사회적 존재—곧 객관적 존재—로서의 중요한 계기를 형성하는 하나의 과정이라는 점이 파악되어야만 한다. 특수성에서 그것 너머로의 자기고양에 이르는 과정이 개별 인간의 의식 내부의 운동으로서 순전히 이념적으로 수행될지라도, 양자(특수성과 자기고양—역주)의 본질은 그것들이 사회적으로 중요하고 영향력 있는 목적론적인 정립을 야기한다는 점에서 사회적으로 보다 생산적이며 보다 영향력 있는 사회적 존재의 구성요소이다. 이러한 요소에 특수적 의식과 비특수적 의식 간의 분리의 원칙은 상이한 단계의 실천의 사회적 내용에 기초해 있다는 사실이 대응하고 있다. 이러한 내용은 노동의 최초의 행위들로부터 시작해서 언제나 사회적이다. 노동이란 마르크스에 따르면 "인간의 유적 삶의 대상화"[46]이다. 이러한 유적 삶은 사회적 존재의 지속적이지만, 언제나 불균등한 발전 속에서, 마찬가지로 객관적이면서도 주관적이고, 외연적이면서도 내포적으로 불균등한 성장 속에서 보존되고 있다. 양자에 관해서는 이미 반복해서 언급했다. 거기서 불가분적으로 공통적인 것은 끊임없이 성장하는 사회의 사회화(자연적 제약의 축소)이다. 아울러 인간 유의 성숙은 객관적으로 존재하고 일정한 한계 안에서 발전하는, 더 이상 침묵하지 않는 생물학적 유들로 존재하며 그것으로 남아 있어야 한다. 이러한 침묵을 극복하는 것은 그것의 필연적 매개물로서의 인간적 의식에 기초해 있는데, 그 의식이 사회적 존재에 불가분적으로 붙박여 있는 까닭에 지양 불가능한 답변적 성격을 지닌다는 점도 간과되어서는 안 될 것이다. 이러한 관점으로부터 우리는 공속성(Zusammengehörigkeit)을 도출했으며, 동시에 즉자적 유적 존재와 대자적 유적 존재의 모순을 이러한 대상화 과정에서의 인간 능력의 발전과 인간의 인격 간의 연관과 대립 속에서

---

46) MEGA III, S. 89; MEW EB I, S. 517.

고찰했다. 인격은 따라서 그 모든 발전단계 위에, 그 모든 표현방식 속에, 그것들 전체의 방향과 역학, 그리고 구조 속에 있는 하나의 사회적 존재범주이다. 마르크스는 다음과 같이 말했다. "개인은 **사회적 존재이다.** 그러므로 개인의 삶의 표현은—그것이 다른 사람들과 동시에 수행된 공동체의 삶의 표현의 직접적 형태 속에 나타나지는 않을지라도— **사회적 삶**의 표현이자 확증이다."[47] 사회적 존재의 관점에서 이미 우리는 여기서 개인 능력의 확장과 고양, 그리고 집중 등과 마찬가지로 여러 모로 다른 발전의 경향들이 작용하고 있다는 것을 지적했었다. 그것은 그럼에도 이처럼 근본적이고 절대적으로 근거 짓는 사회적 힘들이 상호 간에 절대적으로 분리될 수 있다는 것을 의미하는 것은 아니다. 그것은 다만 어떤 유의 인간적 실천이 노동 속에서의 그 기원과 모델로부터 멀리 떨어질수록, 실천적 현실 속에서의 모델도 그만큼 많은 변화를 보일 수밖에 없다는 것을 보여줄 뿐이다.

여기서는 무엇보다 인간의 삶에서 우연의 의미가 결정적으로 증가하는 것이 문제이다. 결정적인 존재규정으로서의 평균 노동의 발생으로 인해 노동과정 자체 속에서 우연이 합법칙성의 정태적 개연성 속에서 단순히 한계가치로 등장했던 반면, 이제 그 우연은 그렇게 발생한 사회적 존재연관을 구성하는—긍정적 가치나 부정적 가치를 지닌—존재의 본질적인 성질이 된다. 현재 노동운동의 첨단에 서 있는 사람이 누구인지는 경우에 따라서 항상 우연적이라는 마르크스의 언급을 기억할 것이다. 그것은 정치의 영역과 관계될 뿐만 아니라, 모든 이데올로기적 행위의 전체 상(像)과도 관계되어 있다. 마찬가지로 우리는 여기서 우연의 범주가 인식이론적-논리

47) Ebd., S. 117; ebd., S. 538 f.

적으로 그 외견상의 반대 극인 필연성을 우리가 애써 노력했던 것처럼 하나의 물신(物神)으로 고착시키지 않는가에 대해 주의하지 않으면 안 될 것이다. 예를 들어 어떤 전쟁이 탁월한 군사 지도자를 발견하게 되는지의 우연, 폭 넓은 사회적 규정의 맥락을 갖는지의 우연은 사회-역사적 가능성의 공간 속에 깊이 내장되어 있다. 우리는 이와 관련해서―이미 비스마르크(Bismarck)[48]가 사실로서 관찰했듯― 정치적 통찰이 없다면 불가능한 전략적 능력의 개발을 위한 독일적이며 반민주적인 발전 역시, 교육과 훈육 등으로 인해 전술적 능력들이 대단히 높은 수준으로 고양될지라도, 오히려 지극히 바람직하지 못하다는 점을 생각할 수 있다. 물론 아주 다양한 영역들에서 그에 상응하는 상이한 경향들과 문제들, 즉 사회-경제적 발전의 현상태와 속성으로 인해 실현 가능성이 높은, 다시 말해 일상생활의 존재론의 항구적이고 강력한 구성요소로 변한 문제들이 이 재능들을 다양하게 자극하고 있다. 따라서 우연은 결코 절대적인 것이 아니다. 물론 우연은 일련의 사회적인 사태들로부터 너무나 명백하게 발생할 수 있기 때문에, 사람들은 종종―물론 사후적으로(post festum)― 거기서 오직 필연성의 계기만을 일별하는 경향이 있다. 이러한 우연은 그럼에도 근절할 수가 없다. 그것은 특정한 이데올로기적 실천의 생리적 성향에까지, 그리고 그것을 실행하는 데 요구되는 진정한 재능에까지 미친다.(절대음감과 음악적 재능)

소외현상과 관련해서 볼 때 모름지기 이러한 측면에서 극단적으로 대립하면서도 똑같이 오류에 빠진 편견이 지배하고 있기 때문에 우리는 우연과 일반적인 결정성 간의 이 같은 사회적 착종상태를 상세하게 다루었다.

---

48) 오토 폰 비스마르크(1815~98)는 프로이센의 정치가로서 독일 제국의 건설자, 초대 총리이다. (역주)

한편으로 일상생활의 존재론이 '운명적으로' 극복 불가능한 소외의 속성에 관한 흔하디 흔한 표상들을 발전시켰다. 지배계급의 이데올로그들이 소외의 심리적 고착화를 '자연적으로 소여된' 것으로 관심을 갖고 그것을 위해 끊임없이 선전 선동을 일삼고 있다는 것은 두말할 필요 없이 자명하다. 그들은, 적어도 의식적으로, 광범위한 영향을 미친 제2인터내셔날의 위기를 지배했던 마르크스주의의 물신화에 의해 원치는 않았어도 본의 아니게 지지를 받았다. 이들의 기계적인 파악에서 소외는 그 경제적 토대의 배후로 완벽하게 사라졌다. 다른 한편에서 마찬가지로 기계적이고 물신적으로 받아들일 경우 사회주의로의 이행은 그 자체로(ipso facto), 그리하여 순전히 기계적이고 필연적으로 자본주의뿐만 아니라 그것의 이데올로기적인 결과들까지도 없어버리게 된다. 그리하여 심지어 사회주의의 발생과 더불어 경제학은 불필요해진다는 해석도 나오는 것이다.[49] 스탈린주의는 제2인터내셔날의 이론들에 대한 레닌의 통렬한 비판을 문자 그대로는 받아들였음에도 불구하고 그들의 실천은(또 그것의 정당화를 위해 발생하는 '이론들'은) 사회주의가 단순히 도입되기만 해도 소외가 종식된다는 입장을 대변한 것이다.

우리가 이제 이러한 편견의 울타리를 벗어나 소외의 본질을 올바로 파악하고자 한다면, 여기서 우리는 또한 지금까지 우리의 설명에서 여러 가지로 논구된 마르크스 자신의 이론들로 돌아가야만 한다. 이를 간략하게

---

49) 사회주의 인터내셔널(Socialist International)이라고도 한다. 19세기의 마지막 10년부터 제1차 세계대전 초까지 유럽 노동운동의 이데올로기와 정책 및 방법에 큰 영향을 끼친 사회주의 정당과 노동조합들의 동맹이다. 제2인터내셔날은 1889년 파리에서 개최된 한 회의에서 창립되었다. 제2인터내셔날은 내각에 참여한 비사회주의 정당들과의 협력을 통해 점진적으로 사회주의 사회를 형성할 수 있다는 이론을 물리치고 마르크스주의의 계급투쟁 이론과 혁명의 불가피성을 재천명했다. 이들은 경제주의에 따라 사회주의로의 이행의 기계적 필연성을 대변한 것으로 비판을 받는다. (역주)

말하면 다음과 같다. 즉 첫째로, 모든 소외는 경제-사회적으로 근거 지어진 현상이다. 경제구조의 결정적 변화가 없다면 개별적 행위를 통해서 이러한 기초의 본질적 부분을 결코 변경시킬 수 없다. 둘째로 모든 소외는 이러한 이유로 무엇보다 이데올로기적인 현상이며, 그 결과는 관련된 모든 인간의 개별적 삶이 여러 가지 면에서 확고하게 붙잡고 있어 오직 관련된 모든 개인의 행위를 통해서만 그것의 주체적 지양이 실천적으로 실현될 수 있다. 따라서 개별 인간이 소외의 본질을 이론적으로 통찰하고 있음에도 불구하고 그들의 삶을 소외된 상태로 살아가고, 상황에 따라서는 훨씬 깊게 소외되는 것이 온전히 가능하다. 왜냐하면 소외의 모든 주체적 계기는 관여된 개인들의 실천적으로 올바른 정립을 통해서만 극복될 수 있기 때문이다. 이러한 정립을 통해서 그는 사회적 사태에 대한 그의 반응방식을, 그 자신의 고유한 삶의 방식에 대한, 그 자신의 동료들에 대한 그의 태도를 실제적-실천적으로 변화시킨다. 자기 자신을 지향하는 개인적인 행위 역시 개별 인간이 사회적 존재와 맺고 있는 연관성 속에서 모든 소외를 (단순히 말뿐이 아닌) 현실적으로 지양하기 위한 불가피한 전제이다. 셋째, 마찬가지로 이미 앞서 강조했던 것처럼, 사회적 존재 속에는 오직 구체적인 소외만이 있을 뿐이다. 소외는 이론에 불가피한 과학적인 추상화이며, 그리하여 이성적인 추상화이다. 여기서 특정 시기에 작용한 소외형태들 전체가 결국에는 사회의 동일한 경제적 구조 속에 근거 지어져 있다는 것이 분명하다. 소외의 객관적 극복은 따라서 새로운 사회구성체로의 이행을 통해 혹은 동일한 사회구성체 내의 구조적으로 상이한 새로운 시기를 통해 실행될 수 있으며 또 그렇게 되어야 한다. 때문에 현실적 변혁 혹은 적어도 근본적인 개혁을 지향하는, 사회상태에 대한 모든 급진적이고 혁명적인 비판 속에는 상이한 소외의 양태들을 이론적으로 그 공통의 사회적 뿌리로 환원함으로써 이러한 뿌리와 함께 공통적으로 그것들을 발본(拔本)하려는 경향들이 현존해 있다는 것은 확실히 우연이 아니다.

자신의 소외를 개인적-주관적으로 극복하려는 대부분의 경우에서는 다르나. 여기서는 열정을 지닌 인간이 그 열성을 최고로 표현하는 소외와 투쟁하면서도 동시에 다른 영역들, 다른 소외들에 대해서는 무심코 지나쳐버리는 경우가 절대적으로 가능하고, 또 이러한 일은 현실에서도 종종 나타난다. 특히 인간이 자신의 소외 속에서 스스로를 고통스러운 객체로 체험하는 경우와 달리 다른 사람의 소외에서는 실제 개인적인 경우에서 그들의 객관적 존재에 대해 —사회적으로 오도된— 적극적인 중재자가 될 수 있다. 그리하여 첫 번째 소외에 대해서는 강한 혐오를 표시함에도 불구하고 두 번째 소외에서는 그 스스로 적극적으로 소외시키는 역할을 담당한다. 팔라다(Hans Fallada)[50]는 그의 유명한 소설 『소인들, 무엇을 하나?』에서 어떻게 노동자 해방의 성실하고 신념에 찬 행동주의자인(또한 소외에 대한 투쟁자인) 아버지와 아들이 아내와 딸에 대해 지극히 사악한 소시민적 전형의 억압자이자 착취자로 남게 되는가를 적절히 묘사했다. 소외의 존재론적 문제가 핵심적 관심사가 되는 마당에 우리가 그처럼 중요한 사태를 단순히 기술하는 것에 만족할 수는 없을 것이다. 이 상황에서, 소외의 존재론적 다원주의와 관련한 상황에서 발생하는 구체적인 문제는 『윤리학』에서 비로소 그 의미가 적절히 다루어질 수 있다. 여기서는 진정한 인간화, 인간의 인격화에서 가장 커다란 장애물 중의 하나가 다루어지고 있다. 때문에

---

50) 한스 팔라다(1893~1947)는 에리히 케스트너(Erich Kästner, 1889~1974)와 함께 바이마르 공화국 말기에 가장 인기 있던 독일 소설가로서 신즉물주의를 대표하는 작가이다. 그는 제1, 2차 세계대전 사이에 펼쳐지는 사회상을 간결한 일상적 언어로 묘사하는 시대소설을 창작했다. (여주)

사회적 존재의 존재론은 여기서는 다음과 같은 문제를 확정할 수 있을 뿐이다. 즉 자신의 소외를 주관적이고 독립적으로 극복하려는 필연성은 이러한 문제에 대해 통상적인 사유장치를 가지고 접근하는 데 익숙한 현대의 여러 철학적 혹은 심리학적 방향들이 생각하는 것과 달리 어떤 상황에서도 주관주의를, 개인성과 사회성의 대립을 표상하지는 않는다는 것이다. 그가 살고 있는 사회와 존재론적으로 무관한 개인은 있을 수 없으며, 따라서 이처럼 상당히 확대된 개인과 사회의 대립은 천박한 추상에 지나지 않는다. 개인적으로 볼 때 한 인간이 그의 진정한 개체성 속에서 소외의 문제에 노출되면 될수록, 소외의 문제는 더욱더 사회적이고 유적이 된다. 그것이 어느 정도 분명하게 혹은 올바로 의식되는지 상관없이 그러한 행위가 개인적으로 더 깊어질수록, 그러한 행위는 그에 상응하여 그만큼 더 대자적인 유적 존재를 지향하게 된다.

여기는 헤겔주의(브루노 바우어와 슈티르너)의 관념론적 해결방식들에서 시작하여 하이데거의 '세인(das Mann)'을 거쳐 만하임(Mannheim)의 '부유하는 지식인'에 이르기까지 부르주아적 사유를 광범위하게 지배했던 이러한 대립의 기원과 존재방식과 관련된 이야기를 할 자리는 아니다. 특정 계층의 부르주아 지식인들의 사회적 상황에서 이러한 추상적 대립에 대한 존재론적 토대를 발견하기란 그렇게 어려운 일이 아닐 것이다. 보다 중요한 것은 그러한 태도가—드물게 일어나는 것이 일관되게 관철될 때— 개인적 삶의 가장 중요한 문제를 불가피하게 황폐화하고 왜곡하게 된다는 점을 분명하게 통찰하는 것이다. 이는 하이데거와 사르트르의 지지자들에서 어렵지 않게 관찰될 수 있으며, 모름지기 사르트르가 개인적 결단의 문제들에서 사회적 내용을 구명하려는 노력을 끊임없이 강화해왔다는 것은 확실히 우연이 아니다. 중요한 문학의 역사도 여기서 그러한 추상적 대비를 사실적으로 논박한 풍부한 자료들을 제공해주고 있다. 즉 호머에서 토마스 만에 이르기까지 존재의 모든 위대한 갈등은 가장 심오한 내용에 따라 사회의 제 모순에 답변하려는 시도 속에 근거 지어졌던 것이다. 추상화의 실제적인 탐구가 발생한 곳에서 ―호이즈만(Joris-Karl Huysman)[51]이나 지드 혹은 오늘날의 다른 유명 인사의 발언에 상관없이― 고트프리트 켈러(Gottfried Keller)[52]가 말했듯, 불가피하게 과도한 속물주의의, 도취된 소부르주아의 평범하고 가장 일상적인 수준으로의 실제적인 추락이 일어난다. 사람들이 종종 들먹이고 있는 유명한 이방인 역시, 그가 단순히 정서적으로 백치가 아니라면, 디킨스나 도스토옙스키 혹은 라베(Alphonse Rabbe)[53]에서 못지않게 세르반테스에서 보듯, 구체적인 사회적 경향들과 대립된 구체적인 아웃사이더이다. 따라서 우리는 개인성(인격성)을 위협하는 모든 문제에서, 그것들을 옹호하는 모든 문제에서, 그것들을 비하하고 소외시키는 모든 문제에서, 그것들과의 모든 투쟁에서 무엇보다 사회성을(대자적인 유적 존재에 대한 의도) 강조할 수 있는 권리가 있다고 믿는다. 그들 자신의 실천 속에서 실제로 인간의 인격성을 한낱 특수성으로 비하하고 있는 저 이데올로그들이 종종 마르크스주의를 비판하는 과정에서 마르크스주의가

---

51) 요리스 칼 호이즈만(1871~1968)은 벨기에의 사회주의 작가 · 정치가이다. 1900년대 플랑드르 민족주의 운동에서 중도파 지도자였으며 1946~47년 벨기에 총리를 지냈다. 저서로 『75년 동안의 부르주아 지배』(1905), 『1830년 혁명가 정치운동』(1905), 『노동조합의 강화』(1907), 『사회보험에 관한 연구』(1937) 등이 있다. (역주)
52) 고트프리트 켈러(1819~90)는 독일 태생 스위스 소설가이다. 19세기 후반 사실주의 문학의 가장 위대한 작가이다. 자전적 장편소설 『녹색의 하인리히(Der grüne Heinrich)』(1854~55), 『젤트빌라의 사람들(Die Leute von Seldwyla)』(1856~74), 『일곱 가지 전설(Sieben Legenden)』(1872) 등의 단편집이 있다. (역주)
53) 알퐁스 라베(1784~1829)는 프랑스의 작가이자 역사가이고 비평가이자 저널리스트로 활동했다. 그는 오늘날 실존의 무의미에 관해 쓴 『비관주의자의 앨범』으로 기억되고 있다. (역주)

인간과 인격성의 역사적 의미를 불충분하게 혹은 일반적으로 인식하지 못한다고 비난하는 것도 우연은 아니다.

우리는 이처럼 사회적 존재의 현상들로서의 소외에 대한 예비적이고 일반적인 고찰들을 마감하기 전에 그 가장 중요한 존재론적 특성 중 하나인 과정적 성격을 간단히 언급하고자 한다. 우리는 앞서 오직 존재론적 소외들만 있다고(단수의 일반적 개념으로서의 소외는 학문적으로 회피하기 어려운 추상일 뿐이라고) 확정지었다. 마찬가지로 우리는 지금 사회현실 속의 인간은 그 자신의 고유한 인격과 다른 사람의 인격을 위해 자기 자신과 동료들을 소외시킨다는 것, 사회적 삶의 이러한 행위로부터 비롯된 과정이야말로, 사회의 객관적 총체성의 행위 위에 서 있고, 개별인격의 행위 위에 있는 과정이야말로 우리가 이론적 소외라고 명명할 수 있는 것의 유일한 존재형식이라고 확정짓지 않을 수 없다. 소외는 따라서 존재론적으로 볼 때 어떤 고정된 상태가 아니라, 언제나 복합체들—전체 사회, 인간의 개별적 개체성— 내부에서 작용하는 하나의 과정이다. 일반적으로 개별 인간들의 목적론적 정립이 그 본질적인 기초를 형성하고 있는 사회에서 보듯 이러한 과정적 성격은 필연적으로 한편으로는 이러한 정립들로부터, 다른 한편으로는 그것이 정립한 인과계열들로부터 발생하는 것이다. 목적론적 정립들과 일련의 인과적 과정들 사이에서 이러한 역동적 상호관계가 끊임없이 작용하고 있기 때문에, 말하자면 주어진 경우에서 개인에게는 이러한 운동들의 복합체가 복합체로서의 운동 자체에 어떻게 작용과 반작용을 할 수 있는가가 결정적인 문제이기 때문에, 여기서는 모든 것이 불균등하고 모순적이며 끊임없는 운동 속에서 진행되지 않을 수 없다는 것이 명백하다. 자신의 인격성과의 역관계로 인해 종종 정립의 결과들이 의식적으로 고려될 때와는 다르게 행해지고, 또 이러한 결과들은 통상 노동행위의 의도된 합리성을 가질 수는 없게 된다. 그럼에도 불구하고 이러한 유의 운동들의 일반법칙은 타당성이 있다. 특히 소외된 요인들에 대해 '예' 혹은 '아니요' 같은 근본적인 결정을 핵심적으로 끌어내는 상황들 사이의 차이, 호의적이건 그렇지 않건 간에 우리기 치칠(Winston Churchill)의 말에 따라 의미 있는 시기로 특징지었던 국면들 사이의 차이가 그렇다. 물론 내용이나 방향 등을 전환하는 일은 궁극적으로는 훨씬 어려운 일이며, 실제로 많은 경우에서 그것들이 삶의 경향들을 ─지속적 상태의 가상을─ 궁극적으로 고착화하는 원인인 것이다.(습관화된 행위들)

물론 객관적으로 볼 때 모든 소외의 경향은 사회적 원인을 가지면서 끊임없이 규정들의 동기에 강력한 영향을 미치는 반면, 이러한 소외화의 과정에 대한 투쟁은 언제나 개인에게 새롭게 결단하고 그것을 실천으로 전환할 것을 요구한다. 때문에 이 경우에 상황은 좀 더 복잡해지는 것이다. 적응은 말하자면 저항에 대한 의지, 언제나 개혁적이고, 새롭게 숙고하고 (혹은 적어도 깊이 체험하고), 필요할 때는 삶 속에 전투적인 결단을 끌어들이는 등 단순히 일반적 흐름에 의해 자신을 맡길 것을 전제한다. 따라서 계급사회의 인간은 복합체로서 언제나 태어나면서부터 하나의 복합체 속에 편입되며, 그의 행동 경향들은 자연발생적으로 소외의 방향으로 나타나는 것이다. 이처럼 수다하게 작용하는 힘들에 대해 그는 끊임없이 자기방어를 위해 자신의 힘을 가동시켜야 한다. 따라서 모든 인격성에 대해, 인격성의 발전의 모든 단계에 대해 다음과 같이 말할 수 있다. 즉 인격성은 행위의 산물이자 지속적 발전을 위한 출발점이라는 것이다. 하지만 또한 소외로부터의 해방의 과정에서 자신의 힘이 지닌 보다 강력한 역할은 사람들을 앞서 언급한 바와 같은 사회에 대한 추상적 대립에 빠뜨리지 못한다. 오히려 정반대이다. 우리가 우리 자신의 힘이라고 명명했던 것은 그 뿌리를 해당 인간들의 원초적 (사회와의 상호관계 속에서 발전된) 인격성 속에 두고 있고, 그것의 전개 혹은 역발전은 사회발전이 과거와 현재 이룩한 성과를 끊임없이 동화하는 과정에서 이루어지는 것이다. 자신의 삶의 내용으로 변한, 대자적인 유적 존재의 실재성에 대한 확신(그것은 물론 단순한 감정이나 예감일 수도 있다.)은 소외의 진행에 저항하기 위해 인간이 마음대로 처분할 수 있는 가장 강력한 무기이다. 그러한 투쟁, 그 투쟁의 고저(高低)가 소외의 존재방식을 형성하는 것이다. 즉 소외의 직접적이고 고정적인 상태란 한낱 가상일 뿐이다.

2. 소외의 이데올로기적 측면들. 소외로서의 종교

1장의 고찰은 소외가 대단히 광범위한 이데올로기적 현상이라는 것, 특히 소외를 극복하기 위한 주관적-개별적 해방투쟁은 본질적으로 이데올로기적인 성격을 지닌다는 것을 보여주었다. 이러한 존재 상황으로 인해 우리는 무엇보다 이 과정 가운데 특별히 이데올로기적인 성격을 지닌 계기들에 불가피하게 주목하게 되었다. 소외를 인식한 후에 비로소, 소외에 대한 인식에 기초할 때 비로소 (물론 때때로 소외와의 차별화 속에서) 우리는 현상 자체를 그 전체 형태 속에서 구체적이고 정확하게 파악할 수 있는 입장에 서게 되는 것이다. 우리는 여기서 직접적으로 근거 지어진 요소가 앞선 고찰들에서 일상생활의 존재론이라고 명명했던 바임을 보게 될 것이다. 왜냐하면 그것은 이미 지금까지의 서술로부터 분명해지기 때문이다. 즉 개별 인간들의 소외는 직접적으로 그들이 일상생활과 맺고 있는 상호관계로부터 발생할 것이기 때문이다. 이러한 관계는 전체적으로나 세부적으로나 현재의 지배적인 경제적 관계의 산물이며, 이러한 관계가 궁극적으로 인간에 대해, 또한 이데올로기적 영역에 대해 결정적인 영향을 미친다는 것은 너무나 분명하다. 모름지기 이러한 일상생활의 존재가 사회의 보편적인 경제구조 및 그와 연관된 개인들 사이의 중개수단이라는 것이 그것과 모순되는 것은 아니다. 오히려 정반대로 그것은 현재의 실제 내용과 형식을 구체화할 뿐이다. 따라서 하나의 이데올로기적 현상이 그 본질, 그 현실성, 그 변화 방향 등과 관련해서 탐구되어야 한다면, 우리는 일상생활의 존재론의 문제들을 지나칠 수가 없을 것이다. 사회의 경제구조 및 발전이 현상들의 객관적 토대인 것과 마찬가지로, 일상생활의 존재론은 대부분의 사람들이 시대의 정신적 경향과 더불어 구체적인 의사소통 속에 정립하는 형식이라고 할 직접성의 전면적 수단이다. 그 시대의 고유하고 가장 극명한 이데올로기적 표현들에 의해 지속적이고 직접적으로 영향을 받고 또 실천 속에서 끊임없이 직접적으로 그것들에 반응하는 인간은 예외에 속할 것이다. 하지만 바로 이러한 인간들 속에 일상생활의 존재론의 영향들이 강하게 남아 있다. 때문에 우리는 매개영역을 결코 간과할 수 없다.

그것은 물론 우리가 이처럼 영향력 있는 직접성을 사회적으로 유일한 소여로서 고찰해야 한다는 것, 우리는 지배적인 정신적 경향들이 지속적으로 영향을 미치는 개념이나 지속적인 형태로 변형되는 특정 시기의 거대한 이데올로기 전투를 어떤 식으로든 등한시할 필요가 없다는 것을 의미하지는 않는다. 세 가지 복합체 전체의 연관이 비로소 저 시기의 사회적 총체성, 그것들의 비율관계, 그것을 지배하는 정신의 특수한 성질을 밝혀준다. 때문에 우리의 문제복합체에 대한 분석은 헤겔주의에 대한 해결과 더불어, 포이어바흐의 등장과 더불어, 이들에 대한, 그리고 관념론에 사로잡힌 그 지지자들에 대한 마르크스의 비판과 더불어 시작하지 않을 수 없다.

헤겔철학에 대한 판단은 의심의 여지없이 이러한 논의의 중심에 서 있다. 일반적으로 받아들이듯, 헤겔철학이 일찍부터 긴밀하게 연결되었던 계몽과 달리, 종교는 철학과 배타적 모순으로서 대비되지 않는다. 오히려 종교를 철학체계 속에 완벽하게 통합하려는 시도가 이루어진다. 헤겔에게서 이러한 통합이 특별한 징표를 갖지 않았다고 한다면 본래 이러한 징표가 근본적으로 새로운 것이라기보다는 오히려 독일 관념론의 철학적 발전(칸트)의 일반 노선의 연장일 것이다. 첫째로 헤겔은 그가 비판적으로 '영혼의 자루'에 관해 이야기했던 칸트와 마찬가지로 외부세계와 내부세계에 대한 인간적 진술의 병렬을 인식론적으로 구축된 통일 속에서 총괄하지 않는다. 오히려 통합은 (인류의) 정신의 발전과정에 대한 서술로서 나타나며, 여기서 종교는 끝에서 두 번째의 자리가 지정된다. 정신의 자기전개의 도정에서 오직 철학만이 도달할 수 있는 정상이 극복과정에서 마련된다. 이 과정에서 내용은 단순한 표상(종교)의 수준으로부터 개념(철학)의 수준으로 고양되기 때문에 어쨌든 결정적인 내용에서 본질적인 것은 바뀌지 않는다. 둘째로 이러한 과정은 소외의 과정인 동시에 대상성 일반(소외에 대한 헤겔의 규정)의 정립이며 정신의 자기실현을 통한, 주-객 동일의, 그리하여 여러 가지 완성의 단계에서의, 즉 종교와 철학에서의 현실화를 통한 소외의 지양이다.

헤겔의 체계의 핵심적 사유에 대한 포이어바흐의 유물론적 대립, 그의 유물론적 논박의 시도 역시 소외를 주요 주제로 삼고 있다. 포이어바흐에게 종교는 소외의 극복과정에서 따라야 할 모델이 아니라, 오히려 소외의 원형이다. 포이어바흐는 여기서 —직접적이지만, 그러나 단지 직접적으로만 정당한 방식에서— 유물론적 종교비판의 낡은 전통에, 궁극적으로는 크세노파네스(Xenophanes)[54]의 확정에 기대고 있다: 즉 "그럼에도 소와 말과 사자가 손을 가졌거나 그들의 손으로 그림을 그릴 수 있고, 사람처럼 작품을 만들 수 있다면, 말은 말과 닮은, 소는 소와 닮은 신의 형상을 그릴 것이고, 모든 예술 자체가 보았던 것처럼 그런 육체를 만들 것이다. 에티오피아인들은 그들의 신이 검고 납작코일 것이고, 트라키아인들은 푸른 눈과 갈색 머리일 것이라고 주장한다."[55]

우리에게 결정적인 동기는 포이어바흐가 종교를 (인간) 정신의 자기화 과정으로 통합한 헤겔의 시도를 거부할 뿐만 아니라, 곧바로 그것을 전도시켜 관념론 전체를 모순으로 가득 찬 세속화된 신학으로 폭로했다는 점이다: "신학이 인간을 분열시키고 소외시키고, 그리하여 소외된 본질을 다시금 그 인간과 동일시하듯, 헤겔은 자연과 인간 간의 단순하고, 자기 동일적인 본질을 다양하게 분열시킴으로써 강제적으로 분리된 것을 다시금 강제적으로 매개한다."[56] 하지만 그것은 아직은 헤겔의 소외관에 대한 진정한 유물론적 비판이라기보다는, 단순히 헤겔철학 전체가 소외의 잡동사니라는 요약적 평결일 뿐임을 의미하는 것이다. 포이어바흐의 지극히 단순한 유물론적 인식이론이 그러한 비판에 이르는 길을 예비했다. 그에 따르면 오직 직접적이며 감각적인 존재만이 참다운 실재이므로, 사유에(추상에) 기초한 모든 세계해석은 이미 사실 그 자체로(ipso facto) 하나의 소외를 의

---

54) 크세노파네스(B.C. 560경~B.C. 478경)는 그리스의 음유시인이자 종교사상가이고 엘레아학파의 선구자로 알려져 있다. 서사시의 단편들을 통해 그는 당시의 신인동형(神人同形) 사상과 호메로스 신화를 경멸하여, 특히 올림피아의 신과 여신의 비도덕성에 대해 신랄하게 공격했다. 루카치는 포이어바흐의 종교비판의 근원을 크세노파네스에 있다고 본다. (역주)
55) Diels, H.: *Fragmente der Vorsokratiker*, 6. Aufl., Berlin 1951, Bd. I, S. 49. Xenophanes, S. 15-16.
56) Feuerbach: *Vorläufige Thesen zur Reform der Philosophie*, Sämtliche Werke II, S. 248; FW 3, S. 226.

미한다: 즉 "추상화는 자연의 **본질**을 **자연** 밖에, 인간의 **본질**을 **인간** 밖에, 사유의 **본질**을 **사유** 밖에 정립함을 의미하는 것이다. 헤겔철학의 전체 체계는 이러한 추상화 행위에 기초해 있기 때문에, 그 철학은 인간을 **그 자신에게 소외시켰다.** 심지어 그 철학은 그것이 분리했던 것을 다시금 동일시하는데, 하지만 자기 자신을 다시금 **분리 가능한, 직접적인** 방식으로만 그렇게 한다. 헤겔철학에는 직접적인 통일, 직접적인 확신, 직접적인 진리가 결여되어 있다."[57] 감각적인 직접성에 대한 이러한 호소는 마르크스가 곧바로 『경제학-철학 수고』에서 넓고 깊게 비판했던 헤겔의 소외에 관한 문제의식을 간단히 무시하는 것이다. 이로 인해 현상들의 이론적 관계에서 무엇보다 헤겔의 세계상뿐만 아니라 종교세계 전체가 현실 자체와 대비되기보다는, 종교비판이 신학에 대한 인식론적 비판으로 축소되고, 아울러 비판은 현실 종교에 대한 비판이기보다는 종교철학으로 희석화되고 일반화된 형태로 변질되었다. 이러한 방법은 어쨌든 오랜 전통을 지니고 있다. 신학과—보다 새롭고 현실적인— 철학 간의 대립은 이미 17~18세기에 상당한 역할을 담당했다. 헤겔을 비밀 신학자로 낙인찍는 일은 앞으로 이어질 헤겔주의의 해체를 위해 실제로 중요한 의미를 갖게 된다.

따라서 포이어바흐는 중요한 초석을 놓았던 셈이다. 그가 등장하지 않았더라면, 헤겔학파의 해체가 쉽게 강단과 문헌논쟁의 대상이 되지 못했을 것이고, 철학적으로 볼 때도 본질적으로 헤겔을 넘어서지 못했을 것이다. 마르크스는 『경제학-철학 수고』에서 결코 사소하지 않은 의미로 다음과 같이 말했다: 즉 "포이어바흐는 헤겔 변증법에 대해 유일하고, 진지하고, 비판적인 관계를 가졌으며, 이러한 영역에서 참으로 중요한 발견을 함

---

57) Ebd., S. 249, S. 247.

으로써, 낡은 철학의 진정한 정복자가 되었다."[58] 하지만 그것은 마르크스나 일찍이 포이어바흐에게 감동했던 엥겔스가 헤겔의 관념론적 매개들로부터 유물론적 직접성으로의 단순한 전환만으로는 헤겔 변증법의 구조의 현실적이고 본질직인 문제를 완진하게 해결할 수 없디는 것을, 포이어바흐는 한편으로 이러한 철학적 단절의 결정적 문제들을 별다른 주의 없이 지나쳐버렸고, 다른 한편으로는 변증법의 수많은 중요한 문제들을 단순화된 직접성 속에서, 즉 진보적인 생각들을 보수적인 무의미로 변질시키는 식으로 다루었다는 것을 분명하게 통찰하는 데 장애가 되지 못했다. 잠시 『독일 이데올로기』의 다음과 같은 마르크스의 언급을 보자. "포이어바흐가 유물론자인 한, 그에게서 사회는 존재하지 않으며, 사회를 고려하는 한, 그는 결코 유물론자가 아니다. 그에게서 유물론과 사회는 전혀 동떨어져 있다 …."[59] 엥겔스도 나름대로 본질과 현상의 관계에 대한 포이어바흐의 서술을 거의 비슷한 시기에 다음과 같이 기록하고 있다. "존재는 사물들과 분리가 가능한 일반적 개념이 아니다. 존재는 있는 것(존재자—역자)과 하나이다 … 존재는 본질의 거주지이다. **나의 본질인 것은 나의 존재이다** … 오직 인간의 삶 속에서만, **그것도 오직 비정상적이고 불행한 경우에서만** 존재는 본질과 분리된다. —인간은 그가 자신의 존재를, 또한 자신의 본질을 지닌 곳에서는 있지 않지만, 그러나 모름지기 이러한 분리로 인해 현실적으로 육체와 더불어 존재하는 곳에서 참으로 영혼과 더불어 있지 않다. 오직 당신의 심장이 있는 곳, 그곳에 당신이 있다. 하지만 모든 사물은 —비자연적인 경우는 예외로 한다면— 그것이 있는 바로 그곳에 존재하고, 그

---

58) MEGA III, S. 151; MEW EB I, S. 569.
59) MEGA V, S. 34; MEW 3, S. 45.

것이 있는 바로 그대로 존재한다. … 현존하는 것에 대한 아름다운 찬사. 비자연적인 경우나 거의 비정상적인 경우는 예외로 하자. 당신이 매일 꼬박 14시간 동안 컴컴한 탄광에서 7년을 문지기로 보냈다면, 그것이 당신의 존재이고, 또 그것이 당신의 본질이다. … 어떤 작업장으로 들어가느냐가 당신의 '본질'이다."[60]

앞서 우리가 보았던 것처럼, 마르크스는 포이어바흐의 철학에 대해 처음부터 비판적 태도를 견지했다. 그렇다 하더라도 이로 인해 포이어바흐의 출현이 철학적 유물론을 통해 헤겔철학을 현실적으로 극복하고, 단순한 정치적 변혁이 아닌 실제적이고 사회적인 변혁의 이론적 토대가 될 수 있는 진정하고 포괄적인 세계상을 형성할 수 있는 결정적인 충격을 제공했다는 것을 분명하게 통찰하는 데 방해받지는 않았다. 이미 1843년에 마르크스는 상황을 다음과 같이 보았다. 즉 "종교비판은 모든 비판의 전제이다." 그럼에도 이 명제에 앞서 다음과 같은 확정이 있다: "독일에서 **종교비판**은 본질적으로는 종결되었다." 그가 포이어바흐를 넘어선 것은 일차적으로 문제를 인간의 사회-유물론적 존재와 생성으로 확장한 데 있다. 때문에 마르크스는 종교가 인간을 창조한 것이 아니라 인간이 종교를 창조했다는 포이어바흐의 확정에 대해 종교적인 소외와 그것의 이론적 폭로를 인간 역사의 정치-사회적인 보편적이고 복합적인 문제에까지 확장시키는 식으로 보완했다: 즉 "심지어 종교는 스스로 획득하지 못했거나 혹은 이미 다시금 상실한 인간의 자기의식이자 자기감정이기도 하다. 하지만 **인간**, 그는 세계의 바깥에 웅크리고 있는, 추상적인 존재가 결코 아니다. 이 국가, 이 사회가 곧 전도된 세계이기 때문에 종교를, **전도된 의식**을 낳는다.

---

60) Ebd., S. 540; MEW 3, S. 543.

종교는 이 세계의 보편적 이론, 이 세계의 백과사전적 일람표, 통속적 형식에서의 이 세계의 논리, 이 세계의 정신적인 명예(point-d'honneur), 이 세계의 열광, 이 세계의 도덕적 재가, 이 세계의 의식(儀式)적 보충, 이 세계의 보편적 위안과 정당화의 근거이다. 종교는 인간존새의 **환상적** 실현이다. 왜냐하면 인간존재는 결코 참다운 현실을 소유할 수 없기 때문이다. 따라서 종교투쟁은 직접적으로는 종교가 그 정신적 **향료**(Aroma) 역할을 하는 **저**(피안의—역자) **세계**에 대한 투쟁이다."[61]

문제의 이러한 확대, 아직 부르주아 혁명을 수행하지 못한 국가로 분열된 변방 독일의 문제설정, 즉 자본주의 사회의 종교와 일상생활 사이의 객관적이면서도 지극히 중요해진 상호관계에서 다루어졌던 문제설정에 대한 이 같은 결정적 극복이 종교와 소외의 복합문제들을 시대의 보편적-혁명적 경향들과의 올바른 관계 속에 정초한 것이다. 바우어(Bruno Bauer)[62]가 대부분 신학적이고 협소한 지방적 한계에 갇혀 있기 때문에 사실적으로나 사회적으로 해결 불가능한 문제들, 즉 유대인들의 내적 해방(유대인들의 종교적 편향으로부터, 유대 종교를 통한 인간소외로부터의 해방)과 아울러 정치적 해방, 공민적 평등권과 같은 문제들을 철학적으로 조화시키려 했던 반면, 마르크스의 탁월한 정치적-역사적 통찰은 그것과 결합된 모든 사이비 문제를 배제했다. 그는 "… 기독교를 자신의 토대로서, 국가 종교로서 인정하고, 그리하여 다른 종교들에 대해 배타적으로 처신하는 이른바 **기독교** 국

---

61) MEGA I/I, S. 607; MEW I, S. 378.
62) 브루노 바우어(1809~82)는 독일의 신학자이자 철학자, 역사가이다. 그는 신약의 기원을 탐구하면서 초기 기독교는 유대주의보다는 그리스 철학(스토아주의)의 영향을 더 받았다는 논쟁적인 결론을 제시했다. 1840년부터, 그는 예수가 하나의 신화이자 유대주의, 그리스 철학 및 로마 신학이 2세기경 혼합이라고 주장했다. (역주)

가, 완성된 기독교 국가가 아니라, 오히려 **무신론적** 국가, **민주적인** 국가, 종교를 시민사회의 여타 요소들 아래로 지명하는 국가"[63]로부터 시작한다. 이를 위해 그는 일관되게 해방에 대해, 그 고전적 형태들에서, 프랑스에서, 그리고 통일국가들에서 이미 실현된 해방에 대해 상세한 분석을 마무리했다.

'이념적인' 공민(citoyen)을 현실 사회의 인간(homme)으로부터 구분하는 일이야말로 사회적 존재론의 출발점이다. 부르주아 사회의 경제적 속성으로부터 발생하고 성장한 인권은 다른 인간들 속에서 인간의 자유를 **실현**하는 것이 아니라 오히려 제약하는 것이다. 부르주아 혁명기의 고전적 헌법에서의 인권도 이러한 인간의 권리를 형성하고 있다. 우리는 그것이 지금의 문제와 맺고 있는 관계를 이율배반적으로 거의 악화시키지 않은 상태에서 다음과 같이 정식화할 수 있을 것이다. 즉 인권은 인간에게 사회적이고 자연적으로 또한 이데올로기적으로 자신의 선호에 따라 스스로를 소외시킬 수 있는 완전한 자유를 부여하는 것이다. 어쨌든 여기서 소외의 특수한 문제를 직접적으로 거론하지 않고서도, 마르크스는 그렇게 발생한 인권에 상응하는 상황을 다음과 같이 정식화했다: "이른바 인권의 어떤 것도 이기적인 인간을, 부르주아 사회의 성원으로서의 인간을, 말하자면 자신만을, 자신의 사적 이해와 자신의 사적 의지만을 고집하고 또 공동체로부터 유리된 개인으로서의 인간을 넘어서지 않는다. 인간이 공동체 속에서 유적 존재로 파악된다는 것은 유적 삶 자체, 사회가 개인들에게 외적인 환경으로서, 개인들의 원초적 자립성에 대한 제한으로서 나타나는 것과는 멀다. 사회를 결합하는 유일한 끈은 자연필연성, 욕구와 사적 이익, 그들의 소유와 이기적 인격의 보존이다."[64] 종교해방의 문제는, 따라서 그러한

---

63) Ebd., S. 587; MEW 1, S. 357.

혁명에 의해 해결될 수도 되지 않을 수도 있다. 변화는 삶의 영역 전체에서 본질적으로 동일하게 나타난다: "그리하여 인간은 종교로부터 해방되지 못했다. 그는 종교의 자유를 보존하고 있다. 그는 소유로부터 해방되지 못했다. 그는 소유의 자유를 보존하고 있다. 그는 영업의 이기주의로부터 해방되지 못했다. 그는 영업의 자유를 보존하고 있다."[65]

인간의 사회적 삶의 현실적 토대를 실제적이고 근본적으로 변혁하는 사회혁명만이 비로소 세속적인 인간 삶의 모든 형태에서와 마찬가지로 종교적 소외에서도 실제적인 해결을 제시할 수 있다: "현실적이고 개별적인 인간이 추상적 공민을 자기 안으로 받아들이고 또 개별적 인간으로서 그의 경험적 삶 속에서, 그의 개별적 노동 속에서, 그의 개별적인 관계 속에서 **유적 존재**가 될 때 비로소, 인간이 자신의 '고유한 힘(forces propres)'을 **사회적** 힘으로 인식하고 조직할 때, 그리하여 사회적 힘을 더 이상 **정치적** 힘의 형태에서 자신과 분리시키지 않을 때 비로소, 바로 그때 인간해방이 수행되는 것이다."[66] 이로부터 단순히 종교적 소외의 지양을 위한 거대한 세계사적 시각이 발생할 뿐만 아니라, 동시에 사회적으로 야기된 모든 소외의 유의미한 총체상도 발생한다. 아울러 종교는 인간소외의 중요한 형식이기를 결코 멈추지 않는다. 다시 말해 종교는 모든 소외의 총체적인 사회적 연관과 접합되는 것이다. 마르크스는 이처럼 역사적으로 필연적이고 보편적인 소외복합체의 경제적 토대들을, 그로부터 발생하는 모든 철학적 함의와 마찬가지로 그의 청년기 저작인 『경제학-철학 수고』에서 상세하게

---

64) Ebd., S. 595; ebd., S. 366.
65) Ebd., S. 595; ebd., S. 369.
66) Ebd., S. 595; ebd., S. 370.

탐구했다. 거기서 전망된 총체적인 사회적 문제들의 본질에 상응해서 주된 무게는 자본주의 경제를 통해 산출된 사회 속의 인간의 소외들에 대한 규명과 분석에 놓여진다. 이 저작은 무엇보다 자본주의에서의 노동자의 소외를 분석했다. 그럼에도 마르크스는 소외를 자본주의의 보편적인 특이성으로 고찰했다. 앞서 언급된 저작에 바로 이어지는 저서인 『신성가족』에서 자본주의에서의 소외는 부르주아와 프롤레타리아가 동등하게 종속된 보편적 현상으로 기술되고 있다. 마르크스는 그들의 모순을 지적하는 과정에서 소외에 관여된 적대적 계급들이 결과적으로 그 소외에 대해 전혀 상반되게 반응하고 있음을 보여준다. "유산계급과 프롤레타리아 계급은 동일한 인간적 자기소외를 연출하고 있다. 하지만 첫 번째 계급은 이러한 자기소외에 만족하고 또 소외를 **그 자신의 위력**으로 알고, 그 소외 속에서 인간실존의 **가상**을 점유하고 있음을 확증한다. (반면) 두 번째 계급은 소외 속에서 무화되는 느낌을 받고, 그 소외 속에서 자신의 무력(無力)과 비인간적 실존의 현실을 본다."[67]

소외가 전혀 다르게 드러난 형태들 속에서 이처럼 보편성을 인식하는 것은 그럼에도 그 소외의 사회적 현존을 단순히 양적으로 확장하는 것과는 멀리 떨어져 있다. 마르크스적 인식은 오히려 소외의 이러한 보편성에서 발생한 질적이고 구조적이며, 현실적이고 사회-역사적인 일반화를 보여주고 있다. 여기서 첫 번째 계기를 우리는 다음과 같이 보았다. 즉 앞서 지적했던 것처럼, 사회적인 소외들이 역사적으로 다양하게 종교적 소외와 운명을 공유하고 있을지라도, 그 사회적인 존재방식에서는 야만적이고 집단적인 실제 삶의 위력들로 존재하는 것이 사실이다. 하지만 이러한

---

67) MEGA III, S. 206; MEW 2, S. 37.

사회적 소외들의 경제적 발생과 속성이 포이어바흐적인 개념화에서 처음 보여졌던 것처럼 인간적 세계상에 대한 단순한 이데올로기적 왜곡은 아니다. 따라서 순전히 이론적으로 보아도 신학과 진실한 세계관과의 대결 혹은 신학과 헤겔주의와의 대결을 훨씬 넘어서는 것이다. 소외의 존재의 보편성을 오직 이론적으로만 파악하기 위해서는, 하나의 사회이론 못지않게 새로운 방법론이 필요하다. 하지만 마르크스는 일관되게 여기서 멈춰 있지 않는다. 결정적인 소외는 현실적인 삶의 상황, 실제적인 경제-사회적 과정의 결과이므로, 그에 대한 진정한 극복, 그에 대한 참다운 지양은 고도로 발전된 형태일지라도 단순히 이론적 성격만을 가질 수는 없다. 사회현실은 거의 의식되거나 의욕되지 않을지라도 언제나 실천의 성과이다. 때문에 그것을 지양하는 일은, 혹은 이러한 지양이 현실적으로 하나의 지양이고자 한다면 단순한 이론적 통찰을 넘어서야만 한다. 다시 말해 지양은 그 자체가 실천, 사회적 실천의 대상이 되지 않으면 안 된다.

인식을 인간의 실천으로 변형함으로써 그러한 인식의 보편성을 이론적으로 완성하는 과정에서 소외는 필연적으로 사회적 현상들의 우주 속에서 그 고립된 특수한 위치를 상실한다. 한낱 이론에서는 노동자의 소외 같은 것이 —합법적으로— 그들에 대한 자본주의적 착취의 상호관계 속에서 특수한 현상들로 남아 있다. 그러한 인식이 사회적 실천으로 변화된다면, 소외라는 특수한 상태는 착취를 단절시키는 공동의 보편적인 실천활동 속에서 소멸될 것이다.(소외의 자립성의 이 같은 소멸은 이미 보편적이고 존재론적인 의미에서 필연적임이 드러났다. 더불어 실천 자체는 소외의 존재론적 자립성이 완전하게 중단되지 않는다는 것을 보여준다. 즉 경제적 세계의 모든 지양 혹은 근본적 변혁에 따르면 새로운 사회적 존재는 항상, 그리고 자연발생적으로 다음과 같은 물음을 제기한다. 즉 이러한 변하아 한께 수이 역시 사라지는가, 혹은 견가저으로 새로운 형태를 띠고 다시금 반복되는가?) 이 모든 것에서 결정적으로 중요한 것은 사회적 존재는 오직 인간적 실천을 통해서만 다른 상태로 변화될 수 있다는 통찰이다. 헤겔 좌파는 피히테로 되돌려진 헤겔로부터, 포이어바흐의 이론적인 제약과 약점을 보충하는 것으로부터 이러한 문제복합체에 대한 일반적이고 추상적인 이론화 작업을 했는데, 이 이론에 따르면 소외를 통찰하고 간파하고 폭로하는 일 등은 이미 그 소외의 지양을 의미했다. 지금은 대략적으로만 이야기할 수 있지만, 이것은 특별히 1840년대의 이데올로기적인 특성의 문제가 아니다. 그러므로 오늘에 이르기까지 그러한 특성에 대해 고심할 필요는 없을 것이다. 이러한 태도는 오히려 소외를 확정하고 투쟁하고 폭로하는 형태에서는 언제나 생생하게 살아 있다. 순수 이론적인 것의 이러한 우위, 이처럼 노골적으로 혹은 암묵적으로 실천을 배제하는 태도가 오늘날에도 여전히 영향력을 발휘하고 있는데, 이러한 일은 더 이상 왜곡된 헤겔적 용어에서 일어나는 것이 아니다. 오히려 기투(Geworfenheit), 탈이데올로기화, 도발, 사고 등이 출현한다 하더라도 사태의 본질상 아무것도 변화하지 않는다. 마르크스는 헤겔 좌파들에 대한 그의 반대에서 '대중의 자기소외'로부터 출발한다. 그는 이러한 태도에 대해 다음과 같이 반대한다: "대중은 자립적으로 존재하는 그들의 **자기비하의 산물**을 반대한다는 점에서 그들 **자신의** 결함에 대해 반대한다. 마찬가지로 신의 현존에 등을 돌리는 인간은 그 자신의 **종교성**에도 등을 돌린다. 하지만 대중의 저 실천적인 자기외화가 현실세계에 외부적으로 존재하기 때문에, 대중은 동시에 이러한 소외에 대해 **외부적**으로 투쟁해야만 한다. 대중은 이 같은 자기외화의 산물을 결코 단순한 **관념적인** 환영으로, 단순한 **자기의식의 탈외화**로 간주해서는 안 되고 또 물질적인 소외를 순전히 **내면적이며 정신적인** 행위를 통해 무화하려고 해서도 안 된다 … 그럼에도 절대 비판(브루노 바우어와 그 일당들—저자)은 헤겔의 현상학으로부터 적어도 그 기술을 배웠다. 이를 통해 그들은 **나 밖에** 존재하는 **현실적이고 객관적인** 족쇄들을 **단순히 이념적이고**, 단순히 **주관적이며**, 단순히 **내 안에** 존재하는 족쇄들로, 그리하여 모든 **외부적이고** 감각적인 투쟁들을 순수한 사유의 투쟁들로 변질시켜버렸다."[68]

우리는 문제 해명을 위한 논쟁들을 보았다: 무엇이 종교적 소외이고, 어떻게 그것이 극복될 수 있는가는 포이어바흐의 자극적인 도전과는 상당히 거리가 멀다는 것과 또 이러한 논쟁들은 새로운 마르크스적 유물론의, 사회-역사적인 인간발전에 관한 마르크스 철학의 최초의 가장 일반적인 개요를 분명하게 보여주었다. 종교를 소외로서, 주된 이데올로기적 소외의 유형으로서 보는 출발점은 이러한 보편적 상에서 결정적인 계기가 될 수 없다는 것이 입증되었다. 이데올로기적인 것 —이것과 더불어 이데올로기의 해독을 위한 결정적인 조치가 이루어졌다— 이 하나의 생산물임이, 인류의 물질적인 자기생산과정의 파생물임이 드러났다. 이로써 포이어바흐에 의해 제기된 문제를 답변할 수 있는 방법론적인 장소가 정확히 제시되었다. 하지만 이러한 교정 자체는 포이어바흐의 제창(提唱)을 넘어선다. 『경제학-철학 수고』에서 마르크스는 포이어바흐에 의해 추상적-이데올로기적으로 제기된 이러한 문제를 구체적이고 현실적으로 해결할 수 있는 결정적이며 일반적인 개요를 다음과 같이 보여주고 있다. 즉 인간적 삶의 본질을 초월적 세계로 투영하는 소외를 중단시키기 위해, 인간은 자신의 탄생과 자신의 삶을 스스로가 항상 능동적으로 행동하면서 관여되어 있고, 때문에 인간 자신의 현실적 삶의 과정이 되는, 그런 과정의 계기로 파악하

68) Ebd., S. 254; ebd., S. 87.

지 않을 수 없다. 마르크스는 여기서 지리학의 과학적 성과와 그 당시의 과학에 상응하는 지위를, "창조론에 대한 유일한 실천적 논박"으로서 자연 발생(generatio aequivoca)[69]을 시사했다. 여기서 그는 이 이론을 일반적으로 확장하는 데 따른 사회적 어려움을 매우 분명하게 보았으며, 심지어는 인간적 삶이 그에게 낯선 현재의 힘에 전반적으로 의존된 상태에서도 보았다. 그는 말한다. 창조를 인간의 탄생에 대한 답변으로서 간주하는 인간의 일상생활의 모든 문제가 거짓 추상의 산물일 뿐이라 할지라도, "창조는 민중들의 의식으로부터 축출하기가 대단히 어려운 표상이다." 그것은 오직 사회주의에서의 인류의 발전을 통해서만 현실적으로 답변될 수 있는데, 이로써 마르크스는 우리가 앞서 기술했던 시각으로 되돌아가고 있다. 그는 말한다. "사회주의적 인간에게서 **이른바 세계사 전체**란 인간노동을 통한 인간의 생산, 인간에게서의 자연의 생성에 다름 아니기 때문에, 인간은 따라서 자기 자신을 통해 자신의 **탄생**에 대한, 자신의 **발생과정**에 대한 직관적이며 논박할 수 없는 증명을 한 것이다. 인간과 자연의 **본질적 합성**, 인간이 인간에 대해 자연의 현존으로서, 또 자연이 인간에 대해 자연의 현존으로서 실천적이고 감각적으로 직관 가능해진다면, 낯선 존재에 대한 물음, 자연과 인간의 본질에 대한 물음 —자연과 인간의 비본질성에 대한 고백을 포함하는 하나의 물음— 은 실천적으로 불가능해진다."[70] 단순한 이론적 무신론은 창조신에 대한 이러한 세계사적이고 구체적인 논박과 비교해볼 때 한낱 추상일 뿐이다. 마르크스의 후기 발전과정에서 이러한 문제복합

---

69) 생명체가 부모 없이 스스로 생길 수 있다는 가설이며, 아리스토텔레스가 주장한 생명의 기원에 관련된 학설 중 하나이다. (역주)

70) Ebd., S. 124; MEW EB Ⅰ, S. 546.

체가 본질적인 면에서 구체화되었다. 물론 유기적 생이 발생하는 우리 시대에 과학은 전혀 다른 수준의 현실인식에 접근한다. 하지만 마르크스 자신도 인간으로서의 인간의 발생을 인간 자신의 노동으로부터 추론하는 다윈의 이론에 대해 청년기의 기획을 원칙적으로 포기할 필요 없이 복도했고 이론적으로 조탁했다. 인간화에서 발생과정과 자기활동의 과정이 모든 소외에 대해 갖는 존재론적 우위야말로 우리가 곧바로 보게 되는 것처럼 모든 진정한 종교비판의 이론적 토대이다.

그 자체 중요한 인간의 소외의 세부적 문제가 종교 속에서 또 그 종교를 통해 구체적인 모습을 구체적으로 드러내지 못한 채 마르크스가 묘사했던 거대한 세계사적 시각의 그림자 속으로 사라져갔다. 그 결과 마르크스 특유의 변증법적 방식에 대한 이해가 점차적으로 소멸되면서 우리가 지적한 포이어바흐에 대한 지속적 비판이 점점 잊히게 되었다. 또한 원초적 한계를 지닌 포이어바흐의 독특한 성격이 다시금 방법론적 영향을 견지하게 된 거대한 과정에 플레하노프(Plechanow)와 같은 일급의 이론가들조차 제2차 인터내셔날의 기간에 이론적으로 접근하게 되었다. 물론 마르크스에 의한 포이어바흐의 비판적 계승이 그의 영향으로서 이론적 관심의 중심에 서게 되는 현상은 결코 일어나지 않았다. 아울러 종교적 소외의 비판이 다시금 신학에 대한 단순한 이론적 비판으로 협애화되고, 자연과학의 특정한 새로운 성과와 대결하게 되었다. 종교가 현대 사회의 인간과 맺고 있는 실제적이고 사회적인 관계, 그 존재론적 기초, 그것이 구체적인 사회적 존재복합체들 및 그것들에 대한 이데올로기적 반성과 맺고 있는 관계 ─우리가 여기서 일상생활의 존재론으로 묘사하곤 했던 것─ 는 거의 완벽하게 무시되었다. 우리가 앞으로 상세하게 다루어야 할 곳에서는 모름지기 종교의 현재 위기에서 이러한 문제가 핵심적인 무게를 지니고 있기 때문에,

마르크스주의(그 스탈린적-독단적인 형태뿐만 아니라 수정주의적 형태에서도)와 효과적이고 설득력 있는 종교비판 사이에 오해가 발생하는 것은 불가피한 일이었다.

오늘날 역사적으로 돌이켜볼 때 그렇게 된 원인들을 이해하는 것은 그다지 어려운 일이 아니다. 청년 마르크스의 저작들이 1840년대 유럽 혁명의 전야(前夜)에 집필되었다는 사실을 잊어서는 안 된다. 또 혁명의 패배는 새로운 혁명의 도래라는 문제를 노동운동의 의제(議題)로부터 완벽하게 제거하지 못한다. 파리 코뮌이 있었고, 비스마르크의 사회주의 법이 있었다. 대중투쟁의 시대, 1905년의 러시아 혁명의 시대, 제1차 세계대전의 시대, 1917년의 혁명과 그 혁명에 의해 중부 유럽에서 야기된 혁명의 파도가 있었다. 이로 인해 현실 혁명가들을 넘어서 진보적인 지식인 집단들 내에서도 종교의 점진적 혹은 위기성 소멸을 겨냥한 다양한 의견들이 확산되었다. 독일의 역사에 대한 전반적인 태도와 관련해서 사람들은 트라이치케(Heinrich von Treitschke)[71]가 혁명 이전의 급진주의자들의 일반적인 발전에 동조한 것처럼 해석하지는 않는다. 그가 1830년대에 대단히 영향력이 있었던 프로이센의 재상 알텐슈타인(Karl Sigmund Altenstein)에 대해 "그의 개방적인 책상에는 기독교가 20년간 혹은 50년간 지속될 수 있는가라는 물음이 종종 냉정하게 논구되어 있다."[72]라고 적었던 것은 시대의 흐름을 반영한 특징이다. 이것은 포이어바흐의 헤겔상과 모순된 것처럼 보인다. 하지만 우리는 모름지기 포이어바흐가 헤겔철학을 다음처럼 특징지었던 것

---

71) 하인리히 폰 트라이치케(1834~96)는 독일의 민족주의 역사가이자 독일 제국 시대에 활동한 정치 평론가이다. (역주)

72) Treitschke: *Deutsche Geschichte im Neunzehnten Jahrhundert* III, Leipzig 1927, S. 401.

을 잊어서는 안 된다: 즉 "사변철학이란 신의 실현인 동시에 **신의 지양 혹
은 부정의 입장**이고, 유신론인 동시에 무신론이다."[73] 또한 청년 마르크스가
헤겔을 비교(秘敎)적인 무신론자로 기술했던 브루노 바우어의 소책자에 관
여되었다는 것, 하인리히 하이네(Heinrich Heine)는 그가 개인직으로 잘 알
고 있었던 헤겔에 대한 기억에서 언제나 종교문제에서의 헤겔의 이 같은
'비교적(秘敎的)' 모호성을 언급했다는 것은 결코 우연이 아니다. 여기서 헤
겔 자신이 종교에 대해 맺고 있는 관계를 상세히 논구할 수는 없다 하더라
도, 적어도 출판되지 않은 그의 기록들에 그러한 모호성의 분명한 징표가
보인다고 말하지 않을 수 없다. 예나 시기의 문헌에는 다음과 같은 구절이
보인다: "하나의 **당파**는 내부적으로 몰락할 때 **존재한다**. 그리하여 오늘날
통합의 시도 속에서 그 분파적 차이가 소멸한 프로테스탄트주의의 경우도
그렇다. —프로테스탄트주의가 더 이상 존재하지 않는다는 증명. 왜냐하
면 해체과정에서 내적인 차이가 현실로서 구성되기 때문이다. 프로테스탄
트주의가 등장하면서 가톨릭주의의 모든 분열이 사라졌다. —오늘날 기독
교의 진리는 언제나 사람들이 그것이 누구를 위해서 있는지를 모르고 있
다는 것을 증명할 뿐이다. 그럼에도 우리는 터키인들과 관계하지는 않는
다."[74] 종교의 정신적 내용들을 헤겔철학 속에서 이론적으로 통합하는 것
은—동일한 내용이 전자에서는 표상의 수준에서, 후자에서는 개념의 수
준에서— 결국에는 철학적 모호성을, 말하자면 종교는 한편으로 모든 자
립성을 내용으로 받아들인다는 것, 하지만 다른 한편으로 그 자립성은 동
시에 사회적 삶[75]의 보다 중요한 변수로서 철학적으로 통합되지 않을 수

---

73) Feuerbach: *Grundsätye der Philosophie der Zukunft*, a. a. O., II, S. 285; FW 3, S. 264.
74) Rosenkranz: *Hegels Leben*, Berlin 1844, S. 537-538.

없다는 모호성을 담고 있다.

그와 더불어 존재와 비존재라는 존재론적 의미의 모호한 사태가 발생한다. 종교의 내적 자립성과 완전성을 구하려는 사유의 경향은 —그것이 보다 일관성을 띨수록— 사회적 삶의 욕구에서 성장한 새로운 내용을 그 종교에 부여하려고 하기보다는 오히려 본래적 종교를 일관되게 끝까지 밀고 나가 순수한 비합리성을 일별하는 것이 이 시기 전체의 두드러진 측면이다. 이는 키르케고르(Kierkegaard)에게서 보다 분명하게 볼 수 있다. 이미 『두려움과 떨림(*Furcht und Zittern*)』[76](이는 『경제학-철학 수고』가 탄생한 해와 동일한 1843년에 나타났다.)이라는 초기 저작에서 그는 참으로 사회적이고 그리하여 합리적인 비극의 갈등에 대한 해법을 언급한 반면, 인간과 신의 종교적 만남은 완전히 비합리적인 것으로 파악했다. 아가멤논(Agamemnon)에 의한 이피게니아(Iphigenien)[77]의 희생은 전적으로 합리적이어서 모든 사람에게 납득될 수 있는 윤리적 (따라서 사회적) 행위인 반면, 아들 이삭(Isaak)을 제물로 받치라고 하는 아브라함(Abrahma)에 대한 신의 명령은 "윤리적인 것의 목적론적 유보"이자 합리적으로는 결코 이해할 수 없는 어떤 것이다. 아브라함과 대립되는 비극적 영웅은 신과 결코 사적인 인격적 관계를 맺지 않는다. 이제 그러한 근본적 방식에서, 개별 인간이 신

---

75) 수고에는 다음과 같이 적혀 있다: "국가적-사회적 삶의 체계에서(헤겔에게서: 객관정신)".

76) '두려움과 떨림'이란 책 제목은 신약 「빌립보서」 2: 12의 "그러므로 나의 사랑하는 자들아 너희가 나 있을 때뿐 아니라 더욱 지금 나 없을 때에도 항상 복종하여 **두렵고 떨림**으로 너희 구원을 이루라."에서 가져온 것이다. (역주)

77) 그리스 신화에서 미케네의 왕 아가멤논과 아내 클리템네스트라 사이에서 태어난 맏딸이다. 아가멤논은 트로이를 정복하기 위해 그가 이끌던 아카이아 함대가 아울리스에서 아르테미스에 의해 무풍에 사로잡히게 되자 신탁에 의해 아르테미스에게 이피게네이아를 제물로 바쳐야 했다. 이피게니아는 그리스 비극들에서 핵심적인 등장인물로 다루어졌다. (역주)

과 맺는 오로지 개인적인, 어떤 면에서도 결코 사회적이지 않은 관계가 오로지 종교적 관계로 인정된다면, 키르케고르에서는 실제로 존재하는 교회는 더 이상 그리스도의 선포가 아니며, 참다운 종교와 관련이 있는 것도 아니라는 점이 분명하다. 7의 마지막 소책자에서 그는 이러한 이율배빈을 기괴하고 잔인할 정도의 솔직함으로 정식화했다: "이렇게 해서 우리는 여하한 모든 종교를 당당하게 세상 속으로 끌어들일 수 있다. 이렇게 끌어들여진 기독교는 불행히도 모름지기 기독교의 정반대가 되었다. 다시 말해서 지혜로운 우리 시대의 모든 젊은이는 다음과 같은 사실을 쉽게 이해하지 않을 수 없다. 즉 국가가 그러한 신앙 자체를 끌어들이려는 생각을 떠올릴 경우, 국가가 이러한 목적을 위해 가족을 부양하는 한 남자에게 1000원의 봉급을 제공하고 빠른 승진을 약속할 경우―국가가 자신의 계획을 일관되게 수행하려 할 경우― 신앙이 한 세대가 지나면 달이 푸른색 치즈로 만들어지고, 지배종교가 지상에 (적어도 통계상으로) 존재하게 될 것이라는 사실을 말이다."[78]

키르케고르의 정식화는 풍자로 가득 찬 온갖 울림을 통해 기괴한 대립이 부조리로 급변하는 모습을 보여주는데, 이에 관해서는 좀 더 자세한 설명이 필요하다. 왜냐하면 종교 발전에 관련하여 사회적으로 규정된 구체적인 변증법 속에서 교회 신봉자들의 세속적 삶은 현실적인 신자들의 관점에서 본다면 자의적인 헛소리로 나타날 수 있기 때문이다. 하지만 그처럼 전도된 이유들을 가지고서도 어떻게든 현실-사회적인 욕구에 만족하지 못한다면 그러한 일반화된 태도는―종교적이건 세속적이건― 어떤 사회에서도 유효할 수 없고 기능할 수도 없다. 그의 철학 자체가 결국 종교

---

78) Kierkegaard: *Gesammelte Werke* 12, Jena 1909, S. 43.

를 긍정하고 있는 카를 야스퍼스(Karl Jaspers)는 종교의 소외 경향들을 사실적으로 비판함이 없이 키르케고르의 입장에 대해 다음과 같이 이야기한다. "그의 입장이 참이라고 한다면, 더불어 … 성서 종교는 종말에 이를 것이다."[79] 이 시대의 위대한 작가가 기독교 내부에서 사회적으로 실제 존재하는 대립을 대부분의 이론가들보다 훨씬 심오하고 훨씬 현실에 가깝게 묘사했으며, 심지어는 그가 자신의 고유한 인격에 있어 종교적인지, 그리고 어떻게 그러한지와 상관없이 그렇게 했다. 우리는 무엇보다 『카라마조프 형제』에 나오는 도스토옙스키의 위대한 감찰관의 에피소드를 생각할 수 있다. 그 마지막 내용 ─ 우리는 여기서 그 점에 한정될 수밖에 없는데─ 에 따르면 예수의 삶의 방식의 계승이 곧 교회이고, 그 교회와 더불어 전체 문명은 파멸하게 되었다는 것이다. 도스토옙스키의 위대한 반대자 톨스토이는 그의 후기의 대립의 문제를 이론으로 선포했을 뿐만 아니라, 그 자신의 삶을 예수의 모델과 일치시키려고 했다. 자신의 삶에서 생기는 개인적인 비극적 희극이 표현된 그의 일기책과 상관없이, 그는 『어둠 속에 빛이 비치다』라는 극작품에서 이러한 삶의 양식이 부르주아적 현실과 실제로 대면하게 될 때 불가피하게 발생하는 재앙적이고 어리석은 결과를 그렸다. 혹은 우리는 예수를 부인한 베드로(Peter)에 관한 보들레르의 시를 생각할 수 있다. 나는 다만 마지막 구절만을 인용하겠다.

─나는 바로 이 세계의 환상을 끊으리라
사유가 어떤 행동도 부여잡지 못하는 …
나는 칼로 망하기 위해 칼을 원하노라.

79) Jaspers-Bultmann: *Die Frage der Entmythologisierung*, München 1954, S. 36.

베드로가 자신의 주인을 배반한 것은 … 잘한 일이다![80]

이러한 주제들은 19세기 후반부와 20세기 초의 가장 유명한 작가들의 관심을 끊임없이 끌어들였다. 아마도 폰토피단(Henrik Pontoppidan)[81]의 『약속된 땅(Gelobte Land)』[82]과 G. 하우프트만(Gerhard Hauptmann)[83]의 『엠마누엘 퀸트(Emanuel Quint)』를 기억하는 것으로 충분할 것이다. 여기에 등장하는 비극적 희극인 기괴한 인물은 예수의 윤리가 슬프고 기괴한 일이 되어버린 모든 사회적-인간적 현실을 무신론적 세계관이 사회적으로 지배하게 된 세계로 묘사하는 일에는 전혀 관심을 갖지 않는다. 오히려 정반대이다. 이 세계는 키르케고르에서처럼 현대 기독교의 세계이다. 다른 유명한 작가 J. P. 야콥슨(Jacobsen)은 『닐스 린네(Niels Lyhne)』에서 무신론자가 어떻게 기독교 사회에서 일종의 버림받은 인간이 되는가를 보여준다. 우리는 여기서 문학사를 다루기보다는 가장 유명한 저작을 현실의 반영으로서, 현실의 가장 심오한 실제적인 삶의 경향들의 표현으로서 파악하고자 하기 때문에, 요컨대 우리는 다음처럼 요약할 수 있을 것이다. 말하자면 도스토옙스키 소설의 문학적 내용에 우연히 대응하는 것이라 할 수 있는데, 재림 예수를 이방인으로서 자신으로부터 추방한 것은 다름 아닌 기

---

80) Carl Fischer의 번역. in Ch. B., 『악의 꽃(Die Blumen des Bösen)』, Berlin-Neuwied 1955, S. 405.

81) 헨릭 폰토피단(1857~1943)은 덴마크의 사실주의 작가로서, 1917년에 노벨 문학상을 받았다. (역주)

82) 3부작 『약속된 땅(Det Forjœttede Land)』(1891, 1895, 1896년에 각각 1, 2, 3권 출판)은 지방을 무대로 종교적 논쟁을 다룬 작품이다. (역주)

83) 게르하르트 하우프트만(1862~1946)은 독일의 극작가·시인·소설가이다. 그리스도의 일생을 그린 현대판으로, 경건주의의 황홀경에 사로잡혀 있는 슐레지엔의 어느 목수 아들의 격정을 묘사한다. (역주)

독교 사회라는 것이다.

지금 지적된 것은 우리가 생각하는 사회현실로부터 발췌된 아주 작은 부분으로서 그 의미가 없는 것은 아니다. 우리가 일찍이 종교적 소외에 대한 포이어바흐의 신학적-종교철학적 비판을 지나치게 협애하고 지나치게 협소한 것으로 기술했을 때, 거기서 우리는 ―직접 철학적-역사적으로― 헤겔이 종교를 절대정신의 중간단계로 간주했으며, 아울러 체계주의자로서 종교의 현실적 뿌리, 그 현실적 발생과 소멸을 사회적 존재의 고유한 영역에서, 헤겔이 객관정신으로 지칭한 영역에서, 사회와 법, 그리고 국가를 다룬 영역에서 개괄했다는 것을 생각했다. 아울러 이미 지적했던 것처럼, 종교는 객관정신의 가장 중요한 현상 양태들과 더불어 그 이데올로기적인 속성을 지양함이 없이 그것들에 상부구조라는 징표(이데올로기적 위기의 해결을 위한 권력기구)를 부여하는 조직의 형태들을 공유하고 있다는 점을 특별히 강조해야 할 것이다. 이러한 문제를 다양한 범위에서 취급할 수 없다면, 사회현실에 대한 일별은 종교가 하나의 보편적인 사회적 현상임을, 처음부터 ―많은 경우 훨씬 뒤에 가서― 사회적 삶 전체의 통제체계임을 통찰하는 것으로 족할 것이다: 종교는 무엇보다 인간의 일상생활을 규제하고, 심지어는 고려되는 모든 개별 인간들의 삶의 방식에 어떤 식으로든 직접적인 영향을 미칠 수 있는 하나의 형식에서 사회적 욕구를 충족시키고 있다는 점을 통찰하는 것으로 족할 것이다.(이러한 일반적 과제는 당연히 상이한 사회들 속에서 지극히 다른 형태들을 갖고 있다.) 폴리스가 번성하던 시기에 종교가 노예에 미친 영향은 결코 의도된 것은 아니다. 이에 반해 봉건주의에서 종교의 영향은 농노와 도시무역 등에서 크고 중요한 역할 등을 발휘했다.

이 점은 모든 종교에서 전통으로부터 법과 도덕, 정치 등에 이르기까지 확실히 영향 수단의 보편화 경향을 낳았다. 종교가 지배하려 하지 않은 사회적으로 영향력 있는 이데올로기적 영역들은 어디에도 없었다. 하지만 — 사회가 발전할수록 더욱더 그러한데— 이데올로기적인 통제방식이 필연적으로 추상적 일반화와 괸념상의 자립화의 경향을 띠게 되는 데 만해(우리는 법의 발전과 같은 것을 생각할 수 있다.) 종교가 사회적 기능들을 충족하려할 때 종종 일상적 삶을 사는 개별 인간으로서의 개별 인간의 특수한 운명과 대단히 복잡하게 얽힌 유대는 결코 놓지 않을 것이다. 세속적 차원과 종교적 차원의 이데올로기적 주도의 이러한 병진(竝進)이 실제로 어떻게 관철되는가는 다시금 한 사회의 경제-사회적인 발전수준에 따라, 계급투쟁의 상태와 형식, 그리고 내용 등에 따라 상당히 다른 형태를 보이고 있다. 두 집단에 영향을 미치고자 하는 명령과 금지가 완전히 수렴하는 과정에서, 그것을 위한 수단이 지극히 달라질 수밖에 없다는 것은 확실하다. 법은 이를테면 특정한 경제발전단계에서 특정 계급의 관심 속에 있는 인간들의 일상적 삶을 무엇보다 형벌의 일반적 위협을 통해 지배하려고 한다. 즉 다수의 인간을 통해 이러한 명령과 금지를 광범위하게 엄수하는 것만으로도 그러한 목적정립을 충족시키는 데 충분하다. 종교적인 통제가 이러한 문제를 —결국— 법과 동일한 방식으로 해결하고자 한다는 것은 이제는 절대적으로 가능하며, 대부분의 경우에는 현실적이기도 하다. 하지만 그 수단은 종종 가능한 법의 영향범위를 넘어서는, 특별히 질적인 강조를 담고 있다. 우리는 제1차 세계대전을 생각할 수 있다. 법은 사람들에게 국제법적 정당성을 제공해줄 수 있으며, 수많은 살인과 학살 등등에서 군 전사자는 부각되지 않았다는 점을 지적할 수 있다. 그 모든 것이 중요하지 않은 것은 아니다. 그럼에도 인간은 오로지 자신의 조국을 위해 자신의 의무를 이행하기 때문에, 그가 자신의 영혼을 구원하고, 기독교인의 신성한 전승들에 충실하다고 하는 식의 상이한 고백이 등장했다고 하면, 그러한 고백은 법이 수행할 수 있는 영향력과 전혀 다른 강도와 깊이를 가지고 당대의 지배계급의 핵심적인 계급이익에 부응했을 것이다. 그 효과는 자기실현적인 목적론적 정립이 다음에 대한 풍부한 경험에 기초할 때 비로소 얻어질 수 있다는 것은 대단히 설득력 있다. 다시 말해 평균적 인간이 일상생활에서 참이라고, 존재한다고, 중요하다고 생각하는 것이 무엇인지에 관해, 어떤 구체적인 형식들이 현실 일반으로서의 환경세계의 현실에 대한 그러한 표상들을 그들 속에서 일깨우는지, 한마디로 특정 시점에서의 일상생활의 존재론이 어떻게 특정 유형의 인간들에게 획득될 수 있는가 등에 대한 풍부한 경험이 그렇다.

물론 인간행위의 종교적 규칙들과 '세속적' 규칙들 사이의 이러한 차이는 통속적으로 단순화되지 않으며, 직접적인 것과 사유적으로 구성된 것 간의 추상적 대립으로 환원되지도 않는다. 또한 종교에는 사회적 관계의 차이와 병행해서 그 결정들을 개념적으로 정교하게 정초할 필요가 생긴다. 단테(Dante)의 몽테펠트로(Guido de Montefeltro)[84]의 경우에서 언명되었듯, 논리학자가 곧 악마이다. 하지만 그럼에도 여기 단테에서처럼, 그와 같이 법적으로 정치(精緻)해지는 경향이 가능한 집단적 영향(일상에서의 개별 인간들 집단에 대한 영향)의 증거를 보존해야 한다면, 그것은 일상생활의 실천 속으로 직접적이며 분명하게 되돌려져야 할 것이다. 그리하여 이 경우 단테에서 보듯 해방을 위한 실천으로 바뀌지 않는 참회는 무가치할 것

---

84) 귀도 드 몽테펠트로(1223~98)는 이탈리아의 전략가이자 우비노(Urbino)의 영주였다. 그는 말년에 수사(修士)가 되었다. 단테는 그의 『신적 희극』에서 그가 거짓 혹은 사기성 자문을 하고 있다고 비난했다. (역주)

이다.[85] 루터(Luther)가 투쟁했던, 물질로 죄를 용서한다는 생각은 그러한 사태에 대한 명백한 징표이다. 종종 이러한 영향 수단이 오랜 시간에 걸쳐 별 탈 없이 기능할 수 있다는 것이 이러한 대립을 지양하지 못한다는 것은 그 대립이 절대적인 것이 아니라 언제나 어떤 경향적 성격을 지니고 있음을 보여줄 뿐이다. 개별적인 경우들에서는 계급구조와 계급투쟁의 관점에서 한정된 일상생활의 존재론이 그 대립을 결정한다. 세계대전에서 종교가 담당하는 기능과 역할을 기억하는 것으로 충분한데, 그것은 물론 종교의 기능의 결과뿐만 아니라 종교에 대한 모반까지도 보여준다.

그럼에도 우리가 일상생활의 존재론이 구체적이고 역사적으로 현상하는 방식에 대해 다소 구체적으로 분석하기에 앞서, 우리는 사회적 삶의 본질적 특성으로 인해 늘 반복되는 일반적인 규정들을 좀 더 상세하게 고찰하지 않을 수 없다. 이러한 규정들은 모든 목적론적 정립의 근저에, 모든 실천적 혹은 실천과 결합된 일상적 인간의 이론적 입장의 근저에 놓여 있는 것이다. 이를 위해 앞서 종종 기술된 테제가 반복되어야 할 것이다. 즉 일상생활에는 이론과 실천의 직접적인 관계가 근저에 놓여 있다. 이러한 직접성은 모든 —아직은 절대적으로 타성화되지 않은— 노동의 이론적인 준비작업 속에서 폐기되어야 한다. 여기서 이른바 의식으로부터 독립적으로 존재하는 객관적인 노동수단이나 노동대상 등의 참다운 속성이 객관적으로 올바로 파악되어야만 하며, 노동과정은 목적론적 정립 속에 담긴 노동목적의 성공적 실현으로 발전해야만 한다.(때문에 노동의 이러한 사전 준비과정의 자립화가 과학으로 발전하고, 아울러 이론과 실천의 직접적인 연관성을 넘어서게 되었다는 것은 결코 우연이 아니다.) 계획적 노동행위의 가능성에

---

85) Dante: *Die göttliche Komödie*. Gesang XXVII

대한 그 자체 객관성을 지향하는 반성은 현재의 구체적인 노동목적과 관련해서만 이러한 직접성을 포기할 수 있을 것이다. 또한 일상에서 이론과 실천이 맺고 있는 일반적이고 직접적인 결합을 근본적으로 바꿀 수는 없다. 자립화된 일련의 과학들이 발전된 오늘날에서조차 일상적 삶의 이 같은 구조(그 일상적 현존에서의 과학 자체에서도)는 본질적으로 변함없이 기능하고 있다.

이론과 실천의 관계에서 직접성이 지닌 이러한 보편적 우위로부터의 해방은 사회적 존재론의 의미에서 볼 때 훨씬 개별화된 특성을 갖는다. 이러한 관계의 직접적 현상형식을 자아 안에서의 인간적 특수성의 우위이자 주변의 삶에 대한 반응에서 감정의 우위라고 한다면, 그것을 극복하기 위해서는 객체 속에 놓여 있거나 혹은 놓여 있는 것처럼 보이는 이러한 관계들에로 인격을 내적이고 자기비판적으로 재조정하는 작업이 필요할 것이다. 그럼에도 이로부터, 객관적으로 유효한 세계의 총체성 속에서 그 같은 일상생활의 존재론을 낳는 현재의 주변 세계를 이처럼 이해하고 가공하는 작업이 순수하게 주관적 성격을 갖게 되는 것은 아니다. 오히려 정반대이다. 구체적으로 작용하는 모든 힘, 문제, 상황, 갈등 등은 —이로부터 일상생활의 존재론이 구성되는데— 객관적인 현상이지만, 잘 알고 있듯, 그것들이 언제나 순수하게 객관적이며 사회적인 성격을 지니는 것은 아니다. 그럼에도 인간이 그에게 자발적으로 다가온 이러한 사실들에 대해 자발적으로 혹은 의식적으로 스스로의 특수성을 넘어서서 반응할 수 있는지는 다른 곳에서와 마찬가지로 여기서도 응답하는 존재인 인간에게 달려 있는 것이다. 그의 반응이 그러한 자발성의 수준에 머무르고, 그렇기 때문에 그의 실천과 연속적인 그의 목적론적 정립이 단순히 혹은 압도적으로 그 같은 동기들에 의해 규정된다면, 그는 자기 자신을 이 같은 일상적 삶의 세계 속으로 통합하고, 이 세계는 그에게 지양 불가능한 궁극의 현실세계가 될 것이다. 인간은 이 세계의 문제에 대해 적절히 그 직접적 속성에 맞추어 반응하게 된다. 때문에 이러한 반응의 총합이 모든 사회에서 효과적인 경향들의 총체성을 형성하는 중요한 요소들을 만들게 되는 것이다.

현재 우리에게 흥미로운 것은 무엇보다 사회적으로 발생한 이러한 주-객관계로부터 어떻게 모든 개별적이며 집단적인 행위를 초월하는 원동력에 대한 관념이, 사회(자연과의 물질대사를 포함한) 속에서 생긴 모든 운동의 경향들과 상황들이 그렇게 획득된 현실에 대한 인간의 응답으로서 성장하게 되었는가라는 문제이다. 우리가 이러한 복합적 사태의 가장 중요한 존재론적 동기를 염두에 두려 할 경우, 무엇보다 다른 맥락 속에서 이미 언급된 상황이, 즉 인간은 여기서 효과적으로 작용하는 총체적인 힘들에 대한 적절한 인식만으로는 결코 그 목적론적 정립을 수행할 수 없다는 것이 눈에 띈다. 이러한 상황이 노동 자체의 중요한 구성요소라는 점은 곧바로 드러난다. 그것은 긍정적인 의미에서도 부정적인 의미에서도 그렇다. 말하자면 전체 규정들에 대한 무지가 반드시, 그리고 언제나 몰락을 야기하는 것은 아니다. 알려지지 않은 동기가 오히려 특정한 상황하에서는 부지불식간에 노동을 완성하고, 예측하지 못한 경우나 영역 등에 그것을 적용할 수 있게 해준다. 이러한 상황이 미치는 영향은 여타의 일상 속에서는 아직 상당히 혼란스럽다. 무엇보다 중요한 변수들에 대한 조사를 진지하게 착수하려는 노력 없이도 '파산선고에서' 즉각적으로 다루어지지 않으면 안 되는 상황이 종종 발생하는 것이다. 하지만 설령 그러한 상황이 반성을 위한 시간적인 여지를 제공할지라도, 인식론적으로 개괄하기에는 종종 극복하기 어려운 제약이 존재한다. 그러한 제약은 인간들의 일상적 삶을 지배하는 상이한 사회-경제적인 힘들과 관련해서 끊임없이 발생한다 설령 그러한 제약이 시간이 지나면서 과학적으로 인식 가능해지고, 아울러 원리적으로 지배할 수 있게 된다 할지라도, 이러한 과정은 드물지 않게 수천 년을 필요로 한다. 우리는 경제생활에서 화폐가 담당하는 역할과 같은 것을 생각해볼 수 있는데, 화폐는 적어도 고대와 중세 초반에 운명적인 초월을 실현하고 오늘날에도 평균인의 일상적 삶에서 그들의 운명을 드물지 않게 지배하고 있다. 이와 관련해 제1차 세계대전 후의 인플레이션 파동과 같은 것을 생각할 수 있겠다. 여기서 이러한 예만 끌어모으는 것이 적절하지는 않을 것이다. 그러므로 우리는 일상의 인간은 다른 인간들과의 끊임없는 접촉 속에서만 자신의 삶을 영위할 수 있다는 사실과 또 인간의 인식을 개별 인간의 참다운 속성에 대한 인식으로서, 직접적인 미래의 행위에 대한 선견으로서는 결코 현실적인 앎으로는 고양될 수 없다는 사실만 지적하겠다. 일상적인 실천 역시 언제나 완벽하게 제어하기가 어려운 미지의 세계에 의해 둘러싸여 있다. 질적으로나 양적으로 끊임없이 변화하지만, 그 근본 특성에서는 변치 않는 인간의 삶의 상황에서 —일상의 직접성에서— 초월성이 파악 가능한 주변 세계의 내재성과 필연적으로 공존할 경우, 그것이 궁극적이며 결정적인 현실로 받아들여진다면 얼마나 놀라운 일인가? 또한 특수자의 이러한 직접성을 넘어설 수 있는 인간의 하나의 행동방식만이 여기서 발생하는 소외를 초월성 속에서 반대할 수 있다는 것도 다시금 놀라운 일이다. 단순한 직접성의 수준에서 볼 때, 사람들이 자신의 삶의 방식을 근거 지은 과거의 실천 속에 이미 보존되어 있던 수단들을 가지고 현실적으로 해결되지 않은 것을 해결하고자 애를 쓴다는 것은 분명하다.

객관적 현실을 사유 상에서 질서 짓고 통제하는 최초의 범주가 유비(Analogie)라는 사실은 일반적으로 알려져 있다. 헤겔이 확실히 실천에서 적용된 보다 발전된 후기의 형식인 유비 추리에 관해 언급했을 때, —그것은 유비적 탐구로 가는 귀납의 한계일 것인데―그에게서 실제로 문제가 되었던 것은 우리가 실천적 정립에서 인식 가능성의 한계로 확정했던 제 규정의 무한성이었다. 따라서 헤겔은 일관되게 유비의 정당성을 다음과 같은 사실에서 보았다: 즉 "이성의 본능은 …" 경험적으로 빌건된 규정들이 대상의 유(類) 속에 근거 지어져 있고, 그리하여 인식의 확장을 위한 견인차로 어울릴 수 있다는 사실을 "예감한다는 것"이다. 그는 올바름의 기준을 제공하려는 어떠한 시도도 하지 않은 상태에서 유비는 피상적이거나 근본적일 수 있다고 덧붙인다.[86] 하지만 이와 더불어 헤겔은 중요한 물음을 회피하고 있다. 논리 지향적인 방법론에서 본다면 이는 납득할 만하다. 왜냐하면 언제 유비가 피상적인지, 언제 유비가 현실적으로 존재에 출현하는지에 대한 논리적 기준을 제공하는 것이 현실적으로 불가능하기 때문이다. 이것은 하나의 순수한 논리적 문제이다. 그 해결은 유비 속에서 상호 관계 지어진 현상들의 현상태에 달려 있는 것이다. 이 점에 대해서는 어떠한 추상적 규칙도 존재할 수 없다. 매우 비슷하게 현상하는 과정들의 배후에는 전혀 상이한 것들이 감추어져 있으며, 전혀 닮지 않은 직접적인 특성들의 배후에 비슷하게 닮은 것들이 보인다. 때문에 유비는 결국 일반적으로 볼 때는 진정한 인식수단이 아니다. 하지만 유비는 새로운 현상들에 반응하고, 그것들을 이미 인식된 체계 속에 배열하는 자연스럽고 뿌리칠 수 없는 방식이다. 유비는―사전에 가능한 통제 없이도― 현실에 대한 인식 과정의 시초에 있으며, 때문에 그것은 과학적 사유의 발전에서 ―유비에 의한 시험과 무관한― 가설을 위한 주관적 충동으로 격하되는 것이다.

이러한 존재론적 상황으로 인해 사유의 시초 단계에서의 유비는―본래

---

86) Hegel: *Enzyklopädie*, § 190, Zusatz; HWA 8, S, 343,

적인 의미에서의 시초에 따른— 예외적인 역할을 담당한다는 것, 일상적인 사유는 오늘날에 이르기까지 실천적으로 지극히 중요한 문제들에서 유비에 기초해 있다는 점이 분명해진다. 예를 들어 우리가 일상적 삶에서 인간의 인식이라고 부르곤 하는 것 대부분은 크건 작건 지난 경험들에 대한 과감하거나 혹은 제한적인 유비적 일반화이다. 그러므로 초보적인 유비추리의 형성과정과 그것을 체계화하는 과정에서 노동과 같이 인간 현존재를 그토록 심오하게 근거 지은 복합체가 핵심적인 의미를 얻을 수밖에 없다는 것은 분명하다. 노동경험을 존재 전체에로 확장하는 일은 두 가지 주된 측면을 보여준다. 첫째로 사물들, 과정들 등의 목적론적인 실현이라는 사실은 자연히 —노동 자체에서는 올바르지만, 노동을 벗어나서는 논리적으로 지극히 의심스러운— 결과를 자기 안에 포괄하고 있는데, 자연 자체에 대해서 이야기를 한다 해도 그렇게 발생한 사태는 구체적인 정립적 의도의 산물로서 발생한 것이다. 보다 발전된 단계에서, 수많은 부정적 경험들을 거친 이후에 우리의 앎의 간극을 메우기 위해, 우리가 실제로 부분적으로 지배하는 상태에서 실천적으로 완전하게 지배하고자 하는 초월적이고 인식 불가능한 영역의 세계로 진입하기 위해, 현실에 대한 그러한 경험적 탐구가 불가피하게 자연발생적으로 등장한다. 이러한 초월을 지배하려는 최초의 탐구에 주술이, 그와 유사한 종류의 유비가 근저에 놓여 있다는 것은 의심의 여지가 없다. 때문에 추상적 구조에서 본다면 주술은 노동과, 그리고 노동이 실행하려 하고 계속적으로 형성하려는 데 도움을 준 시초의 인식과 대단히 많은 형식적 유비를 지니고 있다. 우리는 프레이저(James George Frazer)[87]가 이러한 현상들을 현재 우리 시대에 나타나는 것보다는

---

87) 제임스 조지 프레이저(1854~1941)는 영국의 인류학자·민속학자·고전학자이다. 주저 『황

여러 가지 면에서 진지하고 덜 인위적인 방식으로 고찰했다고 믿는다. 해결되지 않은 일상생활의 영역을 실제로 지배하는 주술적 탐구에는 노동의 시초에서 보이는 것과 대단히 유사한 세계관이 근저에 놓여 있다. 이른바 인간에게 알려져 있지 않은 비인격적인 배치나 과정 등을 인간에게 봉사하도록 정초함으로써 인간에 대한 위험을 제거하거나 적어도 완화시키려고 하는 것이다. 물론 이러한 과정은 노동 자체의 과정과 달리 검증되고 통제될 수 없기 때문에, 그것을 보완하기 위해서 의식적인 것이(주술의 언어, 주술의 의식 등), 특정 상황하에서는 인간이 실제로 지배하고자 했던 과정들(동굴 벽화나 춤 등)에 대한 미메시스적 모방이 등장하지 않을 수 없다. 두드러진 특징은 수많은 방법들이 나중에 종종 —반쪽의— 미신의 형태로 연명될지라도 그 방법들이 최초의 노동과정에 붙박여 있고, 또 이로부터 대단히 오랜 시간을 경과해도 제거되지 않는다는 점이 두드러진다.

고도의 가변적인 형태에서 대단히 다양하게 수행된 주술로부터 종교로의 이행은 그 본질에 따르면 인간이 자연과정에 대한 주술적인, —노동 유비적인— 그리하여 직접적인 지배의지를 포기하도록 강제한다는 데에, 인간이 —다시금 유비적으로— 이러한 과정 배후에서 그것을 정립하는 힘들(신, 악마, 반신 등)을 기획하고, 자신의 노력을 오로지 여러 가지 시도를 통해 그러한 힘들의 호의를 얻고, 그리하여 이제 그것들이 그 나름대로 사건의 진행을 특정한 사회적-인간적 관심에 맞추어 규제하도록 맞추는 데 있는 것이다. 여기서 유비는 사회화의 길을 따른다. 이러한 관념이 발전할수록, 그 관념은 주술로부터 더욱 멀어지고, 더욱 정신적이 되면서, 그러한 관념들 속에 인간노동의 모델이 보다 분명하게 등장한다. 그리하여 예

금 가지(*The Golden Bough: A Study in Magic and Religion*)가 유명하다. (여주)

를 들어 모세의 창세기에는 노동자에게 요구되는 휴식의 교대, 체계성, 필요가 전체적인 상 속에 담겨 있다. 여기서 노동이 이제 노동산물의 정신적 정립으로 표현된다는 것, 여기서 파악된 목적론적인 결정이 물질적인 노동과정 없이 직접적으로 목적의 실현을 야기한다는 것은 한편으로는 주술의 유산이고, 다른 한편으로는 그러한 이데올로기의 발전에서 보다 발전되고, 보다 정신화되고, 보다 사회화된 전체 단계들을 보여준다. 우리는 곧바로 필연적인 정신화로 돌아가는 것이다. 여기서 예를 들어 헤파이스토스(Hephaistos)[88]가 아킬레우스의 방패를 여전히 자신의 수작업으로 제작했다는 것이 대비로서 언급될 수 있을 것이다.

창조신에게는, 따라서 인간의 노동경험의 유비가 노골적으로 근저에 놓여 있다. 하지만 이 과정에는 이처럼 보편적이고 영향력 있는 소외 형식의 완성된 구조를 가능하게 한 상세한 규정들이 존재한다. 노동과정의 단순한 유비에는 물성에 대한 존재론적 고찰방식의 의미를 천명하기 위해 이른바 마르크스가 사물화(Verdinglichung)라고 지칭했던 것이 등장하게 된다. 보다 포괄적이고 심오한 자연인식의 형성이 물리-화학적이고 생리학적인 과정을 자연에서의 존재의 진정한 근본원리로 파악하는 데 결정적인 역할을 했을지라도, 사물의 실존은 단순한 가상이나 현상방식이 아니라 하나의 존재형식, 즉 근본적인 자연과정을 특정한 상황하에서 직접성 속으로 사라지게 하는 존재형식이라는 것이 분명하다. 마르크스는 과정적 성격을 자연의 제1원리로 확정함에 있어 지구의 발전이 과정임을 올바로 지적했다. 그럼에도 이것은 지구가 이 과정에서, 이 과정을 통해 지속적이고, 다양하고, 질적으로 변화함에도 변동 속에서 상대적으로 불변하는 특

---

88) Hephaestus. 그리스 종교에 나오는 불의 신. (역주)

정한 물성을 그 대상성 속에서 보존한다는 것과 결코 모순되지는 않는다. 그것은 자연에서 가장 아래에 있는 조약돌에 이르기까지 그렇다. 이에 따라 그 자체가 하나의 과정인 노동은 한편으로 자연과정을 인간이 직접 이용할 수 있게 만들고, 다른 한편으로 노동은 사물을 다른—다시금: 유용한—사물로, 도구로 사용되는 돌과 같은 것으로 전화시킨다.

앞서 개략적으로 기술된 과정과 사물의 이중성에서 아직은 그것들의 사회화를 통해서는 아무것도 변화되지 않았다. 그럼에도 다른 맥락에서 이미 우리가 강조했던 노동생산물의 존재방식에서 변화가 있다. 즉 그것은 하나의 대상일 뿐 아니라 대상화이기도 한데, 그 결과 우리에 대한 대상의 존재는 자연의 대상들처럼 한낱 인식과정의 산물이 아니다. 오히려 그 존재적 속성과 그 객관적 대상성의 현상태와 유기적이고 필연적으로 결합되어 존재함으로써 그것은 여기서는 따르기 어려운 차이를 구성하고 있다. 무엇보다 우리에 대한 이러한 대상적 존재는 오직 경제적 재생산과정에서만 그 존재를 입증하고 보존할 수 있다. 마르크스는 이러한 상황을 다음과 같이 기술한다: "노동과정에서 생산수단이 자신의 특성을 지나간 노동의 산물로서 드러낸다면, 마찬가지로 그 노동의 결함을 통해서도 드러난다 … 완성품에서 사용 속성들의 매개는 지나간 노동을 통해 소멸된다. 노동과정에 기여하지 못하는 기계는 무용하다. 게다가 그것은 자연적인 물질대사의 파괴력에 굴복한다. 철은 부식되고, 나무는 썩는다 … 산 노동은 이러한 사물들을 움켜쥐고, 그것들을 죽음으로부터 일깨우며, 그것들을 단지 가능한 것으로부터 현실적이고 능동적인 사용가치로 전화시켜야 한다."[89] 이러한 마르크스적 규정은 노동을 통해 생긴 우리에 대한 존재

---

89) *Kapital* I, a. a. O., S. 145-146; MEW 23, S. 198,

(Fürunsseins)의 본질을 분명히 보여주고 있다. 한편으로 이러한 본질은 오직 완성된 노동에서만 실제적 복합체의 실제적 구성요소로 존재한다.(미완성 노동의 산물은 자연상태에 머물러 있고, 자연적이고 한낱 사유 속에서만 우리에 대한 존재이다.) 다른 한편으로 사용되지 않는 노동산물은 다시금 단순한 자연존재로 전락한다. 그러므로 현실존재로서 이처럼 우리에 대한 존재는 단지 사회적 존재의 한 범주일 뿐이다.

하지만 객관적으로 존재하는 우리에 대한 존재가 경제과정에서 이처럼 특정한 사용(결과적으로는 처분)과 불가분적으로 결합됨으로써 이러한 사회적 존재 역시 하나의 사물화임이 드러나는 것이다. 이 범주의 특수한 규정들을 마르크스의 말을 가지고 설명하기에 앞서, 우리는 모든 노동과정에서 엄밀히 차별화된 기능들의 담지자로서의 특정한 사물을 배타적으로 사용할 때 그 기능들을 순전히 사물적 방식으로 관철시키고자 하는 경향이 생긴다는 점을 지적하지 않을 수 없다. 한 사회의 기술적이고 경제적인 노동방식이 발전할수록, 그 노동방식은 보다 다양화되고 보다 분명해진다. 여기서 소외로 발전하는 힘들이 영향을 미치지 않을 수 있는 곳은 직접적으로 전혀 없다. 전기 램프를 사용하는 경우를 예로 들어보자. 우리는 전기를 켜고 끌 때 버튼을 누르는데, 정상적으로는 여기서 누구도 그가 하나의 과정을 진행하거나 무효로 돌린다고 생각하지 않는다. 전기과정이 일상적 삶의 맥락에서 하나의 사물이 된 것이다. 일상생활은 그처럼 자연발생적이고 비의식적인 사물화의 고도로 발전된 단계일 뿐이라는 것이 분명하다. 아마도 우리는 하나의 과정에 대한 반응—그것이 생산이나 교환이나 혹은 소비에서 더 이상 의식적인 것이 아니라 일정한 반성을 매개로 수행되었건— 이 고려된 과정에서 자연발생적으로 사물화된 곳이면 어디서든 일반화시켜 말할 수 있을 것이다. 이렇게 발생한 외부세계에 대한 반응은 물론 자연과 관련된다. 강은 그 강을 지나는 배 못지않게 일상생활에서 규칙에 따라 사물화된다. 현실에 대한 이와 같은 실천적-사유적 태도가 얼마나 불가피한가는 언어가 —그것이 사회적인 소통의 수단으로서 다양하게 기여할수록 그 힘은 더욱 강해진다— 그 언어에 의해 표현된 과정을 사물적 형식 속에 표현하는 데에서 드러난다.(이미 이름과 명명의 주술적 역할에서 이러한 경향이 감지된다.) 다양한 이데올로기적 영역들(법과 행정, 그리고 언론 정보 등에서도)에서 언어의 사용은 끊임없이 이러한 경향을 강화시켜주고, 또 그러한 방향에서 일상 언어에 효과를 미치기도 한다. 일상적으로 진행되는 언어에 대한 정치적 언어의 지속적 투쟁은 이로써 인간이 자신의 삶의 직접적인 사건들에 대해, 그 담지자와 객체에 대해 취하는 내적인 태도가 얼마나 사물화되고 변형되었는가를 보여준다.

반복해보자. 지금까지 기술된 과정들은 그 본질에 있어서 우리가 똑같이 살펴보게 될 일상생활의 존재론에서 사물화의 중요한 토대가 되었던 사물화들, 말하자면 소외 자체로 가는 직행로서의 소외들과는 직접적인 관계가 전혀 없다. 다만 우리는 이전의 고찰들을 두 가지 방향에서 보충하지 않을 수 없다. 한편으로 소외의 관점에서 볼 때, 그 자체 '순수한 사회적 행동방식'은 그것이 일상생활 속에 깊이 들어갈 경우 이미 이러한 측면에서 직접적으로 작용하는 소외의 영향력을 강화시켜준다. 다른 한편으로 인간들의 삶의 관계들이 구체적이 아니라 추상적으로 사물화됨으로써 자연발생적이며 과정적으로 감지될수록, 개별 인간들은 그만큼 쉽게 소외의 경향들을 파악할 수 있다. 우리는 이렇게도 말할 수 있을 것이다. 말하자면 자연발생적 경향이 강할수록, 그만큼 소외의 경향에 대해 저항하기가 어려워진다. 이는 문명의 과정이 자연과 사회에 대한 끊임없이 새로운 인식을 산출한다는 것을 의미하지만, 그러나 이러한 인식이 그 자체 소외 일반에 대항하는, 또 종교에 대항하는 정신적 무기가 될 수 있다고 생각하는 것은 계몽의 환상으로 추락하는 일일 것이다. 우리는 단호히 정반대라고 말할 수 있을 것이다. 왜냐하면 인간의 일상생활이 —잠정적으로 아직은 지금까지 시사된 의미에서— 사물화된 삶의 형태와 삶의 상황을 창출할수록, 일상적 삶을 살아가는 인간은 정신적-도덕적 저항 없이 '자연적 소여'로서 그것들에 더욱 쉽게 순응하게 되고, 이로써 평균적으로 —원칙적으로 필연성은 없지만— 진정한 소외적 사물화에 대한 저항을 누그러뜨릴 수밖에 없을 것이다. 사람들은 사물화된 특정한 의존성에 익숙해 있으며, 소외된 의존성에의 일반적인 순응을 내면적으로 —다시금: 가능적으로, 사회적 필연성은 없지만 평균적으로— 키운다. 사물화, 일상적 소여에 대한 반응의 변화는 순전히 생산력의 발전에 따른, 사회적 일상의 사회화가 점증하는 경향에 따른 제한적 반성을 통해서 드러난다는 것이 분명하다. 사물화는 이전 시대의 마부의 인격적 태도보다는 오늘날의 운전자의 그것에 영향을 미치고 있다.

이 모든 것이 전제될 때 우리는 사물화에 대한 고유한 마르크스적 규정으로 이행할 수 있을 것이다. 마르크스가 그의 주저에서 도입한, 사회적 존재의 존재론에 근본적인 상품구조의 분석에서 그는 상품형태를 '유령과 같은 대상성'이라고 명명했다. 여기서 사용가치의 생산의 물질적이고 실제적이고 구체적인 대상과 과정은 "무차별적인 인간노동의 단순한 아교, 즉 그 소비형태에 대한 고려가 없는 상태에서의 인간노동력에 대한 소비"[90]이다.

이러한 토대 위에서, 자연발생적 필연성을 갖고 발생한 사회적 배치의 본질에 기초해서 인간사회의 물질적-정신적 재생산의 형태로서의 상품교

---

90) Ebd., S. 4; MEW 23, S. 52.

환으로부터 사회적으로 연관된 본래적인 사물화가 성장하는 것이다. 마르크스는 그 본질을 다음과 같이 규정한다: "상품형태의 심오한 비밀은 단순히 다음과 같은 사실에 담겨 있다. 즉 상품형태는 인간에게 그 자신의 노동의 사회적 성격을 노동산물 자체이 대상적 성격으로서, 이러한 사물의 사회적인 자연속성으로서 반영하고, 그리하여 총노동에 대한 생산자들의 사회적 관계 역시 그들 밖에 존재하는 대상들의 사회적 관계로서 되돌린다는 것이다. 이러한 되돌림(quid pro quo)을 통해 노동산물은 상품들로, 감각적이면서도 초감각적인 혹은 사회적인 사물이 되는 것이다 … 인간들에게서 사물들의 관계의 환상적 형식으로 받아들여진 것은 인간들 자신의 특정한 사회적 관계일 뿐이다." 마르크스가 종교적 소외의 본질적 징표를 마지막으로 인용된 구절과의 직접적인 연관 속에서 상기시켰던 것은 확실히 결코 우연이 아니다. "여기서 인간 두뇌의 산물이 그 자체의 생명을 부여받고, 서로 간에 또 사람들과 더불어 관계를 맺고 있는 자립적 형태로 비춰진다."[91]

우리가 '순수한' 사물화라고 지칭했던 것을 본래적인 사물화와 분리시키고 그것의 발생을 상품과 상품교환의 시대로 옮겨놓을 경우 우리는 마르크스의 이러한 규정에 대해 어떠한 모순도 발견할 수 없다. 사회적 존재의 속성에 대한 마르크스의 존재론적 추론은 실제로 두 가지 발생적인 출발점을 시사하고 있다. 한편으로 노동은 역사적-발생적으로 혹은 존재의 본질에 따라서도 인간화의 토대이며 인간존재의 고도 발전과 같은 재생산의 결정적이고 필수적인 추동력이라는 것이 언제나 일관되게 강조되고 있다. 다른 한편으로 마르크스는 『자본론』에서 사회의 존재와 생성에 관한 이론

---

91) Ebd., S. 38-39; ebd., S. 86 f.

적-역사적 총체 상을 노동의 분석에 의해서가 아니라 상품구조와 상품관계의 분석에 의해서 추론하고 있다. 여기서는 본래적 발생과 더불어 파악되는 존재론적으로 보다 늦은 단계의 인간화와 인간존재의 문제가 아니라는 것은 노동(사용가치를 창출하는 구체적인 활동)이 끊임없이 현재적이지만 동시에 늘 새롭게 지양되는 복합적인 상품관계의 계기를 형성한다는 데에서 드러난다. 구체적인 노동의 추상적 노동으로의 전화, 새롭게 대상화된 이 추상적 노동의 사회적 운명이 모름지기 역동적으로 상품의 본질을 만드는 것이다. 경제학적으로 볼 때 명백히 상품교환이 노동을 전제하는 반면, 노동이나 더 나아가서 노동의 사회적 분업으로의 발전은 상품의 존재 이전에 가능하다.

우리가 지금 이처럼 사소하리만큼 자명한 사태를 그 사회적-존재론적 속성 위에서 고찰한다면, 무엇보다 노동을 따로 떼어 고찰할 경우, 노동의 가장 원시적인 초기 형태로부터 고도로 현실화된 형태에 이르기까지 사회와 자연의 물질대사가 가장 포괄적인 계기를 형성한다는 것이 드러난다. 물론 분업을 조직하는 과정에서 순수한 사회적 규정들이 훨씬 큰 효력을 발휘함에도 불구하고 그러한 규정들이 지배하는 과정 그 자체는 이러한 내용을 상실하기보다는 다소 줄일 뿐이다. 이러한 측면에서 원시시대에 돌을 날카롭게 다듬는 것과 오늘날의 원자들의 충돌 사이에는 존재론적 차이가 전혀 없다. 과학적 인식이 현재의 목적론적 정립을 얼마만큼 포괄하는지와 무관하다. 그로 인해 이제 노동과정 자체에서, 말하자면 실제 노동을 수행하는 과정에서 본래적 의미의 어떠한 사물화도 발견할 수 없게 되는 것이다. 노동자는 실천적으로 모든 사물을 사물로서, 모든 과정을 과정으로서 취급해야 하며, 노동의 산물은 목적론적인 목적정립을 적절히 실현해야만 한다. 의식을 교정하고 통제하는 노동과정의 기능에서 (나타나는) 이러한 절대성은 그럼에도 오로지 저 대상화들과, 특정한 노동 자체의 목적론적 정립을 직접적으로 지향하고 있는 것과 관련된다. 이렇게 도달된 대상화에서 제작과정은 소멸하는 반면, 결함을 결정하는 모든 실천적 과정에서 다시금 그 제자과정은 사회적-인간적으로 부정성으로서 중요한 의미를 지니게 된다. "노동과정의 수많은 생산수단은 그 특성을 지나간 노동의 산물로서, 그리하여 그 결함을 통해 드러낸다. 완성품에서 사용성질들의 매개는 지나간 노동을 통해 제거된다."[92]고 마르크스는 말한다. 하지만 그러한 행위들에서 분명하게 확정하지 않으면 안 되는 것이 있는데, 그러한 행위의 정당성은 직접적이고, 철저히 실천적이며, 또한 구체적인 과정들과 사물들의 특정한 작용방식의 구체적인 상태와 관련되어 있다는 것이다. 즉 여기서 영향력을 발휘하는 주관적 의식이 달리 어떻게 표현되는가는 (따라서 사물화적 혹은 비사물화적으로) 이 단계에서는, 이러한 맥락에서는 아무래도 상관없다. 자연대상과 자연과정이 의식 속의 그 반영 태로부터 완전히 독립되어 있다는 사실이 여기서—물론 정확히 고정된 조건들하에서— 등장하는 사물화를 '순수한' 것으로 만든다. 다시 말해 사물화는 필연적 소외를 야기하거나 혹은 소외의 발생을 용이하게 하지 않는다. 이것이 얼마나 경우에 맞는가는 다음과 같은 사실에서 드러난다. 즉 제약된 반영태들의 상당한 부분이 곧 언어의 토대(언어의 사물화적 일반화와 더불어)인데, 이것들로부터 사회와 자연의 물질대사의 과정에서 발생하지만, 그렇다고 그것이 인간적 실천 속에서 자연발생적으로 반드시 소외로 가지는 않는다는 것이다.

이에 반해 구체적 노동의 추상적 노동으로의, 사용가치의 교환가치로

---

92) *Kapital* I, a. a. O., S. 145-146; MEW 23, S. 197.

의 전화는 순수한 사회적 과정, 오로지 사회적 존재의 범주들로부터 규정된 과정이다. 따라서 그러한 과정의 본질은 더 이상 자연적인 대상성을 사회적인 대상화로 전화시키는 것에 국한되지 않고, 대상화들의 사회적 역할과 기능 등을 경제-사회적 과정들의 역동적 복합체 속에서 규정한다. 하지만 유일무이한 주체로서의 인간이 사회와 자연 간의 순수한 물질대사에서 보듯 더 이상 주체를 초월한 연관 속에 모습을 드러내지 않는다는 것이 이러한 대상화의 본질에 속한다. 오히려 인간은 여기서 발생한 사회적인 상호작용들의 동시적인 주체와 객체가 되었다. 아울러 인간유의 발전에 그토록 중요한 자연적 한계의 제거가 사회적 관계의 사회화를 보증한다. 우리는 이미 다양한 맥락에서 언제나 인간의 개별적인 목적론적 정립이 그 직접적인 출발점을 형성하는 과정, 그럼에도 사회적으로 발생한 종합 속에서 순전히 인과적으로 창출된 과정, 또한 그 도정, 그 방향, 그 속도 등은 목적론과 전혀 관계가 없는 과정이 여기서 기원한다는 점을 지적한 바 있다. 그러므로 객관적인 면에서 비목적론적인 이러한 현실, 인간적 실천의 환경은 순전히 사회적인 것이다. 더불어 사회성 자체가 시작되는 바의 자연과의 물질대사는 그 자체 시초에서부터 사회적으로 매개되어 있다. 하지만 이러한 매개는 양적으로나 질적으로 끊임없이 성장하며 언제나 그 내용에서나 형식에서 인간적 삶 전체를 강력하게 지배한다. 이제 잘 알고 있듯, 사회의 인과적 과정은 실천 주체들 속에서 선택적 결정들을 유도함으로써만 관철될 수 있기 때문에, 이러한 정립들이 지닌 변화되고 보다 사회화된 특성은 변화된 방식에서 역으로 그 주체들에 영향을 미치는 것이다.

만일 우리가 이러한 변화들을 존재론적으로 파악하고자 한다면, 인간들의 이 새로운 존재방식의 일차적이고 근본적인 형태가 본래적인 의미에서의 인간의 경제활동을 형성한다는 점을 잊어서는 안 될 것이다. 새로운 '유령과 같은' 교환가치의 대상 형식이 경제발전의 증가 정도에 따라 보다 광범위하고 보다 보편화된 사물화를 창출하는데, 이러한 사물화는 가장 높은 단계인 자본주의에서 직접 소외로, 자기소외로 전화된다. 노동자에게 그 자신의 노동력이 시장에서 다른 상품들과 마찬가지로 구매하지 않을 수 없는 상품으로, 교환가치로 된다는 점을 지적하는 것으로 충분할 것이다. 노예를 말하는 도구로서 구매하고 판매하는 것으로부터 하나의 필연적인 길이 시작되는데, 그 길을 탐구하는 과정에서 한편으로 그 길은 분명한 경제-사회적 진보로 이어지고, 다른 한편으로 그리고 동시에 ―경제 형태들이 변화하면서― 사물화와 소외가 사회적으로 발생한 자기사물화와 자기소외로의 증가라는 점을 결코 잊어서는 안 된다. 여기서 그 과정이 근본적으로 얼마나 사물화되었는가가 화폐가 일상생활에서 (거기서뿐만 아니라 그것을 넘어 일반적인 경제적 실천에 이르기까지, 마르크스의 경제이론에 이르기까지) 담당하는 역할을 보여준다.

여기서 곧바로 그러한 사물화가 어떻게 종교로 전화될 수 있는가가 분명해진다. 고대의 황금에 대한 끔찍한 탐욕(Auri sacra fames)[93]과 같이 어쨌든 부정적인 (교활한) 형태에서 그렇다. 그럼에도 소외의 존재론적 형태로서 저주는 부정적인 표시에서와 다르지 않게 '정상적인' 신격화와 구분되지 않는다. 우리는 다른 맥락에서 교환가치의 성공적인 취급이 칼뱅주의(Calvinismus)[94]에서 구원의 확실성(certitudo salutis)에 대한 신적 표시로 작용했음을 지적한 바 있다. 지금은 극단적인 자기소외로 가는 이 필연적인

---

93) Auri sacra fames!(저주 받으리만큼 가증스런 돈에 대한 탐욕!) (역주)
94) Calvinismus. 칼뱅주의(Calvinism) 또는 개혁주의(Reformed Theology)는 하나님의 절대적 주권을 강조하는 개신교의 사상 및 신학 사조로서 종교개혁을 통해 체계화되어 당시 개신교 주류의 신학으로 자리 잡은 사상을 가리킨다. (역주)

길이 경제적 생산에 직접 속하지 않는 사회적 삶의 모든 표현 속으로 어떻게 침투해 들어갔는가를 상세히 설명하는 자리가 아니다. 이러한 행위들의 한 예를 제시하는 것으로 충분할 것이다. 신분사회에서 개별 인간들의 외적이고 내적인 삶의 방식은 그들의 신분을 통해 규제된다. 따라서 이 시대의 정신적 고등 사기꾼은 배우로서 보다 높은 신분에 속한 장점을 개인적으로 박탈할 수 있기 위해 그들의 사회적 현존 방식의 외면성만을 소외된 물화의 대상으로 만들어야만 했다. 그것들 가운데 많은 부분을 오늘날까지 실행할 수 있는 매력은 이를 위해서는 그들 자신의 인격의 정신적 활성화가 필수적이라는 점에 기초해 있다. 오늘날 마르크스가 말했듯, 인간이 그들의 사회적 지위에 대해 맺는 관계가 순전히 우연적인 곳에서는 고도의 겉치레로 전락한 명품소비가 이어지는데, 그것은 어떤 경우든 자기소외적이며 개인을 왜곡하고 비하하지 않을 수 없다.

사회적 존재의 이 같은 발전은 종교적 소외에서도 보인다. 물론 이행과정이 대단히 유동적이고 불균등할지라도, 상당한 면에서 우리는 발전을 주술에서 종교로 가는 도정으로 지극히 단순하게 표시할 수 있다. 프레이저는 마르크스주의와 전혀 무관하게 인간 문명의 진보의 관점에서, 그 발전이 인간에게 알려져 있지 않고 알 수도 없는 상태로 작용하는 존재의 힘에 맞서 인간 속에 내재하는 무력감을 일깨웠던 점에서, 이러한 이행을 올바로 추론했다. 이러한 발전과 더불어 "사람들은 동시에 자연의 진행을 인간 자신에게 고유한 독립적 힘을 가지고, 즉 주술의 도움으로 지배하려는 희망을 포기했다. 인간은 한때 그들이 공유했다고 생각했던 저 초자연적인 힘의 유일한 보존자로서 신들을 우러러보게 되었다. 그리하여 인식이 진보함에 따라 종교적 제의에서 기도와 제물이 주도적인 위치를 차지했고, 한때 동등한 자격을 인정받았던 주술은 점차 배후로 밀려나 어둠의 기술로 격하되었다.[95] 여기서 주목할 만한 점은 비록 프레이저가 사물화와 소외의 문제에 대해 전혀 예감하고 있지 못했을지라도, 종교의 발전에서 그것들의 보다 고차적인 단계를 기술하는 사태를 분명히 제시하고 있다는 것이다.

따라서 사물화에 관한 이러한 종류의 고유한 문제는 마르크스에 의해 분석된 상품교환의 현상과 더불어 시작된다. 인간의 고유한 실천은 인간 자신에 의해 사물화된다는 점에 본질이 있다. 그렇게 발생한 사물화에서 보편성, 양적인 속성은 당연히 경제 자체의 발전 방향과 고유한 특성에 달려 있다. 인간들 상호 간의 실천적 관계의 침투는 상품교환이 그 기능들에 영향을 미치는 방법에 의해 규정된다. 또한 이러한 확정이 지금까지 설명된 것의 진실성을 강화시켜준다. 즉 사회의 발전, 사회의 지속적인 사회화가 인간들에 의해 자연발생적으로 수행된 사물화의 참다운 속성에 대한 인간의 통찰을 결코 강화시킬 수 없다는 것이다. 오히려 그와는 반대로 이러한 삶의 형태들에 무비판적으로 예속되어, 그것들을 모든 인간적 삶의 불가분적 요소로 더욱 강화시키고, 인격을 더욱 단호하게 동화시키려는 경향만 증가하는 현상이 보인다. 발전이 안고 있는 수많은 대립과 불균등이 이러한 맥락에서 고찰될 때 그것들은 그 본질을 드러낸다. 고대 노예의 존재에서 보듯 탈인간화의 증가나 노예 소유주의 자기소외와 같은 것을 생각해보라. 이러한 소외는 인간을 말하는 도구로 지칭하는 데 이미 담겨 있다. 그 자체로 보아도 노예는 이미 하나의 소외이며, 심지어는 관련된 모든 사람에게도 그렇다. 하지만 노예가 하나의 보편적 상품이 되고, 상품화라는 사물화 원리가 인간 상호 간의 관계에서 인간의 본질을 '자연적'이

95) Frazer: *Der goldene Zweig*, Leipzig 1928, S. 132

며 야만적으로 제거할 때, 소외는 역으로 인간을 철저히 왜곡하면서 객관적인 존재형식에 도달한다.(똑같지는 않지만 비슷한 현상을 우리는 봉건제에서 노동임대와 생산물임대가 화폐임대로 전화하는 데서 관찰할 수 있다.)

이와 관련해 이중운동이 보인다. 한편으로 발전은 특정 형태의 자기사물화를 제거하는데, 여기서는 대체로 자연적 제약이 줄어들고 보다 초보적인 사물화는 보다 정교한 사물화를 통해 해체되는 형태로 진행된다. 이는 대다수의 인간에게 있어 삶의 경제적 토대를 자연발생적으로 고양시킬 뿐만 아니라, 동시에 그처럼 스스로 사물화된 것들의 인간화와 탈인간화도 야기한다. 이와 관련해 동물적인 것이 아니라 언제나 사회적-인간적인 잔인성이 증가하는 동시에 제거되는 경우를 생각해보라. 즉 쉬니 칸(Dshingis Khan)과 아이히만(Karl Adolf Eichmann)[96]의 비교가 명백히 이러한 동시적 이중운동을 예시해준다. 모름지기 경제 필연적인 의미의 혁명적인 생산관계들로부터 이러한 관계들에 상응하여 똑같이 필연적인 사회적-개인적인 행동방식들, 내부적으로 이중운동을 야기하는 행동방식들이 발생한다. 특정한 경우 이러한 행동방식들은 확실히 사물화 형태들을 인간의 발전과 양립할 수 없어 소멸시키지만, 그럼에도 동시에 보다 발전되고 보다 사회화된 새로운 형태를 창출한다. 때때로 이러한 형태들에는 새로운 사물화를 향한 보다 강력한 경향이 내재해 있다. 따라서 지금까지의 모든 진보는 후퇴가 되고, 존재론적으로 엄밀하지 않은 지금까지의 모든 사회발전 이론은 지양 불가능하고 내재적으로 모순된 불균형으로 인해 좌초하지 않을 수 없다.

---

96) 카를 아돌프 아이히만(1906~62)은 종종 "홀로코스트의 건축가"로 지칭된다. 그는 나치의 고위 공직자이자 SS 친위대장으로서 유대인 대량 학살을 주도했다. (역주)

현재의 새로운 사물화와 소외의 형태가 언제나 경제적 진보의 산물이라는 통찰이 없다면, 우리는 경제-사회적인 발전과정에서의 사물화와 소외를 결코 이해할 수 없을 것이다. 진보에 대한 속류-기계론적 이해는 보다 낡은 시물화 대신에 사물화의 징도와 관련해서 보다 완전하고 새로운 사물화를 정립하려는 사회-경제적인 강제 앞에서 이론적으로 무기력하게 서 있다. 그러한 이해는 자본주의의 옹호자들이 오랜 시간 그러했듯, 현학적으로 이 새로운 사물화를 세계로부터 논구하려 하거나 혹은 인간적 진보에 절망하지 않을 수 없다. 현대의 잘 조작된 사물화에서, 이 사물화로부터 성장한 소외에서 진보의 정상을, 당연하고도 적절한 '역사의 종말'을 일별하고 있는 저 신실증주의적 사회학자들만이 하나의 예외를 이루고 있다. 이에 반해 자본주의에 대한 낭만적 비판은 종종 새로운 사물화의 형태와 소외의 형태에 대해 경제적으로 낡은 단계를, 보다 초보적이고 사회적으로 덜 분화된 사물화와 소외를 출구와 모델로서 대치시키기 위해 그것들을 첨예하게 비판했다. 유형적으로 그릇된 이 두 가지 직관을 극복하기 어려운 까닭은 각각의 직관이 동시에 올바른 계기도 담고 있다는 데 기인한다. 속류 진보론은 논박하기 어려운 고도 경제발전의 지속적 경향에, 즉 우리가 이미 반복적으로 묘사했던 세 영역에 기초해 있다. 여기서 이러한 경제발전은 의심할 여지없이 즉자적인 유적 존재에서 실현된 진보를 보여준다. 이에 반해 낭만주의의 반자본주의에서는 즉자적인 유적 존재로부터 대자적 존재자에 이르기까지 개별적인 돌파가 원칙적으로 언제나 가능하다는 데에 진리의 계기가 놓여 있다. 하지만 그러한 돌파는 스스로에게 호의적인 상황하에서는—물론 이러한 상황이 언제나 있는 것은 아니지만—사회적으로 적절한 경향으로까지 확장·심화될 수도 있을 것이다. 참다운 변증법을 사유 속에서 올바로 파악하기 위해서는 유적 존재를 향한 인간적 발전 내부에서의 동일과 비동일의 동일에 대한 통찰이 필요하다.

주지하듯, 마르크스가 상품교환에서 그 교환에 대한 무비판적-직접적인 관계에서 상품에 이데올로기적이고 필연적으로 내재하는 것으로 기술했던 사물화는 불가피하게 인간의 자기사물화로, 인간의 생명과정의 사물화로 발전하는데, 이러한 과정을 통해 이러한 유의 사물화는 앞서 기술된 보편적이고 존재론적인 형태와 달리 곧바로 소외로 이행하는 내적 경향을 담고 있다. 이 후자의 경향이 한 사회의 경제-사회적인 삶에서 지배력을 강화할수록, 그 자체—소외의 관점에서 볼 때—'순수한' 소외의 형태가 소외의 견인차를 형성할 경향성도 더욱 확대되는 것이다. 때문에 이데올로기적인 발전을 파악하려는 모든 시도는 대단히 모순적인 발전의 불균등성으로부터 출발해야만 한다. 한 측면에서 볼 때, 노동의 성장 확대와 아울러 그것과 병행해서 자립화되어가는 과학의 계속적 발전이 인간 고유의 사회적 실천과 관련해서 인간의 통찰을 배가하고 심오하게 한다면, 다른 측면에서 볼 때 동일한 경제발전이 사회적 사물화를 인간의 사유 및 감정의 삶속에 고정시키는 것과 마찬가지의 범위에서 전자가 후자를 유발한다는 것도 의심의 여지가 없다. 이 후자의 사태가 다시금 일상생활의 존재론을 구성하는 사태이며, 모름지기 여기서 어떻게 그러한 일상적 경험이 과학에 의해—부분적으로— 비판되고 반성될 뿐 아니라, 종종 그럴듯한 근거로 지지되고 강화되는가가 쉽게 감지될 것이다. 우리는 육체와 영혼의 유명한 문제를, 영혼이 육체와 무관하게 실존할 가능성을 인정하는 문제를 생각할 수 있다. 고대의 장례의식은 '영혼'의 완전한 독립적 실존에 관해서는 아무것도 보여주지 않고 있다. 오히려 고대는 영혼이 산 자에게 좋은 일을 하도록 혹은 그들에게 나쁜 일이 일어나지 않도록 (죽은) 육체에 대한 주술적-제의적 취급 방식을 담고 있다. 따라서 죽은 자는 사회적으로 물화되지 않은 사유에게 적어도 앞서와 마찬가지로 육체와 영혼의 궁극적 불가분성을 입증하는 강력한 증거가 된다.

지금까지 반복적으로 지적했듯, 목적론적 정립의 주체가 직접적으로 노동생산물의 '창조주'로서뿐 아니라 생산을 스스로 주도하는 독립적으로 존재하는 능력(Potenz)으로서 나타나는 바의 노동이야말로 영혼의 독립적이고 창조적인 실존 가능성에 대한 결정적인 —직접 논박하기가 어려운— 증거를 제공한다. 창조주 개념과 사물화 개념의 연관에 대해 우리는 이미 논구한 바 있다. 우리는 또한 예리하고 적확한 형이상학적인 분리가 현실적으로 기능하는 과정을 "독립적이고", 상호 무관한 능동적이고 수동적인 실체로 분열시켰다는 것과, 그리하여 생산물의 생성의 존재를 그러한 창조적 행위로부터 설명할 수 있음을 보여주었다. 이제 우리는 노동에 내재적으로 포함되어 있으면서도 상품교환을 통해 비로소 충분한 '정신적 성격'을 계발한 창조적 주관성이 어떻게 여기서 이루어지고 있는 인간의 자기 사물화를 통해 독립적이고 정신적인 삶을 영위하는 존재로 '완성되는'가에 주목한다. 사물화된 생산물이 그러한 창조를 논리 필연성을 갖고 요구한다는 것은 이미 살펴보았다. 이제 상품교환 속에서 이념적인 것의 물질적-실재적인 것으로의 이행과정을 생략한 직접적인 전화가 일반적인 사회현실이 된다면, 이로써 상품의 '유령과 같은 대상성'이 사회적으로 일반화되고 심화될 것이다.[96] 따라서 이념적 계기가 완벽한 자기정립 속에서 이 세계 전체의 '창조주'로 표현되었다는 것은 분명하다. 제 과학은 그러한 문제들을 전혀 건드리지 못한 채 주로 구체적인 과정을 그 직접성 속에서 탐구했을 뿐이다. 이에 반해 과학 이론들(방법론, 인식론 등)은 나름대로 —일상

---

97) *Kapital* I, a. a. O., S. 69; MEW 23, S. 52.

생활의 존재론의 압력이 아니라— 모름지기 이러한 배치로부터 시작해서 그것을 모든 현존재의 필수적 소여로 간주하고 있다. 이것과 반대되는 것으로는 오직 칸트의 인식론적인 문제설정, 즉 '어떻게 그것이 가능한가?'만이 발견된다. 여기서 그러한 견해들의 역사를 상세히 언급할 수 없을지라도 오늘날 지배적인 견해들과 다르게 우리는 인식이론들이 전반적으로 그것의 출발점으로 일컬어지는 저 객관구조의 참다운 존재론적 속성과 완전히 무비판적으로 대립해 있다고 분명히 말할 수 있을 것이다. 이러한 사정은 '근대화될수록' 더욱 심화될 것이다. 그럼에도 참다운 존재 물음을 가능성에 비추어 단호히 배제하는 것은 —"순전히 과학적으로" 남고자 하는— 그 방법론의 본질에 속할 것이다. 칸트 자신과 비교해서 신칸트주의자들이 그렇고, 유력한 그 창시자들과의 관계에서 신실증주의가 그렇다. 카르납(Rudolf Carnap)[98]은 이 점을 다음과 같이 분명하게 말한다. "과학은 실재(Realität)의 물음에 대해 긍정적인 태도도 부정적인 태도도 취할 수가 없다. 왜냐하면 그러한 물음은 전혀 의미가 없기 때문이다."[99] 이러한 입장은 순수한 조작을 예찬하고, 실재의 문제를 완벽하게 배제한다는 의미에서 생각된 것이다. 왜냐하면 그로부터 직접 이어지는 정초작업에서 카르납은 아프리카에 산이 현실적으로 존재하는지 혹은 전설인지를 결정해야 하는 지리학자의 예를 끌어들이기 때문이다. "경험적 현실"과 관련해서 카르납은 자신이 존재 물음에 대해 어떻게 답변하는지에 관계없이 동일한 결

---

98) 루돌프 카르납(1891~1970)은 현대 독일의 분석 철학자이다. 처음에는 프레게, 러셀의 영향을 받아 기호논리학에 의한 '세계의 논리적 구성' 파악을 위해 노력했다. 타르스키의 의미론(意味論)을 배우고 논리학 및 수학의 기초를 구명, 논리실증주의자 중에서도 형식화된 인공적인 기호논리학에 의해 명제의 분석을 철저히 했다. (역주)

99) Carnap: *Scheinprobleme in der Philosophie*, Hamburg 1966, S. 61.

과에 도달한다. 산이 현실적으로 존재하는지에 관한 물음은 카르납에게는 철학적인 가상의 문제이다. '경험적 현실'이라는 용어를 가지고 그렇게 조작한 탓으로 신실증주의는 모든 참다운 존재물음으로부터 벗어난다. 그럼에도 두 명의 학자가 산을 보고, 걸어보고, 측량해볼 때, ―철학자로서가 아니라 일상의 평범한 사람으로서― 그들 모두 자신의 현실적인 발이 현실적인 토대 위에 서 있다는 등의 것에 대해 단호히 확신하고 있다는 것은 분명하다.

이 극단적인 예는 사람들이 인식론적으로 존재를 어떻게 세계로부터 분리시켜 조작할 수 있는가를 보여준다. 이는 우리의 문제에 대해 지극히 중요한 의미를 갖는다. 왜냐하면 존재문제를 그처럼 배제하는 일에 언제나 머물러 있어서는 안 되기 때문이다. 후설(Husserl)은 본질직관에 대해 방법론적 조건으로서의 현실에 대한 '괄호 치기'를 본질직관에 위치시켰다. 그의 후계자들은 ―이미 셸러가 그렇고 결정적으로는 하이데거도 그런데― 모름지기 여기서 하나의 새로운 관념론적 존재론을 위한 출발점을 발견했다. 현상학에서 말하는 현실이 괄호 속에 놓이는 순간, 진행과정 자체가 본질적으로 현상 자체의 고립적 사물화를 의미하는 순간, 이제는 모든 현상학 집단으로부터 복잡성, 과정, 상호작용 등이 사라졌다. 때문에 '괄호 치기(In-Klammer-Setzen)'는 비존재자를 존재자로 변형할 뿐만 아니라, 특정한 상황하에서 ―실존주의에서뿐만 아니라 구조주의에서도 일상적으로 나타나는― 비존재자로부터 본래적이고 본질적인 존재자를 만드는, 대중적이고 현대적인 인식론적 방법이 되었다. 일단 의식적이고 인간적인 주체성이 사회적 존재를 구성하는 진행 중인 과정적 요소들로부터 스스로 움직이는 실체로 ―20세기에서와 마찬가지로 고대 후기에서도 사유 속에서 쉽게 수행되었던 것이다― 사물화될 경우, 사물화 과정은 더 이상 어떠한 제약도 받지 않을 것이다. 하지만 우리는 —다시금 앞서의 인식론적 태도와 달리— 인간존재가 자신이 태어난 공동체에 뿌리를 내리는 일이 개인의 삶을 추동하고 보호하고 의미를 부여하는 원리가 되기를 멈출때, 사인(私人)의 삶이 그 개인에게 본질적인 삶이 될 때, 사회적인 일상적삶의 전개가 그러한 존재를 필요로 하고, 그것이 기억하고 체험했던 것에대한 조건을 산출한다는 것을 잊어서는 안 된다. 호머의 하데스(Hades)[100]에서는 생 일반의 생생한 가치만이 피안과 대립해서 효력을 얻었다. 또 훨씬 나중에 테르모필라이(Thermopylä)[101]의 계곡에 갇힌 스파르타인들의 경우에, 그리고 —다소 변경을 가한다면(mutatis mutandis)— 소크라테스의경우에도 폴리스를 위한 봉사에서 오직 자기보존만이 인간의 삶에 하나의 중심을, 하나의 의미를, 하나의 진정한 존재를 부여하는 것이고 사후에(폴리스 시민의 기억 속에서) 영원한 삶을 가능하게 하는 것이다. 폴리스(공동체—역자)의 문화가 해체되고, 사적인 삶이 개인들의 유일한 존재방식으로자각될 때 비로소 순수한 개인적 삶의 의미 혹은 무의미의 문제가 제기되는 것이다. 스토아주의와 에피쿠로스주의[102]는 이미 이러한 세계상태에 기초해 있었다. 그들은 —불리한 사회상황하에서 오로지 자신의 힘으로— 스스로에게 의미 있는 삶을, 아울러 의미 있는 죽음을, 다시 말해 의미 있는삶을 의미 있게 마감하는 죽음(자살 허용의 문제)을 가능하게 하기 위해 개인적 삶을 개인적으로 만들어가는 개별 인간들의 도덕적 힘들에 호소하고

---

100) 그리스 신화에 등장하는 명부(冥府)의 세계. (역주)
101) 그리스 중부 칼리드로몬 산괴와 말리아코스만 사이의 동해안에 있는 좁은 고개. 페르시아
　　　군이 침범했을 때 스파르타의 용사 300인이 이곳에서 결사 항전한 것으로 유명하다. (역주)
102) 에피쿠로스(B.C. 341~B.C. 270)가 가르친 철학 또는 이 철학의 원리에서 유래한 인생관
　　　과 삶의 양식을 포괄하는 윤리체계. 일반적으로 쾌락·행복이 최고선이라고 주장하는 쾌
　　　락주의와 동의어로 사용됨. (역주)

있다. 그럼에도 이렇게 철학적으로 근거 지어진 방법이라는 것이 오직 현자들의 지적이고 도덕적인 귀족주의일 수밖에 없다는 점이 사태의 본질에 놓여 있다. 즉 대중은—자유시민들은— 처음부터 그들과 함께 생각할 수 없다는 것이다. 물론 우리는 그 자체 민주주의적이어서 모든 시민과 연관된 폴리스 윤리를 역사적으로 단순화해서는 안 된다. 현실적으로 실현된 보편성에 관해서는 아무런 이야기도 할 수 없다는 것을 알기 위해서는 아리스토파네스(Aristophanes)[103]의 희극을 일별하는 것으로 충분할 것이다. 그럼에도 불구하고 당위는 여기서 원칙적으로 모든 사람을 지향하는 반면, 스토아주의는 원칙적으로 현자만을 염두에 두고 있다. 사회적으로 본다면 그것은 하나의 양적인 차이이다.

때문에 헤겔이 말한 '불행한 의식'의 발생지인 이러한 형식들은 폴리스 도덕의 경우에서처럼 실천적 의미의 보편적 타당성은 말할 것 없이 현실적 의미의 보편타당성에도 도달할 수 없다. 이렇게 발생한 불행한 의식은 한낱 사적인 실존을 인간들의 정상적인 일상적 실존으로 만든 분열의 의식이다. 의식은 헤겔의 올바른 기술에 따르면 인간 속에서 "이중적으로 모순된 본질의 의식"으로서 기능한다. 상황은 인간 자신 속에서 본질적인 것과 비본질적인 것 간의 모순에 기초해 있다. 즉 폴리스에서는 처음부터 여기에 속하는 것과 저기에 속하는 것이 분명하다. 여기서 "단순하고 불변적인 것"은 본질로서 —이미 형식적이어서 사물화와 구체화를 요구한다— "여러 모로 가변적인 것"은 비본질적인 것으로서 모름지기 직접적으로 주어진 인간의 특수한 속성이다. 폴리스의 윤리에서 궁극적이고 결정적인 원리

---

103) 아리스토파네스(B.C. 450경~B.C. 388경)는 고대 그리스 희극을 대표하는 극작가이다. 『바빌로니아 사람들』, 『구름』 등의 작품이 있다. (역주)

로서의 민중의 복지는 처음부터 한편으로는 스스로 구체화되고 현실화되고 다른 한편으로는 특수한 인격의 존재 요구를 무시하는 반면, 인간의 실존과 실천의 새로운 원리가 인간과 그 인간이 살아가고 있는 사회의 분열로부터, 따라서 인간의 내적인 분열로부터 발생한다. 여기서 이러한 분열은 사회의 사회화된 형식과 참다운 인간적 개체성이 점진적이고 지속적으로 발생하는 바의 저 과정의 최초의 이데올로기적인 현상형식이라는 것을 잊어서는 안 된다. 그에 대해서는 이미 헤겔에게서 단초가 존재함을 돌이켜볼 때 비로소 우리는 이러한 변화의 현실적 의미를 평가할 수 있을 것이다. "불행한 의식"(또 기독교로의 그 발전)으로부터 발생한 형식이 인간본질의 봉인이자 왕관으로 이해되는 한, 인간본질은 불가피하게 왜곡되고, 그리하여 인간과 연관된 사물화에 대한 비판이 불가능하게 될 수밖에 없다. 이로 인해 두 원리가 추상화되고 모순되는 결과가 나타난다. 헤겔은 이러한 의식의 형태를 지극히 추상적이기는 해도 본질적인 측면에서 올바로 기술하고 있다: "불행한 의식은 애초에 그 의식에 대해 동일하지 않고 대립되어 있던 양자(불변자와 가변자—역자)의 직접적인 통일이므로, 의식에게 한쪽은, 즉 단순한 불변자는 **본질**이고, 여러 모로 가변적인 다른 쪽은 **비본질인 것**이다. 하지만 의식은 불변성의 의식 혹은 단순한 본질의 의식이므로 동시에 비본질적인 것으로부터, 말하자면 자기 자신으로부터 자유로워지려고 해야만 한다. 왜냐하면 비록 의식이 독립적으로 가변자만을 지향하고 불변자는 그에게 낯선 것이라 할지라도, **의식 자체**는 단순하고 불변적인 의식이며, 그리하여 그 불변자를 **자신의** 본질로 의식하기 때문이다. 그럼에도 의식 자체는 다시금 스스로가 이러한 본질이 아님을 의식하고 있다."[104] 본질적인 것은 직접적이고 존재론적으로 비실제적이고, 오직 추상적 당위로서만 사회적 존재를 점유할 수 있다. 반면 비본질적인 것(특수한 인격)은 설령 그것이 인간 자신에 의해 인간을 지배하는 존재방식으로는 폐기되어야 한다 할지라도 직접적이고 실질적으로 가장 강력한 영향력을 지닐 수 있다.

이러한 모든 모순이 직접적으로는 해결과 성취로서 자기 물화를 발전시켰으며, 또 그것에 상응하는 '창조주'의 발생을 요청했다. 본질적인 것은 사회적 존재로부터 자연발생적으로 구체화되지 않기 때문에 추상적 성격을 지니지 않을 수 없다. 그럼에도 이러한 성격은 단순히 구체적인 경우에서가 (법과 도덕의 정립에서 필연적이고 빈번하게 등장하는 것처럼) 아니라 그것이 정립된 상태에 그것을 적용하는 데서 문제가 되는 것이다. 왜냐하면 본질의 필연적이고 보편적인 원리는 직접적으로는 오직 비본질적인 것의 본질화로서만, 개별적인 영혼의 해방의 길로서만 충족될 수 있기 때문이다. 설령 발전과정에서 지나치게 구체적인 정립들이 종교로부터의 이러한 해방의 조건으로 설정된다 할지라도, 이러한 조건들이 해방 일반에서뿐만 아니라 개별 인간으로서 개별 인간을 지향한 것에 내적이고 사실적으로 고정된다는 것은 언제나 모순적이고 문제도 많다. 개별 인간은, 그가 현재의 사회적 존재 속에서 부딪히는 규정들을 특수성을 넘어선 현존과 본질로서 자기 자신의 것으로 긍정하고 실현하고자 할 때 유적 존재가 될 것이고, 또 될 수 있을 것이다. 그러나 보편적이고 개별적인 목적으로서의 영혼의 해방은 모름지기 유적 존재의 이러한 구체적인 매개들을 뛰어넘어야 하고, 인류 전반의—초월적—구원과 함께 개인적 삶의 완성은 직접적으로, 그렇기 때문에 지양 불가능한 모순을 통일시켜야만 한다. 한편으로 현재 주어진 인간의 특수성은 객관적으로는 언제나 현재의 즉자적 유적 존재의

104) Hegel: *Phänomenologie des Geistes*, Leipzig 1909, S. 159; HWA 3, S. 164.

실현 그 자체이다. 우리가 살펴보았듯, 이것이 객관적으로는 대자적인 유적 존재의 구체적인 가능성의 공간을 창출하기 때문에, 그렇게 발생한 모순들로부터 해결할 수 없을 만큼의 깊은 갈등들이, 현실적으로 해결할 수 없을 정도의 비극이 발생할 수 있을 것이다. 하지만 모순들은 사회-역사적인 구체적 존재 안에서의 갈등으로 남아 있는 반면, 이데올로기적으로는 이중적인 추상화를 야기하지 않을 수 없다. 즉 인간의 본질이 인간 자신에게 초월적이 되는 것, 말하자면 (사회적인) 인간적 삶의 피안으로부터의 선포가 되는 것이다. 인간은 모름지기 피안에서 충만을, 자신의 특수성 너머로의 고양을 모색하는데, 이 특수성은 사물화로 인해 자신의 사회적 존재를 그에게 내재하지 않는 가능성으로 보여줄 수 있다. 이 사회적 존재에는 자신의 특수성, "가변적인 비본질적인 것"이 그 자체에서 마찬가지로 사물화의 타락을 경험하지 않을 수 없다는 것이 대응한다. 특수성은 더 이상 대자존재로의 고양이 그 안에 가능성의 여지로 주어진 —설령 현실화가 비극적 파국에 이를지라도— 즉자적인 유적 존재의 표현이 아니다. 특수성은 인간 속에 있는 한낱 동물적인 것으로, 인간적-야만적인 것으로 사물화되기 때문에, 초월적인 도움에 의해서만 인간에게 자연스러운 동시에 무가치한 이 야만적 상태로부터 해방될 수 있는 어떤 것으로 사물화되기 때문에, 사회적 존재는 오히려 타락을 감내하지 않으면 안 될 것이다.

먼저 이러한 배치에서 항구적으로 정립된 수많은 창조주-피조물 관계를 고려하지 않고서도, 우리는 영혼과 육체의 형이상학적 분리의 결과에서 생기지 않을 수 없는 사물화에 대해 주목한다. 앞서의 단계에서 즉자적인 유적 존재와 대자적인 유적 존재가 인간의 발전단계를 나타내는 반면, 양자는 그럼에도 똑같이 동시에 인간의 삶의 형식들을 다양한 종류의 경향들의 통합적 총체로 규정한다. 이러한 총체성 속에서 물질적인 것과 의식적인 것이 끊임없이 생동하는 상호관계를 맺고 있다. 그럼에도 이제 야만의 영역으로서의 비본질적인 것의 영역이 영혼에 대해서 일종의 육체적인 감옥이 되고, 그 감옥을 벗어나는 일이 영혼의 의미 있는 실존을 보장할 수 있다. 이러한 구성은 이미—이교도적인 토내에 머물러 있는— 신플라톤주의자에게 존재한다. 그들은 전반적으로 사유화되어 있는 다양한 이단들의 본질적인 세계관적 활동을 지배했다. 초기 기독교에서 야수성을 근본적으로 벗어나 스스로 그로부터 해방되어 삶의 유의미성으로 고양시키려는, 비본질적인 것과 본질적인 것 사이의 존재론적 근본 분열이 세계 심판자에 의해 최종적으로 봉인된 요한계시록의 소망과 꿈의 이미지로 고양시키려는 이러한 동경이 급진적이고 환상적인 방식으로 일관되게 증가했다. 이처럼 스스로 도달하려는 과정에서 구원된 영혼의 차원에서 그 어떤 것에 의해서도 방해받지 않은 영원한 길이 신성에 의해 제시되고 보증된다.[여러 가지 신화적인 변용에도 불구하고 이러한 집단이 신봉하는 마니교(Manicheismus)에 속한다.] 천상의 피안의 초월성에 대해 지상의 내재성이 대비되는 것은 그렇다 하더라도 여기에는 존재론적으로 결정적인 하나의 대립이 보인다. 즉 지양 불가능한 과정성, 지상에서 결정된 모든 생활양식의 현재적 관계성과 구원된 영혼의 존재 안에서의 영속화된 궁극적 상태 간의 대립. 물론 여기에는 내면적으로나 외면적으로 다양한 단계를 지닌, 가장 평범한 것에서 가장 숭고한 것까지 미치는 인간의 동경이 은폐되어 있다는 점을 간과해서는 안 된다. 우리는 노인들의 시간을, 종종 삶 전체를 영원히 채워야 할 삶의 소망들의 영속적 상태에 별 생각 없이 고착시키고자 하는 연금생활자의 이상에 대해 말하고 싶지는 않다. 하지만 우리가 인간적으로나 도덕적으로 보다 고상한 것, 지극히 숭고한 것을 생각한다면, 끊임없는 재생산에 의해 사축된 지속, 항구적인 자기생산이 과정으로서의 지속과 특정한 영적 높이의 고수에 대한 보증으로서 '영원한' 상태의 지속 간의 결정적인 대립이 간과되어서는 안 된다. 후자의 의도 속에는―인간적인 내용이 그토록 심오하고 그토록 강력하게 진정한 가치를 영속화하려 할지라도― 사물화에 기초하려는 태도가 내적인 존재론적 필연성을 띠고 담겨 있다. 모든 인간적인 속성, 모든 수행능력, 모든 덕성 등은, 그 지속적 성격이 언제나 끊임없이 혁신되는 개별적 정립들―이러한 정립들의 연속성이 지속적 재생산을 구성한다― 에 기초하지 못할 경우 곧바로 사물화되는 것이다. 심지어 정립행위의 반복에서 생기는 그것들의 단순한 재생산은 기계적인 반복으로 인해 다소간 경직된 사물화로 변형될 수 있다.

구원에 대한 모든 동경을 충족시키는 일은 오직 물화된 형태 속에서만 일어날 수 있다는 것을 간취하기란 어려운 일이 아니다. 구상하고 실현을 모색하는 과정에서, 무엇보다 그러한 충족을 꿈꾸는 과정에서 어떠한 지성, 어떠한 열정도 이 같은 사물화의 존재론적 필연성을 벗어날 수는 없다. 단테(Dante)의 '신적 희극'에서 보듯 인간 인격의 구원에 대한 동경을 최상의 시적 표현을 통해 구현해본다면, 우리는 '낙원'의 현학적이고 그럴듯한 성공과 늘 새로운 '지옥'의 생생한 영향 간의 대립 속에서 다음과 같은 사실을 간취할 수 있다. 즉 거기(지옥)서는 비극적 혹은 희비극이 교차하는 해결 불가능한 갈등이 인간적인 삶의 과정을 존재론적으로 참된 과정적 성격 속에서 반영하는 반면, 여기(낙원)서는 참다운 덕이 사물화로 고착되는바, ―결국에는 연극적이고, 기껏해야 주관적이며 서정적인― 가상의 운동들이 그림자 속으로 사물화되지 않은 생명의 가상을 부여할 뿐이라는 것이다. 이것은 우연이라기보다는 선한 속성을 영속화하고 단순한 약점은 말할 것도 없이 나쁜 속성을 제거하는 식으로 인간 현존재를 정립하는 데서 이어지는 불가피한 결과이다. 인격을 재생산하기 위한 항구적인 투쟁과정이 소멸함으로써 인격 자체가 고정된 총체성으로 사물화될 뿐만 아니라, 개별적인 속성들마저 확실하게 사물화되고, 아울러 그것들이 상호 간에 양적으로 측정 가능하게 천상의 위계 속에서 배열될 수 있고, 내면의 카타르시스적 과정으로 이어지는 그것들의 투쟁을 중단시키고, 따라서 극단적인 경우에는 죄와 속죄를 일종의 상품교환 속에서 사물화하는 것(면죄의 문제)도 가능할 것이다. 우리는 자본주의 사회에서는 "인격의 존엄이 교환가치로 해소된다."[105]고 '공산당 선언'이 주장했다는 것에 대해 이상주의적 측면에서 비난하곤 한다. 하지만 기독교에서 말하는 영혼의 구원이 —정신화되기는 했지만— 교환가치와 다른 어떤 것이란 말인가? 물론 세속적인 사물화, 덕과 악덕의 시장적 의미의 상품화가 노골적인 형태로 등장하여, 선험적-신학적인 형태에서 있었을 때보다 (아마도 오늘날까지도 그런데) 훨씬 쉽게 감지될 수 있다는 차이는 있다. 여기서는 역사적인 세부 사항을 논급함이 없이 인간 자신을 통한 스스로의 삶의 형태를 지향한 저 초월의 정립행위가 사물화의 하나의 계열, 하나의 집단, 심지어는 하나의 체계의 사물화를 야기했다는 것에만 주목하고자 한다. 이러한 사물화로 인해 인간 스스로가 보다 쉽게, 속수무책으로, 심지어는 열광적으로 소외되고, 또 인간을 비하시키는 원리에 대한 이데올로기적인 투쟁이 소외 속에서 내부적으로 저지되고, 완벽하게 지양되는 이데올로기적인 결과를 낳게 되었다.

저항하기 어려워 보이는 소외의 이러한 위력이 갖는 중요한 이데올로기적 계기는 목적론적으로 정립하는 주체의 절대 자립적이고 실체적 존재를

---

105) MEGA V S 528; MEW 4, S, 465,

받아들이는 데서 나오는 사물화 형태이다. 우리는 이미 이러한 문제를 다룬 바 있는데, 이제는 이러한 정립의 방식에서 사물화하는 동기를 좀 더 구체화하는 것이 관건이다. 이미 여기서 존재론의 기로에 이르는 출발점에 도달하게 된다. 즉 이러한 정립적 주체가 발전의 산물이라고 한다면, 그 고유의 활동은 필연적으로 더욱더 과정적 성격을 띠게 될 것이다. 그것은 자기재생산적이고 자기보존적인 삶의 양식의 연속성에서의 통일과 다르지 않다. 그럼에도 과정에서만 자신을 보존하고 혁신할 수 있는 통일 속에서 천 번 수행된 결정은 수많은 경우에서 결정이 똑같이 실패할 것이다에 대한 하나의 가능성을 (하나의 확률을) 의미할 뿐이다. 인간적 현실에서, 그것이 순전히 물리적이거나 생리학적으로 결정되지 않는 한, 오직 하나의 필연성만이 '파괴의 형벌에서' 영향력을 발휘하기 때문에, 그처럼 자주 반복되는 정립들 가운데 어떤 것도 새로운 상황하에서 그러한 정립의 복원을 절대적으로 보증할 수 없다. 그것은 이미 사회적 존재의 존재론에서 하나의 객관적인 근본 사태이다. 앞서 기술한 사물화를 통해 전혀 상반된 이데올로기적 가상이 발생한다. 이러한 가상은 상황에 따라 다수의 사유와 체험 속에서 작용하기 때문에, 우리가 일상생활의 존재론이라고 지칭했던 것을 구성하는 객관적 요소가 되고, 그 결과는 참여자의 의식 속에서 객관적 존재로 나타난다. 아울러 주체와 환경 사이의 상호작용, 낯선 현실의 운동이 주체에게 제기하는 문제에 대한 그 주체의 응답은 사라지고 만다. 그의 행위는 주체의 속성의 형이상학적 결과이거나 환경의 힘들의 기계적인 결과가 된다. 그러한 확신이 확장·심화되기 때문에, 그로 인해 사물화가 사회적인 힘의 변수가 되고, 그리하여 이 사물화가 일상적 삶을 살아가는 인간에게 —현실적으로 순전히 이데올로기적 속성임에도 불구하고— 하나의 현실로서, 다름 아닌 그 현실로서 영향을 미치게 되는 것이다. 모든 사회 세계로부터뿐 아니라 유기체를 지배하는 생리학적 법칙으로부터 인간 존재가 실질적으로 독립해 있다는 의미로 지금 다루고 있는 인간의 자립적 실존의 경우에서, 무엇보다 존재의 피조성(被造性)뿐만 아니라 현존재의 현상태의 피조성도 문제가 된다. 물론 이렇게 피조된 것뿐만 아니라 불변적으로 보존되어 있는 것 —원초적으로 창조된 실체성— 의 구체적 형식들도 역사적으로 교체된다. 하지만 이러한 형식들은 결정적으로 안정적 성격을 보존하고 있다. 사물화의 이러한 본성은 원죄에서 가장 풍부하게 나타난다. 왜냐하면 원죄에서는 온갖 역동적인 모순들을 지닌 인간존재의 특성이 기계적으로 고정됨으로써 오직 초월적으로만 지양 가능한 사물화에 종속되어 있기 때문이다. 하지만 이처럼 사물화되고 실체화된 전체는 이러한 자신의 구조를 세부적인 부분들 속에 보존해야만 한다. 인간의 개별 속성들, 그의 악덕과 마찬가지로 덕(德) 역시 똑같이 그처럼 고착된 존재 방식을 보존하고 있다. 따라서 마침내 소멸한 것이 종교적인 언사에서 언제나 다시금 등장하고, 아울러 현상태에서의 인간의 피조성에는 이미 그의 —초월적— 구원 혹은 타락이 담겨 있다. 물론 이러한 이해가 종교발전의 모든 단계를 똑같은 방식으로 지배하고 있는 것은 아니다. 하지만 인간 주체의 행동 가능성은 자기 자신과는 반대로 이 영역에서는 똑같이 초월하고 사물화하는 특성이 있다. 이러한 주체는 기도 중에 극명하게 초월적인 힘에 대하여, 우리의 구원에 중요한 어떤 것에 대하여 호소한다. 고행은 단지 외견상으로만 참으로 활동적인 과정으로 보인다. 왜냐하면 고행에서는 영혼-육체의 복합체의 특정 부분이 고립되고 물화되고 분리되기 때문이다. 결국 고행의 조작을 통해서는 정반대로 영혼에 대한, 영혼의 구원에 대한 육체의 영향이 파괴되고 만다. 사물화하는 주체의 자립화 행위는 존재론적으로 언제나 통일되 —물론 모순과 갈등 속에서 움지이기는 하기만—삶의 과정을 사유 상으로나 실천 상으로 분열시키게 되는데, 그 과정에서 삶의 과정의 능동적인 구성요소들이 고정되기도 하고 '실체적으로' 끊임없이 작용하는 사물화로 고착되기도 한다. 종교사 전체는 생의 역동적인 계기들의 이러한 고착화와 —명백히— 그것에 대한 저항으로 채워져 있다. 이단 및 종교와 관련해 즉각 다루어지는 문제는 새로운 토대 위에서 발생하는 새로운 사물화로 채워진 사물화와 그 사물화에 대한 투쟁의 과정으로부터 멀리 떨어져 있는데, 물론 완전하게 떨어져 있는 것은 아니다. 모름지기 인간적 삶의 과정의 고착화와 재고착 사이에서 끊임없이 이루어지는 사회-역사적 변동의 사실에 따르면, 여기서는 결코 사물들이, 즉 존재적이거나 혹은 영원한 실체성들이 문제될 수 있는 것이 아니라, 단순히 실제과정의 사물화가 문제시될 수 있다는 것이 드러난다. 독단 외에는 사물화된 것이 전혀 존재하지 않는다. 그럼에도 독단의 경우와 달리 그 본질과 내용이 항구적인 변화에 종속되지 않은 것은 거의 없다.

그럼에도 그러한 사물화 과정은 종교의 영역에만 한정되지는 않을 것이다. 상품교환과 자본주의 경제, 또 나중에 그로부터 성장한 조작, 그것이 갖는 특정한 이데올로기적 반영은 매일, 매시간 사물화를 대규모로 산출한다. 그 경제적인 원형을 마르크스 자신이 기술했다. 마르크스는 그 복잡한 현상형태에서 원초적 모델로 되돌아가는 법을 결코 놓치지 않았다. 나는 그 풍부한 내용 가운데 단지 하나의 예를 제시하겠다. 화폐자본에 대한 고찰에서 마르크스는 부의 사회적 성격에 대해 다음과 같이 기술하고 있다: "따라서 부의 사회적 현존은 사회적 부라는 현실적 요소들의 곁에, 또 그것을 벗어난 상태에 피안으로서, 사물로서, 사태로서, 상품으로서 나타난다." 마르크스는 이러한 분석을 화폐 위기로까지 발전시키는데, 여기서 "부의 사회적 형태가 그 자신 밖의 하나의 **사물로** 존재하는 것"처럼 나타나는 것이다. 또 마르크스는 경제발전에서 언제나 다시금 새롭게 재생산되는 사물화를 중요한 계기로 보여주고 있다. 여기서 마르크스는 경제의 객관적인 고도 발전이 심지어 그러한 사물화의 존재론적 불합리를 낳는 동시에 그럼에도 현상세에서는 이 불합리가 지양 불가능한 계기로서, 지배 이데올로기로 작용하는 계기로서 언제나 다시금 새롭게 재생산하고 있다는 점을 지적한다: "자본주의 체계는 상품 교역과 사적 교환에 기초하는 한에서 사실상 이전의 생산체계와 공통점을 지니고 있다. 하지만 그 체계는 이 점에서 가장 조악하고 또 가장 기괴한 형태의 불합리한 모순과 비합리를 띠고 나타난다. 왜냐하면 1) 자본주의 체계에서 직접적인 사용가치를 위한 생산, 생산자의 자기 사용을 위한 생산이 완벽하게 지양되어 있으며, 따라서 부는 오직 생산과 유통의 교직(交織)으로 표현된 사회적 과정으로서만 존재하기 때문이며, 2) 신용체계의 발달과 더불어 자본주의 생산은 이 금속(주조화폐—역자)의 제약, 동시에 부와 그 부의 운동이 지닌 사물적이고 환상적인 제약을 끊임없이 지양하고자 하지만, 언제나 다시금 이러한 제약에 머리가 깨지기 때문이다."[106]

이데올로기적으로 볼 때 이러한 사물화의 경향은 자본주의적 분업이 제 과학에 미친 영향에서 극명하게 드러난다. 이러한 효과는 분업으로 인한 차이에서 극명하게 드러나지는 않는다. 차이 자체는 정확한 인식을 위한, 현실에 대한 이론적이고 실천적인 장악을 위한 불가피한 전제이다. 사물화는 비로소 여기서 —어쨌든 일반적이고 대규모로— 나타난다. 즉 여기서 자연발생적으로 혹은 '인식론적으로 근거 지어진 상태로', 실천적으로 (올바로 혹은 그릇되게) 파악된 지식의 가지들의 자립성이 자립적 존재로서 독

---

106) Marx: *Kapital* III/II, a. a. O., S. 112-113; MEW 25, S. 589.

립적으로(sui generis) 파악되는 것이다. 아울러 여기서도 모든 현실적 과정과 마찬가지로 모든 실제적인 발생이 소멸된다. 이것은 실질적으로는 언제나 총체적이지만, 그 실제적 속성에서는 인식론적으로나 방법론적으로 이렇게 연관된 전체를 결코 고려하지 않고 있으며, 그럼에도 그러한 방법론과 그것에 상응하는 실천에 의해 관리되는 인식의 상은 이미 조작 가능한 임의의 존재로서 나타나고 있다. 이미 순수한 개별과학적 실천 속에서 이러한 태도의 결과가 드러나고 있지만, 그럼에도 그것이 지배하는 핵심 장소는 세계상에 이르기까지, 철학에 이르기까지의 제 과학의 종합이다. 우리 시대의 철학적 사유의 모든 위기는, 사물화가 실증주의적 몰과학성으로서, 그리하여 몰이데올로기성으로서, 조작적인 탈이데올로기로서 혹은 극도로 긴장된 주관적 자의로서, 또 그로 인해 결국에는 비합리주의의 우월로 나타나는지에 상관없이, 사물화의 이러한 배치(Konstellationen)로부터 발생하는 것이다.

이러한 사물화가 현대의 일상생활의 존재론에 뚜렷한 족적을 남긴다면, 그것은 삶을 벗어나 사유로 들어가는 것이지 그 역(逆)은 아니다. 삶이 갖는 이러한 인과관계상의 우위는 의식적인 객체화 자체 속에서 드러난다. 즉 언어에서 행위의 동기에 이르기까지 사물화 과정은 현대인의 모든 삶의 표현들에 침투해 있는 것이다. 이와 관련해 우리는 존재의 내재적 이해를 위해 창출된, 환경과 기계적으로 파악된 전승(傳承)과 같은 유사 존재범주들이 어떻게 진보를 지향하고 종교적 편견으로부터의 해방을 지향한 세계관을 일시적으로 완전히 사물화했는가를 생각해볼 수 있다. 종종 위대한 문학은 일반적으로 물신화의 경향을 벗어나는 데 성공했다. 하지만 이 당시 졸라(Zola)나 입센(Ibsen)과 같은 유명한 작가들에서조차 인간과 운명에 대한 뒤틀린 영향이 그들 작품에서 종교적 소외에 대한 강렬한 표현과 결합되면서, 결과적으로 이러한 사물화가 그들을 왜곡하고 한통속으로 만들었다. 인간의 자기 자신에 대한, 자기 자신의 행위와 능력 등에 대한 관계가 이러한 영향으로부터 자유로울 수 없다는 것은 분명하다. 톨스토이는 종종 '교양인들'이 예술적 재능을 독립적인 어떤 것으로, 여타의 인격과 무관하게 존재하는 것으로 이해하는 것에 대해 조롱했다. 그가 등장하기 전에 이미 쇼펜하우어가 이러한 논쟁의 정당성에 대해 다음과 같이 당당하고 의식적으로 선언하면서 대단히 설득력 있는 증명을 제시했다: 즉 철학자의 윤리는, 백화점 소유자가 자신의 양복을 재단사에게 제작하게 할 수 있는 완전한 권리를 갖고 있는 것과 마찬가지로, 자신의 삶을 위해 아무런 의무 없이 사물화된 세계에서 명증하고 참된 것으로 보이는 것이다.

이 모든 것은 경제발전의 모든 단계와 관련이 있는데, 이러한 발전의 근본 경향은 종교적인 소외로부터의 해방이다. 사물화의 소외효과가 이데올로기적인 저항운동이 출현하는 곳에서 보다 강력해질 수 있다는 것은 분명하다. 이러한 운동은 종교적인 이데올로기를 더 이상 직접적이고 단순하게 갱신하려는 것이 아니라 보다 새로운 과학의 성과를 정치-사회적인 반동에 봉사할 수 있도록 하는 것이다. 여기서 무엇보다 19세기의 인종이론을 생각해볼 수 있는데, 그것이 일종의 사회적 다윈주의와 맺고 있는 관계는 잘 알려져 있다. 마찬가지로 고비노(Joseph-Arthur comte de Gobineau)[107]에서 체임벌린(Chamberlain)을 넘어 로젠베르크(Rosenberg)-히틀러(Hitler)에 이르는 도정에는 인류의 발전사 전체가 이른바 원초적이고 본질적으로 변화되지 않은 형태에서 인종차별적 속성들이 끊임없이 모습을 달리하며 나타나 있다는 것이 잘 알려져 있다. 역사와 인간의 본질

---

107) 조제프 고비노(1816~82)는 프랑스의 외교관·작가·민족학자, 기회시 상기이다. (역구)

로부터 모든 과정, 모든 발전이 일관되게 사라져버렸다. 인간이란 ─혈통상─ 그의 인종적 본질의, 사물화의 순수하거나 불순한 구현과 크게 다르지 않은데, 물론 이러한 것들의 발생은 종교에서 신에 의한 인간의 창조와 마찬가지로 모호한 상태로 남아 있다. 이처럼 사물화하는 이데올로기는, 그것이 제국주의적 독점자본주의의 경제적 토대를 장악할 경우 파시스트적 체계와 같이 잘 알려진 소외가 되는 것이다. 그럼에도 사회주의의 사상(思想)적 기초이기도 한 경제적 토대와는 반대로 스탈린적 이데올로기가 마르크스주의 자체의 사물화를 야기했다는 점을 잊어서는 안 될 것이다. 마르크스에 따라 이행기에 소외의 상이한 형태들이 과거의 유산으로 가능하다면, 사물화가 이론과 실천 속으로 들어와 사멸할 것으로 판단된 소외의 경향에 새로운 생명을 일깨워줌으로써 그것을 양적으로 확장하고 질적으로 심화하는 것도 분명하다. 종종 다른 관점에서 제기된, 스탈린적 방법과의 근본적 단절에 대한 요구가 이 영역에서도 절실하다는 것을 보여준다.

파시즘에서 정점에 도달한, 대중의 반동적 흐름에 대한 독자적인 준비기에 신화의 쇄신, 신화시대의 복귀에 대한 동경이 점점 중요한 역할을 담당하게 되었다는 것은 결코 우연이 아니다. 유기적 세계에서의 다윈주의와 더불어, 모르간(Morgan)에서 발단된 인종학적 탐구와 더불어, 인간화의 전사(前史)와 역사를 하나의 내재적이며 내적으로 필연적인 역사과정으로 이해하는 과학적 토대가 발생하고, 그리하여 초월에 대한 모든 호소를 요정들의 왕국에서 추방하고 인간을 자연과 사회에 의해 만들어진 ─인간적으로 말하면, 자기창조적인─ 존재로서 개념화하게 되었다. 이 장의 결론에 가서야 비로소 다루어질 수 있겠지만 이데올로기적인 이유들 때문에 이러한 가능성은 공개적이거나 은폐된 저항을 유발했다. 공개적인 저항은 쉽게 개념화할 수 있다. 부르주아 사회에서는 신분질서와의 현실적이고 근본적인 단절을 수행하는 일이 극히 드물며, 그리하여 —심지어는 특별히 일상생활에서— 이 시대의 전통(혈통 등)이 생생하게 영향력을 발휘하기도 한다. 아울러 동물세계로부터의 인간의 출생에 반대하고, 신에 의한 인간 이 창조에 우호적인, 자연발생적이고 사회적인 가치편견이 생기는바, 여기 서 고상한 (혹은 귀족적) 기원이라는 '세계관적' 잔재가 피부로 느낄 수 있을 정도로 강조되는 것이다. 우리가 19세기의 무신론이나 범신론의 과거 해 방 정서가 다소간 퇴조했다는 점을 덧붙인다면, 부르주아 사회의 일상 속 에서 그러한 이론들의 창시자가 폐기처분된 현실은 더 이상 놀랄 만한 일 이 아닐 것이다.[108] 확실히 공식적인 종교의 메시지에 대한 참된 믿음이 상 당 정도 축소된 것으로 파악된다 할지라도, 반동적인 흐름들이 신화의 이 데올로기적인 부활에 대한 공감을 보존할 뿐만 아니라 이러한 공감이 지 식인들의 일상적 삶 속으로 침투하여 곧바로 정신적 위력이 되기도 한다는 점은 어렵지 않게 이해할 수 있다.

엄밀히 본다면 신화의 이러한 친화력은 단순한 유비에 기초해 있어서 명백히 자의적 유사성만을 담고 있을 뿐이지만, 그러나 사회적 필요에 비 추어볼 경우 그것이 우연적인 것은 아니다. 왜냐하면 신화 자체가 원시사 회의 상상적 탄생에 대한 묘사를 통한 그 사회의 "무엇을 할까?"라는 물음 에, 즉 존재 물음에 대해 창조를 사물화하는 존재의 기술로 답변하려는 태 도에 원초적으로 강력하게 규정되어 있기 때문이다. 어떠한 형식에서 발생 과정의 이러한 변형이 독특한 것으로, 초월적으로 규정된 존재로서 수행 되느냐는 것은 물론 장소와 시간에 따라, 특정 사회의 속성에 따라 지극히 다를 것이다. 우리에게 —현대적 문제의 관점에서— 중요한 것은 신화에

---

108) 수고에는 "야콥슨이 Nils Lyhne에서 이러한 사회상황을 묘사하고 있다."가 들어 있다.

의해 정립되어 현실적 타당성을 얻게 된 존재의 이데올로기적 이중성이다. 즉 한편으로 해당 인간집단의 초월적 창조를 계시의 분명한 확실성으로 기술하고 고착시키는 것이고, 다른 한편으로는 이러한 계시를 규칙에 따라 끊임없는 변형과정에 노출시키는 것이다. 외적 상황이 변화함에 따라, 내적인 속성과 아울러 특정 사회의 물질적이고 이데올로기적인 필요가 변화함에 따라 창조신화를 새롭게 해석할 필요가 생기며, 기원으로부터 보다 멀어질수록, 신화의 내용도 다소간 부분적으로 혹은 전면적으로 변형되게 된다. 지금은 이러한 변형의 종류를 상세하게 탐구할 자리가 아니다. 이러한 변형은 대개는 현재 관심이 되는 사회의 구조와 성장의 문제로부터 이어지는 것이다. 따라서 이러한 변화를 통해 능동적-창조적 영향을 미치는 기관들, 원초적인 형태를 보존하려는 성직자 사회들, 헬라(Hellas)에서처럼 모든 세대에서 거의 변화하지 않는 것을 산출하는 이데올로그들이 규정되는 것이다. 우리에게는 사회적인 욕구가 신앙으로 고착된 창세기의 존재와 그 결과로 인해 낡은 상태가 되었다는 것만이 중요하다. 일상생활의 계기로서 사회적 욕구가 갖는 기본적 성격은, 어떤 상이한 조건들하에서 또 이에 상응하는 상이한 내용과 형식 속에서 일상생활의 이러한 사물화적 반응들을, 창조과정의 사물화적 변형을 현재의 실천을 주도하고 통제하는 데 어울릴 법한 존재로 배치하는가와 또한 그러한 것들이 얼마나 크게 변화될 때 그 기본적인 욕구를 충족시키느냐에 있다.

소외라는 매개범주로서의 사물화가 공간적으로나 시간적으로 널리 확장되고 또 깊이 영향을 미치는 것에 대해 상세하게 논구하게 된 것은 무엇보다 다음과 같은 이유 때문이다. 말하자면 우리가 그 문제에 대해 오직 대략적으로만 상술할 수밖에 없을지라도, 여기서 등장한 연관들은 우리가 일상생활의 존재론이라고 지칭한 영역들의 본질과 영향을 좀 더 구체화하는 데 적합하기 때문이다. 앞서 살펴보았듯, 여기서 발생한 상황, 즉 사물화가 본래 이데올로기적인 성격을 띠고 있을지라도 그 사물화는 인간의 존재방식에 대해 영향을 미치고 있다는 것은 특별한 징표이다. 이러한 징표가 사물화의 이데올로기적 속성을 지양할 수 없다는 것은 당연하다. 그럼에도 다른 많은 이데올로기들이 대개는 이데올로기로서 직접적이고 분명하게 인간들에게 영향을 미치는 한에서, 말하자면 정신적 수단으로서 그들의 사회적 갈등을 해결하려고 하는 한에서, 사물화는 그러한 이데올로기들과 구분된다. 엄밀히 일반적인 의미에서 사물화 역시 그러한 종류의 이데올로기적 수단들과 크게 다를 바 없다. 이론과 실천이 직접적으로 연관되는 일상생활이라는 조건하에서는 이데올로기의 두 가지 상이한 종류의 기능이 가능하다. 즉 이데올로기가 순전히 당위의 형식에서 일상생활에서 개별 인간의 결단에 대해 방향과 형식을 제공하는 이데올로기로서 작용하든가, 혹은 그러한 결단 속에 담긴 존재 이해가 일상을 살아가는 인간들에게 존재 자체로서, 말하자면 자신의 삶을 자신의 노력에 따라 적절히 반응하면서 준비할 수 있는 바의 현실로서 나타나든가이다. 이러한 양분은 의심할 여지없이 사회발전의 보다 발전된 단계에 존재한다. 예를 들어 원죄에서 인간존재의 근본적인 사태를 간파하는 사람에게 아이는 그들의 부모를 존경해야 한다는 가르침은 당위로서 이해되며, 이러한 차이를 생각으로 명료화해야 할 의무감을 느끼지 않고서도, 즉 그것을 직접적이고 일반적으로 느껴야 할 의무감이 없이도 따르는 것이다. 아이는 예를 들어 원죄의 존재에 대해 추호의 의심도 일으킴이 없이 그 가르침을 주어진 경우에 포함시킬 수 있다. 필요하다면 그는 이전의 자신의 과오를 자신의 존재로부터 설명할 수도 있을 것이다. 하지만 그러한 분리에는 두 개의 유보가 필요하다. 첫 번째는 우리가 여기서 사회-역사적인 발전과 관계하는 것이지 결코 인간 공생의 초역사적인 '구조'와 관계하는 것은 아니라는 점과 관련되어 있다. 일상생활의 직접성에서 이루어진 존재와 당위의 효과적인 분리에 관한 풍부한 사회적 형식으로서 법은 상대적으로 사회적 분업의 보다 후기의 산물이다.

이에 반해 원시적 단계에서 존재론적으로 당위에 대응하는 것은 이 단계의 인간들의 의식 속에 생생하게 작용하는 것처럼 존재의 직접적인 결과로서 나타난다. 존재와 당위의 특정한 분리 역시 이데올로기의 영역에서는 (직접적인 노동에서 그 차이는 언제나 분명하다.) 진보적인 사회적 분업의, 사회의 삶에서의 자연적 제약의 축소의 필연적 결과이다. 우리의 두 번째 유보는 그것과 연관될 수 있고 또 연관되어야 한다. 우리가 노동과정에 대한 분석으로부터 알고 있듯, 모든 당위는 목적론적 정립의 유도와 통제로부터 발생하며, 그것의 올바른 실행은 물론 특정한 존재 상황에서, 그로부터 이어지는 존재 자체의 특정한 내용에서 발생하는 것이다. 모든 당위는 전제들뿐만 아니라 기대 결과들에서도 존재의 특정한 형태들을 전제한다. 따라서 존재로부터 당위의 분리, 당위로서의 존재의 가치는 존재로부터 완전히 독립된 지위를, 예를 들어 칸트와 그 후계자들에게서 존재를 절대화하는 '정립'으로 생각되었던 것과 같은 그런 지위를 결코 보존할 수 없다. 우리가 일상생활의 존재론에서 이데올로기의 효과를, 그것이 관련된 사람들에게 (가정된) 존재나 혹은 단순히 당위로 영향을 미치는지에 따라 고찰한다면, 그것에 의해서는 언제나 이데올로기들이 작동하는 내부에서 하나의 차별화만이 생각될 수 있을 뿐 존재와 당위의 존재론적인 대치는 결코 생각될 수 없다. 이런 방식으로 일상생활에서 존재로서 유효한 것은 그렇기 때문에 이데올로기가 되는 것을 결코 멈출 수 없다. 따라서 이데올로기의 사회적 삶의 의미는 사회적 갈등에 대해 그것이 적절히 투쟁할 수 있는지 여부에 기초해 있는 것이다.

당위와 존재의 형이상학적 분리에 전혀 관심을 갖지 않는 일상적 실천의 이러한 태도에는, 직접적인 행위의 관점에서 본다면 상대적으로 건전한 감정이 담겨 있다. 이러한 감정은 매일매일의 실천경험을 통해, 무엇보다 당위의 가르침은 대개는 재가(裁可)를 통해 사회적으로 관철된다는 사실을 통해 강화될 수 있다. 그 당시 막스 베버의 "가죽 헬멧을 쓴 사람들이 올 것이다."라는 표현이 분명히 보여주듯, 여기서 재가가 결정적인 역할을 담당할지라도 그것은 합법적인 당위에서만 문제가 되는 것이 아니다. 대체로 일상활동을 규제하는 전통과 관습, 그리고 습속 등이 그러한 재가가 된다. 하지만 그것들이 직접적이고, 그렇기 때문에 마찰 없이 흘러가는 일상생활의 여론에서 지극히 중요한 환경을 드러낸다 할지라도, 실천적으로 볼 때 그것들이 중요한 의미를 갖는다는 것을 잊어서는 안 될 것이다. 주재하는 기관이 없고 객관적으로 고정되지 않는 이러한 여론이 일상적 삶을 살아가는 모든 사람을 에워싸고 또 그들 속에 침투해 들어감으로써 그들의 행위는 이러한 여론 안에서 이루어지지 않을 수 없다. 여론은 그들의 행위를 구성하는 요소가 되는데, 그것도 그들의 일상적 현실을 규정하는 주된 요소가 되는 것이다. 그것이 학교이든 생가(生家)이든, 일터이든 집이든, 아이이든 성인이든 상관없이, 여기서 실질적으로 일상생활에 영향을 미치는 요인들이 발생하는 것이다. 특정한 명령이 인간의 반응을 규정하고자 하는 바로 그곳에서 존재적 성격(Seinsartigkeit)이 풍부하게 나타난다. 그러한 명령을 따르게 될지 또 얼만큼 따르게 될지에 관한 문제에서 어떻게 이러한 여론이 명령에 복종하거나 무시하도록, 혹은 그 명령에 거역하도록 기대될 수 있느냐가 당위적인 반대로서가 아니라 삶을 에워싸고 있는 속성으로서 그 자체 결정적인 역할을 담당하는 것이다. 예를 들어 우리는 우리 자신의 일상적 실천을 통해 확실한 합법적 명령의 파기가 어떤 경우에는 모욕이 되고, 다른 경우에는 "미묘한 신사적 행위"로서 이 여론에 의해 용납되는가를 알고 있다. 이로부터 전혀 다른 반응이 나오곤 한다는 것도 일반적으로 알려진 사실이다. 어떤 기만은 수치로서, 또 어떤 기만은 기교로서 이해되어야 하는가는 대부분의 경우 이러한 토대에서 규정된다. 이로써 ―법적 규제의 불변적 효력에서― 이러한 '존재'가 언제나 사람들에게 명백한 날조나 기만을, 불투명성 혹은 빈 구멍이 많은 본질을 보여주게 되는 것이다. 특정한 직관들이나 사건들 등에 대한 대중들의 태도에서 종종 보이듯 관찰자를 놀라게 하는 전환은 이처럼 사물화된 '존재집단'이 어떤 경우에는 파괴 불가능한 것으로, 다른 경우에는 사람들에게 영향을 미치는 부드러운 것이라는 데 그 근거가 있다. 아울러 일상적 존재에 대한 그러한 방식의 반응이 종종 기만에 빠진다는 것이 놀라운 일이 아니라, 그것이 종종 어떤 체제의 강함 혹은 약함을 직접적으로 올바로 표현한다는 것이 놀라운 일이다.

그러한 '존재'의 영향은 물론 좁은 의미에서의 일상적 인간의 실천에 국한되지 않는다. 이러한 실천은 현실 그 자체의 본질에 대한 그들의 확신과 긴밀한 관계에 있다. 이러한 현실이 일상적 인간의 두뇌와 가슴 속에서 어떻게 살아 있느냐는 그들의 실천적 태도를 이루는 직접적이고 가장 중요한 규정 근거에 속할 것이다. 이러한 직접성의 수준에서는 실제로 그들의 확신이 객관적으로 옳고 그르다는 것이 결정적인 요소는 아니다. 오히려 일상의 이론과 실천의 직접적인 통일에서 그 같은 확신이 어떻게 영향을 미치느냐가 결정적인 것이다. 이러한 확신과 반대되는 순수한 관찰자에게는 부당해 보이는 배치들(Konstellationen)이 오랜 시간 동안 아무런 마찰 없이 작동할 수 있을 것이다. 반면 객관적이고 합리적인 탐구방식은 실천의 이러한 지평을 완전히 벗어나 있으며, 따라서 일반적으로 실천의 견지에서는 전혀 고려되지 않고 있다. 예를 들어 인종학의 영역에 대한 우리의 지식이 증가함으로써 그 방면의 사실에 대한 흥미로운 자료를 풍부하게 대할 수는 있지만, 이로부터 사회석 존재의 존재론과 관련해서 일상의 직접성의 수준에서 올바른 결론이 도출되는 것은 아니다. 무엇보다 그러한 이데올로기적인 태도들이 경제적으로 특수한 현상이고, 그렇기 때문에 학문적으로 초보적인 상태일 뿐이라고 믿는 것은 하나의 역사적인 자기기만이다. 물론 노동과 분업의 발전, 일반적인 경제의 발전, 자연의 진행과 사회와 역사에 대한 지식의 확장·심화는 여기서 탐구된 이데올로기적인 표현방식에서 질적인 변화를 야기하는 것이다.

하지만 발전이 사물화를 이론적으로나 실천적으로 파괴하는 기능을 갖게 될 뿐이라고 믿는 것은 순진한 진보의 환상일 것이다. 오늘날에도 대규모로 존재하는 이러한 유의 환상가들은 발전이 통상 모든 사물화의 형식들을 파괴하는 동시에 새롭고 시의적절하게 잘 기능하는 법도 창출하곤 한다는 것을 간과하는데, 우리는 종종 사물화와 그로부터 발생한 소외가 원시 단계라기보다는 오히려 경제-사회적인 고도 발전의 산물이라는 것을 관찰할 수 있다. 마르크스는 예를 들어 지대의 이자로의 변화에 대한 분석에서 그러한 경우를 기술하고 있으며, 원칙적으로 다음과 같이 파악하고 있다: "특정한 경제관계들이 나타나고 실제로 총괄되어 있는 바의 비합리적인 형태의 매개는 그것들이 거래되고 교환되는 과정에서 이러한 관계의 실제 담지자와 전혀 관련이 없다. 그것들은 이러한 관계 속에서 움직이는 데 익숙하기 때문에, 그것들의 지성은 그 점과 관련하여 전혀 충격을 받지 않는다. 완전한 모순은 그것들에게는 결코 비밀에 가득 찬 것이 아니다. 내저인 연관에 낯설고 따로 고립됨으로써 무미건조해진 현상의 형식들 속에서 그것들은 물고기가 물속에서 느끼는 것과 똑같이 편안한 느낌을 갖는다."[109] 여기서는 사회적 존재 자체에서의 변화들이 초보적으로, 어쨌든 일상의 수준에서 다루어지고 있기 때문에, 이러한 변화들은 전적으로 혹은 대체로 방법론적으로 인식론과 논리학에 한정된 사유의 장치로는 파악이 불가능하다. 예를 들어 실용주의에서 직접적-일차적으로 그러한 복합체를 지향하는 사유의 태도가 발전되었다는 것을 관찰하는 일이 흥미롭지 않은 것은 아니다. 그럼에도 현실적인 존재론적 토대가 없었기 때문에 실용주의는 종종 올바른 관찰에 기초해 있기는 했어도 급진적 상대주의라는 국외적 형태를 벗어날 수 없었다.

이제 우리는 이렇게 획득된 토대 위에서 종교적인 소외를 주로 이데올로기적으로 매개된 소외들의 원형으로 분석했던 작업으로 되돌아갈 수 있을 것이다. 모든 종교의 일차적인 사회적 기능은 그 종교가 지배하게 된 특정 사회 혹은 사회들의 일상적 삶을 규제하는 것이다. 종교 이전에 주술의 시기가 앞섰다. 하지만 주술에서는 지극히 작고 원시적인 모든 공동체에서조차 일상의 공생(共生)을 어떤 식으로든 직접 규제하는 것이, 모든 개인의 일상적 실천을 보편적 관심과 일치시키려는 것이 삶의 문제였으므로 처음부터 갈등의 소지가 사라졌을 것이다. 계급차별이 시작되기 전에, 이때까지 공동생활 속에 등장한 개인들이 그들의 개인적인 욕구를 분명하게 형성하기 전에, 이러한 규제는 경험들의 전승보다, 그로부터 발생한 습속, 전통, 습관 등보다 훨씬 자연발생적으로 기능할 수 있다. 보다 발전된 단계에서 사회는 이를 위해 고유의 기관을 창출해야만 한다. 마르크스와 엥겔스는 적대적 이해를 가진 계급이 발생하면서 비로소 국가(또 그 안의 법)

---

109) Ebd., S. 312; ebd., S. 787.

가 지배계급을 위한 사회적 필요가 되었고, 그것에 상응하여 비로소 전체 사회를 지배했다는 것을 설득력 있게 보여주었다. 그럼에도 국가제도가 그 불가피한 일반화의 과정에서 한 사회의 보편적 이익을 (물론 지배계급의 이익에 상응하는) 옹호하면서 국가세도와 현실적으로 관련된 것들을 명령과 금지체계의 도움으로 그들을 위해 적절히 규제하기 위해서 일상적 개인들의 직접적 삶을 추상적이며 일반적으로 초월하지 않을 수 없다는 것은 그러한 제도의 본질에 속하는 일일 것이다. 물론 사회는 계급적이고 일반적인 이해를 특정한 욕구에 상응해서 일상적 개인들의 삶 깊숙이 침투해 들어가 근본적으로 관철시키기 위해 일상에서 도덕에 이르기까지 독립적이며 보충적인 교정수단들을 발전시켰다. 그럼에도 지금까지의 사회발전은 이러한 보충이 결코 충분하지 않다는 것을 보여준다. 오늘날에 이르기까지 어떤 계급문화도 도달할 수 없었던 수많은 개인들의 교화에는 상대적으로 높은 단계의 문화가 필요하며, 아울러 이러한 문화가 넓고 깊은 사회적 영향을 행사할 수 있어야 할 것이다. 점차적으로 자립화되어가는 과학, 철학, 예술과 같은 정신적 상부구조의 보다 높은 형식들은 한편으로는—원칙적으로— 사회의 내부적 정화에, 과거와 미래 사이의 연속성 속에서 그 역사적 위상에 대한 의식화에, 또 이로부터 발생한 인간적 과제에 절대적으로 필요하다. 그럼에도 다른 한편으로는 이러한 형식들은 그것들의 산물이 통상 일상생활 속에 깊이 개입해 있지 못함으로 해서 그것들에 광범위한 동시에 결정적인 영향을 행사할 수 없을 것이다. 따라서 모름지기 일상적 개인들의 주도적 관점에서 본다면 상이한 이데올로기적 형식들의 전 체계가 상당한 간극과 단절을 지니지 않을 수 없다는 것을 어렵지 않게 간파할 수 있다.

이로부터 직접적으로 종교에 대한 사회적 욕구가 성장할 것이다. 하지만 이로부터 사회적으로 진정으로 영향력을 행사하는 어떠한 종교도 법과 도덕과 마찬가지로 개별화되고 내적으로 엄밀하게 분화된 이데올로기가 될 수는 없다는 결론이 이어진다. 일상인의 지극히 특수한 개별적 이해의 관점으로부터 그 즉자적 총체성에서 현대 사회의 거대한 세계관적 욕구에 이르는 다리를 놓기 위해 종교는 복잡하고 지극히 분화되고 다면적인 형상을 띠지 않을 수 없다. 그럼에도 여기서는 단순히 상호 보완적인 이데올로기적 요인들의 체계가 문제시되는 것이 아니다. 가교(架橋)는 오히려 개인들의 특수한 삶과 사회의 보편적 물음 사이에서 생생하게 기능하는 결합이어야 한다. 심지어는 해당 개인이 그에게 제공된 보편적 문제에 대한 해법을 저 문제들, 즉 자신의 특수한 실존 속에서 자신의 특별한 생활양식의 필수불가결한 과제가 된 문제들에 대한 답변으로 체험하는 것도 중요하다. 또한 여기서는 일상적 삶의 이러한 목적정립은 그 내용에 비추어 볼 때 세속적이고 차안적이라는 것이 잊혀서는 안 된다. 어떤 사람도 초월적인 힘으로부터 차안의 세속적 목적정립을 위한 도움을 기대하지 못한다면 그러한 힘을 움직일 수 있기를 소망하지 않을 것이다.(따라서 그러한 힘의 존재에 대해 믿으려 하지 않을 것이다.) 종교적인 욕구의 출발점은 최소치이다. 막스 베버는 그의 종교사회학의 모두(冒頭)에서 똑같이 이 점에 대해 강조하면서 성경의 다음과 같은 말을 끌어들였다. "Auf dass es Dir wohl gehe und du lange lebst auf Erden.(이로써 네가 잘되고 땅에서 장수하리라.)"[110]

이 모든 것은 물론 지극히 일반적인 개요만을 제시할 뿐이다. 구체적으로는 모든 사회단계에서 개별적인 특수성뿐만 아니라 세계관적인 보편자

---

110) Max Weber: *Wirtschaft und Gesellschaft*, Tübingen 1921, S. 227. 에베소서 6장 3절. (역주)

는 질적으로 상이한 어떤 것을 의미하며, 그리하여 그것들 서로를 결합하는 이데올로기적 수단 역시 모든 사회구성체에서 질적으로 달라질 수밖에 없는 것은 당연하다. 대단히 일반화되고 도식화된 이러한 고찰은 다른 모든 이네올로기적인 형태들과는 반내로 모든 종교에서 언세나 존세와 기능상에서 하나의 특수성을 보여준다. 예를 들어 이론신학을 동시대의 과학 및 철학과 비교하는 작업, 그리하여 절대정신의 수준에서 이루어지는 종교에 관한 헤겔적 논의는 일차적으로 보편적이고 사회적인 종교 고유의 문제를 넘어서지 않을 수 없으며, 따라서 현실적인 문제의 핵심으로 들어갈수 없다. 비교와 상호 논박, 적응 등이 종종 커다란 의미를 지니고 있기는 하지만 종교의 사회적 운명에서 절대적으로 중요한 것은 아니다. 비록 신학적으로 형성된 독단이 유지될지 혹은 실천적으로나 이론적으로 순환을 벗어나게 될지는 일차적으로는 그러한 조화 가능성에 달린 것이 아니라 오히려 그것이 사람들의 일상적 삶을 얼마나 실천적으로 이끌어갈 수 있는가에 달려 있다. 아울러 신학이 세속적 인식 기관들과 벌이는 투쟁이 종교의 운명과는 별 상관없으리라는 주장도 있을 수 없다. 그러한 투쟁은 특히 상대적으로 발달된 사회에서, 무엇보다 격변의 시기에 한 사회의 주도 계층이 그 사회의 지배종교와 어떤 관계에 서는가에서 커다란 역할을 담당할 수 있을 것이다. 그것이 상황에 따라 중요해질수록, 이러한 영향은 오랜 진화라는 세속적인 잣대에서 더욱 커질 수 있을 것이며, 그러한 경향의 영향력은 사람들의 일상적 삶에서의 변화에 의해 매개적으로 관철될 수 있다. 지식인들의 불신은, 새로운 진리가 일상생활에서 관철되기 시작할 때, 말하자면 새로운 진리가 일상적으로 이루어지는 현실적인 실천에서 두드러질 정도의 중요한 의미를 얻게 될 때 비로소 사회적으로 연관된 대중적 정서로, 사회적인 위력으로 고양된다.

종교가 갖는 현실적이고 사회적인 생명은 모든 개별 인간들의 총체적 삶이 위에서 아래까지, 세계관이라는 최고의 문제에서 가장 조악한 일상적 관계에 이르기까지 전체 인민을 지배하려고 하는 그 보편성에 있다. 이러한 보편성은 현실(물론 초월도 포함된다.)에 대한 언명들의 —잠재적인— 보편적 체계 속에서 표현되며, 아울러 모든 개인의 실천 전체에 대해 현실과 관련되어 있고 또 그 현실에서 유래한 지침을 제공한다. 이러한 지침이 실천들을 규정하고 또 그것들에 수반된 생각과 감정을 포괄하는 것이다. 모든 종교는 정상적인 사회에서는 상부구조의 체계 전체, 이데올로기 전체를 포괄하는 총체적인 내용을 자기 안에 담고 있다. 사회-역사적으로 주어진 경우들에서 이 모든 이데올로기적 복합체 사이에 어떠한 관계가 존재하는가는 우리가 여기서 상세히 논구할 수 없는 사회구성체의 역사적인 문제이다. 모름지기 이 문제를 둘러싸고 동시대에 헬라(그리스—역자)와 이스라엘(히브리—역자) 간의 첨예한 대립이 평행선상에 있음은 설명이 필요 없지만, 그것은 여기서 가능한 변용에 대해 시사하는 바가 있다. 여기서 우리가 일반적으로 구체적인 개별성에 관계하는 한에서 우리는 무엇보다 기독교를 염두에 두게 된다. 왜냐하면 기독교에는 그것이 탄생한 시대에 상대적으로 강력하게 형성된 사인(私人)들의 사회적 현존의 결과 다른 종교들보다 현대 문화의 소외문제들에 대해 보다 강하고 명백하게 감지할 수 있는 선이 두드러지게 나타나기 때문이다.

역사 속에서 언제나 다시금 나타나는 저 내적인 분화, 흔히 이단과 교회 사이의 대립으로 지칭되곤 하던 분화가 우리의 문제와 관련해서 지극히 중요하다.(물론 이러한 현상은 사회 전체적인 보편성과 제도화된 연속성에 대한 요구와 더불어 등장하는 다른 종교들에서도 현존한다.) 마찬가지로 이러한 대립은 상이한 종교발전들에서 비슷하기도 하고 다르기도 하다. 우리는 여기서 이러한 차이에 대해 지적할 뿐 그것을 상세히 언급할 수는 없다. 인간의 일상생활에 대한 영향이 우리의 출발점이기 때문에, 곧바로 제 종교의 전체 구조와 총체적인 현실에서뿐만 아니라 일상생활 자체에서도 결정적 의미를 갖는 직접성의 계기가 등장한다. 이러한 직접성은 이중적이다. 즉 무엇보다 종교교리의 선포자가 초월적 힘의 직접적인 대변자로서 등장한다는 것, 말하자면 선포된 내용은 단순한 개인적 의견이나 경험, 체험이나 자신만의 사유체험이 아니라, 그 당시 신봉되거나 혹은 새롭게 선포된 초월적 힘의 계시라는 주장과 더불어 등장한다는 것이다. 이러한 계시는 그것이 하나의 계시이기 때문에 믿어져야 한다. 즉 지적인 증명이나 (예술에서 보듯) 감각적인 증거는 결코 진정성의 일차적인 기준이 될 수 없다. 오직 신앙을 통해서만 계시된 내용이 교단의 확고한 종파적 소유물이 될 수 있다는 것이다.

그렇기 때문에 이단(異端)과 '정통(正統)'은 그 근본토대에서 구별되지 않는다. 양자는 계시에 대한 믿음에 기초해 있다. 본질적인 차이는 다만 이단이 직접성을, 그 교리와 삶에 대한 영향력이 가장 개인적인 영역에까지 파고들면서 지속적으로 깊은 영향을 고수하고, 그리하여 끊임없이 이러한 교리를 그들 자신의 삶의 교과서로 삼는 사람들만을 그들에게 귀속된 것으로 인정된다는 데 있을 뿐이다. 이에 반해 교회로 성장한 정통은 보편적인 확장을 지향한다. 때문에 정통은 한편으로 객관적으로 조직된 제도에 귀속되지 않을 수 없고, 다른 한편으로 이러한 보편성 안에서 스스로를 실천적으로 유지하기 위해, 그 추종자들에 대해 언제나 신앙과 관련하여, 무엇보다 생활양식과 관련하여 크게 양보하지 않을 수 없다. 이러한 첨예한 대립은 설령 그것이 보편성에서 옳다 할지라도 경직되고, 끝내는 이단과 교회의 관계에서의 참다운 사태를 왜곡하지 않을 수 없다. 궁극적으로 볼 때 무엇보다 이단 신앙의 특정한 요소는 모든 교회에서, 모든 교회 내부에서 불가피한 현상이다. 모든 교회는—대부분의 세속적인 대중운동에서 보듯—'이단적으로' 탄생하며, 사회적이며 도덕적인 차원의 혁명으로부터, 한 사회구성체가 특별히 감수성이 예민한 소수파에 대해 갖는 대립으로부터 발생한 것이다.(예수가 선포했던 초기 교단도 의심의 여지없이 이단이었으며, 사도 바울과 더불어 비로소 최초의, 여전히 불확실하고, 종종 이단적인 교회의 윤곽이 나타났다.) 나아가서 정통의 사회-역사적인 본질의 관점에서 볼 때, 그 사회적인 기능에서 볼 때, 경직되고 고정되고 물화된 기성 교회에 대해 이단의 '진정한' 종교성을 일면적으로 부각시키는 것은 그릇될 것이다. 모든 신흥 정통의 초창기에는 언제나 이단적 요소가 있다는 것은 옳다. 마찬가지로, 정통은 모든 이행과정에서 근본적으로 새로워진 일상생활에 대응해서 갱신하기 위해 그러한 자극을 필요로 한다. 그럼에도 오직 교회만이 사회적 전체에 대한, 만인의 생활양식에 대한 정통적 지향을 확장할 수 있다. 막스 베버에 따르면, 교회란 "정의와 부정의에 대해 그 빛을 비추고, 모름지기 죄인을 오로지 신의 명령에 따라 받아들이는 은총의 기관"[111]이다.

따라서 우리는 진정한 사회-역사적 모순에, 즉 한편으로 교회의 발생과 내부 혁신은 대개는 이단적인 경향으로부터 시작하지만, 그러나 다른 한편으로 그러한 방향의 사회-역사적인 생명력은 교회가 일상인들의 현실적인 일상적 삶에서 표현되듯, 전환기의 실제적인 삶의 욕구에 적응함으로써 보존되고 발전될 수 있다는 모순에 직면한다. 종교적 혁신, 종교적 재탄생이라는 본질적 내용을 향한 그들의 가장 중요한 노력은, 모름지기 본래 종교적 혁신의 내용을 직접적이고 매력적이게 만들었던 계시의 내용을 부정

---

111) Ebd., S. 812.

하지 않는다면 —좀 더 세련되게 말해서, 그것을 사회적 타협으로 무력화시키지 않는다면— 원칙적으로 볼 때 불가능할 것이다. 모든 변동의 역사를 상세히 분석한다면 확실히 도움이 될 것이다. 말하자면 그리스도의 재림이, 이 세계의 종말이 최후의 심판과 더불어 일상적 삶에서 아무런 구속력이 없는 '무시간적' 저편(피안)으로 옮겨지고, 이스라엘의 예수 지파가 기독교의 세계교회로 탈바꿈하게 되는 역사이다. 그리스도의 재림이 시간적으로 전혀 결정되지 않은 곳으로 옮겨진 것에 관한, 대단히 복잡하고 지극히 논란의 여지가 많은 역사를 개략적으로나마 추적할 수 있는 가능성도 없이, 다만 이러한 발전이 내부에 뿌리 깊은 사회적 모순을 담지하고 있다는 것을 지적하고자 한다. 사도 이후의 저작들을 분석하면서 부네티(Ernesto Buonaiuti)[112]는 다음과 같이 적고 있다: "약속의 신이 세상 속에 정의와 평화의 왕국을 마련하려 한다면, 그것은 신이 세속의 재산에 균등한 지분으로 참여한 경험적 평등과 연대를 끌어들일 때에 비로소 그럴 수 있다. 혹은 오히려 신이 신분과 계급의 차별을 고려하지 않는 사랑과 형제애의 절대적 법칙을 끌어들일 때, 비로소 그럴 수 있을 것이다. 왜냐하면 전자의 차별은 인간의 정신적 운명이라는 짐을 질 필요가 없기 때문이다. 이 두 가지 흐름이 2000년 동안 기독교의 역사를 지배했다."[113] 이러한 문제 설정은 하층계급의 사회적 희망 속에 임박한 재림이 무엇과 연관되어 있는지를, 즉 재림의 날을 알 수 없는 날로 연기하는 것만이 사회적 이식(移

---

112) 에르네스토 부네티(1881~1946)는 이탈리아의 종교철학자이자 기독교 성직자이며 반파시스트이다. 그는 파시스트에 반대했다는 이유로, 또 그들이 가톨릭교회와의 유착에 반대했다는 이유로 로마 대학에서 쫓겨났다. 기독교와 종교철학사를 전공한 학자로서 그는 현대적 흐름의 가장 중요한 대변자이다. 저서로는 3권으로 된 『기독교의 역사(Storia del Cristianesimo)』가 유명하다. (역주)
113) Buonaiuti: Geschichte des Christentums I., Bern 1948, S. 03.

植)으로부터 풀려난 재림의 종교적 우위를 보장할 수 있다는 점을 매우 분명하게 보여준다. 이로써 보다 강력하게 조직된 잠정협정(modus vivendi)을 통해 유산계급이 참여할 수 있는 여지를 만들어주기 위해 최초의 평민적 이단성은 사라지게 된다. 여기서는 물론 칼뱅주의의 예정조화설의 형태 변화가 극명하게 시사될 수 있다. 본래 프로테스탄트 운동은 일차적으로는 영혼의 정화의 제도화를 지향했었다. 그것의 사물화적 영향은 우리가 살펴보았듯, 일찍부터 영혼의 상품화(Zur-Ware-Werden), 상품교환 및 그 상품과의 화폐교환으로 이어졌다. 그럼에도 불구하고 이러한 개혁에 대해 '오용'이라는 단순한 비난은 이데올로기적으로 충분하지가 않다. 낡고 부패한 영혼의 정화라는 관념 대신에 인간에게 피안의 운명에 대한 새로운 —시대의 변화에 상응하는— 초월적 전망을 제시하기 위해서는 근본적으로 새로운 어떤 것이 정립되어야 한다. 칼뱅(Calvin)은 이 점에서 가장 급진주의자였다. 그는 인간의 세속적 현존의 내부로부터 그의 운명을 인식할 수 있는 가능성을 모두 폐기해버렸다. 막스 베버는 말한다: "그(칼뱅—역자)는 원칙적으로 전제를 버렸다. 즉 인간은 그의 행위를 통해 그가 신에게 선택되었는지 버림받았는지를 알 수 있다는 전제를 신의 비밀에 들어가기 위한 뻔뻔스러운 시도로 폐기처분했다. 겉으로 볼 때 현세의 삶에서는 선택된 자들과 버림받은 자들이 전혀 구별되지 않는다." 칼뱅주의의 확장은 그렇기 때문에 사회적 요구에 부응해 결정적인 변화를 겪게 되었다. 현대의 자본주의적 일상을 사는 사람들에게 낡고 부패하고 봉건적인 형태의 구원의 확신(certitudo salutis)은 참기 어려운 것이 되었다. 동시에 그들은 새롭게 부상하는 삶의 형태에 조응하는 새로운 긍정적 체제를 원했다. 막스 베버는 일찍부터 시작된 이러한 변화과정을 다음과 같이 적고 있다: "여기서 신의 선택이 달리 해석되고 완화되고 근본적으로 포기되지 않는 한 이른바 두 개의 상호결합된 목가적 충고가 두드러진 특징으로서 나타난다. 한편으로 자신이 선택되었다고 **간주하는** 것이 절대적인 의무가 되고, 모든 의심은 악마의 유혹으로 가르치는 것이다 … 따라서 자신의 소명을 확고히 히라는 시도들의 **충고**는 여기시는 의무가, 즉 매일매일의 두쟁 속에서 자신의 선택과 의로움에 대한 주관적 확신에 도달해야 하는 의무를 의미하는 것이다. 루터가 속죄신앙 속에서 신에게 의탁할 때 신에게 고백한 비천한 죄인 대신에, 자본주의의 영웅시대의 강철 같은 청교도 상인들 속에서, 현대에 이르기까지 재발견되는 개별적인 사례들 속에서 스스로 확신에 찬 저 '성인들'이 양성되었다. 다른 한편으로 자기확신에 **도달하기 위해 끊임없는 직업소명**이 가장 탁월한 수단으로서 각인되었다."[114] 특히 우리 시대의 전야에 이르기까지 풍부한 이러한 이데올로기 전사(前史)는 미국에서 보여주듯, 일상적 삶에서의 성공적인 자본주의적 활동이 구원의 확신(certitudo salutis)에 대한 사회적이며 일반적으로 인정된 명백한 징표가 되었다. 또 이러한 운동은 교회의 일반화 현상이 어떻게 종교 이데올로기의 구조에서 사물화의 증가로 이어지는가를 보여준다. 구원의 확신에 대한 이처럼 '보장된' 형태는 지상의 삶의 양식과 천상의 삶의 양식이라는 두 개의 사물화뿐만 아니라 칼뱅의 본래적이고 급진적인 초월적-비합리적 개념화와 비교해 그 자체가 사물화적 경향의 증가이기도 하다.

이러한 발전들은 지극히 급진적인 선포의 퇴조만을 보여주는 것이 아니다. 동시에 이러한 발전들 속에는 극단적인 최대치에서 여전히 구원이 확실한 최소치에 이르기까지 종교적 태도의 차이에 따른 이중적인 구원의 시

---

114) Max Weber: *Gesammelte Aufsätze zur Religionssoziologie*, Tübingen 1920, S. 103 und S. 105.

각이 나타난다. 부네티는 그러한 차이로의 결정적 전환은 콘스탄티누스 황제가 기독교를 수용하고 그것을 국교(國敎)로 고양시킨 것과 긴밀하게 연관되었음을 보여주고 있다. 그는 여기서 생활양식에 대한 이러한 이중적이며 근본적인 가르침의 종교적 정상성에 관한 캐서리아의 유세비우스(Eusebius von Caesarea)[115]의 고찰을 인용한다. 기독교적인 생활양식은 그 이후 뚜렷이 다른 규범을 가진다. "그 하나는 자연을 넘어서 있으며, 익숙하고 정상적인 생활양식과 무관하다. 그것은 결혼을 허락하지 않으며, 자식을 낳는 것도 허락하지 않는다. 그것은 재산의 획득을 허용하지 않는다. 그것은 사람들의 생활습관을 근본적으로 바꾸었으며, 천상의 사랑을 북돋우면서 오직 신에 대해 봉사하도록 한다 … 이에 반해 인류의 국가적이며 사회적인 사람의 법과 의무를 폐지하지 않는 다른 삶이 존재한다. 결혼을 하고, 자식을 낳고, 직업에 충실하며, 국가의 법을 따르고 또 모든 면에서 정상적인 시민들의 과제를 충실히 이행하는 것은 기독교 신앙과 완전히 일치할 수 있는 삶의 표현들이다. 물론 이러한 표현들이 주인(신—역자)에 대한 경건과 헌신을 보존하려는 확고한 의도와 결합될 때 그렇다."[116]

여기서 두 규범이 진정 기독교적인 것으로 공존 가능해야 하고 가능할 수 있는지가 결정적으로 중요하다. 예수가 선포하던 시기에는 "가이사의 것은 가이사에게"라는 표현은 일체의 세속적인 것에 대해 기껏해야 완전한 종교적 평등을 표현할 뿐이었다. 도덕적 실천이 문제되는 곳에서 율법을 엄격히 준수하지만 재산을 가난한 자들에게 나누어주지는 못하는 부유한 청년은 스스로를 부끄러워하면서 예수의 구원을 받지 못한 채 떠나야

---

115) 유세비우스(263~339)는 팔레스타인 출신의 그리스 정교 호교론자이자 교회사가. (역주)
116) Buonaiuti, a. a. O., S. 354.

만 했다. 그러나 앞서 지적한 기독교의 이중적 보편성은 그에게 그러한 희생 없이 교회의 적합한 구성원이 [다수의 인간들처럼 이 급(給)이기는 해도] 될 수 있는 가능성을 부여했다. 일찍부터 등장한 교회의 조직 운명은 정상적인 시기에는 왕의 명령을 통해 종교적인 요구들을 자신들의 체계전체 속으로 끊임없이 통합할 수 있었다. 여기서 한편으로 진정한 (이단적) 종교성의 타협과 환원이 부드럽게 통합될 수밖에 없었다는 것은 아시시(Assisi) 출신의 프란츠(Franz)의 운명을 극명하게 보여준다. 이것이 가능하지 않은 곳에서는 중세 전 기간에서 보듯 대개는 유혈 탄압을 받는 이단운동들이 발생했다. 이러한 운동들에서 일상의 생생한 모순들과 자생적이고 현실적인 종교적 욕구 사이에 광범위하게 존재하는 연관이 드러난다.

이러한 모순들은 무엇보다 이단들의 종교성이 평범한 일상의 폭발적 증가와, 그것의 직접적이며 물질적인 욕구와 너무나 빈번하게 충돌하는 데서 드러난다. 처음에는 수많은 위기들과 더불어 최초의 평범한 이단들이 콘스탄티누스의 국교 안에서 등장했는데, 중세에는 이들이 유사 기독교적이고 봉건적인 사회질서에 대해 종종 공개적으로 반란을 일으켰다. 자본주의가 출현하면서 비로소 전혀 새로운 형태들이, 그럼에도 —약간의 변경을 가한다면(mutatis mutandis)— 이단적 성격에서 교회적 성격으로의 유사한 변형이 반복해서 등장했다. 자본주의가 사회에 완전히 침투해서 그 사회의 일상적 삶 전체를 자신의 법칙에 종속시킬수록, 주체의 성실한 종교적 신앙과 교회에 대한 소속감 사이에는 간극이 더 벌어지게 된다. 이처럼 중요한 문제에 대해 신뢰할 만한 경험적-사회학적 탐구가 거의 존재하지 않으며, 그리하여 우리 스스로 현재에 대해 구체적으로 거의 알고 있지 못하다는 것은 유감스러운 일이다. 말하자면 우리는 교회 내부에서의 현실적 신자들의 위계에 대해서나, 그 구성원들이 무엇을 믿거나 의심하는지, 왜 그들은 교회에 소속되어 있는지 등등에 관해 거의 알고 있지 못하다. 다만 나는 여기서 제기된 문제에 대해 하나의 해석을 제시하기 위해서 이 복잡한 문제들에 관한 막스 베버의 독창적인 언급을 끌어들이겠다: 즉 "보증된 참으로 오래된 가구들로 내부 장식을 스타일리스틱하게 채우려는"[117] 지식인들의 속물근성으로서의 종교성에 관해; 그리하여 그것을 기차 속에서 설명하는 미국의 세일즈맨들에 관해: "신사 여러분, 나로 인해 사람들이 언제나 그에게 어울리는 것을 믿거나 안 믿을 수도 있을 겁니다. 하지만 내가 어떤 교회에도 소속되어 있지 않은 농부나 장사꾼을 본다면, 그는 나에게 50센트만큼도 좋을 것이 없을 겁니다. **그가 전혀 아무것도 믿지 않는다면 무엇이 그를 부추겨 나에게 지불하도록 만들 수 있겠습니까?**"[118] 그리하여 침례교도가 거의 존재하지 않는 지역에서. 당사자가 은행을 만들려고 했기 때문에 발생했던 침례교도의 세례에 관해. 그럼에도 세례를 통해 그는 그의 고객을 받아들인다. 왜냐하면 세례에 앞서 삶의 변화에 대한 정확한 탐구를 다른 무엇보다 신사의 윤리적 자질에 대한 절대적 보장으로서,: 당사자에게 주변 지역이 맡겨지고 경쟁상대 없이 무제한의 신용이 확실하게 있다는 것이 상업적으로 유효하다는 것 … 그는 '만들어진 인간'이리라."[119]

베버식의 예는 아마도 극단적일 것이다. 하지만 그것이 교회 신자들 집단에서 무시할 수 없는 비율을 이루고 있다는 점도 그만큼 확실하다. 물론 오늘날의 교회는 사회생활의 일상적 현상들을 중세에서보다는 훨씬 적게 규정하고 있다. 중세에는 적어도 겉으로 드러난 현상에 비추어볼 때 일

---

117) Max Weber, a. a. O., S. 252.
118) Ebd., S. 209.
119) Ebd., S. 210.

반적인 신분질서 속에서 그들의 삶의 기능을 수행할 수 있기 위해서 교회 신자가 되지 않을 수 없다. 또 이단자라는 혐의 역시 사회적 실존을 넘어 물리적 생존까지 위협할 수 있다. 자본주의에서 이러한 위험은 완화되기는 한나. 그러나 이난사 소사와 같은 재가가 더 이상 개입될 수는 없다 할지라도 단지 완화되는 것일 뿐 사라지는 것은 아니다. 하지만 막스 베버에 의해 철저하게 논구된 행동방식이 집단 감정을 표현한다는 것은 우리 시대에는 H. 베너(Wehners)의 대단히 교묘한 사회-민주주의적 조작의 예를 보여준다. 그는 고데스베르거 강령(Godesberger Programms)을 수행하는 과정에서 교회의 설교직을 유지하도록 부추겼다. 베버식의 집단적이고 물질적인 관심 외에도, 사람들은 사회적 차원에서 그들이 필요로 하는 바대로(comme il faut) 관철시키기 위해 확실한 교회 소속의 '신앙'을 공개적으로 표명해야 한다. 17~18세기의 이데올로기적 투쟁에서는 종교적 성향이 없는 자 혹은 무신론자조차 일반적으로 윤리적 삶과 일치할 수 있다는 것을 사회적으로 믿게 만들 필요가 있었다. 18세기의 궁정풍의 무신론은 심지어 정치-사회적으로 진보적 성향을 지닌 특정 집단 속에서 이러한 편견을 지지했다. '도적들'에 대한, '귀족주의적' '무신론'에 대한 로베스피에르의 공격들을 생각해보라. 무신론이 19세기의 혁명적 노동운동 속에서 인간의 모든 합법적 추구를 철저히 현세에서 세속적으로 충족할 수 있다는 세계관으로 확산되면서 비로소 부르주아적 자유사상에 기반한 강력한 저항운동이 발생했다. 즉 앞서 보여주었듯, 추방당한 닐스-린네(Niels-Lyhne) [120]-운명이 확실한 사회적 전형임을 입증해주는 것이다.

그럼에도 예수의 윤리적-인간적 선포의 계승이 비극적으로 볼 때 기존

---

120) 덴마크의 작가 야콥센이 대표자. (역주)

사회와 실천적으로 양립 불가능하다는 것이 유명한 시인들에 의해 반복적으로 풍부하게 표현된 점은 이 시기의 이데올로기적 모순에서 두드러진 모습이었다. 우리는 이미 앞서 도스토옙스키와 톨스토이를 지적한 바 있다. 여기서 서술된 모순은 진정한 모순이며, 그렇기 때문에 우리가 위에서 보여준 내적으로 모순적이고 동시에 지양 불가능한 관계를 새로이 사회-역사적으로 조명하는 데 적합하다. 우리는 지난 2000년 동안 신약(新約)의 예수의 인격적 상에 의해 발산된 불멸의 매력을 염두에 두고 있다. 여기서 조악한 모순들—주술적인 이적활동에서 고품격의 순수하고 인간적인 활동의 선포에 이르는 모순들의 나열—을 상세히 언급한다는 것은 별 의미가 없을 것이다. 물론 시대가 달라짐에 따라 이처럼 실제로 양립 불가능한 소재를 현재 뜨겁게 달아오른 현대적 욕구에 대응해서 다르게 해석했는데, 예수의 형상이 이처럼 오랫동안 생존해 있다는 것은 그러한 해석들의—커다란 내적 변화에 종속된—사회적 연속성과 다르지 않다. 이러한 형상의 오랜 생명력은 이단적 종교의 이중적 성격, 즉 그것의 위력과 취약성을 동시에 표현하고 있다. 그 위력은, 사회를 강력하게 움직이고 종종 뒤흔들기도 하는 진정한 이단은 강력하게 부상하는 인간집단들을 크게 움직이는 현실적 모순들에 근거한다는 데서 나온다. 이러한 모순들에서 사물화와 소외의 지배를 벗어날 수 있는 하나의 인간적 출구가 모색된다. 이로부터 예수의 영향 속에서 분명하게 출현했던 것, 즉 예수의 압도적인 평민 지향성이 나온다. 왜냐하면 이단론의 결정적 정식화가 직접적으로 지식인들[토마스 뮌처(Thomas Münzer)]로부터 비롯된 그곳에 출발점, 사유 지향, 목적정립, 그리고 또한 평민적 성격이 존재하기 때문이다. 이는 비교적 어렵지 않게 이해될 수 있다. 하나의 사회형태는 해체상태에 처할 수도 있다. 그럼에도 이 해체상태는 무엇보다 하층민들에서는 모든 실존기반의 동요로 체험되는 반면, 이 과정의 혜택을 받는 보다 상층민들은 그것으로부터 상대적으로 덜 영향을 받을 수 있을 것이다.(우리는 지주가 원초적이고 상대적인 평등을 부정한 것이 아테네와 로마의 시민에 어떻게 영향을 미쳤는지를 생각할 수 있다.) 하지만 불평등이 증가하는 모든 경우에서, 설령 그것이 첨예한 사회위기로 발전하지 않는다 하더라도, 저항은 사회적으로 비슷할 수밖에 없을 것이다. 여기서 연관된 이데올로기적-종교적 의미의 평민적 저항이 절대적으로, 또 언제나 예수에 호소할 수밖에 없다고는 아무도 주장하지 않을 것이다. 설령 그러한 저항이 자연스럽게 성경과 연결될지라도 그렇다. 우리가 다른 맥락에서 인용한 시 구절을 생각해보자. "아담이 밭을 갈고 이브가 물레를 돌릴 때, 누가 귀족이었단 말인가?"[121]

장사꾼을 성전에서 내쫓은 일, 부자 청년과 이야기한 일, 산상수훈 등은 크게 보면 그러한 유의 연결점을 제공할 수 있으며 실제로 제공되고 있다는 것이 분명하다. 실제적인 욕구에 따라, 실제적인 목적정립에 따라, 선민의 계급적 상황에 따라 지극히 다른 예수상이 발생한다. 예수의 삶의 계승에 관한 어떤 보고서도 직접적인 의미에서는 혁명을 겨냥하고 있지 않다. 그럼에도 그것은 하나의 공통된 의도를 갖고 있다. 이러한 의도는 뭇 교회의 심급에 의해 이론적으로나 실천적으로 계발된 성서 해석의 사물화와 그로 인해 소외된 영향과는 정반대이다. 예를 들어 마이스터 에카르트(Meister Eckhard)는 직접적-사회적인 의미에서 본다면 확실히 혁명가는 아니다. 그럼에도 그는 장사꾼을 성전으로부터 추방하는 것을 대상으로 한 우연적이지 않은 어떤 설교에서 이른바 선한 일을 사물화와 소외로서, 예

---

121) 혁명적인 유랑 성직자 존 볼(John Ball, 1338~81)이 블랙히스에 모인 청중들 앞에서 행한 연설의 한 구절. (여주)

수의 참다운 계승으로부터의 일탈로서 파악했다. "보라, 사랑하는 자매여, 이들 모두가 장사꾼이네. 나쁜 죄를 짓지 않도록 조심하고, 기꺼이 좋은 사람이 되고, 신의 일을 명예롭게 행하라. 금식을 할 때나 깨어 있을 때나 잠을 잘 때, 그 밖의 어떤 좋은 일을 하든지 간에. 그대들은 우리의 주인이 그대들에게 그것을 준다는 생각으로, 혹은 그대들이 사랑하는 것을 그대들에게 해준다는 생각으로 하라. 그 모두가 **장사꾼**이다! 대단히 사악한 의미에서."[122] 그런데 일상적 삶을 사는 인간들은 경제발전의 현재 상태로부터 그들이 소외시키고 비하시켰던 것, 그들의 인간적 실존에서 위험하게 만들었고 말소하려 했던 것과 직접적으로 관계하고 있기 때문에, 그러한 설교는 소외에 대해 단도직입적이고 인간적이고 직접적이며 부정적으로 반응하는 관점에서 필연적으로 고무적이고 감동적인 것으로 작용한다. 따라서 그러한—모든 개별적이고 주관적인 경우에서 주관적으로 이해된 의미에서 정당한— 감정은 습관화된 일상을 넘어서 있기 때문에, 그것은 이미 단순하고 직접적인 당파성을 넘어서 열정적으로 올바른 사상으로 고양되어 있기 때문에, 그들의 궁극적인 의도가 여기서 전면에 서게 된 공동인간(Mitmenschen)의 매개를 통해, 자신의 출구를 그 운명과 결합시킴으로써, 마침내 대자적인 유적 존재를 지향하게 되었기 때문에, 예수와 같은 인물이 그의 선포 안에서 그 선포와 더불어 지속적 영향을 미치게 되었다는 것은 결코 우연이 아니다. 오직 예술과 철학의 최상의 업적들만이 이러한 영향과 비견될 수 있을 뿐이다. 지난 2000년 동안 지속된 예수라는 인물의 이러한 영향이 오직 소크라테스의 그것하고만 비교될 수 있다는 것은 우연이 아니다. 단순히 지적-사상적 발전하고만 연관된 것이 아닌 소크

---

122) Meister Eckehart: *Schriften und Predigten*, Diederichs, Jena 1917, II, S. 144.

라테스의 직접적인 영향과 관련해서 본다면, 물론 예수의 영향이 소크라테스보다 훨씬 클 것이다. 이 복합적인 측면들에 충분히 주목하지 않은 것은 의심의 여지없이 마르크스주의의 종교비판이 갖는 하나의 결함이다. 콜라코프스키(Kolakowski)가 자신의 연구에서 이러한 문제를 제기한 것은 대단히 옳다. 다만 그가 현상들을 잘못 일반화했다는 점에서는 오류를 범한 것이다. 그의 생각에 따르면 마르크스가 이러한 동기를, 즉 "그 뿌리를 예수에 두고 있고, 현대 기독교에 생생하게 남아 있으며, 대개는 이단 속에 있고, 교회에는 극히 드문" 이러한 동기들을 똑같이 받아들이고 확장시켰다는 것이다. [123]

이러한 것들을 직접 일상적 삶을 살아가는 개인들에 의한 대자적인 유적 존재를 향한 의도로 인지하고, 그것들의 ―의미가 없는 것은 아니지만 그럼에도 지극히 문제가 있는― 가치를 소외에 대한 투쟁 속에서 인정한다는 것은 옳기는 하지만 그럼에도 충분하지는 않을 것이다. 오히려 그러한 의도들의 본질과 기능을 스스로의 유적 존재를 향한 인류의 투쟁 속에서 올바로 인지하고 그에 상응한 가치를 탐구하는 것이 관건이다. 우리가 여기서 획득된 관점에 의거하여 이단과 교회의 관계를 다시금 총괄하고자 할 경우, 대단히 일반적으로 말한다면, 다음과 같은 성과에 도달할 것이다. 즉 보편타당성을 지향한 포괄적 조직으로서의 교회는 인간에 의해 현재 도달되고 실현된 혹은 실현 속에서 파악된 즉자적 유적 존재와 가장 긴밀하게 연관되어 있다는 것이다.(칼뱅주의의 발전을 생각해보라. 여기서 성공적인 지상의 활동이 영혼의 정화와 맺고 있는, 더 이상 이단적이지 않은 후기 형태의 관계가 후기 자본주의의 즉자적 유적 존재에 대한 지극히 당연하고 영향력 있

123) Kolakowski: *Jesus Christ Prophet and Reformer*, Tri-Quarterly 1967/9, S. 73

는 표현으로 성장했다.) 이러한 관점에서, 우리가 살펴보았듯, 교회는 언제나 국가에 필적하는 사회적 복합체인데, 지극히 상이하고 복잡한 교회의 형태는 언제나 국가의 역사와 불가분적으로 결합되어 있다. 두 조직은 현재 실현되었거나 혹은 직접적으로 실현하는 단계의 사회와 결합되어 있으며, 따라서 현재 도달된 경제구조―이 교회와 국가를 산출하고 또 그로부터 발생한 경제-사회적인 경향들― 의 상부구조에 속할 것이다. 우리가 종교를 절대정신의 전개과정 속의 한 단계로 고찰하는 헤겔에 반대할 경우, 그 근저에는 바로 이러한 사태가 놓여 있다. 실천적 입장에서 결코 변경할 수 없는 이러한 문제들에 대한 입장을 사유의 일반화를 통해 고착화하고 정태화하고 기능화하려는 교회의 모든 노력(따라서 도그마들, 그 신학적 해석과 정초작업 등)은 일상적 삶을 극복하려는 노력에 의해 규정되는 것이지 그 역은 아니다. 마찬가지로 보였듯, 교회는 모든 개인의 배후에서 그들의 일상적 삶을 규제하고 인도하는 것을 언제나 주된 과제로 간주했기 때문에, 종종 국가와 경쟁관계에, 때로는 투쟁관계에 들어가기도 한다. 비록 양자의 근본 노력이 즉자적인 유적 존재가 현재 도달된(혹은 도달하고자 하는) 단계를 요청하고 고착화하고 확실히 하려 할지라도 그렇다.

여기서 이제 이단이 교회에 미치는 영향의 대단히 모순적인 이율배반이 드러난다. 우리가 앞서 예수의 지속적 매력, 형상, 말씀, 행동들에 관해 광범위하게 언급했을 때, 우리는 모름지기 이 같은 문제를 염두에 두고 있었다. 개인들의 일상적 삶을 이데올로기적으로 지배하는 일은 숭고한 이상을 자명하게 만들기 전에는 거의 불가능하며, 선한 양심을 갖고 그러한 이상을 실천적으로 실현하기도 어려울 수 있을 것이다. 따라서 (예수에서 시작된) 폭발적 정서의 종교는 앞서 지적했듯 동시에 (예수의―역자) 재림을 무한히 지연하는 것 못지않게 필연적이다. 교회가 내용과 구조 등에서 종종 변화하는 그러한 이데올로기를 가질 때 비로소 평균적 일상을 성공적으로 관리할 수 있게 되었으며, ―국가와 필적해서― 그 질서기능들을 실천적으로 충족시킬 수 있게 되었다. 이 복잡한 문제에서 우리에게는 이데올로기적 계기가 핵심적으로 중요하게 된다. 이러한 계기들은 실천적으로 언제나 현재의 경제적-사회적-정치적 현상태(status quo)의 유지를, 즉 문제가 이데올로기적으로 제기될 때 현재의 즉자적 유적 존재를 지지하고자 한다. 교회의 이데올로기 역사는 우리가 믿는 것처럼, 우리가 이러한 의도를 교회의 주도적이고 핵심적인 과제로 주목할 때 즉각적으로 이해되고 통찰되는 것이다.

우리가 앞서 교회의 종교성에서 그 역할과 관련해서가 아니라 무엇보다 그 특성에서 고찰했던 이단의 종교성의 경우에는 사정이 다르다. 여기서는 한 인간의 이상과 인간적 태도의 전형성이 추구되고 탐구된다. 심지어 개별 인간의 개성에 호소한 것이 종종 유력한 사물화 법칙들을 폐기하거나 혹은 그것들을 비본질적인 것으로 폐기하기도 한다. 그럼에도 개인은 자신의 구원의 적임성(Heilsberufenheit)을 다른 동료들에 대한 실천적 태도 속에서 탐색하고 보존하고자 한다. "사람들이 그대에게 했으면 하는 것처럼 그들에게도 똑같이 하라." 혹은 "네 이웃을 네 몸처럼 사랑하라."와 같은 명령에는 명백히 단순한 즉자적인 유적 존재를 훨씬 넘어서서, 대자적인 유적 존재를 인간 영혼의 유일한 속성으로 간주하려는 의도가 드러난다. 우리는 앞 장에서 다음과 같은 것에 대해 상세히 언급한 바 있다. 즉 투명하게 하고 의식화함에 있어 이러한 인간적 차원이 어떠한 역할을 하는지, 경제발전과 그에 대응하는 즉자적인 유적 존재가 단순한 ―물론 필수적인― 가능성의 여지를 산출하는 것은 무엇 때문에 그런지에 대해서 말이다. 그럼에도 이른바 높은 수준의 순수한 이데올로기들, 예술과 철학을 연출하는 인간 자신의 행위만이 그러한 가능성을 실현시킬 수 있다. 그들 특유의 수단들을 가지고, 매 순간 사회의 현실적 입장과 그에 상응하는 즉자적인 유적 존재의 입장으로부터 출발하는 사람들이 그 일을 하는 것은 사람들이 어떤 형태, 어떤 매개를 이용하고, 어떤 갈등을 제기하면서 대자적인 유적 존재가 현대의 사회적 삶의 형태가 되는가를 구체화하려 하기 때문이다. 이제 주관적으로 참된, 비슷한 목적을 지향하는 참된 이단적 종교가 그러한 문제를 제기하는 동안, 종교는 의심할 여지없이 이 같은 일련의 인간적 노력에 개입하게 된다. 즉 헤겔이 절반만 옳게 종교를 예술 및 철학과 함께 절대정신으로 취급했던 한에서, 어쨌든 이미 강조했던 잘못된 선택으로 인해, 전체 종교가 아니라 단지 그 종교 안의 특수한 흐름들이 그러한 의도를 가질 수 있으며, 이로부터 정도(正道) 일탈이 계속적으로 이어졌던 점과 종교 전체 내부에서 보이는 그러한 경향들의 특수한 문제들은 전혀 해명되지 않은 상태로 있을 수밖에 없었다.

하지만 이러한 속성이야말로 결정적인 사태를 확정짓는 데 우리에게 중요해 보이는 문제이다. 신학과 철학, 종교와 시의 비교는 물론 새로운 것은 아니다. 하지만 그것은 지금까지 —실제로— 그 본질적 측면이 거의 조명되지 않았다. 시와의 비교는 이미 포이어바흐에게서 나타난다. 하지만 그는 단지 한 가지 점에서 현실적인 문제를 다루었을 뿐이며, 거기서도 순전히 우연적으로 그렇게 했다. 때문에 그는 이로부터 현실적인 성과를 이끌어내지 못했다. 포이어바흐는 종교적 소외의 비밀을 밝히고자 한 그의 철학이 이를테면 현실의 시를 파괴할지도 모른다는 주장에 대해 반박했다. 왜냐하면 인간의 실천으로부터 일체의 신인동형적 경향들을 제거하는 일, 자연의 상으로부터 (또한 사회의 객관적 상으로부터) 모든 목적론적인 요소를 제거하는 일은 하나의 거대한 진보이며, 이것이 없다면 종교적 소외를 현실적으로 극복하는 것이 불가능할 것이기 때문이다. 여기서 포이어바흐의 세계상은 다소 혼란스럽다. 때문에 그는 다음과 같이 이야기한다: "나는 결코 예술을, 시를, 판타지를 폐기하지 않았다. 오히려 나는 종교가 시가 **아닌 한에서**, 종교가 통속적인 산문인 **한에서만** 그것을 폐기했을 뿐이다." 여기서 그가 다음과 같이 말할 때, 그 가능성에 비추어볼 때 훨씬 더 건강한 사상이 나타난다. "종교는 시(詩)이다. 그렇다. 종교는 시이다. 하지만 (종교가—역자) 시와, 예술 일반과 차이가 있다 할 때, 예술은 그 창조자를 예술의 창조주라고 지칭하는 것 외에 달리 지칭하지 않는다는 데 있다. 하지만 종교는 그 상상의 존재를 **현실적** 존재로 참칭하는 것이다."[124] 보다 풍부한 가능성은 다음과 같이 확정지은 부정 속에 잠복해 있다. 즉 예술에서 정립된 대상은 결코 현실적으로 존재하는 대상이 아니라 모방적으로 재생된 대상인 데 반해, 종교적 계시는 단순히 참다운 현실이 아니라 모름지기 바로 **그** 현실, 본래적이고 진정한 의미의 현실임을 자처하면서 나타난다는 전제하에 예술적 정립(그리고 예술의 수용)이 발생한다는 것이다. 물론 포이어바흐에게서도 이러한 차이는 은폐되어 있지 않다. 하지만 그는 단순히 고정된, 어느 정도는 인식론적 대립에 머물러 있을 뿐이며, 종교적 개체라는 비현실적 대상을 통해서 현실을 시적으로 파악하는 것이 산문으로 추락해서는 안 된다는 것을 입증할 수 있을 뿐이다.

그럼에도 여기서, 모름지기 존재론적으로 볼 때 훨씬 많은 것들이 문제되고 있다. 시(詩)는 객관적 현실을 모방적으로 반영하고 그러한 모방(Mimesis)을 넘어서려고 애쓰지 않기 때문에, 시는 그 본질에 비추어볼 때 총체적 발전이라는 거대한 역사적 진리와 충돌함이 없이 삶 속에서 작용

---

124) Feuerbach: *Das Wesen der Religion.*, a. a. O., VIII, S. 233; FW 5.

하는 다른 비율들, 다른 강조들, 다른 질서들 등의 경향들이 일상생활에서 보다 더 잘 유지될 수 있도록 반영의 동질적 매체를 창출할 수 있는 상황에 있다. 이는 물론 지금 여기의(hic et nunc) 역사라는 구체적 현실에 대한 방기를 의미하는 것이 아니다. 오히려 그 반대이다. 모름지기 현실은 과정으로서, 그 총체적인 운동 속에서 예술적 형태를 보존해야 하지만, 그럼에도 이러한 보존은 (철학에서처럼) 일반화된 모사와 요청으로서가 아니라, 개인의 삶의 운명이 인류의 도정과 유기적으로 결합되는 바의 운동원리로서 이루어져야 한다. 모든 위대한 예술은 앞서 지적했듯 개인의 운명 속에서, 필요하다면 비극적인 갈등 속에서, 인간이 현재 주어진 즉자적인 유적 존재에 의해 이로부터 가능한—비록 당시에는 경험적으로 실현되지 못할지라도, 보편적이고 사회적으로도 실현 불가능할지라도— 대자적인 유적 존재로 나아가는 길을 밝혀주는 경향이 있다. 속류 경험론 혹은 미학적으로 말한다면 자연주의의 관점에서 볼 때, 모든 위대한 예술은 어떤 유토피아적 요소를 본래적으로 간직한 것처럼 보인다. 하지만 그것은 경험적-자연주의적 가상일 뿐이다. 왜냐하면 여기서 개인들이 역사적이며 개별적으로 규정된 그들의 대자적인 유적 존재로 발돋움해가는 운동이 이루어질 때, 사회상태나 인간의 전형이 유토피아적으로 선취되는 것이 아니라 구체적이고 사회적인 상황을 살아가는 구체적인 인간들의 구체적 현존 속에서 사회적이고 인간적인 에너지들이, 구체적인 삶의 규정들이 나타나는 것이기 때문이다. 이러한 규정들을 통해 특정 사회에서 그 사회에 가능성으로서 내재한 대자적 유적 존재가 구체적이며 즉자존재하는 유적 존재로부터 성장하고, 또 —종종 비극적일 뿐이지만— 실현될 수 있는 것이다. 특정 인간들 속에 내재하면서 그 고유의 특수성을 넘어서고자 하는 이 같은 추동력을 위대한 예술은 유토피아적 방식이 아닌 사회적 존재론의 방식으로 구성한다. 설령 일상적 삶 속에서 그러한 진행이 자신의 내면적 실존에서 오는 불특정한 불안에 대한 단순한 소망이나 단순한 느낌으로 남을 뿐 실천적 실현을 위한 현실적 탐구로 이어지지 못할지라도, 수많은 인간들의 삶 속에서 특징한 역할을 담당하는 보나 기본적인 사실이 문제가 된다. 이러한 토대로부터 발생한 일상적 갈등의 전형적 본질이 그 고유의 속성을 드러낸다. 개별 인간들을 그 자신의 특수성 너머로 고양시키는 일은 뗄 수 없을 만큼 지극히 개인적이며 그 결정적인 규정들 속에서 객관적이고 사회적인 하나의 활동이다. 자신의 고유한 인간적 특수성 너머로 고양될 수 있는 사람은 없다. 이러한 특수성은 결정된 것은 아니지만, 경우에 따라서는 지배적인 즉자적 유적 존재와 갈등에 빠지고 이러한 갈등을 존립시키기도 한다. 그러한 시험을 벗어나 순전히 내면적으로 머물고자 하는 단순하고 순수한 내면성은 그 자신의 고유한 진정성을 입증할 수 없으며, 따라서 그것을 그처럼 깊이 체험하는 인간들에게는 인간 형성적 능력을 결여한 추상적 가능성으로만 남는다. 위대한 문학작품은 특수한 인간에서 더 이상 특수하지 않은 상태로의 이행과정을 핵심적인 내용으로 정립하기 때문에, 그 형태들이 환상적이고 그 시대의 경험적 현존재와 일치하지 않을 수도 있다. 하지만 문학작품은 유토피아와 무관하다. 오히려 그것은 더 이상 실현되지는 않지만 현실적 가능성으로서 역사과정에 내재하는 경향들을 최상으로 가시화하는 보다 심오한 역사적 진리를 가지고 있다.

우리는 위대한 예술이 갖는 이러한 측면들을 보다 상세하게 해석하지 않을 수 없는데, 이와 더불어 위대한 예술의 '비현실성'과 참다운 종교적 체험의 '현실성' 사이의 중요한 존재론적 대립이 해명될 수 있을 것이다. 유명한 종교적 인물들의 선포들이 언제나 보편적인 인간, 그러한 인간의 대자적이 유적 존재를 포착하고 있다는 것은 결쿠 의심의 여지가 없다. 그들이 종종 이것을 절대 비타협적으로 행한다는 사실이 매력적인 그들의 영향력의 토대를, 다시 말해서 그들의 동시대인들에 대해서뿐만 아니라 때로는 미래 세대에 이르기까지 미치는 영향력의 토대를 이루는 것이다. 그런 한에서 포이어바흐가 거의 동일시로 표현한 그의 평행론도 올바로 유지될 수 있다. 그 하나에서 현실 지향적 비교가 등장하는 현실적이고 실제적인 차이는 얼핏 보면 사소하지만, 세밀히 고찰할 경우에는 지극히 광범위한 결과를 지닌다. 이러한 구별의 본질은 다음과 같이 간략하게 정식화될 수 있을 것이다. 즉 종교적인 선포, 특수적 인간의 극복을 위한 종교적 소환은 ―압도적 다수의 경우에서 의식된― 이러한 운동의 사회적 계기를 뛰어넘어서, 그렇게 발생한 과정을 순수한 영혼 내부의 (아마도 우주적 배경을 지닌) 과정으로 보고, 인간 안에 존재하는 초월적이고 신적인 원리가 단순한 피조물의 세속적이고 육체적-사회적인 계기들에 대해 갖는 승리로 보는 것이다. 이와 관련하여 우리는 지금 금욕주의적인 계기는 고려하지 않는다.("정신은 의욕이 넘치지만 육체는 나약하다."고 예수가 겟세마네 동산에서 말씀하셨다.) 우리는 그러한 계기를 간단하게 언급했을 뿐인데, 이미 그것과 더불어 예술에 대한 강조점의 이동이 일어났기 때문이다. 즉 후자(예술―역자)에서는 특수성을 전체성 속에서, 물리적-사회적인 총체적 인간 속에서 극복하는 것이고, 전자(금욕주의적 계기―역자)에서는 총체적 인간이 정신적 부분과 육체적 부분으로 분열되는 것이다. 한 부분은 초월에서 유래하고 거기에 거주하며, 다른 부분은 생물학적-사회적으로 규정된 삶의 영역 속에 갇혀 있다.(세속적-윤리적 갈등, 용감하게 사물에 헌신하는 것과 비겁하게 그로부터 도망가는 것 사이의 갈등은 이러한 대조와는 하등의 관계도 없다. 비겁은 그것과 반대되는 용기와 마찬가지로 전인적 감정이지 초생물학적이거나 초사회적인 어떤 것일 수가 없다.)

하지만 이러한 초월적 대립과 더불어 특수성의 초월을 지향한 의도는 현재의 구체적인 사회-역사적인 존재 속에 뿌리를 내리고 또 그것과 결합된다. 자신의 특수성에 대해 초연하고자 하는 영혼의 도정이 여전히 그 동류들의 운명과 긴밀하게 얽혀 있다고 해도, 고양은 사회적 진공 상태 속에서, 기껏해야 이러한 행위의 본질에 대해 완전히 무차별적인 공간 속에서 수행되는 것이다. 때문에 "가이사의 것은 가이사에게."라는 말은 현실적으로 기대했던 임박한 재림이 드리운 그림자 속에서만 사상적으로나 감정적으로 협애한 개인의 사적이고 특수한 것을 넘어서 나갈 수 있다. 또 여기서는 종말에 대한 기대감을 통해서만 주관적으로 미화하는 것이다. 재림이 이러한 현실성을 상실한다면, 특수성을 넘어서려는 모든 주관적 경향은 실천 속으로, 때문에 윤리적이고도 현실적으로, 그럼에도 어떤 면에서는 현존하는 즉자적 유적 존재 속으로 통합되지 않을 수 없을 것이다. 그러한 경향은 그 참다운 반영이 모름지기 예술적 모방을 특징짓는 바의 저 특수성을 극복하기 위한 참다운 동력을 상실하게 된다. 따라서 인간의 특수성을 넘어서려는 의도가 즉자적인 유적 존재와의 생동적이고 모순적인 상호작용 속에서, 대자적 유적 존재의 인격에서 초특수적인 것을 추구하기보다는 이단적 종교의 직접적인 진정성 속에서 현재의 즉자적 유적 존재를 뛰어넘으려 하기 때문에, 그러한 의도는 어렵지 않게 교회에 의해 즉자적 유적 존재를 옹호하고 보존하는 체계 속에 세워질 수 있는 것이다.

특수성을 넘어서려는 종교적 운동들과 직관들을 이처럼 즉자적 유적 존재에 대한 실천적이며 최종적인 긍정 속으로 통합하는 것은, 이단의 의도가 단순히 권력에 의해 제거되는 것이 아닐 경우, 교회에 의해 언제나 다시금 이 이단의 의도와 대립하게 된다.(수도원의 질서의 역사를, 무엇보다 아시시의 프란츠와 그가 전개한 운동의 운명 혹은 칼뱅주의의 발전을 생각해보라.) 평균적 교회의 종교에서는 이단을 창시하려는 고차적이고 중요한 모든 인간적 시도를 공식적 신앙의 고유한 경전 속에 끌어들이고, 이러한 시도의 도움으로 가능한 한 널리 정서적으로 동의하는 감정을 고취하는 것이 관건이다. 하지만 그 모든 것의 의미는 이렇다. 즉 그러한 감정으로부터는 결코 사회의 현상태를 교란하는 실천적 결과가 도출될 수 없다는 것, 즉자적인 유적 존재가 아무런 저항도 받지 않고 사람들의 행위를 일상 속에서 실제로 조정하고 주도한다는 것이다. 따라서 산상수훈 같은 종교적인 감화가 결코 공허한 것만은 아닐 것이다. 오히려 정반대이다. 그것은 교회 신앙의 경전에 속할 수도 있다. 다만 이로부터 현실적으로 실현해야 할 삶의 의무를 찾아낸다는 생각이 교회 내부에서는 누구에게도 일어나지 않는다는 무언의 일치가 있을 뿐이다.(톨스토이를 생각해보라.) 그 고유의 영역에서 기껏해야 '협애한 완성'에, 윤리적이고 유토피아적으로 막다른 골목에 도달할 수밖에 없는, 대자적 유적 존재를 향한 이단들의 돌진은 이로써 모름지기 기존 현실에 무조건적으로 적응하기 위한 인륜적-장식적 배경을 낳는다. 따라서 분명한 것은 자본주의적 발전이 심화될수록, 종교에서도 넘어설 수 없는 모든 행위의 제약으로서의 즉자적인 유적 존재가, 즉 경제, 사회, 정치, 이데올로기적 측면의 현상태가 공고해지게 될 것이다.

이러한 제약이 얼마나 강력한가를 우리는 막스 베버에서 쉽게 찾아볼 수 있다. 다른 어떤 동시대인들보다 아마도 그는 이단과 교회의 차이와 대립을 상세히 연구했을 것이다. 앞서 제시한 우리의 인용이 보여주듯, 베버는 그의 시대의 교회 지지자들의 종교적 성향에 대해 아무런 환상도 갖지 않았다. 그럼에도 베버에게는 산상수훈의 윤리가 모든 정치적 행위와 대립된, 한계를 정립하는 절대적 타자로 나타난다. 베버는 정치가 오로지 즉자적인 유적 존재의 영역에서 움직여야만 한다는 것을, 혁명적인 경향들은 —늘 그런 것은 아니지만— 실제로 이러한 수준에서 움직이면서 대개는 고유의 수단들(권력 등)을 가지고 작동한다는 것을, 정치적-이데올로기적 측면에서 볼 때 이러한 경향들은 '현실정치'와 결코 구별되지 않으며, 다만 이념적 치원에서만 정반대를, 모름지기 산상수훈을 점유할 뿐이라는 것을 보여줄 것이다. 따라서 그에게서는 (산상수훈이) 사회적-인간적 실천의 유일한 선택으로서 나타난다. 현실정치냐 산상수훈이냐, 여기서 베버 자신은 —그의 지식은 심지어 풍자적이고 선동적일 만큼 심하다— 사람들의 사회적 행위에서 윤리적 종파성은 결코 현실적인 영향을 미칠 수 없다는 점을, 그것은 반동적인 희화(戱畵)가 될 수밖에 없다는 점을 정확히 알고 있었다. "복음의 윤리에 따라 행동하려는 자, 그는 파업을 피해서 —왜냐하면 파업은 강제이기 때문이다— 어용 노조에 들어간다."[125] 베버는 권력(현실정치)과 그것에 대한 원칙적인 부인(산상수훈)에 무게를 둠으로써 양극을 쉽게 만들었다. 여기서 그는 이론적 차원에서 본다면 개인적으로 세속적-회의주의적 태도를 강조함으로써 종교와 마찬가지로 그릇된 딜레마에 빠졌다. 실제로 사람들은 즉자적인 유적 존재의 형식하고만 싸울 뿐, 그것을 넘어선 일체는 주관적인 것에 머물러 있으며, 사회적으로 볼 때도 비현실적이다. 이 점에서 그의 인격의 비극적 갈등이 드러나지만, 그것을 여기서 다룰 수는 없다.

이 점에서 베버는 우리에게는 지배적인 시대 경향의 단순한 대변자일 뿐이다. 자본주의의 발전은 그 폭과 깊이에서 사회적으로는 즉자적인 유적 존재를 넘어서고, 개인적으로는 개별 인간들의 특수성을 넘어서고자 하는 모든 노력을 파괴하기에 이르렀다. 그러한 이데올로기적 초월에 크게 관심

---

125) Max Weber: *Gesammelte politische Schriften*, München 1921, S. 440.

을 가진 탐구가 19세기에 있었는데, 물론 이들은 주로 이단적 종교의 한계 안에서 움직였다. 이와 관련해 우리는 무엇보다 톨스토이를 생각하고 있다. 톨스토이가 즉자적인 유적 존재를 뛰어넘어 그 대자존재를 추구할 때 표현되는, 인간적인 의미가 뚜렷이 드러나는 비극과 비극적 희극의 위대한 형상을 제시할 때 그에게서는 본능적이고 시인적이며, 때문에 존재론적이고 비판적인 태도가 늘 다시금 터져 나온다. 그럼에도 일반적인 발전은 인간의 특수성에 대한 예찬과 신성화로 이어지게 될 것이다.

기존 현실로 속물적인 자기보상을 하는 일은 새로운 것이 아니다. 오히려 —객관적으로 볼 때— 주체적 진보와 반속물주의를 표방한 주체적이고 저항적인 지성이 그럼에도 특수성을 단순히 인간의 유일무이한 현실적 현존방식으로서가 아니라 유일무이하게 적합하고 유일무이하게 진정한 현존방식으로 옹호하게 된 것이 새로울 뿐이다. 아마도 앙드레 지드(Andre Gide)의 투쟁을 지적하는 것으로 충분할 것이다. 지드의 투쟁은 '자유로운 행동(action gratuite)'에 대한 찬미에서 절정을 이루었다. 그에 따르면 인간은 자발적이고 무비판적으로 자신의 일시적인 충동을 따를 때, 다시 말해 자신의 일시적인 특수성을 넘어서려는 순수한 내면적 탐구를 결코 하려 하지 않을 때, 오히려 이러한 특수성에 머물러 있는 것이 사상적이고 시적인 면에서 참다운 인간 현존재로 고양될 때, 오직 그때만 비로소 '참다운' 존재, '자유로운' 존재, '그 자신'으로 간주된다. 우리가 이러한 경향을 그 존재론적인 의미에 따라 고찰한다면, 지드는 결코 홀로 보초를 서고 있는 것이 아니다. 오히려 그는 제국주의 시기의 자본주의 문화의 보편적 경향을 대변하고 있는 것이다. 지금 이 문제를 상세히 다룰 수는 없다. 다다이즘(Dadaismus)으로부터 초현실주의(Surrealismus)를 넘어 즉흥극(Happening)[126]에 이르기까지 지극히 상이한 방향의 지배적 이데올로기에서 '자유로운 행위'의 계기를 상세하게 보여줄 만한 가치는 없다. '자유로운 행위'란 인간의 특수성의 넘어설 수 없는 유일한 현실적 정립으로서 그 특수성이 일시적으로 첨예하게 드러나는 방식이다. 나는 단순히 교회-종교적 측면에 대한 보충적인 반내의 예로서 폴 클로델(Paul Claudel)[127]을 끌어들일 것이다. 모름지기 지드에게 보낸 한 편지에서 그는 도스토옙스키가 구성했던 갈등에서 예수와 대립된, 다시 말해 즉자적인 유적 존재, 개별 인간의 특수성이 지닌 원리적 최종성과 반대로 대검찰관의 편을 들었다. 도스토옙스키는 비록 대검찰관의 신앙을 거부할 만큼 소심했을지라도 『카라마조프 형제』에 관한 대담에서 교회의 위대성을 알고 있었다. 대검찰관은 무지하고 교만한 간섭으로 인해 구속(救贖)의 거대한 계획을 혼란에 빠뜨리려 하는 거짓 예수에 비해 철저히 정당하다. 교회는 단일성을 의미했다. '나와 함께하지 않는 자는 망하리라.' 교회의 일원으로서 행동하지 않는 자는 이름만으로 행동하는 자이다. 그는 사이비 기독교인이며 방탕한 자이다."[128] 이러한 식의 예는 이를테면 동시대 프랑스의 정치적 가톨릭주의에서 얼마든지 찾아볼 수 있을 것이다.

그것 외에도 우리는 이미 우리가 직접 경험하고 있는 현대의 대중조작 시기에 매우 근접해 있다. 그럼에도 이 시기에 종교적으로 규정된 소외의 근본물음을 간단히 살펴보기에 앞서, 우리가 두드러진 특징으로 묘사한 입장을 유명한 이행형태, 즉 시몬 베유(Simone Weil)[129]를 통해 간략하게 묘

---

126) Happenings는 퍼포먼스나 상황극과 같은 예술의 일종이다. 즉흥극은 관객을 끌어들이기 위해 장소를 가리지 않으며 무언극으로도 진행된다. (역주)

127) 폴 클로델(1868~1955)은 프랑스 시인이자 극작가이며 외교관으로 조각가 카미유 클로델의 동생이다. 그의 가톨릭 신앙을 담은 운문 드라마가 유명하다. (역주)

128) Claudel-Gide: *Zweifel und Glaube*; Briefwechsel, München 1965, S. 89.

129) 시몬 베유(1909~43)는 프랑스의 신비주의자 · 사회철학자이다. 제2차 세계대전 때 프랑스

사할 수 있도록 해보자. 그녀에게 —그녀의 대단히 예리하고 폭넓은 학식에도 불구하고— 아직은 그처럼 어렵고 희생이 많이 따르는, 그녀의 이념을 실천으로 옮기는 일이 저술로 표현하는 일보다 언제나 중요하다고 할지라도, 바로 그렇기 때문에 그녀는 확실히 이단종교의 가장 풍부하고 가장 고상한 형태에 속할 것이다. 이에 상응해서 그녀의 삶의 방식에서 사회적으로 불이익을 받는 사람들의 생존문제들에 대한 관여는 하나의 핵심적인 문제이다. 그럼에도 이러한 실천적 입장은 그녀에게서 모든 사회적 행동영역의 종교적 구원의 의미에 대한 원칙적이고 첨예한 부인과 결합되어 있다. 따라서 그녀는 다음과 같이 말한다: "추락들의 추락, 대부분 불가피한 추락의 추락이 곧 사회적 추락이다. 대체로, 언제나, 모든 사물에서 사회적 감정은 완벽한, 다시 말해 신앙에 대해 완전히 기만적인 복제를 제공한다 … 신앙을 그 사회적 복제와 구별한다는 것은 거의 불가능하다 … 현재의 상황에서 사람들이 사회적 복제를 거부한다는 것은 신앙에는 아마도 생사가 걸린 문제일 것이다."[130] 혹은 다른 곳에서는 이렇게 말한다. "식물적인 것과 사회적인 것은 선이 관심을 두지 않는 두 영역이다. 그리스도는 사회적인 것이 아니라 식물적인 것을 구원했을 것이다 … 신적인 것의 봉인 아래 있는 사회적인 것: 모든 자의를 자기 안에 둔 도취적 혼합. 초라

레지스탕스에 참여한 활동가였으며, 그녀가 죽은 뒤 출판된 저서들은 프랑스와 영국의 사회사상에 큰 영향을 미쳤다. 저서로는 1945년 《폴리틱스(Politics)》지(誌)에 발표한 「일리아드: 힘의 시(The Iliad: or, The Poem of Force)」가 최초의 작품이고, 주저 『중력과 은총(La Pesanteur et la grâce)』(1947)은 그리스도의 지배에 관한 그녀의 의식을 보여준다. 그 밖에 정신적 자서전 『신을 기다리며(Waiting for God)』(1951), 공장에서 겪은 일을 다룬 「뿌리에 대한 갈망(The Need for Roots)」(1952), 「고대 그리스인들에 나타난 그리스도교의 징후(Intimations of Christianity Among the Ancient Greeks)』(1957) 등이 있다. (역주)
130) Simone Weil: Das Unglück und Gottesliebe, München 1961, S. 212-213.

한 악마. 양심은 사회적인 것을 통해 기만에 굴복한다. 잉여 (상상적) 에너지는 대부분 사회적인 것에 포박되어 있다. 우리는 그것을 사회적인 것으로부터 해방시켜야 한다. 그것이야말로 가장 어려운 구원이다."[131] 사회적인 것의 이 같은 유혹은 공산주의자들에게서 명백히 보인다: "따라서 그들은 성자가 되지 않고서도—광범위하게 요구되는— 성자만이 오직 정의를 위해서 감내하려고 하는 위험과 고통을 감내할 수 있다."[132]고 그는 설명한다. 종교적 의도를 지닌 대부분의 동시대인들의 경우에서 보이는 조작적인 권모술수와 달리, 시몬 베유에게서 이러한 언어는 언제나 그렇듯 분명하다. 우리는 앞서 우리가 묘사했던 이 언어가 실제로 대자적인 유적 존재에 대한 이단종교적 지향의 근저에 놓여 있지만, 언제나 분명하게 언표되지는 않는 즉자적인 유적 존재의 필연적 초월의 경향을 이론과 실천의 원리로서 분명히 중심에 옮겨놓았다고 말할 수 있다. 현대의 보편적인 경제-사회-정치-문화적 조작의 일반적 지배는 진정한 종교적 이단의 탄생에 호의적이지 않기 때문에, 이러한 이단은 다소 활력 있을 때 대단히 빠르게 절반의 혹은 온전한 상업적 기업으로 탈바꿈할 수 있기 때문에, 사회적인 것에 대한 시몬 베유의 이론적-실천적 입장은 상당한 징후적 의미를 갖는다. 다시 말해 그것은 모든 참다운 이단운동의 실제적이고 사회적인 핵심을, 즉 특수성 너머로의 순수한 개별적-인간적 고양에 대한 배타적이고 철저히 무매개적인 지향성을 이야기하고 있다. 여기서 특수성 너머로 고양되고자 하는 노력, 즉자적인 유적 존재를 추구하려는 인간의 세속적 노력에 필적하는 것은 없고 오히려 —모름지기 실제적인 사회성이라는 의미에서— 그것

---

131) Simone Weil: *Schwerkraft und Gnade*, München 1954, S. 270-271.
132) Ebd., S. 275.

에 대한 엄밀한 부정만이 존재한다는 것이 극명하게 드러난다.

　다음 장에서 다루어질 것이지만 우리가 1945년 이후의 시기를 이러한 소외의 관점에서 일별할 때, 모든 사회적 표현을 포괄하는 경향, 인간을 특수성 속에서 포착하고 궁극적으로 그 속에 고착시키려는 경향, 동시에 이러한 존재 수준을 유일하게 현실적으로 존재하고 유일하게 추구할 가치가 있는 것으로서, 위대한 사회적 업적으로서 예찬하는 경향이 나타난다. 이러한 존재관의 담지자인 포괄적이고 세련된 조작은 그 경제적 토대를 거대자본에 봉사하는 소비재 산업의 거의 완벽한 종속에 두고 있다. 이 영역에서의 대량소비의 중요성은 공적 영역의 기관을 지배하는 훨씬 확장된 이데올로기적인 장치를 형성하는데, 이러한 장치를 움직이는 핵심은 스스로 '이미지'의 형성을 위한 수단으로서, 그러한 수단에 이르는 안내자로서 만드는 명품 소비(Prestigekonsumtion)이다. 다시 말해 사람들이 옷을 입고, 담배를 피우고, 여행을 하고, 성적 관계를 갖는 것은 이것들 자체 때문이 아니라, 자신의 삶의 테두리 안에서 자신의 '이미지'가 그처럼 존경받는 유형을 표상하기 때문이다. 여기서 '이미지'가 자신의 행위, 자신의 상태, 더 나아가서는 자신의 존재에 대한 언표된 사물화라는 것은 설득력이 있다. 마찬가지로 일상적 삶의 사물화의 보편적인 확산과 지배, 소외가 일상적 삶의 근저에 놓인 토대가 된다는 것, 이러한 사물화에 대해서는 기껏해야 미지근한 저항(여가시간에 따분함을 불평하는 것 등)만을 할 수밖에 없다는 것도 더할 나위 없이 분명하다. 특정한 사건들이 종종 폭발적인 반응을 야기한다. 하지만 모름지기 이와 같이 순수하고 직접적 상태에 머물러 있는 그 돌발적 성격이 지배적인 사물화와 소외에 대한 본질적이고 심오한 비판을 저해하고 있다. 그러한 비판적 반대는 과학적이고 지배적인 조작적 세계관과(무엇보다 신실증주의와)의 단절을 전제할 것이다. 그것은 체계에 대해, 조작의 지배에 대해 (또한 조작된 민주주의에 대해) 저항하지 않을 수 없을 것이다. 이에 관해서는 다음 장에서 상세히 언급할 것이다.

여기서 우리에게는 종교문제가, 또 종교에서 유래하고, 종교를 통해 지속적으로 매개된 소외문제가 핵심적 관심이다. 이와 관련하여 특별히 하나의 계기가 강조되어야 한다. 즉 자연적 한계를 제거함으로써, 모든 사회적 요소를 사회화함으로써, 콘스탄티누스 황제가 기독교를 국교로 인정하면서 편입된 시기가 하나의 결정적인 종말을 맞이하게 되었다는 점이다. 봉건적인 사회형태가 기독교의 교리에 대응할 것이라는 것, 이론과 실천의 지배적 형태가 일상적 삶을 사는 인간들의 관념들에 끊임없이 적응하는 과정이 신앙을 일깨울 수 있다는 것, 마치 이것이 실제적인 경우인 것처럼, 또 그러한 토대 위에서 교회가 일시적으로 국가에 종속될 수 있는 현실적이며 사회적인 권력이 될 수 있다는 것은 여러 모로 하나의 착각이었다. 이 행상태가 얼마나 오래 지속되는지, 그것이 정확히 언제 시작하는지, 그것이 어떤 단계를 보여줄 것인지는 여기서 상세하게 다루어질 수 없다. 보다 확실하고 또 신학적 관점에서 언제나 결정적으로 인정되고 있는 것은, 이러한 상태가 결정적으로 종말일 것이라는 것, 콘스탄티누스 황제가 지배하던 시기의 기독교는 과거에 속한다는 것이다. 따라서 유럽 교회의 니보르거 협의회(Nyborger Konferenz)(1959)에서 부르겔린(Burgelin) 교수는 다음과 같이 말했다: "지금 이 순간부터 사회질서의 토대로서의 기독교의 지위가 의문시된다는 것이 새로운 사태의 핵심이다. 이러한 의미에서 콘스탄티누스 시대는 끝났다. 그리고 다른 측면에서 종교는 새로운 세계를 건설하는 정치와 결합해서만 받아들여질 수 있다. 왜냐하면 정치는 인간의 가장 심오한 감정과 가장 열망하는 이상을 요구하기 때문이다. 정치는 구원을 지상에 선포함으로써 종교의 자리를 대신하는 것이다."[133] 여기서 우리에게 가장 중요한 계기는 국가와 사회가 사람들의 일상적 삶을 지배하는 과정에서 더 이상 교회의 도움을 바라지 않는다는 것, 그 비율도 세속적 기구들로 인해 본질적으로 변화되었다는 것이다. 또한 일련의 상당한 일상적 문제들(예를 들어, 이혼, 출산 규제 등)이 존재하는데, 여기서 교회의 이데올로기적인 수단은 일상적 인간의 실제적인 행동동기라는 관점 배후로 후퇴한다. 따라서 콘스탄티누스 시대의 종말은 교회에게 보편적으로 조작된 자본주의 사회의 요구들에 순응해야지 전처럼 일상의 조작의 토대가 될 수 없다는 과제를 의미한다. 이는 결코 어려운 문제로 보이는 것 같지는 않다. 왜냐하면 현대의 즉자적인 유적 존재의 현상태(status quo)에 머문다는 것은 곧 경제적이고 사회적인 장치가 실제 잘 작동하고 있음을 선포하는 것이기 때문이다. 교회가 본질적인 변경 없이 그 이전의 기본노선을 유지할 수 있는 이러한 운동을 배척하고자 한다면 교회는 그 이데올로기적인 표현방식에 상응해서 현대화하지 않으면 안 될 것이다.

여기서는 결코 해결할 수 없는 과제가 등장하는 것이 아니다. 우리는 반복해서 우리 시대의 이데올로기적인 핵심적 언사(言辭)에 대해, 말하자면 탈이데올로기의 언사에 대해 지적했다. 이러한 언사는 신실증주의의 사회적 일반화로서 발생했다. 신실증주의에 따르면 과학성과 사태의 과학적 조작은 현실에 대한 모든 문제를 학자들의 사전에 따라 그 현실에 무가치한 것으로 낙인찍는 것이기 때문에, 이러한 이론에서 이데올로기적으로 뒤얽혀 있는 실제적 갈등이 사회적 삶에서 존재하지 않는다는 것은 당연한 일일 수 있다. 조작된 타협의 도움으로 만족스러운 해결을 찾을 수 없는 사회적 갈등은 존재하지 않는다는 점에서 이론과 실천은 일치하고 있

133) Nyborger Konferenz Europäischer Kirchen 1959, S. 71.

다. 이처럼 현실 개념을 과학적 요구를 수반한 모든 언명으로부터 격리시키는 것은 당연히 종교적 이데올로기들에 보다 확장된 정신적 여지를 주는 것이다. 왜냐하면 과학이 현실 자체를 사유 속에서 재생산한다는 요구를 갖고 등장하는 한, 과학에 의해 확증된 사태들과 종교에 의해 현실적인 것으로 선언된 사태들 사이에는 불가피하게 항구적이고 지극히 불안한 대치가 존재하기 때문이다. 단순해서 누구에게나 즉각 이해될 수 있는 존재 개념을 세계에 대한 보다 고차적인 사유로부터 제거하는 것은 세계상들에서 하나의 혼란을 야기하는 것이다. 진리의 유일한 기준으로서의 유용성이 구체적이고 실천적으로 검증 가능한 인식복합체 안에 여전히 남아 있기 때문이다. 하지만 유용성으로는 세계관적 혼란이 결코 극복되지 않는다. 왜냐하면 과거에 톨레미의 천문학을 정기적인 해상운송에 적용 가능했다고 한다면, 오늘날에도 곡면 공간을 올바른 물리적 인식의 토대로 만들 수 있을 것이기 때문이다. 이로부터는 현상태를 위한 어떠한 토대도 창출될 수 없다. 단순히 사이비 과학적인 유비 추리만으로도 현실에 어떠한 의미를 부여할 수 있을 만큼 그 현실을 상대화하는 것이 가능할 것이다. 그로 인해 무엇보다 종교가 이익을 본다는 것은 자명하다. 나는 여기서 조르단과 같은 세계관적 어릿광대에 대해 언급하지는 않을 것이다. 잘 알다시피, 그는 신실증주의적 차원에서 엔트로피(Entropie)를 유비적으로 원죄와 훌륭하게 연결시켰다. 하지만 바르트(Karl Barth)와 같이 대단히 성실하고 진지한 신학자조차 다음과 같이 적고 있다: 즉 교의(敎義)에서 그것은 **"천상과 지상의 창조주"**라고 일컬어진다. 우리는 천상과 지옥이라는 이 두 가지 개념에서 개별적으로 또 그것들의 공속성에서 우리가 창조에 관한 기독교 교리로 통칭할 수 있는 바를 염두에 두고 있다고 말할 필요가 있고 또 말해야 할 것이다. 하지만 이 두 개념 속에 어떤 낡은 세계상이 반영되어 있을지 모른다 할지라도 그것은 우리가 오늘날 **세계상**이라고 부르곤 하는 것과 동격을 의미하지는 않는다. 하지만 어떤 특정한 세계상을 대변한다는 것은 … 성서나 기독교 신앙의 요체가 아니다. 기독교 신앙은 낡은 세계와 결합된 것도, 또 새로운 세계와 결합된 것도 아니다. 기독교의 고백은 수 세기를 거치는 과정에서 하나의 세계상 이상으로 발전했다 … 기독교 신앙은 근본적으로 모든 세계상으로부터, 즉 현재 지배적인 과학이라는 척도와 또 그것을 수단으로 해서 존재자를 이해하려는 모든 탐구로부터 벗어나 있다.[134] 여기서는 신실증주의적 조작, 즉 "세계관"의 일반적인 압력이 너무 강력하기 때문에 바르트조차 변화를 감지하지 못하고 있다는 것, 아울러 종교와 현실 간의 모든 결합이 파괴되었다는 것이 공개적으로 표명되고 있지는 않다. 우리는 이전의 모든 신학적-독단적인 견해 차이가 현실과 관련되어 있다고 생각했던 것을 잊지 않고 있다. 어거스틴이 한편으로 펠라지우스주의(Pelagianismus)[135]에 대해, 다른 한편으로는 마니교(Manichäismus)에 대해 가톨릭의 중도(Tertium)를 대립시켰을 때, 그는 인간학적으로 지향된 지상의 차안성과 형이상학적으로 첨예한 배타적 이원론의 경향 사이에서 세속적(인간적-사회적-역사적) 현실과 그리스도의 사명(Christi Sendung)(재림 등)에 의한 현실을 궁극적 통일체로 결합하는, 존재에 대한 기독교적 이해를 관철시키고자 했다. 따라서 하나님의 나라(civitas dei)와 나란히 사람의 나라(civitas terrena)가 존재한다는 것은 결코 가상이나 상상, '이론'이 아니다. 오히려 그의 눈에는 궁극적으로 통일된 (신적인,

---

134) Karl Barth: *Dogmatik im Grundriß*, Berlin 1948, S. 62.
135) 펠라지우스(Pelagius, ?~418)가 주장한 이단설. 인간의 본성은 원죄에 의해 오염되지 않았고, 신에 의해 창조되었지만 악할 수도 있으며, 어거스틴의 은총론과 달리 자유의지를 믿는다. (역주)

초월적인) 하나의 현실이 존재하는 것이며, 그 영역 안에서 지상적-종속적인 것이 통일된 현실로 파악되어야 하는 것이다. 이것은 초기 교부들에서 칼뱅에 이르기까지 모든 기독교적-종교적 세계상에 대한 존재론적 정초이다.

여기서 이러한 이론들에 대한 기술을 할 수는 없다. 다만 어거스틴에게 존재는 어떤 맥락에서도 현실적으로 접근할 수 있는 '속성들'(완전성, 위계 등)을 담고 있지 않다는 것에 주목해야 할 것인데, 이런 속성들이 특정 존재에 종속된 인식에 특수한 성격을 부여해준다. 어쨌든 여기서 상호연관된 존재의 영역이 발생하는데, 이 영역은 자연과학이 발전하기 시작함에 따라 이른바 이중적 진리의 이론이 등장하면서 이론적으로 파괴된다. 이 영역에서 이데올로기적 기원의 내적 대립을 통해 매개된 존재의 갈등이 발생한다. 지금까지는 총체적 현실의 모든 문제를 신학적으로 대처하는 것이 모든 존재론의 목표점을 형성했다고 한다면, 이제는 그것에 더해 ―비밀리에 경쟁하는― 인간실천의 토대로서의 객관적 현실 자체를 이데올로기적으로 복잡한 교회의 문제들과 무관하게, 그 자체로 존재하는 그대로, 무엇보다 사회와 자연의 신진대사의 영역에서 사유를 통해 대처하려는 노력이 등장한다. 자본주의로의 비약적 발전경향은 갈릴레이 시대에 최초의 정점이자 최초의 커다란 갈등을 담고 있다. 이 시대에 ―세계사적으로― 수세에 밀린 종교적 존재론은 현실인식으로부터 모든 존재론적 가치를 박탈해서 그것을 순수한 실용주의적 유용성으로 환원시키고, 반면 신학의 진리는 교회의 의미에서 객관적 현실인식의 성과들과 무관하게 존재론적 타당성을 보존하려 했던 벨라르민(Roberto Bellarmin)[136] 추기경과 더불어 처음으로

---

136) 로베르토 벨라르민(1542~1621)은 이탈리아의 추기경이자 신학자이다. 종교개혁에 관한 프로테스탄트 교리에 대한 반대자이다. (여주)

후퇴했다. 벨라르민 추기경이 이로 인해 존재론적-영지주의적 실증주의의 원조가 되었다는 것은 이미 뒤엠(Pierre Duhem)[137]이 분명히 했다.

우리의 현재 고찰에서는 무엇보다 이처럼 중대한 입장이 이론적으로 볼 때는 보수적 행위가 되었다는 점이 중요하다. 즉 사회발전과 그로부터 유래한 과학과 생활방식 등으로 인해 현실은 더 이상 종교의 존재론적 범주들로 다루어질 수 없다는 것에 대해 신학적으로 변호하는 것이다. 지금은 이러한 발전을 단지 개략적으로만 묘사할 자리가 아니다. 신실증주의적 조작에 순응하는 사람들, 성서를 '탈신화화'해서 사회적이고 존재론적으로 이해하고자 하는 오늘날의 노력들은 앞서 인용된 바르트의 설명이 벨라르민 추기경과 정반대의 역사적 연속성에 기초한 입장을 형성한다는 것을 어렵지 않게 알게 되었다. 이처럼 모든 세계인식의 현실성을 포기하는 것은, 종교적 이데올로기의 존재론적 유일 지배를 이론적으로 구제하기 위해서이고, (성서를 포함한) 교회의 선포의 현실성을 이처럼 부정하는 것은 현실 연관을 근본적으로 해체함으로써 교회의 선포 효력이 갖는 몽상과 착각을 어떤 식으로든 구제하기 위해서이다. 여기서도 일종의 이중적 진리가 존재한다. 그럼에도 이미 그 속에는—원치 않게—자연의 현실이나 사회-역사적 발전의 현실 어느 것도 현실에 대한 종교적-교회적 선포와 어떤 식으로든 실제로 접촉할 수 없다는 사실이 표현되어 있다. 하지만 그것은 스스로의 토대에 대한 자기파괴이다. 왜냐하면 성서의 선포는 인간과 인간의 역사에 대한 언명, 자연의 속성과 그 자연에 대한 인간의 내적이고 외적인 관

---

137) 피에르 뒤엠(1861~1916)은 프랑스의 물리학자, 수학자, 자연철학자로서 진화론적 형이상학에 기반한 근대 과학사를 강조하였다. 그는 과학에서의 이론의 역할은 새로운 현상을 설명하기보다는 그것들의 관계를 체계화하는 것이라고 주장했다. (역주)

계에 대한 언명이 문자 그대로의 의미에서 현실적으로 존재하는 바의 현실에 관한 언명으로 생각되기 때문이다. 여기서 수행된 발전은 비록 그것이 여기서 —외교적으로— 이중적 진리의 새로운 버전의 형식을 띠고 있을지나노 종교에 석대석인 존재론석 비판 앞에서 항복한 것이다. 이러한 항복은 오늘날 지배적인 철학적 흐름들이 객관적이며 과학적으로 인식 가능한 것을 존재론적으로 평가절하함으로써 객관적-사실적 차원이 아니라 조작적 차원에서 보다 쉬워졌다.

예를 들어 이러한 의미에서 야스퍼스는 결코 신실증주의자가 아니다. 그럼에도 자신의 형이상학에 토대를 제공하는 모습을 보여주기 위해, 그는 과학의 인식영역으로부터 현실을 신실증주의적으로 격리시키는 일에 똑같이 긍정적으로 관여해야만 했다: "과학적인 세계상은 존재하지 않는다. 첫 번째로 역사에서 우리는 오늘날 과학 자체를 통해 이 점에 관해 분명하게 알고 있다. 과거에 동시대인들 전체의 사유를 지배할 수 있었던 세계상들은 오늘날 여전히 우리에게 호소력이 있는 놀라운 암호들(Chiffern)이었다. 이에 반해 사이비 과학으로서의 철학적 성과인 데카르트로 대변되는 사유방식에 기초한, 이른바 근대적 세계상은 생존을 위한 암호의 성격을 갖는 것이 아니라 오히려 이해를 위한 기계적이고 역학적인 장치를 갖는다."[138] 야스퍼스에게 종교라는 결정적인 현실범주는 그 자체 수용되어 있는 동시에 객관적으로 구속력이 없이 존재하는 어떤 것이다. 여기서 상세히 설명하기는 어렵지만 그의 철학으로 인해 우리는 종교범주들을 (예를 들어 계시) 그 실제적 내용에 비추어 분석할 수 있다거나 하려고 하지는 않

---

138) Jaspers: *Der philosophische Glabe angesichts der Offenbarung*, München 1962, S. 131.

을 것이다. 야스퍼스는 종교범주들을 부인하지는 않았지만, 그럼에도 그
것들에서 모든 진정한 객관적 타당성을 박탈했다. 따라서 그리스도는 경
험적이고 역사적인 사실(역사의 진행과정 자체에서 주어진 신성에 의해 둘러싸
인)이 되었다: "그러므로 우리 서구인들은 성서 종교에 의해 살아가는 법을
믿을 필요가 있다. 이러한 삶에는 그것이 무엇이 되든지 간에 모든 집단
과 모든 교회의 소유요구를 거부하는 수많은 인물들과 도정들, 그리고 원
리들이 허용되어 있다. 어떤 신학자가 경멸하듯 말할 수도 있다. 즉 성경
을 읽는 이는 결코 그리스도인이 아니다. 나는 답변한다. 누가 그리스도인
지는 누구도 어떤 경우도 알지 못한다. 우리 모두가 그리스도인(성서적으로
믿는 사람들)이다. 그리스도인이라고 주장하는 것은 누구에게나 허용되어
있다. 2000년 동안 우리의 아버지였던 자를 집에서 내쫓아서는 안 된다.
성서를 어떻게 읽고 또 이를 통해 그가 무엇이 되는가가 관건이다." 또한
야스퍼스는 일관되게 다음과 같이 계속 적고 있다: "전승은 조직과 결합되
어 있고, 성서 종교의 전승은 교회와 교단, 그리고 이단과 결합되어 있기
때문에, 스스로 서구인으로서 그 뿌리와 결합되었음을 아는 자는, 말하자
면 그러한 조직(그것이 로마-가톨릭교이든, 유대교이든, 개신교이든 간에)에 속
해 있다고 하는 자는, 그것과 더불어 전승이 발견되고 또 영혼이 다시금
힘을 발휘한다면 아마도 그로부터 영혼이 민중들 속에 도달하는 바의 장
소로 남는다."[139] 그러므로 종교에의 소속은 여기서 다른 모든 결과와 더불
어 교회와 결합되어 있다. 그것은, 야스퍼스가 이러한 복합체가 안고 있는
부정적 권력의 측면을, 말하자면 "권력 조직이자 광신과 미신의 가능한 조
작수단으로서의 모든 교회적 요소는 설령 그것이 세상 속에서 전승을 위

---

139) Ebd., S. 53-54.

해 불가피할지언정 가장 뿌리 깊은 불신에 기여한다는 것"[140]을 분명하게 보고 있을지라도 달라지지 않는다. 그와 더불어 종교가 지닌 모든 객관적 존재 내용, 독신(篤信)과 미신 사이의 모든 구별 가능성이 '철학적으로' 부정된디는 것이 분명하디.

　현대적 의미에서 종교에 대한 또 다른 변명적 옹호자를 거론하지 않더라도 우리는 신실증주의가 그러한 변명에 대해 가장 중요한 인식론적 기초를 제공했다고 확정지을 수 있을 것이다. 아마도 미래의 역사가는, 토마스 아퀴나스가 중세의 절정기에 그랬던 것처럼, 이 시대의 종교 이데올로기를 위해 카르납(Carnap) 같은 이에게 이론적 의미를 부여하게 될지 모른다. 물론 이전의 가톨릭교회의 변호자들 아래에는 마리탱(Maritain)과 같은 토마스주의자들이 있다. 그럼에도 지식인들 가운에 현대적으로 영향력이 있는 옹호자인 샤르댕(Teihard de Chardin)[141]은 방법론적으로 신실증주의자와 결정적으로 구별된다. 이러한 연관은 아직은 교회 바깥의 수많은 변호자들보다는 실증주의에서 직접적이고 풍부한 형태로 받아들여지고 있다. 샤르댕에게 신실증주의는 과학적인 —물론 자연과학적인— 표현방식을 언어적으로 보존하고 있으며, 엄밀 과학이라는 착각에 빠져 있다.(이러

---

140) Ebd., S. 90.
141) 테야르 드 샤르댕(1881~1955)은 프랑스의 철학자이자 고생물학자이다. 인간은 마지막 정신적 통일체를 향해 정신적-사회적으로 진화하고 있다는 이론으로 유명하다. 과학과 기독교를 혼합해서 그는 인간의 서사시는 '십자가의 길'과는 조금도 닮지 않았다고 주장했다. 그의 이론은 로마 가톨릭교회와 그가 속한 예수회 안에서 제한과 반대를 받았다. 고생물학에 관한 연구를 통해 1938년 자신의 기본 저작 『인간현상(Le Phenomene humain)』(1938~40)의 초고를 완성했다. 진화를 완성되지 않은 과정으로 보았으며, 진화의 연속성을 나타내는 용어들을 새로 만들었다. '우주발생(cosmogenesis)'은 인간이 중심인 세계의 발전, '정신발생(noogenesis)'은 인간정신의 성장, '인간화(hominisation)'와 '초인간화(ultra-hominisation)'는 인간화의 단계를 가리킨다. (역주)

한 착각은 고유한 과학적 업적을 전혀 다른 영역에 고지함으로써 지지를 받는다.)
샤르댕에게 이런 신실증주의는 변명에 불과한 임의의 모든 환상적 연관을
자연에 투사할 수 있는 자유를 의미한다. 따라서 샤르댕은 물질의 내적 구
조에 대해 다음과 같이 이야기한다: "본질적으로 모든 에너지는 물리적 자
연임을 받아들이자. 그럼에도 덧붙이고 싶다면, 모든 원소입자에서, 이러
한 근본 에너지는 두 개의 상이한 요소들로 나누어진다. 즉 원소를 우주에
서 동일계에 속하는 (즉 동일 정도의 연관성과 응집성을 갖는) 다른 원소들과
결합시키는 **접촉 에너지**와 늘 보다 복잡하고 집중된 상태에 따라 전향적
인 방향으로 끌어당기는 **방사 에너지**이다."[142] 이처럼 순수하게 조직된 자
연에 대한 직관들의 체계적 구조를 상세하게 추적하는 것이 우리의 의도가
될 수 없음은 자명하다. 우리는 다만 자연인식에 대한 그러한 새로운 해
석의 정점이 마침내 기독교에서 우주론적인 '오메가 포인트(Punkt Omega)'
라는 엄밀한 자연과학적 용어 속에 나타났음을 분명히 할 뿐이다.[143] 샤르
댕은 그것이 지닌 우주론적 의미를 다음처럼 설명한다: 즉 "독자적 법칙
성, 편재적 영향, 불개변성 및 최종적 초월: 이는 오메가의 네 가지 속성이
다.[144] 그러한 '자연과학적 연역'으로 인해 가톨릭교회가 완전히 옳게 혹은
부분적으로 이단으로 나타나는지 여부는 우리가 거의 관심을 가질 수 없
는 교회의 내부적인 사정이다. 우리에게는 여기서 우주에 대한 하나의 이
해가 탄생했다는 것과, 그러한 환상적 이해와 비교해본다면 오히려 낭만
주의의 저 악명 높은 주관적 자연철학이 과학적 엄밀성의 대가였음을 분

---

142) Teilhard de Chardin: *Der Mensch im Kosmos*, München 1959, S. 40.
143) Ebd., S. 247 ff.
144) Ebd., S. 265.

명히 하는 것이 중요할 뿐이다. 하지만 우리는 여기서 예수의 형상과 교리에 의거하여 자본주의적 현실과 활발하게 윤리적인 대결을 하려는 것이 아님을 분명히 하지 않을 수 없다. 여기서도 교회는 종교의 근본 현상, 즉 교회가 현재의 즉자적인 유적 존재에 부여하고자 하는 보수적이고 송교적인 신성으로 남아 있다. 물론 샤르댕은 재림의 사실적 소멸에 의해 불편해하는 유일한 개신교 신학자는 아니다. 이러한 소멸은 우주적으로 조작된 그의 진화이론 속에 우연히 세워진 것이다. 그는 실제로—물론 원한 것이지만—"최초의 기독교 세계가 그리스도의 임박한 부활을 믿게 됐던 시각에서 유아적인 미움과 잘못"에 관해 아이러니컬하게 이야기했다. 또한 이것이 신자들의 실망과 불신에 기여하기도 했다. 그는 (불확실한) 임박한 재림에 대한 인간적 관심을 도피라고 생각했다. 왜냐하면 "그리스도의 승리와 인간적인 노력으로 이 세계에서 구축하고자 한 성공적인 일 사이에는 **긴밀한 연관이 존재한다**는 인식"을 가지고 있었기 때문이다. 미래에 대한 양식적-"미래학적-산문적 환상(Phantasmen)"에서처럼, 샤르댕에게서는 성공적인 조작의 성과가 직접 인류의 구원으로 이어질 것이다.

인간성과 사유의 내용, 방법과 확신 등에 따라 서로 다른 종교적 이데올로그들이 실질적인 토대에서 그처럼 결정적으로 수렴된다면, 현재의 사회적 존재의 근본문제를 시사하는 원인들이 있어야 할 것이다. 그러한 토대는 언제나 그렇듯 조작이 이루어지는 시대의 일상적 삶이다. 여기서는 오로지 의식의 사물화와 그로부터 매개된 소외를 인간들 속에 생산하도록 도와주는 계기들이 고찰된다. 오늘날 일상의 이러한 계기들이 종종 기술되었고 또 아직까지 기술되고 있다. 보다 이전 시대에 사물화와 소외를 끌어들였던 수많은 계기들이 소멸되었다는 것은 확실하다. 무엇보다—적어도 문명화된 국가들에서 마르크스가 이미 백 년 전에 쇼이인 문제로 부가시켰던 저 야만적인 빈곤과 인간성을 유린하는 과잉노동의 지배는 사라졌다. 하지만 뒷전으로 밀려난 소외 대신에 새로운 소외가 등장하고, 노골적인 야만성이 퇴조했음에도 '자발적으로' 인정된 소외가 그 자리를 넘겨받았다. 우리가 '자발적'이라는 말을 도입의 표시로 사용한 것은 우연이 아니다. 왜냐하면 여기서는 본질적으로 불쾌하게 느껴지지 않는 상태로 스스로를 보상하는 것이 관건이기 때문인데, 사실상 이러한 상태는 경제발전이 배후에서 그 의식과 무관하게 '선물'로서 사람들에게 떠안겨 주었던 것이다. 새로운 상태의 문제에 대해 일반적으로 아무런 의식도 생기지 않는다는 것은 복잡한 근거가 있다. 마르크스는 나름대로 사물화와 그로부터 생긴 인간의 소외를 자본주의 노동에서 노동시간의 기능과 정확히 연관 지어 기술했다: "그것(노동—저자)은 인간을 기계나 극단적인 분업에 종속시킴으로써 노동이 평균화되는 것을, 인간이 노동과 대립해서 소멸되는 것을, 시계추가 두 전동차의 속도를 측정하는 잣대이듯, 두 노동자의 작업상태에 대한 정확한 잣대라는 것을 전제한다. 따라서 한 사람의 (노동)시간은 다른 사람의 시간과 동등하다고 더는 말해서는 안 되고, 오히려 한 시간 동안의 사람은 그 시간 동안의 다른 사람만큼의 가치가 있다고 말해야 할 것이다. 시간이 전부이고, 사람은 더 이상 아무것도 아니다. 인간은 기껏해야 시간의 구현일 뿐이다."[145] 노동시간의 단축은 그 자체로는 이러한 관계를 지양할 수 없다. 이러한 단축이 투쟁의 성과일 때만, 이러한 투쟁 속에서, 투쟁을 통해서 사람들이 자신의 사회적 관계와 아울러 자기 자신을 근본적으로 변화시킬 수 있을 때만 가능하다. 이것이 성공했던 경우는 없다. 오히려 그 반대이다. 노동자와 자본가의 관계에서 처음부터 존재하는

---

145) Marx: *Das Elend der Philosophie*, a. a. O., S. 27; MEW 4, S. 185.

약점, 즉 개별 노동자 상호 간의 경쟁이 외적으로 '완화'될 수는 있을지라도 결정적으로 변화될 수는 없다.

물론 투쟁성의 이러한 '완화'는 사람들이 자신의 발전을 위해 담당하는 법을 배웠던 '역할'에서 시작해 경쟁적 투쟁 속에서 자신의 '이미지' 형성을 넘어서 그러한 기원에 상응하는 명품소비에 이르기까지 보다 새로운 사물화의 전 체계를 사회적 의식 속으로 끌고 들어왔고, 이러한 사물화를 확대시키면서 자유를 포함한 삶 전체를 왜곡하는 경향도 지니고 있다. 따라서 소외 역시 모두가 끊임없이 확장되고 심화되지 않을 수 없을 것이다. 객관적으로 표현되고, 일상생활에서 자연발생적으로 확산되는 여론은 ―우리가 여러 종교들에서 보았던 것처럼― 인간의 특수성에 의거해서는 넘어설 수 없는 것을, 깊이 소망할 만한 가치가 있는 것을 만들 뿐만 아니라, 일상생활에서 이러한 것들을 하나의 물신(Fetish)으로, 비판할 수 없는 금기(Tabu)로 인습화하기도 한다. 이 모든 것은 소외에 대한 인간적 저항을 무산시키고 있다.(스탈린 시기에 여러 가지 면에서 부각된 사회 민주주의의 발전 및 사회주의에서의 소외는 이러한 경향들을 강화시켰으며, 탈이데올로기의 활동을 훨씬 무가치한 것으로 만들었다.) 즉자적 유적 존재의 현상태(status quo)가 그것에 속하는 모든 사물화 및 소외와 더불어 아직은 우리 시대와 같이 치밀한 이데올로기적인 변호를 스스로를 위해 구축하지는 못했다고 말하는 것은 결코 과장이 아니다. 정치-사회적인 삶의 순응주의 ―여기서 '반대'는 순응주의의 올바름을 부정하려는 것이 아니다― 로부터 시작해서, 잘 알고 있듯 존재에 관한 모든 사상을 ―사물화와 소외에 대해 영향력 있는 유일한 사상적 통제를― 사람들의 머리로부터 일소하는 데 모든 노력을 기울이고 있는 과학과 철학에 이르기까지, 또 이상적 상태이건 혹은 어둡고 비관적인 '인간 조건'이건 상관없이 소외를 극복 불가능한 인간의 자연상태로 기술하는 예술에 이르기까지, 이러한 (소외—역자) 상태를 사람들에게 최종적인 것으로, 오직 내재적인 지속적 교육을 통해서만 완성 가능한 것으로 기술하는, 얼핏 극복 불가능한 사상 및 감정의 체계가 —비순응주의적인 비판가들을 포함해서— 구축되고 있는 것이다.

그럼에도 전체 세계사가 가르치고 있는 바와 같이 이러한 완성과 안정성은 하나의 이행현상일 뿐이다. 실제로 수십 년 동안 확고부동해 보이던 것이 점점 빈번하고 강렬하게 —지금까지 부인된— 내적이고 외적인 모순을 보고하고 있지만, 당분간은 조작이 잘 되는 순응성이라는 부드러운 차원에서의 균열로서만 보고하고 있다. 지금은 세부적인 사항에 대해 언급하지는 않겠지만 —그것은 나중에 이야기할 것이다— 그럼에도 우리는 외견상으로 이처럼 단단해 보이는, 보편적 조작이라는 부동의 체계가 해체되는 초기 시점에 와 있는 것 같다는 점을 말하지 않을 수 없다. 반대운동이 처음에는 대개 혼란스러우며, 추상적이고 이데올로기적인 성격을 갖고 있다는 것이 그 운동의 미래적 발전을 위한 가능한 실천적-사회적 시각에 대한 반대증명은 아니다. 첫째로 모든 중요한 변화의 시초에 이데올로기적인 문제가 먼저 등장한다. 즉 기계파괴자 등에게 불가피하게 두드러졌던 개별 노동자들하에서의 경쟁의 극복은 대개는 추상적이며 이데올로기적으로 파악되고 도입되었다. 둘째로, 현대적 이행이 갖는 대단히 중요한 특수한 속성이라 할 수 있는데, 모름지기 이러한 반대운동으로부터 핵심 계기인 이데올로기적인 것이 제거되지 않는다. 왜냐하면 소비와 서비스에서 나타난 생활수준의 저하나 복잡하게 분화된 분업 등의 폐지가 문제가 아니라, 그러한 분업의 재구성이, 인간의 자기소외로 가는 그 같은 경향의 제거가, 그러한 경향을 자기발견과 자기발전의 존재구조로 변화시키는 것이 문제이기 때문이다. 오직 마르크스주의로의 진정한 복귀만이 이를 위한 이론적 토대가 될 수 있을 뿐이다. 물론 강고한 방법에 생명을 불어 넣고, 과거와 현재의 사회 과정에 대한 보다 심오하고 참다운 인식을 위해 그 가능성을 다시금 현실화할 수 있을 때 그렇다.

우리의 고찰은 대부분 사물화와 소외에 집중되었다.(마르크스주의의 르네상스는 물론 보다 확대된 분야, 적어도 사회적 존재의 세계에서의 발전과정의 총체를 포괄하고 있다.) 여기서 지금까지 우리는 핵심적인 존재론적 문제와 끊임없이 싸워왔다. 모든 현실 —가장 발전된 방식에서의 사회적 존재— 은 개별적인 복합체와 총체성 안에서의 그것들 간의 상호작용에서 수행되는 하나의 과정이다. 존재란 잘 알다시피, 자기 자신을 보존하거나 재생산하는 하나의 과정이다. 과정적인 사회적 존재의 이데올로기적 계기에서와 마찬가지로 사물화에서도 그 근본법칙, 즉 자연적 한계의 축소가 이루어지고 있다. 우리는 사물화가 원초적으로 자연현상과 결합되어 있고, 생산력의 발전은 보다 늦게 점증하는 객체의 자기 자신과의 사회화를 야기한다는 것을 보았다. 그럼에도 이것과 중요한 방법론적인 문제가 결합되어 있다. 말하자면 여기서는 (예를 들어 상품교환에서, 화폐에서 등) 올바른 인식의 출발점이 될 수도 있는 대상의 자연적 현상형식이 문제가 되는 것이 아니라, 사물화 자체로 인해 참다운 인식의 가능성이 차단된 인간들의 머릿속에 그러한 형식이 반영된 사회적으로 제약된 과정이 문제가 된다는 것이다. 사회가 발전하면 할수록, 사회의 구조가 사회화되면 될수록, 사물화는 굳이 현상들에 대한 기술적 조작을 저지하지 않는다 하더라도 그것에 대한 참다운 인식을 더욱 멀어지게 한다. 왜냐하면 과학적 인식의 발전은 적어도 경향적으로는 자연과 사회의 모든 영역에 걸쳐 직접적이며 현상적이고 사물로 주어진 현상들 속에서 그것들의 존재를 구성하는 과정들을 발굴하고 채명하는 데 있기 때문이다. 물론 과정의 성격에 대한 인식이 실천적으로 중요한 한에서 그렇다. 아울러 우리는 사회성의 고도 발전이 한편으로는 인식의 영역에서 사물화를 부분적으로 발전시키고, 부분적으로 폐지시키는 데 비해, 다른 한편으로는 삶 자체에서, 일상생활로부터 고도의 이데올로기적인 형태에 이르기까지 단절됨이 없이 지속적으로 그 도를 더해 생산되고 재생산되는 이상한 모순에 직면해 있다.

이러한 모순에서는 명백히 두 번째 계기가 패러독스의 기초이다. 즉 우리는 사회생활에서 사람들이 주변 대상을 확증된 실천과 여러 모로 모순된 방식에서 고찰하게끔 하는 근거를 해명하지 않으면 안 되는 것이다. 우리는 이미 사물화되거나 과정적인 복합체들의 대립의 이면에는 대상이 그것 밖에 존재하는 본질에 의해 고려되고, 그리하여 가능하게는 초월적인 힘에 의해 창출되는지 혹은 과정적 존재로서 재생산과정의 현 단계 이행의 산물인가라는 선택이 숨겨 있음을 이미 지적한 바 있다. 선택을 이처럼 일반적 의미에서 지연하는 것은 단순히 이론적인 고찰방식이 문제가 아니라 사회적으로 적절한 실천적 물음이 문제가 된다는 것이 명백해질 때에만 올바른 답변에 접근할 가능성이 있다. 이러한 실천적 계기를 발견하기란 어렵지가 않다. 즉 원칙적으로 인간 운명의 내적인 불확실과 같은 것 바깥에 있는 것, 각각의 행위로 개별화될 뿐 아니라 무엇보다 행위자 자신에로 소급된 행위들 전체에 이르는 인간행위들의 결과들이 관건이다. 이러한 불확실성은 지양 불가능한 존재론적 토대를 갖고 있다. 즉 자기행위의 총체적 상태에 대한 적절한 인식 속에서 오직 하나의 행위만을 수행할 수 있었고 또 할 수 있는 사람은 아무도 없다는 것을 우리는 알고 있다. 이처럼 고도로 의식적이고 목적론적으로 규정된 계산에 기초한 곳에서, 분석은 이미 가장 단순한 노동을, 즉 분석에 의해 기능하게 된 일련의 인과 고리들에는 언제나 다른 것, 언제나 보다 많은 것이 담겨 있으며, 또한 계획한 의도 속에 의식적으로 담겨질 수 있는 것 이상이 다가오는 현실 속에서 관철된다는 점을 보여준다.

인간의 개별적이고 목적론적인 행위가 필연적으로 시초를 형성한다. 인식 불가능한 것의 범위는 그렇기 때문에 이미 시초에서부터 성공에 대한 희망으로서, 그러한 개별적 정립의 그릇된 결과에 대한 공포로서 나타날 것이다. 여러 모로 이데올로기적으로 누적된 상태에서 오늘에 이르기까지 전체 인류의 발전의 일상을 관철할 만큼 너무나 기본적인 이러한 감정은 이처럼 미지(未知)의 영역에 대한 주술적 조작에 이를 것이다. 그 속에서 사물화는 인간에 의해 무의식적으로 창출되었으면서도 인간을 객관적이고 실천적으로 지배하는 사회적이며 이데올로기적인 힘으로서 분명하게 등장한다. 물론 이러한 사물화가 자기 자신과의 소외에 이르지는 않을 것이다. 왜냐하면 이때에는 인간적 인격이 아직 나타나지 않았거나 혹은 사물화가 아직은 적극적으로 기능하지 않은 상태에서 스스로를 소외시킬 수 없는 초기단계에 있기 때문이다. 원시상태로부터의 이러한 발생은 어쨌든 구체적이면서 인식 불가능한 복합체의 초월을 지배하려는 시도로서의 주술적 조작들이 완전히 근절되었음을 배제하지 않는다. 이러한 주술적 조작들은 심지어 여러 면에서 부분적으로 우스꽝스러운 미신들 속에 잔존해 있다. 문명화된 세계 안에서도 예를 들어 종소리를 통해 위험을 피할 수 있다고 생각하는 집단이 언제나 존재한다. 종교의 역사는 한편으로 주술의 잔재들(성상 파괴자, 희생자, 성체 등)과의 투쟁이지만, 다른 한편으로 이러한 잔재들은 심지어 지극히 원시적인 형태들 속에서도 보존되어 있다.

우리가 주술에서 종교로의 이행을 고찰할 경우, [이미 프레이저(Frazer)[146]

---

146) Frazer, a. a. O.

가 인식했듯] 본질적 조치는 전체 인간을, 사회적 존재로서의 인간을, 인격으로서의 인간을, 기대했던 것을 충족시키고, 두려워했던 것을 회피하도록 초월적인 힘들을 유인했던 행위들과 하나의 관계 속에 정립하는 과정 속에 있다는 것이 분명하다. 아울러 이러한 힘들의 인격화에 어느 정도 도달해야 하는가는 여기서 다루어질 수 없다. 하지만 개별적인 소망 충족이 문제가 될 때 사회적 존재로서, 인격으로서의 인간에 대한 이 같은 반작용이 일어난다는 점이 중요하다. 죽은 자의 '해방된 영혼'이 살아남은 자들을 위협하는 것과 같은 것이 일찍부터 저지되어야 한다고 할 때, —모름지기 이러한 관계에서— 그것은 사람들이 죽음에 비추어 자신의 영혼의 운명과 영혼의 구원에 관심을 가질 때와는 본질적으로 다른 어떤 것이다. 그 이면에는 그러한 행위의 범위가 정립의 주체에 대해서뿐만 아니라 정립의 대상에 대해서 맺고 있는 관계에까지 확대된 사실이 놓여 있다. 주체의 통일은 점진적으로 발생한 사회적 존재의 근본 사태이다. 이러한 통일이 고도로 전개될수록, 그 기능적 계기들은 그만큼 풍부하고 다양해지고, 동시에 그러한 계기들을 인격으로 통합하는 사회적 규정들이 더욱 강력해지고 풍부해진다. 인간의 대상 세계가 목적론적 정립의 장(場)을 양적으로나 질적인 영향의 면에서 확장한다는 것은 잘 알려져 있는 사실이다. 여기서는 다만 이러한 대상 세계가 인간의 서로 다른 수행 능력의 독립적 전개인 동시에 그러한 능력들이 인격에로 통합하는 경향을, 또 그와 못지않게 그것들 상호간의 모순적인 관계를 산출한다는 점을 분명히 해야 할 것이다.

이렇게 발생한 모순들의 객관적이며 존재론적인 토대는, 우리가 살펴보았듯, 행위 전체와 그것들의 상호작용이 사회적 존재의 운동성을 가동시키는 목적론적인 정립이라는 것, 그럼에도 그것들 전체는 목적론적 규정성이 전혀 없는 순수한 인과적 성격을 유지할 수밖에 없다는 데에 있다. 사회적 존재가 한편으로는 객관적인 사회적 총체성으로, 다른 한편으로는 무수한 개인들의 생활양식으로 양극화된 현상으로 인해 목적론적인 정립들과 그것들에 의해 야기된 인과계열이 벌이는 변증법은 양극단 각각에서 상이한 형태를 띨 수밖에 없다. 우리는 사회적 존재의 특정한 결정적 계기들에서 인과계열들이 인간적 사유나 의지와 무관하게 관철된다는 것, 그럼에도 그것과 실제로 구분되지 않는 방식에서 인과계열들 각각의 구체적인 현상형식은 우리가 나중에 주관적 요인이라고 명명했던 것에 의해서만 간접적으로 현실화될 수 있다는 것을 보았다. 따라서 모든 사회의 구체적인 속성은 인간적 활동의 산물이며 동시에 그러한 활동과 대립된 하나의 독립적인 현실을, 하나의 자립적인 성장을 지니고 있다.

다른 편의 극에서는 무엇보다 인간의 사회적 존재가 스스로의 생물학적 운명을 도저히 벗어나지 못하는 생물학적 속성에 직접적이며 불가분적으로 속박된 상태에서 다르게 나타난다. 이로써 한편으로 모든 인간적 삶에는 그가 도저히 지양할 수 없는 속박의 복합체가 주어진다. 다른 한편으로, 그리고 동시에 이러한 복합체 전체는 과제들의 장(場)이다. 사회적 존재에서는 기껏해야 고도의 가능성이나 소질과 같은 것으로 보일 수 있었던 생물학적 소여로부터 현실성이, 참으로 활동적인 능력들이 형성되었다는 점에서, 모름지기 인간의 가장 조야한 현상태(Geradesosein)가 인간의 가장 직접적이고, 가장 중요한 창조적 활동의 영역으로 변화되었다. 고유한 생명의 유기적 재생 가능성이라는 불가분적인 목적의 틀과 함께 이렇게 하나의 제약만이 발생하는 것이 아니라 그러한 변화의 최대치와 최적조건을 수행해야 하고, 심지어 전체 생명과정을 관통하여 그것을 의미심장하게 만드는 부단한 과정으로서 발생하는 것이다.

사회적 존재의 양극 사이에는 두 번째 중요한 차이가 있다. 즉 여러 가지 목적론적 정립들과 그것들의 인과적 결과들에 일정한 목적론적 지향성을, 즉 인간의 고유한 생명에 하나의 의미를 부여할 가능성의 문제이다. 이를 위한 일반적인 모델은 대개의 사회적 존재에서처럼 노동이다. 우리가 살펴보았듯, 이러한 노동은 오직 인식론적으로 축소된 기획에서 유일한 목적론적 정립행위이자 그것의 '실행'이다. 즉 실질적으로 볼 때 목적론적 정립행위의 과정이 전체가 문제되는데, 계획되었다가 종종 수정되기도 하는 그것들의 상호작용이 비로소 목적의 실현을 가능하게 할 것이다. 사회적 분업이 발달할수록, 결정적으로 이러한 차이가 전면에 등장하게 된다. 그런 한에서 양극은 불가분적으로 결합되어 있다. 오직 이 안에서만 다시금 이미 앞에서 우리가 상세하게 언급했고 우리를 고유의 문제로 되돌리는 대립이 드러난다. 사회적 분업의 발전은 직접적으로 인간 능력의 발전에 영향을 준다. 그럼에도 이러한 능력들을 현실적으로 행동하는 개별 인간들의 인격으로 종합하는 것이 문제가 되는 한, 인간의 인간화를 위해 필수적으로 요구되는 두 계열의 발전 각각으로부터 해소 불가능한 모순이 성장할 수 있을 것이다. 왜냐하면 이렇게 발생한 대립은 하나의 발전이 다른 발전의 필수적인 전제가 될수록, 더욱 첨예하고 심각하게 드러날 것이기 때문이다. 사회적 분업의 단계가 높아질수록, 문명이 성장할수록, 이러한 모순이 더욱 중요해진다는 데는 전혀 의심의 여지가 없다. 아울러 이른바 인간에게는 한편으로 완전히 객관화됨으로써 철두철미 사실적인 과제들과 또 그에 상응하는 능력들이 발생하는데, 이러한 능력들이 인격 속으로 종합됨으로써 협소한 완성의 토대라 할 수 있는 원초적인 자명성은 더욱 사라진다. 그 결과 인간이 사회와 맺는 관계에서의 주관적이고 객관적인 계기가 직접적으로 수렴되는 경우는 거의 없게 된다. 인간의 능력 발전에 의해 규정된 운명은 인격성에로의 자신의 발전을 요구하는 인격과는 전혀 상반된 요구를 그 인격에 대해 제기할 수 있다.

직접적이고 또 그 직접성 속에서 기만적이고 오류로 이끄는 것처럼 보이는 개인과 사회의 대립이 이러한 상황의 일차적이고 직접적인 —사물화된— 결과이다. 이러한 대립 속에서 이미 산업문명의 사회에서 종종 등장하곤 했던 형태의 소외로 가는 길이 분명하게 밝혀진다. 이렇게 발생한 이데올로기적인 혼란은, 그것이 노예의 실존에서와 같은, 심지어는 노예뿐만 아니라 노예소유주에게도 있는 것과 같은 초보적 단계의 소외의 직접성을 제거하는 데서 그 본질이 드러난다. 그럼에도 사회적으로 발생한 능력들의 복합체를 통해 자신의 인격성을 요구하려는 노력은 스스로 이데올로기적 의미에서 자립화됨으로써 극복해야 할 적대자를 오직 주체의 사회적 객관화 속에서만 일별하기 때문에, 그러한 노력은 —사물화시키는— 자신의 활동성의 장을 실재의 영역 바깥에 놓고 아울러 자신의 행동의 비실재성을 어떤 식으로든 소외시킨다. 존재하지 않는 상상의 (때문에 본질상 초월적인 것으로 생각되는) 힘들에 고유의 활동성과 그 결과를 부여하는 일이 있어서는 안 될 것이다. 우리가 묘사했던 이단종교의 특성, 다시 말해 원칙적으로 즉자적인 유적 존재를 뛰어넘어서 아무런 매개 없이 그 고유의 의도를 사회성으로부터 독립된 대자적인 유적 존재에로 향하게 하는 것은 그러한 태도의 전형적인 결과이다. 그것은 또한 —그 모든 소외의 결과들과 함께— 예를 들어, 내가 『이성의 파괴(*Zerstörung der Vernunft*)』에서 종교적인 무신론으로 기술했던 이데올로기적인 경향들을 외적이고 이데올로기적으로 변형된 것 속에서, 그럼에도 본질적으로는 유사한 형식 속에서 드러난다. 여기서 모든 현실적 연관들로부터 분리된 개별 주체뿐만 아니라 이 주체에게 전혀 '낯설고 적대적으로' 맞서 있는 사회도 이처럼 소외되고 소외시키는 행위의 정신적 토대를 구축하기 위해 여러 모로 사물화되지 않을 수 없다는 것이 자명하게 이해된다.

그럼에도 불구하고 우리는 아직은 이러한 현상의 핵심 근거에 들어가지 못했다. 오히려 그러한 사물화뿐만 아니라 소외가 인간 자신 및 그의 행위의 가능성에 대한 부정확한 사유의 산물처럼 보이고 있다. 그럼에도 오랜 시간 동안 현실에 대한 허위의식이 무수한 인간들 속에서 그들의 실천 토대로서 작용하고 있다면, '왜'라는 물음을 제기하는 것은 어쩔 수 없다. 여기서 앞서 우리가 논구한 공포와 희망의 감정이 개입된다.[147] 이러한 감정은 이미 주술 시대에 존재했으며, 주술의 모든 기계화, 즉 외부세계를 인간의 소망에 대응하게끔 통제하려는 인간의 개별적 행위는 이러한 감정에 자명하고 직접적인 반응을 보여주고 있다. 종교가 실행의 기술을 '보다 고차적인 힘들'에 떠맡기고 또 도덕적 수단이나 주술적-도덕적 수단(희생물 등)을 가지고 이러한 힘들에 영향을 미치려 하는 한에서만 종교는 이러한 관계를 변경할 수 있을 것이다. 사회적 존재의 관점에서 볼 때 자신의 행위가 어떻게 마무리될지 전혀 알지 못하거나 혹은 적어도 불완전하게 알고 있는 인간은 자신의 성공을 위해 이러한 초월적 힘들에 도움을 호소하게 된다. 이러한 호소와 그 조건은 도덕 신학적 의미에서, 그리고 신학적 의미에서 종교적 욕구를 지닌 인간을 움직이는 감정으로 승화될 수 있을 것이다. 희망과 공포는 개별행위나 그것들의 연쇄의 결과와, 즉 삶 전체와 연관되어 있다. 초월적인 힘들에서의 사물화와 소외는 문명 속에 남아 있는 주

---

147) 사회생활의 특정한 발전단계에 공포의 감정이 불안의 감정과 차별화되고 후자가 전자를 우리 시대에 보듯 종종 일시적으로 완전히 배제하는 것처럼 보이는 것은 사태의 본질과 관련된 것이 아니다. 불안은 분명하게 규정되지 않았거나 혹은 심지어 규정 가능한 대상이 없는 상태의 단순한 공포이다. 이러한 감정에서는 가능성들(자기의 혹은 낯선 저지행위로부터 발생하는 모든 것의 가능성)이 결정적 역할을 한다.

술적인 원초적 성향을 다만 확장·변용했을 뿐이지 완전히 지양한 것은 아니다. 때문에 교회는 현실적이고 원칙적 의미에서 분화되지 않은 상태로 선택된 대중을 신앙 속에서 하나로 통합하려 하지만, 그들의 주술적인 잔재는 거의 극복되지 않고 있다. 그럼에도 이런 것은 단지 부차적인 물음일 뿐이다. 보다 중요한 물음은 다음과 같은 형태로 남아 있다. 말하자면 대부분의 인간은 순전히 현실에 대한 올바른 관계에 기초해서 그들 삶의 실천적 과제를 수행하려 하지도 않고 할 수도 없다는 것, 이러한 사물화에 의해 매개된 자신의 행위로부터 거리를 두기 위해 공포와 희망의 감정은 결과에 대한 결정을 그 자신의 행위를 초월해 있는 힘들에 떠넘기고, 아울러 현실에 대한, 자연과 (점진적으로) 사회에 대한 그의 태도를 사물화하는 것에 모든 교회는 자신의 영향력을 정초시킨다는 것이다. 여기서 우리는 들판의 백합에 대한 예수의 말씀을 환기시키면서 초월적 도움에 대한 그러한 식의 갈구를 부정한 모든 이단종교가 존재론적 의미에서는 이러한 소외를—물론 전도된 표시로— 똑같이 실행하고 있다는 것을 잊지 않고 있다.

그럼에도 이것은 아직은 언제나 사물화와 소외의 원초적이고 초보적인 형태이다. 본래적인 문제는 인격의 사회적 발생으로부터 비로소 생기며, 폴리스의 시민들 속에서 고향에 있는 것처럼 느끼는 인격의 존재가 사회발전에 의해 이미 파괴된 단계에서 생긴다. 이때까지 그것은 알 수 없는 운명의 유혹에 사로잡힌 상태이다. 하지만 그 모든 것에도 불구하고 인간은 운명을 자신의 생활방식 속의 고유한 행위로 통합함으로써 소외를 벗어날 수 있다.(오이디푸스) 무엇보다 —신들이 시기하는— 광기가 문제이다. 광기는 사람들을 판에 박힌 의미에서 스스로 소외시키고, 그를 '다른' 사람으로 만들지만[아이아스(Ajax the Greater),[147] 헤라클레스 등], 그러나 아이아스의 자살에서, 헤라클레스의 나중의 태도에서 수외는 주체에 이해 내면저으로 극복될 수 있을 것이다.

폴리스와 그 윤리가 해체되면서, 긍정적으로는 기독교가 등장하면서 비로소 고향과 방향을 상실했다고 느끼는 인격이 단순히 자신의 개별적인 행위를 위해서가 아니라 자기 자신을 위해, 그 자신의 실존 전체를 받쳐줄 수 있는 초월적인 버팀목을 모색했다. 이미 『로마서』에는 전체 인간실존의 사물화가 원죄 및 그것과 초월적으로 결합된 희망의 상실 상태로부터 그리스도의 희생을 통한 구원이 등장했다. 아울러 자신의 행위의 산물로서의 인간과 신에 의해 창조된 자로서의 인간 ―그 운명은 결국 신의 손에 의해 이끌리는데― 이라는 상호 배타적인 인간적 삶과 인간적 인격에 대한 개념이 서로 간에 화해하기 어려울 정도로 대립하고 있다. 사회적 존재에서 인간존재는 탁월한 하나의 과정이다. 오늘날 인간 역사 자체의 결과의 하나로서 인간존재로 이끌었던 대략적인 도정은, 즉 지구의 역사, 생명의 탄생, 생명체의 인간화 가능성에로의 발전, 노동을 통한 인간의 자기창조는 상당 부분 이미 알려져 있다. 노동하는 인간은 생활환경에 대한 적극적인 적응과 사회적 활동을 통해 점진적으로 그것을 형성하고, 아울러 인간을 직접적이며 사회적인 면에서 동물의 왕국으로부터 끌어내어 인간으로 만들었다.

그럼에도 인간발전의 이 단계에서 이루어진 인간의 인간화는 아직은 상당 부분 개별 인간의 행동과 무관한, 자연발생적이고 객관적이며 사회적

---

148) 아이아스는 그리스의 전설적 인물로서 살라미스왕 텔라몬의 아들이다. 『일리아드(Iliad)』에는 힘과 용기에서 아킬레우스 다음 가는 위인으로 나온다. 전장에서 헥토르(트로이군 총사령관)와 한 차례 결투를 했고, 아테나 여신의 도움으로 트로이군에게서 아킬레우스의 시체를 되찾았다. 아킬레우스의 갑옷을 얻기 위해 오디세우스와 결투했으나 그에게 지자 화가 난 나머지 죽고 말았다. 뒤에 전해진 이야기에 의하면 그는 실망한 나머지 미쳤다가 제정신으로 돌아오자 헥토르가 선물한 칼로 목숨을 끊었다고도 한다. (역주)

인 발전과정의 결과이다. 이러한 과정이 인간의 개별적이며 —물론 사회-경제적으로 정초된 물음에 답변하는— 목적론적인 행위에 의한 고유의 종합의 과정과 다르지 않다 할지라도, 그 진행과정 전체는 완전히 인과적이다. 그것은 개별적인 목적론적 행위를 활성화하는 의도와 그러한 의도를 정립하고 수반하는 인간의 지식이나 의식으로부터 독립해 있다. 여기에는 또한 어떠한 목적론도 존재하지 않는다. 다시금 마르크스를 인용해보자: 즉 "그들은 그것을 알지 못하지만, 그것을 행한다."[149] 이 과정에서 자연발생적인 필연성과 마찬가지로 인간적 인격이 성장의 결과로서 나타난다. 한편으로 단순한 필연성으로서, 사회적으로 발생한 인간의 이종적인 능력들이 실천 속에서 통일체로 결합되고, 다른 한편으로, 그리고 동시에 사회적 존재의 양극화의 형성이자 부각으로서 나타난다. 이에 관해서는 이미 거듭 언급한 바 있다. 즉자적으로 볼 때 일체의 시작부터 개별 인간에게는 과정 복합체로서의 사회적 존재의 한 극이 형성되어 있다. 하지만 이러한 양극적 운동 속에서 발생하는 인간성의 유적 존재의 새로운 형식은 처음에는 인간 이전 단계인 생명의 '침묵'을 거의 벗어나지 못하고 있다. 인간의 유적 존재는 동물의 침묵을 끊임없이 벗어나고자 노력한다. 자연적인 존재 상태에서 그것은 다음과 같은 사실에 근거해 있다. 다시 말해 환경에 대한 인간의 능동적인 적응, 즉 지속적인 유효노동의 실행을 통한 환경의 변형 —그것의 실행기관은 분업의 양적 증가이며, 그리하여 자연을 변형하고, 자연적 한계들을 격파한다— 은 언제나 보다 사회적으로 규정된 세계, 즉 인간 지향적인 세계를 창출하는 것이다. 이처럼 기초적인 과정의 인간

---

149) 로마서 7: 15절에 이런 말이 나온다. "내가 행하는 것을 내가 알지 못하노니 곧 내가 원하는 것은 행하지 아니하고 도리어 미워하는 것을 행함이라." (역주)

화는 인간 인격의 발생과 더불어 질적인 변화를 경험할 것이다. 여기서 등
장하는 질적으로 새로운 것은 물론 본질적으로 새롭고, 보다 고차적인 유
의 모순을 의미하며, 그것들의 공통적 특성은 무엇보다 다음과 같은 사실
에 있다. 즉 이 모순들은—여기서 다른 사회적 모순들과 일치한다—그
모순이 발생하는 사회적인 토대로부터, 비록 그것이 중요한 측면에서 그
토대를 넘어설지라도, 결코 완벽하게 분리될 수 없다는 데 있다. 직접적으
로 이러한 모순들은 이미 다루어진 문제, 즉 개별적인 인간 능력들과 인간
인격의 고도 발전 사이의 관계라는 문제 속에서 드러날 것이다. 후자는 전
자로부터 분리되지 않는다. 그럼에도 전자는 보다 쉽고 보다 빈번하게 후
자의 발전과 대립될 수 있다.

　이처럼 공개적이고 또 일상으로부터 고도의 이데올로기적 객관화에 이
르는 존재론적 근거는 언제나 다음과 같은 관찰 가능한 사태에 기초해 있
다. 즉 일단 인간의 인격이 사회-역사적으로 발생하는 순간 인격은 그것의
발생으로부터 —상대적으로— 독립된 생성 태를, 말하자면 의식적-인간적
인 대극(對極)을 객관적이고 사회적인 총체성으로, 점진적으로 형성된 기
관으로 표현한다는 것이다. 이 기관을 통해 인류는 자신의 침묵을 결정적
으로 벗어날 수 있었고, 이 기관 속에서 자기의식으로 성장한 유적 존재가
완전히 표현된 상태로, 대자적인 유적 존재로 고양되기 시작한다. 이미 인
용했던 인류의 현실적 역사로의 이행과정을 다룬 규정들에서, 마르크스는
참다운 자유의 왕국을 필연성의 왕국의 '피안'으로서, "자기목적으로 화한
인간적 힘들의 발전"이 시작되는 세계에 의해 시작된 것으로 이야기하고
있다. 하지만 이러한 왕국은 "오직 필연성의 왕국을 자신의 토대로 삼을
때 비로소 꽃을 피울 수 있다."[149)]고 마르크스는 덧붙이고 있다. 인간의 개
별 능력들의 발전과 그들의 인격의 발전 사이의 대립이 이러한 대립에 대

한 최초의 사회-역사적 의미의 사전 고지(告知)인데, 여기서 이미 인간의 의식 속에 저 주관적 요인이 준비되어 있다. 필연성의 왕국을 성공적으로 지양하는 순간이 도래할 때, 자유의 왕국으로의 도정이 마련될 수 있다. 그때까지는 이러한 경향이 단지 산발직으로만 표현될 수 있을 것이다. 한편으로 사회적 존재의 변화라는 거대한 변혁의 과정에서 자연발생적으로 이러한 방향으로 진행되고, 다른 한편으로는 역사적 의미에서 —상대적으로— 일상생활의 자연발생적 표현으로부터 최고의 이데올로기적인 객체화에 이르기까지 일반적인 사회발전에 수반되는 사회적 모순들의 이데올로기적인 표현으로서 나타난다.(이 문제는 다음 장에서 다루어질 것이다.)

순전히 의식의 문제인 양, 통찰과 이론, 그리고 직관 등이 관건인 것처럼 보인다. 그럼에도 존재론적인 본질에 비추어볼 때 여기에도 실천의 문제가 놓여 있다. 말하자면 언제나 분명하지 않고 완벽하게 의식되지 않은 인간의 의도와 인간의 인격을 그 자신의 힘을 통해 형성하고 그의 정직을 똑같은 방식으로 보존하는 일은 자신의 삶에 대한, 자신의 이웃과 사회에 대한 태도와 관련해서 스스로에게 일련의 문제들을 제기하는 것인데, 이러한 문제들은 예외 없이 오직 행동을 통해서만 적절하게 답변된다. 모든 인간적 활동과 마찬가지로 당연히 여기서도 자기 자신에 대한 인식, 자신의 환경 등에 대한 인식이 중요한 역할을 담당한다. 그러나 그 관계는 궁극적으로는 실천에 의해, 내적인 행동의 자극에 의해, 행동들 자체에 의해 규정된다. 이론과 실천 사이의 모든 —대단히 중요한— 상호작용에서 욕구가 내적으로 주도된 실천에 대해 우위를 갖는다. 그것은 지금까지 괴테가 가장 잘 파악했던 것처럼 이른바 자기인식에서 잘 드러나 있다. 만일 자기인

---

150) Marx: *Kapital* III/II a a O, S. 355; MEW 25, S. 828.

식이 실천적인 자기검증이 아니라고 한다면, 인식과 관련하여 그것은 구체적이고 현실적인 내용을 점유할 수 없으며, 파악 불가능한 가능성으로 잠복해 있어야만 할 것이다. 그럼에도 혹은 바로 그러한 이유로, 실천적이며 현실적인 생산적 자기인식에는 결정적으로 이론적 성격을 띤 요소가, 즉 과정으로서의 자기파악이 근저에 놓여 있다. 인간 인격이 자기 자신을 정태적으로 존재하는 것이 아니라 과정적인 것으로, 언제든 주어지는 것으로 파악할 때만이, 인격은 스스로를 자기실현의 과정 속에서 보존할 수 있으며, 자기 자신을 영원히 새로운 존재로 보다 높은 단계 위에서 재생산할 수 있다. 한편으로 그처럼 과정적으로 존재하는 인격은 그럼에도 —과정은 인격의 존재의 훨씬 불가피한 이론적이며 실천적인 토대이다— 외부세계의 사건에 대해 언제나 새롭게 반응하고 동시에 그 세계 속에서 스스로를 보존하려는 결단을 끊임없이 자기 안에서 반복적으로 실현해야 한다. 다른 한편으로 인격은 이것을 실행에 옮기기 위해 자기 자신과 세계를 똑같이 그러한 과정으로 파악해야만 한다. 따라서 주관적이면서 객관적인 세계에 대한 그 같은 이해는 인격과 마찬가지로 과정적이기는 하지만 그 인격과 무관하게 움직이는 세계 속에서 인격의 실천적인 자기보존을 위한 이론적 전제이기도 하다. 그럼에도 인격은 내적인 결단의 결과로서만 그와 같은 자기운동성으로 고양될 수 있다.

여기서의 이론적이며 실천적인 태도가 해결 불가능하고 종종 심각한 모순적 연관 속에서 인격의 발생과 보존을 보증할 수 있는 것처럼, 그것과 긴밀하게 연관된 인격적인 것과 사회적인 것의 통일 역시 인격을 가능하게 한 행동방식의 본질에 속할 것이다. 습속과 전통, 습관에서 법과 도덕에 이르기까지 사회적 행동의 모든 규제 형식은 직접적으로 현재 존재하는 사회성을 지향하는 일반화된 성격을 갖지 않을 수 없을 것이다. 말하자면 인간은 자신의 명령과 금지에 반응하기 때문에, 그는 현재 존재하는 사회 속으로 (즉자적으로 존재하는 그 사회의 유적 존재 속으로) 통합된다. 그럼에도 이러한 분류에서는 인격에 대한 직접적인 긍정이나 부정이 담겨 있지 않다. 이 인격이 하나의 명령 속에서 이 인격 자체와 깊숙이 연루된 것을 직시하고 또 이러한 동기에 의해 움직이는 것으로 다룰 때 비로소(물론 똑같은 것이 그러한 명령 혹은 금지에 대한 개별적인 고지라는 부정적인 경우에서 일어난다.), 그것이 방법이나 정도와는 상관없이 이론적이며 의식적으로 단순하게 존재하는 현상태(status quo)에 대한 개선된 변화(결과적으로는 개선된 보존)를 지향할 때, 이렇게 발생한 행위는 인격의 구성이나 파멸에 현실적으로 ―긍정적이거나 부정적인― 역작용을 가할 수 있다. 이미 지금까지 강조한 인격의 발전의 상대적 자립성은 현재의 사회적 존재가 제기한 문제들에 대한 답변적 성격을 벗어나지 못했다. 그것은 이러한 물음에 답변하는 인격의 행동방식, 인간 인격의 존재나 비존재에 대한 인격의 부주의를 이 인격의 관점에서 지양하고, 아울러 행위와 인격의 의식의 높이나 의식의 명료성과 무관하게 객관적으로 대자적인 유적 존재를, 사회의 존재방식 ―여기서 이러한 문제가 그 사회적 존재의 통합적 구성요소를 구성한다― 을 지향하는 데서 효력이 있다.

이처럼 개인들과 사회 간에 여러 가지로 착종된 상호작용으로부터 비로소 인격이 실재적인 것으로, 즉 과정적 존재로 나타난다. 유기적으로 규정된 개별성이 인격의 자연적 기초를 형성하는 것이 확실한 만큼, 단순하고 직접적인 사회화가 인격을 산출하는 것은 불가능할 것이다. 지문이 각기 다르다는 것이 어떤 사람을 인격으로 고양시킬 수 없다. 마찬가지로 넥타이나 형용사를 선택함에 있어 '개인적인 특징'이 문제인가와 상관없이, 그에게 특별히 남아 있는 사회적인 표현 형식이 그렇게 할 수는 없을 것이다. 개인은 자신의 삶을 구성하는 행위들에서 어느 정도 의식하거나 올바로 의식하는지에 관계없이 의도를 개인과 사회의 관계에 대해 구체화시킬 때, 대자적인 유적 존재의 요소와 경향을 자기 안에 간직하고 있을 때, 비로소 자신의 특수성 너머로 고양될 수 있다. 그 가능성은, 아직은 추상적이거나 혹은 대립적으로 현재의 즉자적 유적 존재와 결합되어 있지만, 그러나 오직 이러한 유의 인격적 행위를 통해서만 사회적인 척도에서 ―때로는 단순히 이념적이지만― 해방될 수 있을 것이다. 주관적으로 인격적 특성을 추구하지만, 그러나 특수성의 수준에 머무르려 하거나 아니면 즉자적인 유적 존재를 뛰어넘으려 하는 생명활동과 사회적인 매개들을 삶 속에 끌어들이려 하지 않는 인격은, 개인적으로 의도된 행위를 통해 현재의 유적 성격을 극복하고자 하는 두 번째 집단과 개별적인 시도가 종종 우리가 객관적이며 사회적인 다른 맥락에서 협소한 완성으로 특징지었던 인격의 형태들에 도달할 수 있을지라도, 일반적 의미에서의 현실적인 인격으로 직접 발전될 수 없다. 특히 오늘날 이 두 번째 가능성이 (예를 들어 톨스토이가 했듯) 과장될 필요는 없지만, 그럼에도 그것이 가능성으로 출현한 것에 보편적인 의미가 없는 것은 아니다. 왜냐하면 이러한 가능성과 함께 비로소 여기에 사회적 발전과 개인적 발전 사이에 동일성과 비동일성의 동일성이 드러나기 때문이다. 여기에 똑같이 이러한 복합체의 사회적 보편성이 나타난다. 이 보편성은 가장 단순하고 가장 정상적인 일상에서부터 이데올로기적인 객관화들과 같은 고도의 사회적인 것까지 걸쳐 있다. 괴테가 "가장 보잘것없는 사람은 완성된 사람이다."[151]라고 말했을 때, 비록 그가 그러한 완성의 기준을 오로지 형식적-보편적으로 고착시키기는 했지만, 그

---

151) Goethe: *Sämtliche Werke* I, Stuttgart 1863, S. 241.

는 이러한 복합적 현상의 사회적 보편성에 대해 올바로 지적한 것이다.

우리의 서술은 상세하면서도 추상적-일반적으로 제시되지 않으면 안 된다. 이러한 서술은 소외의 이데올로기적인 극복이 갖는 가장 중요한 사회적이며 존재론적인 계기를—비록 그 긍정적인 내용은 이러한 부정을 훨씬 넘어서 있을지라도, 소외의 극복은 인격의 발전이다— 추구하기 때문이며,『윤리학』에 속하는 그 긍정적이고 구체적인 변증법에 대해서는 여기서 의미 있게 다루어질 수 없기 때문이다. 그럼에도 우리가 이러한 토대 위에서 소외의 문제를 돌이켜본다면, 여기에는 이데올로기적인 반대운동에 대한 설명의 단초가 드러날 수 있다. 괴테의 시대는 소외라는 용어를 전혀 알지 못했다. 그러나 문제 자체에 깊이 관여했었던 괴테는 심지어 실천의 모든 정황에 대한 인식을 다루지 않고서도 그것의 출발점과 인간에 대한 필연성을 대단히 분명하게 보았다. 그는 잠언에서 이 점에 대해 다음과 같이 말한다: "인간은 이해될 수 없는 것이 이해될 수 있으리라는 믿음을 가져야 한다. 그렇지 않을 경우 그는 탐구하지 못할 것이다. —어떤 식으로든 이용될 수 있는 모든 특수한 것은 이해될 수 있다. 이렇게 이해될 수 없는 것이 이용될 수 있다."[152] 시적으로 표현된 요청과 똑같은 마음으로『파우스트』제2권에는 다음과 같이 적혀 있다: "그럼에도 영들이여, 심오하게 볼 만한 가치가 있네./무한한 것에 대한 무한한 신뢰를." 수많은 인간들이 객관적이고 지양 불가능한 실천의 전제로부터 이끌어낸 세계관적인 결과들을 이처럼 폐기하는 일은 괴테에게서는 확고한 과학적이며 세계관적인 토대를 갖고 있으며, 그에 상응해서 대단히 확장된 결과를 갖고 있다. 이러한 문제복합체들을 사유 속에 정초하는 문제와 관련하여 우리는 다만

---

152) Ebd., S. 200.

자연과학자로서의 괴테가 운동하는 것으로부터 추상된 '형태(Gestaltung)'와 같은 정태적 표현들을 앞서의 맥락에서 산출된 것이 산출 가능한 것으로 드러나는 '형성(Bildung)'과 같은 자명한 표현으로 대체하려고 했다는 점을 지적할 뿐이다. 결과의 문제와 관련해서 우리는 다만 그가 —스피노자의 정신적 후계자이자 계승자로서— 대부분의 사람들에게서 자연발생적으로 발생하고 또 대부분의 사람들의 삶을 지배하는 감정, 즉 공포와 희망을, '인간의 가장 큰 두 번째 적'으로 특징짓고, 『파우스트』의 가장 행렬에서 일련의 사슬들 속으로 끌어들임으로써 아울러 인간들의 생활양식을 위한 구원의 길을 모든 인간에게 직관적으로 분명히 했다는 점을 지적할 뿐이다. 스피노자에게서 참다운 인간존재의 해방의 경향들과의 이러한 결합은 그의 작업의 심오한 경향들 속에 드러난다. 스피노자가 그리스의 철학적 인간학에 대해 수행했던 교정, 즉 이른바 자신의 고유한 감정에 대한 인간의 지배는 본능에 대한 이성의 지배(초월적인 것으로 사물화될 수 있었고 기독교에서도 그렇게 사물화되었던 것)라기보다는 오히려 보다 약한 감정에 대한 보다 강한 감정의 지배라는 것은[153] 자기 스스로 서 있는(Aufsichselbstgestelltsein) 인간의 세속적이며 내재적인 과정적 태도의 완성이다. 괴테의 인간상에서는 —계획적이 아니라 완전히 저절로— 이러한 삶의 방식이 지배원리가 되었다.

생활양식의 실천적이며 핵심적인 문제에 대한 이러한 태도는 동시에 인간의 자기사물화에 대한 보다 원칙적이고 보다 결정적인 정면 공격이다. 그것이 소외와 맺고 있는 내적인 관계에 대해서는 이미 언급한 바 있다. 물론 괴테에게서는 사물화와 소외라는 용어가 사용되고 있지는 않다. 그

---

153) Spinoza: *Ethik*, a. a. O., S. 181.

러나 우리는 파우스트와 메피스토펠레스 사이에는 운명적인 '내기'라는 이념적인 중심점이 놓여 있다는 것을, 영혼의 자기사물화에 대한 선전포고라는 것을 잊지 않고 있다.

내가 순간적으로 말한다면
그럼에도 머물라! 너는 너무 예쁘구나!
그러면 나를 족쇄로 채워라,
그러면 나는 곧바로 파멸하리!

지금까지의 우리의 모든 설명에 따르면 "그럼에도 머물라 …"는 결국 영혼을 사물화하는 행위라는 것이 극명하게 드러난다. 그것은 이러한 측면에서, 오직 지상의 수준에서, 인간의 최고의 내적 실현이 궁극적으로 고착된 영구적 상태로 굳어지는 기독교의 지복에 보다 가까워진다. 괴테에게서 그처럼 초월적으로 보장된 자기완성은 전혀 문제가 안 된다. 그럼에도 그는 순전히 지상에서 인도된, 커다란 위험으로서의 삶이 그와 같은 자기고착화, 자기사물화의 가능성을 자기 안에 간직하고 있다는 것, 그와 같은 모든 가상적 완성을 가차 없이 비타협적으로 포기하는 일이야말로 모름지기 현실적이고 항구적이며 오로지 삶 자체의 제약을 통해서만 한계 지어진 과정적인 인격의 발전을 위한 전제가 될 수 있다는 점을 세속적인 명료함을 가지고 인식했다. 때문에 파우스트는 "그럼에도 머물라 …"는 소망을 언명했을지라도 비극의 결말에서 사물화되지 않은 인간적인 삶의 방식의 원리를 포기하지 않았던 것이다. 오히려 정반대이다. 과정으로서의 삶과 오직 과정으로서만 그 궁극적인 미래의 전망 속에서 비로소 획득되는 진정한 사회적 프로필: "자유는 삶처럼 오직 그것에만 봉사하게,/자유는 날마다 그것을 정복해야 하네." 얼핏 이러한 모순은 모름지기 사회적으로 해결될 것이다: "자유로운 민족과 함께 자유로운 토대 위에 서 있다."는 말은 개인적 삶의 과정적 성격이 일반적인 사회적 성격으로부터 나오고 또 거기로 흘러들어 간다는 것을 의미한다. 이처럼 사회발전에 구속된 것을 괴테가 자신의 최상의 업적이 놓여 있는 바로 그곳에서 얼마나 깊이, 그리고 올바로 받아들였는가는 그가 마지막으로 에커만(Eckermann)과 나눈 대화가 보여준다. 여기서 얼핏 이율배반적으로 보이지만, 누군가가 어떤 것을 독립적으로 획득했는지, 혹은 자신의 시대로부터 창조했는지는 결정하기 어려운 것으로 나타난다. "누군가에게 어떤 것이 저절로 얻어지는가, 혹은 그가 그것을 다른 사람들로부터 얻게 되었는가; 자신을 통해 영향을 가하는가, 혹은 다른 사람을 통해 영향을 가하는가를 따지는 것은 근본적으로 모두가 어리석은 일이다. 핵심은 사람들이 커다란 소망을 갖고 있다는 것과 그것을 실행에 옮길 수 있는 솜씨와 끈기를 갖고 있다는 것이다. 다른 모든 것은 어찌 되었든 상관없다."[154] 아울러 자립적 '실체'로서의 개인적인 주관성의 모든 사물화가 현실적인 인격의 발전 도상으로부터 말끔히 사라진다는 것은 어떤 주석도 필요하지 않다.

실러의 베리나(Verrina)는 피에스코(Fiesco)[155]가 죽었을 때 "추기경이 몰락하면, 군주도 몰락하지 않을 수 없다."고 말했는데, 이러한 말은 사물화와 소외의 관계에 대해 어렵지 않게 적용된다. 물론 다시금. 양자가 쉽게

---

154) *Goethes Gespräche mit Eckermann*, II, Leipzig 1908, S. 418.
155) 『군도』로 유명한 독일의 극작가 실러(1759~1805)의 『제노바에서 일어난 피에스코의 모반』(1783)에 등장하는 인물들. 이 작품은 16세기 제노바를 무대로 독재가 되려는 사람의 흥망을 그리면서 '야심을 행동으로 옮기면 최후에는 패배뿐'이라는 것을 보여준다. 이 작품에서 베리나는 늙은 공화주의자로, 피에스코는 젊은 공화주의자이자 야심가로 묘사된다. (역주)

분리될 수 있는 인식론적 의미에서가 아니라, 사회적 실천의 존재론의 의미에서 그렇다. 이러한 토대 위에서 통찰, 결정 능력, 그리고 용기를 갖고 있는 자는 사물화의 경향을 스스로 보여준다. 그는 인간존재의 고유한 문제를 고유한 실존으로시 관심 갖고, 그 실존에 이르는 사회직 도징으로서 분명하게 일별하고 실현할 수 있는 자이다. 그는 자기 존재의 외부와 내부를 불편부당하게 일별하면서 자신의 생물학적 토대에 포함되어 있는 자연적인 것 일체가 자신의 존재나 비존재와, 자신의 기쁨이나 슬픔과, 자신의 성공이나 불운과 무관하게 시작과 끝이 없는 과정으로서 끊임없이 운동하는 것임을 실천적으로 파악하고 있다. 이러한 현실성이야말로 변화무쌍한 그 세부적인 사항들에서, 언제나 변화하는 불변적인 총체성에서 인간적 실천의 대상인데, 이에 대해서는 그가 자신의 (사회적) 힘에 의해 그 자신으로부터 얻어낼 수 있는 것 이상으로 기대할 수 없다. 인간이 가장 직접적이고, 결정적인 방식에서 영향력을 발휘하는 바의 것, 다시 말해 사회적 존재는 직접적이고 불가분적인 방식에서 인간들에 무심한 '제2의 본성'이지만, 그러나 동시에 자신의 행위 속에서 표현될 수 있는 모든 긍정적인 것과 부정적인 것의 모체(母體)이기도 하다.

인간은 사회적 생산력의 발전을 통해 인격이 되었지만, 그러나 동시에 그는 이 동일한 운동을 통해 자기 자신과 소외될 수 있다. 그렇기 때문에 사회적 진보와 인간적 소외는 사회적 존재 속에서 이중적으로 얽혀 있다. 한편으로 소외는 사회적인 진보로부터 성장한다. 소외의 최초의 가장 야만적인 형태인 노예제 역시 경제적으로 보면 하나의 진보, 즉 생산력의 발전의 필연적 결과이다. 인격 생성의 내적이고 외적인 새로운 가능성과 함께 본질적으로 새로운 것을 가져오는 모든 시대는 동시에 소외의 새로운 형태를 탄생시킨다고 말할 수 있을 것이다 다른 한편으로 개별적이건 집단적이건 인간의 본능적이고 의식적인 추상태들은 점진적인 진화뿐만 아니라 위기의 변혁과정에서 자연발생적으로 생긴 즉자적인 유적 존재가 그자신의 대자적 존재와 맞서려고 하는 저 주관적 요인을 야기하는 운동들을 정초하는 힘들이다. 이러한 운동은 일상의 일상사에서부터 최상의 이데올로기적인 객체화들까지 아우르고 있다. 동시에 그것은 인간성을 향한 인간의 전향적 발전과정을 지시하는, 전혀 알 수 없는 가장 사변적인 경향이다. 사회화가 절대적이며 결정적인 역할을 담당하는 모름지기 이곳에서 개인의 개별적인 행위가 똑같이 실패로 평가될 필요가 없다는 엥겔스의 언명이 언급될 필요가 있겠다. 이러한 일반적 진리는 특별한 강조점을 담고 있다. 왜냐하면 소외와 그 소외에 대한 투쟁은 주로 일상생활에서 일어나지 않을 수 없기 때문이다. 보다 고차적인 이데올로기적인 객체화의 의미는 세계사적으로 볼 때 그것이 예를 들어 긍정적으로나 부정적으로 얼마만큼 사람들의 일상적 태도에 영향을 줄 수 있는가의 정도에 의해 평가된다. 거기서 개인으로서 모든 개별적인 인간은 다른 개인들과의 직접적인 접촉 속에서 자신의 소외를 수용하거나 거부할 것을 결정해야 한다. 때문에 존재론적으로 정초된—실천으로부터 성장하고 또 실천을 규정하는—의식의 사태에서, 인간이 결국 자신의 삶의 사회성이라는 테두리 안에서 자신의 인격 자체를 창조하는지, 혹은 삶의 복합체에 대한 결정을 초월적 힘들에 귀속시키는지가 결정적인 역할을 담당하는 것이다.

앞서 지적했듯, 이데올로기적으로 볼 때 여기서는 사회발전의 도정으로부터 야기된 사물화에 대한 긍정 혹은 부정이 지극히 중요하다. 이러한 비판적 이해가 자신의 인격의 소외에 대한 저항에 의해 산출된 것인지, 혹은 반대로 그러한 저항을 산출했는지는 개별적으로 볼 때 두 가지 행동방식의 실천적 분리 불가분성을 지양하지 않은 상태에서 지극히 다르다. 일상에서의 통찰과 결단의 실천적 통일은 소외의 멍에를 분쇄하고자 하는 이데올로기적인 투쟁의 실제적인 토대로 남아 있다. 때문에 마르크스는 그의 주저에서 종교적인 소외를 다음과 같이 요약할 수 있었다: 즉 "현실세계의 종교직 반영은 실제 노동하는 닐의 삶의 관계가 사람들에 날아나 그들 상호 간의 관계와 자연에 대한 투명하고 이성적인 관계를 기술해주는 순간 대부분 소멸될 수 있다. 사회적 삶의 과정, 즉 물질적인 생산과정의 형태는 그것이 사회화된 자유로운 개인의 산물로서 그들의 의식적이고 계획적인 통제 아래 있게 되는 순간 그 신비의 장막을 벗는다. 그럼에도 이를 위해서는 사회의 물질적 토대나 혹은 일련의 물질적인 생존조건들이 필요하며, 역으로 이러한 조건 자체는 고통스러운 오랜 발전사의 자연스러운 산물이다."[156] 마르크스가 여기서 '실제 노동하는 날의 삶'에 대해, 따라서 우리가 일상으로 지칭하곤 했던 것에 대해 언급한 것은 아무리 강조해도 충분할 수 없다. 마찬가지로 그는 '고통스러운 오랜 발전사'를 소외의 가능한 지양을 위해 자명한 전제로서 간주했다. 여기서 우리는 마르크스가 그의 사회적 존재의 존재론에서 포이어바흐와 포이어바흐주의를 넘어섰던 지점을 본다. 여기서 또한 거대한 과학적 설명과 이론적 논의가 소외의 이러한 형식을 현실적으로, 다시 말해 삶 속에서 극복하는 양 환상을 고려하거나 혹은 종교적 의식의 사회적 변화가 소외된 성격을 자동적으로 지양할 수 있다고 하는 것이 마르크스주의에는 허용되지 않는다는 것도 드러난다.

사회발전의 거대한 계열은 속류 마르크스주의자들이 생각하는 것처럼 그렇게 직접적이고 분명하지는 않아도 한 시기의 공적이고 사적인 삶의 모

---

156) Marx: *Kapital*, a, a, O,, I, S, 46; MEW 23, S, 94,

든 현상 속에서 자연스럽게 드러난다. 세계사적인 척도에 비추어볼 때 자본주의와 사회주의의 대립이 고립된 일상적 사건의 수준에 있지 않은 우리 시대를 지배한다는 것은 소외의 모든 이데올로기적인 문제와 그것을 극복하려는 시도 속에 대단히 분명하게 드러난다. 현재로서는 오직 미래만이, 따라서 결국에는 사회주의를 지향하는 노력만이 사물화와 소외에 대해 현실적이며 효과적으로 투쟁할 수 있는 능력을 가질 수 있다는 데에 사회적인 새로움이 있다. 다음 장의 서술이 그 이유를 상세하게 보여줄 것이다. 스탈린적 시대의 폐기된 차원이 다르게, 현대 사회주의에서 그러한 능력을 새로운 형태로 산출하거나 보존할 수 있다는 것은 우리의 발전단계의 현상태에 살아 움직이는 모순이다. 이에 반해 '유지되고 있는' 모든 경향은 원하든 원하지 않든 현전하는 사물화와 소외를 보존해야 하며, 심지어 강화시키고 새로운 것을 발생시키지 않을 수 없을 것이다. 물론 (대중─역자) 조작 시대의 공식적인 과학이 부인한 이러한 사태는 현재의 종교운동들에서 대단히 분명하게 보인다.

모든 것을 궁극적으로 근거 짓는, 앞서 언급한 모순의 근저에 놓인 시대의 성격에 따르면 우리가 그것을 반복해서 지적했듯(콘스탄티누스 시대의 종말, 이중적 진리의 전도 등), 인간의 일상은 그것을 종교적 범주들을 통해 다루려는 모든 시도에 대해 수동적 저항이 증가하고 있음을 보여준다. 여기에는 오늘날 두 가지 근본유형의 반응이 존재한다. 첫 번째는 이론적이거나 실천적인 조작의 경향들에 대한 적응, 종교적으로 포장된 신실증주의의 토대 위에서의 신학의 '현대화'이다. 샤르댕은 아마도 이러한 방향의 가장 풍부한 대변자일 것이다. 다른 편에는 과거에서 보듯 종교의 내부 혁신은 그에 상응해서 나중에 통합된 이단적 신앙을 통해서는 거의 영향을 미치지 못하는 것처럼 보인다. 모든 문제에서 역사적 종교를 선호하는 야스퍼스는 현대의 이단주의 가운데 대단히 중요한 종교적 인물인 키르케고르에 대해 다음과 같이 말할 만큼 현실적이다: "그가 진리라고 한다면, 내가 보기에 그와 더불어 성서 종교는 종말에 도달해 있다."[157] 깊이 확신해서 빈틈이 없었고, 그렇기 때문에 기독교 교회에 개인적으로 입교하는 결단을 내릴 수 없었으며, 그의 저술활동을 자극했던 초기의 모든 자극에도 불구하고 아무런 영향도 주지 못했던 시몬 베유의 운명이야말로 야스퍼스의 이러한 언명을 확증해주고 있다.

물론 종교철학적 입장뿐만 아니라 신학적 입장도 존재한다. 다시 말해 생동하는 종교운동은 오직 결정적인 사회주의적 좌선회의 토대 위에서만, 사회주의적 이념을 종교적 시각에서 구축하는 토대 위에서만 가능하다는 시대의 징표를 이해해야 한다는 생각이다. 블로흐의『토마스 뮌처(Thomas Münzer)』이래, 20세기의 틸리히 이래, 그러한 태도가 반복해서 등장하고 있다. 물론 그것을 현실적으로 진지하게 받아들여, 삶이 그 종교적인 해석과 이처럼 분리된 현실이 신 자체와 관련되어 있다는 통찰에 이르지 않을 수 없는 곳에서, 그것은 그 근본주의적 개혁 지향에서 종교 자체를 거부하고 있다. 따라서 영국의 주교 로빈슨(Robinson)은 본회퍼(Dietrich Bonhoeffer)[158]의 행동에 대해 동의하면서 다음과 같이 인용한다: "인간은 중요한 모든 문제에서 '신'이라는 작업가설의 도움 없이도 스스로 완성하는 법을 배웠다. 학문적이며 예술적이고 윤리적인 문제들에서 이 점

---

157) Jaspers-Bultmann: *Die Frage der Entmythologisierung,* a. a. O., s. 36.

158) 디트리히 본회퍼(1906~45)는 독일의 개신교 신학자이다. 에큐메니컬 운동을 지지했으며, 세속세계에서 그리스도교의 역할에 대한 견해로 중요한 인물이다. 히틀러를 타도하려는 계획에 가담했다가 발각되어 처형당했다. 그가 죽은 뒤인 1951년에 출판된『옥중 서간(Widerstand und Ergebung)』은 그의 신념이 담긴 가장 심오한 글이다. (역주)

은 사람들이 더 이상 동요하지 않는 하나의 자명한 사실이 되었다. 하지만 지난 100년 이래 종교적인 문제들에서 그것이 차지하는 정도는 증가했다. '신' 없이도 모든 것이 잘되고, 심지어는 전보다 더 좋다는 것이 드러난다 … 우리가 이 모든 세속적 문제에서 이미 포기했다 할지라도, 그럼에도 이른바 궁극적인 문제들 —죽음, 책임— 은 오직 '신'에서만 답변이 주어질 수 있고, 이러한 문제들을 위해서 우리는 신과 교회, 그리고 성직자를 활용하고 있다. 따라서 우리는 어느 정도는 이른바 인간의 이러한 궁극적인 문제들에 의해 살아가고 있는 것이다. 하지만 어느 날 그러한 문제들이 더 이상 그 자체로 거기에 있지 않을 때, 예를 들어 '신 없이도' 그러한 문제들이 답변될 수 있다고 한다면 어떻게 되겠는가? …"[159] '신의 죽음'과 더불어 니체에서 실존주의에 이르기까지 그 무엇에도 구속되지 않는 종교적 무신론이 철학적 세계 속에 유입되었다. 하지만 죽은 신 때문에 그처럼 이단적이고, 종교적으로 영향력 있는 운동을 끌어올리는 것이 어려워졌다. 교회는 인간적 일상의 새로운 상황에 훨씬 정치적으로 능숙하게 대처해야 한다. 하지만 종교적 감정에 대한 현대식 갱신은 대단히 성실하고 일관성 있는 이단의 설립을 더 이상 가능하게 하지 못하고 있다.[160]

우리는 그러한 경향들을 과대평가하거나 과소평가해서는 안 된다. 과대평가에 앞서 우리는 기존 사회 안에서 그러한 이데올로그들이 활동하는 거대한 관계에 대한 통찰을 보호해야 한다. 그들은 소집단이며, 종종 광범

---

159) A. T. Robinson: *Gott ist anders*, München 1964, S. 44-45.
160) 물론 이것은 분리운동에 대한 권리, 혼혈 결혼, 독신제의 폐지와 같이 총체적 상황에서 유래하는 개혁의 시도들이 사회적으로 무차별적이었음을 의미하는 것은 아니다. 그것들에 대한 입장 선택은 단순히 이러한 토대를 가지고서는 좋게 대처할 수 없다는 것—정치적인 수준에서 이루어진다는 것이다.

위한 대중적 영향을 결여한 개인들일 뿐이다. 이들은 능숙한 솜씨로 사람들을 그 당파성에 확고하게 붙들어 매는데, 그들의 영역은 소비와 봉사에서의 평가로부터 지배 이데올로기들에 걸쳐 한계를 확정하는 것이다. 신앙(혹은 불신)의 도움으로 혹은 성(性)과 가학주의나 피학주의의 도움으로 소외된 당파성을 운명적으로 지양 불가능한 것으로 찬미하는 선전 슬로건이나 높이 찬양받는 예술작품을 통해 당파성을 최종 심급화하는 일은 여기서는 무의미하다. 대중적 척도에서 볼 때 조작되고 소외된 당파성이 잠정적으로 확고한 지지대 위에 서 있는 것처럼 보이기도 한다. 그럼에도 진정한 이단적 대립이 무력한 이유에 대한 통찰이 과소평가되어서는 안 된다. 이데올로기적으로 진지하게 생각된, 사물화와 소외를 진정으로 극복하는 길은 오늘날에는—명백히—과거보다 훨씬 개방되어 있음을 보여준다. 종교가 이데올로기적인 자기혁신을 위한 내적인 힘을 덜 가지고 있을수록, 언제나 많은 사람들이 통찰에 이르게 되는 기회가—다시금 명백히—더 많아지게 된다. 즉 사회적 필연성의 내부에서 (파멸의 선고에서) 인간의 삶의 과정은 궁극적으로 인간 자신의 작업이다. 그들이 사물화되고 소외된 삶을 사는가, 혹은 그들의 참다운 인격은 자신의 행위를 통해 실현하는가는 그들 자신에게 달린 것이다. 그러나 모든 초월과 그것을 정립하는 사물화를 부정하는, 인간의 사회적 존재의 존재론적 속성에 대한 통찰은 인간 자신을 위한 결과를 위해 능동적이고 개인적인 태도를 취하려는 결단이 없다면 공허하다. 다른 한편으로 자기해방을 위한 모든 결단은 그것이 그러한 통찰에 기초해 있지 않을 때는 맹목적이다. 아마도 사물화와 소외는 오늘날 과거보다 훨씬 크고 능동적인 힘을 가지고 있을 것이다. 그럼에도 그것들은 이데올로기적으로 볼 때는 아직은 홈이 파여 있거나 텅 비어 있으며, 그다지 감동적인 것이 아니다. 모순과 퇴보를 아우르는 해방의 오랜 과정에 대한 시각 역시 사회적으로 주어진다. 어쩌다 우연적인 사건들로 (해방을—역자) 실현하려 할 때의 희망이 하나의 망상이듯, 그것들 전반을 통찰하지 못하는 것 역시 하나의 맹목이다.

3. 소외와 그 지양의 객관적 토대

소외의 현대적 형태

우리는 소외의 이데올로기적인 형태를 그것이 일반 존재론의 토대 위에서 가능한 한에서 상세히 분석했다. 우리의 서술이 보여주었듯, 소외의 현존은 아직은 주로 경제적인 맥락에서 규정될지라도, 모든 소외는 이데올로기적인 형태에 대한 매개 없이는 적절히 발전될 수 없고, 때문에 이론적으로 올바르고 실천적으로도 효과적으로 극복될 수 없기 때문에, 탐구는 여기서(이데올로기적 형태들에서—역자) 시작되었다. 이데올로기적인 매개를 이처럼 배제하기 어렵다 하더라도, 그 어떤 관계에서 소외를 순전히 이데올로기적인 현상들로 고찰할 필요는 없을 것이다. 그러한 가상이 발생하는 곳에서는 외견상 순전히 이데올로기적으로 진행하는 과정에 대한 객관적인 경제적 정초를 인식하지 못하는 것이 언제나 문제이다. 우리는 여기서, 당분간은 어느 정도 예비적 의미에서, 이데올로기에 대한 마르크스의 일반적 규정을 상기하는데, 그것에 따르면 이데올로기는 사회적인 도구이다. 이 사회적 도구의 도움으로 모순적인 경제발전으로부터 성장한 인간들 사이에서의 이해관계에 따른 갈등이 터져 나온다. 따라서 처음에는 명백한 영역 분리에 관해서가 아니라, 오히려 복잡한 상호작용의 과정에 관해서만 언급하는 것이다. 이러한 과정에서 일차적으로 경제적으로 규정된 사회적 존재는 사람들로 하여금 그로부터 성장한 갈등을 이데올로기의 도움을 받아 해결하도록 유도한다. 그러한 해결과정의 내용과 기술, 그리고 강도 등은 이제 이중적인 사회적 신경생리학(Physionomie)을 가지고 있다. 다시 말해 그것은 개별 인간의 개인적 삶—여기서 경제적인 토대는 먼저 객관적으로 존재하고 영향을 미치며, 변화 역시 단순히 개별 인간들이 그들에 대한 반응에서 실제로 작용하는 것이다— 만을 규제하거나, 아니면 개인적인 혁명의 사회적 통합으로부터 현재의 인간소외의 경제적 토대에 대항하여 성공적으로 투쟁할 만큼 강력한 대중운동이 발생한다. 지금까지 설명한 것들에 따르면, 첫 번째 행동방식은 사회적으로 고찰할 때 두 번째 행동방식에 대한 주관적이며 객관적인 준비작업을 형성한다는 것이 분명하다. 그러므로 일상생활의 개인적-주관적인 직접적 실천에서의 대립이 비역사적으로 절대화될 필요는 없다. 18세기의 계몽주의자들이 봉건적-절대주의적 소외와 투쟁했던 한에서, 그들은 프랑스 혁명의 사회적 선구자였을 것이다. 반면 그들 다수가 그러한 소외의 파괴수단으로서의 혁명을 이론적으로 거부했다는 점은 이러한 객관적인 사회적 관계를 변경시키지 못할 것이다.

이제 소외의 이러한 객관적 토대의 본질적 속성이 실제적이며 사회적으로 보다 상세하게 고찰되어야 한다면, 우리는 무엇보다 널리 퍼져 있는 편견을 일소하지 않으면 안 될 것이다. 우리는 경제와 권력 사이의 결코 멈출 수 없는 대립에서, 마치 지금까지 존재했었고 지금도 존재하는 사회들이 권력과 권력행사로부터 완전히 단절된 '순수한' 형태로 그것들의 정초 역할을 담당할 수 있었던 것인 양, 그릇된 결론에서 시작한다. 물론 순수한 경제적인 것이 개념이 추상적 사유의 수준에서 무모순적으로 형성될 수도 있다. 이러한 개념을 만들어내는 과정이 이론에는 결정적으로 중요하다. 오직 그러한 과정을 통해서만 하나의 구성체 혹은 그 시대 내부에서 움직이는 본질적인 힘들이 명료하게 조명되기 때문이다. 그럼에도 그러한 분석과 일반화가 갖는 중요한 가능성은 계급사회가 존재할 수 있다는 의미가 아니며, 그 사회의 지배적 경제원리는 권력이 없이도 그것들의 순수하고 내적인 변증법을 벗어나 타당성을 가질 수 있을 것이라는 의미도 아니다. '본원적 축적'을 그 축적의 완성에서 유래하는 자본주의 경제 자체와 이론적으로 구별하는 것처럼 방법론적으로 그렇게 중요한 예외적인 경우에서, 마르크스는 상당한 이론적-역사적 엄밀성을 갖고 다음과 같이 정식화하고 있다: "… 경제적 관계의 무언의 강제는 노동자에 대한 자본가들의 지배를 확증해주었다. 경제외적인 직접적 강제가 언제든 적용되었지만, 그러나 그 방식은 오직 예외적이었다. 사물의 정상적인 진행에서 노동자는 '생산의 자연법칙'에, 말하자면 생산의 조건 자체로부터 발생하고, 그러한 조건들을 통해 보장되고 영속화된, 자본에 대한 노동자의 의존성에 의탁할 수 있다."[161] 사회적 존재의 영역에서 필연성은 자연에서 보듯 자연발생적이며 자동적이라기보다는 오히려 '파괴의 형벌(bei Strafe des Untergangs)'이라는 존재론적 재가(裁可)와 함께 인간의 목적론적 결단의 추동력으로서 관철된다는 존재론적 진리가 여기서는 이중적인 방식으로 드러난다. 첫째로, 정상적으로 작동하는 자본주의 경제의 순수한 경제적 필연성은 '무언의 강제'로서 나타나는데, '사물의 정상적인 진행'에서 우리는 그것을 노동자에게 떠넘길 수 있다. 두 번째로 '경제외적이며 직접적인 강제'의 수락은 이러한 정상적 상태에서 절대적으로 문제가 되기보다는 오히려 정상상태

---

161) Marx: *Kapital* I, a. a. O., S. 703; MEW 23, S. 765.

의 단순한 '예외'로서 고려된다. 마르크스가 직접적 강제력의 적용의 필연성이라는 관점으로부터 두 번째 시기를 구별했던 바로 이 지점에서, 공산주의 이전의 모든 사회에서 경제와 강제 사이의 실질적이고 지양 불가능한 결합이 드러나는 것이나.

전자본주의적인 사회형태에서 그것들이 맺고 있는 내적이고 필연적인 결합이 현재의 경제구조의 본질에서 유지되고, 여전히 긴밀하게 결합되어 있다는 것은 분명하다. 노예제는 말할 필요도 없이 지대의 경제를 지적하는 것으로 충분할 것이다. 소작료에 대한 경제적 분석에서 마르크스는 다음을 본질적인 것으로 강조했다: "이러한 조건하에서 정상적인 지주의 입장에서 그들(소작인들—역자)에게 잉여노동을 부과하는 것은 오직 경제외적인 강제를 통해서만 이루어질 수 있는데, 소작인들은 언제나 이러한 형태를 받아들이게 된다."[162] 경제구성체들이 발생하고 기능하는 다른 극단에서, (여러 가지 거짓 이론들로 이끄는) 가상이 발생할 수 있는 현상들에서 사태가 그랬던 것처럼, 현실 속에서 분리가 되지 않는 이러한 요소들의 복합체가 사회발전 속에서 상호작용하는 것이 문제가 되는 곳에서는, 강제력이 '순수' 경제에 대해 우위에 서 있다. 최초의 거대한 경제학적 체계 기획에 이르는, 이론적으로 중요한 서문을 통해 마르크스는 정복과정에서 실제로 발생할 수 있고, 또 이 같은—얼핏 극단적인— 예외적인 경우에서 이 요소들이 실제적인 상호작용에서 분리될 수 없다는 것을 보여주는 여러 가지 가능성을 분석했다: "모든 정복과정에서는 세 가지가 가능하다. 정복된 민족은 그들을 정복한 생산방식에 종속된다.(예를 들어 금세기의 아일랜드와 부분적으로는 인도의 영국인들) 혹은 그들은 과거체제를 존속시키고 공

162) Ebd., III/II, S. 324; MEW 25, S. 799.

물에 만족할 수도 있다.(예를 들어 투르크인들과 로마인들) 또는 상호작용이 일어나 이를 통해 새로운 것, 하나의 종합(예를 들어 독일이 정복한 곳에서)이 발생한다. 이 모든 경우 속에는 정복민족의 것이든, 피정복민족의 것이든, 혹은 양자의 혼합에서 야기되어 새로운 분배를 규정하는 것이든 생산방식이 존재한다. 이것들이 새로운 생산시기를 위한 전제로서 나타날지라도, 그것들 자체는 다시금 생산의 생산물, 말하자면 역사적인 생산 일반뿐만 아니라 특정한 역사적 생산의 생산물인 것이다."[163]

다음에 이어지는 결과는 이러한 보편적인 이해와 긴밀하게 결합되어 있다. 이 결과가 전쟁이라는 복합체를, 얼핏 '순수한' 경제에 대한 가장 극단적인 대립물을 인류의 사회적(경제적) 생산과정의 보편적 연관 속에서 구축하고 있다. 전쟁에서 정점을 이루는, 개별적으로 존재하는 사회들 간의 생존투쟁은 단순히 그 사회의 경제적 성장의 전제와 결과가 아니다. 마르크스는 대단히 정당하게 전쟁 조직체에서는 모름지기 과거 경제의 특수한 범주들이 삶의 고유한 경제적 영역에서보다 훨씬 순수한 형태에서 실현될 수 있다고 지적했다. 똑같은 서문에서 마르크스는 이러한 연관의 근본원리를 다음과 같이 적고 있다: "**전쟁**이 평화보다 일찍 형성되었다. 전쟁을 통해서, 그리고 군대 등에서 기술, 임금 노동, 기계 등과 같은 특정한 경제관계가 부르주아 사회의 내부에서보다 훨씬 일찍 발전했다. 또한 생산력과 생산관계의 관계는 특히 군대에서 잘 드러난다."[164] 이러한 지적이 갖는 방법론적인 의미나 역사적 설명력을 과대평가할 수는 없다. 자본주의의 현 국면에서 그것은 특별히 강조되어야만 한다. 왜냐하면 모름지기 군수산업에

---

163) Marx: *Rohentwurf*, a. a. O., S. 18-19; MEW 42, S. 32.
164) Ebd., S. 29; ebd., S. 43.

서, 그것도 전쟁 자체의 수행과정에서 훨씬 강력하게 조작된 독점자본주의의 경제적 경향들이 그 가장 순수하고 탄력적인 형태로 모습을 드러내기 때문이다. 이러한 복합체의 특정 국면들에서 우리는 다른 연관들 속으로 되돌아간다. 여기서는 다만 경제와 강제력 간의 뗄 수 없는 상호의존성, 불가분적인 상호작용을 원칙적으로 보여주는 것만이 가능하고 필요하다. 그렇기 때문에 다음의 고찰에서 우리는 다만 사회의 총체적이며 객관적인 생산복합체에 관해서만 언급하고, 강제력과 경제의 양적이고 질적인 비율에 따른 그것들 간의 차이에 대해서는 관례상 더 이상 다루지 않겠다.

자연적 한계의 축소, 사회의 사회화의 증가는 그 구조에서 질적이며 역동적으로 작용하는 변화를 야기하는데, 우리는 여기서 —적어도 그 가장 보편적인 특성 속에서— 이러한 변화들을 다룬다. 우리가 앞서 이러한 문제복합체로 관심을 돌렸을 때, 우리는 사회발전의 양식에서 자본주의의 발생을 야기한 커다란 전환을 지적하지 않을 수 없었다. 이때 우리는 이러한 구별의 경제적 토대, 말하자면 고대뿐만 아니라 중세의 봉건제 사회도 최적의 발전단계를 소유하고 있었으며, 이 단계에서 —또한 오직 이 단계에서— 생산양식은 사회구조와, 마르크스적 의미의 분배와 일치하는데, 그 결과 생산력의 발전은 구성체 자체를 전복하지 않을 수 없다는 것, 발전은 사회에 원칙적으로 해결 불가능하고, 그 사회를 막다른 골목으로 유도하는 문제를 제기한다는 점을 강조했다. 자본주의를 경제적으로 특징짓는 사회화의 보다 고차적인 방식은 통상 경제적인 고도 발전이 안고 있는 제약을 소멸시킬 수 있다. 이러한 유의 사회화는 그 성격상 전혀 한계가 없는 것처럼 보인다. 여기서 우리는 오직 소외의 객관적 토대라는 관점에서만 이러한 문제복합체에 관심이 있다. 이와 관련하여 앞서 지적했던 특성이 두 가지 유형으로 나타난다. 즉 근본적으로 그처럼 문제가 많은 구성체가 무제한적인 발전 가능성이 없는 상태에서 보편적 소외를, 무엇보다 다른 사람의 소외에 의한 소외를 회피하기 위해 적어도 초기단계에 개인적 도정의 한 부분에 대해 공개되어 있는 것처럼 보이는 데 반해, 보다 발전된 사회에서는 이러한 소외가 완전히 폐지되어 있다.

피착취자의 소외는 그 정확한 대응물을 착취자 자체의 소외에서 갖는다. 엥겔스는 『반뒤링론(Antidühring)』에서 이러한 현상을 분명하게 기술했으며, 그것을 발전된 사회적 분업과 연관 지었다: "노동자뿐만 아니라 그 노동자를 직·간접적으로 착취하는 계급도 분업으로 인해 분업활동의 도구에 종속된다. 말하자면 그 자신의 자본과 그 자신의 이윤 욕구에 예속된 어리석은 부르주아, 그들을 하나의 독립적인 힘으로서 지배하는 노예적인 법 관념에 예속된 법률가, 여러 가지 편협한 지역주의와 일면성에 종속된 '교양 있는 신분들', 그 자신의 육체적이며 정신적인 단견에 예속되고, 지나치게 전문화된 교육과 이러한 전문성 자체에 삶이 유폐된 ─이러한 전문성이 무기력이 되기도 하는─ 기형상태에 예속되는 것이다."[165]

이러한 물음들은 이미 수십 년 전에 마르크스에 의해 『신성가족』에서 다음과 같이 예리하고도 원칙적으로 정식화되었다: "유산계급과 프롤레타리아 계급은 이러한 인간의 자기소외를 보여주고 있다. 하지만 첫 번째 계급은 이러한 자기소외에서 좋고 인정받는 느낌을 가지며, 소외를 **그 자신의 위력**이라고 인식하며, 그 속에서 인간실존의 **가상**을 지니고 있다. 두 번째 계급은 소외에서 자신이 부정되는 느낌을 가지며, 그 속에서 그 자신의 무력과 비인간적 실존의 현실을 본다."[166] 소외는 또한 발전된 사회에서 하나

---

165) Engels: *Anti-Dühring*, MEGA Sonderausgabe, S. 304; MEW 20, S. 272.
166) MEGA III, S. 206; MEW 2, S. 37.

의 사회적이고 보편적인 현상, 피억압자들뿐 아니라 억압자들도, 피착취자들뿐만 아니라 착취자들도 지배하는 현상이다. 편협한 완성의 가능성, 말하자면 단순히 개별적 차원에 머물러 있는 소외의 탈출 가능성은 적어도 자본주의에서는 원직적으로 상당히 제한되어 있다.

물론 그것은 앞 장에서 언급했던 고유의 인간적 소외에 대한 개인적인 (이데올로기적인) 태도와 관련된 것은 아니다. 설령 가장 성과 있고, 심지어 가장 영웅적인 투쟁의 방식이 가장 근본적인 사회적 소외들에 대해 어쩔 수 없이 손도 대지 못한다 할지라도, 그 소외의 의미가 부정되어서는 안 된다. 소외에 대한 투쟁에서 현실적인 사회적 실천이 절대적인 우위를 점하고 있다. 이 점은 아무리 강조해도 충분하지 않으며, 마르크스가 등장하던 시기에, 즉 포이어바흐에 관한 논쟁이 이루어지던 시기에 비추어 이 점이 보다 분명하게 주목되어야 한다. 왜냐하면 그 당시에는 소외에 대한 관조상태의 순수한 정신적 폭로에 만족하던 중요한 관념론적 흐름이 존재했기 때문이다. 모름지기 이러한 도정 위에서 철학을 혁신했던 마르크스의 혁명적인 청년기 저작들은 일차적으로 정치적일 뿐만 아니라 현실적-사회적인 실천을 지향했다: "하지만 현실세계에서 대중의 저 **실제적인** 자기소외는 외면적으로 존재하기 때문에, 대중은 동시에 이것들과 **외면적인** 방식으로 투쟁해야만 할 것이다. 대중은 그들의 자기소외의 이러한 산물을 결코 관념적인 환상의 범주들로, **자기의식의** 단순한 **외화물들**로 간주하지 않으며, **물질적** 소외가 순수하고 **내면적인 정신적** 행위를 통해 부정되기를 바라지도 않는다 … 하지만 자신을 고양시키기 위해서는 **사유** 속에 머무는 것으로 만족해서는 안 되며, **현실적이고 감각적인** 머리를 넘어서 관념으로만 숙고할 수 없는 **현실적이고 감각적인** 속박을 떠올려야 한다."[166] 사회적 실천의 이러한 우위는 대단히 강력해서 그것은   일정 정도 우리가 살펴보았고 또 다시금 보려고 하는 것처럼— 단호하고 실제적인 궁박(窮迫) 속에서 행위하는 개인을 그 소외상태로부터 개인적-이데올로기적으로 벗어나게 할 수 있다. 물론 그가 의식적으로 자신의 행동을 오로지 객관적으로 견지하기 어려운 사회구조를 반대하는 일에 정향시키고, 그것을 파괴함으로써만 똑같이 객관적인 소외를 세계로부터 창출하려 할 경우에 그렇다. 마르크스는 예를 들어 『경제학-철학 수고』에서 그 시대의 자본주의 경제체제에서의 노동방식이 노동자를 노동의 생산물로부터 어떻게 소외시키고, 이 노동을 강제수단으로 만들고, 또 인간을 그만큼 비하하고 비인간화하는가, 어떻게 인간은 그의 '동물적 기능들'에서만 '자유롭게 행동한다고 느끼는'[168]가에 대해 정당하게 언급한 바 있다. 이에 대해 시간이 지나면서 노동자는 저항하지 않을 수 없다는 것은 자명한 사실이었다. 또 이러한 상황의 집단적 성격에서 저항은 대체로 집합적 형태를 취할 뿐만 아니라 조직적 측면에서와 이데올로기적 측면 모두에서 보다 높은 수준으로 발전한다는 것, 그래서 처음에는 즉자적인 사회계급('자본에 대립된 계급')만을 형성했던 노동자가 점진적으로 '대자적인 계급'[169]이 된다는 것도 마찬가지로 자명하다. 이와 관련해 소외의 경제적 토대를 파괴하거나 혹은 적어도— 이러한 세속적 캠페인의 최종 단계로서— 소외의 직접적인 결과들을 노동자의 물질적 현존재로 최소화하려는 (노동시간, 임금, 노동조건 등) 노력이 의식적으로 볼 때 어느 정도 소외의 지양과 결합되었는가는 중요한 문제로 보이지 않는다.

---

167) Ebd., S. 254; ebd., S. 86 f.
168) Ebd., S. 86-86; MEW EB I, S. 514 f.
169) Marx: *Das Elend der Philosophie*, a. a. O., S. 162; MEW 4, S. 181.

우리는 여기서 소외가 인간의 사회생활에서 자립적이거나 혹은 직접적인 것, 실질적으로 핵심적인 현상으로서 간주되어서는 안 된다는 점을 거듭 지적하고 있다. 소외는 어떤 경우에서든 현재 사회의 총체적인 경제구조로부터 성장한 것이고, 그것에 불가분직으로 수반된 것이어서, 생산력의 발전단계로부터, 생산관계의 관점으로부터 결코 분리될 수 없을 것이다.(우리 시대의 철학에서 지배적 흐름을 형성하게 된 이 소외를 순전히 의식적으로 탐구할 경우, 우리는 불가피하게 그것을 왜곡하지 않을 수 없게 된다.) 따라서 하나의 소외양식이 사회적으로 해체될 수도 있다는 것, 이러한 부정은 그것을 통해 부정이 실천적이고 실제적으로 수행되는 바의 저 행위의 정신적 내용을 형성하지 않고서도 실천적으로는 얼마든지 가능하다. 이처럼 객관적이고, 경제-사회적으로 규정된 소외의 존재방식은 더 나아가서 그러한 현실적 토대가 변경될 때 소외의 한 형식을 파괴해서 전혀 다른 형태의 소외에 의해 해체될 수 있다. 심지어 그것은 객관적이든 주관적이든 위태로운 어떠한 동요도 야기하지 않는, 말하자면 순전히 진화론적인 것이다. 리즈만(Riesman)은 예를 들어 앞 장에서 우리가 지적했듯, 그들의 도덕적 실존을 '구원의 확실성(certitudo salutis)'으로서의 그들의 복지상태의 성장에 구축했던 계층들의 의식이 오늘날 지배적인 명품 소비의 수혜자의 의식으로 바뀐 과정을 대단히 올바르게 기술했다.[170]

사태를 이런 식으로 확정하는 것이 옳다고 하더라도, 소외와 그에 상응하는 소외의 극복에 관한 순전히 주관적인 견해와 같이, 이러한 확정의 일면적인 결과들과 상반된 종류의 확정을 이끌어내는 것, 말하자면 경제발

---

170) 리즈만이 심리학적인 다른 용어를 사용한 사실은 그가 관찰한 내용의 정확성을 거의 변경시키지 않는다.

전의 순수한 내재적 변증법이 이제 그 나름대로 특수한 종류의 소외뿐만 아니라 궁극에는 소외된 존재라는 사실도 자동적으로 세계로부터 창출할 수 있는 양하는 점을 고려해야만 한다. 물론 기회주의적 마르크스주의하에서, 나중에는 독단적인 마르크수주의자하에서도 존재했었고 또 존재하는 '경제주의'의 그러한 착각에 대해, 자유무역을 통한 세계의 '구제'를 보편적 자유로까지 꿈꿨고, 현재의 완성된 (아마도 인공두뇌에 의해 움직이는) 전능한 조작에 의해 인간 삶의 가능한 모든 갈등을 해결하고 싶어 했던 그러한 착각에 대해, 우리는 종종 반복했던 이전의 확정을 기억해야 할 것이다. 다시 말해 경제발전의 내적 필연성은 인간 현존재를 재생산하는 데 요구되는 사회적 노동을 더욱 축소시키고, 자연적 제약을 더욱 멀리 물리치고, 사회의 사회성을 외연적으로나 내포적으로 끊임없이 고양시키고, 심지어는 개별적인 인간 능력을 더욱 높게 발전시킬 수 있다는 것, 하지만 거듭 설명했던 것처럼 이 모든 것이 인류에게는 대자적인 유적 존재를 위한 불가피하고 넘어설 수 없는 현실적 가능성의 공간을 창출할 수 있다는 점을 기억해야 할 것이다. 그러나 이것들 자체는 마르크스의 눈에는 결코 기계적이며 자동적이고 강제적으로 산출된 경제발전의 성과가 아니다. 그 결과 사회적으로 볼 때─진화냐 혹은 혁명에 의한 것이냐에 상관없이─이러한 경향을 확장·고양시키려는 모든 운동은 경제발전의 단순한 자동논리에 기초해 있을 수도 없고 그럴 필요도 없으며, 오히려 다른 측면에서 사회적 활동을 가동하도록 강제하게 된다. 방금 인용한 『철학의 빈곤』에서 프롤레타리아가 대자적 계급으로 발전하는 것에 대해 언급하면서 마르크스는 다음과 같은 설명을 덧붙인다. "하지만 계급 대 계급의 투쟁은 하나의 정치투쟁이다."[170)

우리의 본질적인 관심은 여기서 소외로 향하고 있다. 그럼에도 우리는 소외가 결코 고립적으로 존재하는, 그리하여 사유 속에서 고립적으로 다루어질 수 있는 사회현상일 수 없다는 것을 오래전부터 알고 있었다. 때문에 단순한 자연발생적 경제활동이 이러한 객관적 토대에 미치는 영향력을 적어도 피상적으로나마 일별하지 않는다면, 우리는 그것이 빌생하고 소멸하는 토대를 올바로 주목할 수 없을 것이다. 여기서는 무엇보다 노동조합과 정당이 문제가 된다. 노동조합의 발생의 필연성과 상당히 성공적인 그들의 활동 결과는 마르크스가 정확히 기술했던 객관적인 경제적 토대를 갖고 있다. 자본주의 초기의 모습과 다르게, 예를 들어 라살레(Lassalle)에서 '철의 임금법칙'이라는 전혀 잘못된 관념으로 이끌었던 것과는 달리, 현실의 경제생활에서 차지하는 상품의 실천적 규정의 특수한 성격은 상품의 특수한 본질로부터 나오는 것이다. 마르크스는 여기서 지배적인 경제적 법칙성을 다음과 같이 기술했다. 즉 상품교환의 보편적 성격은 그 자체로는 노동일과 잉여노동의 한계를 결코 규정하지 못할 것이다. 물론 "판매된 상품의 특수한 성격은 구매자에 의한 그 상품 소비의 제약을 포괄하고 있다. 노동자가 노동일을 정상적인 일정 양으로 제한하려 할 경우, 그는 판매자로서의 자신의 권리를 주장하는 것이다. 여기에서도 권리 대 권리 사이의 이율배반이 발견되는데, 양자는 상품교환의 법칙에 의해 동등하게 결정된다. 동등한 권리 사이에서 권력이 결정되는 것이다."[172] 이 상품의 가격 결정 역시 순전히 경제적 의미에서 ―발전된 단계의 자본주의를 전제한― 여러 정황상 잠재적으로만 존재할 수 있는 강제력의 사용에 기초해 있다. '경제적 잠재태'[172]로서의 강제력에 관한 앞서 우리의 서술은 이러한 경우들

171) Marx: *Das Elend der Philosophie*, a. a. O., S. 162; ebd., S. 181.
172) Marx: *Kapital* I, a. a. O., S. 196; MEW 23, S. 249.

을 통해 상당한 설득력을 갖는다. 그 고유의 법칙에 따라 자본주의는 원칙상 본원적 축적을 종식시키고 아울러 경제외적 강제의 지배를 벗어난다. 이러한 경제법칙에 따라 기능하는 정상적 자본주의는 그것에 일상적으로 저항하는 강제력에 대해 처음에는 사실적 차원에서(de facto), 나중에는 법률적 차원에서(de jure) 경제적으로 정당한 것으로서 인정하지 않을 수 없게 된다. 여기서 자본주의에 대한 개인적 저항을 체계적으로 부정하는 노동조합의 사회적 행위는 그것을 제한하는 주관적 요인의 하나를 권력으로 지목한다. 물론 지금은 이러한 행위를 분석하는 자리가 아니다. 그 직접적인 존재에서 의식적이고 목적지향적인 조직형태의 전범(典範)으로 보이는 그러한 운동이 사회현실 속에서 그 고유의 직접적인 경제적 존재에 대해 자동적으로 반응하는 개개의 자동적 반응에 근거하고 또 전체 사회를 규율하는 의식적 행위로 이끄는 하나의 통합과정을 표현한다는 점을 명확히 아는 것이 중요하다. 당연히 일반화의 이 같은 정점 위에서 정치적인 것으로의 변화가 이어진다. 마르크스는 이러한 과정을 다음과 같이 적고 있다. "… 개별 공장 혹은 개별 작업장에서 스트라이크 등을 통해 개별 자본가들에게 노동시간의 단축을 강요하려는 시도는 순수한 경제적인 운동이다. 이에 반해 8시간 노동을 법으로 강제하는 운동은 **정치적인** 운동이다. 대개는 이런 식으로 노동자의 개별화된 경제운동으로부터 정치운동이, 다시 말해서 개별이익을 보편적인 형식으로, 보편적이고 사회적으로 강제하는 힘을 지닌 형식으로 관철시키려는 **계급**운동이 성장하는 것이다."[174]

이렇게 발생한 과정의 사회적-인간적 기원이 청년 레닌의 최초의 위대한

---

173) Ebd., S. 716; ebd., S. 779.
174) *Briefe…an Sorge*, Stuttgart 1906, S. 42; MEW, S. 327.

탐구, 즉 사회를 변혁하는 (적어도 변화시키는) 인간활동의 본질적 성격을 규정하고자 한 탐구의 주된 관심을 이루고 있다. 그는 자본주의에 대한 노동계급의 반발의 자연발생적(spontan) 성격에서 출발한다. 그럼에도 레닌은 그것들을 그 역사적인 발전 속에서 고찰하며, 그것들 속에서 일관되게 의식성에 대한 일정한 상대성을 확정지었다. 또 이렇게 발생한 역사적 일반화의 궁극적 사유는 자연발생성 일반에서 '목적의식성의 **맹아형태**'[175]를 볼 수 있는 진술로 이어진다. 아울러 지극히 중요한 존재론적 운동 경향이 이러한 행동복합체에 주어진다: 자연발생적인 것과 의식적인 것 사이의 대립은 그것의 인식론적이고 심리적인 경직성을 상실한다. 대립 자체를 지양하지 않은 상태에서 레닌은 그 속에서 한 사회의 경제적-정치적 및 사회적 성과에 대한 반응으로서, 무엇보다 그러한 반응이 행동으로 통합될 때 인간의 머릿속에 정상적으로 반영되는 과정을 간파했다. 그러한 통합이 특정 개인의 행위로 한정되는지 혹은 조직으로 강화될지 여부는 이러한 과정적 성격과 긴밀한 연관 속에 있다. 그럼에도 만일 우리가 그 사태를 절대화해서, 한낱 직접적인 자연발생성으로부터 정치적인 의식성으로 인도할 필연적이고 유일한 지름길로 파악할 경우, 우리는 그것의 의미를 완전히 곡해하거나 심지어는 왜곡할지도 모른다. 레닌은 그러한 기계적 단순화에 반대해서 경제적 사태와 과정으로부터 발단된 이 같은 의식성의 '맹아형태'가 사회현실 속에서 의식과 끊임없이 교차된다는 것, 그것은 전혀 다른 발전의 단계들 위에서 정치적인 의식성으로 변형될 수 있지만, 그럼에도 사회-정치적 종합에 이를 수 있는 높이와 능력은 자연발생적으로 획득된 객관적 수준을 넘어서지 못한다는 것, 오히려 반대로 그렇게 자연발생적으

---

175) Lenin: a. a. O., IV/II, S. 158; LW 5, S. 385.

로 도달된 것이 정치적-의식적으로 고정되고 질서지어진다는 점을 분명하게 인식했다. 레닌은 극단적으로 그 당시 전면에 부상된 '경제주의자들'의 향방의 예를 통해 직접적으로 현전하는 자연발생적 운동들이 정치적 슬로건으로 자연발생적으로 바뀌는 일이 원칙적으로 가능하다는 점을, 물론 여기서 하나의 정치가 발생할 수 있다는 점을, 단순히 노동조합적인 정치, 다시 말해 자연발생적인 경제적 내용과 목적정립을 지닌 정치가 발생할 수 있다는 점을 보여주었다. 그에 따르면 이러한 정치는 프롤레타리아의 활동을 원칙적으로 부르주아의 현상태(status quo)의 틀에 꿰어 맞추고, 아울러 갈등을 이데올로기적으로 해소해 노동운동이 중산층(부르주아)의 현재적 관점을 넘어서지 못하게 하는 것이다.[176] 현실적으로 존재하고 작용하는 변증법에 대한 이러한 인식은 다음과 같은 사실에서 그 보충과 완성을 발견한다. 즉 자연발생적-개인적인 부정으로부터 시작해서 자연발생적-집단적인 경제투쟁 및 그 과정의 정치적 사상과 조직형태를 넘어서기까지 노동쟁의가 발전하는 모든 자연발생적 과정에서 그것들에 실질적으로 적합한 단계는 오직 도약을 통해서만 보존될 수 있다는 것이다. 이러한 도약의 내용을 레닌은 다음과 같이 규정했다: "정치적 계급의식은 노동자에게 **오직 외부로부터**, 다시 말해 경제투쟁의 바깥에서, 노동자와 사용주 사이의 관계 영역 바깥에서 교육될 수 있다. 이러한 지식이 창출될 수 있는 유일한 영역은 **모든** 계급과 계층이 국가와 정부에 대해 맺고 있는 관계들의 영역, **전체** 계급들 간의 상호관계들의 영역이다."[177]

이 '외부로부터'와 더불어 구체적-사회적인 행동 이데올로기의 결정적이

176) Ebd., S. 163; LW 5, S. 383 ff.
177) Ebd., S. 216; LW 5, S. 436.

고 지양 불가능한 이중성이 형성된다. 레닌의 서술에서 ―또 그의 실천 전체에서― 이 점과 관련한 진정한 전환점이 보인다. 여기서 비로소 사회활동은 구체적으로 가장 심오한 현실변혁을 지향한다. 이러한 '외부로부터'의 의미에서의 프롤레타리아 정치는 그 당시 현실적으로 직면해 있는 즉자적인 유적 존재의 변혁을 결코 충족시키지 못한다. 당연히 이러한 즉자적 유적 존재가 모든 능동적 활동, 특히 혁명적 활동의 불가피한 출발점을 형성하고 있다. 혁명적 활동은 본질상 그것과 결합된 대자적 유적 존재의 가능성의 공간의 실현을 지향한다. 이것은 엄밀히 레닌의 설명에서 나온 것이고, 1905년과 1917년에 올바른 것으로 입증되기도 했다. 그럼에도 보다 후일의 성과에 따르면 ―일반적으로 사회적 존재에서와 마찬가지로― 여기서도 협애하고 경직된 필연성이 문제가 아니라, 일련의 선택들이 문제임이 드러난다. 이러한 선택들에서 본질상 보다 높은 것을 지향하는 원리를 단순하게 변형된 즉자적 유적 존재의 재생산으로 후퇴시키는 일이 언제나 행위의 실제적 가능성으로 남아 있다.(이데올로기적인 정초 행위가 대자존재를 이론적이거나 혹은 말로만 시사할 때조차도 그렇다.)

개인적 혹은 사회적 의미의 전향적인 행동으로부터 주체적 요인이 발전할 수 있는 최상의 가능성은 이처럼 마르크스와 레닌에서 참다운 변증법의 형태로 나타난다. 소외와 관련된 우리의 문제에서, 소외는 예외 없이 그것과 대립된 적극적인 지양의 경향들을 보여준다. 소외가 그러한 지양 행위의 핵심 내용을 형성할 수 없다는 것은 의심의 여지가 없다. 마찬가지로 경제발전 자체가 객관적으로 존재하는 소외형태들을 근절할 때, 이러한 형태들은 그것에게 지시된 직접적 대상을 형성하지는 못할 것이다. 물론 여기에는 중대한 차이가 있다. 즉 낡은 제도들을 단순히 지양하고 변화시키는 데 목적이 있는 것이 아니라 총체적인 실천에서 그것이 차지하는 인간적 의미를, 다시 말해 그에 상응하는 소외를 염두에 둔 사회적 행동은 기존 지배체제의 내부에서 처음부터 단순한 제도개혁 —즉자적인 유적 존재의 수준을 결코 넘어서지 못한다— 에 한정된 행동보다 모든 영역에 대해 필연적이면서도 순전히 실천적인 의미에서 훨씬 효과적으로 작용하지 않을 수 없다는 것이다. 혁명의 경험에 따르면, 이데올로기적으로 보다 고차적으로 규정된 총체적 의도 속에서 제도적인 개혁 작업 역시 일관되게 끝까지 밀고 나가곤 한다는 것을 알 수 있다. 이와 관련해 혁명적-사회적인 실천 속에서 소외 자체가 지양된 것이 일종의 부산물로 머물 수밖에 없다고 한다면, 이러한 실천은 그 행위들이 영향을 미치는 방식에서 —긍정적인 의미에서— 공동의 결정요인이 될 것이다. 당연히 그것은 무엇보다 이미 언명된 혁명적 행동과, 그리하여 사회적 내용에 비추어 정치적인 것으로 지칭될 수 있는 행동과 관계된다. 그러나 —레닌적 의미의 '외부로부터'가 지칭하는 도약을 충분히 인정할지라도— 단순한 자연발생적인 운동은 적어도 우리가 똑같이 의미를 부여했던, 혁명적 사회의식이 일으키는 고차적인 계열의 운동의 가능성을 담지하고 있다. 우리는 마르크스가 얼마나 분명하게 이러한 맥락에서 노조활동과 정치활동을 상호 분리시켰는지를 살펴보았다. 그러나 모름지기 이러한 대상에 한정된 말에서 마르크스는 노동시간을 둘러싼 노조의 투쟁의 차이를 다음과 같은 말로 이끌어내었다: 즉 "시간은 인간발전을 위한 공간이다. 잠자는 시간, 밥 먹는 시간, 자본가를 위해 요구되는 노동시간 등 단순한 물리적 중단과 관계없이 그의 전 생명시간을 부릴 수 있는 자유시간이 전혀 없는 사람은 짐 싣는 동물보다 나을 것이 없다."[178] 따라서 노동운동의 역사는 그 영웅적 투

---

178) Marx: *Lohn, Preis und Profit*, a, a, O., S. 58; MEW 16, S. 103-152; MEW 16, S. 144.

쟁 속에서 —노조투쟁이든 정치투쟁이든 관계없이— 이처럼 단순한 제도적 관행을 넘어서는 프롤레타리아의 활동의 경향이 자주 열정적으로 강조되고 있음을 보여주고 있다.

우리가 사회에서의 능동적 운동들을 객관적 측면뿐만 아니라 주관적 측면에서도 고려했다면, 이제는 사회운동 자체가 그 객관적 총체성 속에서 소외의 객관적인 존재근거와 현실적으로 얼마나 결합되어 있는가를 고찰하는 것이 관건이다. 이러한 관계의 핵심을 보편적으로 파악하는 것은 어려운 일이 아니다. 우리가 거듭 살펴보았던 것처럼, 사회적 존재의 객관적 발전은 양적으로나 질적으로 새로운 것을 산출할 뿐만 아니라 높은 수준의 사회생활의 객관적 형식과 내용도 산출하기 때문에, 모든 새로운 종류의 소외는 이처럼 객관적 발전 자체의 진보성의 산물이다. 소외의 실질적 속성을 특징짓는 이 같은 근본적 특성은 우리가 이미 숙지하고 있는 사회적 존재의 특이성을 새롭게 보여준다. 직접적으로는 발전의 불균형이 노골적으로 나타날 것이다. 발전은 오직 혁신적 창조의 도정 위에서 현재의 새로운 소외형태를 통해 실행될 수 있다는 것은 확실히 고전적 의미에서 볼 때 불균형이 진보에 대한 지배적 표식으로서 발전 자체 속에 드러나는 분명한 방식이다. 하지만 현상을 그 참다운 존재방식에서 파악하기 위해서는 여기서 한층 더 천착하지 않으면 안 될 것이다. 다시 말해 사회발전을 구성하고, 그것을 운동 속에서 정립하고 또 운동성 속에 보존하거나 유지하는 모든 현실적 행위가 하나의 목적론적 정립이라 할지라도, 총체적인 과정 그 자체에는 어떠한 목적론적인 계기도 내재할 수 없다는 것이 분명하다. 총체적인 과정은 순전히 인과적인 종류의 것이다. 바로 그렇기 때문에 총체적인 사회적 존재의 관점에서 필연적으로 산출되고, 그 자체 객관적으로 상호결합된 진보적 계기들은 불가피한 연쇄적 불균형을 그 토대 속에서 보여줄뿐더러, 주관적이든 객관적이든 내적인 존재방식에서 내적으로 모순된 성격을 띠지 않을 수 없을 것이다.

우리가 사회적 존재에서 첫 번째 커다란 객관적 소외를, 즉 노예제에 대해 생각할 때, 이러한 상황은 명백하다. 포로로 잡은 적을 더 이상 몰살하거나 잡아먹지 않고 노예로 삼는 것은 명백히 하나의 진보이다. 생산력의 발전과 더불어, 폴리스를 토대로 한 보다 큰 사회구조의 발생과 더불어, 농장이나 광산 등에서 필요하게 된 지극히 야만적인 노예집단은 보편적인 모순의 테두리 안에서 그 당시 가능한 진보를 위해 불가피한 것이다. 이러한 진보성이 그 이전의 사회구성체에서보다 자본주의에서 훨씬 더 직접적으로 표현되었다는 것은 거듭 지적된 경제적인 이유로부터 비롯된 것이다. 물론 그렇다고 해서 모순 자체가 지양되거나 단숨에 완화되지는 않을 것이다. 이러한 모순은 중대한 경제적 전환 후에야 질적으로 다른 속성으로 드러난다. 이와 관련해 무엇보다 그 객관성에서 변경 불가능한 사회적-역사적 의미의 객관적 사실이 고려되고 있다는 것은 분명하다. 그렇기 때문에 변화 지향적인 모든 행위는 올바른 의식이거나 거짓 의식에 관계없이 언제나 그렇게 생긴 객관적 모순으로부터 시작한다. 하지만 마찬가지로 그러한 유의 사회적 활동에서 그것이 어떻게 의식적으로 주어진 사태에 대처하는가에 전혀 무심하지 않다는 것도 분명하다. 우리는 여기서 객관적으로 지양할 수 없는 사회-역사적인 소외의 사실적 속성과 마주 서 있는데, 바로 그러한 이유로 우리는 중대한 이데올로기적인 문제와 대면해 있다. 이러한 문제는 일반적이고 객관적인 일체의 사회 역사적인 모순에 기인한 것이다. 하지만 그것은 자본주의의 발전에 대한 이데올로기적 태도 전반에 중요한 영향을 행사할 수 있으며, 소외현상을 대처함에 있어 이러한 틀을 넘어서기도 쉽지만은 않을 것이다.

앞서 종종 반복했던 주장, 즉 소외는 고립되고 자기준거적인 것이 결코 될 수 없으며, 객관적으로는 현재의 사회 경제적인 발전의 한 계기이고 마찬가지로 주관적으로는 전체 사회의 입장과 운동방향 등에 대한 인간의 이데올로기적인 반응이라는 점을 당연히 여기서 분명히 하지 않으면 안 될 것이다. 이것이 소외가 안고 있는 특수한 문제를 간과하는 것은 아님이 분명하다. 소외의 특수한 본질은 오히려 사회적 총체성의 계기 —물론 특수한 면모를 지닌 계기— 로서 간주될수록, 더욱 그 모습이 분명해진다. 잠시 일반적으로 표현해보자. 즉 진보의 모순은 부르주아 이데올로기에서는 모순 그 자체로서, 모든 사회의 지속적 운동의 내적인 징표로서 파악되는 것이 아니라, 오히려 특유의 단순화된 이율배반으로, 한 측면에 대해서는 다소간 무조건적인 긍정으로, 다른 측면에 대해서는 본질적으로 끊임없는 부정으로 경직화되는 것이다. 하나의 이념사적인 개괄을 제시하는 것은 피상적으로 보인다. 자유무역에 대해 환상을 갖던 시대로부터 현대 자본주의의 지배를 찬미하기까지 하나의 계열이 존재한다면, 쇼펜하우어에서 슈펭글러를 넘어 오늘날의 허무주의에 이르기까지 다른 계열이 존재한다. 이러한 경향을 아무리 분석한다 해도 우리가 직면한 문제, 즉 소외라는 문제에 소득이 되지는 못할 것이다.

그러므로 사회-역사적인 총체성뿐만 아니라 구체적인 소외문제들과의 결합을 명백히 할 수 있는 개별적인 핵심문제들과 관련하여 여기서 발생한 모순들을 좀 더 상세하게 해명하는 것이 옳아 보인다. 우리가 소외 일반의 현상들을 파악하기 위해서 이미 거듭 언급했던 근본적인 물음들, 즉 경제발전으로부터 자연발생적으로 산출된 개인 능력의 각성 및 고양이 인간 인격의 자기정립 및 자기보존 —인격의 가능성이 이러한 발전을 산출한다— 에 대해 맺고 있는 대립으로 시작한다면, 어쨌든 그것들의 발전은 끊임없이 장애가 될 것이다. 우리가 여기서 사회적인 원원(原)현상들에, 즉 노동에 접근할수록, 이러한 모순은 여러 가지 능력들이 발전하는 내부에서조차 보다 분명해질 것이다. 특정한 종류들, 예를 들어 가구 제작에 대해 생각해보라. 중세 후기인 르네상스의 장인들은 그들의 노동방식을 예술의 반열에까지 끌어올리려고 했으며, 그것의 제작을 위해서는 단순히 가시적 비율을 겨냥한 통일적 외관을 전제로 하는 개별적인 숙련과 경험 등만으로는 도달할 수 없는 바의 사용가치를 창출했다.(지금 우리는 다양한 원재료의 질적인 특성에 관한 필수적인 지식은 무시하는데, 종종 조각에서 원재료를 유효하게 만드는 데 필요한 능력은 모름지기 이러한 지식이다.) 우리가 이 단계의 노동을 그것을 대체한 공업노동과 —여기서 노동자는 언제나 반복되는 행위의 일면적인 전문가가 된다— 비교할 경우, 우리는 이처럼 인간의 가치를 저하시키는 경제적 진보의 성격을 분명하게 보게 될 것이다. 마르크스는 매뉴팩처 시기에서의 노동에 관해 올바로 지적했다: 즉 "그것(공장노동—역자)은 노동자의 운명을 온실에서 하듯 시시콜콜하게 지배하려 하기 때문에 그를 비정상적으로 불구화한다 … 특수한 부분 노동들이 각기 다른 개인들에게 분할될 뿐만 아니라 개인 자신이 분할되어 분업의 자동 엔진으로 바뀌는 것이다."[179] 우리는 여기서 다른 무엇보다 인간의 소외에 관심을 갖기 때문에, 매뉴팩처를 넘어 기계적 생산에 이르는 발전에서 양적 사용가치로서의 생산물이 질적(質的) 저하를 경험하지 않을 수 없다는 점을 언급하는 것이다. 19세기의 전반부와 중반부에서 그러한 입장에 의한 발전의 진보는 첨예한 문화적 비판을 받았다. 그러한 낭만적 반자본주의의 —직접적인 의미로 볼 때 그것의 개별적 판단은 언제나 거의 옳지

179) Marx: *Kapital* I, a. a. O., S. 325; MEW 23, S. 381.

만— 의미를 확고히 하는 데는 러스킨(John Ruskin)[180]을 기억하는 것으로 충분할 것이다.

물론 여기서 우리는 자본주의적 소외에 대한 낭만적 반자본주의의 투쟁이 그 자체로 지극히 중대한 것이었고, 또 그렇게 남아 있다 할지라도 그 같은 반자본주의는 자본주의에 대한 커다란 타격을 순수 객관적인 혹은 압도적 객관적인 영역에서 단행했음을 알고 있다. 우리는 무엇보다 최초로 그의 재생산이론을 가지고 경제위기를 자본주의에 불가피한 것으로 인식한 시스몽디(Jean Charles Sismondi)[181]와 소외의 문제가 중대한 역할을 담당하기 시작했던 칼라일(Thomas Carlyle)[182]을 생각한다. 이들을 확증하기 위해서는 리카도 자신이 시스몽디의 관찰들을 참다운 사유로 확증하지 않을 수 없었던 점만 언급해도 되겠는데, 시스몽디는 총체적으로 잘못된 그의 위기론을 바로 이러한 관찰에 정초시켰다. 또한 우리는 마르크스와 더불어 사회주의적 혁명의 시각으로의 커다란 전환을 시도하고 자본주의 모순의 가능한 유일한 지양을 위해 이론적으로 개념 속에서 정초시킨 청년 엥겔스가 칼라일의 현재에 대한 비판의 몇 가지 본질적 지점에서 올바로 제시했던 것을 언급할 수 있다.[183] 이에 반해 부르주아 이데올로기의

---

180) 존 러스킨(1819~1900)은 영국의 시인이자 사회비평가이다. 예술비평과 사회비평, 그리고 베니스의 건축에 관한 저술로 유명하다. (역주)

181) 장 샤를 시스몽디(1773~1842)는 제네바에서 태어난 작가이다. 그는 프랑스와 이탈리아의 역사 및 경세사상에 관한 저술로 잘 알려져 있다. 그는 무엇보다 당대의 지배적 경제에 대한 인간주의적 저항을 대변하고 있다. (역주)

182) 토머스 칼라일(1795~1881)은 영국의 비평가 겸 역사가이다. 대자연은 신의 의복이고 모든 상징·형식·제도는 가공의 존재에 불과하다고 주장하면서 경험론철학과 공리주의에 도전했다. 저서『프랑스혁명』을 통해 혁명을 지배계급의 악한 정치에 대한 천벌이라 하여 지지하고 영웅적 지도자의 필요성을 제창했다.

183) MEGA II, 3, 419; MEW I, 3, 597 590.

총체적 발전은 이러한 입장에서 유래한 경직되고 그릇된 이율배반을 고집하지 않을 수 없게 되었다. 여기서 이데올로기적인 흐름의 영향이 사회적으로 얼마나 복잡하게 규정되어 있는가가 드러난다. 개인적인 입장의 진리치가 영향을 미칠 수 있는 결정적 계기가 아니라, 근본 내용 전체를 특정한 갈등의 해결을 위해 총체적 인격으로서의 살아 있는 인간에 대해 실행할 수 있는 기능이 결정적인 계기이다. 하지만 언제나 궁극적으로는 사회적 의미에서의 실천적인 것이 결정적인—이러한 근본 특성을 상실하지 않고서— 해결책이다. 여기에 모름지기 자본주의에 대한 찬·반 갈등의 해결책이 있다. 이러한 맥락에서 자본주의에 대해 세부적인 면에서 가해진 여러 가지 정확한 비판이 간접적인 변명이 될 수도 있다. 우리는 종국에는 정신과 영혼의 개탄스러운 대립 속에서 기괴하고 반동적인 정점에 도달했던, 수십 년 동안 부르주아 사유를 지배했던 문화와 문명의 대립을 생각하게 된다. 우리가 이렇게 발생한 세계관적-이데올로기적 경향을 그것이 소외에 대한 주관적 태도에 어떻게 영향을 미치는가, 그것이 일상과 또 그것을 넘어서 개별 인간의 개별적인 입장을 어떻게 요구하거나 방해하는가와 관련해서 고찰할 경우, 우리는 그처럼 풍부한 부정적인 예에서 그처럼 직접적으로 보이는 순수한 개인적 행위가 역사의 객관적인 도정 및 역사적인 직관들과 얼마나 깊이 연관될 수 있는가를 분명히 알 수 있을 것이다.

현재의 개인적 매개요소들은 그러한 맥락에서는 당연히 무한히 변화된다. 여기서는 본질상 불변적인 요소는 변하지 않는 채로 남아 있다. 즉 개인적인 결단에 의해 자기 자신의 소외를 극복하려는 개인은 그러한 극복을 주관적으로 수행할 수 있기 위해 결국에는—물론 결국에서만— 사회적으로 각기 다른 대자적인 유적 존재의 어떤 현상방식에 대해, 설령 비극적으로 정향된 시각을 소유하고 있을지라도, 소외에 의해 수행되고, 소외 속에 착종된 특수성 너머로 효과적이고 내면적으로 고양되어야만 하는 것이다. 모름지기 개인에게 구속력이 있는 사회적 시각의 이러한 정립은 해결 불가능해 보이는 문화와 문명 간의 경직된 이율배반에 대한 이데올로기적 지배를 통해 실행 불가능한 한계에 이를 정도로 어려워진다. 왜냐하면 이러한 이율배반에서는 사회성의 인간적 가치가 내면적으로 파괴되기 때문이다. 진보는 —그러한 견해에 따를 경우— 인간이 인간으로서는 아무것도 할 수 없는 방법으로 인간 상호 간에 대립하고 말살하는 영역에서만 수행될 수 있기 때문에, 인간성에 대한 추구는 사회로부터 독립된 '순수한' 주관성의 영역으로 떠밀리게 된다. 그리하여 사회 자체에서 이루어지는 모든 활동은 인간의 품위를 떨어뜨리게 된다. 그리하여 예술이나 세계관 같은 보다 고차적인 이데올로기적 표현방식들은 이처럼 모든 사회성을 부정함으로써 오로지 '순화된' 실체로서의 주관주의만을 보존하게 되는 것이다. 결국 주체가 비하시킬 수 있는 일체를 회피하는 과정에서는 독특하게 주어져 있고 유일무이한 특수성의 특수한 표현방식을 극도로 강조하는 것 외에 남는 것은 아무것도 없다.

원리적이고 형이상학적으로 고착된 문화와 문명의 분리, 그것과 긴밀하게 결합된 정신적 진보의 유한성은 이러한 토대 위에서 쉽게 근거 지을 수 있는 자명한 결과를, 즉 완성 그 자체는 오직 과거 속에서만 인정될 수 있다는 자명한 결과를 갖게 된다. 이와 관련해 우리는 적어도 일차적으로는 공식적인 예술과 철학을 오랫동안 지배했던 영혼이 없는 아카데미즘을 생각하지 않는다. 이러한 복합적 문제와 더불어 진정성에 대한 성실한 추구에 직면하지 않을 수 없다. 마르크스는 문화와 문명 간의 이데올로기적인 이율배반이 보편적으로 확산되기 훨씬 전에 여기에 놓인 사회-역사적인 문제를 다음과 같이 정시화했다: "부르주아 경계에서는 —또한 그 경계에 대응하는 생산시기에서는— 이처럼 인간 내면의 완벽한 조탁이 완벽한 진공 상태로, 보편적인 대상화가 총체적인 소외로, 특정한 일면적 목적의 폐지가 완전한 외적 목적 아래로의 자기목적의 희생으로 나타난다. 그리하여 한편으로는 유아적인 고대 세계가 더 고차적인 세계로 나타난다. 다른 한편으로는 폐쇄된 형태와 형상 및 주어진 한계가 모색되는 도처가 그러한 세계이다. 그 세계는 협애한 관점에 대한 만족이다. 근대가 불만족스러워하는 반면, 혹은 근대가 스스로 만족해하는 곳에서 모두가 **똑같다.**"[184] 우리가 이처럼 중요한 주장을 숙고해본다면, 무엇보다 자본주의적 현재에 대한 모든 만족을 특징짓는 '똑같다'라는 마지막 말에 주목할 가치가 있을 것이다. 많은 사람들이 생각하듯, 여기서 마르크스와 낭만적인 반자본주의 간의 내적인 평행선에 대해 이야기할 수 있는 것처럼 보이는 최초의 직접적인 외관은 기만적인 것이다. 협애한 관점에 대한 만족이라는 개념은 의미의 배타적인 대립을 야기하는 것으로 그치지 않는다. 시스몽디나 청년 칼라일과 같은 낭만적 반자본주의자들의 최상의 인물들에게서 마르크스가 협애하다고 묘사한 단계는 선진 자본주의가 되돌아가야만 하고, 또 갈 수 있는 그 어떤 것을 대변하는 것이다. 자본주의에 대한 그들의 저항은 그들이 현재 당면한 모순을 해결하기 위한 모델로서 과거로부터 출발하는 것이다. 이에 반해 마르크스에게는 모든 지나간 것은 돌이킬 수 없게 지나간 것이다. 직접성 속에서 지나간 현존형태가 '보존'되는 것처럼 보이는 곳에서, 그에게는 현실적으로 언제나 새로운 재생산의 형태와 재생산의 조건들이 문제가 되었다. 지대에서 생각해볼 수 있듯, 이러한 조건들의 뿌리를 사람들은 현재의 모든 경제 속에서 모색하고 발견했다. 하지만 과거는 그

---

184) Marx: *Robentwurf*, a, a, O., S. 387-388. MEW 42, S. 304.

것을 넘어서는 동시에 다른 무엇보다 사회발전 자체의 역동적인 연속성이기도 하다. 아울러 실제적인 역사적 운동은 낭만적인 반자본주의의 거짓 이율배반을 밀어 제치고, 그 대신 현실 역사의 실제적인 모순, 이중적으로 효과 있는 현실적 모순을 정립했다. 첫째로 이러한 빌진의 모든 산물은 그것의 발생과 재생 가능성 일반이라는 현실적 조건하에서만 존재할 수 있는 유일한 존재자이다. 하지만 둘째로 재생산의 조건의 산물로서, 그러한 재생산을 가능하게 한 (자연과의 신진대사를 포함한) 사회적 힘의 직접적인 산물로서 그렇게 창출된 존재는 역사적 연속성의 한 계기이다. 그것의 운명은, 그것이 부인이든 해소이든, 과거를 과거로 만듦으로써 형성되는 미래에 직접적이거나 간접적으로 영향을 미친다. 하지만 이러한 연속성은 직접적인 전형성과 간접적인 모방성과는 아무런 관계가 없다. 이미 그 점과 관련하여 우리는 다른 맥락에서 마르크스가 호머의 시를 한편으로 '도달할 수 없는 모델'로서, 다른 한편으로는 '인류의 역사적 유아기의 결코 돌이킬 수 없는 단계'[185]로 파악했다고 말한 바 있다. 그처럼 이중적으로 모순된 근거로부터 과거에 영향력이 있었던 역사적 연속성의 이데올로기적 영향은 현재의 실천과 미래의 예비에 불가피하고 효과적인 자극을 줄 수 있다. 하지만 기억과 시각 사이에서, 직접적으로나 간접적으로 미래를 지시하는 실천적 결합이 효과적이고 가시화될 때 비로소, 또 여기서 연속성이 현실적인 사회적 힘으로서 작용하는 것이다.

문화와 문명 간의 이율배반을 담지하고 있는 부르주아 이데올로기가 자본주의적 존재의 모순을 감내하고자 하는 방식이 모름지기 그러한 연속성을, 특별히 그것의 미래 지향성을, 사회적으로나 개인적으로 연속성 속에

---

185) Ebd., S. 31; ebd., S. 44 f.

서 토대를 발견하는 실천 지향성을 파괴할 것이다. 이 시대에 끊임없이 불평불만이 존재하는 것이 이유가 없는 것은 아니다. 즉 역사주의는 단순히 상대적인 것이고, 결국에는 소득이 없으리라는 것이다. 왜냐하면 역사를 탐구하고자 하는 모든 시도는 죽은 상대주의를 낳거나 혹은 현재에 의해 보상받으려는 이데올로기적 신호를 낳기 때문이다. 하지만 이러한 시도는 모름지기 낭만적인 반자본주의로 인해 인간적으로나 문화적으로 가치를 잃게 되고, 동시에 과거의 새로운 부활은 모두가 실천과 연계되어 천박한 유토피아가 되었다. 미래에 대한 조망은 여기서부터 완전한 시계(視界) 상실에 빠지게 되었다. 왜냐하면 미래는 논리적으로 어떤 자본주의적인 것, 따라서 소외되고 소외시키는 것이 될 것이기 때문이다. 사회주의를 통한 자본주의 사회의 해소의 이념은 사상적으로 볼 때 오직 특정 계급과의 단절로서만 궁극적으로 생각될 수 있다. 때문에 사회주의의 불가능성을 입증하는 것은 부르주아적 세계관의 핵심적인 문제였다. 이러한 목적을 위해서는 종교와의 양립 불가능성에서부터 경제영역에서의 실현 불가능성에 이르기까지 생각할 수 있는 모든 것이 동원되어야 한다는 것은 자명하다. 사회혁명을 통해서는 소외가 증가될 뿐이라는 것은 당연히 그러한 사유 도정의 중심에 놓여 있다. 마르크스는 자본주의에서 보이는 이러한—무의식적인—부정적 자기비판의 요소를 사회주의를 옹호하는 논박 속에서 적절히 제시했다: 즉 "공장 체제의 열광적인 옹호자들은 사회적 노동의 보편적 조직에 대해서는 그것이 전체 사회를 하나의 공장으로 바꾸리라는 것 외에 아무런 분노도 이야기할 줄 모른다."[186] 노동의 자본주의적 조직은 부르주아 이데올로기에 의해 인간이 접할 수 있는 최악으로 이해된다

---

186) Marx: *Kapital* I, a. a. O., S. 321; MEW 23, S. 377.

는 것, 인간이 인간성을 유지하는 데 가장 두려운 위험으로 이해된다는 것이 여기서는 무의식적으로, 하지만 대단히 분명하게 표현되었다. 뒤에 이어질 우리의 설명은 자본주의의 현재 발전단계가 이처럼 위험한 모습을 중단시켰음을 보여줄 것이다. 이 때문에 일상생활의 질서는 지나치게 사업적 성격을 띠게 되었다. 당연히 이러한 변동은 부정적으로만 드러난다. 조작된 일상생활이 개체성의 자유가 유지되는 사회보다 훨씬 이데올로기적으로 관철되고 있다.

새로운 종류의 소외를 보호하기 위해 자본주의를 옹호하는 이데올로기를 동원한 엄청난 양의 복잡한 해결방식을 단순히 개괄한다는 것이 여기서는 가능하지가 않다. 하지만 여기서 새로운 경제에 의해 발생한 소외가 경제적인 전복이나 혹은 적어도 경제구성체의 근본적인 재구성이 없이는 객관적으로 지양될 수 없다는 점을 분명히 하는 것은 중요하다. 소외에 대해 이야기할 때, 체계의 자기방어는 무엇보다 개인의 삶 속에서 소외를 주관적으로 지양하려는 경향들에 대해 직접적으로 반대하는 것이다. 이러한 방어운동의 확장과 풍부함, 그리고 차별성 등은 이처럼 직접적으로 개별 인간의 개별적 태도를 겨냥할 뿐인 단순한 경향들이 얼마나 커다란 사회적 의미를 획득할 수 있는가를 보여준다. 때문에 여기서는 개별 인간의 반대가 체계 그 자체에 대한 저항의 주관적 요인으로 증가할 위험이 의식적으로 인식되고 그에 상응해서 이데올로기적으로 논박되어야 한다는 것은 별 문제가 되지 않는다. 사람들 역시 사회적 필요에 따라 다르게 움직이며, 종종 그들의 의식적 의도 이상을 내용에 담기도 한다. 지배계급의 이데올로기적 위력, 즉 모든 사회에서 정치-경제적인 지배를 통해 적어도 양적이고 조직적인 면에서 그 사회에 봉사하는 이데올로기의 지배적인 우위가 발생한다는 사실은, 그러한 이데올로기가 주관적 기원에 비추어 보다 자연발생적이고 보다 확신적일수록 그만큼 더 진리로 입증되는 것이다.

그럼에도 이러한 종류의 이데올로기의 자연발생적 기원은 사회 전체의 이데올로기적인 동력의 내부에서 볼 때 한계가 드러난다. 현상태에 다소간 만족하지 않는 사회계층들의 이데올로그들이 명백히 이러한 문제를 둘러싸고 적지 않게 대립한다는 것은 두말할 나위가 없다. 지금까지 우리의 서술을 통해서 볼 때, 지배체제에 대한 대부분의 경제-사회-정치적인 비판들에는 그 비판에 의해 창출된 소외가 포함되면서 일정한 역할을 담당한다는 것이 분명하다. 물론 대부분은 계급적 차원에서 긴박한 의미가 있는 객관적 문제의 맥락에서 그렇다. 체제 옹호적인 이데올로그들이 다소간 불명료한 대립에 미치는 주된 영향은 무엇보다 그들이 사회의 근본적이고 현실적인 사태에 대한 인식을 왜곡하고, 그러한 사태에 대해 그들 자신의 사유 도식을 한계로서 강요하며, 또 그러한—언제나 의식적으로 산출되지만은 않은—오류로 인해 고립되어 보이는 자기준거성 속으로, 그리하여 지양 불가능하게 고정된 특수성으로서의 개별 인간에 집중하도록 유도하는 데 있다. 비판의 이 같은 간접적 영향 속에서 지배계급의 이데올로기는 그 간접적인 정신적 입장만큼이나 분명하게 지배적인 것으로 입증된다. 이러한 간접적 영향들과 새로운 소외들을 이데올로기적으로 옹호함에 있어 그러한 영향들이 미치는 핵심 영역에 비추어 판단할 때, 소외에 대한 거부는 개별화된 특수적 인간이 벌이는 완벽한 전망 부재의 저항에 제한되어 있음을 알 수 있다. 게다가 이러한 경향은, 지배 이데올로기가 한편으로는 주적인 마르크스주의의 지지자에게 영향력을 행사할 수 있었다는 것(다양한 종류의 수정주의 운동들)과 다른 한편으로 지배 이데올로기가 마르크스주의의 특정한 요소들을 자신들의 과학과 세계관 속으로 재해석을 통해 구축됨으로써[186] 더욱 강화되었다. 그리하여 이미 묘사된 경향은 영향력 있고,

보다 심오하고 보다 엄밀해 보이는 토대를 견지하는 것처럼 보이게 되는 것이다.

우리는 이데올로기적인 작용과 반작용의 극단적인 복잡성과 모순성이 생동적으로 운동하는 사회구조의 비복적론적 싱걱에서 비롯된 것임을 알고 있다. 가능한 모든 복합체의 지양 불가능한 양극성(한쪽 극단에는 그 고유의 총체성의 동학, 다른 쪽 극단에는 그러한 총체성을 형성하는 개별 인간들의 동학)에서 시작해서 경제적이고 역사적으로 규정된 계급구조와 그 동학에 이르기까지, (이러한 양극성이 똑같이 작용하는) 전체 사회 속에는 경제적 재생산과정에 대한 무한히 다양한 반응이 존재한다. 대단히 복잡한 이러한 과정들의 접점들과 결합들, 그리고 상호작용들 등이 발전단계의 이데올로기적 운동의 근본 경향에 대한 다소 믿을 만한 상을 낳는다. 물론 지금은 19세기에 대해 상세히 분석할 수 있는 자리가 아니다. 우리는 다만 —원칙적으로 본다면 커다란 의미가 있지만 대개는 저평가된 의미로 인해— 간단히 이데올로기로서의 예술의 문제를 지적하고자 한다. 르네상스 이래 프랑스 혁명에 이르기까지 예술의 근본 방향은 중산층의 사회-경제적인 부상에 의해 담보되었으며, 위대한 혁명이 종결되면서 새로운 시기에 진입했다는 것은 분명하다. 우리는 여기서 이 시기의 결정적이고 본질적인 특성을 간단하게 고찰하지 않을 수 없는데, 그 시기는 여전히 다루어져야만 하는 사물의 현재적 상태에 대해 대단히 첨예한 —종종 오해되거나 적어도 그릇 판단된— 대립을 보여주었기 때문이다.

예술이 올바로 발전하는 데 이러한 상황이 호의적이지 않다는 것에 대

---

187) 수기에서는 다음과 같이 적혀 있다: "(예를 들어 이미 튀니스에서 M. 베버와 좀바르트 등은 거쳐 지멜에 이르는 독일 사회학)".

해서는 이미 언급한 바 있다. 여기서 우리는 강단적이건 낭만적이건 반자본주의적인 관점들에 의해 표현된 일체를 무시한다. 이미 이데올로기적인 발전에 대한 우리의 개략적인 묘사는 중요하지만 호의적이지 않은 계기가, 즉 인간존재의 모든 문제를 특수성의 수준으로 제한하려는 일반적인 경향들이 얼마나 영향력 있는가를 보여주었다.(다양하고 영향력 있는 자연주의적 예술 사조는 여기서 더 나아가 정신적-미학적 의미를 발견한다.) 하지만 19세기의 위대한 예술은 이 같은 비우호적인 상황에 맞서 작품활동의 절정을 이루었다. 베토벤에서 무소르기스키와 후기 리스트까지, 컨스터블(John Constable)[188]에서 세잔과 반 고흐까지, 괴테에서 체호프까지 정상을 이룬 일련의 위대한 예술작품들이 확대되었다. 이들은 미학적인 것과 같은 모든 정신적 차이, 심지어는 대립에도 불구하고 인간소외에 반대한 열정적 투쟁이라는 하나의 공통점을 가지고 있었다. 헤겔주의가 해체된 이래, 마르크스적 세계관이 등장한 이래 (외견상의 대립에도 불구하고) 부르주아 철학은 본질적 측면에서 일반적인 지배 이데올로기에 순응한 반면, 예술에서는 소외에 대해 저항하고 그 소외를 정신적으로 폭로하는 일이 광범위하게 남아 있었다. 어쩌면 예술에 우호적이지 않은 직접적인 —또한 단순한 직접성을 넘어서는— 계기가 그 사회적 기능을 통해 소외에 대한 이러한 게릴라 투쟁을 가능하게 했을지도 모른다. 말하자면 개별 예술작품의 탄생에 대한, 개별 예술가의 창작에 대한 사회의 유도적 혹은 훼방적 압력의

---

188) 존 컨스터블(1776~1837)은 J. M. W. 터너와 함께 19세기 영국의 대표적인 풍경화가이다. 영국의 지방 풍경을 스케치해서 그린 사실적이고 정감 어린 그림들[1821년의 「건초 수레(The Hay-Wain)」]로 유명하다. 1828년경 이후에는 보다 자유분방하고 다채로운 양식의 그림들[1829년의 「헤이들리 성(Hadleigh Castle)」]을 그렸다. 1829년 왕립 아카데미 회원으로 선출되었다. (역주)

방식에서 변화가 있었던 것이다. 우리가 살펴보았던 것처럼, 대부분의 경우 이러한 경향은 사회에서 소외되고 고독해진 예술가들의 순전히 자기중심적인 이데올로기를 낳고, 아울러 예술적 형상을 특수적 인간들과 그들의 세계를 재현히는 일에 한정시기게 되는 것이다.

하지만 사회적 경향들의 이중성과 그것들의 자연적 효력은 개별 인간들을 목적론적인 결단 앞에 세울 수 있는 반면, 전혀 상반된 방향의 결과가 드러나기도 한다. 이것이 19세기의 예술에서 실현되었다. 예술의 본질은 예술로서 남는다. 예술의 형상들은 사회적 갈등을 해결하게끔 규정되어 있다. 하지만 예술은 직접적인 영향력을 행사하는 이데올로기와 반대로 목적론적인 정립을 직접적이고 실천적으로 해결하는 일에 부심할 필요가 없기 때문에, 예술에게는 모름지기 —우호적이지 않을 수 있는 상황에서— 모든 본질적 소외에 대해 열정적이고 심오하게 비판했던 인간들을 받아들이도록 영향을 미칠 수 있는 보다 광범위한 가능성의 공간이 창출되어 있다. 다른 모든 사람과 마찬가지로 예술가 역시 이데올로기적이며, 자신들의 경제적-계급적 토대에 의해 규정되므로, 추상적으로 보는 모든 사람과 마찬가지로 이러한 토대에 대해 비판적일 수 있다. 앞서 지적한 예술의 작동방식, 말하자면 예술의 근저에 놓여 있고, 구체적으로 인간에 의해 시작되며 인간 속에 뿌리를 둔 예술형상이 현재의 지배적인 소외에 대한 저항에서 지극히 구체적인 가능성의 공간을 창출한다. 예술은 이러한 대립을 대립으로서 이론적으로 정식화할 수는 없기 때문에, 예술에서는 정상적인 평균인들과는 상반되게 움직이는 인간상을 창출하기에 충분하기 때문에, 이러한 공간은 그 어떤 다른 표현방식보다, 모름지기 인간의 본질과 관련된 일반적 상황에서보다 훨씬 크고 양적으로도 자유롭다. 예술가는 특정하게 주조된 이데올로기를 똑같이 특정하게 주조된 다른 이데올로기에 대립시키기보다는, 오히려 자신의 소외에 저항함으로써 '다만' 그 특수성을 극복하려는 인간을 다른 인간에, 그들의 삶의 방식에, 그들의 이데올로기에 대면시킬 뿐이다. 자신의 특수성을 넘어서고자 하는 인간에게 이런 식으로 호소함으로써 예술은 상황에 따라 ─직접적으로 말한다면─ 정치적 혹은 사회적인 반대 이데올로기의 강제가 없이도 대자적인 유적 존재의 선구자가 될 수 있다. 아울러 예술은 그 예술이 없다면 대개는 침묵 상태로 남아 있는 그 무엇을 실현한다. 예술은 모든 인간의 모든 선택적 결정에서 가능성으로서, 대부분은 그 자신에게 은폐된 채 잠재적으로 남아 있는 그 무엇을 실현하는 것이다.

우리가 살펴보았듯, 마르크스와 엥겔스는 이러한 가능성을 일찍부터 알고 있었다. 어쨌든 그러한 식의 표현들에서는 원칙적으로 가장 중요한 사태에 관한 상황적 요구가 문제가 된다. 때문에 대개는 단순히 저자의 계급적-이데올로기적인 근본 방향과 엄밀히 모순되는 중요한 이데올로기적인 표현의 가능성과 같은 핵심문제가 강조되는 것이다. 이는 마르크스의 이데올로기 이론의 관점에서 본다면 패러독스이자 동시에 기본적인 것이기도 하다. 이와 관련해 소외에 대한 투쟁에서 예술이 담당하는 역할에 대한 필연적인 결론을 도출하는 것이 관건이며, 때문에 문제가 여기서는 훨씬 더 구체화되어야만 한다. 우리는 톨스토이를 생각할 수 있다. 소외에 대한 그의 투쟁은 잘 알려져 있다. 『이반 일리치의 죽음(*Tod des Iwan Iljitsch*)』에서 보듯, 빠르지도 늦지도 않게 이러한 투쟁은 투쟁을 방해하고 또 동요시키는 표현들을 담고 있다. 하지만 세계관적으로 볼 때 톨스토이는 농민적-평민적으로 해석된 산상수훈의 윤리의 관점에서 문명의 소외와 투쟁했다. 따라서 그가 제기한 반대는 종파적-종교적으로 즉자적인 유적 존재를 경멸적으로 뛰어넘어 그러한 이데올로기적 입장들 간의 소득 없는 이율배반에 빠지지 않을 수 없다. 이러한 일들은 언제나 직접적이며 세계관적인 표현들 속에서 일어났다. 하지만 그가 상대적으로 일찍이 피에르 베스초프(Pierre Besuchow, 『전쟁과 평화』에서)의 전향을 농부 플라톤 카라야체프(Plato Karajatew) ─ 그의 형상 속에서 톨스토이의 복음주의적 유토피아가 형상화된다 ─ 와의 공생을 통해 묘사했을 때, 그는 불평불만을 일삼으면서 기생적으로 살아가는 귀족이었던 베스초프를 12월 반란[189]의 정신적 예비자로 완벽하게 탈바꿈시켰다. 그의 아내가 카라야체프에게 순간적으로 그것을 지금 동의하냐고 물었을 때, 짧게 생각한 후 그는 간단히 '아니요'라고 답변했다. 톨스토이의 혁명적-종교적 세계관의 내부로 엥겔스가 말하는 '현실론의 승리'가 들어온 것이다. 물론 단도직입적인 말로 원치 않는다고 내뱉었을 때, 톨스토이의 인물상에서 단순한 즉자적 유적 존재를 대자존재로 변화시키기 위해 이러한 존재와의 투쟁을 통해 자신의 소외를 극복하는 인간이 부활하는 것이다. 독자는 후기 작품인 『부활(Aufstehung)』에서도 마찬가지로 소외되지 않은 삶으로의 마슬로바(Maslowa)의 변신이 연인 네플류도프(Nechljudow)에 의해 이루어진 것이 아니라 똑같이 추방된 혁명가 ─ 그가 배려하고자 했던 ─ 에 의해 이루어진 것임을 알게 된다. 유고집 단편 『빛이 창가로 비치네』에서 그 자신의 세계관에 대한, 그가 빠질 수밖에 없었던 인간적 곤경에 대한 현실적 삶 자체의 비판이 이어졌다. 비슷한 ─ 물론 모든 위대한 예술가에서 각기 다르지만 ─ 투쟁이 톨스토이에게서만 입증이 되는 것이 아니다.

여기서는 톨스토이가 문제이거나 곧바로 미학적인 요소가 문제는 아니다. 위대한 예술이 위대한 예술로 남으려 할 때, 위대한 예술이 우호적이

---

189) 1825년 12월 14일부터 러시아에서 일어난 장교 반란. (여주)

지 않은 상황에서 자기 자신을 확고히 세운다는 것이 얼마나 기본적인 일인가, 어떻게 위대한 예술이 사회적으로 보다 기본적인 필연성을 가지고 지극히 완고한 소외의 물신을 ―개인에게 자신만의 생활양식과 이데올로기의 수준에서― 분쇄할 수 있는가, 그것이 보여야만 한다. 사회적 삶을 이루는 근본 사태, 즉 사회적 존재 자체와의 효과적인 대결, 참다운 실천에 대한 사회적 존재의 이해와 파악이 ―"그는 알지 못하지만 그것을 행한다."라고 마르크스가 말했다― 이데올로기적 해방투쟁이라는, 대자적인 유적 존재에서의 인간의 인간화를 위한 투쟁이라는 지극히 높은 수준에서 반복되고 있다. 물론 우리는 두 운동을 '사회학적으로' 동일하게 명명할 수는 없다. 우리가 살펴보았던 것처럼, 자연과의 신진대사과정에서의 대결이 순수한 사회적 사태와는 대단히 상이한 구조와 역학 등을 가졌다고 할지라도, 그럼에도 ―대립으로까지 이어지는 그 모든 차이에도 불구하고― 지극히 유사한 양자의 구조는 노동과 인간실천의 목적론적 성격, 아울러 그것과 불가분적으로 결합된 참다운 형상에서의 존재와의 대결이 얼마나 근본적인가에 대한 하나의 징표이다. 갈등의 해결이 더 이상 실천적이지 않을 때, 여기서 묘사된 이러한 복잡한 요소들이 전면에 등장할 수 있을 것이다. 이러한 요소들은 고유의 본질적이고 실천적인 모든 결단 속에 잠복해 있으며, 특정한 상황에서, 예를 들어 혁명적인 변혁에서 폭발적인 힘을 가지고 등장할 수도 있을 것이다. 그럼에도 그것들은 통상 일상적인 실천적 물음과 답변 아래 종속되어 있다. 구성요소로서의 그것들의 영향은 이 요소들이 사회적 존재로부터 발생했으며, 이 사회적 존재의 발전을 촉진하거나 (혹은 훼방하는 데) 능숙함을 보여준다. 한쪽 극단에 대자적인 유적 존재가 있고 다른 쪽 극단에는 더 이상 특수하지 않은, 자신의 특수성을 (아울러 자신의 소외를) 극복한 인간이 있다는 것은 결코 이데올로기적-유토피아적인 사유의 상이 아닌 사회적 현실이다.

고도의 이데올로기적인 수준에서, 예술의 수준에서, 마르크스와 엥겔스, 그리고 레닌이 분석했던 것처럼, 사회의 현존상태로부터 발생한 생활양식 및 이데올로기가 사회적 존재 자체와 벌이는 대결이 중대한 사태라고 한다면, 거짓 이데올로기들이 자신들의 실재 앞에서 분쇄되는 것, 현재의 상태 너머로 스스로를 고양시킬 수 있는 대자적 유적 존재에 이르는 현실을 올바로 인식하는 데 있어 이러한 붕괴가 성과 있다는 것이 고도의 이데올로기로의 형식으로서의 예술에 국한되지 않는다는 것도 현실적이다. 오히려 정반대이다. 이데올로기는 객체화가 없이, 높은 수준의 문제제기에 도달할 수 있거나 해야만 하지 않고서도, 다만 현실적-인간적인 토대가 붕괴되기 때문에 오직 이데올로기를 통해서만 넓고 깊은 영향을 야기할 수 있다. 이러한 이데올로기는 일상생활에서 수많은 개인들의 삶의 방식을 때로는 근본적으로 변화시키고, 또 때로는 그 모든 결과를 소멸시킴이 없이 언제나 다시금 등장하게 한다. 마찬가지로 이데올로기는 양적으로나 질적으로 실천적-사회적으로 연관된 흐름을 전개시키기도 한다. 그리하여 여기서는 이때까지 자연발생적으로 이루어진 개인적 삶이 사회현실과 대결하는 과정이 문제가 된다. 이러한 현실이 현실 위에 구축되었고 그 현실을 근거 짓는 이데올로기 혹은 현실과 이데올로기 양자 속에서 자연발생적 직접성의 중요성을 사람들에게 보여주었으며, 또 사람들의 행위에 그들 자신의 특수성 및 그것과 결합된 소외를 극복하는 하나의 방향을 제시했다. 정치운동이나 사회운동이 근본 변혁의 급진적 파토스로 고양되고, 아울러 열광적인 헌신의 파도가 사람들 속에 고취될 수 있을 때, 적어도 그 근저에는 그러한 개별행동들을 주관적 요인의 한 계기로 결집하는 일이 놓여 있다. 개인의 인간적 삶이라는 극단에서 인간의 유적 존재가 현재 지니고 있는 최고의 가능성이 실천적으로 영향을 미칠 수 있도록 해주는 것은 모름지기 이러한 요인이다. 따라서 소외에 대한 마르크스적인 분석은 그 현상을 적절히 파악할 수 있기 위해서 언제나 동시에 소외가 한편으로 한 사회구성체의 객관적인 경제법칙의 산물이며, 이러한 법칙은 사회 세력들의 객관적인 ―자연발생적이거나 의식적인― 행동을 통해서만 부정될 수 있다는 것, 그러나 다른 한편으로 개인들이 그들 자신의 개인적 소외를 지양하고자 하는 투쟁은 사회적으로 무관한 개인들의 행동으로 남아서는 안 되고, 오히려 특정한 조건하에서 사회 전체의 운동에 대한 그들의 ―잠재적인― 영향에 상당한 객관적 무게를 실을 수 있다는 것을 의식해야만 한다.

이 같은 일반적인 방법론적인 확정은 현재의 마르크스적 판단에서 중대한 의미를 갖는다. 왜냐하면 한편으로 소외의 문제가 ―그 직접적이고, 공개적으로 언표된 형식에서― 아직은 그처럼 확산되지 못했으며, 다른 한편으로 지배적인 경제체제와 이데올로기에 대한 진정한 실천적 저항이 극히 최근에서처럼 그렇게 취약하고 비효과적이었던 고도 발전 사회의 시기가 존재한 적이 없었기 때문이다. 지배 자본주의의 일반적 특성에 대해 우리는 이미 거듭 이야기했었다. 따라서 우리에게 가장 중요하고, 가장 강조했고, 가장 특수한 특성들을 간단하게 지적하는 것으로 충분하다. 즉 거대자본주의적 생산이 소비와 서비스의 전 영역에까지 확산되고, 그리하여 이러한 영역이 전혀 다르고, 직접적이고, 역동적으로 작용하는 의미에서 과거의 어떤 경제 형태들보다 대부분의 사람들의 일상적 삶에 훨씬 강도 있게 영향을 미치게 되었다는 것이다. 경제적으로 야기된 이전 시대의 근본적 박탈이 인간집단의 감각과 사유, 의지와 행위에 강하게 영향을 미칠 수밖에 없었다는 것은 당연하다. 하지만 그 도움으로 이러한 경향이 모든 일상인의 총체적인 생활양식에 침투해 들어가게 된 바의 직접성과 실정성은 이

전 시대에 반해 질적으로 새로운 것임이 입증되었다. 여기에는 도피나 회피가 전혀 있을 수 없다. 과거에 근로 대중에게 본질적으로 사적인 형태에서의 소비는 맞서 싸우지 않으면 안 될 그들의 생명 가능성의 제한으로 나타났었던 반면, 오늘날에는 상당 부분 본질적으로 긍정적으로 평가된 생활수준을 더욱 고양시키려는 노력이 지배하고 있다. 서비스에 대한 광범위한 요구는 근본적으로 전혀 새로운 것이다. 노동자의 삶 속에 명품 소비와 같은 새로운 부르주아 범주들을 끌어들이는 일은 어쨌든 새로운 일이다. 자본주의가 지배하는 소비와 서비스 영역에 대한 자본주의의 직접적인 경제적 관심은 직접적으로는 매출과 아울러 이윤을 제고하는 일에 한정되는 것처럼 보인다. 그럼에도 이러한 목표를 효과적으로 관철시키기 위해서는 단순히 상품들에 대한 실질적인 칭찬에 만족하는 것이 아니라 소비자들에게 언제나 도덕적인 압력을 가할 수 있는 장치가 도입되어야 한다. 소비란 베블런(Thorstein Bunde Veblen)[190]의 표현을 따르면 소비에서 요구되는 바를 통해 사람들이 획득하거나 보존하는 위신과 '이미지'라는 사태로 바뀐다. 소비는 따라서 —일차적으로 또 대중적인 척도에서 고찰한다면— 현실적인 욕구보다는 오히려 사람들에게 그의 경력에 합당한 '이미지'를 제공하는 것처럼 보이는 것에 의해 이루어진다. 주지하듯, 이러한 발전은 노동시간의 단축 및 자유의 신장과 결합되어 있기 때문에, 이러한 경향은 마찬가지로 앞서 지적된 욕구를 지향한다. 사람들은 일상에서의 자신들의 행위와 방임을 그 '이미지'의 구조에 종속시키기 때문에, 그러한 생활수준의

---

190) 소스타인 베블런(1857~1929)은 경제제도들에 대한 진화론적이고 역동적인 연구를 적용한 미국의 사회학자이자 경제학자이다. 그는 미국 경제의 업적에 대해 인상적인 비평을 남겼고, 『유한 계급론(The Theory of the Leisure Class)』(1899)이라는 저서로 유명하다. (역주)

제고로부터 새로운 소외가, 독특한(sui generis) 소외가 발생한다. 보다 높은 임금은 저임금을 해결하고, 보다 많은 자유는 부자유를 해결한다. 하지만 이러한 발전은 결코 과거의 고유한 소외를 제거하지 못한다. 발전은 소외를 새로운 형태로 대체하는 것이기 때문이다.

늘 그렇듯 사회에서는 경제에 한정된 고립된 과정이 문제가 되는 것은 아니다. 새로운 소외의 현상들은 사회 전체의 운동에 따라 발생한다. 이러한 소외는 자본주의의 확장을 기반으로 해서 발생하며, 민주주의에 대한 (이른바 부르주아 민주주의를 포함한) 자본주의적 지배형태의 대립이 강도 높게 증가함에 따라 정치-사회적으로 표현된다. 지금까지의 분석에 따르면, 제1차 세계대전 이후 커다란 위기는 새로운 지배형태를 서구 부르주아지에게 강요했다는 점을 지적하는 것으로 충분할 것이다. 이러한 형태의 도약점은 실천적 의미에서 볼 때는 민주주의의 모든 외적 형태를 형식적으로 보존하고, 그것을 파시즘뿐만 아니라 사회주의를 극단적으로 반대하는 데 활용되고 있다. 그럼에도 경제적으로나 정치적으로 중요한 결정에 대한 대중의 현실적 참여가 일체 배제되어 있기 때문에, 민주주의는 그것들의 조직적이며 이데올로기적인 새로운 내용에 의해 실제로 무력화되었다.

새롭고 보편적이고 전반적으로 조작된 자본주의 자체의 역사뿐만 아니라 그것의 이데올로기를 구명하는 작업이 대단히 의미하는 바가 많다 할지라도 이러한 경향들의 정신적 발전사는 이 자리에 어울리지 않는다. 우리는 간단히 대략적인 설명에 한정하겠다. 객관적으로 볼 때 이데올로기는 언제나 경제발전으로부터 성장하지만, 그럼에도 주관적으로 볼 때 그것은 이러한 운동에 의해 규정된 허위의식과 뒤섞여 있다. 나는 만하임(Karl Mannheim)[191]에 의해 제2차 세계대전 중에 발간된 『변혁의 시대에서의 인간과 사회』라는 책의 예를 앞서 지적했다. 만하임은 여기서 다가오는 시대의 정치-사회적인 이데올로기에서 대단히 분명한 프로그램을 설정했다: 즉 "우리의 현재 사회질서는 합리적인 인간지배와 자기지배가 기술발전을 단계적으로 따라잡지 못할 경우 무너지지 않을 수 없다." 이 새로운 이데올로기가 서부해야 하는 주된 위험은 경세적으로 불가피한 '사회의 근본석 민주화'[192]이다. 만하임이 제안한 구체적인 방법들은 아직은 지극히 소박하기 때문에 오랫동안 방치되었다. 여러 모로 오랫동안 준비된 자유주의적 사회상과의 단절이, 다시 말해 자본 자체의 경제적 재생산과정은 스스로의 작동을 위해, 스스로의 재생산과 지속적인 형성을 위해 가져온 인간유형을 언제나 다시금 직접적이고 자연발생적으로 산출했다는 전제와 단절하는 것이 중요하다. 이에 반해 언제나 다시금, 특히 무엇보다 독일에는 상반된 경향이 존재한다. 하지만 이러한 경향은 본질적으로 보수적 측면에 의해 대변되며, 때문에 강력한 전자본주의적 요소를 지니고 있다. 이제 그것은—물론 적절히 변화된 형태로— 인간에 대한 경제과정의 자연발생적 영향에 더 이상 만족할 수 없고, 선진 독점자본주의의 욕구에 대한 그 과정의 순응을 의식적으로 주도된 특수한 과정의 대상으로 삼고자 하는 부르주아적 인간유형을 구상한 진보적 프로그램으로 등장한다.

역사에서 늘 그렇듯, 인간이 어떻게 한 사회의 능동적 고리가 되는가라는 실천적 문제제기 역시 사회-역사적 발전 자체의 산물이다. 이 새로운 문제제기가 생활방식에, 세계 속의 인간의 실천적 본질에 진입하는 첫 번

---

191) 카를 만하임(1893~1947)은 헝가리 태생의 유대계 사회학자이다. 20세기 전반에 큰 영향을 미쳤으며, 고전 사회학, 특히 지식사회학의 창시자이다. 주저로 『이데올로기와 유토피아(*Ideologie und Utopie*)』(1929)가 있다. (역주)

192) Karl Mannheim: *Mensch und Gesellschaft im Zeitalter des Umbaus*, Leiden 1935, S. 16 u. S. 19.

째 방식은 세계대전의 발발을 통해 고취된 사회주의적 혁명, 무엇보다 러시아에서의 사회주의의 승리로부터 비롯되었다. 여기서 노동운동의 내부에서 그 주창자와 적대자가 상호 대치해 있는 정치적이며 사회적인 대립에 관해 많은 것이 이야기되었다. 우리가 당면한 현재의 문제에서 사회 민주주의가 그 당시 자본주의 경제에 의해 자연발생적으로 창출되고, 자연발생적으로 변화된 인간을 고수한 반면, 급진파들은 역사의 흐름에서 인간의 변화를 자기 자신의 실천의 결과이자 동시에 그 자체를 의식적으로 수행한(의식적으로 답변한), 스스로 조직한 실천의 결과로 간주했다는 점이 가장 중요한 계기이다. 우리가 그 당시 노동자에게서 진정한 계급의식은 '외부로부터', 즉 직접적이고 경제적인 존재의 바깥에서 도입된다고 한 레닌의 이론을 지적했을 때, 우리는 이미 이러한 대립을 언급했던 것이다. 그러므로 더는 그러한 대립을 다시금 상세히 언급할 필요가 없다. 이미 지금까지 분명하게 강조했듯, 레닌은 인간의 경제-사회적 결정성을 마르크스 이래로 일관되게 사상적으로 통찰했기 때문에 그가 명백해진 발전과정을 동시에 인간화의 과정으로서, 인간의 자기창출의 과정으로서 파악했다는 것으로 충분하다. 당연히 태초에 노동을 통한 인간의 사실적 발생이 있었다. 노동의 발전(분업 등)은 자연적 제약의 지속적인 축소과정, 인간의 인간적(사회적) 본질의 풍부한 출현과정을 야기했다. 하지만 이러한 과정이 추상적 가치로 경직화될 필요는 결코 없다. 마르크스의 역사적 시각은 유토피아적으로 완성된 인간존재가 아니라, 단순히 인간 전사(前史)의 종말, 즉 이 과정 속에서 발견되고 또 그 속에서 실현된 인간으로서의 인간 자신의 역사의 시초이다.

이러한 이해는 이중적인 변증법을 담고 있다. 즉 마르크스 이론을 지극히 풍부하게 개념화한 사회를 통한 인간의 변형과정은 단순히 자연발생적이고 수동적인 과정이 아니라 떼어낼 수 없는 과정으로서 인간의 능동적인 ―거짓 의식이나 올바른 의식을 갖고 수행된― 자기발견이다. 다시 말해 그것은 사회변혁 단체에 참여하지 않고서는 표상할 수 없는 행위이다. 추상적으로 고찰할 때, 혁명당에서의 이러한 형태는 이미 일찍부터 현실화되었다. 그럼에도 (야코비처럼 추상적 이상에 의한 것이 아닌) 마르크스를 따라 올바로 인식된 경제적 토대에서 시작하여 지금까지의 사회 전체를 전복시킬 수 있다는 것이 양적인 것으로 이행한 차이를 형성한다. 노동계급의 혁명적 활동에 관한 마르크스의 유명한 설명을 보자: "그들은 실현할 어떠한 이상도 없다. 그들은 단지 이미 파멸한 부르주아 사회의 자궁 속에서 발전된 새로운 사회의 요소를 해방했을 뿐"[193]이며, 그리하여 여기서 야코비주의자들과 이중적으로 대비되는 것이다. 한편으로 우리의 용어를 사용하자면, 의식적으로 수행된 프롤레타리아 혁명이 직접 새롭게 부상하는 즉자적인 유적 존재를 지향한 것이고, 다른 한편으로는 이를 통해 매개됨으로써 대자적인 유적 존재가 실천의 전망으로서, 즉자적인 유적 존재의 계속적 형성을 시작하기 위한 바로 다음 단계의 현실적 완성으로서 나타난 것이다. 아울러 사회-역사적 존재에서 인간행동의 최상의 형태가 의식화되고 객관화된 것이다. 즉 사회주의의 사태에 대한 헌신은 그 사태의 본질을 행위하는 인간 자신뿐만 아니라 그의 실천에 의해 사유된 사회와 관련해서도 드러내주는 것이다.

우리는 무엇보다 소외의 문제에 관심을 갖고 있고 또 그것을 넘어서는 일반화는 오직 그 문제를 구체화하기 위해서 고찰하기 때문에, 여기서는 적어도 하나의 '사태(Sache)'에 대한 무조건적일지도 모르는 헌신이라는 사

---

193) Marx: *Der Bürgerkrieg in Frankreich*, Leipzig, S. 50-60; MEW 17, S. 343.

회-비판적 현상에 대해 간략하게 살펴보고자 한다. 이미 그 전제가 잘못되어 있다. 오늘날 지배적 현상인 추상적으로 전도된 개인주의의 틀 안에서만 그런 식의 헌신이 곧바로 주체의 소외로 갈 수밖에 없다는 것을 이해할 수 있다는 전제가 잘못되어 있다. 하지만 사실은 정반대이다. 사회적인 부류의 '사태'에 대한 헌신이 없다면, 설령 그러한 헌신이 그 자체로는 의미가 없을지라도—인간은 특수성의 수준에 고착되어 무방비 상태로 소외의 경향에 노출되고 만다. 하지만 '사태'에 대한 헌신이 자신의 특수성을 넘어서는 고양의 원리라 할지라도, 이 원리는 결코 보편적인 원리로서, 추상적인 즉자로서 작동하지 않는다. 오히려 개별자로부터 그 원리가 만들어낸 것은 '사태'에 대한 인간의 헌신과 동시에 (불가분적인 그 모순에도 불구하고) 이러한 '사태'가 사회발전에서 현실적으로 표상하는 것이 얼마나 강하고, 순수하고, 사심 없는가 등과 같은 이중적 변증법의 성과이다. 여기서 발생한 문제에 대한 구체적인 분석은 자연히 『윤리학』에서 제시될 수 있다. 우리는 이러한 이중적 변증법에서—진보적인 '사태'에 대한 헌신은 그것을 대변하는 인간들 속에서 인간적으로 소외된 형태들을 받아들일 수 있으며, 역으로 사회적으로 유해한 것을 대변함에 있어 주관적-인간적인 순수한 태도는 예외로서만 즉자적으로 가능하다는— 사회적인 계기에 포괄적인 계기의 기능이 부과된다는 일반적인 진술에 한정하지 않을 수 없다. 이 점은 이미 개인적인 태도 안에서 드러나고 있다. '사태'의 사회적 소급성은 참으로 무조건적인 헌신에서 원칙적으로 해결 불가능한 모순들의 덤불 속에 빠지지 않을 수 없기 때문이다. 문학적으로 볼 때 그러한 배치의 변증법은 『돈키호테(Don Quijote)』에서 예시적으로 모습을 드러내고 있는데, 무엇보다 사태에 대한 헌신에서 영웅의 주관적 순수성을 완벽하게 유지함에 있어 돈키호테의 반시대적 전도가 노골적인 코미디의 형식으로 표현되지 않을 수 없었던 점에서 그렇다. 이처럼 순수하게 대비되는 이중성은 그러나 —내면적으로는 훨씬 진실된— 그 근저에 놓인 현실적이고 사회적인 사실에 대한 보다 일반화된 표현이다.(우리는 사회적-존재론적인 상황에 대한 탐구에서 위대한 예술작품을 병상시보다 훨씬 강하게 고려해야만 한다. 예술작품은 모름지기 현실성의 의미가 갖는 민감성으로 인해 종종 일반적인 존재론적 상황과 그것의 변화에 대한 지극히 중요한 문서가 된다. 예술작품은 이러한 민감성을 가지고 인간적인 내면성과 존재의 대상성 간의 관계를 포착하고 기술한다.) 세르반테스가 과도할 만큼의 희극으로 그려내고자 했던 것은 일상 속에서 (또한 정치 속에서) 객관적인 사회적 내용과 실천을 주도하는 주관적 심정이 계속적으로 논박되고 대립물로 전도된다는 것이다.

양적으로 상이한 요소들의 상호작용이 문제가 되는데, 물론 우리의 경우에서는 행위하는 인간 주체들에서의 합성력(合成力)이 직접적으로 표현되는 것이 문제가 된다. 이로부터 '사태'에 대한 특수한 종류의 헌신 —판단력 혹은 편협, 분노 혹은 인내 등— 이 대단히 중요한 역할을 담당하게 된다. 특히 이것은 종종 '사태'에 대한 청년들의 열광적인 헌신에서 분명하게 보이는데, 이는 일체의 헌신 가능성의 상실로 마감될 수 있는 다른 진영으로의 전향이나 (현명하거나 편협한) 충성 모두의 경우 똑같다. 여기서는 주관적 계기가 절대적이고 결정적인 것으로 보인다. 하지만 그것은 하나의 기만이다. 왜냐하면 모름지기 이 경우에서 헌신을 촉구하는 '사태'의 결정적인 무게가 드러나기 때문이다. 지난 50년 간 빈번하게 이루어졌던 청년운동은 이 점을 극명하게 보여준다. 그 운동이 청춘(靑春) 자체를 핵심적 가치로 강조할수록 더욱 그렇다. 이미 그것은 '사태'에 대한 헌신에서 이 청춘 자체가 가장 중요하고 결정적인 역할을 담당하고 있음을 보여준다. 하지만 그것은 올바로 이해하기 위해서는 청춘을 형시적으로 파악할 필요는 없다. 사람들이 자신의 특수성 너머로 고양되는 데 헌신이 어떻게 촉구하고 지속적인 열정을 고취할 수 있는지, 또 얼마큼 할 수 있는지에서 비형식적 요소들이 드러날 것이다. 사람들은 전혀 비본질적인 것을 수도 없이 '열정적으로' 추구할 수 있다는 사실이 망각되고 있다. 여러 모로 지극히 성공적인 현대적인 조작은 가능한 한 집중적으로 그러한 '취미'를 계발하는 일에 몰두한다. 하지만 그것이 우표수집이나 자동차 운전, 여행 등인지에 관계없이, 그 자체 광적인 '열정'은 특수성 너머로의 고양을 불가능하게 할 수도 있다. 마찬가지로 그것은 직접적인 헌신을 요구하기도 한다. 물론 사소한 의무 이행으로부터 뜨거운 야심을 지닌 군인들과 법률가들, 그리고 공무원들 등이 있을 것이다. 하지만 단순한 헌신만으로는 인간이 자신의 특수성 너머로 고양될 수 없으며, 기껏해야 주체의 상상 속에서만 우리가 의미하는 바의 '사태'인 개별자에 대한 특별한 헌신에서 인격의 열정적 위축이 일어날 것이다. 다시 말해 전문가 자질에서부터 기행에 이르는 상당한 부분에서 주체 스스로 위축이 되는 것이다.

따라서 '사태'의 속성이 그것에 헌신하는 주체에게 어떻게 영향을 미치는가라는 물음이 제기되기 전에, 결국 이러한 속성이 그 사회적인 내용을 통해 '사태'가 될 수 있다는 것, 이 수준에서 비로소 그것이 좋은 것인지, 나쁜 것인지 하는 물음이 일반적으로 제기될 수 있다는 것이 먼저 확정되어야만 한다.(사람들이 어떤 스포츠에 열광하는가도 동일하게 나온다.) 여기서 발생한 복잡한 변증법은 『윤리학』에서 적절히 다루어질 수 있을 것이다. 지금은 사회적 의미에서 참으로 진보적인 '사태'가 주체 속에서 참다운 헌신을 촉구할 때 그것이 다음과 같은 방향으로 작용한다는 것을 지적하는 것으로 충분하다. 즉 개별자로서의 주체는 인류의 발전이라는 커다란 문제와 유기적으로 결합될 수 있다는 것, 이를 통해 분석 가능한 윤리적 문제의 모든 현상에서 필연적으로 특수성을 극복하게 될 것이라는 점이다. 또한 개별인격과 성별(性別) 간의 상호작용의 운동 속에는 고유의 소외상태에 대한 지양이 포함되어 있지만, 새로운 종류의 소외의 발생은 당연히 배제하지 못하고 있다. 이에 반해 근본으로 복귀하는 사태가 과거의 착취와 억압의 형태를—시의적절한 '개혁'과 함께 혹은 그것이 없이— 보존하고자 한다면, 그것은 낡은 소외를 보존하려는 경향을 포함하게 될 것이다. 그처럼 정직한 주관적 헌신이 개인을 정상적인 특수성으로부터 분리시키고자 한다면, 그 개인은 자신에게 강요된 행동들을 낡은 소외와 새로운 소외 속으로 다시금 밀어 넣어야 한다. 돈키호테처럼 문학적으로 특수한 경우는 이러한 변증법을 낡은 것이 정신적-도덕적으로 최고로 승화된 형태에서 희극적 효과를 유발하는 식으로 표현한다. 하지만 이를 통해 하나의 전형이 탄생한다. 이러한 전형은 상당한 진리성을 담지한 사회적-존재론적 계기를 극단으로 추구하기 때문에 현실적이고 상대적으로 볼 때 거의 발생하지 않는다. 예를 들어 발자크[『고미술품 전시실(*Cabinet d'antiques*)』, 『베아뜨리체(*Beatrice*)』 등]가 구체제(ancien régime)의 돈키호테를 왕정복구 시기의 현실 속으로 끌어들이려 할 때, 그는 사회적 진리를 따라 낡은 소외로서의 이 시대를 완벽하게 타락시켜 새로운 소외와의 불평등한 투쟁 속에서 인간적으로는 세르반테스보다 낮은 수준에서 기술하지 않을 수 없었다.

이제 우리가 '사태'에 대한 인간의 이러한 헌신을 그의 것이자 동시에 인류의 소유물로 간주할 때, 이 같은 복합문제들 속에서 사회주의가 독특한 지위를 차지하게 된다. 물론 우리는 이것이 부르주아 이데올로기의 기계적이고 형식적이며, 저급하고 조작적인 방법과 첨예하게 모순된다는 것을 알고 있다. 그럼에도 예를 들어 오랫동안 스탈린 체계하의 사회주의를 히틀러의 독일과 동일시하는 커다란 풍조가 있었다.(여기서 토마스 만처럼 현실적으로 지성적이고 삶을 알고 있는 부르주아 이데올로그는 당연히 이러한 무의미에 결코 빠져들지 않으리라는 것을 망각해서는 안 될 것이다.) 현실에 대한 과학적 인식이 실천의 원리가 될 때, 사회-경제적으로 야기된 왜곡으로부터 인간을 현실적으로 복원하는 일이 목적정립이 될 때, 아울러 그러한 목적을 정립하는 인간의 생활양식이 규정될 때, 인간이 자신의 특수성을 극복하려는 경향은 —이것이 어느 정도 의식적으로 발생하는지와 상관없이— 일반적인 평균보다 훨씬 강하다. 물론 그러한 태도는 이론적 오류나 도덕적인 일탈 앞에서 개인들이나 그 집단들을 결코 보호하지 못한다. 그럼에도 적어도 사태에 대한 근본적 태도가 생생하게 남아 있는 한, 마르크스적 사회주의의 올바른 상으로부터 일탈하는 모든 과정에서 부르주아의 비합리주의나 부르주아의 조작에 편향된 사유의 상과 태도방식이 발생한다. 이러한 현상은 심지어 우리가 당면한 현재 문제로부터 고찰할 때, 무엇보다 '사태'의 관점으로부터, 하지만 행동하는 인간의 관점으로부터 볼 때도 그렇다.

'사태'에 관한 한, 우리는 본질적으로 사회주의 사회는, 설령 그것이 여러 가지 측면에서 여전히 문제가 있다 할지라도, 건설 중에 있다는 사실을 대한다. 부르주아의 지혜는 처음부터 빠른 속도로 붕괴되었고, 신경제정책(NEP)[194] 이래로는 언제나 다시금 자본주의로의 복귀를 계산하는 등 이같은 주요한 문제에서 굴욕적인 실수를 범했다. 우리가 생각하기에 지금은 객관적으로 극복 가능한 문제를 상세히 고찰하는 자리가 아니다. 보다 중요한 것은 다만 —이 모든 문제에도 불구하고— 새로운 인간유형을 지닌

---

194) New Economic Policy(신경제정책)의 약자. 1921~28년 소련이 극단적으로 중앙집권적인 정책과 교조적인 사회주의로부터의 일시적인 후퇴를 위해 실시한 정책이다. (역주)

새로운 사회의 탄생이 개념화된다는 사실이다. 우리는 이 문제 자체를 여러 차례 설명한 바 있다. 그것은 스탈린 시대의 야만적인 조작이자 그 시대를 극복하려는 시도는 여전히 현재에 이르기까지 의미가 있다. 우리의 문제실정에서는 한편으로 '사태', 즉 사회주의를 향한 마르크스의 길은 내용적으로나 형식적으로 수많은 조정을 경험하면서도 새로운 진보적 사회의 건설이라는 가장 내밀한 본질을 전혀 잃지 않는 정황이 드러나 있다.

사회적 존재의 이러한 발전경향은 여기서 우리에게 결정적 의미를 갖는 문제를 규정하기도 한다. 스탈린 시대가 한때 혁명가였던 수많은 사람들을 박해한 것 외에 야만적 조작의 관료제로, 현실적 관료들과 조작자들 계층을 생산했다는 사실을 모두 인정할지라도, 그럼에도 사회주의의 사태에 대한 헌신을 결코 완전히 포기하지는 않았다. 스탈린과 그의 수많은 추종자들과 반대자들, 그의 희생자들은 확신적 사회주의자들로 남았다. 우리의 문제적 관점에 비추어본 결과에 따르면, 계급사회의 인간들을 사회주의적 감각을 지니고 사회주의적으로 행동하는 인간으로 개조하는 작업은 야만적 조작에서 비롯된 억압과 지체, 그리고 왜곡 등으로 인해 취약해지고 회피되었다. 그럼에도 그것은 어떤 식으로든 객관적으로 끊임없이 지속되었다. 이처럼 고도로 모순적인 발전이 이루어지는 과정에서 야만적 조작이 특수한 종류의 새로운 소외들을 사람들 속에 야기할 수밖에 없다는 것은 너무도 분명하다. 이처럼 능동적이고 수동적인 수많은 조작에서 왜곡된 지지자들과 실행자들이 그들의 소외가 확산·심화되는 과정에서 적어도 주관적으로는 커다란 사태에 대해 헌신할 수 있는 생동적이고 효과적인 자극을 보존하고 있다는 점은 의미 있고 주목할 만하다. 스탈린 시대의 모든 잔재를 그처럼 필연적으로 극복하는 일의 어려움은 그러한 현상이 없었다면 아마도 좀 더 다수해질 것이다 모름지기 주관적이 사회주의적 확신을 지닌 스탈린적 실천은 사회주의를 왜곡했고, 왜곡 당사자 스스로도 소외되었기 때문에, 모름지기 이들은 객관적으로는 거짓 사회주의적 심정과 대립했을지언정 개혁의 필연성을 종종 주관적으로 확신했기 때문에, 마르크스주의로의 복귀, 레닌적 프롤레타리아 민주주의로의 복귀가 때때로 지나치게 복잡해졌다. 결국은 권력투쟁이 관건이 되리라는 것은 당연하다. 하지만 그들의 이데올로기적인 투쟁은 보다 중요한 보수주의적 투쟁가들의 이 같은 속성으로 인해 한결 복잡해졌다. 또한 이러한 어려움은 다른 측면에서 본다면 지속적으로 고조되고 있다. 즉 주관적으로 성실한 확신을 수반한 많은 경우에서, 많은 개혁가들이 올바로 감지된 그들의 투쟁 속에서 현실적으로 수정주의적 경향을 대변하고 있다. 추상적이고 객관적으로 고려할 때, 그들은 그때까지 진행된 경제적-이데올로기적인 발전 경험들을 숙지하려 하기 때문에, 스탈린적 방법들에 대한 그들의 비판은 종종 부르주아적 경향의 몰비판성으로, 풍조와 대립된 편견 자체로 바뀌고 말았다. 아울러 여기서 '사태'에 대한 주관적으로 올바른 헌신은 낡은 것을 근본적으로 넘어서려는 —헛된— 시도 속에 이데올로기적으로 훨씬 그릇된 내용을, 순수한 부르주아적 소외의 의미를 담고 있다.

이렇게 발생한 이데올로기적인 투쟁, 그 투쟁의 방향과 기회를 서술하는 일은 지금 우리의 과제가 아니다. 그것이 무엇에 달려 있는지는 적어도 현재의 자본주의의 환경 속에서 스탈린적 이데올로기를 극복하려는 강제에서 비롯된 내적인 위기가 어떻게 모면되는가, 스탈린주의의 사태에 대한 개인적인 헌신에서 특정한 불변적 측면이 가시화되고, 따라서 —모름지기 소외의 관점에서 볼 때— 이러한 상황에 대하여 서구의 '소비에트학(Sowjetologie)'에서 일반적으로 확산되어 있는 것과는 전혀 다른 상(像)이 보이고 있다는 점이 지적되어야 한다. 이처럼 —궁극적으로— 인류의 미래라는 커다란 사태를 지향하고 있다는 것이 통찰될 때 비로소 동시대의 부르주아적 경향과 대비해서 통상적으로 보다 분명하고 보다 현실에 가깝게 올바른 것이 수립되는 것이다. 때문에 우리는 이처럼 자신의 독자적인 길을 모색하는 사회주의에서 상호 이종적인 두 가시 상이한 소외를, 즉 야만적인 조작으로 인해 스스로의 토대 위에서 발생한 상호 이종적인 소외, 그리고 현재 생산력의 일반적 상태의 영향으로 모든 발전된 산업사회에서 반대 경향이 충분히 강하지 못할 경우 불가피하게 성장하는 소외를 발견한다. 이 점으로 인해 극복하는 문제가 상당히 복잡해졌다. 한편으로는 이미 앞에서 지적했던 것처럼, 사회주의 사회의 객관적 경향은 그 경향에 참여한 인간들이 그들의 직접적인 특수성을 넘어설 것을 요구하는 반면, 야만적 조작과 보수적이고 종파적인 세계관에 대한 이데올로기적인 극복은 대단히 복잡한 문제를 제기하기 때문이다. 진정한 '사태'에 헌신하거나 혹은 적어도 이것을 주체적으로 생각하는 사람들의 소외는 특수성의 지반 위에서가 아니라 거짓 지향성을 통해 자기 자신을 왜곡하려는 데서 발생한다. 다른 한편으로 현재의 자본주의적 소외에 상응하는 형태는 경제발전으로부터 자연발생적으로 형성되기 때문만이 아니라, 야만적 조작에 대한 진정한 극복의 형식이라는 이데올로기적인 참칭에 의해서도 거의 충족되지 않기 때문이다. 사실상 이러한 참칭을 통해서는 특수성의 거짓 극복만이 이루어진다.

이 점에서 아마도 오랜 불평등 과정이 문제가 될 것인데, 그 구체적인 도정은 아직은 분명하게 보이지 않는다. 여기서는 오직 하나의 특수한 계기만이, 즉 이데올로기적인 문제가 갖는 질적으로 새로운 역할이 강조되어야 한다. 우리는 이미 개별 인간에게서 그의 개인적인 소외의 극복은 주로 이데올로기적인 문제이어야 한다는 점을 분명히 했다. 이러한 요수들은 모든 사회적 상황에서 그 권리를 요구한다. 그럼에도 인간의 변화가 더 이상 본질적 의미에서 자연발생적이 아니라 의식적이고 사회적인 실천을 통해서 혹은 풍자를 통해서 이루어질수록, 소외의 객관적이고 사회적인 토대에서 이데올로기가 담당하는 기능의 의미는 더욱 중요해진다. 스탈린 시대의 소외의 경향들에 대한 그와 같은 모든 피상적 분석으로부터 불가피하게 다음과 같은 사실이 이어진다. 즉 마르크스주의로부터 멀어진 어떤 형태의 조작도 단순히 행정적으로는 제거될 수 없다는 것이다. 그것은 마르크스주의의 왜곡에 대한 원칙으로 복귀한 비판, 마르크스주의의 방법론적 복원을 전제한다. 왜냐하면 사회에 대한, 사회의 발전에 대한, 사회에서 개인이 담당하는 역할(자신의 개인적인 태도방식도 포함하여)에 대한 근본적으로 다른 새로운 견해를 통해서만 조작이 단순히 형식적으로가 아니라 현실적으로 극복될 수 있는 절대적 전제가 형성되기 때문이다. 사람들 속에 생생하게 살아 있는, 사회주의적 현실을 구축하려는 경향이 진정한 변혁을 시작할 수 있는 실제적인 힘이다. 그러한 힘은 이데올로기적인 과정을 통해 일깨워지고, 올바로 조절되고, 편향된 잔재를 일소함으로써 위력을 가질 수 있다는 것이 분명하다. 스탈린 시대에 마르크스적 사유의 형식들이 내용적으로는 그 거짓 의도 속에서 심각하게 변형되었지만, 형식적으로는 (무엇보다 언어적으로) 전혀 변경되지 않음으로써 이러한 필요성이 제고되었다. 거짓으로 사용된 표현방식에 이미 사라졌지만, 그러나 참으로 실제적인 의미를 되돌려주는 일은 실천을 주도하는 말(Parol)의 근본적인 변화만큼이나 이데올로기적인 과제이다. 다만 이러한 과정은 부르주아 사회에서 정상적으로 진행되는 이데올로기적인 변화와 달리 모름지기 정신적 생산력과 변화를 이끄는 진정한 카타르시스적 수용성에 대해 이데올로기적으로 제고된 요구를 제시함으로써만 그렇다.

종종 학문적으로 지칭되는 부르주아적 공론(Publizistik)은 1930년대 이래 전체주의라는 표현을 사용했는데, 이러한 표현을 통해 파시즘과 공산주의의 사회적이고 정신적인 친화성을 마련하고자 하는 시도가 이루어져서는 결코 안 된다. 현실에서는 두 체제의 의미와 같은 그러한 배타적인 대립이 결코 표상될 수 없다. 물론 그것은 부분적으로 유사한 사회적 위기 과정에 대한 답변들이 대립된 데서 나온 것이다. 1917년 혁명의 서막이 유럽의 척도가 되었으면 했던 많은 사람들의 희망은 이미 20세기 중반에 사라졌다. 희망이 진정한 사회적 토대를 갖고 있다는 것은 먼저 중부 유럽에서, 본질적으로 변하지 않는 낡은 생활양식의 연장이 더 이상 가능하지 않고, 아울러 새로운 형태의 사회적 저항에 대한 이데올로기적 압력이 발생했다는 것을 보여주었다. 아직 오지 않은 혁명, 앞으로 다가올 잠재적인 영향과 다시금 되살아날지도 모를 그 혁명에 대한 전혀 근거가 없지 않은 공포가 서구 민주주의에 관한 한 선의의 방관자였던 중부 유럽의 지배계급들을 파시즘의 주모자이자 지지자로 만들었다. 이에 따라 제국주의적 자본주의의 구원과 해방, 그리고 팽창을 위해 열광하는 광범위한 대중운동들은 진정한 뿌리를 앞선 발전 속에 두었다. 『이성의 파괴(*Zerstörung der Vernunft*)』라는 책에서 나는 이른바 히틀러의 세계관이라고 말하는 것이 어떻게 수백 년에 걸쳐 점진적으로 숙성된 반동적인 사회-세계관적 발전의 산물이었던가를 보여주고자 했다. 그것은 말 그대로 정치적인 충격, 이데올로기가 되었다. 다시 말해 언명된 반동적 사유 상들에 혁명의 외관을 씌우는 일인 한, 그것은 이러한 사회구성체의 경제-사회적인 삶의 갈등을 해결하기 위한 수단인 것이다. 여기서 —무엇보다 독일— 사회의 모든 낡은 계기의 보수적 경향이 위기의 이행기에 경제적으로, 어쩌면 비밀리에 준비했을지도 모르는 새로운 제국주의의 그것(세계관—역주)과 통합되었다. '혁명가들'은 한편으로 제1차 세계대전으로부터 유래한 비합리적 세계관의 착종 및 의도적으로 야만화된 수용 속에 갇혀버렸고, 다른 한편으로는 그 당시 자본주의적 경제를 개념화하고 전후 자본주의가 직면한 위기를 넘어서는 데 도움이 되었던 특정 경향들을 무의식적이고 자연발생적으로 기대하는 일에 갇혀버렸다.

이러한 정신적 이행과정에서 히틀러 자신이 그의 강령적 저서(『나의 투쟁』—역자)에서 자신의 고유한 정치적 프로파간다의 본질을 강력한 쇄뇌 광고로 묘사했다는 것은 대단히 인상적이다.[195] 첨예한 위기가 어느 정도 극복되자마자, 체제에 걸맞게 형성된 여가시간이 중요한 사회적 문제가 되었다는 것도 주목할 만하다. 따라서 히틀러는 단순히 이전의 제국주의적 독점자본주의를 상전의 자리에 올려놓지는 않았다. 그는 그것에 특유의 새롭고 중요한 특성을 각인시켰는데, 이러한 특성은 제2차 세계대전 이후 미국에서 비로소 참으로 발전할 수 있었다. 때문에 여기서도 인간의 사회적으로 의식적인 변혁의 경향이 등장한다. 앞서 언급한 자리와 관련해서 히틀러는 대중의 '여성적' 속성에 대해 언급하고, 그것을 자신의 목적에 부응해서 형성하려는 의지뿐만 아니라 그렇게 하는 데 그 대중들이 적합하다는 확신도 드러냈다. 하지만 이러한 변형은 —사회주의와의 첨예한 대립에서, 또한 그것이 소외된 단계에서— 언제나 개인들을 종속되고 속박된 극단적 특수성 속에 한정하고 제한하는 일일 뿐이다. 모름지기 히틀러주의의 현상들을 사회-역사적으로 올바로 인식하기 위해서는 무엇보다 개인이 자신의 '사태'로 느끼는 것에 헌신하는 노골적인 보수·반동적인 형태, 자신 속에서 특수성을 극복하려는 운동을 고취하기보다는 그 특수성의 수준

---

195) Hitler: *Mein Kampf*, München 1934, S. 200.

에 인간을 가두어놓고 고착하려는 사태의 주된 경향에 주목하는 것이 언제나 중요하다. 우리가 프로이센의 병영주의 국가에서 그러한 헌신의 전사(前史)를 고찰한다면(다수의 독일 농민들과 법관들 등은 그들의 인간적인 근본태도에서 시빈의 옷을 설친 군인들이었다.), 그것은 군인이 적 앞에서보다 자신들의 무급(無給)에 대해 더 큰 공포를 느낀다고 한 프리드리히 2세의 냉소적인 표현에서 극명하게 드러난다. 히틀러 시대는 이러한 생활방식을 활짝 개화시켰다. 말하자면 히틀러는 그들의 주모자와 지지자들 속에 특수성이 지닌 온갖 조악한 본능들을, 무엇보다 정상적인 일상에서 세간의 평균적인 인간들에 의해 억압되어왔던 본능들을 풀어놓았다. 그들의 사회적인 성취는, 이러한 '해방'이 밟고 밟히는 것의 통일, 타인을 야만화하는 것과 스스로가 야만화되는 것에 대한 공포의 통일이라는, 히틀러에 의해 지시된 방향으로 물꼬를 틀게 되었다는 데 있다. 이러한 사실들을 인간들의 기억으로부터 지워버릴 사회적 이유 혹은 개인적-이기적 이유를 전혀 갖지 않은 오늘날의 모든 이들은 여기서 거침없는 잔혹성과 소심한 무책임성이 뒤범벅된 상태로 발생하지 않을 수 없다는 것, 따라서 특수성의 가장 저급한 단계가 목표가 되었고 도달되었다는 것을 알고 있다.

특정 체제에 종속된 인간들이 그들의 특수성의 수준을 가능한 한 포기하지 않은 상태로 그 체제가 시작할수록, 그 체제는 그들의 목적정립의 직접적인 내용과 그것을 이데올로기적으로 정초함에 있어 비판적으로 저지되지 않은 보다 큰 공간을 갖고 있다. 히틀러 시대는 두 가지 측면에서 어떠한 사유에 의해서도 저지되지 않은, 지금까지 도달된 비합리성의 정점을 대변할 것이다. 참된 권력관계에 한순간도 부응하지 못한 것은 목적으로서의 독일의 세계제국만이 아니다. 이러한 권력관계에서 발생한 문제들을 해결하는 데 도움 되는 이데올로기, 무엇보다 공시적인 인종이론은 인류가 그 당시까지 도달한 현실이해의 과학적 방법과 첨예한 단절을 대변한다. 그러한 이데올로기의 내적인 부당성은 이중적이다. 한편으로 그것은 이미 보편적으로 가능해진, 현실에 대한 사유의 가공방법과 첨예하게 단절되었다. 다른 한편으로 순수한 이데올로기적인 기능에서, 그것은 처음부터 해결이 불가능한 갈등, 모름지기 잘 알고 있다고 자부했던 신화(Mythos)를 해결하기 위한 사유의 수단이 되었다. 관련 당사자들을 조직적으로 비하해서 비도덕으로 굴절된 특수성에 고착시키는 일은 모름지기 노골적인 기망(欺罔)에서 유래한 세태관(世態觀) 속에 이데올로기적인 도피처를 두고 있다. 이러한 세계상이 인간개조를 관리한 히틀러 제국이 전반적으로 수행하고자 했던 소외와 완벽하게 일치한다는 점에서 그렇다. 그리하여 동시대인들은 한편에서는 이 체제 전체에 대해 격렬한 지적-도덕적 부인을, 다른 한편에서는 상대적으로 굳건한 대중들의 지지를 보여주었다. 확고하게 정립된 특수성을 환상적인 거짓 세계상으로 인간적-도덕적으로 왜곡한 것이 대중들에게서 '굳건한' 지지를 얻게 된 것으로 보인다.

우리는 앞에서 만하임을 다룰 때, 히틀러의 부르주아적 적수(敵手)도 단순히 자연발생적이 아닌 조직적 인간개조를 근대 민주주의 사회의 필수적 기초로 파악했음을 분명히 했다. 파시즘과 대립된 부르주아적 반대자가 일차적으로는 소비에트 연방의 사회주의에 대한 반대를 지향했다는 것은 사회적으로 자명하다. 이 점은 이미 이데올로기적으로 볼 때 두 경우 모두에서 하나의 동일한 사회현상을 둘러싼 정신투쟁과 정치투쟁이 문제인 것처럼 보이는 전체주의에 대한 견해에서 드러난다. 우리가 개괄한 근본적인 대립 역시 새로운 부르주아적 이데올로기를 정초하는 과정에서 원칙적으로 무화되었으며, 순수한 외적 현상형태는 선험적으로 정립된 이 본질적 동일성에 기껏해야 경험적 생기를 더해줄 뿐이다. 이러한 이데올로기에서 드러나는 사유 상의 내적 균열은 정치적 정립에 놓인 균열에 대한 솔직한 정신적 표현이다. 그 모순은 이렇다. 즉 제국주의 세력들의 주된 소망은 소비에트 연방을 히틀러의 도움으로 전복하는 것(뮌헨 등)이고, 그리하여 세계를 지배하려는 히틀러의 야욕에 완전히 무방비 상태로 노출됨으로써 소비에트 연방에 대해 호전적인 태도를, 소비에트 연방에 대해 조건부 동맹을 강요하지 않을 수 없었다는 것이다.

우리는 이러한 복합적 문제를 주로 제국주의 세계에서 지배적인 새로운 이데올로기의 실제적 토대로서 관심을 갖고 있다. 즉 이러한 이데올로기는 무엇보다 소외의 새로운 형태와 그것이 맺고 있는 관계에 있다. 무엇보다 ─제국주의적-자본주의적 토대에 근거한─ 파시즘에서 발단된 중요한 신제국주의적 경향들이 합리적 사유와 정치적 민주주의를 변용시켜 생존을 연장하는 모습이 보인다.[이러한 발전의 정치-사회적 근본 방향이 단순히 파시스트적이었음을 의미하지 않는다는 것은 분명하다. 그것은 오히려 파시즘과 ─물론 부분적이기는 하지만 중요하지 않은 것은 아닌─ 정반대이고, 외적인 민주주의적 형태의 독특한 상태를 대변하고 있다. 하지만 싱클레어 루이스(Sinclair Lewis)[196]는 이 점을 일찍이 인식했으며, 매카시(Joseph Raymond McCarthy)[197]의 시대, 골드워터(Goldwater)의 지지자 등은 ─물론 외적으로 상이한 형태에서지만─ 이러한 가능성이 제국주의 경제와 그에 따른 정치적 상부구조에 실제 현실적 경향으로서 내재해 있음을 분명하게 보여주었다.] 물론 겉으로 드러난 모습

196) 싱클레어 루이스(1885~1951)는 미국의 소설가이자 사회비평가이다. 미국인으로서는 최초로 노벨 문학상을 수상했다. (역주)
197) 조지프 매카시(1908~57)는 미국의 상원의원으로, 1950년대에 미국 사회에 근거 없는 공산주의 전복의 낭설을 유포함으로써 대대적인 공산주의자 및 사회주의자 소탕령을 유발했다. (역주)

에서는 첨예한 대립이 지배하고 있다. 우리가 이미 종종 볼 수 있었던 것처럼, 이러한 거부는 모든 이데올로기에 대한 원칙적 거부로, 원칙으로서의 탈이데올로기로 갈 수밖에 없다는 식으로 일반화되었다. 때문에 모든 이데올로기와 그 이데올로기의 도움으로 사회적 갈등을 해결하려는 모든 시도는 애초부터 훼손되었다. 개인들은 그들의 사회적 통합형태와 마찬가지로 '순전히 합리적으로' 행동해야만 한다. 왜냐하면 일반적으로는 어떠한 진정한 갈등도, 이데올로기를 위한 어떠한 공간도 존재하지 않기 때문이다. 순전히 '사태적인' 차이는 합리적인 동의를 통해, 타협 등을 통해 순전히 '사태적으로' 조정되어야 한다. 따라서 탈이데올로기화는 총체적인 인간 삶에 대한 무제한적 조작 가능성과 조작을 의미하는 것이다.

때문에 현실에 대한 이러한 태도는 원칙적으로 특수한 인간들의 실존만을 인식으로 삼는다. 상품시장이 모든 문화활동의 객관적이고 보편적인 취급형태가 되는 것처럼, 모든 삶의 표현에 대한 완벽한 조작을 통해 매개된 인간의 사적인 삶에서 특수성이 절대적으로 인간존재를 지배하고 있다. 파시스트적인 신화 이데올로기에 대한 이데올로기적인 대립은 그와 동시에 전체 과학적 사회주의 역시 똑같이 신화적 성격이 농후한 이데올로기로 격하될 수 있다. 보편적 조작이라는 거짓 합리주의가 모든 인간들의 삶 전체를 지배한다는 편견과 결합된 것처럼 보인다. 히틀러의 계획과 방법을 저지함으로써 전쟁에서 승리하게 된 세력은—서방에서는 미국이 자연스럽게 그 지도자가 되었다— 하나의 세계지배를 다른 세계의 지배로 대체했다. 야만적인 조작은 세련된 조작으로 모습을 바꿨다. 그 결과 히틀러 자신보다 강력하게 기업광고가 정치선전의 모델이 되고, 지배를 위해 소환된 '탈이데올로기화'의 제안이 이데올로기가 되었다. 어쨌든 비교할 수 없을 만큼 자유로워 보이는 방식에서 조작방법이 조작된 인간들에게 완벽한 자유의 의식적 외관을 연출하고 있다.

이처럼 철저하게 조작된 완벽한 탈이데올로기화가 결국 이데올로기 없이는 등장할 수 없다는 것은 사회적 존재의 운동의 비목적론적이고, 언제나 모순적인 싱격을 산출하는 아이러니(Ironie)에 속한다. 다시 말해 그것은 삶의 문제 전체를 '구제하는 열쇠의 가치'로서의 자유의 문제이다. 개별적 조작이 사람들에게 작동하지 않음으로써 일체를 명령하는 그 자유의 전능에 대해 회의가 일어날 수 있는 경우에, 자유의 물신(物神)이 등장하는 것이다. 이러한 —고도의 이데올로기적인— 자유의 개념은 그것이 지닌 보편적 문제해결 기능으로 인해 전부인 동시에 전무를 의미한다. 미 제국주의의 모든 조작, 예를 들어 남베트남에 전혀 뿌리가 없는 꼭두각시 정권을 수립한 행위가 이러한 자유의 이름으로 옹호되었다. 미국 자체에서의 내부적 자유는 베트남 민중이 그러한 정부를 인정하려 하지 않을 때 위험에 빠지게 된다. 산토 도밍고에서 그리스에 이르기까지 사정은 동일하다. 하지만 우리가 지극히 이데올로기적인, 보편적으로 유지되는 자유의 물신이 자연발생적으로 발생한 갈등의 이데올로기적인 해결에 단순히 봉사한다고 믿을 경우, 우리는 이처럼 조작된 민주주의의 근본구조를 망각하게 될 것이다. 물론 여러 경우들에서 이러한 현상이 나타나고 있다. 하지만 자유의 물신은 현실적 권력을 지닌 신성(神聖)이 되었다. 그것은 이처럼 탈이데올로기화된 이데올로기적 갑판 아래에서 사실상(de facto) 미국의 신식민주의적 세계 제국주의를 주도하는 CIA이다. CIA는 국내정치에서 그 같은 경향을 대변하는데, 권력으로서, 단순한 이데올로기가 그러한 해결에 부적격하다고 판명된 곳에서 필요하다면 야만적 권력으로서 등장한다. 오늘날까지 존 F. 케네디(John F. Kennedy) 대통령을 살해한 현실적 상황이 밝혀지지 않았다. 하지만 이미 공개된 자료는 하나의 상을 보여주고 있는 데 반해,

진짜 피의자를 밝히려는 시도를 방해한 드레퓌스 사건의 준비작업은 무해한 목가(牧歌)로 나타난다.(마틴 루터 킹과 케네디의 살인은 그 원인에 대한 탐구에 관해 공개된 것이 보여주듯 체제가 문제된 것은 아니다.)

이 모든 것은 이러한 맥락에서 보편적 조작의 참으로 소외된 성격이 명백하게 드러날 수 있을 때에만 비로소 그 의미가 밝혀질 것이다. 조직적이고 경제적이며 이데올로기적인 환원을 통해 가능한 한 모든 개인의 인간 형식을 지양 불가능해 보이는 특수성의 제약에 가두어놓는 것이 지배체제의 목표인 동시에 결과이다. 우리의 일반적인 규정들에 비추어볼 때 이러한 소외는 체제 전체에 대한 경제적-정치적-사회적 의미에서의 근본적인 변혁을 통해서만 보편적이고 객관적인 집단현상으로서 지양될 수 있다. 어쨌든 우리는, 모든 개인은 그럼에도 늘 새롭게 발생하고 발전하는 자신의 소외 자체를 극복할 수 있는 가능성과 —현실적 개체성으로의 고유한 발전의 관점에서— 내적인 의무를 가질 수 있다는 점을 거듭 지적했다. 이와 관련해 개별 인간이 공식적인 이데올로기에서 —그것이 원했던 겉모습에 순응하지 않는다 할지라도— 어려운 존재론적 장애를 이데올로기적으로 극복한다는 것은 자명하다. 추상적으로 일반화해본다면 이러한 상황이 결코 특별한 것은 아니다. 이 상황에 담긴 특수한 내용은 이 소외된 생활양식을 극복하는 과정에서의 이데올로기가 탈이데올로기화된 세련된 인간조작의 시기에서보다 결코 크지 않으리라는 데 숨겨져 있다.

우리는 지금까지 현대적 소외의 특별히 새로운 성격을 경제적으로나 이데올로기적으로 올바로 조명하고자 노력했다. 이러한 상황을 보다 더 구체화하는 일은 현재의 고찰의 의도이기도 하다. 그럼에도 그 일에 현실적이고 실제적이며 역사적인 토대를 제공할 수 있기 위해서는, 당분간은 간단한 형태일지라도 원칙적인 토대로서 자본주의적 (혹은 적어도 자본주의에 의해 실질적으로 영향을 받은) 소외의 모든 현상에서 드러난 가장 일반적 특성을 지적하지 않을 수 없을 것 같다. 왜냐하면 진정한 차이와 대립은 동일성과 비동일성의 동일성이라는 존재론적-역사적 틀 내에서 고찰될 때 비로소 객관적으로 존재하는 형식들을 사유 속의 적절한 반영에 상응하는 형태 속에 보존하고 있기 때문이다. 자본주의 안에서의 모든 소외가 지닌 이 같은 공통 특성을 우리는 이미 마르크스의 최초의 작품인 『경제학-철학 수고』에서 분명하게 볼 수 있다. 여기서는 모든 외적 현상의 형식들이 현재의 형식들과 첨예하게 대비된다 할지라도 혹은 그처럼 대비되기 때문에 제시된다. 마르크스는 소외를 이미 가장 직접적인 노동행위 속에서, 말하자면 노동자가 자신의 노동의 산물과 맺고 있는 관계 속에서 보여주었다: "하지만 소외는 결과 속에서뿐만 아니라 **생산**의 **행위** 속에서, **생산하는 활동** 자체의 내부에서 드러난다."[198] 이러한 규정들이 ―물론 그 가장 원칙적인 일반성 속에서만― 오늘날 소외를 낳고, 노동과정 및 그 속에서의 노동자의 위상을 특징짓는다는 것은 분명하다. 물론 우리가 곧 언급하게 될 것이지만 오늘날의 발전된 노동과정의 특수한 성격을 상세하게 고찰할 때 소외의 이러한 징표는 좀 더 잘 드러날 것이다. 그렇게 소외된 인간이 그 자신의 생활방식을 규정하는 환경과 맺고 있는 근본적 관계가 상세하게 고찰될 때 비로소 결정적인 존재원리의 이 같은 동일성이 인간적 삶에서 올바로 드러날 것이다. 마르크스는 소외의 이 같은 궁극적 결과를 인간의 삶에서의 소유의 범주의 지배와 관련하여 다음과 같이 요약했다: "사적 소유는 우리를 너무나 어리석고 일면적으로 만들었다. 하나의 대상은 우리가 그것을 가질 때 비로소 우리의 것이라는, 따라서 그것은 자본으로서

---

198) MEGA III, S. 85; MEW ED I, S. 514.

우리를 위해 존재하고, 혹은 우리에 의해 직접 점유되고, 먹어지고, 마셔지고, 우리의 몸에 실리고, 우리 안에 살고 등 ··· 간단히 말해서 **사용**될 때 우리의 것이다 ··· 그리하여 **모든** 육체적이고 정신적인 감각 대신에 이 **모든** 감각의 단순한 소외, **소유**의 감각의 소외가 들어선다."[199]

자본주의적 생활방식의 현재와 과거 사이에 그러한 공통원리가 존재한다는 점에는 어떤 주석도 필요하지 않다. 자본주의가 앞서 인용한 책 이래로 소유의 보편화에서 강력한 발전을 이룩했다는 것은 의미가 있다. 전체 상품교환에서 소비와 용역(用役)의 의미가 최고로 고양되었다는 것이야말로 직접적인 증거로 입증되는 것이다. 노동자의 일상생활에서 소유의 위력은 더 이상 단순한 결핍으로서, 일상적으로 필요한 욕구충족을 위한 중요한 수단의 비(非)소유가 정상적인 삶에 미치는 영향으로서가 아니라, 오히려 반대로 직접적인 소유의 위력으로서, 소유의 양과 질을 통해 개인의 가치를 고양시키려는 시도에서 다른 사람들이나 집단들과 행하는 경주로서 드러난다. 따라서 마르크스적 요구는 지난 백 년 이상을 거치면서 직접적인 타당성을 상실하기보다는 정반대로 훨씬 많은 것을 획득했다. 소유의 거짓 전능(全能)을 사회적-인간적으로 극복하려는 마르크스의 개념화에 대해 우리는 이미 다른 맥락에서 언급했었다. 거기서 우리는, 소유의 노예상태로부터의 인간해방은, 인간의 감각이 인간적-사태적으로 대상들에 반응할 수 있다는 점에서 그러한 감각이 '이론가들'이 되지 않을 수 없게 된다는 점을 지적했다. 인간의 감각은 "사태(Sache) 자체를 위해, **사태와**" 관계하려 한다. "그러나 사태 자체는 대상적-인간적으로 자기 자신과, 그리고 인간과 관계하는 것이지 그 역은 아니다. 때문에 욕구나 충족은 그 **이기적**

---

199) Ebd., S. 118; MEW EB I, S. 540.

본성을 지니며, 유용한 것이 **인간적으로** 유용한 것이 될 때 자연(본성)은 그 단순한 유용성을 상실한다."[200] 우리는 특수한 관점에서 소외의 속박으로부터의 해방이라는 존재론적이며 인간적인 핵심문제를 지적했다. 즉 인간에게 모든 해방의 걸음이란 생리적으로나 사회적으로 직접 주어진 자신의 특수성을 넘어서려는 걸음인 반면, 주관적으로나 객관적으로 인간을 이러한 특수성에 붙박아 두려는 모든 사회적-인간적 경향들은 동시에 소외에 대한 인간의 무력을 폭로하는 것이기도 하다. 가장 일반적으로 보존된 자본주의적 현재의 이러한 특성에 따르면, 모든 지배적인 경제-사회-정치적 조작은 다소간은 인간을 그 특수성과 아울러 그 소외 상태에 가두어두기 위한 의식적 도구임을 보여준다.

이에 대한 사회적 모델이 곧 현대적 광고이다. 앞서 살펴보았듯, 이미 히틀러는 올바른 정치적 선동을 정형화된 비누 광고와 비교한 바 있다. 우리가 이러한 광고를 선진 자본주의 국가에서 그 사회적 총체성 속에서 고찰한다면, 그것은 한편으로 이미 히틀러가 확정했듯 거의 무제한적인 인간의 감동으로부터, 올바른 방법이 발견됐다면 그것에 어떤 것이든 제시될 수 있다는 신앙으로부터 비롯된 것이다. 또한 그것은 인간의 특수성과 긴밀하게 연관되어 있다. 우리가 이 수준에서 인간의 인격으로 고찰했던 것은 통상 사회화된 개별성일 뿐이다. 이러한 개별성은 전통적으로 결합된 사회에서는 안정화의 원리였다. 오늘날 그것은 지극한 감동의 원리이다. 양자의 배후에는 한낱 특수한 인간들의 내적인 불확실성이 문제가 되는데, 이것이 그들을 고유한 의미의 인격으로 만든다. 안정성 혹은 불안정성의 현상형식들은 현재 지배적인 생산양식의 요구에 대응한다. 사회적 현

200) MEGA III, S. 119; ebd., S. 540.

실에서, 인간의 사회적 존재에서 보편적인 암시에 대해 확실한 제약이 존재한다는 것은 이러한 경향의 특성상 —점진적으로— 보편적이고 지배적인 면에서 거의 변하지 않는다. 암시에서는 무엇보다 인격으로서 간주되는 사람들의 소망에 감동을 줌으로써 그들이 광고의 대상이 되는 소비재나 용역의 구매에 만족하도록 하는 것이 관건이다. 사람들에 대한 영향은 일차적으로는 그들이 관심 있는 헤어로션, 넥타이, 담배, 자동차 등을 구매함으로써, 유명한 휴양지 등을 방문함으로써 주변사람들로부터 인정된 진정한 인격이 되는 데 있다. 여기서는 광고의 칭찬에서와 같은 상품에 대한 칭찬이 일차적인 것이 아니라 그 상품을 구매함으로써 구매자에게 돌아갈 수 있는 개인적인 위신이 일차적인 것이다. 사회적으로 볼 때 여기에는 두 가지 경향이 근저에 놓여 있다. 한편으로는 사람들을 특정한 방향으로 감동시켜 형상을 부여하려는 의도이고(다시금 대중의 여성적 성격에 관한 히틀러의 테제를 상기하자.), 다른 한편으로는 인간의 특수성을 고도로 훈련시켜 그 속에서 상상력을 강화하려는 의도, 모름지기 상품시장에서 획득한 특수성의 이러한 피상적 차별이 사람들이 인격이 될 수 있는, 즉 인격적인 외관에 도달할 수 있는 유일한 도정일 것이다. 이 모든 것에도 불구하고 마르크스가 강조한 오래된 소유의 범주가 근거 역할을 한다는 점에는 별다른 주석이 필요 없다. 여기서도 소유가 존재를 규정하는 것이다.

이러한 상품광고의 모델을 문화로 옮겨본다면, 모델 자체에 암시적으로만 담긴 탈이데올로기의 이데올로기가 담당하는 적극적 역할이 중재권력으로 활용될 것이다. 즉 문화적 구성물 역시 이데올로기적인 영향의 낡은 편견(갈등의 해결)과 단절해야 한다는 것이다. 그와 더불어 한편으로 그러한 문화적 객체화로부터 일체의 내용이 사라졌다. 내용 없는 형식적 조작이 가치에 대한 유일한 척도가 되었다. 이로써 그것이 창조적인 태도에서 특수성의 수준으로 격하되지 않을 수 없다는 것에 대해, 말하자면 결국 저자의 인격에 대한 보증으로서 기괴한 형용사를 선택하는 것이 마찬가지로 일상생활에서 개인이 지극히 중요한 넥타이를 구매하는 것 이상으로 특수성을 넘어서는 안 된다는 것에 아무도 주목하지 않을 것이다. 이러한 격하는 모름지기 특수성을 초월하려는 인간적 삶의 모든 힘과 갈등을 박탈하는 것이다. 예를 들어 확실히 뛰어난 재능을 가진 진지한 작가 뒤렌마트(Friedrich Dürrenmatt)[201]가 등장인물의 운명을 임의로 결정할 수 있는 (결국은 조작할 수 있는) 작가의 권리를 대장 스콧 대령을 예로 하여 설명하려 했을 때, 말하자면 스콧 대령이 남극을 탐험하다가 비극적 영웅으로 몰락해 간 예에서 보여주려 했을 때, (하지만 우리는 그가 우연히 냉동실에 갇혔다가 우습게도 거기서 죽었다는 것을 상상할 수도 있을 것이다.) 그러한 상대화에서 모든 인간적으로 본질적인 것은 스콧의 예에서 말없이 제거된다. 종종 뛰어난 작가도 테마를 선택하기보다는 오히려 그것에 의해 선택되는 그처럼 중요한 테마 선택에서, 탁월하지만 자의적인 선택이 이루어지는 것이다. 이렇게 발생한 예술적인 우연, 예를 들어 추운 방에서 죽은 스콧의 경우에 풍부하게 존재하는 불합리는 결국 모든 것을 인간적 실존의 지양 불가능한 토대이자 현상형태로서의 단순한 특수성의 수준으로 고착시키는 것이다.

그러한 태도에 대한 사회적 근거는 모름지기 낡은 자본주의와 새로운 자본주의 사이의 차이에서 성장한다. 19세기의 프롤레타리아의 계급투쟁이 직접 소외를 혁파하고자 했다는 것은 의심의 여지가 없다. 전반적으로

---

201) 프리드리히 뒤렌마트(1921~90)는 스위스의 극작가이다. 『천사 바빌론에 오다』, 『미시시피 씨의 결혼』 등을 발표하고, 『귀부인 고향으로 돌아오다』(1956)의 성공과 논문 「연극의 여러 문제」로 주목을 끌었다. 과학과 정치문제에까지 육박하는 허구의 희극 『물리학자들』에서는 브레히트와의 대결의 자세가 보인다. (역주)

볼 때 지배적인 내용은 당시의 긴박한 문제들로부터, 임금상승(말하자면 임금삭감의 방해)과 노동시간의 단축(말하자면 노동시간 연장의 방해)과 같은 것으로부터 자연발생적으로 나타났다. 하지만 이러한 것들이 그 당시 횡행하던 소외의 물적 토대를 형성했기 때문에, 당시의 직접적인 경제적 요구를 위해 유도된 계급투쟁 역시 불가피하게 소외에 대한 반대투쟁을 지속적으로 구성하는 객관적 요소들을 담을 수밖에 없었다. 이러한 연관은, 소외에 대한 거부행위가 참가자들 전체에서 결정적인 영향을 미치지는 못할지라도 계급투쟁의 이데올로기를 지향한다는 점에서 그 나름대로 불가피한 결과를 갖는다. 여기서 이 같은 복합적 문제들을 상세히 고찰할 수는 없지만, 특별히 노동시간의 단축, 인간발전에 부합하는 자유의 확보가 대단히 중요한 역할을 담당한다는 것은 주목할 만하다. 이미 널리 확산된 "아는 것이 힘이다."라는 말에서 학습에는 여가에 대한 요구가 암묵적으로 담겨 있다. 하지만 이러한 요구는 거듭 의미 있는 인간의 삶이 풍부한 자유와 불가분적으로 결합될 것을 요구함에 있어 명백한 이데올로기적 형태를 띤다. 아마도 R. 드멜(Dehmel)의 한때 유명했던 통속적인 어구를 기억하는 것으로 충분할 것이다: "… (새처럼 자유롭기 위해서는) 우리에게는 단지 자그마한 것, 단지 시간이 부족할 뿐이다." 직접적인 경제적 목적을 위한 일상적인 계급투쟁이 모든 인간을 위한 인간적 삶의 유의미화라는 문제와 자연발생적이고 객관적으로 결합되었다는 것은 확실히 그 당시 노동운동에 —프롤레타리아 바깥에서— 저항할 수 없는 견인력을 제공했던 요소들 가운데 하나이다.

이러한 유의 문제를 둘러싼 투쟁은 당연히 오늘날의 사회에서도 존재한다. 다만 여기서는 과거의 노동운동과 같은 파토스가 절대적으로 결여되어 있다. 그 까닭은 선진 자본주의 국가의 대부분의 노동자에게 현상태 아래에서의 투쟁 대상에서 기초적인 생계가 더 이상 직접적이고 결정적인 의미를 갖지 않기 때문이다. 이에 반해 임금 상태 및 노동시간 상태의 개선은 그 당시 커다란 삶의 문제로서 그렇게 단축된 노동시간이 어떻게 노동자들뿐만 아니라 거대한 근로십단의 생활에도 영향을 미치는가의 문세를 제기했다. 오늘날에는 이미 현대 경제에서 가능해진 자유가 어떻게 효과적인 여가로 바뀔 수 있는가에 관한 중요한 문헌들이 존재한다. 이러한 문헌들은 종종 수많은 유용한 자료들을 가지고 현재의 상황에 대해 부정적인 진단을 내리고 있으며, 과거의—물론 언제나 지극히 편파적인— 성공적인 진행에 대한 참다운 역사적 인식을 가지고 바람직한 해법을 제시하고 있다. 그럼에도 그 근본 기준에서 그것들은 낭만적이고 유토피아적인 추상적 비판에 머물러 있다. 왜냐하면 그것들은 '편협한 성취'에 의거하여 현재를 과거의 '영광스런' 시기들과 대비시킬 수 있을 뿐, 그 시대의 경제적 토대 위에서, 때문에 존재론적으로 볼 때 개인적 혹은 사회적 차원에서 이루어지는 특수성과 그 극복의 결합 및 분리에 대해 천착하지는 못했다. 마르크스가 『자본론』에서 기계에 의한 노동시간의 단축을 논의하면서 아리스토텔레스를, 또한 기계의 발견에 의해 노동자의 해방을 꿈꿨던 시인 안티파트로스(Antipatros)[202]를 지적했을 때,[203] 그는 여기서 결코 유토피아를 찬미하지는 않았다. 오히려 정반대이다. 솔직한 그리스인들은 기계노동 그 자체에는 사회적 필요 노동시간의 단축이 내재해 있을지라도, 자본주의의

---

202) 안티파트로스(B.C. 397~B.C. 319)는 마케도니아인으로 필리포스 2세가 전쟁으로 부재할 때 섭정을 맡았고 북방 산악민족들의 봉기를 진압하기도 했으며, 필리포스 2세가 사망했을 때 알렉산드로스 대왕을 지지했으며, 기원전 331년에 마케도니아에 대항하면서 코라고스의 부대를 격파하자 안티파트로스가 군대를 이끌고 가서 여름에 메갈로폴리스에서 아기스 3세를 격파했다. (역주)
203) Marx: *Kapital* I, S. 353; MEW 23, S. 430.

경제적 맥락에서는 그것을 연장하는 동력이 될 뿐이라는 것을 올바로 인식했을 것이다.[204] 그것과 더불어 비로소 특수한 경제적 범주들이 —그 본질은 구체적인 생산관계 속에서만 표현될 수 있다— 올바로 조명될 수 있다. 마르크스는 말한다: "기계는 쟁기를 끄는 수소만큼이나 경제적인 범주가 아니다. 기계는 다만 생산력일 뿐이다. 기계의 활용에 의존하는 현대적 공장은 사회적 생산관계, 경제적 범주이다."[205] 그런데 노동시간의 재생산을 위한 사회적 필요 노동시간은 경제적 범주들의 ('현존형식들, 실존 규정들'의) 협력의 결과로서만 파악될 수 있다. 이미 이데올로기로 변질된 자유의 여가로의 변환이라는 문제는 주관적 요인이자 불균등 발전 등이라는 온갖 의미에도 불구하고 언제나 경제적인 범주들의 관계를 전제하고 있다.

개별 인간들과 특수성을 사회적-객관적으로나 인간적-주관적으로 극복하려는 그들의 시도는 오직 이러한 토대에서만 분명해질 수 있다. 모름지기 이러한 연관에 대한 존재론적 분석은 우리 시대 문화의 핵심적인 문제이다. 특수성과 그것을 극복하려는 이러한 투쟁의 사실은 너무나 분명해서 그것은 과거의 모든 철학에서처럼 하나의 핵심적인 위상을 차지하고 있다. 물론 모든 시대는 그 특수한 조건으로부터 성장한 분리를 사태적으로나 사유적으로 유일하게 가능하고 의미 있는 것으로 간주하지만 이러한 변화의 진정한 역사에는 아직 도달하지 못했다. 하지만 고대 그리스에서 (자유로운) 인간들의 초특수자가 그들의 시민성과 동격시되고 있다는 점은 분명하다. 폴리스가 해체되면서 —정신적이고 귀족적인 방식으로— 개인으로 환원된 폴리스의 유산인 현자(賢者)가 비특수자의 핵심적 형태로서

204) Marx: *Kapital* I, S. 407; MEW 23, S. 464 f.
205) Marx: *Das Elend der Philosophie*, a. a. O., S. 117; MEW 4, S. 149.

등장했다. 지배적인 삶의 형식으로서의 폴리스의 이러한 소멸운동이 모든 인간을, 정신적으로 '빈곤한' 인간을 민주화시킬 때, 비특수자는 초월적-존재론적 상부구조(종교—역자)를 개인 영혼들의 지복의 불사(不死)에 두는 반면, 특수성을 성징시키려는 온갖 경향은 그들의 타락에 대한 초월직 증명을 지옥의 형벌에 두고 있다. 이러한 양분 현상은 너무나 노골적으로 나타나, 교회 스스로 잠정적 해결을 도모하지 않을 수 없었다. 하지만 그것 역시 너무나 일관성이 없고 자기모순적이어서 중단되지 않을 수 없었다. 해결되지 않는 모순은 반-초월적 반대운동으로 이행했다. 여기서 천상의 부정과 지상의 긍정 간의 핵심 대립은 대개는 그 형이상학적 경직성으로 인해 특수성이 차안(此岸)에서 그 대립을 현실적으로 극복하는 방식과 맺고 있는 관계를 올바로 규정하기가 지극히 어렵게 만들었다. 이러한 존재론적 토대에 입각한다면 칸트와 칸트 이후의 관념론적 운동도 그들의 결단을 올바로 내리는 것이 불가능해졌다.

모름지기 쇼펜하우어가 적어도 이 문제의 한 측면에 대해 개념적으로 명료한 존재론적 수용에 이르게 되었다는 점, 물론 그의 입장의 추상적 보편성으로 인해, 사회-역사적 존재에서의 특수적 요소를 자신의 일반적 이해의 틀 안에서 존재론적으로 파악하지 못함으로 인해, 문제에 대한 현실적 정식화에 이르지 못한 상태임에도 적어도 이러한 문제의 한 측면에 대해 개념적으로 명료한 존재론적 이해에 도달했다는 점은 흥미로운 일이다. 그는 다음과 같이 말했다: "좀 더 영리한 동물이라면 극복할 수 있는 **권태**가 **궁핍**의 이면에 놓여 있다는 것은 생명이 **참다운, 진정한 가치**(Gehalt)를 갖고 있기보다는 단순히 욕구와 착각으로 인해 **운동**하게 된 결과이다. 하지만 이 운동이 중단되자마자, 현존재의 완전한 벌거숭이와 공허가 드러난다."[205] 쇼펜하우어의 전도된 독단은 그가 자연의 존재는 의미가 있는 것도 아니고 없는 것도 아니라는 점을 깨닫지 못한 채 존재 자체에서 선험적 가치를 갖는 모든 유의미성을 부인했다는 데 있다. 존재론적으로 볼 때 자연에서는 의미가 결코 등장할 수 없다. 모름지기 사회적 존재에서, 목적론적 정립들에서, 양자의 결합과 결과에서 상(形象)이 나타나는데, 이러한 형상에 대해 —무엇보다 인간적 삶에 대해— 인간존재의 특성인 유의미성의 범주들이 적절히 적용될 수 있을 것이다. 하지만 쇼펜하우어의 불충분하고 추상적인 일반화는 다음과 같은 그의 고찰의 정확성을 훼손시키고 있다. 다시 말해 인간의 권태는 필연적으로 무의미한 삶의 토대 위에서 지배적인 감정으로 나타나지 않을 수 없다는 것, 심지어 (그 권태의 위협이 사라지는 순간) —여기서 쇼펜하우어의 위대한 통찰이 보이는데— 개별존재의 필연적인 산물로서, 그리하여 인간들 혹은 특정한 인간유형의 단순한 심리적 속성으로서가 아니라 구체적인 사회-존재론적 배치의 결과로서 나타난다는 것이다. 잠재적이기는 해도 대부분 오로지 특수성의 욕구 위에 설립된 사회적 존재는 그 자신의 욕구를 충족하는 것처럼 보일 때조차 존재론적 필연성을 띠면서 권태를 필연적으로, 또 대규모로 생산하지 않을 수 없다. 권태는 이제 의심할 여지없이 선진 자본주의 국가에서 현대인의 삶을 특징짓는 이데올로기적으로 중요한 현상이다. 자극에 대한 영원한 갈증, 마약과 성적 관음의 풍조를 뛰어넘은 약물 요법, '이유 없는' 살인을 찬미하고, 심지어 실행에 옮기기까지 하는 일 등은 의심의 여지없이 철저히 조작된 일상의 산물, 그러한 생활양식에서 필연적으로 발생한, 언제나 몽롱하게 느껴지는 권태에서 생긴 무사려의 산물이다. 물론 이러한 상태는 직접적인 것이며, 무엇보다 개인적 삶의 결정적 요인으로서 나타날 수 있

206) Schopenhauer: *Sämtliche Werke*, Leipzig, V, S. 301.

다. 때문에 그것은 거의 올바로 인식되지 않을지라도 개인이 자신의 소외에 직접적으로 저항할 때 중대한 역할을 담당하는 것이다.

하지만 현상 자체는 너무나 대규모로 확산되어 때때로 강력한 소통 혹은 통합으로 발진한다. 그것은 오늘날 소외와 너불어 시배석인 상태의 사회적 현상방식으로서, 전반적인 권태 이데올로기의 맹아로서 조작된 삶 속에 등장한다. 이러한 관점에서 어쨌든 —사정변경의 원칙(rebus sic stantibus)— 사회변혁의 동력으로서 그 의미는 대단히 유보적으로 판단되어야 한다. 무엇보다 단순한 권태가 지닌 순전히 부정적인 성격 때문에 그렇다. 토마스 만은 그의 소설 『마리오와 마술사(Mario und der Zauberer)』에서 개인적인 행동에서, 개인적인 저항에서 순수한 부정성의 한계를 날카롭게 해명하고 기술했는데, 그 무게는 무엇보다 "우리는 아무것도 원치 않고서는 정신적으로 살아갈 수 없다."는 데 놓여 있다. "어떤 일도 하고 싶지 않다는 것, 그것은 시간이 아무리 흘러도 삶의 내용이 아니다." 이러한 고찰은 오늘날 지배적인 개인적 저항의 한계를 예리하게 지적하고 있다. 이러한 저항은 개인적 행위가 사회적으로 종합되고, 사회변혁의 주체적 요인으로 합쳐질 때 비로소 그 적당성이 입증된다. 우리가 앞서 언급했던 것처럼, 소외에 대한 이데올로기적이고 간접적인 낡은 투쟁이 훨씬 직접적이고 보다 강력한 충격을 가질 수도 있다는 것은 분명하다. 때문에 오늘날 체제에 대한 가장 심각하고 가장 적확한 비판이 거대한 대중에게는 대개 알려지지 않은 채로 있는 반면, 때때로 효과적인 폭발은 공개될 수밖에 없다는 사실을 감안한다면, 그처럼 폭발적인 저항사건의 지속적 영향을 결코 과대평가해서는 안 될 것이다. 물론 그렇다고 해서 이 모든 운동이 사회적으로 의미가 없음을 말하는 것은 아니다. 일상의 조작이 담당하는 — 바로 그렇기 때문에 탈이데올로기화의 절대적 지배가 담당하는 — 사회저

주 기능은 일상의 인간들에게 그들의 '정상적' 삶을 주관적 차원에서는 가능한 한 최고로서, 객관적 차원에서는 불가피한 운명으로서 지정해준다는 데에 있다. 점차 확산되는 권태는 첫 번째 경향을 주체 속에 광범위하게 훼손하고, 사회적으로 뿌리 뽑을 수 있다. 반석 위에서 굳건하게 진행될 것 같던 삶의 전반적인 토대가 흔들리기 시작할 때, 꽉 짜인 균질성으로 인해 그 토대 속에 잠복해 있던 해결 불가능한 모순들이 백일하에 드러나게 될 때, 비로소 권태는 현실적인 사회적 요인이 될 수 있다. 때문에 그때까지 단순한 권태로서, 그리하여 조작적으로 이루어진 삶의 양식에 대해 단순히 부정적으로 표현한 불만족이 똑같이 능동적으로 작용하는 주관적 요인의 구성요소가 될 수 있다.

그럼에도 이 체제에서 살아가는 인간들의 현실적 소외에 대해 인간존재의 본질이, 현재 가능한 대자적 유적 존재가 공공연하게 의도하는 정당한 반대는, 적어도 잠정적으로는 확실한 무력감으로 판단된다. 실천적인 무력감은 상당 정도 이론적인 무력감과 연관되어 있다. 마르크스의 영향이 시작된 지 거의 백 년이 지났음에도 불구하고 마르크스주의가 이론적으로 정체된 1930년대의 마르크스주의자들은 여전히 현대 자본주의에 대한 적절한 경제분석을 제시하지 못하는 굴욕적인 상황을 연출했다. 사회현실의 상태와 경향에 대해 참으로 영향력 있는 마르크스주의적 비판이 결여된 이러한 상황하에서, 경제적이고 정치적인 조작의 성공은 공식적이고 자의적인 체제 옹호자들의 해석이 최종적이고 결정적으로 도달된 것으로—세부적으로, 무엇보다 기술적인 면에서, 끊임없이 완벽한 발전의 정상이 찬미될지라도— 광범위하게 대중들 속에 확산될 수 있다는 데 있다. 역사의 외적인 진로는 그러한 측면을 확증해주는 것처럼 보인다. 이러한 가상의 가상적 성격의 세부 사항을 상세히 고찰하는 것은 당분간은 불필요할 것 같다. 우리의 소외문제에서 다음의 사실들이 중요한 것으로, 때때로 결정적인 동기로 강조되지 않을 수 없다. 즉 삶의 모든 영역에서 이러한 소외가 산출한 조작의 외견상 전능(全能)은, 우리가 방금 묘사한 불편함의 최초의 징후는 오직 산발적으로만 개별적-이데올로기적인 저항으로 숙성될 수 있다는 점이다. 그러한 저항은 종종 "광고 기계의 조작에 의해 침묵을 강요받거나 분쇄됨"으로써 본질적으로는 전혀 영향을 미치지 못한다. 이처럼 기술적으로 탁월하게 기능하는 거대 장치와 싸우는 모든 저항의 시작은, 때로는―무엇보다― 일상의 품위 유지적 웰빙(Wellbeing)을 향한 직접적 욕구의 충족을 통해서, 또 때로는 목적론적이고 인간적인 생활방식으로서 일상의 탈이데올로기적-이데올로기적 찬미를 통해, 또 때로는 ―이러한 계기 역시 무게가 크다― 선험적 전망 부재에 대한 과학적인, 물론 대부분 조작된 사이비 과학적 해석을 통해 스스로가 이 체제의 전능을 부정하는 하나의 시도가 됨으로써 이루어진다. 이러한 조작의 기술을 위해서는 오직 하나의 예로 충분하다. 즉 자본주의 국가와 과거 식민지 국가들 간의 관계가 언론에서 진지하게 논의되지 않았다는 것이다. 식민지, 식민주의라는 말 등은 오직 인용 부호 속에서만 각인되었다는 것으로 충분하다. 독자는 그가 그 집단의 '바깥'이 아니라 '안'에 있고 싶다면 그러한 문제들을 빈정대는 웃음으로 처리함으로써 '안다.' 그러한 영향들의 결합은 특수성의 온갖 유혹에 대한 저항을 어렵게 할 뿐 아니라(여기서 '광고'의 유혹은 전반적인 특수성의 지배의 근대적 현상방식으로 간주되지 않을 수 없음이 자명하다.), 그것 자체가 사회적 조류에 대한 지적이고 도덕적인 순응방식의 새롭고 특수한 형태이기도 하다. 때때로 순응자 자신이 어느 정도는 인간적 삶의 인간적 핵심에서 그것이 차지하는 위험을 분명하게 감지하고 있다. 비순응적 순응주의, 다시 말해 사람들이 그 위험성을 내면적으로 전혀 의심하지 않는 바의 사회적 지배형태들에 의한 사실적 지지는 상대적으로 넓은 계층의 태도 방식이다. 이미 이들 속에서 지배세력들과의 불편한 상태가 이론적 저항의 단초로 발전하기 시작했다. 하지만 이들은 ―때로는 자신에 대해, 또 때로는 단순히 여론에 대해― 어떤 측면에서도 조작 메커니즘의 부드러운 작동을 파괴해서도 안 되고 할 수도 없는 그러한 표현 형식들 속에서 자신들의 감정을 드러내곤 한다. 그렇기 때문에 이러한 비순응주의적 순응주의자들은 말로는 강력하게 비판하면서도 실제로는 상대 여론을 존중하는, 보편적 조작의 공조자가 될 수 있는 것이다.

'미국식 생활방식'을 통해 전체 세계를 사실적으로 지배하게 된 이러한 체제, 얼핏 인류발전의 최종 상태, 철학에서 섹스 양태에 이르기까지 조작된 형태의 영원한 존립을 보장하는 것처럼 보이는 이 같은 상태의 흔들림 없는 완고성에서 지난 몇 년 동안 분명하면서도 의미심장한 균열이 보이고 있다. 여기서 구체적인 상 전체를 제시하는 것은 우리의 과제가 아니다. 이점에 대해서는 '냉전'의 모든 '복고(復古)' 환상들은 ―계획되지 않은― 소비에트 공세에 대한 방어에 기초해 있으며, 오래전에 구태의연한 역사의 행위가 되었다는 것, 다양한 '경제 기적들'은 (무엇보다 독일의) ―조작이론들과는 반대로― 지금은 지나버린 복구시기로 입증되었다는 것,[207] 베트남에서 대규모로 확실하게 선포된 확전이론(Eskalationstheorie)이 예기치 않게 반대 공격에 직면해서 실제로 파멸했다는 것, 예기치 않게 미국 자체에서 흑인문제가 시민전쟁과 비슷한 차원으로 받아들여졌다는 것, 마찬가지로 급작스럽게 '세계통화'로서의 달러의 효력이 붕괴되는 현상을 보게 되었다는 것을 지적하는 것으로 충분할 것이다. 이 모든 사건에서 우리들에

---

207) Janossy, Ferenc: *Das Ende der Wirtschaftswunder*, Frankfurt 1966.

게 흥미로운 것은 다만 보편적 조작체계의 실제적인 (아울러 이론적인) 동요이다. 이것들은 과거에 완전히 고립되어 돌발적인 사고로만 표현될 수 있었던 저항운동이 일정한 대중적 기반을 보유하고, 특정 상황에서는 정치적인 요인들이 되기 때문에 중요하다. 물론 그것은 지극히 오랜 시간에 걸친 과정이지만, 그 대중적 토대와 정치-사회적인 파괴력이 과대평가될 필요는 없다. 하지만 구체적인 시각과 관련해서 상당한 주의를 기울임에도 불구하고 변화를 일으키는 두 가지 중요한 계기가 확정될 수 있을 것이다. 첫째로 ―다른 모든 것에 앞선 시각에서― 현실적인 반대운동을 위한 사회적 토대가 조성되기 시작한 것 같다. 물론 여기서 조작체계의 제도적인 저항력이 과소평가되어서는 안 된다. 예를 들어 이탈리아와 프랑스는 예외지만 아직은 거대한 대중적 확산으로 성장하지 못한 반대운동이 의회를 대리하기에는 지극히 어렵다.[위기의 시대에 최소한의 대리가 얼마나 중요한가는 제1차 세계대전 중 리프크네히트(Karl Liebknechts)[208]의 예가 국제적으로 보여주었다.] 체제 위협적 위기에 대한 최초의 반발은 그 가능성을 제도적으로 강력하게 차단하려는 시도 속에서 드러난다.(독일에서 다수의 선거권을 의회 대리를 위한 한계인 5%로 제고하는 문제)

그러나 정치-경제적인 조작방법에 대한 이 같은 자기폭로의 증가는 내용적으로 볼 때는 종종 단순한 방법 논리적 차원을 넘어서 있다. 이러한 폭로가 얼마나 중요한가를 우리는 나중에 볼 것이다. 그러나 결정적인 사회운동의 관점에서 볼 때 방법과 그 인식에 대한 단순한 거부만으로는 충

---

208) 카를 리프크네히트(1871~1919)는 독일의 사회학자이며 로자 룩셈부르크와 함께 스파르타키스트 연맹과 독일 공산당을 창시했다. 그는 제1차 세계대전에 반대하고 스파르타키스트에서의 역할로 명성을 얻었다. (역주)

분하지가 않다. 이러한 거부가 정치적 삶이나 경제적 삶에서, 혹은 그 둘 다에서 내용적 오류의 필연적 결과로 표현될 때 비로소 그것은 보다 중요한 사회활동의 출발점이 될 수 있다. 실수는, 대중이 그것을 단순히 수행형식에서의 결함으로서, 개별적인 현상으로서 평가하는 한, 비판가들을 열정적으로 불러 모을 수 있을 것이다. 하지만 실수의 교정은 그것을 야기한 지도층에게로 넘어갈 수 있을 것이다. 수행방법상의 결함이 사회생활의 중요한 내용과 결합되었다는 것이 드러날 때, 그 결과 지금까지의 활동이 단순히 거짓 방법에 의해 이끌린 것이 아니라 그 참다운 관심에 부응하지 못한 거짓 방법에 의해서도 이끌린다는 것, 책임 있다고 판단된 방법이 사람들에게 거짓된 삶의 내용을 강요하고 그들이 그 지배에 복종하도록 만든 단순한 수단이라는 것을 사람들이 의식하게 될 때, 그때 비로소 체제위기가 발생하는 것이다. 비판적인 통찰이 이 단계로까지 고양되거나 혹은 그것에 근접할 때 비로소 사람들은 지금까지의 그들의 삶의 토대가 적절하지 못했다는 것, 그들은 새롭게 인식된 (혹은 적어도 그처럼 새롭게 인식하는) 현실 속에서 그들의 삶이 가장 중요한 영역에 새롭게 정향(定向)되었다는 것을 깨닫게 될 것이다.

여기서 점진적으로, 때로는 급작스럽게, 사람들 대부분이 인식하지 못했고 인식하려 하지 않았던 과거의 오랜 발전결과들이 폭발적으로 표면으로 부상해서 현실적 존재의 중심으로 육박해 들어갔다는 것은 현대 자본주의에서 사회적 존재의 심오한 모순이 심화되고 가시화된 본질적 징표이다. 오늘날 영국인들이 역사의 진행을 통해 세계제국의 유럽적 중심 대신에 유럽의 변경에 있는 조그마한 섬나라에서 살 수밖에 없다는 통찰에 이르게 되었는가를 생각하는 것으로 충분하다. 사라진 세계제국의 빈자리에 정치-이데올로기적인 대체물로서 조작된 '영연방(英聯邦)'이 붕괴됨으로써 오랜 시간 억눌렸던 중요한 사태가 드러나고, 이 같은 조작상태를 청산한 영국민은 사회적 존재의 문제 전체를 문제시하기 시작했다. 온갖 역사적-사회적인 차이에도 불구하고 고도의 일반성의 수준에서 볼 때 독일의 위기는 비슷한 계기들을 담고 있다. 독일 제국주의의 근본문제를 적절히 담고 있는 둘레셴(Dullesschen)의 '복고(roll-back) 정치'의 총체적 붕괴 —민주주의 혁명에 대한 탐색이 실패함으로써 독일을 사회적으로 후퇴시킨 반동-보수적 행위에서 세계를 지배하려던 두 차례의 무의미하고 비현실적인 시도의 결과— 가 조작적 차원에서 사라지게 되면서, 오늘날에도 청산되지 않은 과거가 점차적으로 부상하기 시작했기 때문이다.(이러한 조작은 예를 들어 히틀러 시대에 대한 이데올로기적인 극복을 이스라엘의 유대인들에 대한 물질적 보상으로 축소시켰다.) 낡은 목표와 다시금 연결하려는 꿈이 그 이면에 감추어져 있다는 것은 이해되지 않았고, 현재도 거의 이해되지 않고 있다. 어쩌면 어떤 이성적 인간도 히틀러의 한계를 복원하거나 독일을 원폭 보유 국가로 만들려 하지 않는다는 생각은 —사정변경의 원칙(rebus sic stantibus)— 물론 옳다. 그럼에도 공식적인 정치는 변화된 일정한 대외정치적 상황하에서 그러한 목표설정을 관점에 따라 현실적으로 가능한 것으로 간주한다. 때문에 독일의 정치적 조작에서는 네 가지 형태의 위기가 발생했다. 말하자면 제2차 세계대전 후의 상황에 대한 그 같은 형식적-공식적인 인정, 즉 권력관계의 변동기에서의 이러한 인정은 —지금까지 정치의 연장으로서— 즉각 사라지고, 공격적인 보복 제국주의(Revancheimperialismus)로 이동하지 않을 수 없었다. 그리하여 과거 독일의 이데올로기적 조작, 현실정치와 사법행정 등의 조작형태 등은 —공식적으로는 인정이 안 된— 다음과 같은 시각에 봉사한다. 즉 그 부르주아적-'권위주의적' 반동과 조작적-민주주의적인 근대적 형태 안에서 오늘날 다시금 진행되는 뒤틀린 팽창주의 경향의 '낡은' 독일을 미래에도 가능한 그대로 보존한다는 것이다. 언제나 뚜렷하게 등장하는 위기의 징표들은 현대 독일의 권력체계를 결정하는 운명적 물음에 뿌리를 두고 있다. 결론적으로 드골(Charles De Gaulle)은 광범위하게 잠복해 있는 '복고정치'의 위기에 기초해서 프랑스 제국주의의 거대한 권력층에 도달했으며, 미국으로부터 독립된 통합 '유럽'의 '지도자'로서 실제로 조작하게 되었음을 간략하게 지적할 필요가 있을 것이다. 유럽에 대한 소비에트의 공격은 없다는 올바른 인식이 드골에게는 권력정치의 측면에서 근거 지어지지 않은 거대권력의 조작의 여지를 제공했으며, 모든 경제-사회적인 문제를 수사적 조작으로 교묘하게 벗어난 국내정치에서 독재를 할 수 있는 여지를 제공했다. 따라서 여기서 언제나 거대한 대중을 움직이는 위기의 징표들이 보이는 것이다.

이러한 기본적인 맥락들은 지난 몇 년 동안 미국의 발전을 특징지은 모순들에서 풍부하게 나타나 있다. 히틀러의 몰락 이후 전체 문명화된 세계의 생활형식으로 자처하면서 등장했던 '팍스 아메리카나(pax Americana)'의 위기가 시작되었다. 일반적인 탈이데올로기화의 소박한 정직성은 사상계를 억압하는 황폐한 '전체주의'의 난행을 일소해야만 하고, 경제적 자유와 정치적 민주주의는 독일적인 권리박탈과 권력파괴를 일소해야만 한다. 그리고 제2차 세계대전으로 말미암아 세계적 척도에서 낡은 식민주의가 붕괴되었기 때문에, 민주주의적 지배의 이 새로운 형태는 모두가 어느 정도는 뒤처진 국민들을 문명의 도정에 올려놓아야 한다. 그런데 소비에트 연방의 '정복야욕'이 유일한 적으로서 등장한다. 최초의 원자폭탄의 독점은 확실히 예견된 소비에트의 공격을 철저히 차단함으로써 즐거운 '팍스 아메리카나'를 평화적이고 자유로운 세계지배로 확립하는 데 기여한다. 여기서 이러한 개념화가 언제, 어디서, 그리고 어떻게 실제로 기념비적인 제국주의적 조작의 선전 슬로건으로 입증되는가를 기술할 수는 없다. 다만 광범위하게 확산된 거짓 때문에 그들의 의도 자체는 알 수 없지만, 그것이 결코 소비에트의 공격을 자단하지는 못하리라는 점에 대해 지적할 것이다. 핵(협상의 교착)이 입증된 이후 미국에 의해 구축된 동맹은 해체되기 시작한 과정을 중단할 수 없다는 점에서 명백히 목표가 없다.(다만 예외로서 독일 연방공화국을 들 수 있는데, 여기서는 황금시대로의 복귀에 의해 '복고'에 대한 적지 않은 꿈이 있다.) 지금까지는 대외정치에서 위기의 시작을 알리는 징표를 배제하고 조작하는 데 이르렀다. 마찬가지로 국내정치에서도 흑인문제뿐만 아니라 케네디 암살을 둘러싼 조작이 체제 전체를 동요시키는 징표였다는 점은 확실하다. 균형을 뒤흔든 계기들 가운데 특정 부분들만이 오늘날 알려져 있는 이 복잡한 문제들은 결국 체제의 기초 자체가 항시적으로 불확실해지는 현상에 대해 하나의 통일적인 윤곽을 보여주는 것이다.

언제, 어떻게 그러한 계기들이 개별적인 다른 계기들과 마찬가지로 오늘날에도 여전히 공개되지 않았다는 것은 비중이 가장 큰 자본주의 국가들에서 심각한 위기를 낳을 수 있다. 하지만 많은 징후들은 그것들이 조작체제에 대한 광범위하게 확산된 사회비판의 출발점이 될 수 있음을, 대중적이고 원칙적으로 정초되어 지금까지의 지배적 수준을 훨씬 뛰어넘는 반대운동의 이데올로기적이며, 나중에는 조직적인 형성의 출발점이 될 수 있음을 가리키고 있다. 이 점이 발생과정에서 진지하게 파악되었다면, 체제의 문제 전체가 생동하는 연관 속에서 공개적으로 언표된다는 것은, 오늘날 침묵을 강요받거나 혹은 자연발생적으로 침묵을 지키게 된 사람들이 그들의 사회환경에 대해, 그들에게 강제된 생활방식에 대해 안팎으로 억압된 불만족을 공공연하게 표현할 수밖에 없다는 것은 불가피한 일이다. 그처럼 고양된 반대운동 속에서 비로소 오늘날 잠재적인 불만이 체제변혁의 주체적 요인으로 구성될 수 있는 진정한 내용을, 참다운 목소리를 발견할 수 있는 것이다.

우리는 앞서 수행체제에 대한 단순한 비판은, 사유와 행동, 그리고 그 것들을 규정하는 방법에 대한 단순한 비판은 정치적으로 중요한 대중운동의 자연발생적 토대가 될 수 없음을 강조한 바 있다. 이 점은 의심할 여지 없이 옳다. 왜냐하면 인간은, 무엇보다 인간집단은 그들의 직접적인 생계에 의해 직접적으로 또 가장 강하게 움직이기 때문이다. 그 방법들을 폐기하는 것은 이러한 연관 속에서 비로소 결정적인 무게를 갖는다. 수많은 변혁운동의 역사는 그러한 연관들이 서로 간에 내적으로 작용하고 있음을 확증해준다. 하지만 그렇다고 해서 방법들에 대한 비판이 —우리의 경우에 조작에 대한 비판이— 정치적이고 이데올로기적으로 적절하지 못했다고 주장해서는 안 된다. 마찬가지로 우리는 이미 앞에서 철저히 조작된 일상의 권태에서 야기된 무기력한 불만이 감정적으로 상당히 확산되었다는 점에 대해 언급한 바 있다. 하지만 그러한 삶의 정조가 갖는 개인적이고 사회적인 중요성은 순수한 개인적인 사태와는 전혀 다르며, 특정 개인이 그 자신의 고유한 소외에 대해 취하는 과정의 계기와도 전혀 다르다. 물론 그로 인해 결단하게 된 특정 인간들은 그들의 불만족, 그들의 권태, 그들의 소외의 원인들을 그들에 의해 감지된 현존재의 연관 전체 속에서 일별한다. 조작의 사회적이며 이론적인 타당성이 확고한 것으로 나타난다면 —체험된 불만족에도 불구하고, 깊이 느껴지고 널리 확산된 권태 등에도 불구하고— 소외에 대한 부정은 사회적으로 의식된 보편성을 지닐 수 없을뿐더러, 그 자체가 소외에 대한 순전히 개인적인 저항의 범위는 예외적인 경우로 제한되지 않을 수 없다. 왜냐하면 사회적으로 공고하게 정초된 것으로 보이는 조작의 세계관적 반영이 개인에게는, 그의 순수한 개인적 행위에 있어서는 고유의 소외를 지양불가능하게 정초된 인간적 삶 일반의, 적어도 문명사회에서의 삶의 사태로 바뀔 수 있기 때문이다. 그리하여 고유의 소외에 대한 비극적인 (혹은 그 자체가 비-희극적이거나 순전히 희극적인) 투쟁만이 가능한 것처럼 보임으로써 실제적인 개인의 저항은 개별화된 예외적인 경우가 되거나 혹은 소외에 대한 순응만이 인간 삶의 현실적 조건들에 부응할 수 있을 것이라는 확신 —저항의 희극, 그 불합리한 성격이 그러한 저항으로 이끈다는 것— 이 생긴다. 그처럼 빈번하게 존재하는 소외에 대한 지적이고 비판적인 태도는 많은 경우 내면적으로는 위선적이며, 때문에 실제적 소외를 심화시키는 비순응주의적 순응주의의 형태를 받아들이게 되는 것이다.

여기서 자신의 소외를 지양하려는 개인적인 시도는 소외의 사회적 현상에 대한 사회적 투쟁과는 직접적으로 상이하고 독립적인 사회적 행위라는 것, 그럼에도 그것이 등장할 수 있는 가능성의 공간뿐만 아니라 그것의 양적이고 내용적인 속성도 형식적인 속성과 마찬가지로 상당 정도 사회적-역사적으로 규정되어 있다는 것이 분명해진다. 정확성을 기하기 위해 다시금 사회적인 자연발생성의 상황하에서 이루어지는 반소외 사회운동이 이러한 유의 개별적 과정을 발단했다는 점을 상기하자. 상대적이지만 그럼에도 필연적으로 존재하는, 그러한 개별행위들의 독립성은 그렇기 때문에 종종 이 과정 전체의 사회적 성격을 차별화한다. 그럼에도 이 영역에서 개인적 행위와 사회적 행위의 순수한 구별은 결코 일어나지 않는다. 다른 곳에서와 마찬가지로 여기서도 개인적인 것은 사회적인 것과 존재론적으로 분리되지 않는다. 어쩔 수 없이 기계론적인 통속화로 갈지 모를지라도, 우리는 엄격히 분리되고 상호 간 완전히 독립된 두 영역을 받아들이거나 혹은 완전한 종속에 이르기까지 두 행동방식의 완벽한 통일을 받아들이게 될 것이다. 인간 자신의 소외가 역으로 그의 인격의 내적인 발전 가능성에 미치는, 사회적으로 제약된 영향으로부터 소외가 존재론적으로 발생하는 과정은 이러한 다양성 안에서의 상호 구속성, 불가분적인 결합 안에서의 독립성의 원인이 된다.

　중대한 노동의 주관적 계기로서의 소외와 그로부터 발산된 모든 인간적 능력은 동시에 현존하는 그것의 본질성에 대응하는 모든 인간적 행위의 불가피한 계기이며, 원초적으로 단순한 떼거리 인간들의 개별성을 개인들의 특수성으로 고양시킨 가장 영향력이 있는 동력 중의 하나이다. 소외는 그것이 지닌 전체적인 형식-내용의 면에서 수미일관하게 사회적인 성격을 띠고 있다. 응답하는 존재로서의 인간의 속성이 여기서 극명하게 표현된다. 다시 말해 인간이 그의 노동으로, 그 밖의 다른 행위들(외화들)로 반응하는 모든 삶의 문제는 사회적인 존재방식(Wesensart)을 갖고 있다는 것이다. 그가 그러한 문제들에 제시하는 답변은 직접적으로는 그 자신의 삶을 보존하고, 재생산하기 위한 것이다. 그것은 곧바로 삶의 내적인 속성으로부터만 발생할 수 있을 것이다. 때문에 인간의 사회성과 개별성의 그 같은 불가분적 통일 안에서의 모순이 외화에서 표현된다. 사회에 의해 제기된 문제들에 대해 개별적으로 답변하는 외화는 인간을 —추상적으로 본— 탈인격화할 수 있는 것과 똑같은 방식으로 인격화할 수 있다. 이러한 모순적 토대가 —사회적-개인적으로— 소외의 모순적인 이중성뿐만 아니라 그 소외에 대항해서 투쟁할 수 있는 이중적으로 모순된 가능성도 규정한다. 개인적인 것과 사회적인 것의 이 같은 모순적 불가분리성을 좀 더 풍부하게 규정하기 위해서는 외화가 실천에서의 대상적 활동과 함께 불가분적인 행위를 형성한다는 것, 객관적인 대립으로까지 발전할 수 있는 양자의 차이는 다만, 후자(실천—역자)는 객체에 대한 목적론적 행위의 작용을, 전자(외화—역자)는 반대로 행동하는 주체에 대한 객체의 작용을 표현한다는 사실에서 나온다는 점을 상기하면 될 것이다. 이러한 측면에서 노동은 모든 사회적 활동의 모델이다. 노동으로부터 한참 떨어진 예를 든다면, 시적인 창작행위를 생각할 수 있다. 즉 모든 말, 모든 문장은 여기서 대상화(형상화)이자 동시에 외화(시적 인격성의 표현)이다. 이제 이러한 단어들의 결합은 형상과 동시에 표현을 담지하고 있다는 것, 그 둘의 성격, 의미, 의의, 가치는 언어예술의 통일적 행위 속에서 상이하면서도 대립적인 특성을 지닐 수 있다는 것이 분명하다.

소외의 일반적인 존재론적 기초에 대한 이러한 재고는 무엇보다 현실적으로 심각한 소외의 족쇄를 깨려는 개인적인 시도와 사회적인 시도에 대해 체제의 위기가 미치는 영향의 내용(Was)과 방법(Wie)을 좀 더 잘 이해하는 데 필요하다. 우리는 부조리의 예찬이나 비순응주의적 순응주의 등과 같은 사회적 행동양식과 관련해 개인적인 삶의 특수한 문제상황에서 개별 인간들의 결정에 대해 지배적인 조작방법들의 일반적인 평가가 얼마나 커다란 영향을 미칠 수 있는가를 분명히 할 수 있었다. 이러한 영향은 많은 경우 일반적인 성격을, 달리 표현한다면 세계관적인 성격을 갖고 있다. 후자의 규정에서 불가피한 유보는 다음에 이어지는 구체화 작업을 시사하고 있다. 즉 이미 존재하거나 혹은 준비작업에서 발견되는 모든 저항을 부정하는 지배층의 영향에서는 해당 결정의 현실적인 결과에 대한 두려움이, 적어도 이러한 결정이 무조건적으로 문제되는 것은 아니다. 미국식의 거주 제한 지역에서 누군가가 그의 내면에 거슬리는 일을 강제하거나 혹은 그가 내면적으로 끌리는 직업, 활동, 오락 등을 금지시킨다면, 상당수의 경우에서 개인의 좋은 삶에 영향력이 없지 않은 이웃의 공개적인 여론 압력 앞에서 느끼는 직접적인 공포는 문제가 된다. 그럼에도 적지 않게 이러한 영향이 정신적 성격을 띠게 되는 경우가 있다. 현실은, 모름지기 그것이 일반적 조작에 의해 기술되는 바의 그것이라고 믿어진다. 때문에 이성적 개인으로서 우리는 내면적으로 부당한 것을 옹호함이 없이 그 개인을 무자비하게 부정하는 보편성과 맞설 수는 없을 것이다. 우리는 다만 자신의 개인적인 기분과 견해에 기초해서는 당대의 유명한 과학자들, 철학자들, 예술가들 등과 다르지만 결국에는 직관적으로 일치한다고 언명된 바의 현실이라고 하는 것 이상으로 제시하지 못할 것이다. 그러한 처지에서의 후퇴는 공포나 적응 준비, 자기포기 등을 표현하는 것은 아니다. 여기서 결정적인 역할을 담당한 것은 끝까지 이성적으로 생각된 사유 도정이 아니라 주로 감정과 기분이라 할지라도, 개인에 대한 그러한 영향을 세계관적 영향으로 지칭하는 것이 사회적으로나 존재론적 의미에서 근거가 없는 것은 아니다.(세계관적이라는 말을 인용부호 속에 넣을 수도 있겠다.) 늘 다시금 새롭게 발생한, 감정에 대한, 사유에 대한, 행동에 대한, 양심 등등에 대한 세계상의 영향이 문제이다. 그러한 세계관의 준비를 사회적으로 담지하고 있는 이성적이거나 과학적이지 않은 흐름은 때때로 너무나 강력해서 그것은 주관적 요인을 움직이는 하나의 견인차가 되고, 거대한 사회변혁에서 결코 과소평가될 수 없는 의미를 가질 수 있다. 우리가 앞서 상세히 고찰한 데서 알 수 있듯, 세계관 역시 사회발전의 산물인 동시에 동인이다. 많은 측면에서 개인들 자체를 겨냥한 특수한 영향은 소외의 경우 그 보편적 성격을 전혀 변경하지 않은 상태에서 이러한 일반적 연관을 단일성으로 변형할 수 있다.

따라서 우리가 앞선 고찰에서 오늘날 널리 알려진 조작체계에서의 균열을 지적했다면, 지금은 그와 더불어 이처럼 심대한 영향을 미치는 과학적인 (또한 사이비 과학적인) 탐구방식들과 그것들을 이론적으로 근거지운 철학적 (또한 사이비 철학적인) 방법들이 사회적 필연성을 가지고 그것들의 내적인 약점과 취약성, 기초의 비현실성을 공개할 수 있고 해야만 한다는 점을 지적하겠다. 나는 한 가지 예를 들겠다. 오랫동인 정치와 실진(實戰)에서 에스칼레이션(확전)이라는 용어는 다소 성급하게 말한다면 주술적-종교적인 시사를 주었다. 절정기의 중세인들이 토마스주의의 연역에 기초해서 본능적으로 믿음을 순종했듯, 우리 시대의 인간들은 에스칼레이션에서 거부할 수 없을 만큼 당당하게 참된 과학을 정치와 전쟁에 적용하는 모습을 본다. 기술적 탁월함에 대한 수많은 사람들의 믿음에는 저항할 수 없는 힘이 따르는 것처럼 보이듯, —그럼에도 이러한 탁월함은 비행기와 냉장고, 비키니와 '알약'에 이르기까지 도처에 보존되어 있다— 세계적 사건의 최상의 궁극적 계획이 뒤를 잇지 않을 수 없다. 고인이 된 명민한 W. 밀스(Mills)처럼, 약간의 통찰력이 있는 사람들은 경제, 정치, 그리고 전쟁을 수행함에 있어 '어느 정도는 조직화된 무책임성'에 대해 헛되이 언급하고, 그러한 태도의 공통점을 '이성이 없는 합리주의'[209]라고 헛되이 지칭한다. 하지만 그들은 이러한 상황하에서 경청하는 사람을 거의 발견하지 못할 것이다. 이론(異論)에 대한 비난은 신실증주의적 조작의 전형적인 가르침에 속하지 않기 때문에, 통찰력 있는 학자는 이러한 종류를 '비과학적'이나 '과학적으로 고루한'과 같은 형용사를 통해 가능한 한 무력하게 만들 것이다.

베트남에서 에스칼레이션이 붕괴한 것의 넓고 깊은 의미는 무엇보다 조직적이거나 기술적인 (예를 들어 인공두뇌학을 적용한) 조작의 무오류성에 대

---

209) C. Wright Mills: *Die Konsequenz*, München 1959, S. 13 und 236.

해 대중적 신앙이 흔들리거나, 적어도 심각한 불신에 빠졌다는 점에 있다. 이러한 운동은 당연히 일차적-자연발생적으로 현실적이고 실제적인 실패의 영역을 겨냥하고 있다. 하지만 그것은 점차적으로 방법 자체를 지향하지 않을 수 없게 되었다. 대단히 많은 사람들이 이미 그들의 일상의 세부적인 부분과 그 일상에서 제기된 구체적인 문제에 대해 반성하고 조작의 모순과 비진리, 그것들이 실패한 계기, 심지어는 사이비 과학이론의 부정확한 적용에 대해 반발하고 있다. 그러한 고찰들은 여기서 개괄한 전체 상황에 비추어볼 때 대단히 다른 방식으로 영향을 미치고 있다. 조작체계가 (부동성에 대한 보편적인 신앙이) 흔들림이 없던 시대에, 사람들은 낯선 개인의 탄식을 대하듯 움츠러든 상태로 그러한 체계들을 외면한다. 그럼에도 동요가 심각하게 이루어질 때, 그것은 실천적-기술적이고 정신적 등의 조작방법에 대한 광범위한 파괴를 모색하는 출발점이 될 수 있다. 나는 예시적 목적으로 최근의 과거로부터 한 쌍의 예를 끌어오겠다. '과학적' 영향을 미치는 조작 슬로건은 생산력의 무한한 제고이다. 갤브레이스(John Kenneth Galbraith)[210]와 같은 신중한 경제학자는 이러한 관점에서 대단히 중요한 자동차 산업에 관해 다음과 같이 적었다: "연구노동의 상당 부분—자동차 산업이 전형적인 예이다— 은 변화를 꾀하려는 목적만을 가지고 있는데, 이를 위해서는 광고를 해야 한다. 연구 프로그램 센터에서는 '판매의 관점'과 '광고 슬로건'이라는 과제를 발견하거나 '계획적인' 고령화

---

210) 존 케네스 갤브레이스(1908~2006)는 캐나다와 미국에서 활동한 영향력 있는 경제학자이다. 그는 케인스학파와 제도학파에 속했으며, 20세기 미국의 자유주의와 진보주의를 대변하는 대표적인 학자이다. 그는 많은 논문과 저서를 발간했으며 하버드 대학에서 강의했다. 대표적인 저서로 *American Capitalism*(1952), *The Affluent Society*(1958), *The New Industrial State*(1967) 등이 있다. (역주)

를 요구한다."[211] 사회학자 화이트(William Hollingsworth "Holly" Whyte)[212]는 널리 확산된 일반적 편견, 다시 말해 과학적 진보의 계획을 기술적으로 검증된 모델에 따라 수립해야 한다는 점에 대해 비판했다. 이 점과 관련해서 그는 순수한 조직적 방법에 ―원칙적으로― 저항할 수 있는, 이 영역의 독특하고 필수적인 계기를 보여주고 있다. 그는 말한다: "하나의 발견(과학적인―저자)은 그 본성에 따라 우연적 성질을 갖고 있다 … 우리가 호기심을 일찍부터 합리화하면, 우리는 그것을 죽일 것이다."[213] 이러한 예는 끝도 없을 것이다. 조작의 허위에 대해, 필연적 오류에 대해, 실천적으로나 이론적으로 일상의 인간의 복지를 위해 개별적으로 중요한 문제에 대해, 개개의 숙고하는 인간의 통찰이 지금처럼 완벽하게 결여되었던 적은 없다.

하지만 현실적인 면에서 체제의 커다란 동요가 수많은 사람들에게 용기를 일깨우고, 실제로 체험되고 관찰된 실패의 경우들을 방법의 일반적 실패의 징후로 평가할 경우, 새로운 상황은 그다지 어렵지 않게 이데올로기적-정치적인 것으로 확장·심화될 수 있다. 이에 관해서는 오늘날 정치-군사-사회적인 사건들이 광범위한 지적-도덕적 공간을 제공하고 있다. 명백히 두 가지 측면에서 그렇다. 한편으로 상당수의 개인에게 자신의 소외와 맞서라는 용기를 키워줌으로써, 다른 한편으로는 적어도 '미국적 생활방식'의 세계지배에 대한 근본적 개혁을 실천적으로 실현하고자 결단한, 행위를

---

211) J. K. Galbraith: *Gesellschaft im Überfluß*, München-Zürich 1963, S. 158ff.

212) 윌리엄 화이트(1917~99)는 미국의 사회학자이다. 그는 1956년 유명한 *The organisation Man*을 썼다. 그의 다른 저서로는 *Is Anybody Listening?*(1952), *Securing Open Spaces for Urban America*(1959), *Cluster Development*(1964), *The Last Landscape*(1968), *The Social Life of Small Urban Spaces*(1980) 및 *City: Rediscovering the Center*(1988) 등이 있다. (역주)

213) W. H. Whyte: *The Organisation Man*, Utrecht 1961, S. 193.

결정하고 실행하는 집단들을 점진적으로 육성하는 것으로서 그렇다.

이러한 상황에서 대단히 특징적인 것은 ―묘사된 정치적 사건들과 나란히― 국제적 대중운동으로 성장한 학생운동이다. 지금은 그들의 요구와 강령 등의 차이와 일치를 분석하는 자리가 아니다. 하지만 모든 순수한 관찰자에게 그들의 원초적인 출발점은 청년들이 지식의 조작된 분업에 대해, 그 결과로서 그들이 '전문가 바보(Fachidiotismus)'로 교육되는 것에 대해 정신적-도덕적으로 갖는 불만이었다는 것은 두말할 나위 없이 분명했다. 개인의(혹은 소집단의) 불만이 하나의 대중운동으로 농축되는 정도에 따라, 여기서는 과학적 발전의 필연적 결과가 아니라, 오로지 마찰 없는 조작의 이데올로기적 정박(碇泊)이 문제라는 통찰이 성장한다. 객관적으로 볼 때 과학 자체에서도 저런 '연결고리'의 강도와 수(數)가 성장하고 있으며, 이러한 고리를 통해 분업은 상호 고립된 (얼핏 완벽하게 단절된) 영역들을 상호 침투하고 상호 영향을 줄 수 있다. 객관적이고 과학적으로 볼 때, 백 년 전 물리학과 화학 사이의 경계는 오늘날보다는 훨씬 분명했었다. 이에 반해 조작적 차원에서 볼 때 양자의 내부에서 개개의 복합문제들은 '분업의 차원에서' 전보다 엄격하게 상호 간 은밀하게 차단되어 있다. 역사학, 경제학, 사회학, 정치학, 인구통계학 등은 존재적 의미에서 불가분적으로 통일된 하나의 복합체를 형성하고(당연히 전문적인 연구를 허용할 뿐만 아니라 요구하기도 한다.) 있음에도 불구하고 ―경직화의 형벌― 방법론적 의미에서 현실복합체 자체의 존재론적 통일을 실천으로 고수할 뿐이라는 것을 통찰하기란 전혀 어렵지 않다. 학생들의 강령이 지금까지 그러한 연관에 대해 이론적으로 분명한 통찰에 얼마큼 도달했는가에 관계없이, 이러한 조작 요구들의 자의성에 대한 체험, 성장하는 인간들에 대해 그것들이 가하는 굴욕적이고 소외적인 영향에 대한 체험이 점차적으로 파악되었다. 또한 조작에 기초한 그러한 유의 행동들이 정치적으로 붕괴함으로써 이러한 운동이 정신적으로 심화되고, 결단을 이루게 되고, 인간들의 공동선을 만들 수 있게 되었다는 것도 분명하다. 물론 오늘날에 가시화된 최초의 징후적 결론이 정치-사회적으로 미처 발전되지 못한 운동의 내용과 강도 등을 목표로 한다는 것은 불가능하다. 그것은 인간행동의 보편적-존재론적 기초 위에서, 소외가 그러하듯 무엇보다 특수성이 강하게 전개된 사회현상과 투쟁하면서 미래의 발전경향을 사유 속에 선취하려는 탐구의 과제 범위에는 결코 속하지 않을 것이다. 오랫동안 구명된 과거의 문제로부터 발생한 경제-사회적인 모순들이 (미국 사회에서 흑인의 통합과 같은) 의심할 여지없이 특정한 자연발생적 필연성을 띠면서 확대·발전되었다. 그럼에도 공개된 문제의 다른 현상방식들에 반응하듯 이러한 현상방식들에 대해서 이미 일련의 이데올로기적인 문제들이 제기된 것처럼, 현재의 세계상황에서 그것들이 차지하는 커다란 의미에 대해 우리는 이미 거듭 지적했었다. 물론 모든 체제위기는 어느 정도는 이데올로기적이다. 지배계급은 더 이상 지배받으려 하지 않는다는, 특정 참여자들이 관련된 혁명적 상황에 대한 레닌의 규정에는 이데올로기적 위기에 대한 지극히 일반적인 개요가 담겨 있다. 오로지 사회-역사적인 현실 속에서만 구체적인 현상방식이 존재한다. 그 결과 구체적으로 발생한 목적론적-인과적인 반응의 여지는 너무나 다르기 때문에 근본적-일반적 원리들에 대한 일반적 통찰은 '구체적 상황에 대한 구체적 분석'(레닌)에 기초해서만 이론적-실천적으로 파악할 수 있다. 물론 모든 지배체제는 기능할 수 있기 위해서 보다 특정된 보편성의 방법을 형성하지 않을 수 없기 때문이지만, 그러나 이 방법은 봉건사회에서 혹은 수많은 봉건적 잔재와 더불어 노동하는 사회에서처럼, 훨씬 초월적으로 정초될 수 있다. 이 사회에서는 어느 정도 비합리적인 도약이 원칙과 개별행위 사이의 결합을 수립하기 위해 소환된다. 즉 그 도약은 비스마르크의 독일과 그 이후의 독일 등에서처럼 처음부터 비관념적이고 '현실정치적으로' 계획된 것이다.

하지만 이데올로기적인 반응의 성격은 그 고유의 목적정립을 통해서뿐만 아니라 어떤 지배의 방법에 대해 그것이 개혁적으로 혹은 혁명적으로 반응하는가에 의해서도 규정된다. 특정 저항운동에서 순수한 이데올로기적인 계기의 무게, 그 내용적이고 방법론적인 속성은 그것이 사회적으로 '응답'하는 사회적 '문제'와의 연관 속에서만 파악된다. 이데올로기적으로 볼 때 조작체계는 유일하게 과학적이라고 선언된 특정한 (신실증주의적인) 방법의 전능성에 직접 기초해 있기 때문에 —탈이데올로기의 이데올로기는 이러한 상황이 가장 첨예화된 정식이다— 사회적 실재로서의 체제에 반대하는 사회투쟁이 이데올로기적-비판적인 측면에서 지배 이데올로기들의 전능성의 요구를 논급하는 것은 불가피한 일이다. 아울러 단순히 순수하게 정신적이고 과학적으로 내재된 방법론적인 문제가 아니라, 오직 그런 방식으로 투쟁할 수밖에 없는 사회적 갈등이 문제라는 점이 일상의 소비로부터 거대 정치와 실전에 이르기까지의 정신적 태도의 실천적-보편적 영향을 보여준다. 그럼에도 이로부터 이데올로기적인 기능들과 이렇게 정신적으로 정초된 체제의 존속 혹은 동요를 위해 그것들이 행하는 이데올로기적인 비판이 무차별적으로 혹은 부차적인 의미만을 갖게 되는 것은 결코 아니다. 18세기를 생각해보자. 즉 리스본의 지진과 그에 대한 볼테르의 시 「캉디드」에서의 '가능한 최상의 세계'에 대한 비판 등은 프랑스 절대왕정의 정치, 행정 등과 관련해서 확실히 어떠한 직접적 연관도 갖고 있지 않다. 그럼에도 이 체제의 보다 중요한 세계관적 기초에 대한 이데올로기적인 비판은 그것을 동요시키는 데 실천적으로 전혀 연관이 없는 것이 아니다.(이러한 영향이 다수의 부르주아적 서술들에 의해 양적으로나 그 방향성과 관련해서 여러 모로 과대평가되었다는 것은 실제적인 사태 자체를 전혀 변화시키지 못한다.) 하지만 현재의 상황에서 그러한 방향성은 이데올로기적인 기초와 사회직 실천의 결합 속에서 하나의 득수한 징표이나. 때문에 우리는 성낭하게 현재의 변혁운동에서 순수한 이데올로기적인 요인들에는 과거의 경우에서보다 질적으로 중요한 역할이 부여되어 있다고 주장할 수 있다고 믿는다. 왜냐하면 종교적 표상에서의 성향은 절대군주제와 그것에 대한 공격의 중요한 이데올로기적인 버팀목이자 그 자체가 그것의 동요이기 때문에, 그 결정적인 실천은 아직은 모든 것을 실제로 움직이는 중심점에 직접적으로 기인한 것이 아니다. 이에 반해 여기서 언급하고 있는 바의 과학적-철학적 이론들은 모름지기 지배적인 사회활동 전체를 실제로 주도하고 구체적으로 방향을 제시하는 힘(Potenz)을 이루고 있다. 그리하여 사태에 대한 이론들의 포괄적 비판은 사회적 실천의 정신적 토대에 대한 파괴가 야기하는 것과 마찬가지로 철학적 토대와 방법을 겨냥해서 상처를 가하고 파괴할 수 있다. 조작에 따라 각 영역이 직접적인 인접영역 속으로 분업화된 것이 무능하고 무지해 보일지라도, 개별영역들은 다만 상호 간에 모호하게 차단된 것처럼 보일 뿐이다. 사태적으로 볼 때 아마도 모든 영역은 방법론이라는 '위'뿐만 아니라 가장 긴밀하게 연관된 것에 그것을 물질적으로 적용하는 '아래'에도 의존해 있다. 때문에 이데올로기 못지않게 실천상의 모든 결정적이며 비판적 회의에 대해 입센의 『유령(Gespenster)』에 나오는 앨빙 부인의 다음의 말이 의미가 있다: "나는 오직 하나의 매듭만을 잡아당기려 했다. 하지만 내가 **그** 매듭을 풀었을 때, 거기서 전체 역사가 풀렸다."

이제 우리가 기존 상태와 투쟁하는 이데올로기들을 그 역동적인 연관 속에서 —이러한 연관의 통일은 사회적 존재 속에서 개별 선택들의 가능성의 여지로 작용한다— 고찰할 때, 이러한 선택들은 그것들의 역사적 통일 자체를 지양하지 않고서도 상호 간 크고 구체적인 차이들을 입증할 수 있을 것이다. 따라서 사람들의 일상적 실천에서 현실적인 중심점에 속하는 것은 우리가 다루었던 바의 (다시 보자: 광고 슬로건에서 보편성의 철학에 이르기까지) 방법만이 아니라, 개별 인간들이 결정을 내릴 때 어느 정도 분명하게 떠오르는 시각(Perspektive)이다. 물론 시각은 무엇보다 하나의 일상의 범주이다. 여기서는 어떤 갈등도 존재하지 않는다. 그 갈등을 해결할 때 근본적으로 변화된 것은 아닐지라도 적어도 개선된 상태에 대한 표상이 당면한 선택적 결정들에서 중요한 의미를 가질 것이다. 그러한 시각의 경험적 다수는 일상에서는 직접적으로 개인의 구체적인 삶에 뿌리를 둔, 행동하는 개인과 직접적으로 연관된 성격을 가지고 있다. 그럼에도 불구하고 이처럼 지극히 구체적인 직접성에서는, 종종 의식되지 않은 상태일지라도, 통상 소망할 가치가 있는 상태를 결정의 배경으로 만든 일반적인 원리들에 대한 표상이 유효해지는 경우는 거의 없다.[물론 여기에는 상반된 가치의 대극(對極)이 부정의 토대로서 포함되어 있다.] 일상적 실천 속에는 그러한 원리들이 작용하고 있기 때문에, 많은 사람들에게 떠오르는 그 같은 시각이 사회적 보편성을 견지하고 있다는 것, 그것이 역사의 주관적 요인을 구성하는 요소들이 될 수 있다는 것도 가능할 것이다. 종종 변혁에 의해 예비되는, 이데올로기적으로 첨예한 이행기에는 긍정적이고 부정적인 시각들이 적어도 동시적으로 등장한다. 다시 말해 삶의 형식의 전반적 변화에 대해 자연발생적 직접성 속에서 개인적인 행복과 결부시켜보는 견해는 적어도 동일한 일상에서 기존 상태에 대한 부정이자 새로운 유의 변화된 삶의 양식에 대한 소망인 것이다. 우리는 앞서 현재 부정의 방향을 추구하는 동기를 지적했다. 이러한 분석을 통해 조작과 그 이론적 정초를 거부하는 데 긍정적인 시각의 계기가 담겨 있다는 것을 분명하게 통찰할 수 있다. 즉 조작되지 않은 민주주의와 그 상(像)에 대한 동경이 자신의 과거의 사태에 색깔과 형상을 부여하는 것이다. 하나의 과거는―그 자체로 또 특별히 소망의 표상 속에서 그것이 매력적이고 매혹적인지 몰라도― 경제적으로 근본적으로 달라진 상태에서 사실적이고 구체적이며 새롭게 실현될 수는 없다. 사회적으로 형성된 역사의 진로는 시간 자체만큼이나 결코 되돌릴 수 없다. 그럼에도 그러한 시각의 표상들이 자연스럽게 시의적절한 조정을 거쳐 위기의 시대에 크고 긍정적인 역할을 담당할 수 있다는 것은 분명 가능하다. 물론 여기서는 언제나 사회발전이 총체적인 척도에서 불균등하다는 것을 잊어서는 안 될 것이다. 이로부터 시각형성의 많은 경우에 보다 발전된 국가가 사회적으로 정체된 국가에 대해 모범이 될 수 있다. 우리는 18세기에 혁명 이후의 영국이 혁명 이전의 프랑스에 미친 영향을 생각했다.

오늘날 사회주의 국가들의 생존이 자본주의 국가의 변혁의 시각에 확실한 영향을 미치고 있다는 것은 숨길 수 없는 사실이다.[214] 적어도 오늘날 이것은 이중적 의미를 갖는다. 한편으로 조작 이데올로기에 대한 원칙적 비판은 이러한 복합문제에서 간단하게 무시되고 있다. 마르크스주의와 마르크스주의의 문제들에 대한 관심의 지속적 증가가 그 점에 대한 명백한 표시이다. 다른 한편으로 사회주의적인 생활방식, 스탈린적인 야만적

---

214) 사회주의가 거의 몰락한 21세기에 루카치의 이러한 주장은 얼마나 아이러니한가! 누구도 자신의 시대를 뛰어넘는다는 것은 쉬운 일이 아니다. 역사적으로 철학자들이 범한 이런 식의 오류는 적지 않다. (역주)

조작이 전개된 이래 그 방식을 총괄하고, 주도하고 조직한 체제는 견인력에, 말하자면 자본주의적 조작을 극복할 수 있는 시각으로서의 능력에 기여할 수 있는 결정적 요소를 상실했다. 지금까지 스탈린적 방법을 극복하고자 했던 사회주의적 국가들의 방식은 본질적으로 이러한 상을 변화시키는 데 아무런 기여도 할 수 없었다. 여기서는 물론 경제발전, 생활수준 등이 일정한 역할을 담당했다. 그럼에도 우리는 이 경우와 관련해 현실적으로 어떤 결정적 요소가 있다고 믿지는 않는다. 물질적 수준차가 상당히 컸던 레닌 시대의 커다란 이데올로기적 영향만이 그것에 대해 언급한 것은 아니다. 결정적인 요인은 자본주의에서 시작된 체제위기가 잠정적으로 볼 때 현재의 복지상태의 심각한 위험이 결코 위협이 되지 못한다는 데에 있다. 그리하여 조작 지향적 이데올로기의 내용을 규정함에 있어서 자본주의 체제의 방어가 어떠한 결정적 역할도 담당하지 못하는 것이다. 물론 여기에는 사회주의 국가들의 낮은 생활수준이 그들의 전형으로, 즉 그들 국가의 존재가 자본주의의 일상에 대한 시각과 배치된다는 사실이 존재한다. 그럼에도 보다 중요한 것은 자유와 생활양식에서의 유의미한 필연성의 존재론적 통일이, 사회성과 불가분적으로 결합되어 있는 인격체의 존재론적 통일이 스탈린적 조작의 모델에서 소멸되었거나 혹은 적어도 상당히 불투명해졌다는 데 있다. 현재의 자본주의적 조작이 자유와 개성을 보호하는 기관이 될 수 있을 것 같은 착각이 폭로된 이후, 기껏해야 제국주의 이전의 민주주의나 순수한 유토피아적 사회주의의 개혁 조류로 채워질 뿐인 삶의 진공상태가 규칙에 따라 발생했다. 하지만 여전히 스탈린적 조작을 현실적으로 극복하지 못한 사회주의가 실제 유효하게 작동하는 시각 형성의 계기로서는 전혀 문제가 되지 않았다. 그것은 한편으로 전반적인 혼란을 넓고 깊게 가중시키는 결과가 되었다. 다른 한편으로 이데올로기들의 광범위한 확산은 순전히 이상적-유토피아적 성격을 띠게 되었다. 오늘날 다시 등장한 추상적 혁명 일반의 이데올로기는 우리가 살펴보았던 것처럼 객관적으로는 다음과 같은 사실에서 유래한 것이다. 즉 조작된 지배체제에서 소수파는 무엇보다 그러한 돌발적 행위를 통해 대중을 움직일 수 있다는 것에서 유래하지만, 대부분의 경우는 스탈린 시기의 잔재가 현실적으로나 이론적으로, 무엇보다 실천적으로 극복되지 못하는 한, 사유 속에서 마르크스적 방법의 탁월성에 도달할 수 없고, 또 사회적 존재에서 실제적인 사회주의적 생활양식을 통해 전체 세계가 볼 수 있으며, 그 시각들에 결정적인 영향을 미치는 참다운 형태에 다다를 수도 없다는 데서 유래한 것이다.

이러한 고찰은 결코 그 어떤 정치적 예측에 대한 요구나 의도를 가지고 쓰이지 않았다. 다만 이종적이거나 적어도 직접적으로 상호 간에 독립적인 힘들이 어떻게 그러한 역동적 복합체를 형성하는 데 고려되는지, 일정한 상황하에서 인간발전의 새로운 단계를 어떻게 삶 속에 끌어들이는지가 보여야만 한다. 하지만 그러한 힘들은 정치적 전제나 결정을 소환할 수 있는데, 다만 그것들이 실제적이고 역동적인 새로운 총체성이 될 때에만 그렇다. 이러한 영향의 가장 중요한 부분은 스탈린 체제하에서 마르크스주의의 발전이 정체된 결과 오늘날에는 과학적으로 다루지 못하고 있다. 반복적으로 강조했듯, 이것이 아시아적인 생산관계를 마르크스주의로부터 단순하게 격리시켰다. 그 결과 이러한 생산관계는 수십 년간 제대로 알려지지 못했고, 게다가 과학적으로 발전된다는 것은 꿈도 꾸지 못하게 되었기 때문에, 우리는 아시아적 발전의 경제적 기초에 대해 과학적으로 정초 짓는 방법을 알지 못하고 있다. 모든 정치가는 언제나 경제적 기초를 움직이는 법칙들에 관해 그가 얼마나 예감할 수 있는지에 관계없이 당연히 정치적-이데올로기적으로 반응하는 법들을 고려해야 한다. 이처럼 중요한 구체적 발전의 부분들이 불가피하게 이론적으로나 역사적으로 근거 지어지지 않았다는 것이야말로 그 모든 결과와 마찬가지로 그 동력이 인류의 운명을 일정 정도 규정하게 된 복합체의 중요한 요소들이다. 마르크스주의가 지금까지 지난 50년간의 이러한 태만을 만회하기 위한 일을 거의 하지 못했다는 것은 정치-사회적인 목적정립을 구체적으로 규정하기 위한 하나의 시각을 형성함에 있어 부닥치는 어려움 중의 한 계기이다. 이러한 부정적-비판적 확정이 없다면 우리 시대의 사회적 존재의 상은 거짓이 될 만큼 불완전해질 것이다. 아울러 작금의 현실에 대한 마르크스적 인식에서의 이러한 계기들의 결함이 참다운 사회주의적 경향을 오늘날 이루어지고 있는 주관적 요인으로 축소하는 데 마르크스주의가 일정 부분 역할을 했다는 점이 잊혀서는 안 된다.

참다운 존재론, 무엇보다 마르크스주의의 존재론은 그러한 주관적이고 객관적인 조건들하에서 가장 일반화된 규정들을 ─충분한 제한을 두면서 ─확정하는 일에 한정해야만 한다. 여기서 한편으로 이 단계에서의 소외는 이전보다 훨씬 적게 경제적 과정의 개별적 계기에 구속된 것으로 나타난다는 것이 드러난다. 소외를 야기한 사회적 과정은 대개는 전체과정 내에서의 소우주로 나타나지만, 그러나 이 과정에서 소외의 본질적 규정들이 영향을 유지하고 있다. 이미 그것은 우리가 앞서 제시한 확정, 즉 이른바 소외의 새로운 형태들은 진보의, 다시 말해 통상 즉자적인 유적 존재의 수준에서 이루어지는 고도 발전의 발현방식이라는 것을 소급적으로 보여준다. 하지만 이러한 소외의 형태들이 그 대자적 존재와 무관한 새로운 방식 속에서 이루어지고, 현상의 형식들을 산출하고, 그 내적인 동력은 모름지기 이러한 대자존재의 무력화를 겨냥하고, 대자존재로 고양되려는 즉자존재를 통해서 그것을 완벽하게 보충하는 것처럼 보인다고 해서 복잡다단한 소외의 세계가 발생하는 것은 아니다. 그럼으로써 주요 문제에서 대단히 분명함에도 불구하고, 지극히 다양한 형태를 지닌 이러한 소외의 세계자체가 인간의 인격성을 전면적으로 파괴하는 힘이 되는 것이다. 물론 사회의 전체적인 척도에서 볼 때 즉자적인 유적 존재와 대자적인 유적 존재간의 변증법적 대립이 개인적 삶의 수준에서 이루어지는 인간 능력과 인간인격의 발전과 비슷한 모순을 삶 속에 정립한다는 점을 간과할 필요는 없다. 당연히 여기에는 사회적인 대우주와 개인적인 소우주 간의 단순한 유비가 놓여 있지 않다. 모름지기 양자는 동일한 사회적 과정에 의해 산출되었기 때문에, 그것들은 자기보존에서와 마찬가지로 자기지양에서도 독립적 형태의 존재를 지니고 있다. 개인이 그 자신의 소외상태로부터 스스로를 해방시키기 위해서는 앞서 기술된 상황하에서 과거에 불가피하게 경험했던 것보다 이처럼 발전적으로 작용하는 복합체에 대한 보다 발전된 비판적 통찰이 전제된다. 물론 이것은, 이제는 투쟁이 순전히 개인의 내면사가 되었음을 의미하는 것이 아니다. 이른바 순수한 개체성이 사회성 일반의 소외의 경향으로부터 해방되는 추세라고 하는 것도 옳지 못하다. 우리가 고찰했듯 이미 비순응주의적인 순응주의와 같은 현상들에서 후자의 경향은 개인들을 소외에 보다 깊이 빠져들게 할 뿐이다.

이 모든 것은 자기해방에서 이데올로기적인 계기들이 증가하는 결과가되었는데, 하지만 동시에 지양 불가능한 이데올로기들의 사회적 근본성격을 분명하게 시사하고 있다. 자본주의가 높은 수준의 이데올로기적 객체화들과 맺고 있는 관계는 이러한 상황을 극명하게 보여준다. 과거의 자본주의의 발전단계들에서는 일상의 조악한 기술뿐만 아니라 이른바 공식적-학문적-도식적 의미에서 직접적으로나 포괄적으로 매개된 예술도 지배적인 소외의 경향에 봉사하고, 기교적인 진보는—순전히 미학적 의미에서—그것에 저항하는 방향을 대변했었다. 반면 현대의 거대자본은 기교적이고 진보적으로 간주된 예술의 지배적 경향조차 소외상태를 세계관적으로 정박시키는 데 기여했다. 물론 과거의 예술적 흐름 속에는 변명할 만한 소지가 있었다. 그럼에도 적어도 이러한 흐름들은 위대한 예술을 내용적으로 사소하게 만들 뿐만 아니라, 창작 세계의 중요한 혁신들을 사이비 예술적인 키치(Kitsch)[215]로 격하시켰다. 그럼에도 현실적으로 이루어지는 예술적 생산의 중요한 부분에 거대한 자본주의적 영향이 유입되는 것은 우리가 경험하는 조작세계의 현상이다. 우리가 여기서 무엇보다 관심을 갖고 있는 이데올로기적 관점에서 볼 때 그것은 사회 속에서뿐만 아니라 그 사회를 형성하는 개별적 개인들 속에 소외를 고착화하는 기관으로서 작용한다.

그 두 측면에 대해 어느 정도, 그리고 어디에서 이러한 접근이 의식되는가는 이 자리에서 언급될 것이 아니다. 그것의 동기도 여기서 언급되지 않는다. 이것들은 그 기원에 비추어볼 때 비판적일뿐더러, 기존 상태를 첨예하게 부정하고 저항적이다. 하지만 이데올로그들이 아우슈비츠나 원폭 등에 대해 참으로 분노해서 새로운 소외에 대한 일체의 거부에 대해 선험적인 희망 부재의 세계상을 계획한다 할 때에도, 그들은—그들이 원했던

---

215) 이 용어는 19세기 유럽의 급속한 산업화 여파로 예술품을 구하고 싶은 욕망이 강해진 일반인을 대상으로 값비싼 진품 대신 이른바 '짝퉁' 물품들을 제작해 저렴하게 판 데에서 유행하기 시작했다. 키치가 가볍고 그럴듯하지만 창의성 떨어지는 모조품을 가리키는 용어로 자리 잡은 이후, 현대에 이르러서는 점차 소수 귀족을 대상으로 창조되던, 전통을 지닌 고급문화·예술과는 달리 일반대중을 대상으로 하는 예술 장르의 하나로까지 해석되고 있다. 대체로 키치를 하나의 문화현상으로 해석할 때에는 매체를 통해 복제됨으로써 소비자를 만나는 대량매체 시대의 대중문화가 지닌 보편적 속성이나 흐름을 일컫는 것으로 볼 수 있다. 그러나 한 대상을 가리켜 '키치스럽다'거나 '키치적'이라고 할 때는 본래의 '천박하다'는 인상을 담은 표현이 된다. (역주)

것과 상관없이 — 그들의 실천 속에서 조작적 소외체계를 지지하는 것이다.[216] 자신의 소외에 대한 개인적인 거부의 경향과 사회적인 상황 전체에 대한 (또는 그것들의 중요한 복합체에 대한) 이데올로기적인 견해 사이의 결합과 상호작용은 대단히 복잡하며, 그리하여 엥겔스기 예술에서 '리얼리즘의 승리'라고 지칭했던 것의 여지를, 즉 주관적인 의식의 수준에서 거짓되고 심지어 퇴행적인 경향이 객관적인 진보성으로, 즉 소외를 실제로 파괴하는 시도로 바뀔 가능성(물론 정반대의 가능성도 현실적으로 존재한다.)의 여지를 낳는다. 하지만 복잡하고, 불균등한 발전을 야기하는 그러한 연관의 속성에 대해 이데올로기의 비중이 강화된 가운데 종종 논의된 계기가 복합적 소외를 해결함에 있어 정반대로 작용한다는 것은 주목할 만하다. 즉 주도적으로 형성된 요소들과의 관계 속에서 이데올로기 (투쟁) 지향적 요소들이 증가하기 때문에, '리얼리즘의 승리'가 19세기에서보다 훨씬 강력한 의식을 전제하며, 그 기회는 평균적으로 종종 영(零)도에 가까워진다. 물론 첨예하고 격렬한 종류의 변동도 존재한다. 그럼에도 언제나 마르크스적 방법에서 보듯, 그처럼 지극히 일반화된 연관의 확정은 해결방법이 무제한으로 달라질 수 있음을 의미하는 것도 아니고, 엄밀히 일의적으로 규정된 인과계열을 의미하는 것도 아니다. 그러한 정식화들에는 일반적인 조건들의 규정들이, 다시 말해 현재 영향력 있는 실천의 구체적 요인들 — 개인들이나 집단들 — 을 그것들의 현재 상태(Geradesosein)에서 관철시킬 수 있는, 그런 영역 내부에서의 가능성의 여지에 대한 규정들이 존재한다. 따라서 실제 진로는 언제나 지양 불가능한 우연성의 요소들을 담고 있다. 여

---

216) 물론 그러한 출발점, 아우슈비츠와 원폭 등에 대한 거부는 그런 식의 태도로 발전하지는 않은 것이다. 나는 정반대의 예로서 다만 안데르스(G. Anders)를 비난할 뿐이다.

기서 지금까지 우리의 설명을 읽은 사람은 그러한 우연이 모름지기 모든 존재복합체에서 모든 과정의 현재 상태의 요소들이자 특별히 사회적 존재 속에 각인되어 있는 것이며, 그 지양 불가능성은 해당 과정에서 순수한 개인적 행위가 담당하는 역할이 얼마나 큰가에 따라 고착되거나 소실되리라는 점을 알게 되는 것이다. 여기서 무엇보다 개인이 자신의 소외로부터 스스로 해방되는 사회적 기회에 관해 말할 수 있다.

때문에 이러한 유의 우연성 역시 소외의 경제-사회적 토대를 지양하는 사회적 과정에서 유효하다. 여기서 우연이 직접적으로는 타자존재로 나타나는 정도에서 비율이 변경될 수 있다. 앞서 다루어진 경우에서 개인들의 속성이 곧 우연—이 경우 개인의 성향, 태도, 능력, 교육의 기초 등—인데, 그것들의 현존 일반, 해당 인격에서의 그것들의 혼합은 사회적 사건에서 볼 때 대부분 우연적인 성격을 갖지 않을 수 없을 것이다. 반면 이러한 사건 자체에 관해 말할 경우, 자연발생적으로 객관적인 유형의 집단들이 발생하는데, 그 크기와 연관 등은 이미 직접적으로 또 사실적으로 지배적인 사회적 속성과 방향을 보여준다. 이러한 속성과 방향 속에서 사회적인 정초 작업은 그것들의 현존 일반과 그것들의 발전 정도가 갖는 확률이 얼마나 클 수밖에 없는가에서 드러나는 것이다. 이러한 확률은 사회적인 존재에서 객관적으로 존재할지라도 '검증'된 것은 아니며, 또한 그처럼 우발적으로 이루어진 '검증'으로부터는 정확한 통계적 확률이 계산되지도 않는다. 바로 여기서 발전투쟁의 모든 변화는 질적인 성격을 띠게 된다. 이것은 개별적인 사회구성체들의 경제적 근본관계를 상호비교하는 모든 이들에게 명백해질 수 있다. 이를 위한 단초는 물론 발생상태(statu nascendi)의 한 상태에서 다른 상태로의 이행과정에서 객관적으로 현존하지만 과학적으로 엄밀하게 확정하기는 대단히 어렵다. 그것은 지금까지도 거의 탐구되지 않았다.(우리는 예를 들어 노예경제의 해체와 봉건제의 형성 사이에 놓인 시기에 관한 정확한 내용을 거의 알지 못하고 있다.) 하나의 단계를 주도하는 인간유형과 관련해서 그러한 문제는 여전히 복잡하다. 대략 파레토(Vilfredo Pareto)[217] 이래로 현대 사회학은 이른바 '엘리트'에 관한 탐구를 진행했다. 그럼에도 상대적으로 기존 사회가 실제로 어떤 의미로 '엘리트'를 사용하고, 무엇 때문에 그것을 발전시켰는가를 실천적으로 보다 확실하게 알고 있다 해도, 그렇게 획득된 이행과정에 대한 인식이 새로운 형태들에 적용되는 것은 아니다. 왜냐하면 한 사회구성체 혹은 그것들이 처한 단계적 형태의 실패는 새로운 현실을 이데올로기적이고 실천적으로 매듭짓지 못한, 다시 말해 진정한 갈등 및 그것과 투쟁하는 올바른 방법을 올바로 감지하지 못한 '엘리트'의 무능력 속에서 지극히 우연적으로 드러나기 때문이다. 우리가 그러한 변화의 시초에 있다는 것은 이 영역에서 대단히 분명하게 드러난다. 이미 —혁명가들 사이에서뿐만 아니라— 개인들이 아니라 일상의 실천에서 과학자들의 방법론에 이르기까지, 그들의 '세계관적' 기초에서 그들이 비판하는 대상에 이르기까지 오늘날의 지배의 근저에 놓인 방법론적 태도의 불충분성을 만든 보다 크고 보다 중요한 수많은 비판가들이 존재한다.[218]

앞서 언급한 세계 정치적 사건들은 이러한 문제들에 대해 지극히 중요한데, 무엇보다 그것이 지금까지 과학적으로 정초되고 한 치의 오류 없이

---

217) 빌프레도 파레토(1848~1923)는 프랑스 파리 태생의 경제학자 및 사회학자이다. 경제학 분야에 있어서의 초기 업적 중 소득분배에 관한 '파레토의 법칙'으로 유명하다. 이 법칙에 따르면 전체 80%의 결과는 20%의 원인으로부터 온다. (역주)

218) 이러한 문제에 관해 미국에 잘 알려진 문헌이 있다. C. W. 밀스는 지금까지 조작체제에 관한 매우 중요한 비판가이다

다루어진 실천의 제약들을 결정적인 삶의 문제들 속에서 명백히 했기 때문이다. 우리가 인정하는 연구에 따르면 그것들은 적어도 일상에서 개별 정치가의 개인적인 오류로 평가되고 있다. 즉 일상의 불만으로부터 성장한 자연발생적-이데올로기적 비판과 세계관적-과학적 비판의 만남은 상당 정도 아직은 발견되지 않고 있다. 앞서 묘사된 중요한 사건이 두 경향에 강력한 자극을 제공할뿐더러, 양자의 만남을 신속하고 집중력 있게 할 수 있다는 것은 결코 문제가 아니다. 지배계급과 지배 '엘리트들'의 무능이 과거의 익숙한 방식에서 사건들에 반응하는 것과는 다르게 이미 이러한 연구에서 객관적으로 분명하게 드러났기 때문만이 아니라, 그러한 이행기에서 토대의 문제가 보다 일반적이고 보다 심화되어 등장할 확률이 지극히 크기 때문이기도 하다. 우리 역시 마르크스의 경제학을 현재에 적용함에 있어 종종 앞서 묘사된 정체성으로 인해 마르크스가 그 자신의 시대에 그의 방법과 탐구에 기초하여 소유할 수 있었던 명백한 전제들이 여전히 상당 부분 결함이 있다는 것을 염두에 둔다면, 과거의 모든 발전의 오류가 현재의 첨예한 문제의 형태로서 드러난 것이 아님을 확신하기 위해서 우리는 결코 유토피아주의자가 되어서는 안 될 것이다. 흑인문제를 생각하는 것으로 충분할 것이다. 이 문제의 뿌리는 이미 노예를 수입하던 시대로까지 소급되기는 하지만 우리 시대에 베트남과 더불어, 신식민주의의 붕괴와 더불어, CIA에 의해 주도된 대외정치와 더불어 비로소 폭발하게 되었다. 여기서 갈등이 문제라는 것이 점차적으로 명백해질 것이다. 여기서 즉자적인 유적 존재(흑인 문제에서: 통합)의 발생과정에서의 객관적인 저항 불가능성은 갈등을 현실적으로, 사회적-인간적으로 해결할 수 있는 대자적인 유적 존재와 대립에 빠질 수 있다. 언제나 잠재적인 대립이 보다 발전된 단계에서는 현실적 대립이 되었다. 지금까지 영광스러워 보이던 유산을 통해 비슷한 계산이 내일 혹은 내일 모레에 제시되지 않으리라는 것을 누가 보장하는가? 하지만 그러한 가능성에 대한 시사는 예측으로 생각된 것이 아니다. 오늘날 사용되는 방법들을 가지고는 어떤 식으로든 자연발생적으로 기능할 수 있는 것만이 관리될 수 있다. 이종적 현실이 '외삽(外挿)직인(extrapolierend)' 동종의 조작영역에서 드러나자마자—적어도 보다 큰 의미가 있는 많은 경우에서— 그러한 식의 조작의 지혜는 이론적으로나 실천적으로 쓸모가 없어지는 것이다.

아울러 조작체계와 그것을 극복하는 과정에서 야기된 현실에 대한 인간의 그릇된 태도가 위기 자체와 그 위기로부터의 탈출의 이론적 (한때 실천적이 된) 핵심으로서 나타난다. 적절한 인간의 생활양식에 장애가 된 현실에 대한 그릇된 견해들이 이데올로기적으로 분쇄되고, 그에 상응하는 새로운 견해들과 객체화들에 의해 해체되는 것은 참다운 변혁의 공통적인 징표이다. 우리의 구체적이고 사회적인 분석에 따르면 카르납(그리고 신실증주의)은 중세의 토마스 아퀴나스가 본질에 비추어 결코 과장이 아니었던 역할을 현대의 이데올로기에서 담당하고 있다는 것이 드러났다. 겔렌(Arnold Gehlen)[219]과 같은 능력 있는 학자가 1961년에 스스로 이러한 이데올로기적 상황을 인간발전의 궁극적 성취로 해석했다는 것, 그가 적어도 이데올로기에서 감히 역사의 종말을 선언했던 것은 제2차 세계대전 이후의 이데올로기적 상황의 특징적인 모습이다. "내가 이념사적으로 더 이

---

219) 아놀드 겔렌(1904~76)은 셸러, 플레스너와 더불어 철학적 인간학의 대표자이다. 라이프치히에서 태어나 그곳 및 쾰른에서 철학을 공부한 후, 1930년 한스 드리슈(Hans Driesch, 1867~1941) 밑에서 교수 자격을 획득했다. 1934년 드리슈 후임으로서 라이프치히 대학 교수, 쾨니히스베르크, 빈 대학의 교수를 역임했다. 주저인 『인간—그 본성 및 세계에서의 기원』(1940) 이래로 일관되게 생물학적 견지에서 인간과 인간학은 탐구했다. (여주)

상 기대할 것이 아니라 오히려 현재 처해 있는 주변의 거대한 주도적 관념들 속에서, 물론 여전히 생각해야 할 온갖 유의 변용의 가능성과 함께, 인류가 스스로 준비했다고 말한다 하더라도 그 결과는 조금도 놀라운 일이 아닐 것"이라고 그는 생각했다. "인류가 대단히 오랜 시간 조탁한 거대한 유형의 구속론에 종교적으로 의존해 있다는 것이 확실하다면, 인류는 그들의 문명적 자기이해에서 그만큼 확실하게 입장을 가지고 있는 것이다 … 나는 이념사가 끝이 났다는 것과 우리는 탈역사(역사 이후)에 도달했다는 예언을 개진한다 … 그러므로 지상(地上)이 낙관적이고 유익하다고 평가되었던 것과 똑같은 시대에, 결코 등한시될 수 없는 대단히 중요한 사건이 일어날 수 있었던 것과 똑같은 시대에, 언급한 측면에서 볼 때 지상은 결코 놀라운 일이 아니다. 종교의 영역에서처럼 선택은 잘 알려져 있으며, 모든 경우에 결정적이다."[220] 보편적 조작의 절대적인 완성과 최종적 성격을 분명하게 칭찬하기란 어렵다. 때문에 여기서는—거의 그렇게 분명하게 드러나지 않은— 인간의 소외가 최종적으로 도달될 수 있는 것, 인류발전의 최종적 상태로 나타나는 것이다.

　이처럼 모호하게 치장된 최종성은 이제 개념 속에서 파괴되었으며, 심지어 그것이 이데올로기를 지배했던 거의 모든 국가에서 그러했다. 이러한 파산이 객관적-사회적으로 얼마나 깊이 진행되었는지에 관계없이, 그 소리가 시끄러울 만큼 커져서 어제까지 귀머거리였거나 귀를 기울이지 않았던 수많은 사람들이 경청을 하고, 그 스스로 들었다는 듯이 자처할 정도이다. 이는 지금까지 고립되었고, 때문에 적어도 침묵으로 판단되었던, 소외에 대한 모든 저항의 시도가 이제 큰 목소리를 내기 시작했음을 의미한다.

220) Gehlen: *Studien zur Anthropologie und Soziologie*, Neuwied/Berlin 1963, S. 322-323.

소외에 대한 개인적이고, 순전히 이론적이며, 정치-사회적인 저항이 실천 지향적이고 주체적인 요인들을 결집하기에는 너무 멀리 떨어져 있다는 것을 객관적으로 깨닫지 않을 수 없을지라도, 우리는 그러한 시작을 새로운 빌진 가능성의 단초로 환영하지 않을 수 없다. 어떻게(Wie), 어디에서(Wo), 언제(Wann) 그러한 운동을 사유 속에서 선취할 것인가와 같은 우리의 철학적 탐구의 과제는 불가능할 수 있다. 철학적 탐구는 이 도정을 어떤 식으로든 앞서 마련하고, 규정 가능한 확률을 가지고 예측할 수 있는 수단을 소유할 수 없다. 간단히 말해서—결코 적은 것은 아니리라— 철학적으로 명료하다는 것은 다음과 같은 점에 있다. 말하자면 조작에 대한 모든 진정한 거부, 그것을 극복하기 위한 모든 진정한 전환은 정신적이거나 실천적인 현실 자체의 지향성, 이론과 실천 속에서 목적론적 정립으로 이끌 수 있는 모든 사유와 행위의 토대로서의 사회적 존재에 대한 지향성을 본질로서 자기 안에 담을 수 있는 것이다. 사회적 존재가 그것을 조작하려는 시도와 방법에 대해 벌이는 이렇게 —사회적 차원에서의— 첨예한 대결은 아마도 임박한 정신적 투쟁의 가장 심오한 내용을 이루게 될 것인데, 정치-사회적인 투쟁이 거기에 어느 정도는 의식적인 중심을 제공하고 있다. 따라서 삶의 전 영역에 대한 조작으로부터의 해방운동의 두드러진 특징은 모든 인간적 실천의, 모든 참다운 사유의 지양 불가능한 토대인 사회적 존재 자체로 다시금 복귀하는 것이다. 이러한 근본 경향 자체는 철학적으로 예측이 가능하다. 철학적 수단을 가지고 그렇게 발생한 운동의 구체적인 현재상태(Geradesosein)를 사전에 원리적으로 규정할 수 없다고 하더라도, 어쨌든 그것이 실제 과정의 구체적인 성질들과 대립된 마르크스주의적 사유의 무기력을 의미하는 것은 아니다. 오히려 정반대이다. 마르크스주의는 운동의 원리 형성적 본질을 그 보편성 속에서 동시적으로, 하지만 상이한 시각에서 고유한 과정의 특성으로 인식할 수 있기 때문에, 그것은 그러한 과정의 의식화를 적절히 포착해서 구체적으로 요구할 수 있다. 스탈린적으로 경직된 마르크스주의는 그러한 식의 과제 일체를 포기해야만 했다. 마르크스주의가 현재 진행되는 조작의 위기에서 사회와 개인을 위한 현실적 출구를 밝히기 위한 시도와 병행하여 스스로를 현실적으로 발견할 때, 마르크스주의에 대한 이러한 소환은 현실성을 가질 수 있을 것이다. 『독·불 연보』의 마르크스의 청년기 저작들이 소개하고 있는 서신교환(1843)에서, 다음과 같은 마르크스의 말은 강령처럼 들린다: "의식의 개혁은 **다만** 우리가 세계를 그 의식에 내면화하는 데, 우리가 그 세계를 꿈에서 일깨워 의식 너머로 가져가는 데, 우리가 그 자신의 행위를 의식에 설명하는 데 있을 뿐이다."[221] 그러한 식의 설명을 비로소 가능하게 한 그러한 방법을 일깨우기 위해서, 이 책은 오로지 탈출을 자극하는 데 주력했던 것이다.

221) MEGA I/I, S. 575; MEW I, S. 346.

후기

프랑크 벤슬러

편집자와의 서신교환에서 루카치는 『존재론』을 1964년 9월 19일 처음 언급했다. 그 시점에 여섯 권으로 된 전집 발간을 위한 여러 차례의 질문들에 대해, 루카치는 다음과 같이 적었다:

"말하자면 문제는 ―이는 마찬가지로 전집과 연관되어 있는데― 내가 지금 『윤리학』에 관한 작업의 중간에 있다는 것이다. 하지만 『윤리학』의 첫 부분은 내가 생각했던 것 이상으로 매우 범위가 넓어졌음을 강조해야 했다. 여러 가지 점에서 그것은 적어도 300쪽가량의 독립적인 책이 될 가능성이 높아졌다. 그것이 완성될 때, 우리는 그 책이 독립적인 저작으로, 결국 전집 혹은 잠정적인 분책으로 출간하게 될 것인지를 결정해야 할 것이다. 작업의 제목은 이렇다: 『사회적 존재의 존재론』."

이 단서를 이용해서 저작이 탄생하기까지 루카치의 수많은 변화들을 좀 더 잘 정리한다면, 스탕달적 의미에서 『존재론』에서 루카치의 『윤리학』이 등장했던 결정점(結晶点)의 변화가 분명해질 것이다. 왜냐하면 본래 루카치는 「미적인 것의 특성」을 마무리한 뒤 『미학』의 두 번째 부분과 세 번째 부분을 기술했기 때문이다. 하지만 이미 1960년 11월 25일에 전집을 위한 그의 계획의 첫 번째 개요와 관련해서 그는 V권으로 "인간행위의 체계 안에서 윤리학의 위상"(내가 지금 다루고 있는 윤리 저작)을 구상했다고 적었다. 내용상으로 처음부터 —사회적 존재의 전개를 마무리하면서— 역사적 자기연관의, 자기창조와 소외의 변증법에 대응하는 자유의 윤리가 다루어지고 있다는 것이 분명했다. "우리 모두 다소간 블로흐(Ernst Bloch)의 원칙에 곤란을 겪고 있다!"는 편찬자의 크리스마스 서신에 대해 루카치가 빠르고 분명하게, 또 상대적으로 자세히 1961년 1월 23일에 다음과 같이 답변했을 때 그렇다: "나는 주관적으로는 블로흐의 희망의 원리를 어느 정도 받아들이고 있습니다. 그것은 블로흐하고만 관련되어 있지 않습니다. 오랜 시간 동안 나는 공포와 희망을 정서로서 거부했던 스피노자와 괴테의 에피쿠로스적 견해를 공유했습니다. 왜냐하면 그들은 이것을 진정한 인간성의 자유에 위험한 것으로 간주했기 때문입니다. 이는 결코 비관주의를 의미하지 않습니다. 그와는 반대입니다. 내가 희망 대신에 (필자'의' 의미로는) 전망과 관련된 신뢰를 언급할 때, 그 차이는 바로 말치레에 지나지 않은 것처럼 보였습니다. 왜냐하면 여기서 —유감스럽게도 의식적으로는 거의 그렇지 않은데— 우리가 사회적 존재의 근본적 변혁의 증인들이라는 것, 그리고 토대가 변화하면 조만간 상부구조의 변화가 불가피하게 이어질 수밖에 없다는 마르크스의 확신을 공유하고 있다는 것이 문제이기 때문입니다. 당신의 고찰은 나에게 우리가 이 문제에서 서로 근접해 있음을 보여주고 있습니다.

영향에 대한 시각에서 나는 비슷한 뉘앙스를 강조할 수 있겠습니다. 나는 오늘날 '영원성 아래에서(sub subzie aeternitatis)'라는 스피노자의 철학적 관점이 보존되고 있지만 질적인 면에서 결정적인 변화를 겪고 있다고 믿습니다. 다시 말해 영원성은 지금 인류의 발전의 연속성을 의미하고, 아울러 경험적인 매일매일의 움직임은 확실히 배제하고 있지만, 그럼에도 본질적으로 사회-역사적인 과정의 일부로 남아 있다는 것입니다."

이 시기 루카치는 『미학』 제1권 수고의 최종 수정판을 마무리했으며, 그의 아내가 분명히 전하고 있듯, 『미학』 제2권을 '예술작품과 미학적 태도'라는 제목으로 작업하고 있었다. 미학이 문제라는 인상은 루카치에 의해 오랫동안 유지되었다. 제자들 및 친구들과의 서신교환과 대화는 미학과 수용의 관계, 예술적 자유와 형상의 관계 문제는 점점 윤리적 문제 아래 포섭되고 있음을 보여주는 반면, 그것은 다시금 인간발전의 총체성에 대한 고찰에 의해 지배되었다. 루카치는 1961년 7월 12일자에 다음과 같이 적고 있다: "미학에 관한 한, 유감스럽게도 당신의 아내가 권리를 갖고 있습니다. 우리는 우화에서처럼 진한 쌀죽으로 배를 채우지 않으면 안 됩니다. 이제 나는 그것이 나의 개인적인 과오가 아니라 우리가 살고 있는 시대에 놓여 있다고 믿습니다. 나는 이미 이전에 그들에게 범주문제의 중요성에 관해 편지를 쓴 적이 있습니다. 내가 오늘날 30년 더 젊고 또 영향력 있는 대학의 교수였다면, 나는 범주들에 관한 논문을 위해 적어도 재능 있는 젊은이 12명 정도는 동원하려고 했을 것입니다. 나는 나에게 떨어진 작업의 일부를 혼자서 오랫동안 다소 미련하게 해왔습니다. 하지만 그 작업은 하지 않으면 안 되었습니다. 왜냐하면 우리의 탐구는 1940년대에는 정체되고 답보상태에 있었기 때문입니다. 또한 서방에서 일어났던 일은 이런 관점에서 보면 순전히 사기입니다. 우리는 주관성과 객관성, 현상과 본질 등이 조직적으로 뒤죽박죽되어 있다고도 말할 수 있을 것입니다. 여기서 하나의 질서를 창출하는 일은 아우기아스의 외양간(Augiasstall)[1]을 청소하는 일에 버금갑니다. 당연히 그 일은 즐겁지도 않고 재밌지도 않습니다. 저자를 위해서도 그렇고 더욱이 독자를 위해서도 그렇습니다."

우리는 루카치가 얼마나 철학적이며 보편사적으로 레닌의 연속선상에서 이해했으며 그가 어떤 주장들을 제시했는가를 분명하게 알고 있다. 한편으로 그것은 보다 확실한 범주들에 기초해서 생명론을 지향한 것과 다르지 않지만, 그럼에도 이러한 생명론은 자연에 반해서 또 자연과 더불어 인간노동의 산물이 되었다. 다른 한편으로 그것은 『존재론』에서도 그 모습을 드러낸 '신뢰의 발전사'이기도 하다.

『윤리학』에서 『존재론』으로 이름이 바뀐 것은 자연발생적이기는 해도, 격렬하고 단호하게 이루어졌다. 루카치가 보낸 여러 책 가운데, 그리고 그의 관심과 사유운동에 관한 정확한 결론을 허용하는 제목 가운데, 1961년 프랑크푸르트에서 나온 에른스트 블로흐의 철학의 근본문제 I 『아직 있지 않은 것의 존재론』이 고려되었다. 1961년 2월 15일 소책자가 보내졌고, 3월 9일에 그는 다음과 같이 답변했다: "나는 블로흐의 소책자를 다 읽었습니다. 그 책은 매혹적으로 장식된 이탈리아식 주관주의의 샐러드와 같아 객관적으로 있어도 그 객관성은 대단히 엉성하고 추상적입니다. 그럼에도 블로흐가 자신의 좌파 윤리학을 포기하지 않았다는 점은 나의 마음에 들었던 것 같습니다." 사회적으로 구조화된 주관적 자유와 자연변증법적-추상적 객관성의 결합, 존재론과 윤리학의 결합이 우리 시야에 들어온다. 지금 우리가 다루고 있는 루카치의 저작에서 그가 자유와 필연성을 역사발

---

1) 30년 동안 청소하지 않은 불결한 외양간을 영웅 헤라클레스가 단 하루 동안에 깨끗이 청소했다는 의미에서, 무질서, 혼동으로부터 질서를 창출하는 일을 말한다. (역주)

전 속에서 결합하고자 얼마나 노력하고 있는지를, '응답하는 존재'인 인간이 지닌 자연적 규정의 지양 불가능한 한계와 객관적 소여의 자유를 이용하는 그 인간의 '목적론적 정립'을 매개하고자 얼마나 노력하고 있는지를 안다면, 블로흐의 책이 루카치에게 한편으로 면책직으로 영향을 미쳤다는 것과 다른 한편으로는 그 제목을 붙이도록 유인했다는 것이 분명해질 것이다. 이러한 기회를 통해 블로흐가 청춘의 열정으로 '위대한 저작'에 대한 체계 구성적 기획을 얼마나 했는가를 루카치도 염두에 두었을 것이다.[E. 카라디(Karádi)와 E. 페케트(Fekete)가 편집한 루카치의 『서신교환 1902~1907』, Stuttgart 1982; E. 블로흐(Bloch), 『유토피아의 정신』, München und Leipzig 1918, 현재는 전집 16권, 프랑크푸르트 1971을 비교하라.] 루카치에게서는 변화가 아직은 암중모색 중이었기 때문에 그가 '에세이들'에 머물러 있었던 데 비해, 블로흐는 주요한 문제들 곳곳에서 하나의 에세이를 생산하고 있었다. 반면 루카치는 스스로 체계화시켰다. 이러한 '결정점'이 중요하다. 여기서부터 루카치는 그 분야에서 경쟁상대 없이 활동하고 있다는 것을 깨닫고 역사적인 부담을 느꼈던 것이다.

이로 인해 실제로 루카치는 하나의 테마로 전환해서 그가 이전의 1920년대에 매진했던 해법을 모색했으며, 그 성과로 『역사와 계급의식』이 나온 것이다. 총체성의 범주하에서 사회-존재론적 위상을 파악하려는 시도는 그 당시 실증주의적이고 아카데미적인 마르크스주의뿐만 아니라 비독단적인 정치적 마르크스주의까지 단숨에 진부한 것으로 만들었다. 어쨌든 급진주의자의 수정, 루카치가 1967년(Lukács 1968)의 서문에서 언급했던 사회적 변증법만으로는 그 배후에서 사회-존재론적 단초를 확정짓는 일을 어렵게 만들었다.(Habermas 1985, S. 244를 참조하라.) 오해는 루카치 자신에 의해 해소되었을 뿐만 아니라 요구되기도 했다. 그는 오랫동안 인식론과 반대로 객관적 실재성을 염두에 둔—레닌에 의해 주조된—존재론이라는 개념을 가지고 씨름했다. 그에게 비변증법적인 존재는 (주관적이면서 객관적인) 역사 변증법에 대한 근본 확신과 양립 불가능한 비사회적인 자연이론이었다면, 앞서의 존재론이 올바른 경우였다. 이러한 자연이론에서 서구 철학은 루카치가 적고 있듯(1951, S. 134. 후설을 겨냥한 것이다.) 의식 속에서 발견된 대상성을 실재와 독단적으로 동일시함으로써 인식론적으로 정초된 현실로서의 존재론을 '주조했다.'

얼마간 시간이 지나서 그의 베를린 편집자인 해리히(Wolfgang Harich, 1956년에 이르기까지 동독에서 추천할 만한 루카치 전집이 발간된 데는 그의 힘이 컸다.)는 루카치로 하여금 하르트만(Nicolai Hartmann)에 주목하게 했다.(Harich 1975, S. 18를 참조하라; 해리히는 그 점을 편집자에게도 개인적 만남에서나 서신을 통해서 여러 모로 상세하게 묘사했다.) 이때부터 루카치는 하르트만 장이 보여주듯 천천히 그 흔적들(하르트만 1926, 1935, 1940, 1951)을 정확히 연구했다. 루카치는 자연을 참다운 즉자, 말하자면 사회적이거나 개념적 구성으로부터 독립된 것으로 파악했다. 루카치가 나중에 입증하겠지만, 실증주의자들과 실존주의자들의 문제 있는 시도로부터 선구적인 하르트만과 헤겔적인 존재론의 발견을 넘어 마르크스의 근본원리에 도달하는 사회적 존재의 '존재론'의 구조는 대단히 특징적이다.

작업의 진행과정에 대해 루카치는 유보적인 태도를 표명했다. 1964년 3월 28일에 그는 그것이 대단히 천천히 진행되고 있다고 적었다. 하지만 출판사가 그에게 전집 13권인 『윤리학』이 보류되어 있다고 전했을 때, 그는 신속히 응답하면서 그의 보류한 부분을 1964년 10월 17일까지 넘겨주겠다고 했다: "나는 존재론의 첫 장을 방금 구술했습니다." 또 1964년 10월 31일에는 "지금 나는 마침내 당신에게 쓸 수 있습니다. 왜냐하면 첫 장의 서술이 이미 마련되었기 때문입니다. 그것은 120쪽이 되었습니다. 이는 윤리학의 첫 장이 독립적이 되었음을 보여줍니다. 『사회적 존재의 존재론』의 이 부분은 예기치 않게 하나의 전체가 되었고 심지어 두툼한 책이 될 것도 같습니다. 바라건대 내년 중에 그것을 완성했으면 합니다. 왜냐하면 그것이 독립적인 책으로 출간되어야 하기 때문입니다." '존재론'의 개념은 명백해졌다. 루카치는 1965년 1월 22일에 이렇게 적었다: 나는 『사회적 존재의 존재론』의 작업을 하고 있습니다. 이 첫 부분은 말하자면 독립적인 것이 되었고, 부피가 큰 책이 되었으면 하는 의도도 있습니다. 나는 여기서 잠정적으로 역사적 부분의 제3장(신실증주의와 실존주의, N. 하르트만, 헤겔, 마르크스)을 마무리했습니다. 다음으로 비로소 제2부, 즉 노동, 재생산과정, 소외, 이데올로기가 이어집니다. 지금까지 나는 대략 200쪽을 썼기 때문에, 그것은 적어도 500쪽의 책은 될 것입니다. 그러고 나서야 비로소 나는 본래의 윤리학을 쓸 수 있을 것입니다." 이로부터 발생과정은 외부에서 정확히 추적 가능해졌다. 루카치는 —또 그의 제자들과의 토론에 영향을 받아서— 무엇이 그의 성공과 성취에 해당하는지, 하지만 흔들리고 있는지가 과제에서 좀 더 확실해진다는 것을 1965년 2월 10일에 분명히 했다: "바라건대 이 책은 결코 방기되지는 않을 겁니다. 나는 앞서 헤겔에 관한 장을 마무리했으며, 지금은 마르크스 장을 작업하고 있습니다. 그 다음에 비로소 본래의 사회적인 물음에 다가갈 것입니다. 그렇게 진행되었으면 합니다." 이미 1965년 8월 27일에 이렇게 적었다: "존재론의 마르크스 장으로부터 취한 한 부분을 해결할 수 있을 때, 가능하면 저녁놀을 위해[다시 말해 H. 마우스(Maus)가 편집한 사회학 저서 35권 중 『사회, 법, 그리고 정치』라는 기념 문집을 위해] 무언가를 보내기로 결정했습니다."[신광장(Neues Forum), Wien, XIX/160-161, 4-5월 1967, S 344 ff. 그리고 XIX/162-163, 6월/7월 1967,

S. 518 ff.] 1966년 4월 23일에 그는 다음과 같이 보고했다: "나는 지금 6장 (재생산)을 완성했습니다. 모든 일이 잘된다면, 연말에 그 책이 완전히 마무리되는 것도 배제할 수 없을 것입니다. 나는 대단히 기쁩니다. 왜냐하면 이를 통해『윤리학』으로 가는 길이 드러날 것이기 때문입니다." 1966년 6월 8일에 루카치는 빈(Wien)의 신광장에 존재론의 작은 부분을 넘겨주었다고 전한다. 당시 1966년 8월/9월 전집 VIII/152-153에 있던 "민족의 자기의식으로서의 예술"이라는 제목하에 출간되었던 것은 루카치의 저서『미학의 특수성의 범주에 대해』에서 나온 것으로, 1967년에 낱권으로 공개되었다. 어쨌든 루카치의 이러한 혼동은 그가 얼마나 긴밀하게 범주문제를 존재론과의 연관 속에서 이해했는가를 보여준다. 1966년 8월 26일 루카치는 윤리학에 대해 문의했던 발행인 라이퍼샤이트(Reiffrscheid)의 한 편지에 대해 다음과 같이 응답했다: "나의 새 책(즉 존재론—저자)은 서서히 모습을 드러낼 것입니다. 아직은 두 장이 빠져 있습니다. 유감스럽게도 바라건대 곧바로 부다페스트로 왔으면 하는 벤슬러 박사가 한 부분을 받게 될지는 알 수가 없습니다. 왜냐하면 나는 집필과정에서 그 책이 완성된 후 여러 모로 다듬고 첨가하는 작업이 불가피함을 알고 있기 때문입니다."

여기서는 어떤 내적인 곤란이 드러나지는 않고 있으며, 또한 기술적으로 어려운 생산과정을 염두에 두고 있지도 않다.(루카치는 힘의 개념을 손으로 작성한 후 구술했는데, 종종 그들은 철자 오류를 범했다. 그들이 내용을 이해하지 못했거나, 익숙하지 못한 독일어를 잘못 들었거나 했다.); 오히려 그것은 루카치가 나중에 《타임》지의 편집자에게 보내는 한 편지에서(1971년 2월 15일자로 쓰였고, 《타임》지 문예 부록은 1971년 4월 11일 자 No. 3) 부다페스트학파라는 집합 용어하에 파악하고자 했던 그의 여러 '제자들'이 지속적인 집중 논의와 반성, 그리고 비판 속에서 알렸던 것을 중심으로 구성되었다. 그리하여 이것들은 나중에 페랑치(Ferenc), 페에르(Fehér), 헬러(Agnes Heller), 마르쿠스(György Márkus), 그리고 바이다(Mihalji Vajda)에 의해 모아지고, 계속 도착되던 "1968~1969년의 존재론에 대한 루카치의 동료들의 기록" 속에 집신되어 있디. 루카치는 나중에 이러한 '작업의 어려움들'을 강조했는데, 예를 들어 1967년 5월 16일자 서신이 그렇다. 어쨌든 여기서는 그가 곧바로 이 시기에 수많은 소논문들(1917년의 위대한 10월과 오늘날의 문학), 그의 오래된 작업들에 대한 서문들(2권: 『역사와 계급의식』)과 전집의 교정본들과 씨름했고, 또 정치 관련 인터뷰를 했던 것을 볼 때 실제로 상당한 압박을 받았다.

안도감을 주는 분명한 어투로 루카치는 1968년 5월 27일 보낸 편지에서 다음과 같이 보고하고 있다: "그사이 나는 마침내 존재론의 마지막 장을 완성했습니다. 지금은 아직 구술하고 있고 그 다음에 수고 전체를 검토할 것입니다. 여름이나 가을쯤에 작업 전체를 완성할 수 있기를 기대해봅니다. 마지막이기를!" 또 1968년 9월 2일 작업을 재촉하는 것에 대해: "존재론의 첫 번째 원고는 완성되었습니다. 이 작업을 5년여 지속해왔기 때문에, 텍스트 전체에 대해 정확한 비판적 검토가 이어지지 않을 수 없습니다. 예측건대 이것은 한 달은 족히 걸릴 것입니다. 그래서 나는 당신에게 금년 말까지 원고에 대해 말할 수 없었던 것입니다." 하지만 같은 서신에서 루카치는 추상적인 존재론적 설명들로부터 직접적이고 실천 지향적인 추론들을 행할 수 있었던 것을 믿었다는 것과 어떻게 그렇게 했는가를 보여주었다. 그것은 이렇다: "나는 오늘날 (양 체제에서의) 민주화의 사회존재론적 문제에 관한 장문의 논문을 작성하려는 생각에 골몰하고 있습니다." 그 논문은 실제로 「민주화, 오늘 이 아침에」라는 제목으로 발간되었다. 하지만 132쪽의 타이프로 작성된 독일어 논문은 1985년에 비로소 공개되었다.(루카치 1985와 F. 벤슬러, 『사회주의와 민주화』 5/1985를 참조하라.) 그와 관련해서 루카치는 '존재론'의 결론 부분에 대한 수정작업을 중단했다.(9월 23일 자 편지) 실제로 존재론에서 그 작업은 지연되었다. 1969년 11월에 루카치는 부다페스트의 한 토론회에서 원고가 마침내 2월에 완성되었음에도 전체를 검토하기 위해서는 여전히 반년은 걸릴 것이라고 해명했다. 하지만 이 약속은 지켜지지 않았다. 즉 1970년 6월 6일에 그는 이렇게 말한다: "이제 나는 존재론을 완성했습니다." 6월 17일에는: "그 밖에도 마침내 나는 존재론의 첫 번째 원고를 완성했습니다. 이제 나는 그 원고 전체를 읽어보아야 합니다. 그리고 나서 바라건대 당신이 그 원고를 받게 되었으면 합니다."

하지만 현실이 어떻고, 의도가 어떤지는 아직 분명하지 않은 채로 남아 있다: "학문의(에 대한) 국민 교육적 책임"과 "독일 고전주의 문화의 보존"을 명분으로 제정된 괴테 상을 수상하면서(1970년 8월 28일자 수상 증명서), 루카치는 수상 소감을 통해 괴테에서 마르크스에 이르는 길이 그로 하여금 '자유의 왕국'으로의 도약을 하게 해주고, 나아가 존재론적 토대를 확장시켜주었다고 적었다.(Georg Lukács, 1970. 4. 13. ad lectores 10, Neuwied und Berlin 1970, S. 127-131) 수고는 다시금 지연되었다. 출판사가 "'존재론'의 첫 번째 원고"에 대해 1970년 6월 30일에 '축하했다.' 그럼에도 루카치는 8월 24일에, 존재론과 관련해서 그가 날씨 때문에 기진맥진한 탓으로 더 작업을 하지 못했다고 해명했다. 결국 1971년 1월 20일 편집자와의 마지막 면담에서, 그는 다음과 같이 말했다. 즉 그가 병(病)에서 회복하는 기간이 늦어졌고 지금도 책상에서 종종 잠이 들곤 하기 때문에 존재론이 지연되었다고. 그럼에도 전에 400쪽 정도 긴 서문을 완성시켰다. 그는 이제 보다 긴 장(章)을 공개해서 출판사에게 넘겨주게 되었다.[여기서는 헝가리 철학 잡지에 발표했고, 1971년 9월 브로디(Ferenc Brody)의 꼼꼼한 수정을 거쳐 루터란트 선집(Sammlung Luchterhand)에서 발간되었던 헤겔 장을 말하는 것이다.]
원고를 넘겨주지 못한 새로운 이유로, 이제 헝가리 사회주의 노동당이 '사회적 존재론의 방향'에 대해 관심을 갖기 시작했다는 것을 들었는데, 왜냐하면 일련의 지식인들이 이데올로기적으로 루카치에 질려 한다는 점과 아울러 중앙위원회의 판단을 기다리고 있다는 것이 떠올랐기 때문이다.[보다 구체적으로 말한다면, 문화 정치에 지속적으로 관심을 보였던, 그 당시 헝가리 수상 악첼(György Aczél)이 원고를 읽기를 원했다.] 그 이후의 진행에 관해서는 외르시(István Eörsi)가 보고하고 있다.[『존재론』의 헝가리판 서문에서. 또 같은 저자의 "마지막 말의 권리" in: Europäische Rundschau 1978, Heft 4, S. 77 ff. jetze in: Georg Lukács, "Gelebyes Denken", Frankfurt 1981, S. 7 ff.; 또한 "Gelebtes Sterben" in: F. Benseler [Hrsg.], 'Revolutionäres Denken', Darmstadt und Neuwied 1984, S. 50 ff.] "친구들과 제자들 쪽의 비판이 근본적인 해석이나 그의 사유방법에 의심을 갖게 하지는 못했다. 그들은 오히려 그의 서술에는 필연적인 설득력이 결여되어 있다고 그에게 확신시켜주었다. 그가 결코 의심하지 않았던 질병과 씨름하면서 그는 대략 500쪽 분량으로 그의 견해의 핵심적 내용을 요약하고자 했다. 역사적 부분과 방법론적 부분의 경직된 이원론을 피하고자 한 이 프롤레고메나(Prolegomena)는 현실적으로 『존재론』에 대한 서문이 아니며, 물론 일반적으로 볼 때도 서문이 아니다. 그것은 더 이상 쓰이지 않은 (아마도 결코 쓰이지 못한) 저작들을 모아놓은 것이다. '프롤레고메나'의 객관적 내용을 넘어서 엄청난 인간 성취에 대해, 다시 말해 루카치가 이따금씩 찾아오는 질병 중간에 개념 보따리와 그의 확신을 다시금 유지하려고 했던 엄청난 힘에 대해 놀라움을 금치 못할 것이다. 루카치는 비록 병환의 마지막 순간에 이르러서는 그의 구호 팀이 비정상적일 만큼 읽기 어려운 수고를 타이프로 입력하는 데 도움을 주었을지라도, 작업의 상당한 원고를 더 이상 끝까지 읽을 수가 없었다. 불편한 손을 가지고 기계로 작성된 쪽들을 넘기면서, 루카치는 그의 저서와 업적을 주저하기도 하고 희망에 차기도 하면서 미래의 판단에 넘겼다."

루카치 자신은 대략 1971년 벽두에 그의 제자들에게『존재론』에 대한 작업을 더 이상 마칠 수 없을 것 같다고 인정했다. 때문에 그는 생애의 마지막 몇 개월에는 자서전을 기록하는 일에 전념했다. 자서전의 개요에는 다음과 같은 내용이 있다:

"주관적: 인간존재론의 원리를 정식화하려는 시도: 이를 위한 주요 구성(자서전, 주관적 보충, 삽화, 초석 등). 물론 존재론적 문제들을 올바로 파악하기 위한 개인적-인간적 전제들. 때문에: 수렴: 거대한 시대 문제의 해결책으로서의 인간의 유적 성격(사회에 대한 개인의 보다 순수한 사회적 관계의 결과로서의 개체성. 거짓 내재성; 현실적: 유적 성격). 고유의 유적 성격의 실천적 실현을 위한 자서전의 주관적 경향들 (발전에서) (=개체성의 현실적 전개).

여기에 인간의 가장 심오한 진리: 그 자체 —대단히 다양하게— 모든 개인적이고 인간적인 삶의 과정을 실현하는 역사과정의 내용으로서의 인간의 인간화. 따라서 모든 개별 인간 —의식을 많이 가지고 있는 것에 관계없이— 은 과정 전체에서(의) 능동적 요인이며, 그 산물이 동시에 인간이다: 개인적 삶에서 유적 성격에 접근하는 것은 분리 불가능한 현실적인 두 가지 발전의 길의 현실적 수렴이다. 방향과 결과: 개인적 결정의 역할; 역사적+(분리 불가능한) 가장 심오한 개인적."

이러한 자기 해석에 대해, 즉 자신의 전기를 저서에 의해 규정하거나 또 그 역으로 규정하려는 시도에 대해 어떻게 생각할지는 루카치가 마지막까지『존재론』에 관한 자신의 구상을 고수했다는 이 같은 나중의 언급이 보여주고 있다. 그 저작이 '개인적인 영향'에 의해 받아들여져 다루어져야 하는지 혹은 그것이 그로부터 나온 결과를 가진 '최후의 손'으로 기술된 성격을 가진 것인지에 대해 결정을 내려야 하는 편집자에게, 이 마지막 작품은 결정적인 의미를 가진 것이있다. 내용적으로 볼 때 루기치는 그에게 보수적인 체계의 형태와 진보적인 내용의 대립, 역사적인 부분과 체계적인 부분 간의 분리 불가능성이 대단히 부정적으로 의식되었을지라도 '존재론'에 관한 그의 구상에 대해서는 한 치의 의심도 갖지 않았다.

1971년 6월 4일에 루카치는 영면했다. 4월까지 베제르(Erzsébet Vezér)와 외르시가 대단히 모호한 전기적 기술을 보완하기 위해 루카치와의 개별질문에 대한 육성 기록을 넘겨받았다. 따라서 이 구절은 전 저작뿐만 아니라 『존재론』의 기획에 대한 신뢰를 담고 있기 때문에 여기에 제시하는 것이 좋을 듯하다.

"대담자: 결론적으로 당신은 결국 당신의 마지막 저서인 『존재론』에 대해 몇 안 되는 단어들을 말하고 싶지 않은가?

루카치: 마르크스에 따라 나는 존재론을 역사에 기초한 고유의 철학으로 이해했다. 하지만 이제, 먼저 비유기적 존재가 있고, 그로부터 ―우리가 무엇인지를 알지 못하는 것이 어떻게, 하지만 언제, 대략 우리가 무엇인지를 알고 있는― 유기적 존재가 나온다는 것, 게다가 그 식물적이고 동물적인 형태들 속에서 그렇다는 것은 역사적으로 의문의 여지가 없다. 또 이러한 생물학적 상태로부터 나중에 예외적으로 수많은 이행을 통해 우리가 인간의 사회적 존재로 기술했던 것이, 그 본질이 곧 인간의 목적론적인 정립인 것이, 다시 말해 노동이 출현한다. 이것은 결정적으로 새로운 범주이다. 왜냐하면 그것(노동―역자)은 모든 것을 자기 안에 포함하기 때문이다. 당신은, 우리가 인간적 삶에 대해 말을 할 때 또한 우리가 가능한 모

든 가치범주들 속에서 말한 것들을 잊었는가? 저 첫 번째 산물을? 하나의 돌도끼는 그 목적에 대응하거나 혹은 대응하지 않거나 둘 중의 하나이다. 어떤 경우 그것은 대단히 가치가 있지만, 다른 경우 그것은 전혀 가치가 없다. 가치와 무가치는 생물학적 실존에서는 나타나지 않는다. 왜냐하면 본래 죽음은 삶과 동일한 과정이기 때문이다. 그것들 사이에는 어떠한 본질적 차이도 존재하지 않는다. 두 번째 근본적인 차이는 우리가 헝가리어로 'Legyen!'이라고 나타내는 '당위', 다시 말해 사물은 자신에 의해, 자발적인 과정을 통해 변화하지 않고 오히려 의식적인 정립에 따른다는 것이다. 의식적 정립이란, 목적이 결과에 선행한다는 것을 의미한다. 이것이야말로 인간사회 전체의 토대이다. 가치와 비-가치, 상태를 야기하는 것(Zustandegebrachthaben)과 상태가 이루어진 것(Zustandegekommensein) 사이의 저 대립을 야기하는 것이 본래 인간적 삶 전체를 이루는 것이다.

대담자: 마르크스 자신은 어느 정도 이 테제를 안출(案出)했는가?

루카치: 무엇보다 마르크스 자신이 안출했으며, 나는 그것을 마르크스 이론의 가장 중요한 부분으로 간주했다. 말하자면 그것은 사회적 존재의 근본범주이며 또 그것이 모든 존재에 대해 있다는 것과, 그것이 역사적이라는 것이다. 파리 수고에서 마르크스는 오직 단 하나의 과학이, 다시 말해 역사가 있을 뿐이라고 말했으며, 심지어 그는 다음과 같은 말을 덧붙였다: "비대상적 존재는 비존재(허깨비)이다." 다시 말해 범주적 속성을 전혀 갖지 않는 사물은 존재할 수 없다는 것이다. 따라서 실존이란 어떤 것이 특정한 형태의 대상성 속에 실존한다는 것을, 다시 말해 특정한 형태의 대상성이란 해당 존재가 속해 있는 저 범주를 구성한다는 것을 의미하는 것이다. 여기서 존재론은 낡은 철학과 첨예하게 구분된다. 다시 말해 낡은 철학은 범주체계의 윤곽을 그리고 있으며, 이 체계 안에서도 역사적 범주

들이 등장한다. 마르크스주의의 범주체계에서 모든 사물은 일차적으로는 질(質)을 지닌 것, 물성의 범주, 또 범주적 존재가 부여된 어떤 것이다. 비대상적 존재는 비존재이다. 이러한 어떤 것 안에서 이제 역사는 범주들의 변화의 역사이다. 범주들은 객관직 헌실의 구성요소이기도 하다. 그 어떤 형태의 범주 속에도 없는 것은 절대적으로 실존할 수 없다. 이러한 측면에서 마르크스주의는 그 이전의 세계관들과 믿기 어려울 정도로 첨예하게 구분된다: 마르크스주의에서는 사물의 범주적 존재가 사물의 존재를 구성하는 반면, 낡은 철학에서는 범주적 존재가 근본범주였으며, 이 범주들 안에서 현실성의 범주들이 형성되었다. 이는 역사가 범주들의 체계 안에서 발생한다는 것이 아니다. 오히려 그것은 역사가 범주들의 체계의 변화라는 것이다. 범주들은 따라서 존재의 형식들이다. 그것이 물론 이념의 형식들이 되는 한, 그것들은 반영의 형식들, 일차적으로 존재의 형식들이다. 이렇게 해서 전혀 다른 범주들의 집단과 범주들의 내용들이 발생하는 것이다. 라이프니츠가 공주들에게 설명했던 것처럼, 역사적으로 유명한 예를 들어보자. 즉 두 가지 똑같은 형태의 꽃잎은 존재하지 않는다. 그는 그녀들에게 두 가지 똑같은 형태의 조약돌이 존재하지 않는다고 설명할 수 있었을 것이다. 대상의 고유한 성격은 그것의 존재와 분리가 되지 않으며, 어떤 것으로도 환원될 수 없다. 다시 말해, 나는 고유성의 측면에 관한 범주들의 체계는 하나의 발전과정을 보여주고 있음을 말하고 싶은데, 이 과정에서 고유성의 범주가 인간의 고유성에 이르기까지 예외적으로 오랜 발전의 성과로서 조약돌의 고유성으로부터 발전한다는 것이다."(Lukács, *Gelebtes Denken*, a. a. O. 235 ff.)

여기에는 또한 놀랄 만큼 명료하게 『사회적 존재의 존재론』과 무엇보다 '프롤레고메나'의 전체 기획에 대한 확증이 놓여 있다. 이러한 확증은 저자를 그의 최후의 위대한 탐구로부터 분리시키려는 시도를 허용하지 않을 것이다.

『존재론』이 이제 실제로 출판되리라는 것을 저자가 체험했다. 헤겔 장을 독립적인 책으로 공개하는 것을 그는 특히 원했다.(1971년 1월 23일 부다페스트) 2월 마지막 날 그에 상응하는 원고가 보내졌다. 3월에 출판사도 '노동' 장을 분리했으며 곧바로 발행되리라는 소식이 그에게 전달되었다.(그 책은 어쨌든 1973년 3월에 루터란트 선집에 등장한다.)『영혼과 형식』(루터란트 선집 1971) 및『소설의 이론』(루터란트 선집 1971)이『존재론』에서 취한 낱권 발간이 나란히 출간된다는 점에서 마지막과 처음이―적어도 출간의 의미에서 본다면― 지금 결합되었다는 것이『근대 드라마의 발전사』의 첫 독일어판(1911, 전집 15권, Darmstadt und Neuwied 1981)과 1918~29년의 정치 논문집(Politische Aufsätze I-V, Darmstadt und Neuwied 1975, 1976, 1978, 1979으로 출간됨)을 공지한 것처럼, 뜻하지 않게 그를 기쁘게 했다.

생존 당시의 루카치와 그의 현실적 영향력에 어긋날 수 있다는 의심이 걸리기는 했지만,『존재론』의 원고는『프롤레고메나』가 빠진 상태로 1971년 7월에 출판사에 보내졌다. 이와 관련한 작업은 곧바로 시작되기는 했지만, 일련의 상황으로 인해 지연되었을 것이다: 1966년 9월 11일과 10월 11일의 총계약(Generalvertrag)이 만료된 후에,『존재론』을 전집 속에 포함시킬 수 있는 권리가 출판사에 허용되었다. 이제 1971년 9월의 계약에 따라『존재론』전체가 "낱권의 장별로" 출간되게 된 것이다. 그 계획은 1972년의 시기를 넘어 1975년까지 확장되었다. 독일 연방공화국의 변화된 정치 기상도를 상당히 지배했던 출판계획상의 구조변화로 핸드북 판을 실행에 옮길 수 없게 됨으로써, 그처럼 훌륭한 텍스트는 더 이상 기업이 경제적으로 정당화할 수 있는 판매 부수로만 고려할 수 없다는 인식에도 영향을 미쳤다. 그사이 철학의 전환으로서 상당히 특징적이었던 [슈페만(Spaemann 1981), 카스타네다(Castaneda 1982), 헨리히(Henrich 1982), 퀸느(Künne 1983), 카스토리아디스(Castoriadis 1984), 호르슈트만(Horstmann 1985)을 참조하라.] 형이상학으로의 (아울러 존재론으로의) 복귀와 관련한 기대감 때문만은 아니겠지만, 『존재론』에 대한 관심이 증가했다.

『프롤레고메나』가 원고 상태로 모습을 드러내고 부다페스트와 독일 팀에 의해 조용히 수정이 이루어지고 나서 비로소 공개가 이루어졌으며, 그이후 —헝가리어판 번역을 중개로— 오랫동안 우리가 다루게 될 하나의 영향이 시작되었다.

실제로 『프롤레고메나』는 저자의 비판적인 최종 작업의 산물인 데 반해, 그것을 헝가리어판(Lukács 1976)과 반대로 책의 처음에 놓는 결정을 정당화해보자. 포괄적인 역사적 유도가 처음의 역사적 부분과 결합되어 있다는 점에서, 이러한 배치는 루카치가 원했던 체계적 부분과 역사적 부분 간의 연관을 깨뜨려 역사적 요소를 강화하는 것이다. 첫 번째(헝가리어판—역자) 논증과 관련해서 볼 때, 편집자는 서문이 대개는 언제나 마지막에 씌어진다는 것에, 물론 서문은 결론에 가서 저자가 특별히 염두에 두고 있는 것을 말하는 것에, 비판을 수용하고, 감사를 표하고, 그리하여 마음속에 떠올랐던 것을 모아서 제시하는 것으로 이루어져 있다는 것에 호소한다. 어쨌든 역사에는 이런 식으로 상세한 독립적 형태의 서문들의 예가 많지는 않다: 언제나 여기서는 양과 위상이 자신의 요구를 정당화하는 것이다. 나중에 이러한 자기해명으로서의 『프롤레고메나』가 『존재론』의 가장 중요한 부분을 보여주게 될지도 모를 일이다. 다른 논증은 1권과 2권이 출간된 달(月)의 차이에 대해서만 옳다. 이때부터 그 부분은, 저자가 원했던 것처럼, 함께 읽고, 다듬고, 받아들여졌다.

이제 특별히 편집의 원칙을 지적해보자. 출판이 작업을 경제적으로 진행한다는 이유에서 『존재론』의 장을 낱권으로 분리시켜 출간하기로 결정했다는 것은 언급한 바 있다. 이와 관련해 교정작업과 수정작업에 상응해서 발간하고 또 전집이 출간되기까지의 시간차에 대한 학문적 관심을 만족시키려는 의도는 분명했다. 여기서 유용한 것이 경제적인 것과 연결되었다는 점은 설명되지 않았다: 핸드북에서 이미 값비싼 전집 발간의 비용을 회수하려 한다는 것은 으레 있는 일이다. 그것은 종종 도서관이나 문서보관소의 비치용으로, 오직 소수의 전문가만의 생생한 논의를 위해 관행적으로 행해졌던 일이며, 모든 사람에게는 아니지만 그럼에도 개명한 시대에 대부분의 사람들에게 의도되고 다듬어졌던 변경에 관여하는 결과가 이어졌다. 출판이 마무리될 즈음 그에게 다가온 그러한 문제들에서 루카치는 수용 행위에 대해 상당히 민감하게 반응했다. ―그가 때때로 추구한 영향과 관련하여 발간 장소와 또 때로는― 발간 형식을 상당히 고려했던 것은 결코 정치적인 고려를 통해 경험한 것이 아니었다. 나중에 루카치는 그가 새로운 세대를 위해 미래에 마르크스로 돌아가는 다리를 놓고, 개혁하고, 진보적인 마르크스주의를 떠맡지 않으면 안 된다는 것에 대해 더욱 확신했다. 때문에 그는 현실적인 논의를 위해 언제나 핸드북 판을 선호했다. 그는 엄밀한 문헌학에 기초한 정확한 전집을 적절한 표현으로 다루었던 반면, 지식적 가치가 없는 학문도 존재했다. 『존재론』에 관한 한, 그는 그것을 처음부터 자신의 주저(主著)로 간주하고, 계약에 의해 그것을 전집에 추가했다. 반면 그는 현실적 영향에 대해서는 점차적으로 의심했다. 또 이것은 핸드북 판 속간에 반대하는 출판사의 결정을 지지하는 편집자의 일을 덜어주기도 했다.

원고 검증의 방법에서는 앞서 출간된 루카치 전집과 다르게, 현대식 철자법과 구두법 변화를 대조하지 않고서도, 부다페스트에 있는 루카치 문서보관소 측의 공동 편집방식이 본질적인 장점을 의미한다는 지적이 있다. 물론 여기서는 이름이 문제라기보다는 오히려 루카치 측과 관련해서 지금까지 출판을 위해 노력했던 사람들, 즉 헝가리 과학아카데미에 소속된 한 기관, 특히 현 책임자인 지클라이(László Sziklai) 박사 밑에서 루카치 연구처로 발전된 기관의 사람들에 대한 구체적인 인정이 문제일 것이다. 여기서 지금까지 출간된 루카치 전집뿐 아니라 원고와 미발간 전집을 사전작업을 거쳐 처리하고, 연구처에서 보관하고 있는 왕복 편지들 전체를 모으고, 여기서 모범적인 헝가리판이 편집·발간되고, 또 여기서 아직 유고집에 등장하지 않은 원고들이 철저한 문헌학적 엄밀성을 거쳐 핸드북 형태로 발간된다. 문서 보관소는 이미 첫 번째 반장정으로 편집상의 공동작업을 거쳤다. 다만 유감스럽게도 실수로 이러한 상황이 거기서는 주목되지 않았다는 점을 덧붙인다. 문서 보관소와 편집자 간의 지속적인 접촉만이 『존재론』과 관련하여 텍스트와 주석에서 일체의 불명확함이 남지 않게 하는 방법일 것이다. 게다가 이 독일어판은 다른 모든 외국어 번역본에 대해 결정적 기준이 되는데, 이것은 1976년에 나온 헝가리어판에도 유효하다.

　『존재론』의 수용은 루카치의 근본사상이 여러 곳에서 표명된 바 있었기 때문에 일찍부터 시작되었다. 이미 언급된 발간 전의 뒷이야기 외에 여기서는 특히 홀츠(Hans Heinz Holz), 코플러(Leo Kofler), 그리고 아벤드로트(Wolfgang Abendroth)가 대담을 나누고 핑쿠스(Theo Pinkus)가 편집해서 1967년에 나온 『루카치와의 대화』를 지적하겠다. 이 대화는, 대단히 분과학적으로 지향된 터튤리언(Nicolas Tertulians)의 작업을 무시한다면, 오늘날에 이르기까지 『존재론』에 대한 가장 생생하고 비판적인 입문으로 남아 있다. 한편으로 참여 마르크스주의 학자가 추적 가능한 계기이다. ―블로흐는 루카치의 문예 유고집 관리자인 자노시(Ferenc Jánossy)와 홀로(Maria Holló)와 1971년에 가진 한 인터뷰(Bloch 1984, S. 296 ff.)에서 의견을 표명한 바 있다. 그는 여기서 —루카치에게 그 책의 출간이 최근 저작의 정력적인 실현에는 본질적으로 부정적인 충격이었다는 점을 알지 못한 채—『아직-있지 않은 —존재의— 존재론』과 관계하고 있기 때문에, 그 인터뷰는 완벽하게 인용되어야만 할 것이다.

"홀로: 많은 사람들이 『존재론』은 헤겔 장에서 시작해야만 했다고 제안합니다. 왜냐하면 하르트만에 대한 호의뿐만 아니라 루카치가 신실증주의자들에 보인 적개심도 적절해 보이지 않았기 때문입니다. 게다가 그 자신은 이 두 장에 대해 만족스러워 하지 않았습니다.

블로흐: 어디서 순간 니콜라이 하르트만에 대한 이러한 사랑이 왔는가는 … 수수께끼 같아요. 그럼에도 하르트만은 진정 자유주의적 부르주아였지요. 루카치가 『존재론』을 집필했을 당시, 하르트만은 존경을 받던 존재론자였지만 하이데거를 누를 정도는 아니었습니다. 그는 대단히 호감이 있어 존재론이라는 단어가 증가하게 되고 하나의 문제가 될 정도였습니다. 우리는 정상적인 마르크스주의자 앞에서 존재론이라는 단어를 말할 수 없습니다: 그 말은 그들에게 하이데거를, 말하자면 그의 기초존재론을 상기시켜주었습니다. 설령 지금 존재론이 사용되지 않을지라도, 그것은 언제나 머리를 흔들고 흠뻑 빠지게 만듭니다. 나는 『아직-있지 않은 —존재의— 존재론』(Ernst Bloch, *Tübinger Einleitung in die Philosophie*, Frankfurt am Main, Suhrkamp 1977, S. 210-300)이라 불리는 작은 장(章)을 쓴 적이 있습니다. 존재론은 물론 존재과학으로 불리고, 아직-있지 않은-존재는 존재에 관한 하나의 고유한 영역입니다! 따라서 여기에는 하나의 존재론이 있습니다. 존재론은 정태학이고, 비변증법적이어서, 일반적으로 사용될 수

없습니다. 천학(淺學)의 의식에서 보아도, 존재론은 고착되어 있고, 변증법과 대립하고 있습니다. 내가 많은 사람들 앞에서 존재론이라는 단어를 사용한다면, 나는 먼저 하나의 설명을 제시하지 않으면 안 됩니다. 그렇지 않을 경우 그들은 들으려 하지 않을 것입니다.

존재론은 헤겔에게서는 즉자존재의 논리입니다. 나는 그가 그 말을 사용했는지는 모릅니다. 하지만 사태는 그럴 것입니다. 따라서 역사가 없는 모든 것은 세계 형성도 없고 과정도 없습니다. 그것이 존재론입니다. 우리가 호의적으로 받아들일 수 있는 것, 그것은 사물의 나머지 절반입니다 … 일상적 의식에서 존재론은 생성과는 정반대입니다. 존재는 생성된 것이며 오직 생성된 것에서만 전통적인 의미에서의 존재론이 있을 수 있습니다. 배태(胚胎)하고 있는 어떤 것에서, 혹은 낡은 것을 배태하고 있는 새로운 사회에서, 장식적인 그러한 사물들, 그것은 존재론의 평온을 견디지 못합니다. 그것은 어느 정도는 환상적입니다 … 언제나 다시금 고전적인 것! 그것은 고정되어 있습니다. 세계는 고정되어 있습니다! 모든 것이 사전에 질서 지어져 있습니다. 이러한 맥락에서 인간은 끼워져 있는 것입니다. 따라서 존재론은 여전히 반동주의자들에 의해 사용되고 있습니다.

홀로: 하지만 루카치의 존재론에서는 존재의 과정적 성격이 전면에 있습니다. 그는 여기서 자연의 변증법과 사회의 변증법을 새로운 방식으로 결합하고자 합니다.

블로흐: 오늘날 자연의 변증법이 존재합니까? 『역사와 계급의식』의 잘 알려진 곳에 따르면 그것은 있을 필요가 없습니다 … 그것은 의미 있는 주석이었어요. 어쨌든 자연사가 존재한다면, 언제나 변증법의 문제가 존재하지요. 헤겔의 변증법적 예는 적어도 자연의 대상성과 관련되어 있습니다 … 하지만 나는 존재론에 반대하는 말을 하는 것이 아닙니다. 나는 오히려

내가 이 장을 아직-있지 않은-존재로 명명했으므로, 나 자신 이러한 죄악에 책임이 있다고 말했습니다."

우리가 대담의 상황과 대담자의 나이를 빼버린다면, 이러한 언명은 "장식적이고 환상적인 이탈리아식 주관주의의 샐러드"에 필적할 텐데, 오직 루카치 자신에 의해 종종 인정되었던 위대한 양식주의가 부주의하게 정식화되었을 뿐이다.

내용상으로 본다면, 그의 제자 자노시와 헬러와 그의 동료 마르쿠스와 바이다에 의해 논구된『1968~1969년의 존재론에 대한 루카치 동료들의 기록』(Fehler 1976, Heller 1983을 참조)이 좀 더 본질에 가깝다. 필자(벤슬러―역자)는, 루카치가 그들에게 제출했던『존재론』을 장별로, 나아가서 완벽하게 기계로 작성된 원고를 1968년에 분명한 기대를 갖고 넘겨주었으며, 그들의 비판을 그와 함께 상론해서, 그 결과를 교정을 위해, 정확히는 수정을 위해 활용했다는 점을 상기시켜줄 수 있을 것이다. 작업 집단은 루카치가 보내준 통일적인 텍스트의 핵심문제들을 루카치와 집중적으로 논의하면서 요약했다. 저자들의 말에 따르면, 이러한 질문에 근거해서 판단할 때, 루카치에게서 그의 작업 곳곳에서 드러나는 불편함은, 그가 처음 역사에 관한 세 장을 누락시켰다는 데서, 구체적으로는 그 대신으로 엄밀한 서론 제시를 의도했다는 데서 분명해진다. 또한 역사적 부분과 체계적 부분 간의 대립도 사라졌다. 왜냐하면 마르크스 장은 내용상으로나 서술의 취지로나 노동, 재생산, 이데올로기와 소외에 속할 것이기 때문이다. 그리하여 이러한 서론으로부터 그가 죽을 때까지 전념했던『프롤레고메나』가 나왔고, 첫 장에 대한 수정 계획이 완성되지 못했던 것이다.

『역사와 계급의식』에 빗지고, 또『존재론』이 루카치의『미학』에서 도달된 대상화 이론(Objektivationstheorie)을 역사적 가치생산과 그 규범적이고 보편타당한 형식에 관한 문제적 관계의 해법으로 계속될 것이라는 기대를 가졌던 필자는 이 점에서 실망하게 된다. 그들은 루카치가 방법적인 면에서 불명료한 채로 있다는 것을, 그가 고전 마르크스주의에 대한 자연 규정적 해서에 반대해서 존재론의 사회중심적 성격을 충분히 엄밀하게 강조하지 못했다는 것을, 마르크스주의와 철학의 외적인 종합만이 성립되었을 뿐 역사성과 체계적인 보편성을 마르크스의 정신 속에서 어떻게 결합할 수 있는가라는 문제는 즉각 해결되지 않았다고 비판했다. 개별적인 차원에서 필자들은 당연히 『역사와 계급의식』의 관점에서 『자연 변증법』을 부정했다; 인식론에서 루카치는 반영이론을 거부했다; 그들은 '역사 진보'의 이념을 당대 상황에서 역사적으로 의미 있는 원리로 강조했다; 그들은 "사회-역사적 법칙과 무관한" 인간행위의 타당성을 부정했으며, 루카치가 일관된 가치개념을 (그것이 경제적이든, 도덕적이든) 결코 입증하지 못했다고 비판했다. 루카치와의 차별화는 필자 모두에 의해 수용된 마르쿠스의 철학(1968)에서 분명해졌다: "철학의 과제는 **현재**의 선택들을 현실적으로 의식한 문제들(그리고 답변들)을 주조하는 데 있다. 왜냐하면 그것들이 오늘날의 근본적 갈등들의 자리를 인류의 전체 발전 속에서 탐구하고, 행위의 선택들과 발전의 선택들이 인류에 의해 역사적으로 창출된 가치들과의 관계를 구명하며, 아울러 그 의미를, 그 '의의'를 인간발전 전체의 관점에서 해명하는 것이기 때문이다. 이러한 의미에서 철학이란 참으로 끊임없이 갱신하고, 언제나 현재로부터 성장한 '일반적 결과에 대한 '요약'에, '… 인류의 역사적 발전에 대한 고찰로부터 추상한 것(Marx)'에, '인간존재'의 발전의 관점으로부터 고찰된 역사 자체에 다름 아닌 것이다."

비로소 이러한 비판적 관점이 인정될 때, 논구된 반대들 가운데 하나에 동의하는 『프롤레고메나』를 올바로 이해할 수 있다. 『존재론』의 개념화 전체에 대한 이 집단의 원칙적 반대가 루카치의 생존 시에 출간되었던 한에서 그 모든 상위(相違)적 관점들에도 불구하고 그에 의해 수용되었던 수많은 발간물들 속에서 '혁명적 관용'의 정신을 이루고 있다면, 이는 정통 마르크스주의의 관점에서 바이어(W. R. Beyer)가 그 당시 루카치 사상들(Lukács 1967 b와 1969 a)의 잠정적일 뿐인 요약들에 제공한(W. R. Beyer, 1969, 1970) 세계관적-이데올로기적 비판에 비추어본다면 유효한 것이 아니다. 이러한 공격은 「'사회적 존재론'의 마법적 공식」이라는 논문(Beyer 1976) 속에 전개되어 있다.

'노동' 장이 출간되고 나서 바로 동독(DDR)에서 『존재론』에 관한 격렬한 토론이 있었는데, 여기서는 다만 루벤(Peter Ruben)과 바른케(Camilla Warnke)("노동—인간 유의 목적 실현인가 자기생산인가—G. 루카치의 『사회적 존재의 존재론』의 개념에 대한 주석 in Dt. Zeitschrift für Philosophie, 27. Jg. 1979, Nr. I)만 언급해야 할 것이다. 필자가 도달한 성과는 이렇다. 즉 루카치가 역사과정의 객관적인 목표 지향성을 곡해했다는 것, 자연과 사회는 상호 분리되어 있으며, 과정 전체의 변증법적 총체성은 소멸할 것이라는 것이다. 헝가리 측에서는 『존재론』의 번역본(Budapest 1976)이 출간된 이후로 공식적인 논의가 강하게 시작되었다. 퇴카이(Tökei 1979)와 알마시(Almási 1979)의 논문들이 언급될 수 있을 것이다.

아도르노(1958, S. 255, 259, 280)는 루카치가 자연의 범주들을 사회적으로 매개된 것에 투사한 반면, 모름지기 마르크스/엥겔스는 이데올로기 비판의 차원에서 논쟁했다고 하면서 그를 비난했다. 루카치는 아도르노가 하이데거의 기초존재론의 실존주의에 대해 잘못 정리했던 전위문학에 반대하기 위해 존재주의(Ontologismus)의 비난을 중점적으로 강조했다. 결국 아도르노는 다음과 같이 확정지었다: "루카치가 처음 시작했고 또 젊은 시절 유토피아로 복귀하고자 하는 그의 열망을 가로막았던 주문이 그가 절대 관념론에서 간취했던 빼앗긴 화해를 반복했다." 유토피아와 더불어 아도르노는 "루카치가 변증법적 유물론자로서 사물화의 범주들을 처음 철학적 문제들에 원리적으로 적용했던 바의 『역사와 계급의식』에 대한 담구"를 생각했다. 또한 빼앗긴 화해는 주체-객체의 관념적 동일성과 연관되었다. 아도르노는 여기서 루카치에게 아첨꾼들을 따라가려 하지 말고, 오히려 그것을 일반적으로 그 자체로 받아들이라고 하면서 제시된 계획을 보여주었다. 그(루카치―역자)가 객관 변증법을 주관 변증법의 전제로, 자연존재론을 사회존재론의 기초로 파악하는 반면, 그(아도르노―역자)에게 인식론은 "모든 현실의 객관적 합법칙성"과 아울러 "존재론적으로 파악된 변증법으로서 … 보편적인 변증법과 다르게 대상 산출이 불가능한 것"이다.

헬러(A. Heller)는 1966년 하버마스에게 루카치식의 존재론과 그 당시 이미 출간된 장의 내용을 대화 중에 설명했다. 하버마스가 일찍부터 그런 계획에 대해 얼마나 부정적이었는가를 본다는 것은 오늘날의 관점에서도 흥미롭다. 그러한 시도는 "철학적 과거"에 속할 것인데, 왜냐하면 그는 마르크스주의가 반대하는 합리주의의 위대한 체계의 전통 속에 서 있기 때문이다. 헬러의 요약에 따르면, 역사성과 체계론(Systematik)은 동종(同種)에 속하지 않는다: 일반적이거나 방법적으로도 상호지향하지 않는다. 그 대신 모든 범주는 그것에 접근하는 역사적이고 구체적인 현상의 형식 속에서 탐구되어야만 한다. 전체는 비진리라고 아도르노는 말했다. 모름지기 개별 과학과의 차별로서의 역사적 총체성은, 그것이 철학적 기획으로서 범주들을 장악하고 있는 한, 루카치가 『역사와 계급의식』에서 사회화의 이론으로 강조하고자 했던 징표들을 가지고 있다. 역사적인 모순 위에, 체계적인 아노미 위에 구축된 이러한 판단과 함께 (『존재론』의―역자) 수용은 마르크스

진영에서, 서구 마르크스 영역에서뿐만 아니라 비마르크스적인 철학과 정신과학에서도 실제로 조용히 마감되었다.

이에 관한 예외로 터튤리언(1978, 1979, 1980, 1984, 1985)은 집요하게『존재론』의 미래 지향성을 기술했다. 골드만(Goldmann 1973)과 더불어 그는 하이데거의 기초 존재론과 루카치 사이에 하나의 관계를, 즉—저자의 의도와는 달리— 대상화와 사물화, 외화와 소외라는 공통의 문제의식에서 나오고 또『계몽의 변증법』(Horkheimer/Adorno 1947), 구체적으로는『이성의 부식(腐蝕)』(Horkheimer 1947)의 근본적인 시대문제에서 보이는 하나의 관계를 수립했다.

여기서 시작해 터튤리언은 루카치가 어떻게 한편으로는 역사목적론에 대해, 다른 한편으로는 자연결정론에 대해 객관적이고 자연적인 관계들만이 아니라 사회적 법칙들의 제약으로부터 자유로운, 다시 말해 가능성들 사이에서 선택하는 '목적론적 정립'의 행위를 발전시켰는지를 보여주었다. 자연의 자연발생적 인과성뿐 아니라 역사적으로 생성된 사회의 법칙과 끈질기게 대결하는 맥락에서 이루어지는 수많은 선택행위들로부터의 종합은 다른 새로운 현실에 이를 것이다. 목적론적 정립 안에서 객관적인 인과계열이나 사회상황에 대한 이용으로서의 대상화가 구별된다: 외화, 이와 더불어 이러한 활동이 역으로 주체에 영향을 주는 것으로 생각된다. 이 점과 대비해서 마르크스 이래로 익숙하고, 루카치의『역사와 계급의식』에서 이론화된 소외가 지금 새롭게 조명되는 것처럼 보인다: 생존과 사회적 재생산이 인격의 형성과 반대로 배타적으로 개인의 행동을 결정하는 곳에 소외가 놓여 있다. 사회적 재생산에 종속된 주체는 즉자적인 유적 존재에 머물러 있다: 자율적 인격은 대자적인 유적 존재의 단계에 대응하는데, 여기서 루카치는 마르크스에게서 필연의 왕국과 대립되었던 자유의 왕국을 만나는 것이다.

루카치 탄생 100주년을 맞아 마르크스 진영과 서구 마르크스주의에서 뿐만 아니라 사회존재론 일반에 상당한 충격을 줄 수 있는 새로운 반성이 부다페스트의 학술 대회에서 나왔다.[알마시(Almasi 1985), 벤슬러(Bensclcr 1985), 홀츠(Holz 1985), 나르스키(Narski 1985), 올리펭코(Olipenko 1985), 스카르포니(Scarponi 1985)] 존재론에 대한 포스트 모던적 반성이 신화에 따라 역사를 자연으로 바꾸는 데 있다는 바르트(Roland Barthes)의 언명이 의미 있어 보인다면, 루카치에게는 자연과 역사 사이의 매개에 대한 고전적 시도가 놓여 있다. 이러한 매개에서 자연적 제약이 축소되는 것이다. 하지만 목적론적 정립에 봉사하는 지양 불가능한 인과성은 언제나 인류의 사회적 생성을 출범시키며, 이 과정에서 대자적인 유적 존재가, 즉 오랜 유럽식으로 의도된 바의 인격이 탄생하게 되는 것이다.

찾아보기

블로흐 143, 236, 329, 521
비유기적 23, 50, 57, 82, 315, 367
비합리주의 127, 288, 440, 570

ㅅ

사물화 410, 412~417, 419, 421~425,
427, 432, 434~445, 448, 458, 459,
464, 469, 482, 493~495, 497~499,
503~506, 514~518, 520, 523
사용가치 15, 16, 411, 414, 416, 417, 439,
544
사회구성체 40, 44, 197, 229, 324, 325,
358, 372, 453, 454, 456, 542, 575,
622, 623
사회의 사회화 15, 51, 98, 101, 113, 117,
195, 259, 277, 364, 366, 368, 430,
529, 534
사회적 관계 19, 37, 40, 43, 130, 255,
313, 325, 402, 415, 418, 494, 525
사회적 복합체 16, 58, 110, 299, 468
사회적 존재 11, 16, 21~27, 33, 36~38,
45~48, 50, 52, 63~67, 73~76, 81~83,
90, 95~97, 99~102, 105, 113, 115,
128, 129, 147, 153, 158, 160, 173, 174,
186~191, 198, 203, 219, 225, 229,
236~238, 242, 248, 254, 258~260,
264~266, 278, 280, 290, 313~317,
331, 340, 353, 356, 367, 376, 389,
400, 404, 412, 420, 431, 436, 449,
472, 497, 501, 506, 517, 523, 526,
541, 558, 567, 569, 581, 592, 599,
617, 622, 627

사회주의 234, 238, 240, 276, 291, 297,
303, 371, 375, 392, 394, 442, 495,
520, 550, 562, 564, 565, 569~573,
576, 578, 580, 615, 616
산업혁명 209, 349
상대적 잉여가치 212, 235, 236
상부구조 11, 45~47, 63, 64, 67, 141,
181, 189, 192, 203, 279, 352, 400, 451,
454, 468, 579, 591
상업자본 195
상품교환 19, 24, 39, 152, 415, 416, 421,
424, 425, 435, 438, 458, 497, 535, 584
상호작용 16, 47, 48, 54, 57, 60~63, 66,
71, 75, 77, 81, 88, 92, 97, 116, 132,
143, 145, 179, 187, 200, 204, 264,
268, 270, 314, 340, 427, 436, 475,
497, 502, 511, 524, 529, 553, 567, 621
생물학적인 것 318
생산력 18, 37, 42, 55, 64, 119, 177, 190,
205, 229, 235, 249, 264, 278, 287,
302~304, 322, 332, 358, 414, 497,
517, 528, 533, 542, 573, 590, 608
생산양식 43, 529, 585
세계사 215, 318, 392, 496
소비 72, 83, 238, 322, 362, 412, 414,
496, 523, 560, 561, 584, 612
수정주의 552
슈 349
슈티르너 374
슈펭글러 137, 543
스탈린 45, 53, 67, 150, 295, 296, 495,
569, 571, 574, 617
스피노자 251, 280, 337, 338, 514

지은이

:: **게오르그 루카치** György Lukács, 1885-1971

헝가리 출신의 마르크스주의 철학자, 미학자, 문예 이론가이다. 은행장의 아들로 태어났다. 부다
페스트에서 법철학을 전공했고, 거기에서 1906년 경제학 박사 학위를, 1909년에는 철학 박사 학
위를 받았다. 1918년 12월에 헝가리 공산당에 가입했고, 그 이듬해 헝가리 소비에트 공화국 교육
부 인민위원이 되었다. 헝가리 혁명이 좌절된 이후 빈으로 망명했으나, 1930년에 추방을 당하고
나서 모스크바에서 살았다. 1931년에서 1933년까지 베를린에서 지냈지만, 독일 파시스트의 권력
장악 이후에 다시 모스크바에서 살았다. 1945년 부다페스트로 돌아와서 미학, 문화 이론을 담당
하는 교수가 되었다. 헝가리에서 반혁명적 사건이 벌어진 1956년 10월에 나지(Nagy) 정부의 문
화부 장관으로 입각했지만, 곧 그만두었다. 저술로는 『근대 드라마 발달사』(1911), 『영혼과 형식』
(1911), 『소설의 이론』(1916), 『전술과 윤리』(1919), 『역사와 계급의식』(1923), 『레닌』(1924), 『청년
헤겔』(1948), 『이성의 파괴』(1954), 『역사 소설론』(1955) 등이 있다.

옮긴이

:: **이종철**

연세대 정법대학 법학과를 졸업한 후 동대학원 철학과에서 석사와 박사 학위를 받았다. 연세대
철학연구소의 선임 연구원으로 재직하면서 연세대, 교원대, 숙명여대, 서울여대, 대안연구 공동
체 등에서 강의를 했다. 현재는 몽골 후레 정보통신 대학 한국학 연구소장 겸 한국어과 교수로
재직 중이다. 저서에 『헤겔〈정신현상학〉'이성'장 연구(학위논문)』, 『삶, 사회 그리고 과학』(공저),
『삐뚤빼뚤 철학하기』(공저), 『우리와 헤겔철학』(공저) 등이 있으며, 역서에 『헤겔의 정신현상학 1』
(공역), 2(J. 이폴리트), 『아인슈타인, 나의 노년의 기록들』(A. 아인슈타인), 『철학과 실천』(H. 오피
츠), 『철학의 이해』(S. 모리스 엥겔), 『헤겔 변증법의 쟁점들』(J. 맥타가르트), 『문학 속의 시간』(H.
마이어호프), 『마르크스주의 인간론』(페도세예프 외), 『소방관이 된 철학교수』(F. 맥클러스키), 『헤
겔 법철학 입문』(로즈), 『사회적 존재의 존재론 2』(공역) 등이 있다.

정대성

연세대학교에서 철학을 공부하고(학사, 석사), 독일 보쿰 대학교에서 독일 근현대철학으로 철학
박사 학위를 받았다. 연세대학교에서 HK연구교수로 일했고, 지금은 연세대학교 근대한국학연구
소 HK⁺교수로 재직 중이다. 현대사회의 병리현상에 대한 철학적 해명에 관심을 두고 있으며, 특
히 독일관념론과 사회비판이론에서 많은 통찰을 얻고 있다. 『내러티브연구의 현황과 전망』, 『인문
정신의 탐색과 인문언어학』, 『세상을 바꾼 철학자들』의 저술 활동에 참여했고, 『청년헤겔의 신학
론집』(헤겔), 『헤겔』(Ch. 테일러), 『비판, 규범, 유토피아』(S. 벤하비브) 등 다수의 번역서와 「자유
주의와 공화주의를 넘어서」 등 다수의 논문이 있다.

한국연구재단총서 학술명저번역 서양편 **610**

사회적 존재의 존재론 ❹

1판 1쇄 찍음 | 2018년 3월 14일
1판 1쇄 펴냄 | 2018년 3월 26일

지은이 | 게오르그 루카치
옮긴이 | 이종철 · 정대성
펴낸이 | 김정호
펴낸곳 | 아카넷

출판등록 2000년 1월 24일(제406-2000-000012호)
10881 경기도 파주시 회동길 445-3
전화 | 031-955-9510(편집) · 031-955-9514(주문)
팩시밀리 | 031-955-9519
책임편집 | 이하심
www.acanet.co.kr

ⓒ 한국연구재단, 2018

Printed in Seoul, Korea.

ISBN 978-89-5733-588-8 94160
ISBN 978-89-5733-214-6 (세트)

이 도서의 국립중앙도서관 출판예정도서목록(CIP)은
서지정보유통지원시스템 홈페이지(http://seoji.nl.go.kr)와
국가자료공동목록시스템(http://www.nl.go.kr/kolisnet)에서 이용하실 수 있습니다.
(CIP제어번호: CIP2018005966)